文白对照精华版·精选精译

二十四史

《二十四史》编委会·编

十二册 元史
明史

线装书局

元史卷一百五十七

列传第四十四

刘秉忠

刘秉忠字仲晦，初名侃，因从释氏，又名子聪，拜官后始更今名。其先瑞州人也，世仕辽，为官族。曾大父仕金，为邢州节度副使，因家焉，故自大父泽而下，遂为邢人。庚辰岁，木华黎取邢州，立都元帅府，以其父润为都统。事定，改署州录事，历巨鹿、内丘两县提领，所至皆有惠爱。

秉忠生而风骨秀异，志气英爽不羁。八岁入学，日诵数百言。年十三，为质子于帅府。十七，为刑台节度使府令史，以养其亲。居常郁郁不乐，一日投笔叹曰："吾家累世衣冠，乃汩没为刀笔吏乎！丈夫不遇于世，当隐居以求志耳。"即弃去，隐武安山中。久之，天宁虚照禅师遣徒招致为僧，以其能文词，使掌书记。后游云中，留居南堂寺。

世祖在潜邸，海云禅师被召，过云中，闻其博学多材艺，邀与俱行。既入见，应对称旨，屡承顾问。秉忠于书无所不读，尤邃于《易》及邵氏《经世书》，至于天文、地理、律历、三式六壬遁甲之属，无不精通。论天下事如指诸掌。世祖大爱之,海云南还,秉忠遂留藩邸。后数岁,奔父丧,赐金百两为葬具,仍遣使送至邢州。服除,复被召,奉旨还和林。上书数千百言,其略曰:

典章、礼乐、法度、三纲五常之教,备于尧、舜,三王因之,五霸败之。汉兴以来,至于五代,一千三百余年,由此道者,汉文、景、光武、唐太宗、玄宗五君,而玄宗不无疵也。然治乱之道,系乎天而由乎人。天生成吉思皇帝,起一旅,降诸国,不数年而取天下。勤劳忧苦,遗大宝于子孙,庶传万祀,永保无疆之福。

愚闻之曰"以马上取天下,不可以马上治"。昔武王,兄也;周公,弟也。周公思天下善事,夜以继日,每得一事,坐以待旦,以匡周室,以保周天下八百余年,周公之力也。君上,兄也;大王,弟也。思周公之故事而行之,在乎今日。千载一时,不可失也。

君之所任,在内莫大乎相,相以领百官,化万民;在外莫大乎将,将以统三军,安四域。内外相济,国之急务,必先之也。然天下之大,非一人之可及;万事之细,非一心之可察。当择开国功臣之子孙,分为京府州郡监守,督责旧官,以遵王法;仍差按察官守,治者升,否者黜。天下不劳力而定也。

天下户过百万,自忽都那演断事之后,差徭甚大,加以军马调发,使臣烦扰,官吏乞取,民不能当,是以逃窜。宜比旧减半,或三分去一,就见在之民以定差税,招逃者复业,再行定夺。官无定次,清洁者无以迁,污滥者无以降。可比附古例,定百官爵禄仪仗,使家足身贵。有犯于民,设条定罪。威福者君之权,奉命者臣之职。今百官自行威福,进退生杀惟意之从,宜从禁治。

天下之民未闻教化，见在囚人宜从赦免，明施教令，使之知畏，则犯者自少也。教令既设，则不宜繁，因大朝旧例，增益民间所宜设者十数条足矣。杀令既施，罪不至死者皆提察然后决，犯死刑者覆奏然后听断，不致刑及无辜。

天子以天下为家，兆民为子，国不足，取于民，民不足，取于国，相须如鱼水。有国家者，置府库，设仓廪，亦为助民；民有身者，营产业，辟田野，亦为资国用也。今宜打算官民所欠债负，若实为应当差发所借，宜依合罕皇帝圣旨，一本一利，官司归还。凡陪偿无名，虚契所负，及还过元本者，并行赦免。

纳粮就远仓，有一废十者，宜从近仓以输为便。当驿路州城，饮食祗待偏重，宜计所费以准差发。关市津梁正税十五分取一，宜从旧制。禁横取，减税法，以利百姓。仓库加耗甚重，宜令权量度均为一法，使锱铢圭撮尺寸皆平，以存信去诈。珍贝金银之所出，淘沙炼石，实不易为。一旦以缠丝缕，饰皮革，涂木石，妆器仗，取一时之华丽，废为尘而无济，甚可惜也。宜从禁治。除帝胄功臣大官以下章服有制外，无职之人不得僭越。今地广民微，赋敛繁重，民不聊生，何力耕耨以厚产业？宜差劝农官一员，率天下百姓务农桑，营产业，实国之大益。

古者庠序学校未尝废，今郡县虽有学，并非官置。宜从旧制，修建三学，设教授，开选择才，以经义为上，词赋论策次之，兼科举之设，已奉合罕皇帝圣旨，因而言之，易行也。开设学校，宜择开国功臣子孙受教，选达才任用之。

天下莫大于朝省，亲民莫近于县宰。虽朝省有法，县宰宜择，县宰正，民自安矣。关西、河南地广土沃，以军马之所出入，治而未丰。宜设官招抚，不数年民归土辟，以资军马之用，实国之大事。移剌中丞拘榷盐铁诸产、商贾酒醋货殖诸事，以定宣课，虽使从实恢办，不足亦取于民，拖兑不办，已不为轻。奥鲁合蛮奏请于旧额加倍榷之，往往科取民间。科榷并行，民无所措手足。宜从旧例办榷，更或减轻，罢繁碎，止科征，无从献利之徒削民害国。鳏寡孤独废疾者，宜设孤老院，给衣粮以为养。使臣到州郡，宜设馆，不得于官衙民家安下。

孔子为百王师，立万世法，今庙堂虽废，存者尚多，宜令州郡祭祀，释奠如旧仪。近代礼乐器具靡散，宜令刷会，征太常旧人教引后学，使器备人存，渐以修之，实太平之基，王道之本。今天下广远，虽成吉思皇帝威福之致，亦天地神明阴所祐也。宜访名儒，循旧礼，尊蔡上下神祇，和天地之气，顺时序之行，使神享民依，德极于幽明，天下赖一人之庆。

见行辽历，日月交食颇差，闻司天台改成新历，未见施行。宜因新君即位，颁历改元。令京府州郡置更漏，使民知时。国灭史存，古之常道，宜撰修《金史》，令一代君臣事业不坠于后世，甚有励也。

国家广大如天，万中取一，以养天下名士宿儒之无营运产业者，使不致困穷。或有营运产业者，会前圣旨，种养应输差税，其余大小杂泛并行蠲免，使自给养，实国家养才励人之大也。明君用人，如大匠用材，随其巨细长短，以施规矩绳墨。孔子曰："君子不可小知而可大受，小人不可大受而可小知。"盖君子所存者大，不能尽小人之事，或有一短；小人所拘者狭，不能同君子之量，或有一长。尽其才而用之，成功之道也。

君子不以言废人，不以人废言，大开言路，所以成天下、安兆民也。天地之大，日月之明，而或有所蔽。且蔽天之明者，云雾也；蔽人之明者，私欲佞说也。常人有之，蔽一心也；人君有之，蔽天下也。常选左右谏臣，使讽谕于未形，忖画于至密也。君子之心，一于理义，怀于忠良；小人之心，一于利欲，怀于谗佞。君子得位，有容于小人；小人得势，必排于君子。明君在上，不可不辨也。孔子曰"远佞人"，又曰"恶利口之覆邦家者"，此之谓也。

今言利者众，非图以利国害民，实欲残民而自利也。宜将国中人民必用场冶，付各路课税所，以定榷办，其余言利者并行罢去。古者明王不宝远物，所宝惟贤，如使贤者在位，能者在职，此皆一人之睿知，贤王之辅成也。古者治世均民产业，自废井田为阡陌，后世因之不能复。今穷乏者益损，富盛者增加。宜禁行利之人勿恃官势，居官在位者勿侵民利，商贾与民和好交易，不生擅夺欺罔之害，真国家之利也。

笞棰之制，宜会古酌今，均为一法，使无敢过越。禁私置牢狱，淫民无辜，鞭背之刑宜禁治，以彰爱生之德。立朝省以统百官，分有司以御众事，以至京府州郡亲民之职无不备，纪纲正于上，法度行于下，是故天下不劳而治也。今新君即位之后，可立朝省，以为政本。其余百官，不在员多，惟在得人焉耳。

世祖嘉纳焉。又言："邢州旧万余户，兵兴以来不满数百，凋坏日甚，得良牧守如真定张耕、洺水刘肃者治之，犹可完复。"朝廷即以耕为邢州安抚使，肃为副使。由是流民复业，升邢为顺德府。

癸丑，从世祖征大理。明年，征云南。每赞以天地之好生，王者之神武不杀，故克城之日，不妄戮一人。己未，从伐宋，复以云南所言力赞于上，所至全活不可胜计。

中统元年，世祖即位，问以治天下之大经、养民之良法，秉忠采祖宗旧典，参以古制之宜于今者，条列以闻。于是下诏建元纪岁，立中书省、宣抚司。朝廷旧臣、山林遗逸之士，咸见录用，文物粲然一新。

秉忠虽居左右，而犹不改旧服，时人称之为聪书记。至元元年，翰林学士承旨王鹗奏言："秉忠久侍藩邸，积有岁年，参帷幄之密谋，定社稷之大计，忠勤劳绩，宜被褒崇。圣明御极，万物惟新，而秉忠犹仍其野服散号，深所未安，宜正其衣冠，崇以显秩。"帝览奏，即日拜光禄大夫，位太保，参（预）〔领〕中书省事。诏以翰林侍读学士窦默之女妻之，赐第奉先坊，且以少府宫籍监户给之。秉忠既受命，以天下为己任，事无巨细，凡有关于国家大体者，知无不言，言无不听，帝宠任愈隆。燕闲顾问，辄推荐人物可备器使者，凡所甄拔，后悉为名臣。

初，帝命秉忠相地于桓州东滦水北，建城郭于龙冈，三年而毕，名曰开平。继升为上都，而以燕为中都。四年，又命秉忠筑中都城，始建宗庙宫室。八年，奏建国号曰大元，而以中都为大都。他如颁章服，举朝仪，给俸禄，定官制，皆自秉忠发之，为一代成宪。

十一年，扈从至上都，其地有南屏山，尝筑精舍居之。秋八月，秉忠无疾端坐而卒，年五十九。帝闻惊悼，谓群臣曰："秉忠事朕三十余年，小心慎密，不避艰险，言无隐情，其阴阳术数之精，占事知来，若合符契，惟朕知之，他人莫得闻也。"出内府钱具棺敛，遣礼部侍郎赵秉温护其丧还葬大都。十二年，赠太傅，封赵国公，谥文贞。成宗时，赠太师，谥文正。仁宗时，又进封常山王。

秉忠自幼好学，至老不衰，虽位极人臣，而斋居蔬食，终日澹然，不异平昔。自号藏春散人。每以吟咏自适，其诗萧散闲淡，类其为人。有文集十卷。无子，以弟秉恕子兰璋后。

译文：

刘秉忠，字仲晦，原名侃。他一度做和尚，法名子聪，做官后才改用今名。他的祖先是瑞州人，世代在辽朝做官，是一个做官的家族。曾祖父在金朝做官，曾任邢州节度副使，就在当地落户，因而从祖父刘泽开始，便成了邢州人。庚辰年，木华黎攻取邢州，建立都元帅府，用刘秉忠的父亲刘润任都统之职。局面稳定后，改任州录事，调任巨鹿、内丘两县的提领，所到之处都做过令人难忘的好事。

刘秉忠生下来品格就与众不同，志气英爽，不受拘束。八岁进入学校读书，每天能背诵几百字。十三岁时在都元帅府当质子。十七岁在邢台节度使府充当令史，以所得供养父母。平时他经常闷闷不乐，有一天，他扔掉笔感叹说："我家世世代代都是做官的，我难道就甘心充当刀笔吏吗？大丈夫如果不能在世上显姓扬名，就应该过隐居生活以求心里的安宁。"立即抛弃了职务，隐居在武安山中。过了很久，天宁寺的虚照禅师差遣徒弟，招他去寺中剃发为僧。因为刘秉忠有较好的文字修养，便让他负责这方面的工作。后来他游历到云中，留下来住在南堂寺。

世祖皇帝还是藩王的时候，海云禅师被召到漠北王府，经过云中，听说刘秉忠博学多才，便邀请他一起去。晋见忽必烈时，回答问题忽必烈感到满意，屡次向他征询意见。秉忠对于世上的各种书无所不读，对《易》和邵雍的《经世书》所下工夫最深，天文、地理、律历以及三式六壬遁甲等学问，没有不精通的。议论天下事了如指掌，世祖非常喜欢他。海云回去，秉忠被留在藩王府中。过了几年，父亲死了，回家奔丧，世祖赐给他金百两作为置办丧具之用，还派使者送他到邢州。守丧期满以后，又受忽必烈的召唤，回到和林。他向忽必烈上书，长达数千字，大致是说：

典章、礼乐、法度、三纲五常的教导,在尧、爵时完备,三王继承了下来,五霸却加以破坏。从汉朝建国起,到五代为止,共一千三百多年,遵循这些道理的,有汉文帝、汉景帝、汉光武帝、唐太宗和唐玄宗五个皇帝,但唐玄宗不是没有毛病的。然而治乱的道理,既决定于上天又与人的作为有关。上天降生成吉思汗皇帝,建立一支军队,征服各国,没有几年便取得天下。既勤劳又苦苦思索,将皇帝宝位传给子孙,希望千代万代没有终止地永远流传下去。

我听说:'在马上得天下的,不能在马上进行治理。'过去武王是兄,周公是弟。周公考虑与天下有关的好事,不但白天想,晚上还接着想。想到一件,便坐着等到天明,以此来辅助周王,确保周朝统治达八百余年,这是周公的贡献。现在皇帝是兄,大王您是弟。想想周公的故事,现在加以推行,是千载一时的良机,不可失去。

作为一国君主所依靠的,在内最重要的是宰相,宰相统领百官,教化众多百姓;在外则以大将最重要,大将统帅三军,安定四方。内外互相配合,是国家最紧急的事情,必须放在优先的地位。然而天下太大,不是一人所能顾及;各种事务很细,不是一人用心便能弄清楚。应该选择开国功臣的子孙,分派他们担任京、府、州、郡各级机构的监守,督责旧官员遵守国家的法律;再派他们去视察地方官员的表现,好的升官,差的降级。这样一来,天下不用费力就会安定了。

天下百姓的总户数已超过一百万,自从忽都那演处置以后,赋税徭役很重,再加上征调军马,来往使臣骚扰,官吏勒索敲诈,百姓负担不起,所以便走上逃亡的道路。应比过去的赋役减免一半,或者去掉三分之一,以现有的户数来规定赋税,设法招回流亡者，让他们回到土地上，以后再作决定。官员没有一定的标准，清廉的不能升迁，贪污的不能降职。应该对照古代的例子，规定百官的爵位俸禄和仪仗，使他们的家庭得到满足，本人地位尊贵。对于官吏侵犯百姓利益的行为，应规定治罪的条例。作威作福是君主的权力，执行命令是臣下的职责。现在百官都自行作威作福，提拔、降职、活命、处死都以官员们的意志来决定，这必须严格禁止。

天下的老百姓没有好好进行过教育，对现有的囚犯应加以赦免，同时明白宣布各种命令法规，使百姓知道害怕，犯罪的人就少了。设立的命令法规不宜太烦琐，根据本朝的旧例，再增加民间迫切需要设置的十余条就足够了。进行过教育，颁布了法令，不够死罪的经过提审然后定案，犯死罪的要再次上奏然后等待决定，这样使无辜的人不致受到刑罚。

皇帝以天下为家，以亿万百姓为子。国家经费不足，取之于民；百姓不足，则向国家索取，国家和百姓互相需要，是一种鱼水关系。管理国家的人，设置府库和仓廪，是为了帮助百姓；百姓经营产业，开辟土地，也对国家的经费有益。现在应该统计官府和百姓所欠下的债务，如果真是为了承担赋税借的高利贷，应依照窝阔台皇帝圣旨，一本一利，由官府来归还。凡是没有正式名目的赔偿，假契欠款，以及还债已经超过所借本钱的，都加赦免不再交。

百姓到远处仓库去交纳税粮，有的费用是粮额的十倍。应该让他们到近处的仓库去交，这对他们是很大的方便。对于在驿站道路上的州城来说，驿站所需饮食是沉重的负担，应将这项费用从赋税中扣除。关卡、市场、渡口、桥梁征收正税十五分取一，应该遵随过去的规定。禁止敲诈勒索，简化征税的法令，使百姓得到好处。仓库中规定的损耗比例很重,应该统一度量衡制度,使度量衡器具公平准确,这样可以得到百姓的信任,防止欺诈的行为。珍珠、宝贝、金银要淘沙或炼矿才能得到,实在不容易。现在用来作为丝绸、皮革、木石、器仗的装饰品,暂时显得很华丽,但转眼废为尘土,毫无用处,实在可惜。应加禁止。除了皇族、功臣、大官及其以下的官员的服饰各有一定制度外,没有官职的人不许超出规定的范围。现在土地广大,人口稀少,赋税繁重,民不聊生,哪里还有力量从事耕种来增加自己的产业,应该选派一名劝农官,率领天下百姓从事农耕,种植桑树,经营产业,这对国家大有好处。

古代地方官办学校从没有废止过。现在各地虽有学校,但不是政府设立的。应按照过去的制度,修建三学,设立教授从事教学。开设科举来选拔人才,考试时以经义为主,词赋、策论次之。过去窝阔台皇帝的圣旨中已讲过要设科举,以此为据是容易推行的。开设学校以后,应择取开国功臣的子孙们来上学接受教育,挑选明智通理的人才负责这方面的工作。

普天下的官府衙门没有比朝廷内的中书省更大的,最接近百姓的则是县的长官。尽管朝廷内的中书省已有法度,亦应选好县的长官,县的长官办事公正,百姓自己就安心了。关西、河南地区广大,土地肥沃,因为是军队行动经常经过的地方,虽经治理而社会经济仍未达到丰足的地步。应该设置专门的官职,负责招抚流亡的百姓,用不了几年流亡者回来,土地得到开垦,这是有助于军队活动的经费,实在是国家的大事。移剌中丞对盐铁、商税、酒醋等实行专卖,以此来确定税额,虽然说是按实际情况办理,事实上不足部分要百姓交补,经常拖欠,已是不轻。奥鲁剌合蛮又上奏请求在原额基础之上,加上一倍,继续实行专卖,这样一来往往在民间作为赋税征科。一面实行专卖，一面又作为赋税名目征科，二者并行，百姓不知怎样才好。应该按照过去的办法实行专卖，最好适当减轻，罢去烦琐细碎的规定，停止征科赋税之法，不要听信献利之徒的话，他们的所作所为都是剥削百姓损害国家的利益。对于鳏、寡、孤、独和残疾人，应设立孤老院，发给衣服、口粮，养活他们。朝廷的使臣到地方州郡，应设专门的馆舍加以安置，不许住在官府衙门以及百姓家中。

孔子是历代帝王师，他建立了千秋万代必须遵守的制度。现在孔庙虽然废坏不少，但存在的还有许多。应该下令地方州郡加以祭祀，按照传统的礼仪举行释奠仪式。近代礼乐器具大量散失，应该下令收集，征募过去金朝太常属下的礼乐人员，让他们教授学生，乐器完备，人员保存，逐渐加以修整，这实际上是天下太平的基础，王道的根本。现在国家土地广大遥远，虽说是成吉思汗的威福造成，也是天地和神祇保佑的结果。应该访求有名的儒生，遵照传统的礼仪，尊敬祭祀上下的神祇，这样一来，天地之间的气和谐，季节顺序的运行适宜，神祇享受祭品，百姓都会依附，恩德天地之间无所不到，普天下的百姓都依赖于一人的善心。

现在通行的辽代历法，对日月亏蚀的算度很不准确，听说司天台已经改修新的历法，但没有看见施行。应乘新皇帝即位的机会，颁布新历，同时改元。下令京师和地方的府、州、郡都设置更漏，使百姓知道准确的时间。国家虽灭，史书长存，这是自古以来公认的道理，应该撰修《金史》，使金朝一代君臣事业不致为后世所遗忘，这是很有劝勉作用的。

国家的面积有如天一样广大，取万分之一，来供养天下那些不会做买卖而又没有财产的名士和老成博学的儒生，使他们不致陷于穷困之中。对于那些经营买卖和有财产的名士、儒生，按照以前的圣旨，种地要交纳差税，其余各种杂泛全部免除，使他们能够自己供养自己，这实在是国家培养和鼓励人才的大事。英明的君主用人，就如同杰出的工匠使用材料一样，根据其粗细、长短的不同，加以规划安排。孔子说："君主不一定有具体的知识而可担当重任，小人不能担当重任却可以有具体的知识。"因为君子所考虑的是大事，不能都了解小人关心的事，或者可以说是一种缺点；小人受眼界狭小的限制，也许有一点长处，但不能同君子的度量相比。尽可能发挥人们的才能，这是成功之道。

君子不以某个人的言语而否定这个人，也不因某个人的表现而否定他所说的话。广泛征求各种意见，才能使天下巩固、亿万百姓安定。天地如此之大，日月这样的光亮，都可能有被蒙蔽之处。云雾遮盖天的光亮，个人的私欲和邪说使人糊涂。普通人受蒙蔽，不过使自己思想不清楚；君主受蒙蔽，对天下都有影响。经常选择身边的谏臣，使他们在事情未定以前提出意见，这样可以考虑得非常周密。君子的思想感情是以理义为根本的，必然为忠良之事；小人的思想感情是以个人利欲为根本的，必然为恶意中伤他人的邪事。君子得到高位，可以容纳小人，小人得势，一定排挤君子。贤明的君主在上，不可不注意分辨。孔子说："疏远阿谀奉承的人。"又说："讨厌能说会道因而颠覆国家的人。"就是这个意思。

现在讲究财利的人很多，不是想损害百姓使国家得到利益，实际上是要残害百姓使自己得到好处。应将国内百姓必须用的冶炼金属的场所，交付各路课税所管理，规定专卖的办法。其余讲究财利的人统统罢免。古代贤明的君主不以远方的物品为宝，看重的只有德才兼备的人，如果能安排德才兼备的人在他应有的位置上,使有能力的担任应有的职务,这都是皇帝的聪明才智所致,也是大王您辅佐的功劳。古代太平盛世百姓的财产平均,自从废除井田立田界,后代再也不能恢复到原来的样子。现在穷困贫乏的百姓愈来愈穷,富裕光盛的人财产不断增多。应该禁止谋利的人倚仗官府的势力,在职官员不许侵夺百姓的利益,商人与百姓要和平友好地进行买卖,不能随便夺取成进行欺骗,如果能这样做对国家大有好处。

鞭打的刑罚,应根据古代的制度斟酌现在的情况,定出统一的法规,使执行者不敢任意超过标准。禁止私设牢狱,随意囚禁无辜的百姓。应禁止使用鞭背之刑,用以表现爱惜生命的美德。建立中书省来统领百官,分设有关部门来处理各种事务,首都到地方州郡直接管理百姓的官职无不齐备,上面有正确的法律制度,下面照着办,这样不用费心国家就能得到治理了。现在新皇帝即位之后,可以建立中书省,以为施政的根本。其余百官,不在于人多少,只是要选择得当就行了。

世祖很高兴接受了他的意见。秉忠又说:"邢州原来有一万多户,自从发生战争以后只剩下数百户,损失一天比一天厉害。如果有优良的地方长官像真定张耕、洺水刘肃这样的人去治理,还有可能恢复元气。"朝廷立即派张耕为邢州安抚使,刘肃为副使,于是逃亡的百姓回来从事生产,将邢州升级为顺德府。

癸丑年,跟随世祖出征大理。明年,征讨云南。经常劝告世祖说喜爱生命是天地的恩惠,君临天下的人威武而不随便杀人,因此攻克城池的时候,不滥杀一个人。己未年,跟随世祖讨伐南宋,又以在云南说的话劝告世祖,所到之处保全生命难以计数。

中统元年,世祖登上帝位,向秉忠询问治理天下的主要原则和抚养百姓的好办法，秉忠选择蒙古原有的典章制度，以及中原古代制度中适用于当前的部分，一一列举献上。于是世祖下令建元纪岁，建立中书省，宣抚司等机构。原来朝廷的官员以及隐居于山林的读书人，都得到录用，礼乐典章制度的面貌焕然一新。

秉忠虽在世祖身边，仍然不改旧日的服装，当时人称之为聪书记。至元元年，翰林学士承旨王鹗上奏说："秉忠在藩王府时代就追随皇帝，时间很久，参与密室之中的商议，制定国家的根本大计，他的忠心和贡献，应该得到表扬和尊敬。皇帝即位，所有事物都面目一新，而秉忠仍然穿着旧日的服装使用闲散的名号，令人难以心安。应该让他穿上正式的服装，给予显赫的待遇以示尊重。"世祖看到这件奏书，马上授秉忠以光禄大夫的品秩以及太保的职位，并要他参领中书省事。又下诏将翰林侍读学士窦默的女儿许配给秉忠为妻，赐给他位于有奉先坊的府第，还赐给少府监的官奴隶。秉忠接受任命以后，以天下事为己任，只要与国家大局有关的事，不管大小，知无不言，他的话世祖没有不听的，对他的宠任愈来愈深。平时世祖询问事务，就推荐可以胜任各种工作的人才，凡是看中加以提拔的人，后来都成为名臣。

起初，世祖命秉忠在桓州以东、滦水以北观察地形，选中龙冈建立城市。三年完成，取名开平。后来升为上都，而以燕京为中都。至元四年，又命秉忠建筑中都城，开始建造宗庙和宫殿。至元八年，秉忠上奏，建国号为大元，并将中都改名大都。其他如颁布各种等级的官服，建立朝廷典礼的仪式，发给官吏俸禄，制定设立官员的制度，都是秉忠倡导的，成为元朝一代的法规。

至元十一年，跟随世祖到上都，当地有南屏山，秉忠曾在那里建造精美的房屋供居住之用。这一年秋八月，秉忠无病端端正正坐着便去世了，活了五十九岁。世祖听到消息感到震惊和悲哀，对大臣们说："秉忠为我服务三十多年，小心谨慎，遇到困难危险从不躲避，对我说话从不隐瞒什么。他精通阴阳术数之学，占卜预测将要发生的事情，就像符契相合一样，这只有我了解，其他人是不知道的。"下令用皇宫仓库的钱为秉忠置办丧事，派礼部侍郎赵秉温护送他的棺木回到大都安葬。至元十二年，赠太傅，封赵国公，谥文贞。成宗时，赠太师，谥文正。仁宗时，又进封常山王。

秉忠从小就喜欢读书，到老仍然保持着这一习惯。虽然官位最高，仍然住平常的房子吃素，过淡泊的生活，和过去没有区别。自号藏春散人。经常吟诗作为消遣，他的诗闲散平淡，和本人思想作风相近。著有文集十卷。无子，以兄弟刘秉恕之子兰璋为继承人。

元史卷一百五十八

列传第四十五

姚　枢

姚枢字公茂，柳城人，后迁洛阳。少力学，内翰宋九嘉识其有王佐略，杨惟中乃与之偕觐太宗。岁乙未，南伐，诏枢从惟中即军中求儒、道、释、医、卜者。会破枣阳，主将将尽坑之，枢力辨非诏书意，他日何以复命，乃蹙数人逃入篁竹中脱死。拔德安，得名儒赵复，始得程颐、朱熹之书。辛丑，赐金符，为燕京行台郎中。时牙鲁瓦赤行台，惟事货赂，以枢幕长，分及之。枢一切拒绝，因弃官去。携家来辉州，作家庙，别为室奉孔子及宋儒周敦颐等象，刊诸经，惠学者，读书鸣琴，若将终身。时许衡在魏，至辉，就录程、朱所注书以归，谓其徒曰："曩所授受皆非，今始闻进学之序。"既而尽室依枢以居。

世祖在潜邸，遣赵璧召枢至，大喜，待以客礼。询及治道，乃为书数千言，首陈二帝三王之道，以治国平天下之大经，汇为八目，曰：修身，力学，尊贤，亲亲，畏天，爱民，好善，远佞。次及救时之弊，为条三十，曰："立省部，则庶政出一，纲举纪张，令不行于朝而变于夕。辟才行，举逸遗，慎铨选，汰职员，则不专世爵而人才出。班俸禄，则赃秽塞而公道开。定法律，审刑狱，则收生杀之权于朝，诸侯不得而专，丘山之罪不致苟免，毫发之过免罹极法，而冤抑有伸。设监司，明黜陟，则善良奸宄可得而举刺。阁征敛，则部族不横于诛求。简驿传，则州郡不困于需索。修学校，崇经术，旌节孝，以为育人才、厚风俗、美教化之基，使士不媮于文华。重农桑，宽赋税，省徭役，禁游惰，则民力纾，不趋于浮伪，且免习工技者岁加富溢，勤耕织者日就饥寒。肃军政，使田里不知行营〔往复〕之扰攘。周匮乏，恤鳏寡，使颠连无告者有养。布屯田以实边戍，通漕运以廪京都。倚债负，则贾胡不得以子为母，破称贷之家。广储蓄、复常平以待凶荒，立平准以权物估，却利便以塞幸涂，杜告讦以绝讼源。"各疏（弛）〔施〕张之方，其下本末兼该，细大不遗。世祖奇其才，动必召问，且使授世子经。

宪宗即位，诏凡军民在赤老温山南者，听世祖总之。世祖既奉诏，宴群下，罢酒将出，遣人止枢，问曰："顷者诸臣皆贺，汝独默然，何耶？"对曰："今天下土地之广，人民之殷，财赋之阜，有加汉地者乎？军民吾尽有之，天子何为？异时廷臣间之，必悔而见夺，不若惟持兵权，供亿之需取之有司，则势顺理安。"世祖曰："虑所不及者。"乃以闻，宪宗从之。枢又请置屯田经略司于汴以图宋；置都运司于卫，转粟于河。宪宗大封同姓，敕世祖于南京、关中自择其一。枢曰："南京河徙无常，土薄水浅，舄卤生之，不若关中厥田上上，古名天府陆海。"于是世祖愿有关中。

壬子夏，从世祖征大理，至曲先脑儿之地。夜宴，枢陈宋太祖遣曹彬取南唐不杀一人、市不易肆事。明日，世祖据鞍呼曰："汝昨夕言曹彬不杀者，吾能为之，吾能为之！"枢马上贺曰："圣人之心，仁明如此，生民之幸，有国之福也。"明年，师及大理城，饬枢裂帛为旗，书止杀之令，分号街陌，由是民得相完保。

丙辰，枢入见。或谗王府得中土心，宪宗遣阿蓝答儿大为钩考，置局关中，以百四十二条推集经略宣抚官吏，下及征商无遗，曰："俟终局日，入此罪者惟刘黑马、史天泽以闻，余悉诛之。"世祖闻之不乐。枢曰："帝，君也，兄也；大王为皇弟，臣也。事难与较，远将受祸。莫若尽王邸妃主自归朝廷，为久居谋，疑将自释。"及世祖见宪宗，皆泣下，竟不令有所白而止，因罢钩考局。

世祖即位，立十道宣抚使，以枢使东平。既至郡，置劝农、检察二人以监之，推物力以均赋役，罢铁官。二年，拜太子太师。枢曰："皇太子未立，安可先有太师？"以所受制还中书，事见《许衡传》。改大司农。枢奏曰："在太宗世，诏孔子五十一代孙元措仍袭封衍圣公，卒，其子与族人争求袭爵，讼之潜藩，帝时曰：'第往力学，俟有成德达才，我则官之。'又曲阜有太常雅乐，宪宗命东平守臣辇其歌工舞郎与乐色俎豆至日月山，帝亲临观，饬东平守臣，员阙充补，无辍肄习。且陛下闵圣贤之后《诗》《书》不通，与凡庶等，既命洛士杨庸选孔、颜、孟三族诸孙俊秀者教之，乞真授庸教官，以成国家育材待聘风动四方之美。王镛炼习故实，宜令提举礼乐，使不致崩坏。"皆从之。诏赴中书议事，及讲定条格，且勉谕曰："姚枢辞避台司，朕甚嘉焉。省中庶务，须赖一二老成同心图赞，其与尚书刘肃往尽乃心，其尚无隐。"及修条格成，与丞相史天泽奏之，帝深嘉纳。

李璮谋叛，帝问："卿料何如？"对曰："使璮乘吾北征之衅,濒海捣燕,闭关居庸,惶骇人心,为上策。与宋连和,负固持久,数扰边,使吾罢于奔救,为中策。如出兵济南,待山东诸侯应援,此成擒耳。"帝曰:"今贼将安出?"对曰:"出下策。"初,帝尝论天下人材,及王文统,枢曰:"此人学术不纯,以游说干诸侯,他日必反。"至是,文统果因擅伏诛。

四年,拜中书左丞,奏罢世侯,置牧守。或言中书政事大坏,帝怒,大臣罪且不测者。枢上言:

太祖开创,跨越前古,施治未遑。自后数朝,官盛刑滥,民困财殚。陛下天资仁圣,自昔在潜,听圣典,访老成,日讲治道。如邢州、河南、陕西,皆不治之甚者,为置安抚、经略、宣抚三使司。其法,选人以居职,颁俸以养廉,去污滥以清政,劝农桑以富民。不及三年,号称大治。诸路之民望陛下之拯己,如赤子之求母。先帝陟遐,国难并兴,天开圣人,缵承大统,即用历代遗制,内立省部,外设监司,自中统至今五六年间,外侮内叛继继不绝,然能使官离债负,民安赋役,府库粗实,仓廪粗完,钞法粗行,国用粗足,官吏迁转,政事更新,皆阶下克保祖宗之基、信用先王之法所致。

今创始治道,正宜上答天心,下结民心,睦亲族以固本,建储副以重祚,定大臣以当国,开经筵以格心,修边备以防虞,蓄粮饷以待歉,立学校以育才,劝农桑以厚生。是可以光先烈,成帝德,遗子孙,流远誉。以陛下才略,行此有余。迩者伏闻聪听日烦,朝廷政令日改月异,如木始栽而复移,屋既架而复毁。远近臣民不胜战惧,惟恐大本一废,远业难成,为陛下之后忧,国家之重害。

帝怒为释。

十年，拜昭文馆大学士，详定礼仪事。其年，襄阳下，遂议取宋。枢奏如求大将，非右丞相安童、知枢密院伯颜不可。十一年，枢言："陛下降不杀人之诏。伯颜济江，兵不逾时，西起蜀川，东薄海隅，降城三十，户逾百万，自古平南，未有如此之神捷者。今自夏徂秋，一城不降，皆由军官不思国之大计，不体陛下之深仁，利财剽杀所致。扬州、焦山、淮安，人殊死战，我虽克胜，所伤亦多。宋之不能为国审矣，而临安未肯轻下，好生恶死，人之常情，盖不敢也，惟惧吾招徕止杀之信不坚耳。宜申止杀之诏，使赏罚必立，恩信必行，圣虑不劳，军力不费矣。"又请禁宋鞭背、黥面及诸滥刑。十三年，拜翰林学士承旨。十七年，卒，年七十八，谥曰文献。

枢天质含弘而仁恕，恭敏而俭勤，未尝疑人欺己。有负其德，亦不留怨。忧患之来，不见言色。有来即谋，必反复告之。

子炜，仕为平章政事；从子燧，官至翰林学士承旨，以文章大家知名，卒谥曰文。

译文：

姚枢，字公茂，柳城人，后迁洛阳。少年时代努力学习，内翰宋九嘉认为他有辅佐帝王的才略，于是杨惟中和他一起去朝见太宗。乙未年，讨伐南宋，太宗下诏要姚枢跟随惟中到军中去搜求儒生、道士、和尚、医生和会占卜的人。正好攻破枣阳，主将要将全城居民活埋。姚枢极力争辩，说杀人不是诏书的意思，以后无法向皇帝回报，于是用足踢几个人让他们逃入竹林中，得以免死。攻取德安，得到著名儒生赵复，才开始有程颐、朱熹的著作。辛丑年，皇帝赐金符，任燕京行台郎中。这时牙鲁瓦赤负责燕京行台，只关心收取贿赂，因为姚枢是幕僚之长，分给他一部分。姚枢完全拒绝，弃官而去。将家庭搬到辉州，建立家庙，另外建造房屋奉祀孔子和宋儒周敦颐等人的像，刊印经典使读者得益，读书奏琴，似乎就这样永远生活下去。这时许衡在魏，来到辉州，将程颐、朱熹作注的书抄录回来，对他的学生说："过去教授学习的都不对，现在才知道学问进益的顺序。"接着全家搬来靠近姚枢居住。

世祖为藩王时，派赵璧召姚枢。到来以后，世祖非常高兴，以宾客之礼接待他。问到治世的道理，姚枢写了几千字的文章，首先陈说二帝三王的思想，将治国平天下的主要纲领，集中为八目，即：修身，力学，尊贤，亲亲，畏天，爱民，好善，远佞。其次谈到解决眼前的弊端，有三十条，说："建立中书省六部，这样各项行政措施统一制定，纲举目张，不至于命令朝行而夕改。征辟有才行的人，选举山林遗逸之士，对选用官员采取谨慎的态度，淘汰政府办事人员，不是专门看重贵族官僚门第，人才就会出来。发给官员俸禄，贪赃的途径可以堵塞，而行事公道。制定法律，对刑事案件要审判，将生杀大权收归朝廷，地方长官不能任意而行，这样大罪不至于苟且逃免，小过可以免遭重刑，冤枉之事能够申雪。设立监察机构，明确升降制度，这样善良的人可以举荐，而奸坏之徒能够铲除。停止征敛财物，这样诸王贵族不至于任意压榨索取。精简驿传的作用，这样地方州县不至于为维持驿传而困扰。修建学校，崇尚经术，表彰节孝，作为培育人才、使风俗淳朴和改善教化的基础，这样读书人不至于满足于文章的华丽。重视农桑，放宽赋税，节省徭役，禁止游手好闲，这样民力能够宽裕，不至于趋向虚浮，而且可以防止以工技为业的人愈来愈富，努力种田织布的人却愈来愈饥寒交迫。整顿军政,使民间不知军队来往的骚扰。周济穷困,抚恤孤寡,使苦难无援的人都得到赡养。设置屯田,以充实边境戍守地方的粮食储备;建立漕运,为京师运输粮食。改变高利贷制度,这样胡商不能将利息变成本金,从而使借债之家破产。扩大粮食储蓄,恢复常平仓,作为渡过灾荒的准备。建立平准机构使物价公平。去掉因利乘便的做法,堵塞侥幸的途径。禁止揭人阴私,杜绝词讼的根源。"每条之下都提出施政的办法,谈到起源和结果,大小不漏。世祖为他的才能感到惊奇,遇事必召来询问,而且让他教授世子读经。

宪宗登位,下诏说:凡是赤老温山以南的军民,都由世祖总管。世祖接到诏书,大宴属臣。酒宴结束将散,派人留下姚枢,问道:"刚才群臣都道贺,只有你不说话,为什么?"回答说:"现在天下土地的广大,人民的富庶,财赋的繁多,有超过汉地的吗?汉地军民都归我所有,皇帝怎么办?将来朝廷大臣提出问题,皇帝必然后悔而要夺回去,不如只抓住兵权,供应的需要都从有关部门索取,这样势顺理安。"世祖说:"这是我没有想到的。"便以此上奏,宪宗同意。姚枢又建议在汴梁设屯田经略司对付南宋,在卫州置转运司负责黄河运输粮食事务。宪宗大封同姓,要世祖在南京,关中两处中选择一处。姚枢说:"南京有黄河,流徙不定,土薄水浅,产生盐碱地,不如关中土质上等,古代称为天府陆海。"于是世祖表示愿意得到关中为封地。

壬子年夏天,跟随世祖出征大理。到曲先脑儿,晚上举行宴会,姚枢叙述宋太祖派曹彬取南唐,不杀一人,市场照常营业的故事。第二天,世祖抓着马鞍叫他说:"你昨天晚上说曹彬不杀的故事,我做得到,我做得到!"姚枢在马上祝贺说:"您的心如此仁慈清明,这是百姓的幸运,国家的福气。"明年,军队到大理城，世祖要姚枢撕开布帛作为旗，上面写禁止杀人的命令，分头挂在街道上，因此百姓得到保全。

丙辰年，姚枢晋见世祖。这时有人诬告说，王府深得汉地百姓的拥护。宪宗派阿蓝答儿进行大规模的审查，在关中设局，向经略司、宣抚司的官吏追查一百四十二个问题，下到向商人征税都不放过，说："等到局的工作结束时，与这一罪行有关的只有刘黑马、史天泽二人上报皇帝，其余人员一概处死。"世祖听说后很不高兴。姚枢说："皇帝是君主，又是兄长；大王您是皇弟，又是臣子。此事无法与皇帝较量，疏远了将会有祸害。不如王府中的王妃、公主全都回到朝廷所在地，作长期居住的打算，皇帝的疑心自然会消除。"等到世祖谒见宪宗，两人都哭了，宪宗不让世祖辩白事情就中止了，撤销为审查设置的局。

世祖即位，设立十道宣抚使，以姚枢为东平宣抚使。到东平以后，设置劝农、检察二人进行监督，根据居民的资产摊派赋役，撤销铁官。中统二年，授太子太师。枢说："皇太子没有立，怎么能先有太师呢！"将收到的任命书退还中书省。事情经过见《许衡传》。改任大司农。姚枢上奏说："太宗时期，有诏让孔子五十一代孙孔元措依旧袭封衍圣公。元措死，其子和同族为袭爵发生争吵，告到藩王府。皇帝当时说：'先回家努力学习，等到出现有道德和明智达理的人，我会封他做官。'还有，曲阜保存了金朝太常的雅乐，宪宗曾下令东平的官员将歌工、舞郎与乐器、祭祀用具用车运到日月山，亲临观看，并告诫东平官员，乐工人数缺少要补充，不要停止练习。陛下怜悯圣贤之后不通《诗》《书》，与普通百姓没有区别，已经命洛阳儒生杨庸选择孔子、颜子、孟子三族俊秀的子孙进行教育，请求正式封杨庸为教官,这样可以显示国家重视培养储备人才,会对四方产生影响。王镛熟悉过去的典故,应该让他去管理礼乐,使礼乐不至于消亡。"皇帝全都同意。有诏要他到中书省议事,以及审定《条格》,而且勉励说:"姚枢辞谢台、司的职务,我很赞赏。中书省的事务,需要一两位老成持重的人同心赞助。就让他和尚书刘肃前去,尽心议事,不要有什么隐瞒。"等到《至元条格》修成,和丞相史天泽一起上奏,皇帝非常满意。

李璮谋反,皇帝问姚枢:"你以为怎么样?"回答说:"李璮如能利用我北征的空隙,沿海直攻燕京,封闭居庸关,使人心惊慌,这是上策。与宋议和朕盟,倚仗地势险固可以持久,不断骚扰边境,使我疲于奔走救援,这是中策。如果出兵济南,等待山东诸侯声援接应,那一定会被擒获了。"皇帝说:"现在李贼会采用哪一种?"回答说:"采用下策。"起初,皇帝曾评论天下人才,谈到王文统,姚枢说:"此人学术不纯,到处游说希望得到诸侯的赏识,以后一定会造反。"到此时,王文统果然因李璮事件被处死。

中统四年,任中书左丞。上奏取消诸侯世袭之法,由政府选派地方长官。有人说中书省处理事务问题严重,皇帝大怒,中书大臣可能会受到难以预料的处理。姚枢上奏说:

太祖开创的事业,超过了以往任何一个时期,但来不及进行治理。自此以后的几朝,官多刑滥,百姓穷困,财政困难。陛下天性仁慈圣明,过去在藩王府时,听讲圣人的经典,访问老成的人物,日日讲求治理天下的办法。如邢州、河南、陕西,都是非常难治理的地方,为它们设置了安抚、经略、宣抚三使司。方法是:挑选合适的人担任官职,颁发俸禄使官员能廉洁从公,除去污滥的官吏使政治清明，鼓励经营农桑使百姓富裕起来。不到三年，都说治理得很好。各地百姓希望陛下能拯救他们，就像孩子盼望母亲一样。先皇帝去世，国家出现困难，上天降下的圣人继承皇位，采用历代遗留下来的制度，内立中书省六部，外设监司，从中统初到现在五六年间，外敌的侵犯和内部的叛乱接连不断，然而能够使官员摆脱高利贷，百姓不再为赋役所苦恼，政府的库房大体充实，粮仓基本完备，钞法大体推行开来，国家的费用基本可以支持，官吏迁转，政事更新。这都是陛下能够保持祖宗的基业、相信先王的法度取得的成果。

现在正开始治理，应该上报答天的关怀，下争取民心。和睦亲族使根本巩固，建立太子使皇位继承问题得到解决。确定大臣人选负责国事，开设经筵以正心。修整边备防止外敌来侵，储蓄粮食准备荒年之用。建立学校培养人才，鼓励农桑使人民生活充裕。实行这些措施可以光大祖先的功业，完成皇帝的功德，遗传给子孙后代，声誉流传远方。以陛下的雄才大略，实行这些措施绰绰有余。近来听说陛下听到的事情日益繁多，朝廷的政令经常改变，这就像树木刚栽下就移动，房屋才建成又毁掉。远近臣民无不感到恐惧，只怕根本一废，远大的事业难以成功，成为陛下将来的忧虑问题，国家的重大祸害。

皇帝的恼怒因此消除了。

至元十年，任昭文馆大学士，审定礼仪。这一年，攻下襄阳，便商议攻取南宋。姚枢上奏说，如果要寻求统兵大将，非右丞相安童、知枢密院事伯颜不可。十一年，姚枢说："陛下颁布不杀人的诏书，伯颜渡江，军队没有超过预定的时间，西起蜀川，东到海边，投降的城市三十，户超过百万，自古平定南方，没有如此神速的。但现在从夏到秋,一城不降,这都是军官不考虑国家的大计,不体会陛下的深仁厚德,只贪图财物杀人抢掠造成的。扬州、焦山、淮安、人人拚死作战,我虽然取胜,但伤亡也很多。宋朝灭亡已是很明白的事,而临安不肯轻易投降。好生恶死,人之常情,他们实际上是不敢前来投降,担心我方的招降和禁止杀人的说法靠不住。应该申明禁止杀人的命令,使赏罚一定办到,恩信一定实行,这样不用皇上费心,军力也不需多费了。"又请求禁止宋朝鞭背、黥面和其他滥刑。十三年,任翰林学士承旨。十七年死,年七十八岁,谥文献。

姚枢度量宏大,宽以待人,庄重而俭朴,从不怀疑别人欺骗自己。有人欺骗他,也不记仇。遇到忧患,不动声色。有人来请教,一定反复告知。

子炜,官平章政事。侄子燧,官至翰林学士承旨,是有名的文章大家,死后谥"文"。

许 衡

许衡字仲平,怀之河内人也,世为农。父通,避地河南,以泰和九年九月生衡于新郑县。幼有异质,七岁入学,授章句,问其师曰:"读书何为?"师曰:"取科第耳!"曰:"如斯而已乎?"师大奇之。每授书,又能问其旨义。久之,师谓其父母曰:"儿颖悟不凡,他日必有大过人者,吾非其师也。"遂辞去,父母强之不能止。如是者凡更三师。稍长,嗜学如饥渴,然遭世乱,且贫无书。尝从日者家见《书》疏义,因请寓宿,手抄归。既逃难(岨崃)〔徂徕〕山,始得《易》王辅嗣说。时兵乱中,衡夜思昼诵,身体而力践之,言动必揆诸义而后发。尝暑中过河阳,渴甚,道有梨,众争取啖之,衡独危坐树下自若。

或问之,曰:"非其有而取之,不可也。"人曰:"世乱,此无主。"曰:"梨无主,吾心独无主乎?"

转鲁留魏,人见其有德,稍稍从之。居三年,闻乱且定,乃还怀。往来河、洛间,从柳城姚枢得伊洛程氏及新安朱氏书,益大有得。寻居苏门,与枢及窦默相讲习。凡经传、子史、礼乐、名物、星历、兵刑、食货、水利之类,无所不讲,而慨然以道为己任。尝语人曰:"纲常不可一日而亡于天下,苟在上者无以任之,则在下之任也。"凡丧祭娶嫁,必征于礼,以倡其乡人,学者浸盛。家贫躬耕,粟熟则食,粟不熟则食糠核菜茹,处之泰然,讴诵之声闻户外如金石。财有余,即以分诸族人及诸生之贫者。人有所遗,一毫弗义弗受也。枢尝被召入京师,以其雪斋居衡,命守者馆之,衡拒不受。庭有果熟烂堕地,童子过之,亦不睨视而去,其家人化之如此。

甲寅,世祖出王秦中,以姚枢为劝农使,教民耕植。又思所以化秦人,乃召衡为京兆提学。秦人新脱于兵,欲学无师,闻衡来,人人莫不喜幸来学。郡县皆建学校,民大化之。世祖南征,乃还怀,学者攀留之不得,从送之临潼而归。

中统元年,世祖即皇帝位,召至京师。时王文统以言利进为平章政事,衡、枢辈入侍,言治乱休戚,必以义为本。文统患之。且窦默日于帝前排其学术,疑衡与之为表里,乃奏以枢为太子太师,默为太子太傅,衡为太子太保,阳为尊用之,实不使数侍上也。默以屡攻文统不中,欲因东宫以避祸,与枢拜命,将入谢。衡曰:"此不安于义也,姑勿论。礼,师傅与太子位东西乡,师傅坐,太子乃坐。公等度能复此乎?不能,则师道自我废也。"枢以为然,乃相与怀制立殿下,五辞乃免。改命枢大司农,默翰林侍讲学士,衡国子祭酒。未几,衡亦谢病归。

至元二年，帝以安童为右丞相，欲衡辅之，复召至京师，命议事中书省。衡乃上疏曰：

臣性识愚陋，学术荒疏，不意虚名偶尘圣听。陛下好贤乐善，舍短取长，虽以臣之不才，自甲寅至今十有三年，凡八被诏旨，中怀自念，何以报塞。又日者面奉德音，叮咛恳至，中书大务，容臣尽言。臣虽昏愚，荷陛下知待如此其厚，敢不罄竭所有，裨益万分。孟子以"责难于君谓之恭，陈善闭邪谓之敬"；孔子谓"以道事君，不可则止"。臣之所守，大意盖如此也。伏望陛下宽其不佞，察其至怀，则区区之愚，亦或有小补云。

其一曰：自古立国，皆有规模。循而行之，则治功可期。否则心疑目眩，变易分更，未见其可也。昔子产相衰周之列国，孔明治西蜀之一隅，且有定论，终身由之；而堂堂天下，可无一定之说而妄为之哉？考之前代，北方之有中夏者，必行汉法乃可长久。故后魏、辽、金历年最多，他不能者，皆乱亡相继，史册具载，昭然可考。使国家而居朔漠，则无事论此也。今日之治，非此奚宜？夫陆行宜车，水行宜舟，反之则不能行；幽燕食寒，蜀汉食热，反之则必有变。以是论之，国家之当行汉法无疑也。然万世国俗，累朝勋旧，一旦驱之下从臣仆之谋，改就亡国之俗，其势有甚难者。（切）〔窃〕尝思之，寒之与暑，固为不同。然寒之变暑也，始于微温，温而热，热而暑，积百有八十二日而寒始尽。暑之变寒，其势亦然，是亦积之之验也。苟能渐之摩之，待以岁月，心坚而确，事易而常，未有不可变者。此在陛下尊信而坚守之，不杂小人，不责近效，不恤流言，则致治之功庶几可成矣。

二曰：中书之务不胜其烦，然其大要在用人、立法二者而已矣。近而譬之，发之在首，不以手理而以栉理；食之在器，不以手取而以匕取。手虽不能，而用栉与匕，是即手之为也。上之用人，何以异此。然人之贤否，未知其详，固不可得而遽用也。然或已知其孰为君子，孰为小人，而复患得患失，莫敢进退，徒曰知人，而实不能用人，亦何益哉！人莫不饮食也，独膳夫为能调五味之和；莫不睹日月也，独星官为能步亏食之数者，诚以得其法故也。古人有言曰："为高必因丘陵，为下必因川泽，为政必因先王之道。"今里巷之谈，动以古为诟戏，不知今日口之所食，身之所衣，皆古人遗法而不可违者，岂天下之大，国家之重，而古之成法反可违邪？其亦弗思甚矣！夫治人者法也，守法者人也。人法相维，上安下顺，而宰执优游于廊庙之上，不烦不劳，此所谓省也。

夫立法用人，今虽未能遽如古昔，然已仕者当给俸以养其廉，未仕者当宽立条格，俾就叙用，则失职之怨少可舒矣。外设监司以察污滥，内专吏部以定资历，则非分之求渐可息矣。再任三任，抑高举下，则人才爵位略可平矣。至于贵家之世袭，品官之任子，版籍之数，续当议之，亦不可缓也。

其三曰：民生有欲，无主乃乱，上天眷命，作之君师，此盖以至难任之，非予之可安之地而娱之也。是以尧、舜以来，圣帝明王莫不兢兢业业、小心畏慎者，诚知天之所畀至难之任，初不可以易心处之也。知其为难而以难处，则难或可为；不知为难而以易处，则他日之难有不可为者矣。孔子曰："为君难，为臣不易。"为臣之道，臣已告之安童矣。至为君之难，尤陛下所当专意也。臣请言其切而要者。

夫人君不患出言之难，而患践言之难。知践言之难，则其出言不容不慎矣。昔刘安世行一不妄语，七年而后成。夫安世一士人也，所交者一家之亲、一乡之众也，同列之臣不过数十百人而止耳，而言犹若此，况天下之大，兆民之众，事有万变，日有万机，人君以一身一心而酬酢之，欲言之无失，岂易能哉？故有昔之所言而今日忘之者，今之所命而后日自违者，可否异同，纷更变易，纪纲不得布，法度不得立，臣下无所持循，奸人因以为弊，天下之人疑惑惊眩，且议其无法无信一至于此也。此无他，至难之地不以难处，而以易处故也。苟从《大学》之道，以修身为本，凡一言一动，必求其然与其所当然，不牵于爱，不蔽于憎，不因于喜，不激于怒，虚心端意，熟思而审处之，虽有不中者盖鲜矣。奈何为人上者多乐舒肆，为人臣者多事容悦。容悦本为私也，私心盛则不畏人矣；舒肆本为欲也，欲心盛则不畏天矣。以不畏天之心，与不畏人之心，感合无间，则其所务者皆快心事耳。快心则口欲言而言，身欲动而动，又安肯兢兢业业，以修身为本，一言一动，熟思而审处之乎？此人君践言之难，而又难于天下之人也。

人之情伪有易有险，险者难知，易者易知，此特系夫人之险易者然也。然又有众寡之分焉。寡则易知，众则难知，故在上者难于知下，而在下者易于知上，其势然也。处难知之地，御难知之人，欲其不见欺也难矣。昔包拯刚严峭直，号为明察，然一小吏而能欺之。然拯一京尹耳，其见欺于人，不过误一事、害一人而已。人君处亿兆之上，操予夺进退赏罚生杀之权，不幸见欺，则以非为是，以是为非，其害有不可胜既也。人君惟无喜怒也，有喜怒，则赞其喜以市恩，鼓其怒以张势。人君惟无爱憎也，有爱憎，则假其爱以济私，借其憎以复怨。甚至本无喜也，诳之使喜，本无怒也，激之使怒，本不足爱也，而诳誉之使爱，本无可憎也，而强短之使憎。若是，则进者未必为君子，退者未必为小人，予者未必为有功，夺者未必为有罪，以至赏之、罚之、生之、杀之，鲜有得其正者。人君不悟其受欺也，而反任之以防天下之欺，欺而至此，尚可防邪？大抵人君以知人为贵，以用人为急。用得其人，则无事于防矣。既不出此，则所近者争进之人耳，好利之人耳，无耻之人耳。彼挟其诈术，千蹊万径，以蛊君心，欲防其欺，虽尧、舜不能也。

夫贤者以公为心，以爱为心，不为利回，不为势屈，置之周行，则庶事得其正，天下被其泽，其于人国，重固如此也。夫贤者遭时不偶，务自韬晦，世固未易知也。虽或知之，而无所援引，则人君无由知也。人君知之，然召之命之，泛如厮养，贤者有不屑也。虽或接之以貌，待之以礼，然而言不见用，贤者不处也。或用其言也，而复使小人参之，责小利，期近效，有用贤之名，无用贤之实，贤者亦岂肯尸位素餐以取讥天下哉！此特难进者也，而又有难合者焉。人君处崇高之地，大抵乐闻人过，而不乐于闻己之过，务快己之心，而不务快民之心，贤者必欲匡而正之，扶而安之，如尧、舜之正、尧、舜之安而后已，故其势恒难合。况夫奸邪佞幸，丑正而恶直，肆为诋毁，多方以陷之，将见罪戾之不免，又可望其庶事得其正，而天下被其泽邪！自古及今，端人雅士所以重于进而轻于退者，盖以此耳。大禹圣人，闻善即拜，益犹戒之以"任贤勿贰，去邪勿疑"，后世人主宜如何也？此任贤之难也。

奸邪之人，其为心也险，其用术也巧。惟险也，故千态万状而人莫能知；惟巧也，故千蹊万径而人莫能御。其谄似恭，其讦似直，其欺似可信，其佞似可近，务以窥人君之喜怒而迎合之，窃其势以立己之威，济其欲以结主之爱，爱隆于上，威擅于下，大臣不敢议，近亲不敢言，毒被天下而上莫之知，至是而求去之亦已难矣。虽然，此特人主之不悟者也，犹有说焉。如宇文士及之佞，太宗灼见其情而不能斥；李林甫妒贤嫉能，明皇洞见其奸而不能退。邪之惑人，有如此者，可不畏哉！

夫上以诚爱下，则下以忠报上，感应之理然也。然考之往昔，有不可以常情论者。禹抑洪水以救民，启又能敬承继禹之道，其泽深矣，然一传而太康失道，则万姓仇怨而去者，何邪？汉高帝起布衣，天下影从，荥阳之难，纪信至捐生以赴急，则人心之归可见矣，及天下已定，而沙中有谋反者，又何邪？窃尝思之，民之戴君，本于天命，初无不顺之心，特由使之失望，使之不平，然后怨怒生焉。禹、启爱民如赤子，而太康逸豫以灭德，是以失望；汉高以宽仁得天下，及其已定，乃以爱憎行诛赏，是以不平。古今人君，凡有恩泽于民，而民怨且怒者，皆类此也。夫人君有位之初，既出美言而告天下矣，既而实不能副，故怨生焉。等人臣耳，无大相远，人君特以己之私而厚一人，则其薄者已疾之矣，况于薄有功而厚有罪，人得不怒于心邪？必如古者《大学》之道，以修身为本，一言一动，举可以为天下之法，一赏一罚，举可以合天下之公，则亿兆之心将不求而自得，又岂有失望不平之累哉！

三代而下称盛治者，无如汉之文、景，然考之当时，天象数变，山崩地震未易遽数，是将小则有水旱之灾，大则有乱亡之应，非徒然而已也。而文、景克承天心，一以养民为务，今年劝农桑，明年减田租，恩爱如此，宜其民心得而和气应也。臣窃见前年秋孛出西方，彗出东方，去年冬彗见东方，复见西方。议者谓当除旧布新，以应天变。臣以为曷若直法文、景之恭俭爱民，为理明义正而可信也。天之树君，本为下民。故孟子谓"民为重，君为轻"，《书》亦曰"天视自我民视，天听自我民听。"

以是论之,则天之道恒在于下,恒在于不足也。君人者,不求之下而求之高,不求之〔不〕足而求之有余,斯其所以召天变也。其变已生,其象已著,乖戾之几已萌,犹且因仍故习,抑其下而损其不足,谓之顺天,不亦难乎?

此六者,皆难之目也。举其要,则修德、用贤、爱民三者而已。此谓治本。本立,则纪纲可布,法度可行,治功可必。否则爱恶相攻,善恶交病,生民不免于水火,以是为治,万不能也。

其四曰:语古之圣君,必曰尧、舜;语古之贤相,必曰稷、契。盖尧、舜能知天道而顺承之,稷、契又知尧、舜之心而辅赞之,此所以为法于天下,可传于后世也。夫天道好生而不私,尧与舜亦好生而不私。若"克明俊德",至于"黎民于变","敬授人时",至于"庶绩咸熙",此顺承天道之实也。稷播百谷以厚民生,契敷五教以善民心,此辅赞尧、舜之实也。臣尝复熟推衍,思之又思,参之往古圣贤之言无不同,验之历代治乱之迹无不合,盖此道之行,民可使富,兵可使强,人才可使盛,国势可使重,夙夜念之至熟也。今国家徒知敛财之巧,而不知生财之由;徒知防人之欺,而不欲养人之善;徒患法令之难行,而不患法令无可行之地。诚能优重农民,勿扰勿害,驱游惰之人而归之南亩,课之种艺,恳喻而督行之,十年之后,仓府之积,当非今日之比矣。自都邑而至州县,皆设学校,使皇子以下至于庶人之子弟,皆入于学,以明父子君臣之大伦,自洒扫应对以至平天下之要道,十年已后,上知所以御下,下知所以事上,上下和睦,又非今日之比矣。二者之行,万目斯举,否则他皆不可期也。是道也,尧、舜之道也。孟子曰:"我非尧、舜之道,不敢以陈于王前。"臣愚区区,窃亦愿学也。

其五曰:天下所以定者,民志定,则士安于士,农安于农,工商安于为工商，则在上之人有可安之理矣。夫民不安于白屋，必求禄仕；仕不安于卑位，必求尊荣。四方万里，辐辏并进，各怀无厌无耻之心，在上之人可不为寒心哉！臣闻取天下者尚勇敢，守天下者尚退让。取也守也，各有其宜，君人者不可不审也。夫审而后发，发无不中，否则触事而遽〔喜怒〕，喜怒之色见于貌，言出于口，人皆知之。徐考其故，知其无可喜者则必悔其喜之失，无可怒者则必悔其怒之失，甚至先喜而后怒，先怒而后喜，号令数变，喜怒不节之故也。是以先王潜心恭默，不易喜怒，其未发也，虽至近莫能知其发也，虽至亲莫能移，是以号令简而无悔，则无不中节矣。夫数变，不可也；数失信，尤不可也。周幽无道，故不恤此，今无此，何苦使人之不信也？

书奏，帝嘉纳之。衡自见帝，多奏陈，及退，皆削其草，故其言多秘，世罕得闻，所传者特此耳。衡多病，帝听五日一至省，时赐尚方名药美酒以调养之。四年，乃听其归怀。五年，复召还，奏对亦秘。

六年，命与太常卿徐世隆定朝仪，仪成，帝临观，甚悦。又诏与太保刘秉忠、左丞张文谦定官制，衡历考古今分并统属之序，去其权摄增置冗长侧置者，凡省部、院台、郡县与夫后妃、储藩、百司所联属统制，定为图。七年，奏上之。翌日，使集公卿杂议中书、院台行移之体，衡曰："中书佐天子总国政，院台宜具呈。"时商挺在枢密，高鸣在台，皆不乐，欲定为咨禀，因大言以动衡曰："台院皆宗亲大臣，若一忤，祸不可测。"衡曰："吾论国制耳，何与于人。"遂以其言质帝前，帝曰："衡言是也，吾意亦若是。"

未几，阿合马为中书平章政事，领尚书省六部事，因擅权，势倾朝野,一时大臣多阿之,衡每与之议,必正言不少让。已而其子又有佥枢密院之命,衡独执议曰:"国家事权,兵民财三者而已。今其父典民与财,子又典兵,不可。"帝曰:"卿虑其反邪?"衡对曰:"彼虽不反,此反道也。"阿合马由是衔之,亟荐衡宜在中书,欲因以事中之。俄除左丞,衡屡入辞免,帝命左右掖衡出。衡出及阈,还奏曰:"陛下命臣出,岂出省邪?"帝笑曰:"出殿门耳。"从幸上京,乃论列阿合马专权罔上、蠹政害民若干事,不报。因谢病请解机务。帝恻然,召其子师可入,谕旨,且命举自代者。衡奏曰:"用人,天子之大柄也。臣下泛论其贤否则可,若授之以位,则当断自宸衷,不可使臣下有市恩之渐也。"

帝久欲开太学,会衡请罢益力,乃从其请。八年,以为集贤大学士,兼国子祭酒,亲为择蒙古弟子俾教之。衡闻命,喜曰:"此吾事也。国人子大朴未散,视听专一,若置之善类中涵养数年,将必为国用。"乃请征其弟子王梓、刘季伟、韩思永、耶律有尚、吕端善、姚燧、高凝、白栋、苏郁、姚燉、孙安、刘安中十二人为伴读。诏驿召之来京师,分处各斋,以为斋长。时所选弟子皆幼稚,衡待之如成人,爱之如子,出入进退,其严若君臣。其为教,因觉以明善,因明以开蔽,相其动息以为张弛。课诵少暇,即习礼,或习书算。少者则令习拜跪、揖让、进退、应对,或射,或投壶,负者罚读书若干遍。久之,诸生人人自得,尊师敬业,下至童子,亦知三纲五常为生人之道。

十年,权臣屡毁汉法,诸生廪食或不继,衡请还怀。帝以问翰林学士王磐,磐对曰:"衡教人有法,诸生行可从政,此国之大体,宜勿听其去。"帝命诸老臣议其去留,窦默为衡恳请之,乃听衡还,以赞善王恂摄学事。刘秉忠等奏,乞以衡弟子耶律有尚、苏郁、白栋为助教，以守衡规矩，从之。

国家自得中原，用金《大明历》，自大定是正后六七十年，气朔加时渐差。帝以海宇混一，宜协时正日。十三年，诏王恂定新历。恂以为历家知历数而不知历理，宜得衡领之，乃以集贤大学士兼国子祭酒，教领太史院事，召至京。衡以为冬至者历之本，而求历本者在验气。今所用宋旧仪，自汴还至京师已自乖舛，加之岁久，规环不叶。乃与太史令郭守敬等新制仪象圭表，自丙子之冬日测晷景，得丁丑、戊寅、己卯三年冬至加时，减《大明历》十九刻二十分，又增损古岁余岁差法，上考春秋以来冬至，无不尽合。以月食冲及金木二星距验冬至日躔，校旧历退七十六分。以日转迟疾中平行度验月离宿度，加旧历三十刻。以线代管闚测赤道宿度。以四正定气立损益限，以定日之盈缩。分二十八限为三百三十六，以定月之迟疾。以赤道变九道定月行。以迟疾转定度分定朔，而不用平行度。以日月实合时刻定晦，而不用虚进法。以躔离朓朒定交食。其法视古皆密，而又悉去诸历积年月日法之傅会者，一本天道自然之数，可以施之永久而无弊。自余正讹完阙，盖非一事。十七年，历成，奏上之，赐名曰《授时历》，颁之天下。

六月，以疾请还怀。皇太子为请于帝，以子师可为怀孟路总管以养之，且使东宫官来谕衡曰："公毋以道不行为忧也，公安则道行有时矣，其善药自爱。"十八年，衡病革，家人祠，衡曰："吾一日未死，宁不有事于祖考。"扶而起，奠献如仪。既撤，家人馂，怡怡如也。已而卒，年七十三。是日，大雷电，风拔木。怀人无贵贱少长，皆哭于门。四方学士闻讣，皆聚哭。有数千里来祭哭墓下者。

衡善教，其言煦煦，虽与童子语，如恐伤之。故所至，无贵贱贤不肖皆乐从之,随其才昏明大小皆有所得,可以为世用。所去,人皆哭泣,不忍舍,服念其教如金科玉条,终身不敢忘。或未尝及门,传其绪余,而折节力行为名世者,往往有之。听其言,虽武人俗士异端之徒,无不感悟者。丞相安童一见衡,语同列曰:"若辈自谓不相上下,盖十百与千万也。"翰林承旨王磐气概一世,少所与可,独见衡曰:"先生,神明也。"大德(二)〔元〕年,赠荣禄大夫、司徒,谥文正。至大二年,加正学垂宪佐运功臣、太傅、开府仪同三司,封魏国公。皇庆二年,诏从祀孔子庙廷。延祐初,又诏立书院京兆以祀衡,给田奉祠事,名鲁斋书院。鲁,衡居魏时所署斋名也。子师可。

译文:

许衡字仲平,怀州河内人,世世代代务农为生。父亲许通,避兵乱逃于河南,泰和九年九月许衡生于新郑县。自幼禀赋便与常人不同,七岁进入学校,老师教授他章句,问他的老师说:"读书的目的是什么?"老师说:"为了考试中举。"许衡说:"仅只是为了这些吗?"老师对他暗暗称奇。每次老师给他讲解书籍,都要寻根究底,询问其中的微言大义。时间长了,老师对他的父亲说:"这个孩子聪明不凡,将来必然超过一般人,我担当不了他的老师。"于是辞去,父母尽量挽留,也没有留住。就这样,许衡换了三个老师。年龄稍长了几岁,喜欢学习,就好像又饥又渴的人要吃饭喝水一样,但是正逢上乱世,而许衡家又贫穷,没书。曾经跟随一个算卦的人到他家去,见那人家有《书经疏义》一书,于是就请求住在他家里,抄写完才回来。后来逃难到徂徕山,才得到王辅嗣解说的《易经》。当时正在兵荒马乱之中,许衡夜晚思考,白天朗诵,身体力行去实践,一言一行必要合乎礼仪,然后才去行动。有一次他在炎热的季节路过河阳,口渴得很,道路旁有梨,大家争着去吃,许衡独自正襟危坐在梨树下,没事人一样。有人问他为什么不吃,他说:"不是属于我的东西,怎能去拿取呢?"别人说:"现在世道混乱,这棵梨树没有主人。"许衡说:"梨没有主人,我的心难道也没有主人吗?"

许衡转道鲁国而留在魏国,别人看他是很有德行的人,跟随他学习的人渐渐多了。在魏国住了三年,听说混乱已快要平定了,便回到了怀州。他往来于黄河、洛水之间,从柳城人姚枢那里得到伊洛程氏和新安朱氏的书,大有收获。不久许衡迁居苏门,与姚枢、窦默互相研究探讨。凡经传、子史、礼乐、名物、星历、兵刑、食货、水利之类,无所不讲,许衡慷慨地以继承道学传统作为自己的任务。他曾经对别人说:"伦理纲常一天也不能从天下消失,如果地位高的人担当不起来,地位低的人就要担当起来。"凡是丧祭娶嫁,许衡便追究是否合乎礼,以便在乡中作倡导,学生渐渐多了起来。家里贫穷,亲自种田,粮食丰收时就有饭吃,粮食不足时便吃糠咽菜,许衡能泰然处之,读书之声一直到达窗户之外,就像金属乐器发出的声音那样悦耳动听。财产有多余的,便分给族人和贫苦的学生。有人送他东西,不义之财一丝一毫也不接受。姚枢曾经被召入京城,便把自己的雪斋让给许衡居住,让看守人住在客舍里,但许衡不肯接受这座房屋。他家庭院中果树的果实熟透了掉在地上,小孩子从这里经过,连看也不看就走了,他的家人所受的教育就是这样。

甲寅年,世祖到秦中称王,任命姚枢为劝农使,教百姓耕田。又考虑用什么方法教育秦人,便召许衡为京兆提学。秦人刚刚脱离战火,打算学习,却苦于没有老师,听说许衡来此,人人都争先恐后地来求学。各郡县都设置了学校，百姓都受到了教化。世祖南征，许衡又回到了怀州，学生攀车挽留，但没有结果，跟着送行，一直送到潼关才回来。

中统元年，世祖即皇帝位，把许衡召到了京城。当时王文统因提出赚钱的建议而被任命为平章政事，许衡、姚枢等人入朝任侍从，建言国家从混乱到安定，从破落衰败到繁荣昌盛，一切都应该把义当作根本，王文统对此感到不快。加上窦默天天向世祖面前说他心术不正，文统怀疑许衡与窦默互相配合，便上奏世祖，请求任命姚枢为太子太师，窦默为太子太傅，许衡为太子太保，表面上是尊宠重用他们，实际上是不让他们接近天子。窦默因屡次弹劾文统而没有结果，打算借助东宫太子的庇护以避祸，与姚枢一起接受了任命，打算进宫向世祖拜谢。许衡说："你们这样做与义理不合，这可以置之不论。按照礼法，师傅与太子坐的位置是一东一西，师傅就座后，太子才能坐。你们考虑能做到这一点吗？要是不能，那么当老师的应该遵循的道理，便从我们开始废除了。"姚枢认为许衡说得对，便和窦默怀里揣着任命诏书站立殿下，推辞了五次，才得到批准。世祖改任姚枢为大司农，窦默为翰林侍讲学士，许衡为国子祭酒。不久许衡推说有病辞职还乡。

至元二年，世祖任命安童为右丞相，打算让许衡辅佐他，再次把他召入京师，让他在中书省议论朝政得失。许衡上书说：

为臣我生性愚笨，见识浅陋，学术上荒疏没有建树，不料虚名偶然被圣上您知道了。陛下喜爱贤人，乐于办成善事，善于舍人之短，用人之长，就比如我这没有才能的人，从甲寅年至今，已经十三年了，曾经八次接到诏旨，心中自思，怎样才能报答陛下的恩德。臣又能够天天见到陛下，聆听教诲，恳切叮咛，无所不至，中书省的重大事务，允许臣畅所欲言。臣虽然然昏暗愚钝，蒙陛下知遇之恩，待我这样深厚，敢不竭尽忠诚，给陛下以万分之一的帮助呢？孟子说："以困难的事勉励人，对君王来说叫作恭，陈述好的意见，拒绝邪恶叫作敬。"孔子说："以道义奉事君主，行不通就停止。"为臣所遵循的，大致上也是如此。请求陛下宽恕我无才，体谅我的用心，那么，为臣我这微不足道的愚笨见解，也许对国家小有帮助。

第一，自古以来建立国家，都有规模。遵照这个模式去治理国家，治理的功绩指日可待。不然的话，心存疑问，眼睛迷惑，经常变更国家政策，看不出这有什么好处。昔日子产在周朝衰落时的郑国为相，孔明治理偏在一角的西蜀，其治绩后人自有定论，并终身遵循不变，而堂堂大元天下，难道没有一定的规矩而随便制定政策吗？考查先前的朝代，北方民族能够占有中原地区者，一定要实行汉人的制度才能够长久，因此后魏、辽、金在历史上存在的时间最长，其他朝代做不到这一点，都相继灭亡了，史册上记载得很清楚，可以查考。如果国家仍然居住在北方大漠中，就可以不推行汉人制度了。今天治理国家，还有什么比汉人制度更合适的制度呢？在陆地上行走应该用车，在水上行走应该用船，反过来便不能行走了。幽燕之地吃冷一点的食物，蜀汉之地吃热一点的食物，如果相反，就会发生变故。从这个道理来推论，国家应当推行汉法是没有疑问的。但是国家旧有的习俗传了上万代，世世代代都是显赫家庭出身的人物，一旦要驱使他接受臣仆提出的建议，服从已经灭亡国家的习俗，实行起来有一定难度。我曾经想过，寒冷与炎热，固然不一样，但是从寒冷变炎热，开始只是稍微温和一些，由温和而变为热，由热而变为炎热，积聚了一百八十二天寒冷才消退完。由炎热变为寒冷，道理也是这样，这是积累起来的经验。如果能逐渐地揣摩汉法，等待时日，心坚不变，经常更换一些不合适的旧法，事情不是没有转机的。这就在于陛下尊重相信汉法并能坚持下去，不让小人插手此事，不要指望在短期内取得效果，不要听信流言蜚语，那么治理国家的功效就可有成就了。

第二，中书省的事务非常繁杂，但是主要职责不外乎用人、立法两项而已。打一个近一点的比方，头发在头上，不用手去梳头而用篦梳去梳头；食物在器皿里，不用手去拿着吃而用勺子去舀。这两件事不能用手，但用篦梳与勺子，也就代表了手的功能。天子用人，与这有什么两样呢？当然人是否有才能，不一定知道得很详细，不可能得到一个人，就马上委以重任。不过要是知道谁是君子，谁是小人，仍然患得患失，拿不准是用还是不用，仅仅号称了解人，而实际上不能用人，这又有什么好处呢？每个人都要吃饭，只有厨师才能调和五味；每个人都看得见太阳和月亮，只有星官才能推算出日月盈亏之术，这是因为他们方法得当的缘故。古人有话说"想登高必须凭借丘陵，想到低处去必须凭借河流湖泊，治理天下必须凭借先王留下的那些治国的方法"。如今街谈巷议，动不动就拿古人开玩笑，殊不知现在口里吃的东西，身上穿的衣服，都是古人留下来的成法，是不能违背的，何况天下这样大，国家这么重要，古代的成法反而可以违背吗？这些人也太欠考虑了。治理人靠法律，守法律的是人。人和法律互相联结，上面安定，下情顺达，当宰相大臣的［只要处理好人和法的关系］就能够优哉游哉地坐在庙堂之上，没有烦恼，没有劳累，这就叫作省事。

立法令，用人才，现在虽不能马上做到和古人一样，但是已经当官的要给他俸禄，以培养他为政廉洁的情操；没有当官的，应当从宽制订政策，使他有被任用的机会，这样，不能被任用的怨声就可稍为缓和了。对外设立监察机构以便查处贪污和滥用职权，对内责成吏部定出升官需要什么样的资历，这样一来，资历低而想当大官的人，就慢慢不会提出过分的要求了。有再任和三任的官员，压一压地位高的，提拔一下地位低的，那么其才能的大小与爵位的高低，大致就可以平衡了。至于权贵之家的世袭制度，品级官员恩荫他的儿子，户口登记等，也应陆续提到议事日程上来，不应拖下去了。

第三，百姓生来就有欲望，没有国君就要发生混乱，上天宠爱并赋以重任，做国君和师长，这是把非常难的任务交给国君，不是把他放在很安全的地方让他享乐。因此，从尧、舜以来，聪明睿智的帝王都是兢兢业业，小心谨慎，确实知道天帝给他的是很艰巨的任务，受命之初就没有把事情设想得很容易。知道办事困难就从困难处着手，那么困难或许可以克服；不知道办事的困难而认为很容易办成，那么将来的困难说不定就无法克服了。孔子说："当君王难，当大臣也不容易。"当大臣的道理方法，臣已经告诉安童了。至于当君王的困难，尤其是陛下所应当注意的，臣请求叙述其中迫切而重要的几点。

当天子说什么话都容易，担忧的是做到很难。知道实践自己说的话不容易，说话就不能不谨慎了。从前刘安世言行一致，不说办不到的话，七年之后，终于有成就了。安世只是一个读书人，所交往的是一家中的亲人、一个乡村的群众，和他身份相同的大臣不过数十、百人到顶了，而他说话还这样谨慎，何况天下这么广大，百姓有上兆之多，事情千变万化，每天要处理上万件事情，当君王的以一人之身、一人之心去应酬这么多事情，想做到说话没有失误，哪里是一件容易的事；因此有过去所说的话现在忘记了，今天所下达的命令后来又自己违犯了，一会答应，一会否定，一会一样，一会不同，政令变化无定，因此制度无法刊布，法律无法建立，臣下没有东西可以遵循，奸邪之人乘机作弊，天下的百姓对这种混乱现象疑惑惊诧，无所适从，议论国家没有法制、没有威信，竟到了这种地步。这没有其他原因，是因为非常难办的事情而不当成困难事情，而认为办着很容易的缘故。如能遵循《大学》所说的道理，以提高自身修养作为根本，一句话，一个行动，必须要弄清如何办，为什么要这样办，不因为喜爱谁而受到他的牵制，不因憎恶谁而掩盖掉他的长处，不凭借着一时高兴办事，不因一点小事的刺激而发怒，虚心诚意，办事情要深思熟虑而谨慎处理，虽偶有失误，但不会太多。但就是高居人上的人多数喜欢生活过得舒适惬意，当臣子的多喜欢拍马奉迎。拍马奉迎本是为的私利，私心太盛就不怕别人议论了；生活过得舒适惬意本来是人的欲望，欲心太盛就连天也不怕了。拿不怕天的心和不怕人的心结合在一起，那么他们所干的都是称心快意的事。心里痛快就会想起什么说什么，身体想动就动，哪里还肯兢兢业业，以修身养性作为根本，一言一行，经过深思熟虑而谨慎地去行事呢？这就是当君王的实践自己的话很难、对天下人说话算数就更难了。

　　人的性情真假难辨，有坦荡的，有奸险的，奸险的人们难以知道，坦荡的容易知道，这都是根据一个人的性情是坦荡还是奸险来决定一个人的。这里又有众寡之分。人少就易于了解，人多了就难以对他们了解，因此地位高的人难于了解下边的人，而地位低的人却容易了解上边的人，这是形势决定的。处在难于了解人的地位，驾驭那些难以了解的人，要想不受欺骗是很难的。

从前包拯刚毅威风,严厉正直,号称明于察事,但是一个小官吏就能够欺骗他。然而包拯只是一个京城的负责官员而已,他受人欺骗,不过是耽误一件事、害一个人而已。天子位于亿兆百姓之上,手里掌握着给予、夺回、升迁、降职、赏赐、处罚、存活、杀死的大权,不幸被人欺骗,就会把错的当作对的,把对的当作错的,带来的祸患是无法计算的。天子是不应该有喜怒的,有高兴或愤怒,就有人称赞他的高兴来换取恩惠,煽动他的愤怒以张大自己的势力。天子也不应该有爱憎,有了爱憎,别人就借助爱来达到私人的目的,借助憎恶来复仇泄忿。甚至天子并不高兴,诳哄他让他高兴;本来天子没有恼怒,激他使他发怒;本来他对某些事并无兴趣,诳他称赞他使他对某些事感兴趣;本来对谁也不憎恶,而有人却攻击他使他憎恶。如果是这样,那么前进者未必是君子,后退者未必是小人,给予他的未必是因为他有功,被夺回官职的也不一定有罪,以至于赏、罚、生、杀,没有一件恰当的。天子还没有省悟过来是受了欺骗,反而任用他以防止天下人欺骗自己,欺骗到这种程度,还能够提防吗?从根本上说当君王的以了解人最宝贵,以用人为急务。任用的人得当,就不必事事提防了。既然想不出这个主意,那么天子所亲近的都是争着到天子身边来的人,喜欢捞取好处的人,没有廉耻的人。他们玩弄诈骗之术,千条路,万条道,来蛊惑天子的心,要想防止他们欺诈,就是尧、舜也办不到。

贤能的人把国事放在心上,把怜惜同情别人放在心上,不受利禄的诱惑,不为权势而屈服,把他放在关键位置上,一切事情都会得到正确处理,天下的人都会受到他的恩惠,这样的人对于百姓,对于国家,其重要性就是如此。有才能的人生不逢时,便隐匿声迹,世上的人对他是不易了解的。虽然有人知道他,但没有人推荐他，天子还是没办法知道。即使天子知道了，召见他，任命他，对待他就像厮役一样，有才能的人不屑于干的。虽然对有些人在外表上接见了他，对他也很有礼节，但是不采纳他的意见，有才能的人也不会为天子所用。或者采纳了他的意见，而又使小人参加，责成他们谋小利益，期望他们在短期内取得功效，有使用人才的名声，没有用人才的实际，有才能的人谁肯尸位素餐以取笑于天下人呢？这是人才很难引进的原因，还有难以合作的事情呢？人君处在非常高的地位，大多是喜欢听别人的错误，而不想听到自己有什么错误，务必使自己的心里痛快，而不考虑使百姓的心里痛快，有才能的人看到这一点便想去纠正，使国家安定，好像尧、舜那样正确，尧、舜那样安定才罢休。因此，同天子的态度永远难以契合，更何况奸邪佞幸之人，诋毁正确的，厌恶直率的，对正确而直率的人大肆攻击，千方百计陷害他们，可以预料他们一定会犯罪，又怎能指望他们办事公正，使天下人都能蒙受他们的恩惠呢！从古到今，有才干的人把为国家效劳看得很重，轻易不肯退守田园，正是因为受到信任是一件很不容易的事情啊！大禹是圣人，听说别人有长处，就向他叩拜，他的儿子益还告诫自己"任用贤人不要三心二意，去掉邪恶不要疑虑重重"。后代的天子应如何办呢？这是任用人才的一大难题。

奸佞邪恶之人，他们心底奸险，但是手腕玩得很巧妙。只因为心底奸险，因此他的心理状态千变万化而人们无从知道；只因为手腕玩得巧妙，因此他有千条路万条道，使你抵挡不住。他向人献媚，似乎是对你很恭敬；他拼命攻击别人，给人的印象是很直爽，他的欺骗似乎很能使人相信，他能说会道使你觉得很亲近，一定要观察天子的高兴和恼怒，竭力去迎合他，窃用天子的权势立自己的威风，迎合天子的欲望打算得天子的欢心，天子宠爱于上，威虐施行于下，大臣们不敢议论，亲近的人不敢说出自己的意见，流毒传遍天下而天子一点也不知道，到了这时再想去掉那些奸邪之人已经难了。尽管如此，这还只是那些不能及时省悟的天子，才会出现这样的局面，这里面还有说辞。如宇文士及那样的奸佞，唐太宗非常清楚他的情况而不能把他斥退；李林甫妒贤忌能，唐明皇对他的奸谋了如指掌，但不能把他逐出朝廷。奸邪之人迷惑到了这种地步，怎不使人害怕！

天子以诚心爱护臣下，那么臣下就会用忠贞报答天子，互相感动应合对方，道理就是这样。便是如果考察过去，有不能用常情来解释事物的。大禹治理洪水以救百姓，启又能很恭敬的继承夏禹的事业，对老百姓的恩惠已经很深了，但帝位传到太康，但是暴虐无道，因为千千万万百姓的仇恨怨望而被迫离位，这是为什么呢？汉高帝刘邦起自布衣，天下之人踊跃跟随他，他在荥阳遭难时，纪信甚至捐弃生命去解救他的危难，人心归附他，从这里就可以看出来了，等到天下已经平定，而沙漠中还有造反之人，这又是为什么呢？我曾经考虑过，百姓拥戴天子，是根据天帝的命令来定的，最初并没有不顺从的心理，只是天子使他们失望，使他们忿忿不平，然后产生了怨恨。禹、启爱护百姓如同儿子一样，而太康却纵情欢乐而灭掉了祖宗的恩德，因此百姓感到失望；汉高祖以宽厚仁义得到天下，等到天下平定，便根据自己的爱憎进行赏罚，因此一切都不公平。古往今来的天子，凡是有恩德于百姓，而百姓埋怨甚至恼怒的，都和这种情况相类似。天子即位之初，已经用美好的言辞告诉天下人了，但是执行起来却不能兑现，因此怨恨就产生了。都是天子的臣民，没有大的悬殊，天子出于一已之私利，对一个人特别优厚，那么天子对他薄情的人，对这个人就要忌妒了，更何况天子对他薄情的人，却立有功劳,对他优厚的人,却犯了罪,人们能不从心底感到恼怒吗?必须如古代《大学》所说的道理,天子以修身养性作为根本,一言一行,完全可以被天下之人效法,一赏一罚,完全可以合乎天下人的公论,那么,亿兆人的心不用追求,便会很自然地得到,又哪里会有失望不平的牵累呢?

三代往下称为盛世之治者,莫过于汉朝的文帝、景帝时期,但是考察当时的情况,天象几次发生变化,山崩地震的次数不容易马上调查清楚,从小的方面看有水旱灾害,从大的方面看有叛乱亡国的迹象,天象的变化不是随便发生的。而文帝、景帝能够秉承天意,把养育百姓作为自己的主要任务,今年劝勉百姓种好农田,明年减轻地租,对百姓如此爱惜,很自然地能得到民心,祥瑞的气氛也出现了。为臣看到前年秋季,孛星出现在西方,彗星出现在东方,去年冬天彗星出在东方,又出现在西方。议论的人认为应当除旧布新,以便和天象变化相应和。为臣认为不如直接效法文帝、景帝谦恭节俭,爱护百姓,这样,道理明白,行为端正,百姓相信。天帝树立一个君主,本来是为下层百姓,因此孟子说"百姓重要,君王的分量便轻"。《书经》也说"天帝看待万物,是根据百姓的看法而定;天帝听取意见,是根据百姓的意见"。从这点来看,天帝的道理经常在下边,经常在不富裕的人那里。当君王的人,不从下层百姓中寻求治国之道,反而从高级官员中寻求;不从不富裕的人那里寻求,反而从家产富有的人那里寻求,这就是招致天变的原因,等到天变已经发生,迹象已经显露,紊乱反常的现象已经萌芽,还要沿袭过去的习俗去治国,压抑下层百姓并损害不富裕的人的利益,说是顺应了天帝的意志,不是很难的吗?

以上六点,都是难于治国的大致情况。其中最重要的,就是修明道德、任用贤人、爱护百姓三条罢了。这叫作治本。根本建立了，制度就可以公布，法律就可以执行，治理的功业就一定能够成功。不然的话，好人和恶人互相攻击，美好的和丑恶的现象交织在一起，百姓生活在水深火热之中，照这样的现状治理国家，是万万不行的。

第四，人们说古代的圣君，必说尧、舜；一提起古代贤明的宰相，必定说稷、契。就因为尧、舜能够预知天体运行的规律并适应配合它，稷、契又知道尧、舜的心理，从而辅佐他们，因此能够为天下人做出榜样，并流传于后世。天帝的规律是喜爱广大百姓而不自私自利，尧与舜也是如此。如果天子能圣明并有良好的道德，百姓就会起变化；很虔诚地给予人们以发展的机会，达到人人都有成绩，个个都很高兴的地步，这才是顺应天体运行规律的实事。为臣我曾经推究探讨过历史上发生的那些事情，再三思考，参照古代圣贤的话，和现在的情况，没有什么不同。验证古代治理得好和混乱的情况，和现在没有什么两样，如果按照天帝的旨意去做事，百姓能够富裕，军队能够强大，人才能够兴旺，国力能够加大分量。这是我日夜思考的几件事。如今国家只知道如何巧妙地聚敛钱财，而不知道用什么方法聚积钱财；只知道防止被人欺骗，而不打算怎样把人培养成完善的人；只是忧虑法令难以执行，而不忧虑法令并无可以执行的地方。如果能重视并给农民以优惠，不要打扰他们，不给他们带来灾难，把游手好闲的人驱赶到田地里劳动，教他们如何种庄稼，恳切晓谕并督促执行，十年以后，仓库里堆积的粮食，就不是今天所能比拟了。从京城到各郡县都设立学校，使皇太子以下以及百姓家的子弟，都进入到学校去，让他们懂得父子、君臣的伦理，从洒扫庭院、诗文应对以至于治国平天下的重要道理，都要知道，十年以后，天子知道怎样治理好天下人，天下人知道怎样为君王服务，上下和睦，肯定要比现在的情况好多了。按天帝的意志办事，让百姓子弟入学读书，这两件事能否实行，成千上万只眼睛都在盯着看。这两件事情办不好的话，其他事情都不可能指望成功了。这个道，就是尧、舜之道。孟子说："不是尧、舜的主张和学说，我不敢报告给天子。"为臣是一个愚钝不足道的人，心里也愿向孟子学习。

第五，天下之所以安定的原因，是因为百姓志向安定，读书人安于读书，农夫安于种田，工商业者安于工商，那么在上层的人就有安定的依据了。老百姓不安心居住在茅草屋中，一定要求当官拿俸禄；当官的人不安于当小官的地位，要求当大官。天下四方，千里万里，都像车辐条向着车轴延伸一样，各人都怀着贪得无厌，没有廉耻的心理，最高层的统治者会不感到寒心吗？臣听说取得天下靠崇尚勇敢，保有天下靠谦恭退让，不管是取是守，都有自己的方式，当天子的不能不清楚这一点啊！清楚后治国要有的放矢，只要把箭射出去，没有射不中的道理，不然的话，遇见事情便容易马上高兴，或马上发怒，高兴和发怒见之于脸色，言论从口中出来，人人都知道了。慢慢考察其中的原因，知道其中的有些人没有可高兴的事而高兴，他就后悔这个高兴是失误；没有可以发怒的事情而发怒，必定后悔发怒是个失误，有的人甚至先高兴后发怒，或先发怒而后高兴，发号施令经常有变化，喜怒不加节制，这就是有些人忽喜忽怒的原因。因此先前的帝王安下心来，谦恭沉默，不轻易高兴或发怒，某项政策还未实施时，虽然和他很亲近的人也不知道他要发号施令，虽然最亲近的人也不能动摇他的决心，因此他号令简明而不后悔，所发命令没有不符合事物发展规律的。政策不能老是变化，尤其对国人不能老是失信，周幽王无道，不懂得这些道理，现在没有这种现象，何苦使天下人对天子不相信呢？

奏折送上去，世祖很高兴地采纳了。许衡自从见到天子，陈奏了许多事情，等到退朝以后，就把草稿都删削了，因此他的言论大多不公开，很少有人知道，流传下来的只有一篇奏折。许衡多病，天子允许他五天到一次中书省，不时赏赐皇家的名药美酒，用来调养身体。至元四年，允许他回到怀州，次年又召回朝廷，他的奏折以及和天子之间的对话，都秘而不宣。

至元六年，受命与太常卿徐世隆制定朝廷礼仪，既成之后，天子亲临参观，甚为高兴。又下诏与太保刘秉忠、左丞张文谦制定官制，许衡考核了古往今来分开、合并及隶属关系的次序，去掉其中的暂时代理、新增添的、多余的、分支的机构，凡中书省各部、枢密院、御史台、郡县以及后妃、藩臣、其他衙门的隶属统治关系，制成图表。至元七年，上奏给世祖。第二天，世祖让许衡召集公卿大臣议论尚书省、枢密院、御史台行文的格式，许衡说："中书省帮助天子总理国政，枢密院、御史台应该呈请。"当时商挺在枢密院，高鸣在御史台，都不高兴，打算定为咨禀，并拿大话威胁许衡说："枢密院、御史台都是宗亲大臣在担任职务，得罪了他们，祸患就不能预测了。"许衡说："我是讨论国家制度，与谁担任什么职务有何关系。"便和商挺等人在天子面前辩论，世祖说："许衡说得对，我的意见也是如此。"

不久，阿合马任中书平章政事，领导尚书省六部事务，专权，势力轰动朝野，一时之间，大臣们都去拍马奉承他，许衡每次和他商议事情，都坚持正义，一点也不退让。过了不久阿合马的儿子又被任命为佥枢密院使，许衡一人坚持异议说："国家大事，不过是军权、政权、财权三项而已。如今他的父亲掌握政权、财权，儿子又掌管军权，不妥当。"世祖说："你忧虑他会反叛吗？"许衡回答说："他虽不会反叛，但这样做不合乎道理。"阿合马因此恨他，积极推荐许衡应在中书省任职，以便借机会中伤他。不久许衡被任命为中书左丞，许衡多次推辞不就，世祖命身边的侍从把他拉出去，许衡走到门槛时返回来奏道："陛下命我出来，是出中书省吗？"世祖笑着说："是出殿门。"跟随世祖到上京，便罗列阿合马专权欺上、危害政治、祸害百姓等若干件事，世祖没有回答。于是称病请求解除职务。世祖有点悲伤，把他儿子师可召来，并且下旨让许衡推荐代替自己的人，许衡上奏说："用人，是天子的大权，臣下泛泛议论某人是否称职还可以，如果让谁担任什么官职，应当由天子独断，不可使臣下有出卖恩惠的嫌疑。"

世祖早就想开建太学，适逢许衡坚持告老还乡，便答应了他的请求。至元八年，任命许衡为集贤殿大学士兼国子祭酒，世祖亲自挑选蒙古人子弟，让许衡教导。许衡听到这项任命，高兴地说："这是我应该做的事。全国人朴实无华之风还未丢失，干什么事都能专心致志，如果把他们放在良善之人中熏陶数年，将来必能为国家所用。"便请求征召他的弟子王樟、刘季伟、韩思永、耶律有尚、吕端善、姚燧、高凝、白栋、苏郁、姚瞬、孙安、刘中十二人任伴读。天子下诏让他们乘驿车来京师，分到各斋中任斋长。当时所选的学生年纪小，许衡对待他们像成年人那样，爱护他们像儿子那样，出入学校前进后退，严格得像君臣关系。他教育的方法，根据他省悟的程度让他明白什么是善，借助他的聪明以启发他的闭塞，审察他行动的信息决定对他应该紧张或是松弛。读书闲暇时，就演习礼节，或学习书法、算术。年龄小的让他们学习拜跪、作揖逊让、前进后退、应对等礼节，或射箭，或投壶，输了要罚读书若干遍。时间长了，学生们人人都从中找到了乐趣，尊敬老师，热爱专业，就是儿童也知道三纲五常是世上的人应该遵循的规矩。

至元十年，执掌大权的大臣多次诋毁汉法，学生连吃饭都维持不下去了，许衡请求回到怀州去。世祖询问翰林学士王磐，王磐回答说："许衡教育学生有方，学生马上就能从政，这事有关国家大局，不应该让许衡走。"世祖命令诸位老臣商议许衡的去留问题，窦默替许衡恳求说情，世祖才允许许衡回去，任命赞善王恂代理学校事务。刘秉忠等人上奏，请求让许衡的弟子耶律有尚、苏郁、白栋任助教，以便遵守许衡制定的学规，世祖答应了。

国家自取得中原后，使用金朝的《大明历》，自从大定年间订正后已六七十年了，气朔加时渐渐有了误差。世祖认为如今天下统一，应该纠正时日。至元十三年，下诏王恂制定新历法。王恂认为历家知道历的计算方法而不知其原理，应该让许衡领导，便任他为集贤大学士兼国子祭酒，教导率领太史院事务，召他来京师。许衡认为冬至这一天是历法的根本，而寻求历法的根本在于检验天气。现在所用的是宋朝的旧仪器，从汴京运到京师已经舛误了，加上年月既久，规环不谐调。便和太史令郭守敬等人新制仪象圭表，从丙子年冬天开始，天天测量晷景，得到丁丑、戊寅、己卯三年冬至增加时间，减去《大明历》十九刻二十分，又增加减少古岁岁余差法，往上考察春秋以来冬至这一天，完全吻合。用月食冲及金木二星距离验证冬至日躔，校以旧历退七十六分。以太阳运转快慢的平行度验证月离宿度，增加旧历三十刻。用线代替管子去窥测赤道的宿度。用四正定气定立增加或是减少的限度，以此来确定每天长了或是缩短了。分二十八限为三百三十六，来确定月亮的迟或是慢。把赤道变为九道来确定月亮的运行。用快慢转定度来分定朔，而不用平行度。用日月实际交合的时刻来确定每月的最后一天，而不用虚定法。用躔离總緾来确定交食。许衡使用的方法比古代完备，又完全去掉了其他历法中积年月日方法中的附会部分，完全根据天道自然的规律，可以永久使用而不产生弊端。其他纠正讹误补完缺少等，不止一件事。至元十七年，历法修成，呈奏给世祖，世祖赐名叫《授时历》，颁行于天下。

六月间，因疾病请求回到怀州，皇太子请示世祖，以许衡的儿子师可任怀孟路总管赡养许衡，并命东宫官晓谕许衡说："你不要为你的主张无法施行而担忧，只要你身体健康，会有机会施行的，你要善于用药，爱护身体。"至元十八年，许衡的病沉重，家中人天天祷告，许衡说："我一天不死，岂可不祭祀祖先？"家人搀扶着他，按照礼节拜了祖先。完成仪式之后，全家人一起吃饭，都显出高兴的样子。一会儿许衡就去世了，年龄七十三岁。这一天，雷鸣电闪，大风拔掉了树木。怀州人无论贵贱老幼，都在家门口痛哭。四邻左右的读书人听到许衡逝世的消息，都聚在一起痛哭。有从数千里之外到许衡墓下痛哭者。

许衡善于教育人，他言语温和，即使与儿童对话，也怕伤着他，因此许衡所到之处，不论贵贱有才能或没才能的人，都乐意跟随他，根据他们的才能，不管是聪明、糊涂，才大才小，都能从许衡那里学到东西，可以对社会有用。他死去时，人们都泣不成声，不忍心离开他，执行他的教导如金科玉律，终身不敢忘。有人没有到许衡门下读书，只是得到了他一点学问，便努力去施行并成名者，所在多有。听许衡讲话，即使武夫、平常人或者持不同见解的人，没有不受到感动而悔悟的。丞相安童一见许衡，便对同僚说：“你们这些人自己说和许衡不相上下，实际上是用十百跟千万相比，差距太大了。”翰林承旨王磐气派与人不同，他服气的人很少，唯独见了许衡说：“许先生，真是神明呀！”大德元年，追赠荣禄大夫、司徒，谥号文正。至大二年，加衔为正学垂宪佐运功臣、太傅、开府仪同三司，封魏国公。皇庆二年，天子下诏在孔子庙立像陪祀。延祐初年又在京兆建立书院以祭祀许衡，拨给田亩，用收成来供祭祀之用，取名为鲁斋书院。鲁斋是许衡在魏郡居住时所题字的书斋名字。许衡的儿子叫师可。

元史卷一百六十一

列传第四十八

刘　整

刘整字武仲，先世京兆樊川人，徙邓州穰城。整沉毅有智谋，善骑射。金乱，入宋，隶荆湖制置使孟珙麾下。珙攻金信阳，整为前锋，夜纵骁勇十二人，渡堑登城，袭擒其守，还报。珙大惊，以为唐李存孝率十八骑拔洛阳，今整所将更寡，而取信阳，乃书其旗曰赛存孝。累迁潼川十五军州安抚使，知泸州军州事。

整以北方人，抃西边有功，南方诸将皆出其下，吕文德忌之，所画策辄摈沮，有功辄掩而不白，以俞兴与整有隙，使之制置四川以图整。兴以军事召整，不行，遂诬构之，整遣使诉临安，又不得达。及向士璧、曹世雄二将见杀，整益危不自保，乃谋款附。

中统二年夏，整籍泸州十五郡、户三十万入附。世祖嘉其来，授夔府行省，兼安抚史，赐金虎符，仍赐金银符以给其将校之有功者。俞兴攻泸州，整出宝器分士卒，激使战，战数十合，败之。复遣使以宋所赐金字牙符及佩印入献，请益屯兵、厚储积为图宋计。

三年，入朝，授行中书省于成都、潼川两路，赐银万两，分给军士之失业者，仍兼都元帅，立寨诸山，以扼宋兵。同列嫉整功，将谋陷之，整惧，请分帅潼川。七月，改潼川都元帅，宣课茶盐以饷军。四年五月，宋安抚高达、温和，进逼成都，整驰援之。宋兵闻赛存孝至，遁去，将掎潼川，又与整遇于锦江而败。至元三年六月，迁昭武大将军、南京路宣抚使。

四年十一月，入朝，进言："宋主弱臣悖，立国一隅，今天启混一之机。臣愿效犬马劳，先攻襄阳，撤其扞蔽。"廷议沮之。整又曰："自古帝王，非四海一家，不为正统。圣朝有天下十七八，何置一隅不问，而自弃正统邪！"世祖曰："朕意决矣。"五年七月，迁镇国上将军、都元帅。九月，偕都元帅阿术督诸军，围襄阳，城鹿门堡及白河口，为攻取计，率兵五万，钞略沿江诸郡，皆婴城避其锐，俘人民八万。六年六月，擒都统唐永坚。七年三月，筑实心台于汉水中流，上置弩炮，下为石囷五，以扼敌船。且与阿术计曰："我精兵突骑，所当者破，惟水战不如宋耳。夺彼所长，造战舰，习水军，则事济矣。"乘驿以闻，制可。既还，造船五千艘，日练水军，虽雨不能出，亦画地为船而习之，得练卒七万。八月，复筑外围，以遏敌援。

八年五月，宋帅范文虎遣都统张顺、张贵，驾轮船，馈襄阳衣甲，邀击，斩顺，独贵得入城。九月，升参知河南行中书省事。九年（三）〔正〕月，加诸翼汉军都元帅。襄阳帅吕文焕登城观敌，整跃马前曰："君昧于天命，害及生灵，岂仁者之事！而又龌龊不能战，取羞于勇者，请与君决胜负。"文焕不答，伏弩中整。三月，破樊城外郭，斩首二千级，擒裨将十六人。谍知文焕将遣张贵出城求援，乃分部战舰，缚草如牛状，傍汉水，绵亘参错，众莫测所用，九月，贵果夜出，乘轮船，顺流下走，军士觇知之，傍岸蓺草牛如昼，整与阿术麾战舰，转战五十里，擒贵于柜门关，余众尽杀之。

十一月，诏统水军四万户。宋荆湖制置李庭芝以金印牙符，授整汉军都元帅、卢龙军节度使，封燕郡王，为书，使永宁僧持送整所，期以间整。永宁令得之，驿以闻于朝，敕张易、姚枢杂问，适整至自军，言宋怒臣画策攻襄阳，故设此以杀臣，臣实不知。诏令整复书谓："整受命以来，惟知督厉戎兵，举垂亡孤城耳。宋若果以生灵为念，当重遣信使，请命朝廷，顾为此小数，何益于事！"

时围襄阳已五年，整计樊、襄唇齿也，宜先攻樊城。樊城人以栅蔽城，斩木列置江中，贯以铁索。整言于丞相伯颜，令善水者断木沉索，督战舰趋城下，以回回炮击之，而焚其栅。十年正月，遂破樊城，屠之。遣唐永坚入襄阳，谕吕文焕，乃以城降。上功，赐整田宅、金币、良马。

整入朝，奏曰："襄阳破，则临安摇矣。若将所练水军，乘胜长驱，长江必皆非宋所有。"遂改行淮西枢密院事，驻正阳，夹淮而城，南逼江，断其东西冲。十一年，升骠骑卫上将军、行中书左丞，宋夏贵悉水军来攻，破之于大人洲。十二年正月，诏整别将兵出淮南，整锐欲渡江，首将止之，不果行。丞相伯颜入鄂，捷至，整失声曰："首帅止我，顾使我成功后人，善作者不必善成，果然！"其夕，愤惋而卒，年六十三。赠龙虎卫上将军、中书右丞，谥武敏。

子垣，尝从父战败笞万寿于通泉；埏，管军万户；均，榷茶提举；垓，都元帅。孙九人，克仁，知房州。

译文：

刘整，字武仲，祖先是京兆樊川人，后来迁移邓州穰城。刘整深沉刚毅而有智谋，善于骑马射箭。金末天下大乱，投奔宋朝，隶属于荆湖制置使孟珙手下。孟珙攻打金国所属信阳县，刘整任先锋，在一天夜里派出骁勇战士十二人，渡过城河登上了城墙，发动突然袭击，活捉了守城的将领，派人向孟珙告捷。孟珙大为吃惊，他认为五代时后唐李存孝率领十八名士兵能够攻克洛阳，这已是奇迹，而今刘整领的兵更少，竟然能占领信阳，便在刘整军中的旗帜上写上赛存孝三字。多次提升任潼川十五军州安抚使，知泸州军州事。

刘整是北方人，捍卫西部边疆有功，南方人出身的几位将领都没他立功多，吕文德非常忌妒他，凡是刘整所献的计策，往往加以阻挠，刘整立了战功，也不往上呈报，因为俞兴与刘整有矛盾，便命俞兴为四川制置使以便打击刘整。俞兴借口商议军事召见刘整，刘整不去，俞兴就编织了刘整很多罪状，刘整派人到临安上诉，又到不了天子跟前。后来向士璧、曹世雄二将被杀，刘整更加感到危险，恐怕自己不能保全，便考虑投降蒙古。

中统二年夏天，刘整登记了泸州十五郡、三十万户的户口，归降蒙古。世祖对他的投降很满意，授他为夔府行省，兼任安抚使，赏赐给金虎符，又赐给金银符，让刘整给予有功的将领。俞兴进攻泸州，刘整拿出金银宝器分给士兵，激励他们奋勇作战，打了几十个回合，终于把俞兴打败。刘整又派人把宋朝赏赐给他的金字牙符和佩印入朝献给世祖，请求增强屯驻的兵力，多多贮存粮食，为灭亡宋朝作准备。

中统三年，刘整入朝，世祖命他在成都、潼川设立行中书省，赏赐白银万两，分给失业的士兵，让刘整兼任都元帅，在各个山上建立寨堡，以阻遏宋兵来侵。刘整的同僚忌妒他，打算陷害他，刘整害怕了，请求到潼川带兵。七月间，刘整改任潼川都元帅，专门管理茶税盐税作为军饷。中统四年五月，宋朝将领高达、温和进逼成都，刘整率兵马上增援，宋朝士兵听说赛存孝来了，赶紧撤兵，打算改道进攻潼川，在锦江又和刘整遭遇，打了败仗。至元三年六月，升为昭武大将军、南京路宣抚使。

至元四年十一月，刘整入朝，向世祖献计说："宋朝天子暗弱，大臣强横，国土只占一个角落，是上天赏赐给我们了一个统一的机会。为臣我愿效犬马之劳，首先攻拔襄阳，撤除宋朝的屏障。"但这个意见在朝廷上讨论时被否决了。刘整又说："自古以来的帝王，如果天下没有统一，就算不上正统。我们圣朝占领了天下十分之七八的地盘，为什么听任宋朝占领一个角落之地而不过问，自己放弃正统呢？"世祖说："朕的决心已经定了。"至元五年七月，刘整升任镇国上将军、都元帅。九月间，偕同都元帅阿术督促诸军围攻襄阳，在鹿门堡、白河口筑城，为夺取襄阳作准备，并率兵五万，抢掠宋朝沿江的各个城池，这些城都闭城自守以躲避刘整的兵锋，俘虏宋朝百姓八万人。至元六年六月，活捉宋朝都统唐永坚。至元七年三月，在汉水江心修建了一座实心台，上边设置弓箭大炮，下面设置五个石囤，用来防止宋朝船只进攻。刘整又和阿术商议说："我朝精兵突袭敌人，谁阻挡就会失败，只有水上作战不如宋朝。夺取他们的长处，制造战舰，练习水军，事情就成功了。"阿术乘驿车把此事上奏给天子，得到了批准。回来之后，造船五千艘，每天操练水军，虽然下雨不能出来，也在地上画出一片当船练习，得到训练有素的士兵七万人。八月间，又修筑了外围的防御措施，以遏制宋军来援助襄阳。

至元八年五月，宋朝元帅范文虎派都统张顺、张忠，架着轮船往襄阳城中运送衣服、盔甲，刘整率兵在半路截击，杀死张顺，只有张贵得以入城。九月间，刘整升任参知河南行中书省事。九年正月，加封为诸翼汉军都元帅。襄阳城中宋朝守将吕文焕登城观战，刘整跃马向前说："将军你不懂得天命，危害到百姓性命，这岂是仁义之人所应干的事情！你又龟缩在城里，不敢出来作战，勇猛之士对此感到羞耻，我请求与你一决雌雄好吗？"吕文焕不回答，用埋伏在城墙上的弓箭射中了刘整。三月间，元军攻破樊城的外城，斩首二千人，活捉宋朝偏将十六人。侦察到吕文焕将派张贵出城求援，便分出部分舰只，把青草绑成黄牛的样子，沿着汉水两岸，绵延不绝，纵横交错地陈放着，众人都猜不出刘整用意何在。九月间，张贵果然在夜里出城，乘着轮船，顺流而下，元军知道了，便把汉水沿岸的草牛点燃，天空明亮得如同白昼一样，刘整与阿术指挥战舰攻击，转战五十里，在柜门关把张贵捉住，其余被俘的宋兵全部处死。

至元八年十一月，世祖下诏让刘整统率水军四万户。宋朝荆湖制置使李庭芝拿着金印牙符，授刘整为汉军都元帅、卢龙军节度使，封为燕郡王，并写了一封信，派永宁寺的僧人送到刘整那里去，期望用反间计使刘整受到猜疑。永宁县县令得到了这封信，用驿传把信送到了朝廷，世祖下旨让张易、姚枢审问此案，适逢刘整从军中来京师，为自己辩护说，宋朝对臣设计出谋进攻襄阳感到愤怒，因此才制造出这条反间计，让天子杀死我，我实在不知道宋朝书信的内容。世祖下诏让刘整给宋朝复信，信中说："我刘整自受命令以来，只知道督促兵马，攻下将要灭亡的孤城。宋朝如果真的爱惜百姓生命，应当重新派出可靠的使臣，向我朝朝廷请命，玩弄小权术，对事情有什么好处呢！"

当时襄阳已被围五年，刘整认为樊城、襄阳唇齿相依，应该先攻樊城。樊城人用栅门捍卫城市，砍掉树木陈列长江中，用铁索贯穿起来。刘整献计于丞相伯颜，命令善于泅水的人砍断树木，把铁索沉入江底，率领战舰冲到城下，用回回炮轰城，用火焚烧栅门。至元十年正月，元军攻破樊城，将城中人全部杀死。又派唐永坚进入襄阳城，晓谕吕文焕，文焕献出襄阳投降。论功行赏，赏赐刘整田地、宅院、金币、良马。

刘整入朝，上奏说："襄阳已被攻破，临安就动摇不稳了，如果用我们所操练的水军乘胜长驱而上，长江流域必然不会为宋人所有。"天子改任他为行淮西枢密院事，驻扎正阳，夹着淮水建城，向南威逼长江，断绝宋朝东西交通的通道。十一年，升任骠骑卫上将军、行中书左丞，宋将夏贵调动所有水军前来进攻，被刘整败之于大人洲。至元十二年正月，天子下诏让刘整另外率兵从淮南出击，刘整跃跃欲试渡过长江，被为首的将领制止，没有成行。丞相伯颜进入鄂州，捷报传来，刘整失声痛哭说："元帅制止我渡江，使我没有别人立功多，善于开始者不必善于收尾，果然如此！"这天晚上，刘整忧愤而死，年六十三岁。天子追赠龙虎卫上将军、中书右丞，谥号武敏。

儿子刘坦，曾跟随父亲在通泉打败宋将昝万寿；刘埏，任管军万户；刘均，任榷茶提举；刘垓，任都元帅。孙子九人，其中的克仁任房州知州。

元史卷一百七十二

列传第五十九

赵孟頫

赵孟頫字子昂，宋太祖子秦王德芳之后也。五世祖秀安僖王子偁，四世祖崇宪靖王伯圭。高宗无子，立子偁之子，是为孝宗，伯圭，其兄也，赐第于湖州，故孟頫为湖州人。曾祖师垂，祖希永，父与訔，仕宋，皆至大官；入国朝，以孟頫贵，累赠师垂集贤侍读学士，希永太常礼仪院使，并封吴兴郡公，与訔集贤大学士，封魏国公。

孟頫幼聪敏，读书过目辄成诵，为文操笔立就。年十四，用父荫补官，试中吏部铨法，调真州司户参军。宋亡，家居，益自力于学。

至元二十三年，行台侍御史程巨夫，奉诏搜访遗逸于江南，得孟頫，以之入见。孟頫才气英迈，神采焕发，如神仙中人，世祖顾之喜，使坐右丞叶李上，或言孟頫宋宗室子，不宜使近左右，帝不听。时方立尚书省，命孟頫草诏颁天下，帝览之，喜曰："得朕心之所欲言者矣。"诏集百官于刑部议法，众欲计至元钞二百贯赃满者死，孟頫曰："始造钞时，以银为本，虚实相权，今二十余年间，轻重相去至数十倍，故改中统为至元，又二十年后，至元必复如中统，使民计钞抵法，疑于太重。古者，以米、绢民生所须，谓之二实，银、钱与二物相权，谓之二虚。四者为直，虽升降有时，终不大相远也，以绢计赃，最为适中。况钞，乃宋时所创，施于边郡，金人袭而用之，皆出于不得已。乃欲以此断人死命，似不足深取也。"或以孟頫年少，初自南方来，讥国法不便，意颇不平，责孟頫曰："今朝廷行至元钞，故犯法者以是计赃论罪，汝以为非，岂欲沮格至元钞耶？"孟頫曰："法者，人命所系，议有重轻，则人不得其死矣。孟頫奉诏与议，不敢不言。今中统钞虚，故改至元钞，谓至元钞终无虚时，岂有是理！公不揆于理，欲以势相陵，可乎！"其人有愧色。帝初欲大用孟頫，议者难之。

二十四年六月，授兵部郎中，兵部总天下诸驿。时使客饮食之费，几十倍于前，吏无以供给，强取于民，不胜其扰，遂请于中书，增钞给之。至元钞法滞涩不能行，诏遣尚书刘宣与孟頫驰驿至江南，问行省丞相慢令之罪，凡左右司官及诸路官，则径笞之。孟頫受命而行，比还，不笞一人，丞相桑哥大以为谴。

时有王虎臣者，言平江路总管赵全不法，即命虎臣往按之，叶李执奏不宜遣虎臣，帝不听，孟頫进曰："赵全固当问，然虎臣前守此郡，多强买人田，纵宾客为奸利，全数与争，虎臣怨之。虎臣往，必将陷全，事纵得实，人亦不能无疑。"帝悟，乃遣他使。桑哥钟初鸣时即坐省中，六曹官后至者，则笞之，孟頫偶后至，断事官遽引孟頫受笞，孟頫入诉于都堂右丞叶李曰："古者，刑不上大夫，所以养其廉耻，教之节义，且辱士大夫，是辱朝廷也。"桑哥亟慰孟頫使出，自是所笞，唯曹史以下。他日，行东御墙外，道险，孟頫马跌堕于河。桑哥闻之，言于帝，移筑御墙稍西二丈许。帝闻孟頫素贫，赐钞五十锭。

二十七年，迁集贤直学士。是岁地震，北京尤甚，地陷，黑沙水涌出，人死伤数十万，帝深忧之。时驻跸龙虎台，遣阿剌浑撒里驰还，召集贤、翰林两院官，询致灾之由。议者畏忌桑哥，但泛引经传，及五行灾异之言，以修人事、应天变为对，莫敢语及时政。先是，桑哥遣忻都及王济等理算天下钱粮，已征入数百万，未征者尚数千万，害民特甚，民不聊生，自杀者相属，逃山林者，则发兵捕之，皆莫敢沮其事。孟頫与阿剌浑撒里甚善，劝令奏帝赦天下，尽与蠲除，庶几天变可弭。阿剌浑撒里入奏，如孟頫所言，帝从之，诏草已具，桑哥怒谓必非帝意。孟頫曰："凡钱粮未征者，其人死亡已尽，何所从取？非及是时除免之，他日言事者，倘以失陷钱粮数千万归咎尚书省，岂不为丞相深累耶！"桑哥悟，民始获苏。

帝尝问叶李、留梦炎优劣，孟頫对曰："梦炎，臣之父执，其人重厚，笃于自信，好谋而能断，有大臣器；叶李所读之书，臣皆读之，其所知所能，臣皆知之能之。"帝曰："汝以梦炎贤于李耶？梦炎在宋为状元，位至丞相，当贾似道误国罔上，梦炎依阿取容；李布衣，乃伏阙上书，是贤于梦炎也。汝以梦炎父友，不敢斥言其非，可赋诗讥之。"孟頫所赋诗，有"往事已非那可说，且将忠直报皇元"之语，帝叹赏焉。

孟頫退谓奉御彻里曰："帝论贾似道误国，责留梦炎不言，桑哥罪甚于似道，而我等不言，他日何以辞其责！然我疏远之臣，言必不听，侍臣中读书知义理、慷慨有大节，又为上所亲信，无逾公者。夫捐一旦之命，为万姓除残贼，仁者之事也。公必勉之！"既而彻里至帝前，数桑哥罪恶，帝怒，命卫士批其颊，血涌口鼻，委顿地上。少间，复呼而问之，对如初。时大臣亦有继言者，帝遂按诛桑哥，罢尚书省，大臣多以罪去。

帝欲使孟𬒗与闻中书政事，孟𬒗固辞，有旨令出入宫门无禁。每见，必从容语及治道，多所裨益。帝问："汝赵太祖孙耶？太宗孙耶？"对曰："臣太祖十一世孙。"帝曰："太祖行事，汝知之乎？"孟𬒗谢不知，帝曰："太祖行事，多可取者，朕皆知之。"孟𬒗自念，久在上侧，必为人所忌，力请补外。二十九年，出同知济南路总管府事。时总管阙，孟𬒗独署府事，官事清简。有元掀儿者，役于盐场，不胜艰苦，因逃去。其父求得他人尸，遂诬告同役者杀掀儿，既诬服。孟𬒗疑其冤，留弗决，逾月，掀儿自归，郡中称为神明。金廉访司事韦哈剌哈孙，素苛虐，以孟𬒗不能承顺其意，以事中之，会修《世祖实录》，召孟𬒗还京师，乃解。久之，迁知汾州，未上，有旨书金字《藏经》，既成，除集贤直学士、江浙等处儒学提举，迁泰州尹，未上。

至大三年，召至京师，以翰林侍读学士，与他学士撰定祀南郊祝文，及拟进殿名，议不合，谒告去。仁宗在东宫，素知其名，及即位，召除集贤侍讲学士、中奉大夫。延祐元年，改翰林侍讲学士，迁集贤侍讲学士、资德大夫。三年，拜翰林学士承旨、荣禄大夫。帝眷之甚厚，以字呼之而不名。帝尝与侍臣论文学之士，以孟𬒗比唐李白、宋苏子瞻。又尝称孟𬒗操履纯正，博学多闻，书画绝伦，旁通佛、老之旨，皆人所不及。有不悦者间之，帝初若不闻者。又有上书言国史所载，不宜使孟𬒗与闻者，帝乃曰："赵子昂，世祖皇帝所简拔，朕特优以礼貌，置于馆阁，典司述作，传之后世，此属呶呶何也！"俄赐钞五百锭，谓侍臣曰："中书每称国用不足，必持而不与，其以普庆寺别贮钞给之。"孟𬒗尝累月不至宫中，帝以问左右，皆谓其年老畏寒，敕御府赐貂鼠裘。

初，孟頫以程巨夫荐，起家为郎，及巨夫为翰林学士承旨，求致仕去，孟頫代之，先往拜其门，而后入院，时人以为衣冠盛事。六年，得请南归。帝遣使赐衣币，趣之还朝，以疾，不果行。至治元年，英宗遣使即其家，俾书《孝经》。二年，赐上尊及衣二袭。是岁六月卒，年六十九。追封魏国公，谥文敏。

孟頫所著，有《尚书注》，有《琴原》《乐原》，得律吕不传之妙；诗文清邃奇逸，读之，使人有飘飘出尘之想。篆、籀、分、隶、真、行、草书，无不冠绝古今，遂以书名天下。天竺有僧，数万里来求其书归，国中宝之。其画山水、木石、花竹、人马，尤精致。前史官杨载称孟頫之才颇为书画所掩，知其书画者，不知其文章，知其文章者，不知其经济之学。人以为知言云。

子雍、奕，并以书画知名。

译文：

赵孟頫，字子昂，是宋太祖之子秦王德芳的后代。他的五世祖是秀安僖王子偁，四世祖是崇宪靖王伯圭。宋高宗没有儿子，立子偁的儿子为太子，这就是孝宗。伯圭是孝宗的哥哥，皇帝赐给的府第在湖州，因而孟頫是湖州人。曾祖父师垂，祖父希永，父亲与訔，在宋朝都当过大官。进入元朝，因为孟頫地位尊贵，政府累次追赠师垂为集贤侍读学士，希永为太常礼仪院使，并封吴兴郡公，与訔为集贤大学士，封魏国公。

孟頫自幼聪敏，读书时看过就能背诵，写文章拿起笔来就能成文。十四岁时，因为父亲的功勋得以推恩补官，经过吏部考试合格，调任真州司户参军。宋朝灭亡以后，闲居家中，更加努力读书。

至元二十三年，行御史台侍御史程巨夫遵奉世祖忽必烈的命令，到江南搜寻隐士，找到孟頫，便让他去晋谒皇帝。他才气逼人，神采焕发，如同神仙中人一样，世祖看到他很高兴，便让他坐在中书右丞叶李位置之上。有人说孟頫是宋朝皇族的后代，不宜接近皇帝，世祖不听这种意见。这时刚要建立尚书省，便命他起草为此事颁布天下的诏旨，写成以后，忽必烈看过，高兴地说："把我心中想说的话都写出来了。"皇帝下令百官会集在刑部讨论法律，许多人主张赃款达中统钞二百贯的就处以死罚，孟頫说："刚开始制造纸币时，以白银为本，纸钞是虚的，白银是实的，虚实互相权衡。现在已过了二十余年，纸钞贬值，和起初相差几十倍，因此将中统钞改为至元钞。再过二十年，至元钞又会像中统钞一样贬值。百姓按照纸钞的票面值抵罪，似乎太重。古代以米和绢是百姓生活所必须，称之为二实；银、钱与米、绢相权衡，称之为二虚。四者的价值虽然有升有降，但相去不会太远，用绢来计算受赃的数额，最为恰当。而且，纸钞是宋朝开始有的，只在边界州郡应用，金朝沿袭这一办法加以使用，都出于不得已。如果用钞来计算决定是否定死罪，似乎不足取。"有人认为孟頫年轻，刚从南方来，便敢于攻击国法不恰当，心里很不高兴，责备他说："现在朝廷推行至元钞，因而犯法的人要以至元钞来计赃论罪，你以为不对，难道是想破坏至元钞的发行吗？"孟頫说："法律关系到人的性命，讨论时对判罪轻重的看法不一致，会影响到死罪的判决。我遵奉皇帝的诏令参加讨论，不敢不说。现在中统钞贬值，因而改为至元钞，如果说至元钞永远不会贬值，哪有这样的道理。您不按道理来度量，却以势压人，行吗！"那个人面有愧色。皇帝本想重用孟頫，但讨论时有人反对。

二十四年六月，授他以兵部郎中之职。兵部总管天下的驿站，此时驿站供应往来使臣们的饮食所花费用，几乎比初建时多出几十倍，官吏们无法供应，便强行向百姓索取，百姓难以忍受这种骚扰。孟頫便向中书省请示，给各驿站增加饮食用钞。至元钞的发行遭到困难，皇帝下令派尚书刘宣和孟頫一起乘坐驿站的交通工具到江南，责问行省丞相不认真执行有关法令的罪过，凡是行省左右司的官员和各路的官员，可以不用上报直接行施笞刑。他接到命令前往，到回来时，没有鞭笞过一人，丞相桑哥大加责备。

这时有一个叫王虎臣的人说平江路总管赵全不按法令行事，皇帝便命王虎臣前去调查，叶李上奏说不应该派虎臣去，皇帝不听。孟頫进言说："赵全的问题是应该查问的，但是虎臣过去曾在那个地方做官，强迫收买他人的许多土地，而且纵容自己的宾客做坏事，赵全好几次与他发生争论，虎臣怨恨他。现在派虎臣前去，他将会陷害赵全，事情即使弄清楚了，人们也不能没有怀疑。"皇帝明白了，于是便派遣他人为使。桑哥在晨钟初鸣时便坐在尚书省中，六部的官员有后到的，便用笞刑，孟頫有一次晚到，断事官立即带他去接受笞刑，他进入尚书省大堂中申诉，向右丞叶李说："古代大夫不用刑，这是为了培养他们的廉耻观念，教育他们重视节操与义行，而且侮辱士大夫，实际上就是侮辱朝廷。"桑哥立即安慰孟頫，让他回去，从此以后，只对六部以下的吏员施用。以后有一天，他经过皇城的东墙外，道路险狭，马掉进河中。桑哥听说此事，向皇帝报告了，于是将皇城城墙向西移二丈多。皇帝听说孟頫一贯清贫，赐给他钞五十定。

二十七年，改任集贤直学士。这一年发生地震，北京特别厉害，地面下陷，有黑沙水从地下涌出，百姓死伤达几十万，皇帝深深感到忧虑。这时皇帝在名叫龙虎台的地方，派遣阿剌浑撒里骑马回到都城,将集贤院和翰林国史院的官员们召集在一起,询问发生地震灾害的原因。参与讨论的人害怕桑哥的权势,都是引用儒家经典以及五行灾异的言论,空泛地提出要修人事、应天变,没有人敢于联系现实政治。在此之前,桑哥派遣忻都和王济等人清查核算天下的钱粮,已经征收入库几百万,没有征收的还有几千万,这件事对百姓造成的损害特别厉害,弄得民不聊生,自杀的人接连不断,凡是逃到山林之中的,就发兵追捕,没有人敢于反对此事。孟頫与阿剌浑撒里关系不错,劝他向皇帝建议大赦天下,将征收的钱粮全部免除,这样一来可能天灾可以消除。阿剌浑撒里回去按赵孟頫的意见向皇帝作了报告,皇帝同意。诏书的草稿已经拟出,桑哥大怒,认为这不是皇帝的意思。孟頫说:"凡是没有征到的钱粮,有关的人死的死了逃的逃了,从哪里去征取!如果不是现在加以除免,将来提意见的人将缺少几千万钱粮归罪于尚书省,这对丞相您不是很大的负担吗!"桑哥恍然大悟,百姓因此得以喘息。

皇帝曾询问叶李、留梦炎两人谁好谁坏。孟頫回答说:"梦炎是我父亲的朋友,他为人忠厚自重,真诚而自信,多有计谋而能做出决断,具备做大臣的条件。叶李读过的书,我都读过,他所知道的和他能做的事,我都知道也能做。"皇帝说:"你以为梦炎比叶李强吗?梦炎在宋朝做过状元,官至丞相,但当贾似道损害国家利益欺骗君上时,梦炎曲意逢迎讨好于他。叶李是个平民,却能拜伏于宫殿前向皇帝上书,这样看来,叶李比梦炎好。你因为梦炎是父亲的朋友,不敢责问他的错误,可以做诗来讽刺他。"孟頫做的诗中有"往事已非那可说,且将忠直报皇元"之句,得到皇帝的赞赏。

孟頫退出以后对奉御彻里说:"皇帝评论贾似道损害国家

利益，责备留梦炎曲意逢迎不说话，现在桑哥的罪过比贾似道还重，我等都不说话，将来如何能推卸责任。但我是疏远之臣，说话不会被接受，在侍从中读书懂道理，慷慨而有大节，又得到皇帝信任的，没有人能超过您。敢于不顾自己性命为天下百姓除贼，这是仁人君子做的事。您应以此自勉。"彻里来到皇帝面前，历举桑哥的种种罪恶，皇帝发怒，命令卫士打他的脸，口中和鼻子都出血，狼狈地躺在地上。过了一会儿，又叫过来询问，彻里仍坚持原来的看法。这时大臣亦有接着谈这件事的，皇帝因此就审查并杀死桑哥，撤销尚书省，不少大臣都因有罪罢免。

皇帝准备让孟頫参与处理中书省的政事，他坚决推辞，有圣旨通知他可以随时出入宫门，不受阻拦。每次进见，皇帝都与他不慌不忙地讨论治国之道，他的意见对皇帝很有启发。皇帝问："你是赵太祖的后代，还是太宗的后人呢？"孟頫回答说："臣是太祖的十一世孙。"皇帝说："太祖做的事，你知道吗？"他说不知道。皇帝说："太祖做的事，有很多可取之处，我都知道。"孟頫自己考虑，在皇帝身边太久，一定为人猜忌，便坚决请求外调。二十九年，外调同知济南路总管府事。这时总管职务缺人，总管府的事由他一人负责，处理事务清洁简明。有个叫元掀儿的人，在盐场当役，因为忍受不了盐场的艰苦生活，逃往他处。他的父亲找到别人的尸体，诬告一同当役的人杀害元掀儿，被诬告的人亦已被迫承认。孟頫怀疑这件事是冤枉的，压下来没有判决，过了一个月，掀儿自己回来，地方上都称颂孟頫如神之明。佥廉访司事韦哈剌哈孙为人一贯苛刻暴虐，他认为孟頫不能顺从自己的旨意，便抓住一些事情加以陷害，正好朝廷要修《世祖实录》，召孟頫回京师，才得以解脱。过了很久，迁任汾州知州，没有到任，有圣旨要孟頫写金字《藏经》。完成以后，任命他为集贤直学士、江浙等处儒学提举，又迁泰州州尹，没有到职。

至大三年，召孟頫到京师，他以翰林侍读学士的身份，与其他学士一起撰写南郊祀天的祝文，以及拟进宫殿的名称，和他人的意见不同，请假回家。仁宗在东宫做太子的时候，便知道孟頫的名字，即帝位后，召他到京师任集贤侍讲学士、中奉大夫。延祐元年，改任翰林侍讲学士，迁集贤侍讲学士、资德大夫。三年，为翰林学士承旨、荣禄大夫。皇帝对他的待遇很优厚，称呼他以字不以名。皇帝曾与侍从讨论文学之士的情况，将孟頫与唐朝李白、宋朝苏轼相比。又曾说，孟頫操行纯正，博学多闻，书法和绘画无人能相提并论，旁通佛、道二教的学说，都是他人所不及。有人不喜欢孟頫，加以中伤，皇帝就像听不见这些话。又有人上书说，国家所编纂的历史，上面记载的事情，不应让他知道，于是皇帝便说："赵子昂是世祖皇帝选拔的，我特别尊重优待他，安置在翰林院和集贤院，让他负责著作，传到后代，这些人喋喋不休干什么！"接着赐孟頫五百定钞，对侍臣说："中书省常说国家经费不够，一定阻拦不肯给，从普庆寺贮存的钱钞中支给。"孟頫曾连续数月不到宫中，皇帝向身边侍从询问原因，都说是年老怕冷，于是便下令宫廷管理部门赐给他貂鼠皮制成的衣服。

起初，孟頫因为程巨夫的推荐，以兵部郎中开始了仕途生涯，巨夫后来官至翰林学士承旨，请求退休，孟頫替代他的职务，先到他家去拜见，然后再到翰林院，当时人以为这是士大夫中间的一件美事。延祐六年，请假回南方。仁宗派遣使者赐给他衣料，催他回到朝中，因病未能成行。至治元年，英宗派使者到他家中，要他写《孝经》。二年，赏赐上等酒和二套衣服。这一年六月去世，终年六十九岁。追封魏国公，谥文敏。

孟𫖯所写的作品，有《尚书注》、有《琴原》《乐原》，这两篇文章道出了音乐的奥秘，他的诗文清新而又含义深远，用意造句出人意外，令人读后有飘飘出世的感觉。篆、籀、分、隶、真、行、草各种书法，没有一种不是今古第一，因而以书法闻名天下。天竺有和尚万里迢迢来寻求孟𫖯的书法作品，带回去后天竺国视为宝物。他画山水、木石、花竹、人马，特别精美细致。以前的史官杨载说，孟𫖯的才能很大程度上为他在书法和绘画上的成就所掩盖，了解他在书画上成就的人，不知道他的文章；了解他文章的人，不知道他的经世致用方面的学问。人们以为杨载的说法是中肯的。

儿子赵雍、赵奕，都以长于书画而知名。

元史卷一百八十一

列传第六十八

虞　集

虞集字伯生，宋丞相允文五世孙也。曾祖刚简，为利州路提刑，有治绩。尝与临邛魏了翁，成都范仲黼、李心传辈，讲学蜀东门外，得程、朱氏微旨，著《易诗书论语说》，以发明其义，蜀人师尊之。祖珏，知连州，亦以文学知名。父汲，黄冈尉。宋亡，侨居临川崇仁，与吴澄为友，澄称其文清而醇。尝再至京师，赎族人被俘者十余口以归，由是家益贫。晚稍起家，教授于诸生中，得孛术鲁翀、欧阳玄而称许之，以翰林院编修官致仕。娶杨氏，国子祭酒文仲女。咸淳间，文仲守衡，以汲从，未有子，为祷于南岳。集之将生，文仲晨起，衣冠坐而假寐，梦一道士至前，牙兵启曰："南岳真人来见。"既觉，闻甥馆得男，心颇异之。

集三岁即知读书，岁乙亥，汲挈家趋岭外，干戈中无书册可携，杨氏口授《论语》《孟子》《左氏传》、欧苏文，闻辄成诵。比还长沙，就外傅，始得刻本，则已尽读诸经，通其大义矣。文仲世以《春秋》名家，而族弟参知政事栋，明于性理之学,杨氏在室,即尽通其说,故集与弟槃,皆受业家庭,出则以契家子从吴澄游,授受具有源委。

左丞董士选自江西除南行台中丞,延集家塾。大德初,始至京师。以大臣荐,授大都路儒学教授,虽以训迪为职,而益自充广,不少暇佚。除国子助教,即以师道自任,诸生时其退,每挟策趋门下卒业,他馆生多相率诣集请益。丁内艰,服除,再为助教,除博士。监祭殿上,有刘生者,被酒失礼俎豆间,集言诸监,请削其籍。大臣有为刘生谢者,集持不可,曰:"国学,礼义之所出也,此而不治,何以为教!"仁宗在东宫,传旨谕集,勿竟其事,集以刘生失礼状上之,移詹事院,竟黜刘生,仁宗更以集为贤。

大成殿新赐登歌乐,其师世居江南,乐生皆河北田里之人,情性不相能,集亲教之,然后成曲。复请设司乐一人掌之,以俟考正。仁宗即位,责成监学,拜台臣为祭酒,除吴澄司业,皆欲有所更张,以副帝意,集力赞其说。有为异论以沮之者,澄投檄去,集亦以病免。未几,除太常博士,丞相拜住方为其院使,间从集问礼器祭义甚悉,集为言先王制作,以及古今因革治乱之由,拜住叹息,益信儒者有用。

朝廷方以科举取士,说者谓治平可力致,集独以谓当治其源。迁集贤修撰,因会议学校,乃上议曰:"师道立则善人多,学校者,士之所受教,以至于成德达材者也。今天下学官,猥以资格授,强加之诸生之上,而名之曰师尔,有司弗信之,生徒弗信之,于学校无益也。如此而望师道之立,可乎?下州小邑之士,无所见闻,父兄所以导其子弟,初无必为学问之实意,师友之游从,亦莫辨其邪正,然则所谓贤材者,非自天降地出,安有可望之理哉!为今之计,莫若使守令求经明行修成德者,身师尊之，至诚恳恻以求之，其德化之及，庶乎有所观感也。其次则求夫操履近正，而不为诡异骇俗者，确守先儒经义师说，而不敢妄为奇论者，众所敬服，而非乡愿之徒者，延致之，日讽诵其书，使学者习之，入耳著心，以正其本，则他日亦当有所发也。其次则取乡贡至京师罢归者，其议论文艺，犹足以耸动其人，非若泛泛莫知根柢者矣。"六年，除翰林待制，兼国史院编修官，仁宗尝对左右叹曰："儒者皆用矣，惟虞伯生未显擢尔。"会晏驾，不及用。

英宗即位，拜住为相，颇超用贤俊，时集以忧还江南，拜住不知也。乃言于上，遣使求之于蜀，不见；求之江西，又不见，集方省墓吴中，使至，受命趋朝，则拜住不及见矣。泰定初，考试礼部，言于同列曰："国家科目之法，诸经传注各有所主者，将以一道德、同风俗，非欲使学者专门擅业，如近代五经学究之固陋也。圣经深远，非一人之见可尽，试艺之文，推其高者取之，不必先有主意，若先定主意，则求贤之心狭，而差自此始矣。"后再为考官，率持是说，故所取每称得人。

泰定初，除国子司业，迁秘书少监。天子幸上都，以讲臣多高年，命集与集贤侍读学士王结，执经以从。自是岁尝在行，经筵之制，取经史中切于心德治道者，用国语、汉文两进读，润译之际，患夫陈圣学者未易于尽其要，指时务者尤难于极其情，每选一时精于其学者为之，犹数日乃成一篇，集为反覆古今名物之辨以通之，然后得以无忤，其辞之所达，万不及一，则未尝不退而窃叹焉。拜翰林直学士，俄兼国子祭酒，尝因讲罢，论京师恃东南运粮为实，竭民力以航不测，非所以宽远人而因地利也。与同列进曰："京师之东，濒海数千里，北极辽海，南滨青、齐，萑苇之场也，海潮日至，淤为沃壤，用浙人之法，筑堤捍水为田，听富民欲得官者，合其众分授以地，官定其畔以为限，能以万夫耕者，授以万夫之田，为万夫之长，千夫、百夫亦如之，察其惰者而易之。一年，勿征也；二年，勿征也；三年，视其成，以地之高下，定额于朝廷，以次渐征之；五年，有积蓄，命以官，就所储给以禄；十年，佩之符印，得以传子孙，如军官之法。则东面民兵数万，可以近卫京师，外御岛夷；远宽东南海运，以纾疲民；遂富民得官之志，而获其用；江海游食盗贼之类，皆有所归。"议定于中，说者以为一有此制，则执事者必以贿成，而不可为矣。事遂寝。其后海口万户之设，大略宗之。

文宗在潜邸，已知集名，既即位，命集仍兼经筵。尝以先世坟墓在吴、越者，岁久湮没，乞一郡自便，帝曰："尔材何不堪，顾今未可去尔。"除奎章阁侍书学士。时关中大饥，民枕籍而死，有方数百里无孑遗者，帝问集何以救关中，对曰："承平日久，人情宴安，有志之士，急于近效，则怨讟兴焉。不幸大菑之余，正君子为治作新之机也，若遣一二有仁术、知民事者，稍宽其禁令，使得有所为，随郡县择可用之人，因旧民所在，定城郭，修闾里，治沟洫，限畎亩，薄征敛，招其伤残老弱，渐以其力治之，则远去而来归者渐至，春耕秋敛，皆有所助，一二岁间，勿征勿徭，封域既正，友望相济，四面而至者，均齐方一，截然有法，则三代之民，将见出于空虚之野矣。"帝称善。因进曰："幸假臣一郡，试以此法行之，三五年间，必有以报朝廷者。"左右有曰："虞伯生欲以此去尔。"遂罢其议。有敕诸兼职不过三，免国子祭酒。

时宗藩暌隔，功臣汰侈，政教未立，帝将策士于廷，集被命为读卷官，乃拟制策以进，首以"劝亲亲，体群臣，同一风俗，协和万邦"为问，帝不用。集以入侍燕闲，无益时政，且媢嫉者多，乃与大学士忽都鲁都儿迷失等进曰："陛下出独见，建奎章阁，览书籍，置学士员，以备顾问。臣等备员，殊无补报，窃恐有累圣德，乞容臣等辞职。"帝曰："昔我祖宗，睿智聪明，其于致理之道，生而知之，朕早岁跋涉难阻，视我祖宗，既乏生知之明，于国家治体，岂能周知？故立奎章阁，置学士员，以祖宗明训、古昔治乱得失，日陈于前，卿等其悉所学，以辅朕志。若军国机务，自有省院台任之，非卿等责也。其勿复辞。"

有旨采辑本朝典故，仿《唐》《宋会要》，修《经世大典》，命集与中书平章政事赵世延，同任总裁。集言："礼部尚书马祖常，多闻旧章，国子司业杨宗瑞，素有历象地理记问度数之学，可共领典；翰林修撰谢端、应奉苏天爵、太常李好文、国子助教陈旅、前詹事院照磨宋褧、通事舍人王士点，俱有见闻，可助撰录。庶几是书早成。"帝以尝命修辽、金、宋三史，未见成绩，《大典》令阁学士专率其属为之。既而以累朝故事有未备者，请以翰林国史院修祖宗实录时百司所具事迹参订。翰林院臣言于帝曰："《实录》，法不得传于外，则事迹亦不当示人。"又请以国书《脱卜赤颜》增修太祖以来事迹，承旨塔失海牙曰："《脱卜赤颜》非可令外人传者。"遂皆已。俄世延归，集专领其事，再阅岁，书乃成，凡八百帙。既上进，以目疾丐解职，不允，乃举治书侍御史马祖常自代，不报。

御史中丞赵世安乘间为集请曰："虞伯生久居京师，甚贫，又病目，幸假一外任，便医。"帝怒曰："一虞伯生，汝辈不容耶！"帝方向用文学，以集弘才博识，无施不宜，一时大典册咸出其手，故重听其去。集每承诏有所述作，必以帝王之道、治忽之故，从容讽切，冀有感悟，承顾问及古今政治得失，尤委曲尽言，或随事规谏，出不语人，谏或不入，归家悒悒不乐。家人见其然，不敢问其故也。时世家子孙以才名进用者众，患其知遇日隆，每思有以间之。既不效，则相与摘集文辞，指为讥讪，赖天子察知有自，故不能中伤，然集遇其人，未尝少变。一日，命集草制封乳母夫为营都王，使贵近阿荣、嵲嵲传旨。二人者，素忌集，缪言制封营国公，集具藁，俄丞相自榻前来索制词甚急，集以藁进，丞相愕然问故，集知为所绐，即请易藁以进，终不自言，二人者愧之。其雅量类如此。

论荐人材，必先器识，心所未善，不为牢笼以沽誉；评议文章，不折之于至当不止，其诡于经者，文虽善，不与也。虽以此二者忤物速谤，终不为动。光人龚伯璲，以才俊为马祖常所喜，祖常为御史中丞，伯璲游其门，祖常亟称之，欲集为荐引，集不可，曰："是子虽小有才，然非远器，亦恐不得令终。"祖常犹未以为然。一日，邀集过其家，设宴，酒半，出荐牍求集署，集固拒之，祖常不乐而罢。文宗崩，集在告，欲谋南还，弗果。幼君崩，大臣将立妥欢帖穆尔太子，用至大故事，召诸老臣赴上都议政，集在召列。祖常使人告之曰："御史有言。"乃谢病归临川。

初，文宗在上都，将立其子阿剌忒纳答剌为皇太子，乃以妥欢帖穆尔太子乳母夫言，明宗在日，素谓太子非其子，黜之江南，驿召翰林学士承旨阿邻帖木儿、奎章阁大学士忽都鲁笃弥实书其事于《脱卜赤颜》，又召集使书诏，播告中外。时省台诸臣，皆文宗素所信用、同功一体之人，御史亦不敢斥言其事，意在讽集速去而已。伯璲后以用事败，杀其身，世乃服集知人。

元统二年，遣使赐上尊酒、金织文锦二，召还禁林，疾作不能行，屡有敕，即家撰文，褒锡勋旧、侍臣。有以旧诏为言者，帝不怿曰："此我家事，岂由彼书生耶！"至正八年五月己未，以病卒，年七十有七。官自将仕郎，十二转为通奉大夫。赠江西行中书省参知政事、护军,封仁寿郡公。

集孝友,方二亲以故家令德,中遭乱亡,侨寓下邑,左右承顺无违。弟槃,早卒,教育其孤,无异己子。兄采,以管库输赋京师,亏数千缗,尽力营贷代偿之,无难色。抚庶弟,嫁孤妹,具有恩意。山林之士知古学者,必折节下之,接后进,虽少且贱,如敌己。当权门赫奕,未尝有所附丽,集议中书,正言谠论,多见容受,屡以片言解疑误,出人于濒死,亦不以为德。张珪、赵世延尤敬礼之,有所疑必咨焉。

家素贫,归老后食指益众,登门之士相望于道,好事争起邸舍以待之。然碑板之文,未尝苟作。南昌富民有伍真父者,资产甲一方,娶诸王女为妻,充本位下郡总管。既卒,其子属丰城士甘悫求集文铭父墓,奉中统钞五百锭准礼物,集不许,悫愧叹而去。其束修羔雁之入,还以为宾客费,虽空乏弗恤也。

集学虽博洽,而究极本原,研精探微,心解神契,其经纬弥纶之妙,一寓诸文,蔼然庆历乾淳风烈。尝以江左先贤甚众,其人皆未易知,其学皆未易言,后生晚进知者鲜矣,欲取太原元好问《中州集》遗意,别为《南州集》以表章之,以病目而止。平生为文万篇,藁存者十二三。早岁与弟槃同辟书舍为二室,左室书陶渊明诗于壁,题曰陶庵,右室书邵尧夫诗,题曰邵庵,故世称邵庵先生。

子四人,安民,以荫历官知吉州路安福州。游其门见称许者,莆田陈旅,旅亦有文行世。国学诸生若苏天爵、王守诚辈,终身不名他师,皆当世称名卿者。其交游尤厚者,曰范梈。

译文:

虞集字伯生,是宋朝丞相虞允文的五世孙。曾祖虞刚简,任利州路提刑，治理地方有成绩。曾和临邛魏了翁，成都的范仲黼、李心传等，在成都东门外讲学，能领会程、朱理学的隐微意旨，著《易诗书论语说》，阐明其中的意义，蜀人尊他为师。祖父虞珏，知连州，也以长于文学有名于时，父亲虞汲，任黄冈尉。宋朝灭亡后，侨居临川崇仁，和吴澄是朋友，吴澄称赞他的文章清而醇。曾两次到京师，赎回被俘的族人十余口回家，因此家中愈来愈贫困。晚年曾出来做官，在教授的学生中，发现宇术鲁珅、欧阳玄，大为赞赏。以翰林院编修官致仕。娶杨氏，是国子祭酒杨文仲的女儿。南宋咸淳年间，文仲守衡州，带着虞汲。虞汲当时没有孩子，到南岳神庙去祈祷。虞集将要出生时，文仲早起，穿戴衣冠坐着打瞌睡，梦见一位道士来到面前，卫兵报告说："南岳真人来见。"既醒以后，听说女婿得子，心中颇以为异。

虞集三岁便知读书。乙亥年，虞汲带着家人到五岭之外，动乱中没有带书籍，杨氏便口授《论语》《孟子》《左氏传》和欧阳修、苏轼的文章，虞集听后就能背诵。等到回长沙，跟老师读书，才得到刻本书籍，这时他已读遍诸经、了解大意了。杨文仲一家世代以精通《春秋》出名，他的族弟参知政事杨栋则长于理学，杨氏在家时就完全了解他们的学说。因而虞集和弟虞槃都受家庭熏陶，外出则以好友子弟的身份跟随吴澄学习，学问都是有渊源的。

江西行省左丞董士选调任江南行台中丞，请虞集到家塾中任教。大德初年，才到京师。得到大臣的推荐，任大都路儒学教授。虽然以教育学生为主要职责，但自己努力扩充知识，没有放松。迁国子助教，以教师的模范作用要求自己，学生们常常在他下课回家以后上门求教，其他馆舍的学生也前来请求指点。因母亲去世守制，服丧期满以后再为助教，迁博士。国子监的祭殿上举行仪式，一个姓刘的学生喝醉了酒在祭祀时有失礼的行为，虞集向国子监报告，要求开除他学籍。有的大臣为刘生说情，虞集坚持不同意，说："国学是产生礼仪的地方，像这样的行为不加处理，还能搞好教育吗？"仁宗这时是东宫太子，传旨给虞集，叫他不要追究这件事。虞集将刘生失礼的情况书面上报，转到詹事院，终于将刘生黜免。而仁宗更看重虞集。

国子监大成殿得到皇帝新赐的登歌乐，教师世代生活在江南，乐生则是河北农村的居民，双方性情很不一样。虞集亲自教授，然后能演奏成曲。又请设置司乐一人负责此事，以等待稽考修正。仁宗即位，对国子监学提出要求，任御史台大臣为国子监祭酒，任命吴澄为司业，都是为了有所改革，符合皇帝的意愿。虞集完全赞成这些做法。有人提出不同看法加以破坏，吴澄递上辞职报告就走了，虞集也以有病为名免职。没有多久，任太常博士。丞相拜住刚任太常礼仪院使，向虞集详细询问祭器和祭祀的意义，虞集向他介绍古代圣王制作礼仪，和古今变革治乱的原因，拜住听了以后很称赞，更加相信儒者有用。

朝廷正实行科举取士的制度，有的人说治国平天下用武力也可以实现，独有虞集以为应当治理根本。迁官集贤修撰，在讨论学校问题时，提出建议说："为人师表的标准确立，那么好人就多了。学校是学生接受教育以成为有用人才的地方。现在天下的学官都是凭资格当上的，强加于学生之上，称之为师，有关部门不相信，学生也不相信，这对学校是没有益处的。这样做而希望确立为人师表的标准，可能吗？下州小县的读书人，见闻狭隘，父兄对子弟的教导，并不是真正为了学问，老师朋友的交往，也分不清好坏。所谓杰出人才，并非从天降下或从地产生，这样下去能有希望吗？为现在考虑，最好是让地方长官寻求精通经典有德行的人，尊奉为师，以至诚来恳求，这样的人教化一方，可以改正人们的观感。其次则求品行端正不为惊世骇俗行为的人，确守以前著名学者关于经义的解说而不为奇谈怪论的人，众人敬佩而不是故意讨好的人，请他们来讲读经典，使学生跟随学习，听入耳中记在心里，根本端正，那么以后也会有所成就。其次则用乡贡到京师考试落第回来的人，这种人的议论文字，也可以令人耸动，不像一般人不知学问的根底。"延祐六年，任翰林待制兼国史院编修官。仁宗曾对左右叹道："儒者都已安排职务了，只有虞伯生没有重用。"但仁宗很快去世，来不及安排。

英宗即位，拜住为丞相，比较注意提拔有才能的人。当时虞集因为服丧回江南，拜住不知道，对皇帝提出，派遣使者到四川去找他，找不到；再到江西寻求，又找不到。虞集当时正在吴中省墓，使者到来，他受命回朝，但拜住已死见不到了。泰定初年，在礼部主持考试，和同事们说："国家科举考试的办法，经、传各用一种注本为主，这是为了使道德、风俗统一，并不是要使读书人只会专门之学，如同近代五经学究那样固执浅陋。圣人的经典含义深远，不是一人的见解可以穷尽的。考试的文字，只选水平高的录取，不必先有框框；如果先定框框，那么求贤的心就显得狭小，而误差也就会出现了。"他以后再为考官，都持这种见解，所以录取的结果都被认为得人。

泰定初年，任国子司业，迁秘书少监。皇帝巡幸上都，因为经筵讲书的官员大多年岁已高，所以命虞集和集贤侍读学士王结带着经书跟随前去。由此以后每年都随从去上都。经筵的制度是取经史中与道德修养和治世之道有密切关系的段落，用蒙古语、汉语两种语言进读给皇帝听。翻译润色的时候，考虑到讲述经典不容易抓住要点,而联系现实更难以符合实际,所以选择对各种经典有精深研究的学者担任,即使这样也要好几天才完成一篇。虞集每次都反复考辨古今名号物色的发展变化,然后能做到不抵触,其言语所表达的不到万分之一,讲完退下没有不暗自叹息的。任翰林直学士,很快又兼国子祭酒,曾在进讲之余,论述京师依靠东南运粮,消耗民力航行无法预测吉凶的大海上,这种办法不能使远方百姓宽裕和发挥地利。便与同列进言道:"京师以东沿海几千里地方,北到辽海,南靠近青、齐,是生长芦苇的场所。海潮每日到来,淤积成为沃土。用江浙地区百姓的办法,筑堤防水可以成为稻田。凡是想做官的富民,按照召集的人众分给土地,由政府划定界限。能带领万人耕种的,分配给他万人之田,任万夫长;千人、百人也是一样。发现其人懒惰便加以替换。一年不征税,二年不征税,第三年起,察看收成的情况,以土地的好坏,由朝廷规定数额,按次序逐步征税。第五年,粮食有积蓄,正式任命他做官,从储蓄的粮食中支给俸禄。第十年,授予符牌、印章,可以传给子孙,和军官制度一样。这样一来,东面便有几万民兵,近则可以保卫京师,外则可以抵御海外势力,远则可以减少东南海运,使疲乏的百姓得到休息。而且满足了富民想做官的愿望,江海之间逃亡百姓和盗贼,都有归宿的地方。"在朝中讨论时,有人认为一旦实行这种办法,承担者必须贿赂才能成事,因而不能进行。事情便中止了。后来设立海口万户,大体上就是照此办理的。

　　文宗即位以前已知道虞集的名字。即位后,命他仍兼经筵。曾以先世的坟墓在吴、越因为时间久远而被湮没为理由,请求当地方官。皇帝说:"以你的才能担任什么职务都可以,但现在不能走。"授他为奎章阁侍书学士。当时关中发生严重饥荒,百姓纵横相枕而死，有些地方几百里没有人烟。皇帝问虞集用什么办法拯救关中，回答说："太平日久，人们都习惯于安逸，有志之士急于成事，便会引起怨言。不幸发生大灾，这正是君子更新治理的机会。如果派遣一二位有仁心，懂得民间疾苦的人，放宽禁令，使他们能有所作为。就地方上选择可用的人，在过去百姓居住之处，确定城郭，整修乡里，浚通沟渠，限制每人占有的土地，减轻赋税，召徕伤残老弱百姓，逐渐以自身的力量耕作。这样，逃到远方的百姓便会渐渐归来，春耕秋收，都有所帮助。一两年间，不征税不摊派徭役。土地的疆界既已确定，人们互相友好帮助，从四方回来的，整齐划一，都采用同样的方法，在空虚的田野上就会见到上古三代的百姓了。"皇帝说好，因而提议说："如果能给臣一处地方，试行这种办法，三五年间必然有成绩可以向朝廷报告。"皇帝身边的人说："虞伯生想乘此离开朝廷。"便不听他的建议。有命令兼职不能过三，因此免去虞集的国子祭酒职务。

这时宗藩离心，功臣骄侈，朝廷的刑赏与教化都没有建立起来。皇帝准备在朝廷上举行考试，虞集被任命为读卷官，于是拟出皇帝钦定的试题送上，第一篇的问题是怎样能做到"勉励亲族，关心群臣，同一风俗，协和万邦！"皇帝没有采纳。虞集感到自己侍奉皇帝于宴饮之余，对时政无益，而且妒忌的人很多，便和大学士忽都鲁都儿迷失等上奏说："陛下亲自做主，建立奎章阁，博览书籍，设置学士等人员，以备顾问。臣等充当学士职务，没有什么可以报答的，恐怕对皇帝的德行不利，请求允许辞职。"皇帝说："过去我的祖先具有聪明才智，对于治国的道理，生下来就懂得。朕早年经历各种艰难，和祖宗相比，没有这种天生的才能，对于治理国家怎能考虑周全呢？因此建立奎章阁，设置学士人员，每日讲祖宗的教训和古今治乱得失。你们只需尽自己所学，帮助朕实现这一愿望。至于军国大事，自有中书省、枢密院、御史台处理，不是你们的责任。不要再辞了。"

皇帝有旨，收集本朝的典故，仿效唐、宋的《会要》，修《经世大典》，命虞集和中书平章政事赵世延一同担任总裁。虞集说："礼部尚书马祖常，熟悉过去的典章；国子司业杨宗瑞，平素长于历象、地理、记问、度数之学；两人可以共同负责。翰林修撰谢端、应奉苏天爵、太常李好文、国子助教陈旅、前詹事院照磨宋褧、通事舍人王士点，都对典故有所了解，可以帮助写作。这样的话此书可望早日完成。"皇帝曾下令修辽、金、宋三史，但没有做出成绩，所以《经世大典》要奎章阁学士率领属下人员专门负责。接着因为历朝的事实有好些不清楚，便请求翰林国史院将修祖宗《实录》时各衙门上报的有关资料提供出来，供参考修订之用。翰林院官员对皇帝说："《实录》，法律规定不许外传。有关的资料也不能给人看。"又请求用蒙古文《脱卜赤颜》来增修太祖以来的事迹。承旨塔失海牙说："《脱卜赤颜》不是可以让外人传看的。"两件事都没有成功。不久赵世延回家养病，虞集专门负责这件事。再过一年，书编成，凡八百帙。送上以后，以眼睛有病请求解除职务，不允。于是推荐治书侍御史马祖常代替自己，也不答复。

御史中丞赵世安钻空子代虞集请求说："虞伯生居住京师时间已久，很清贫，又有眼病，希望能到外地任职，便于治病。"皇帝发怒说："一个虞伯生，你等都容不下吗！"皇帝正重视文学，因为虞集博学多才，是个多面手，一时的重要文告都出于他的手笔，所以不愿他离去。虞集每次接受诏书撰写文字，必定要以帝王之道、治理与荒乱的原因，从容劝说，希望对皇帝有所启发。每当皇帝问到古今政治得失，更是婉转陈说。有时根据具体事情进行规劝，出来后不告诉别人。劝说如果未被接受，回家就郁郁不乐，家中人见到，也不敢问为什么。当时世家子弟以才学进用的很多，他们对虞集受到皇帝知遇的隆重感到不满，常常想进行离间。不能见效，便摘录虞集的文句，指责说这是讽刺诽谤。好在皇帝知道原因所在，所以中伤未能成功。但是虞集遇到这样的人，态度依旧没有变化。有一天，皇帝命虞集起草封乳母丈夫为营都王的制书，让出身贵族的近侍阿荣、夔夔传旨。这二人平日一贯妒忌虞集，编造谎言说封为营国公。虞集已将文稿写成，正好丞相从皇帝坐榻前出来索取制书文字很急，虞集将文稿送上，丞相感到意外询问原因。虞集知道受骗，立即请求改易文稿送上，始终没有说明原因。二人感到惭愧。他的雅量，由此可见。

他认为荐举人才，首先要看度量见识，如果难以满意，决不笼络借以沽名钓誉。评议文章，一定指出使之尽善尽美的要求，对于违背儒家经典的，文字虽好，不肯称誉。因为这两种态度得罪人，并引来指责，但始终不变。光州人龚伯璲因为才俊为马祖常所赏识。祖常任御史中丞，伯璲出入于门下，祖常很称赞他。希望虞集加以推荐。虞集不同意，说："这个人虽然小有才气，但不是宏大的才器，而且可能不得好死。"祖常仍不以为然。有一天，邀请虞集到自己家中，设宴款待，吃到一半，拿出推荐的文书求虞集签字，虞集坚决拒绝，祖常很不高兴只好作罢。文宗去世，虞集休假，想回到南方，未能成行。小皇帝宁宗死，大臣将立妥欢帖穆尔太子为帝，引用至大年间的例子，将老臣们召到上都去议政，虞集也在其中。马祖常派人告诉他："御史有意见。"于是便请病假回到临川。

起初，文宗在上都，准备立自己儿子阿剌忒纳答剌为皇太子，便说妥欢帖穆尔太子的奶妈丈夫讲过，明宗在世时，常常说太子不是他的儿子。以此为理由，将妥欢帖穆尔太子流放到江南。通过驿站召翰林学士承旨阿邻帖木儿、奎章阁大学士忽都鲁笃弥实将这件事写在《脱卜赤颜》上；又召来虞集，让他写诏书，通告中外。这时省、台的大臣们都是文宗一贯信用、同功一体的人，御史也不敢指责这件事，用意不过是让虞集赶紧离开而已。后来龚伯璲因为掌权失败被杀，世人才佩服虞集能认识人的好坏。

元统二年，皇帝遣使赏赐上等酒、金织文锦二匹，召还翰林院，疾病发作不能上路。皇帝屡次命令，要他就在家中撰文，褒赠勋旧、侍臣。有人提起过去那份诏书的事，皇帝很不高兴地说："这是我家族的事，由得了这个书生吗！"至正八年五月己未，病死，年七十七岁。他的官职由将仕郎开始，十二转而为通奉大夫。死后赠江西行中书省参知政事、护军，封仁寿郡公。

虞集为人孝顺父亲，与兄弟友爱。他的双亲出身有美德的世家大族，中间经过战乱流亡，侨居偏僻小城，虞集在父母身边侍奉，从不违背他们的愿望。兄弟虞槃早死，教育其子就像自己的孩子一样。兄虞采，因为管理仓库到京师缴纳赋税，亏空几千贯，尽力借债代为赔偿，毫无难色。抚养庶出的兄弟，父母死后经办妹妹的婚事，都表现出恩爱之意。对于山林中懂得古学的读书人，一定降低身份表示谦让。接待后辈读书人，尽管年少而且地位低贱，一定也看成和自己同等之人。对于声势显赫的权门，从来不去依附。在中书省会集讨论政务时，言论正直，多被接受，屡次以简单的言语解开疑难和错误，使处于死亡边缘者得救，而自己不以为有恩于人。张珪、赵世延特别尊重他，有疑难必定要咨询。

家中一贯贫穷，老病归来后人口更多，登门请教的人不断，好事的人竞相盖造旅舍供来访者居住。但是，碑志文字，仍不随便写作。南昌富民伍真父家产为一方之冠，娶诸王女为妻，任本投下在南昌路的总管。死后，他的儿子请丰城儒生甘悫出面，求虞集为父亲作墓志铭，献上中统钞五百锭作为礼物。虞集不接受，甘悫惭愧感叹而去。学生所献礼物，回过来作为客人的费用，虽然家用不足也不在意。

虞集的学问虽然广博，但他能探讨事物的本原，非常精细，心领神会，既包罗万象又有条理，这种优点见诸文字，俨然有庆历、乾道和淳熙的遗风。曾经考虑江南先贤颇多，他们的为人和学问都不易为人所了解，后生晚进知道的很少，准备模仿太原元好问编《中州集》的做法，编一部《南州集》来加以表彰，但因眼病而中止。平生写作文章万篇；保存下来只有十之二三。早年和兄弟虞槃将书房改成两室，左面一室壁上写着陶渊明的诗，上题陶庵；右面一室壁上写邵尧夫诗，上题邵庵，因而世人称之为邵庵先生。

儿子四人，安民，以父荫官至知吉州路安福州。向他请教得到赞赏的有莆田陈旅，也有文章行世。国学生员如苏天爵、王守诚等，终身不提其他教师的名字，尽管都是当时有名的官员。交情最深的是范梈。

元史卷二百二

列传第八十九

释 老

帝师八思巴者，土番萨斯迦人，族款氏也。相传自其祖朵栗赤，以其法佐国主霸西海者十余世。八思巴生七岁，诵经数十万言，能约通其大义，国人号之圣童，故名曰八思巴。少长，学富五明，故又称曰班弥怛。岁癸丑，年十有五，谒世祖于潜邸，与语大悦，日见亲礼。

中统元年，世祖即位，尊为国师，授以玉印。命制蒙古新字，字成上之。其字仅千余，其母凡四十有一。其相关纽而成字者，则有韵关之法；其以二合三合四合而成字者，则有语韵之法；而大要则以谐声为宗也。至元六年，诏颁行于天下。诏曰："朕惟字以书言，言以纪事，此古今之通制。我国家肇基朔方，俗尚简古，未遑制作，凡施用文字，因用汉楷及畏吾字，以达本朝之言。考诸辽、金，以及遐方诸国，例各有字，今文治浸兴，而字书有阙，于一代制度，实为未备。故特命国师八思巴创为蒙古新字，译写一切文字，期于顺言达事而已。自今以往，凡有玺书颁降者，并用蒙古新字，仍各以其国字副之。"遂升号八思巴曰大宝法王,更赐玉印。

十一年,请告西还,留之不可,乃以其弟亦怜真嗣焉。十六年,八思巴卒,讣闻,赗赠有加,赐号皇天之下一人之上〔开教〕宣文辅治大圣至德普觉真智佑国如意大宝法王、西天佛子、大元帝师。至治间,特诏郡县建庙通祀。泰定元年,又以绘像十一,颁各行省,为之塑像云。

译文:

帝师八思巴,土番萨斯迦人,属于款氏家族。相传自从他的祖宗朵栗赤以来,用佛法帮助国主称霸于西海十几代。八思巴长到七岁时,能朗诵佛经几十万字,并能大致通晓其中的内容,国人称他为圣童,因此才叫他八思巴。几年之后,对五明学(古印度学者通习的五种基本科目)很有研究,因此又被称为班弥怛。癸丑年,八思巴十五岁,拜谒世祖于藩王府,忽必烈与他谈话非常高兴,越来越同他亲近。

中统元年,世祖即皇帝位,尊八思巴为国师,授给玉印。让他创制蒙古新字,八思巴制成后献给世祖。蒙古新字只有一千多个,有四十一个字母。字母关联纽结成字者,叫作韵关法,用两个字母再加上三个或四个字母而成字者,叫作语韵法,大体上是以谐声为准则的。至元六年,世祖下诏颁行于天下。诏书说:"朕认为文字是记录语言的,语言又是记录事件的,这是古往今来的通例。我们国家兴起于北方,风俗崇尚简朴,没有制造文字,凡须用文字的地方,都用汉文和畏吾字,以沟通本国的语言。考察辽、金以及周边各国,照例都有文字,如今文治渐渐兴起,但是还缺少文字,对于一个朝代的制度来说,的确说不上完备。因此特命国师八思巴制蒙古新字,用它译写一切文字,仅只希望能够达到语言没有阻隔、办事顺利而已。从今往后，凡应用玺书发布诏令者，一律用蒙古新字，仍旧以各国的文字作为附录。"于是把八思巴升号为大玉法王，更换赏赐玉印。

至元十一年，八思巴请求返回萨斯迦，世祖挽留他，八思巴不从，世祖便让他的弟弟亦怜真继承他的位置。至元十六年，八思巴去世。噩耗传到世祖那里，送去了很多钱作为丧葬的费用，赐号为皇天之下一人之上开教宣文辅治大圣至德普觉真智佑国如意大宝法王、西天佛子、大元帝师。至治年间，特地下诏让各郡县建庙祭祀。泰定元年，又绘像十一幅，颁发到各行省，为他塑像。

元史卷二百五

列传第九十二

阿合马

阿合马，回回人也。不知其所由进，世祖中统三年，始命领中书左右部，兼诸路都转运使，专以财赋之任委之。阿合马奏降条画，宣谕各路运司。明年，以河南钧、徐等州俱有铁冶，请给授宣牌，以兴鼓铸之利。世祖升开平府为上都，又以阿合马同知开平府事，领左右部如故。阿合马奏以礼部尚书马月合乃兼领已括户三千，兴煽铁冶，岁输铁一百三万七千斤，就铸农器二十万事，易粟输官者凡四万石。

至元元年正月，阿合马言："太原民煮小盐，越境贩卖，民贪其价廉，竞买食之，解盐以故不售，岁入课银止七千五百两。请自今岁增五千两，无问僧道军匠等户，钧出其赋，其民间通用小盐从便。"是年秋八月，罢领中书左右部，并入中书，超拜阿合马为中书平章政事，进阶荣禄大夫。

三年正月，立制国用使司，阿合马又以平章政事兼领使职。久之，制国用使司奏："以东京岁课布疏恶不堪用者，就以市羊于彼。真定、顺天金银不中程者，宜改铸。别怯赤山出石绒，织为布火不能然，请遣官采取。"又言："国家费用浩繁，今岁自车驾至都，已支钞四千锭，恐来岁度支不足，宜量节经用。"十一月，制国用使司奏："桓州峪所采银矿，已十六万斤，百斤可得银三两、锡二十五斤。采矿所需，煮锡以给之。"悉从其请。

七年正月，立尚书省，罢制国用使司，又以阿合马平章尚书省事。阿合马为人多智巧言，以功利成效自负，众咸称其能。世祖急于富国，试以行事，颇有成绩。又见其与丞相线真、史天泽等争辨，屡有以诎之，由是奇其才，授以政柄，言无不从，而不知其专愎益甚矣。丞相安童含容久之，言于世祖曰："臣近言尚书省、枢密院、御史台，宜各循常制奏事，其大者从臣等议定奏闻，已有旨俞允。今尚书省一切以闻，似违前奏。"世祖曰："汝所言是。岂阿合马以朕颇信用，敢如是耶！其不与卿议非是，宜如卿所言。"又言："阿合马所用部官，左丞许衡以为多非其人，然已得旨咨请宣付，如不与，恐异日有辞。宜试其能否，久当自见。"世祖然之。五月，尚书省奏括天下户口，既而御史台言，所在捕蝗，百姓劳扰，括户事宜少缓。遂止。

初立尚书省时，有旨："凡铨选各官，吏部拟定资品，呈尚书省，由尚书咨中书闻奏。"至是，阿合马擢用私人，不由部拟，不咨中书。丞相安童以为言，世祖令问阿合马。阿合马言："事无大小，皆委之臣，所用之人，臣宜自择。"安童因请："自今唯重刑及迁上路总管，始属之臣，余事并付阿合马，庶事体明白。"世祖俱从之。

八年三月，尚书省再以阅实户口事，奏条画诏谕天下。是岁，奏增太原盐课，以千锭为常额，仍令本路兼领。九年，并尚书省入中书省，又以阿合马为中书平章政事。明年，又以其子忽辛为大都路总管，兼大兴府尹。右丞相安童见阿合马擅权日甚，欲救其弊，乃奏大都路总管以次多不称职，乞选人代之。寻又奏："阿合马、张惠，挟宰相权，为商贾，以纲罗天下大利，厚毒黎民，困无所诉。"阿合马曰："谁为此言，臣等当与廷辩。"安童进曰："省左司都事周详，中朩取利，罪状明白。"世祖曰："若此者，征毕当显黜之。"既而枢密院奏以忽辛同佥枢密院事，世祖不允曰："彼贾胡，事犹不知，况可责以机务耶！"

十二年，阿合马又言："比因军兴之后，减免编民征税，又罢转运司官，令各路总管府兼领课程，以致国用不足。臣以为莫若验户数多寡，远以就近，立都转运司，量增旧额，选廉干官分理其事。应公私铁鼓铸，官为局卖，仍禁诸人毋私造铜器。如此，则民力不屈，而国用充矣。"乃奏立诸路转运司，以亦必烈金、札马剌丁、张晜、富珪、蔡德润、纥石烈亨、阿里和者、完颜迪、姜毅、阿老瓦丁、倒剌沙等为使。有亦马都丁者，以负官银得罪而罢，既死，而所负尚多，中书省奏议裁处。世祖曰："此财谷事，其与阿合马议之。"

十五年正月，世祖以西京饥，发粟万石赈之。又谕阿合马宜广贮积，以备阙乏。阿合马奏："自今御史台非白省，毋擅召仓库吏，亦毋究索钱谷数。及集议中书不至者，罪之。"其沮抑台察如此。四月，中书左丞崔斌奏曰："先以江南官冗，委任非人，遂命阿里等澄汰之。今已显有征验，蔽不以闻，是为罔上。杭州地大，委寄非轻，阿合马溺于私爱，乃以不肖子抹速忽充达鲁花赤，佩虎符，此岂量才授任之道。"又言："阿合马先自陈乞免其子弟之任，乃今身为平章，而子若侄或为行省参政，或为礼部尚书、将作院达鲁花赤、领会同馆，一门悉处要津，自背前言，有亏公道。"有旨并罢黜之。然终不以是为阿合马罪。

世祖尝谓淮西宣慰使昂吉儿曰："夫宰相者，明天道，察地理，尽人事，兼此三者，乃为称职。阿里海牙、麦术丁等，亦未可为相，回回人中，阿合马才任宰相。"其为上所称道如此。

十六年四月，中书奏立江西榷茶运司，及诸路转运盐使司、宣课提举司。未几，以忽辛为中书右丞。明年，中书省奏："阿塔海、阿里言，今立宣课提举司，官吏至五百余员。左丞陈岩、范文虎等言其扰民，且侵盗官钱。乞罢之。"阿合马奏："昨有旨籍江南粮数，屡移文取索，不以实上。遂与枢密院、御史台及廷臣诸老集议，谓设立运司，官多俸重，宜诸路立提举司，都省、行省各委一人任其事。今行省未尝委人，即请罢之，乃归咎臣等。然臣所委人，有至者仅两月，计其侵用凡千一百锭，以彼所管四年较之，又当几何？今立提举司，未及三月而罢，岂非恐彼奸弊呈露，故先自言以绝迹耶？宜令御史台遣能臣同往，凡有非法，具以实闻。"世祖曰："阿合马所言是，其令台中选人以往。若已能自白，方可责人。"

阿合马尝奏宜立大宗正府。世祖曰："此事岂卿辈所宜言，乃朕事也。然宗正之名，朕未之知，汝言良是，其思之。"阿合马欲理算江淮行省平章阿里伯、右丞燕帖木儿立行省以来一切钱谷，奏遣不鲁合答儿、刘思愈等往检核之，得其擅易命官八百员，自分左右司官，及铸造铜印等事，以闻。世祖曰："阿里伯等何以为辞？"阿合马曰："彼谓行省昔尝铸印矣。臣谓昔以江南未定，故便宜行之，今与昔时事异。又擅支粮四十七万石，奏罢宣课提举司及中书遣官理算，征钞万二千锭有奇。"二人竟以是就戮。

时阿合马在位日久，益肆贪横，援引奸党郝祯、耿仁，骤升同列，阴谋交通，专事蒙蔽，逋赋不蠲，众庶流移，京兆等路岁办课至五万四千锭，犹以为未实。民有附郭美田，辄取为己有。内通货贿，外示威刑，廷中相视，无敢论列。有宿卫士秦长卿者，慨然上书发其奸，竟为阿合马所害，毙于狱。事见《长卿传》。

十九年三月，世祖在上都，皇太子从。有益都千户王著者，素志疾恶，因人心愤怨，密铸大铜锤，自誓愿击阿合马首。会妖僧高和尚，以秘术行军中，无验而归，诈称死，杀其徒，以尸欺众，逃去，人亦莫知。著乃与合谋，以戊寅日，诈称皇太子还都作佛事，结八十奸人，夜入京城。旦遣二僧诣中书省，令市斋物，省中疑而讯之，不伏。及午，著又遣崔总管矫传令旨，俾枢密副使张易发兵若干，以是夜会东宫前。易莫察其伪，即令指挥使颜义领兵俱往。著自驰见阿合马，诡言太子将至，令省官悉候于宫前。阿合马遣右司郎中脱欢察儿等数骑出关，北行十余里，遇其众，伪太子者责以无礼，尽杀之，夺其马，南入健德门。夜二鼓，莫敢何问，至东宫前，其徒皆下马，独伪太子者立马指挥，呼省官至前，责阿合马数语，著即牵去，以所袖铜锤碎其脑，立毙。继呼左丞郝祯至，杀之。囚右丞张惠。枢密院、御史台、留守司官皆遥望，莫测其故。尚书张九思自宫中大呼，以为诈，留守司达鲁花赤博敦，遂持梃前，击立马者坠地，弓矢乱发，众奔溃，多就禽。高和尚等逃去，著挺身请囚。

中丞也先帖木儿驰奏世祖，时方驻跸察罕脑儿，闻之震怒，即日至上都。命枢密副使孛罗、司徒和礼霍孙、参政阿里等驰驿至大都，讨为乱者。庚辰，获高和尚于高梁河。辛巳，孛罗等至都。壬午，诛王著、高和尚于市，皆醢之，并杀张易。著临刑大呼曰："王著为天下除害，今死矣，异日必有为我书其事者。"

阿合马死,世祖犹不深知其奸,令中书毋问其妻子。及询孛罗,乃尽得其罪恶,始大怒曰:"王著杀之,诚是也。"乃命发墓剖棺,戮尸于通玄门外,纵犬啗其肉。百官士庶,聚观称快。子侄皆伏诛,没入其家属财产。其妾有名引住者,籍其藏,得二熟人皮于柜中,两耳具存,一阉竖专掌其扃鐍,讯问莫知为何人,但云"诅呪时,置神座其上,应验甚速。"又以绢二幅,画甲骑数重,围守一幄殿,兵皆张弦挺刃内向,如击刺之为者。画者陈其姓。又有曹震圭者,尝推算阿合马所生年月。王台判者,妄引图谶。皆言涉不轨。事闻,敕剥四人者皮以徇。

译文:

阿合马,回回人。不知他是从哪个渠道当上官的。世祖中统三年,开始命他领中书左右部,兼诸路都转运使,将管理财政赋税的责任都委付给他。阿合马上奏,请皇帝颁布有关的条例,通告各路转运司。第二年,他因河南钧、徐等州都有冶铁业,请求皇帝授予宣牌,以此来发展冶铁铸造事业,从中取利。世祖将开平府升为上都,又以阿合马任同知开平府事,和原来一样领中书左右部。阿合马上奏,用礼部尚书马月合乃兼领已查出的三千户兴办冶铁工场,每年交铁一百三万七千斤,用来铸造二十万件农具,换回粮食四万石上交国库。

至元元年正月,阿合马说:"太原的百姓煮小盐,越过规定的地区到外地贩卖,外地百姓贪图他们价格便宜,争着买来吃。解州盐池出产的盐因此卖不出去,每年只能交纳税银七千五百两。请求从今年起增加税银五千两,不管僧、道、军、匠等户,平均分摊税银,允许民间通行小盐。"这一年八月,罢免领中书左右部,并入中书省,越级提拔阿合马为中书平章政事,官阶升为荣禄大夫。

至元三年正月,设立制国用使司,阿合马又以平章政事兼任制国用使的职务。过了一段时间,制国用使司上奏:"东京每年作为赋税上交的布,凡是质量太差不能用的,就在当地用来换羊。真定、顺天上交的金、银不合规格的,应该改铸。别怯赤山出产石绒,织成布能防火烧,请求派官前去采取。"又说:"国家费用浩大,今年从皇帝回到都城,已支出钞四千定。我担心明年收入不够开支,应该节省各项费用。"十一月,制国用使司上奏:"桓州峪开采的银矿,已有六十万斤,每百斤矿石可以得到银三两、锡二十五斤。采矿所需费用,用出卖锡的钱来支付。"都同意他的请求。

至元七年正月,设立尚书省,撤销制国用使司,又任命阿合马为平章尚书省事。阿合马有智谋又会说话,自负能为国家增加收入,众人都称赞他有能力。世祖急于使国家富强起来,试着让他去办事,颇有成绩。又看见他和丞相线真、史天泽等争辩,经常使对方无话可说,于是欣赏他的才能,授以大权,言无不从,却不知他专横独断愈来愈厉害。丞相安童忍耐了很久,对世祖说:"臣最近提出,尚书省、枢密院、御史台,应该各自按照正常的制度向皇帝报告,凡是大事由臣等商议定了以后上奏,已有圣旨同意这样做。现在尚书省将一切事情都向您报告,似乎违反了臣以前的建议。"世祖说:"你说得很对。难道阿合马以为我很信任他,便敢这样做吗!他不与你商量是不对的,应该像你所说那样办。"安童又说:"阿合马所用的属官,中书左丞许衡认为大多是不合适的,但是已得到圣旨行文前来请求中书省办理,如果不给办理的话,怕以后有意见。应该考核是否有能力,时间久了就会清楚。"世祖同意。五月,尚书省上奏调查登记天下户口,后来御史台说,到处捕捉蝗虫,百姓劳苦惊扰,调查登记户口一事应该暂缓。于是停止。

初立尚书省时,有圣旨说:"凡是授予各官的官职,由吏部拟定资品,呈送尚书省,由尚书省行文中书省,上报皇帝。"到这时,阿合马提拔自己的人,不由吏部拟定,不行文通知中书省。丞相安童因此提出意见,世祖令他问阿合马。阿合马说:"事情无论大小,都委托给臣;用什么人,应该由臣自己选择。"安童便请求:"自今以后只有重大刑事案件和上路总管的升迁,由臣处理,其余事务都交给阿合马,这样事情可以清楚。"世祖都同意。

八年三月,尚书省再次以调查登户口之事的条例上奏皇帝,颁发全国。这一年,上奏增加太原的盐税,每年以千定(五万两)为定额,依旧令本路兼管。九年,将尚书省并入中书省,又以阿合马为中书平章政事。明年,又任命他的儿子忽辛为大都路总管兼大兴府尹。右丞相安童看见阿合马专权愈来愈厉害,想加以补救,便上奏说,大都路总管以下大多不称职,请选派人取代他们。接着又上奏说:"阿合马、张惠挟持宰相的权力,经营商业,将天下的利益都搜刮了去,百姓遭难,无处可以申诉。"阿合马说:"这是谁说的,臣等要和他在朝廷中辩论。"安童向前说:"中书省左司都事周祥,运木取利,罪状明白。"世祖说:"像这样的人,征用木材完事以后要公开降职。"接着枢密院上奏,要任命忽辛为同金枢密院事,世祖不同意,说:"他是个胡商,一般的事尚且不清楚,何况让他负责机密事务呢!"

至元十二年,阿合马又说:"近来因为举行军事活动以后,减免百姓的赋税,又撤销转运司官,令各路总管府兼管课程,这样一来国家的费用不足。臣以为不如查看户数多少,远的就近交收,建立都转运司,酌量增加原来的定额,选用清廉能干的官员分别管理这件事。所有公私冶铁业的产品,都由政府设局出卖,依旧禁止人们私造铜器。这样一来,百姓的财力不会缺少,而国用则可以充足。"于是上奏设立诸路转运司,以亦必烈金、札马剌丁、张焘、富珪、蔡德润、纥石烈亨、阿里和者、完颜迪、姜毅、阿老瓦丁、倒剌沙等为转运使。有一个叫作亦马都丁的人,因为欠官银得罪被罢官,死后,拖欠官钱还不少,中书省上奏请求处理,世祖说:"这是财政事务,去和阿合马商量着办。"

至元十五年正月,世祖因为西京饥荒,发粟万石救济。又告诉阿合马,应该增加粮食的贮存,准备缺粮时用。阿合马上奏:"自今以后御史台不通知中书省,不能独自召仓库吏员去询问,也不能追究钱粮的数目。中书省集合商议事情不到的人,治罪。"他就是这样的压制监察部门。四月,中书左丞崔斌上奏说:"在先因为江南官多,不能胜任,于是命阿里等进行淘汰。现在情况已很明显,故意蒙蔽不奏,这是欺上。杭州地方很大,责任不轻,阿合马沉迷于私人感情之中,居然以不争气的儿子抹速忽任当地的达鲁花赤,佩带虎符,这哪里是量才授职的道理。"又说:"阿合马在先曾自己建议免去他子弟的官职,现在身为平章政事,而子、侄有的为行省参政,有的任礼部尚书、将作院达鲁花赤、领会同馆事,一门老小都在重要岗位上,自己违反了以前说的话,有亏公道。"有圣旨全部罢免,但总不认为是阿合马的罪行。

世祖曾经对淮西宣慰使昂吉儿说:"宰相应该明白天道,懂得地理,能尽人事,兼有三方面,才是称职的。阿里海牙、麦术丁等,也不见得可以担任宰相。回回人中,阿合马的才能可任宰相。"他得到皇帝这样的称赞。

至元十六年四月，中书省上奏设立江西榷茶运司和诸路转运盐使司，宣课提举司。没有多久，任命忽辛为中书右丞。明年，中书省奏："阿塔海、阿里说，现在设立宣课提举司，官吏多至五百余人。左丞陈岩、范文范等说此事骚扰百姓，而且侵盗政府的钱财。请求撤销。"阿合马奏："以前有旨登记江南的粮食数目，屡次行文前去索取，不肯上报实数。于是和枢密院、御史台及朝廷老臣们集合商议，认为设立运司的话，官多俸重，不如诸路立提举司，中书省、行省各委派一人负责此事。现在行省不曾委人，便请撤销，而且归咎于臣等。但是臣所委派的人员，有的到任仅两个月，计算出侵用一千一百定，以行省管理四年来统计，又应该是多少？现在立提举司，不到三个月便撤销，岂不是行省官员惧怕自己的贪污舞弊暴露，因而先说这番话来加以掩盖吗！应该让御史台派遣得力的官员一同前往，凡有违法行为，都从实上报。"世祖说："阿合马的话对，令御史台选人前去。自己能够讲清楚，方可以对别人提出要求。"

阿合马曾上奏应设立大宗正府。世祖说："这件事不是你等所应该说的，是我的事。但宗正这个名称，我不知道，你说得很对，我考虑考虑。"阿合马要审核江淮行省平章阿里伯、右丞燕帖木儿从立行省以来一切财政收支，上奏派遣不鲁合答儿、刘思愈等前去调查，查到他们自行做主改换朝廷命官八百员的职务，自己分左右司官，以及铸造铜印等事，上报。世祖说："阿里伯等怎样解释？"阿合马说："他们说行省过去铸过印。臣认为过去因为江南没有平定，所以灵活执行，现在和过去的情况不同。他们又自行决定支粮四十七万石，上奏撤销宣课提举司和中书省派官清查，征收钞一万二千余定。"二人因此被杀。

阿合马在位时间长久，愈来愈贪婪专横，提拔奸党赦桢、耿仁，二人迅速上升和阿合马同事，私下勾结，专门想法蒙蔽皇帝。民间拖欠的赋税不肯免除，以致百姓流离失所；京兆等路每年收到赋税五万四千定，还以为与实际情况不符。百姓的城郊良田，强行夺取为自己所有。私下接受贿赂，表面则用刑罚来显示威势，朝廷中官员互相对视，没有人敢说话。有一个名叫秦长卿的宿卫成员，慷慨上书，揭发阿合马的罪行，竟被他所害，死于狱中，事情经过见《秦长卿传》。

至元十九年三月，世祖在上都，皇太子随从。有一个益都千户名叫王著，平日疾恶如仇，他知道人心愤怒怨恨，便秘密铸造了大铜锤，发誓要用它来敲碎阿合马的头。妖僧高和尚，在军中施验他的秘法，没有应验便回来。假装已经死了，杀死徒弟，用尸体来欺骗众人，自己逃去，人们都不知道。于是，王著和他二人共同谋划，要在戊寅这一天，冒称皇太子回到都城作佛事，联络八十余人，夜入都城。早晨派二名僧人到中书省，传达购买佛事所需物品的命令，中书省发生怀疑，进行审问，不肯招认。等到中午，王著又派崔总管假传皇太子的令旨，要枢密副使张易发兵若干人，当天晚上在东宫前会合。张易没有察觉这是假冒的，立即命令指挥使颜义领兵一同前往。王著自己骑马前去见阿合马，欺骗他说太子将要前来，命令中书省官员都在宫前等候。阿合马派右司郎中脱欢察儿等几个人骑马出关，往北走十余里，遇到假太子一伙，假太子斥责他们无礼，全都杀死，夺取他们的马，往南进入健德门。夜二更，无人敢问，来到东宫前面，这伙人都下马，只有假太子骑在马上指挥，呼唤中书省官员到面前，训斥了阿合马几句话，王著就拉出去，用袖中所藏铜锤敲碎他的头，立即毙命。接着叫中书左丞郝祯前来，杀掉。将右丞张惠捆绑起来。枢密院、御史台、留守司的官员们远远看望，都不清楚为什么。尚书张九思从宫中高呼这是假的，于是留守司达鲁花赤博敦拿着木棒走向前去，将马上的人打落下地，弓箭乱发，众人逃跑溃散，大多被擒。高和尚等逃走，王著挺身而出请求关押。

中丞也先帖木儿奔驰前去将此事上奏世祖。世祖的营帐正在察罕脑儿，听说后为之震怒，立即前往上都。命令枢密副使孛罗、司徒和礼霍孙、参政阿里等乘坐驿马回大都，处理作乱的人。庚辰，在高梁河捉住高和尚。辛巳，孛罗等到达大都。壬午，于市中杀王著、高和尚，都剁成肉酱，同时杀张易。王著临死时大声呼喊说："王著为天下除害，现在死了，以后必然有人为我记录这件事的。"

阿合马死，世祖还不很清楚他的奸邪，下令中书省不要询问他的妻子。等到问孛罗，于是完全了解他的罪恶，才大怒说："王著杀他是对的。"便下令掘墓剖棺，在通玄门外斩杀尸体，放狗吃他的肉。百官、士人、百姓围观吹呼。阿合马的子侄都处死，没收家属财产。阿合马有一个名叫引住的妾，在没收她的财物时，在柜中搜到二张熟人皮，两个耳朵仍在，有一个阉者专门掌管柜的钥匙。审问他们，不知道这是什么人，但说："求神加害于某人时，将神位置放在人皮上，很快便会应验。"又有两幅绢，上面画几层带甲骑兵围着一座帐殿，骑兵都持弓和刀内向，如在进行射箭和刺击。绘画的人姓陈。又有曹震圭，曾推算阿合马的出生年月，王台判曾荒诞地引用图谶，言语中都涉及犯上作乱。事情上奏，世祖下令剥四人皮示众。

卢世荣

卢世荣，大名人也。阿合马专政，世荣以贿进，为江西榷茶运使，后以罪废。阿合马死，朝廷之臣讳言财利事，皆无以副世祖裕国足民之意。有桑哥者，荐世荣有才术，谓能救钞法，增课额，上可裕国，下不损民。世祖召见，奏对称旨。至元二十一年十一月辛丑，召中书省官与世荣廷辨，论所当为之事，右丞相和礼霍孙等守正不挠，为强词所胜，与右丞麦术丁，参政张雄飞、温迪罕皆罢，复起安童为右丞相，以世荣为右丞，而左丞史枢，参政不鲁迷失海牙、撒的迷失，参议中书省事拜降，皆世荣所荐也。

世荣既骤被显用，即日奉旨中书整治钞法，遍行中外，官吏奉法不虔者，加以罪。翌日，同右丞相安童奏："窃见老幼疾病之民，衣食不给，行乞于市，非盛世所宜见。宜官给衣粮，委各路正官提举其事。"又奏怀孟竹园、江湖鱼课，乃襄淮屯田事。越三日，安童奏："世荣所陈数事，乞诏示天下。"世祖曰："除给丐者衣食外，并依所陈。"乃下诏云："金银系民间通行之物，自立平准库，禁百姓私相买卖，今后听民间从便交易。怀孟诸路竹货，系百姓栽植，有司拘禁发卖，使民重困，又致南北竹货不通；今罢各处竹监，从民货卖收税。江湖鱼课，已有定例，长流采捕，贫民恃以为生，所在拘禁，今后听民采用。军国事务往来，全资站驿，马价近增，又令各户供使臣饮食，以致疲弊，今后除驿马外，其余官为支给。"

既而中书省又奏："盐每引十五两，国家未尝多取，欲便民食。今官豪诡名罔利，停货待价，至一引卖八十贯，京师亦百二十贯，贫者多不得食。议以二百万引给商，一百万引散诸路，立常平盐局，或贩者增价，官平其直以售，庶民用给，而国计亦得。"世祖从之。

世荣居中书未十日，御史中丞崔彧言其不可为相，大忤旨，下彧吏按问，罢职。世荣言："京师富豪户酿酒酤卖，价高味薄，且课不时输，宜一切禁罢，官自酤卖。"明年正月壬午，世祖御香殿，世荣奏："臣言天下岁课钞九十三万二千六百锭之外，臣更经画，不取于民，裁抑权势所侵，可增三百万锭。初未行下，而中外已非议，臣请与台院面议上前行之。"世祖曰："不必如此，卿但言之。"世荣奏："古有榷酤之法，今宜立四品提举司，以领天下之课，岁可得钞千四百四十锭。自王文统诛后，钞法虚弊，为今之计，莫若依汉、唐故事，括铜铸至元钱，及制绫券，与钞参行。"因以所织绫券上之。世祖曰："便益之事，当速行之。"

又奏："于泉、杭二州立市舶都转运司，造船给本，令人商贩，官有其利七，商有其三。禁私泛海者，拘其先所蓄宝货，官买之；匿者，许告，没其财，半给告者。今国家虽有常平仓，实无所畜。臣将不费一钱，但尽禁权势所擅产铁之所，官立炉鼓铸为器鬻之，以所得利合常平盐课，籴粟积于仓，待贵时粜之，必能使物价恒贱，而获厚利。国家虽立平准，然无晓规运者，以致钞法虚弊，诸物踊贵。宜令各路立平准周急库，轻其月息，以贷贫民，如此，则贷者众，而本且不失。又，随朝官吏增俸，州郡未及，可于各都立市易司，领诸牙侩人，计商人物货，四十分取一，以十为率，四给牙侩，六为官吏俸。国家以兵得天下，不借粮饷，惟资羊马，宜于上都、隆兴等路，以官钱买币帛易羊马于北方，选蒙古人牧之，收其皮毛筋角酥酪等物，十分为率，官取其八，二与牧者。马以备军兴，羊以充赐予。"帝曰："汝先言数事皆善，固当速行。此事亦善，祖宗时亦欲行之而不果，朕当思之。"世荣因奏曰："臣之行事，多为人所怨，后必有潜臣者，臣实惧焉，请先言之。"世祖曰："汝言皆是，惟欲人无言者，是安有理。汝无防朕，饮食起居间可自为防。疾足之犬，狐不爱焉，主人岂不爱之。汝之所行，朕自爱也，彼奸伪者则不爱耳。汝之职分既定，其无以一二人从行，亦当谨卫门户。"遂谕丞相安童增其从人，其为帝所倚眷如此。

又十有余日，中书省请罢行御史台，其所隶按察司隶内台。又请随行省所在立行枢密院。世祖曰："行院之事，前日已议，由阿合马任智自私，欲其子忽辛行省兼兵柄而止。汝今行之，于事为宜。"明日，奏升六部为二品。又奏令按察司总各路钱谷，择干济者用之，其刑名事上御史台，钱谷由部申省。世祖曰："汝与老臣共议，然后行之可也。"

二月辛酉，御史台奏："中书省请罢行台，改按察为提刑转运司，俾兼钱谷。臣等窃惟：初置行台时，朝廷老臣集议，以为有益，今无所损，不可辄罢。且按察司兼转运，则纠弹之职废。请右丞相复与朝廷老臣集议。"得旨如所请。壬戌，御史台奏："前奉旨，令臣等议罢行台及兼转运事。世荣言按察司所任，皆长才举识之人，可兼钱谷。而廷臣皆以为不可，彼所取人，臣不敢止，惟言行台不可罢者，众议皆然。"世祖曰："世荣以为何如？"奏曰："欲罢之耳。"世祖曰："其依世荣言。"

中书省奏立规措所，秩五品，所司官吏，以善贾者为之。世祖曰："此何职？"世荣对曰："规画钱谷者。"遂从之。又奏："天下能规运钱谷者，向日皆在阿合马之门，今籍录以为污滥，此岂可尽废。臣欲择其通才可用者，然惧有言臣用罪人。"世祖曰："何必言此，可用者用之。"遂以前河间转运使张弘纲、撒都丁、不鲁合散、孙桓，并为河间、山东等路都转运盐使。其他擢用者甚众。

世荣既以利自任，惧怨之者众，乃以九事说世祖诏天下：其一，免民间包银三年；其二，官吏俸免民间带纳；其三，免大都地税；其四，江淮民失业贫困、鬻妻子以自给者，所在官为收赎，使为良民；其五，逃移复业者，免其差税；其六，乡民造醋者，免收课；其七，江南田主收佃客租课，减免一分；其八，添支内外官吏俸五分；其九，定百官考课升擢之法。大抵欲以释怨要誉而已，世祖悉从之。

既而又奏："立真定、济南、江淮等处宣慰司兼都转运使〔司〕，以治课程，仍立条例，禁诸司不得追摄管课官吏，及遣人辄至办课处沮扰，按察司不得检察文卷。"又奏："大都酒课，日用米千石，以天下之众比京师，当居三分之二，酒课亦当日用米二千石。今各路但总计日用米三百六十石而已，其奸欺盗隐如此，安可不禁。臣等已责各官增旧课二十倍，后有不如数者，重其罪。"皆从之。

三月庚子，世荣奏以宣德、王好礼并为浙西道宣慰使。世祖曰："宣德，人多言其恶。"世荣奏："彼入状中书，能岁办钞七十五万锭，是以令往。"从之。四月，世荣奏曰："臣伏蒙圣眷，事皆委臣。臣愚以为今日之事，如数万顷田，昔无田之者，草生其间。臣今创田之，已耕者有焉，未耕者有焉，或才播种，或既生苗，然不令人守之，为物蹂践，则可惜也。方今丞相安童，督臣所行，是守田者也。然不假之以力，则田者亦徒劳耳。守田者假之力矣，而天不雨，则亦终无成。所谓天雨者，陛下与臣添力是也。惟陛下怜臣。"世祖曰："朕知之矣。"令奏行事之目，皆从之。

世荣居中书才数月，恃委任之专，肆无忌惮，视丞相犹虚位也。左司郎中周戭与世荣稍不合，坐以废格诏旨，奏而杀之，朝中凛凛。监察御史陈天祥上章劾之，大概言其"苛刻诛求，为国敛怨，将见民间凋耗，天下空虚。考其所行与所言者，已不相副；始言能令钞法如旧，弊今愈甚；始言能令百物自贱，今百物愈贵；始言课程增至三百万锭，不取于民，今迫胁诸路，勒令如数虚认而已；始言令民快乐，今所为无非扰民之事。若不早为更张，待其自败，王犹蠹虽除而木已病矣。"世祖时在上都，御史大夫玉速帖木儿以其状闻，世祖始大悟，即日遣唆都八都儿、秃剌帖木儿等还大都，命安童集诸司官吏、老臣、儒士，及知民间事者，同世荣听天祥弹文，仍令世荣、天祥同赴上都。

壬戌，御史中丞阿剌帖木儿、郭佑，侍御史白秃剌帖木儿，参政撒的迷失等，以世荣所伏罪状奏曰："不白丞相安童，支钞二十万锭。擅升六部为二品。效李璮令急递铺用红青白三色囊转行文字。不与枢密院议，调三行省万二千人置济州，委漕运使陈柔为万户管领。以沙全代万户宁玉戍浙西吴江。用阿合马党人潘杰、冯珪为杭、鄂二行省参政，宣德为杭州宣慰，余分布中外者众。以钞虚，闭回易库，民间昏钞不可行。罢白酵课。立野面、木植、磁器、桑枣、煤炭、匹段、青果、油坊诸牙行。调出县官钞八十六万余锭。"丞相安童言："世荣昔奏，能不取于民岁办钞三百万锭，令钞复实，诸物悉贱，民得休息，数月即有成效。今已四阅月，所行不符所言，钱谷出者多于所入，引用憸人，紊乱选法。"翰林学士赵孟传等，亦以为"世荣初以财赋自任，当时人情不敢预料，将谓别有方术，可以增益国用。及今观之，不过如御史所言。更张之机，正在今日。若复恣其所行，为害非细。"

阿剌帖木儿同天祥等与世荣对于世祖前，一一款伏。遣忽都带儿传旨中书省，命丞相安童与诸老臣议，世荣所行，当罢者罢之，更者更之，所用人实无罪者，朕自裁处。遂下世荣于狱。十一月乙未，世祖问忽剌出曰："汝于卢世荣有何言？"对曰：

"近汉人新居中书者,言世荣款伏,罪无遗者,狱已竟矣,犹日养之,徒费廪食。"有旨诛世荣,刲其肉以食禽獭。

译文:

卢世荣,大名人。阿合马专政时,世荣因行贿得官,任江西榷茶运使,后来因罪被罢职。阿合马死后,朝廷上的大臣忌讳说财利的事,他们的建议都不能满足世祖国家富裕百姓生活好的愿望。有个叫桑哥的人,推荐世荣有才能,说他能挽救钞法,增加税收,上可以使国家富裕,下又不损害百姓利益。世祖召见他,上奏和陈述意见很使世祖满意。至元二十一年十一月辛丑,召见中书省官员与世荣在朝廷上辩论,讨论所应当办的事,右丞相和礼霍孙等坚持正义,不屈不挠,但被强词夺理的世荣所击败,与右丞麦术丁、参政张雄飞、温迪罕等一起被罢职,朝廷起用安童为右丞相,以世荣为右丞,而左丞史枢,参政不鲁迷失海牙、撒的迷失,参议中书省事拜降,都是经世荣推荐后就任的。

世荣骤然间被世祖重用后,当天便奉命到中书省整治钞法,在全国各地普遍推行,官吏推行不力者,治他的罪。第二天,世荣和右丞相安童一起上奏:"我们私下里看见老人、儿童和害病的百姓,吃穿都顾不上,在街市上乞讨,这不是太平盛世所应该见到的景象。应该由官府发给衣粮,委托各路的正职官员负责办理此事。"又上奏怀孟的竹园、江湖上的渔业税收以及襄淮屯田等事。过了三天,安童上奏说:"世荣所陈述的几件事,请求下诏颁示天下。"世祖说:"除了给讨饭的人衣食外,其他的都照世荣所说的办理。"于是下诏说:"金、银是民间通行的东西,自设立平准库后,禁止百姓私自买卖,今后听任民间以合适的方式交易,怀孟诸路的竹货,是百姓栽种的,有关部门强制收集在一起发卖,使百姓生活困苦,又导致南北方竹货不能流通;从今起撤掉各处管理竹子的竹监,听任百姓买卖,然后收税。江湖上鱼类的税收,已有成规可以遵循,大河上的捕捞,贫苦百姓赖以为生,有关部门都禁止捕捞,今后听任捕捞。军国事务的往来,完全依靠站驿,马的价格最近提高,又命令各户供给使臣饮食,以致百姓生活困难,今后除了驿马外,其余的费用由官府支出。"

接着中书省又上奏说:"食盐每引售价十五两,国家没有多收钱,为的是方便百姓食用。如今官府豪绅假托名目获利,把盐囤下不卖以等待好价钱,以至于一引盐卖八十贯,京城中也卖一百二十贯一引,贫穷人家大多数吃不起盐。现在打算以二百万引盐给予商人,一百万引散发给各路,设立常平盐局,如果盐价上涨,官价便平价出售,这样,百姓用盐有保证,国家也得到了好处。"世祖接受了这个意见。

世荣在中书省任职不到十天,御史中丞崔彧说他不应该任宰相,触怒了世祖,把崔彧逮捕审问,并罢免了他的职务。世荣说:"京城中的富户豪绅酿酒做买卖,价钱高而酒味薄,而且不按照纳税,应该禁止,由官府卖酒。"次年正月壬午日,世祖来到香殿,世荣上奏说:"臣曾经说全国每年税收钞九十三万二千六百锭之外,我又筹划好了,不加重百姓负担,制裁权豪势要之家所侵占的税利,就可增加三百万锭。起初这个计划还未推行,而朝内外已议论纷纷,为臣请求与御史台、枢密院的官员在陛下面前辩论后实行。"世祖说:"不必这样,爱卿直说就是。"世荣上奏说:"古代有酒类专卖的法令,如今应设立四品提举司,掌管天下赋税,每年可得钞一千四百四十锭。自从王文统被杀后,钞法不实,弊端甚多,根据现在的情况,不如依照汉代、唐代旧例,收集铜铸造至元钱,制造绫券,与钞一起发行。"于是便把自己所织的绫券递了上去。世祖说:"既简便又有益的事,应当迅速施行。"

世荣又上奏说:"在泉、杭二州设立市舶都转运司,愿意造船者由官府付给工本,然后交给商人去贩运货物,获得的利润,官府享有七成,商人享有三成。禁止商人私自出海贩运,如有违犯,扣留他从前所聚集的财宝,由官府收买;藏匿宝货不献者,允许别人告发,将没收来的财产的一半赏给告发的人。如今国家虽有常平仓,但实际上并没有什么积蓄。为臣打算不费一文钱,只把权势之家擅自开采的铁矿没收,由官府设立冶铁炉制造成器具出售,将所得利润加上常平仓的盐税,买成粮食贮藏在仓库里,等到物价贵时低价卖出,必能使物价永远贱下去,国家也可获得优厚的利息。国家虽然设立了平准库,但是无人通晓其中的法规准则,以致钞法空虚,弊端甚多,造成市场上物价昂贵。应该让各路设立平准周急库,以轻微的月息把款贷给穷苦百姓,这样,贷款面大,可以保本不赔。还有一件事,跟随朝廷的官吏增加俸禄,但地方官员没有得到这项好处,可在各城市设立市易司,让他们领导集市贸易中以介绍买卖为职业的那些人,计算商人的货物,抽取其价值的四十分之一,然后再把这些钱分为十份,十分之四给那些经纪中介人,十分之六作为官吏俸禄。国家靠着打仗得到天下,不是凭借粮食作为主要供养,而是靠着羊马,应在上都、隆兴等路,用官钱买丝织品到北方去交换羊马,选蒙古人放牧,收取皮毛、筋骨、酥酪等,分作十份,官府取八份,留下两份给放牧的人。养马防备着将来兴兵打仗,羊可用来赏赐。"世祖说:"你早先所说的几件事都很好,本来就应当迅速施行。你刚才说的这件事也很好,祖宗时就打算施行但没有成功,朕考虑一下再说吧。"于是,世荣上奏说:"为臣做过的事,有很多人怨恨我,必定有人说为臣的坏话,为臣实在感到恐惧,请陛下先说出来。"世祖说:"你所说的都是实情,做了事又要背后没人议论,哪有这种道理。你不必提防朕,在饮食居住方面你可多作提防。腿上有病的狗,狐狸不喜欢它,它的主人岂能不喜欢!你的所作所为,朕自然喜欢,那些奸邪不法的人就不喜欢了。你的职务既已确定,所到之处不要只跟一两个人,你家的门户也要守卫好。"于是晓谕安童给世荣增加保卫人员,他被天子倚重宠爱到了这种程度。

又过了十几天,中书省请求撤销行御史台,行御史台所管辖的按察司归内台管辖。又请求在各行省所在地设立行枢密院。世祖说:"设立行枢密院一事,前天已经商量定,只因阿合马玩弄权术,自私自利,打算让他儿子忽辛任行省长官再兼兵权,因此没有成功。你现在作这件事,还是合适的。"第二天,世荣又上奏把六部的官阶升为二品。又上奏让按察司总管各路的钱粮,选择有才干的官员任职,刑法方面的事交给御史台处理,钱谷之事由部申报到中书省处理。世祖说:"你与年老资深的大臣商量此事,然后执行就可以了。"

二月辛酉这一天,御史台上奏说:"中书省请求撤销行御史台,改按察司为提刑转运司,使其兼领钱谷。臣等私下认为:开始设置行御史台时,朝中的老臣曾在一起商议,认为设立行御史台是有益处的,现在既然没有什么不便,不可撤销。况且按察司兼职行使转运司的职权,那么纠察弹劾的职能就被废除了。恳请右丞相再次与朝中老臣集体商议。"世祖答应了他们的要求。壬戌日,御史台上奏:"不久前接到圣旨,让臣等议论撤销行御史台和兼任转运司的事情,世荣说按察司所任命的官员,都是很有才干称职的人，可以兼任钱谷之事。但是朝廷中的大臣都认为不应该这么办，世荣任命什么人，为臣等不敢阻挠，但是主张行御史台不可撤销，却是大家一致的意见。"世祖说："世荣对这事如何看？"御史台上奏说："他的意见是撤销。"世祖说："就按世荣的意见办。"

中书省上奏请求成立规措所，官阶是五品，所任用的官吏，都是擅长做买卖的人。世祖说："规措所主要的职责是什么？"世荣回答说："规画钱谷。"世祖就答应了。世荣又奏："天下能规画钱谷的人，以往都聚集在阿合马的门下，如今都登记在册，说他们是品行不端之人，难道能把这些人都废弃不用吗？为臣打算选择其中长于才干可以任用的人，但是害怕有人说我任用有罪的人。"世祖说："你何必这样说，有才能可以任用的尽管任用。"于是，世荣任用曾经当过河间转运使的张弘纲、撒都丁、不鲁合散、孙桓等人，当河间、山东等路的都转运盐使。其他人被提拔的也很多。

世荣既然以捞取私利当作自己的任务，害怕怨恨他的人增多，便提出了九件事游说世祖并下诏于天下：第一，免掉民间包银三年；第二，官员的俸禄不让百姓带纳；第三，免去大都地税；第四，江淮间百姓失业贫困、卖儿女妻子来维持生活者，所在地区官府应该收养他们并出钱赎回他们的亲属，使他们成为良民；第五，逃亡迁徙他乡而又回乡耕田者，免去差税；第六，乡中百姓造醋者，免税；第七，江南的地主收佃客租税时，减免一分；第八，朝内朝外官吏俸禄增加五分；第九，规定对各级官吏的考核提拔的措施。主要是想使别人对他没有怨恨，沽名钓誉而已，世祖一一都听从了。

接着世荣又上奏："建立真定、济南、江淮等处宣慰司兼都转运使司，让他们管理税收，并定下章程，禁止有关部门迫害要挟管理收税的官员，不准派人到管理税收的地方骚扰，按察司也不准前去检察账目。"又奏："大都造酒，按每天用米一千石收税，以全国造酒的数量和京城相比，应占三分之二，每天造酒用米约为二千石，但如今各路只总计用米三百六十石而已，他们奸诈欺骗隐瞒到了这种地步，怎能不加以禁止。臣等已责成各主管官员按往日的税率增加二十倍，以后不按这个数字上交者，加重处罚。"世祖都答应了。

三月庚子日，世荣上奏请求以宣德、王好礼一并担任浙西道宣慰使。世祖说："宣德这个人，很多人都说他是坏人。"世荣上奏说："他给中书省保证，能够每年创收钞七十五万锭，因此才让他前往。"世祖答应了。四月间，世荣又上奏说："为臣蒙陛下信任，朝中大事都委托臣办理。臣认为今日朝中之事，好比数万顷良田，过去没有人耕耘，田间长满了野草。为臣如今决定耕田，这些田有些已经有人耕种，有些尚未耕种，有的刚刚播种，有的已经长苗，如果不派人守卫、被野兽践踏坏，就显得可惜了。现在丞相安童，监督为臣的所作所为，好比是保卫田地的人。但是如果不从别的方面帮助耕田的人，耕田的人再干也是徒劳无功。守卫田地的人帮助了耕田的人，如果天高不下雨，最后也不会有收成。所说的天下雨，是指陛下给为臣添力量，请陛下可怜臣的一片忠心。"世祖说："朕都知道了。"让他要奏哪些事，都写个提纲递上来，都一一照办了。

世荣入中书省才几个月，依仗着世祖对他信任，事事放手，便肆无忌惮，把丞相看作虚设的一样，一点也不尊重他。右司郎中周戫与世荣意见稍有不合，诬陷他阻止诏旨的施行，上奏给世祖后把他杀死，朝中大臣感到恐惧不安。监察御史陈天祥上疏弹劾他，大意是说他"苛刻地聚敛财富，使不少人对朝廷产生怨恨，如此下去，将会出现民间凋敝，财物枯竭，天下都空空如也，一无所有。考察他所做的事与所说的话，已经言行不一：开始他说能使钞法恢复往日的信誉，但是如今弊端愈来愈多；开始他说能使各种货物自己便宜下来，如今各种货物越来越贵；开始说税收能增加三百万锭，但不搜刮百姓，现在威胁强迫各路，勒令他们按照布置下去的数目收税；开始时说让百姓安居乐业，如今他的所作所为没有一件不是骚扰百姓的。如果不早早采取措施，等待他自己失败，就好比害虫虽除但树木已经枯萎了。"世祖当时在上都，御史大夫玉昔帖木儿把世荣的情况一一上奏，世祖这时才恍然大悟，当天便派唆都八都儿、秀刺帖木儿等回到大都，命令安童召集各部门的官吏、年长的大臣、儒士，以及熟悉百姓情况的人，同世荣一起听陈天祥的弹劾文章，又命令世荣、天祥一起去上都。

三月壬戌日，御史中丞阿剌帖木儿、郭佑，侍御史白秃剌帖木儿，参政撒的迷失等，拿着世荣自己承认的罪状上奏说："没有经过安童同意，擅自支取钞二十万锭。擅自把六部升为二品。仿效李璮的做法，让急递铺用红、青、白三色布袋转递朝廷公文。不和枢密院商议，从三个行省中抽调一万二千人驻扎济州。委任漕运使陈桀为户户管领。以沙全代替万户宁玉戌宁浙西吴江。用阿合马的党羽潘杰、冯珪为杭、鄂两省的参政，宣德任杭州宣慰使，其余的人分布朝内外者很多。因为中统钞贬值，便关闭了回易库，民间流通既久字迹模糊的纸币不再流通。停收白酵税。设立野面、木植、瓷器、桑枣、煤炭、匹段、青果、油坊诸牙行。又从各地县官那里调出官钞八十六万多锭。"丞相安童说："世荣过去曾上奏说：'他能够不从百姓那里每年取钞三百万锭,使钞恢复往日信誉,百物都贱,百姓得到休养生息,数月之内便有成效。'如今已过去四个月,他所做的与所说的不符,钱谷支出多于收入,任用坏人,搞乱了正常提升官员的规矩。"翰林学士赵孟传等,也认为"世荣起初说能为国家增加财富,当时大臣们不知世荣底细,以为他另外有奥妙的方法,可以增加收入作为国家用度。现在看来,如御史台所说,不过是骚扰百姓而已。改弦更张的机会,现在正是时候。如果听任世荣为非作歹,对国家的害处就大了"。

阿剌帖木儿、陈天祥一起在世祖面前和世荣辩论,世荣对自己的恶迹一一都承认了。世祖派忽都带儿给中书省传达圣旨,命令丞相安童和诸位年长的大臣商议,世荣所做的事,该停止的就停止,该更改的就更改,他们任用的人如果真的无罪,由朕自己裁处。于是把世荣下于狱中。十一月乙未,世祖问忽剌出:"你对卢世荣一案有什么意见?"回答说:"最近汉人新到中书省任职者,都说世荣已经招认,所有的罪行都已完全交代,这桩案件已经审判完了,还天天养着他,这不是浪费粮食吗?"于是,世祖下旨杀死世荣,把他的肉剁碎去喂禽兽。

元史卷二百六

列传第九十三

王文统

王文统字以道,益都人也。少时读权谋书,好以言撼人。遍干诸侯,无所遇,乃往见李璮,璮与语,大喜,即留置幕府,命其子彦简师事之,文统亦以女妻璮。由是军旅之事,咸与谘决,岁上边功,虚张敌势,以固其位,用官物树私恩,取宋涟、海二郡,皆文统谋也。

世祖在潜藩,访问才智之士,素闻其名。及即位,厉精求治,有以文统为荐者,亟召用之。乃立中书省,以总内外百司之政,首擢文统为平章政事,委以更张庶务。建元为中统,诏谕天下,立十路宣抚司,示以条格,欲差发办而民不扰,盐课不失常额,交钞无致阻滞。寻诏行中书省造中统元宝交钞,立互市于颍州、涟水、光化军。是年冬,初行中统交钞,自十文至二贯文,凡十等,不限年月,诸路通行,税赋并听收受。

明年二月,世祖在开平,召行中书省事祃祃与文统,亲率各路宣抚使俱赴阙。世祖自去秋亲征叛王阿里不哥于北方,凡民间差发、宣课盐铁等事,一委文统等裁处。及振旅还宫,未知其可否何若,且以往者,急于用兵,事多不暇讲究,所当振其纪纲者,宜在今日。故召文统等至,责以成效,用游显、郑鼎、赵良弼、董文炳等为各路宣抚司,复以所议条格诏谕各路,俾遵行之。未几,又诏谕宣抚司,并达鲁花赤管民官、课税所官,申严私盐、酒醋、曲货等禁。

文统为人忌刻,初立中书时,张文谦为左丞。文谦素以安国利民自负,故凡讲论建明,辄相可否,文统积不能平,思有以陷之,文谦竟以本职行大名等路宣抚司事而去。时姚枢、窦默、许衡,皆世祖所敬信者,文统讽世祖授枢为太子太师,默为太子太傅,衡为太子太保,外佯尊之,实不欲使朝夕备顾问于左右也。默尝与王鹗及枢、衡俱侍世祖,面诋文统曰:"此人学术不正,必祸天下,不可处以相位。"世祖曰:"若是,则谁可为者?"默以许衡对,世祖不怿而罢。鹗尝请以右丞相史天泽监修国史。左丞相耶律铸监修《辽史》,文统监修《金史》。世祖曰:"监修阶衔,俟修史时定之。"

又明年二月,李璮反,以涟、海三城献于宋。先是,其子彦简,由京师逃归,璮遣人白之中书。及反书闻,人多言文统尝遣子荛与璮通音耗。世祖召文统问之曰:"汝教璮为逆,积有岁年,举世皆知之。朕今问汝所策云何,其悉以对。"文统对曰:"臣亦忘之,容臣悉书以上。"书毕,世祖命读之,其间有曰:"蝼蚁之命,苟能存全,保为陛下取江南。"世祖曰:"汝今日犹欲缓颊于朕耶?"会璮遣人持文统三书自洺水至,以书示之,文统始错愕骇汗。书中有"期甲子"语,世祖曰:"甲子之期云何?"文统对曰:"李璮久蓄反心,以臣居中,不敢即发,臣欲告陛下缚璮久矣,第缘陛下加兵北方,犹未靖也。比至甲子,犹可数年,臣为是言,姑迟其反期耳。"世祖曰:"无多言。朕拔汝布衣，授之政柄，遇汝不薄，何负而为此？"文统犹枝辞傍说，终不自言"臣罪当死"，乃命左右斥去，始出就缚。犹召窦默、姚枢、王鹗、僧子聪及张柔等至，示以前书曰："汝等谓文统当得何罪？"文臣皆言"人臣无将，将而必诛"。柔独疾声大言曰："宜剐！"世祖又曰："汝同辞言之。"诸臣皆曰："当死。"世祖曰："渠亦自服朕前矣。"

文统乃伏诛。子荛，并就戮。诏谕天下曰："人臣无将，垂千古之彝训；国制有定，怀二心者必诛。何期辅弼之僚，乃畜奸邪之志。平章政事王文统，起由下列，擢置台司，倚付不为不深，待遇不为不厚，庶收成效，以底丕平。焉知李璮之同谋，潜使子荛之通耗。迩者获亲书之数幅，审其有反状者累年，宜加肆市之诛，以著滔天之恶。已于今月二十三日，将反臣王文统并其子荛，正典刑讫。于戏！负国恩而谋大逆，死有余辜；处相位而被极刑，时或未喻。咨尔有众，体予至怀。"然文统虽以反诛，而元之立国，其规模法度，世谓出于文统之功为多云。

译文：

王文统，字以道，益都人。年少时读有关奸诈权谋的书，喜欢用言辞捉弄人。跑了很多地方用言辞游说各地的官员，但没有用他，便去见李璮。璮和他谈话，非常高兴，便把他留下当幕僚，让他的儿子彦简拜他为师。文统也把女儿许给李璮为妻。从此以后，军队中的大事，李璮都与文统商量，他每年上报在边疆立的战功，都故意夸大敌人的声势，来巩固自己的地位，用官府的钱来培植私人的势力，夺取宋朝的涟、海二郡，都是文统所出的主意。

世祖在即位之前，访问有才能的人，平常就知道文统的名声。等到即位以后，励精求治，有人推荐文统有才干，便马上召见他。又设立中书省，总管朝廷内外各衙门事务，首先提拔文统为平章政事，委托他改革日常行政事务。建元为中统后，下诏晓谕天下，设立十路宣抚司，让他们熟悉各种条令和格律，打算照常办理差役税课而不打扰百姓，盐税保持原来的数目，交钞不致引起停滞，能够流通。不久，世祖下诏给行中书省，制造中统元宝交钞，在颍州、涟水、光化军等地设立与南宋贸易的市场。这年冬天，首次发行中统交钞，自十文至二贯文，共有十等，不限年月，诸路通行，税赋可以用中统钞支付。

次年二月，世祖在开平，召见行中书省事祃祃与文统，并亲自率领各路宣抚使一起回到京城。世祖自从去年秋天亲自征伐叛王阿里不哥于北方以来，凡是民间的征调、赋敛，盐铁税收等事，都委托文统处理。等到凯旋，不知道文统做的事是否合适，以往因急于用兵，很多事没空仔细推敲，建立法度，治理国家，现在已提到日程上来了。因此召集文统等人，责成他们治理国家一定要显出成效，任命游显、郑鼎、赵良弼、董文炳等人为各路宣抚司，又把朝廷上商议的条令律文晓谕各路，让他们遵照执行。不久，又下诏晓谕宣抚司，以及达鲁花赤管民官、各处收税官员，重申对私盐、酒醋、曲货等的禁令。

文统为人残忍刻薄，中书省初成立时，张文谦担任左丞。文谦平日便以安国利民当作自己的抱负，因此凡是有关朝廷大事或建立制度，有时同意文统的意见，有时又加以反对，时间长了，文统便不能忍受，老想找机会陷害他，文谦最后以本职离朝去任大名等路宣抚司事去了。当时姚枢、窦默、许衡等人都是世祖所敬重相信的人，文统暗示世祖封姚枢为太子太师，窦默为太子太傅，许衡为太子太保，外表上装着很尊重他们，实际上是不让他们天天在世祖身边当顾问。窦默曾经和王鹗、姚枢、许衡等侍候世祖，当面斥责文统说："这个人心术不正，必然给天下带来灾难，不可让他当丞相。"世祖说："如果这样，谁人可任丞相？"窦默回答说许衡可以，世祖很不高兴，此事没有结果。王鹗曾经请求让右丞相史天泽监修本朝史，左丞相耶律铸监修《辽史》，王文统监修《金史》。世祖说："监修官的官阶和头衔，等到修史时再定。"

又过了一年，二月间李璮反叛，把涟州、海州等三座城池献给宋朝。起初，李璮的儿子彦简从京城逃回，李璮派人告诉给中书省。等到李璮反叛的消息传到京城，很多人揭发文统曾经派他的儿子王荛暗中给李璮通风报信。世祖召见文统询问说："你教唆李璮反叛，已经很多年了，全国人都知道，朕如今问你，给李璮献的什么计策，可全部说出来。"文统回答说："为臣我也忘记了，等我全部写出来再呈给陛下。"文统写完，世祖命人朗读，其中有几句说："我这像蚂蚁一样不值钱的性命，如果能够保全，保证能给陛下夺取江南宋朝江山。"世祖说："你今天让朕饶恕你吗？"适逢李璮派人拿着文统给他的三封信从洺水来京师，世祖让文统看这几封信，文统这才惊慌害怕，头上渗出了汗珠。书中有"日期定为甲子"这句话，世祖说："甲子这个日期指的什么？"文统回答说："李璮早已处心积虑要造反，只因为臣我在中书省，他不敢马上举事，为臣我也早就想报告陛下，把李璮绑来，但因为陛下正用兵于北方边疆，全国不平静。等到甲子年，还须几年，为臣说日期在甲子年，主要是想麻痹他，推迟他的反期。"世祖说："你不要再多说了。朕把你从平民百姓中提拔起来，把管理国家的大权交给你，待你也不算薄，为什么忘恩负义到这种地步？"文统还在强词夺理，争辩不休，始终不肯说"为臣犯了死罪",世祖命令把文统拉出去,并把他绑起来。又召集窦默、姚枢、王鹗、僧子聪和张柔等人,让他们看王文统给李璮的书信,并问:"你们说文统应受什么样的处罚?"文臣们都说:"当臣子的不应该叛乱,叛乱应当杀死。"张柔一人大声说道:"应当受剐刑。"世祖又说:"你们可拿出一个共同的意见来。"诸们大臣都说:"应当把文统斩首。"世祖说:"他在朕面前已经招认了。"

于是文统被斩首,他的儿子王荛一同被杀。世祖下诏晓谕天下说:"当臣子的不应叛乱,这是自古以来留下的法度和规矩,国家制度规定,对国家怀有二心的人必然被杀。怎能料到辅佐朕躬的大臣,会产生奸邪之心。平章政事王文统,出身于低级官吏,一直升到朝中大臣,朕对他的信任不能说不深,待遇不能说不优厚,他本应积极报效国家,不辜负朕的信任。谁知他是李璮的同谋,暗中派儿子王荛通报消息。近来截获他给李璮的几封亲笔信,审查出他想谋反已经好几年了,应该在市肆上把他杀死,让人们都知道他犯有滔天大罪。已经在这个月的二十三日,将反臣王文统和他的儿子王荛明正典刑。辜负国家对他的恩惠而阴谋造反,死有余辜;当丞相而被处以极刑,恐怕还有很多人不知道。告诉你们大家,要很好地体会朕对你们的关怀。"但是文统虽然被杀,而元朝建立国家,规章制度,世人都说王文统的功劳最多。

元史卷二百七

列传第九十四

孛罗帖木儿

孛罗帖木儿，答失八都鲁之子也。从父讨贼，屡立战功，其语见父传。父既殁，孛罗帖木儿引兵退驻井陉口。〔至正〕十八年正月，命孛罗帖木儿为河南行省平章政事，仍总领其父元管诸军。三月，击刘福通于卫辉，走之，进克濮州。四月，屯兵真定。六月，自武安由彭城邀截沙刘等，败之。九月，命统领诸军夹攻曹州。十月，遣参政匡福统苗军自西门入，孛罗帖木儿自北门入，西门并进，克复曹州，擒杀伪官武宰相、仇知院，获伪印信金牌等物。

十九年二月，过代州，收山东溃将孟本周诸军。三月，诏孛罗帖木儿移兵至大同，置大都督兵农司，专督屯种，以孛罗帖木儿领之。当月领兵丰州、云内，与关先生战，关军奔溃。时有杨诚者，据蔚州，六月，诏遣平章月鲁不花、枢密同知八剌火者，督兵捕之，七月，围其城。俄有旨，命回兵。十一月，再命剿捕。

二十年正月，孛罗帖木儿追诚至飞狐县东关，诚弃军遁，降其溃卒，回驻大同。二月，除中书平章政事。三月，命讨上都程思忠，兵次兴和，思忠奔溃。七月，击败田丰伪将王士诚于台州。诏总领一应达达、汉人诸军，便宜行事。八月，命守石岭关以北，察罕帖木儿守石岭关以南。九月，孛罗帖木儿欲得冀宁，遣兵自石岭关直趋围其城，三日，复退屯交城。十月，诏孛罗帖木儿守冀宁，遣保保、殷兴祖、高脱因倍道趋之，守者不纳。察罕帖木儿遣锁住、陈秉直以兵来争，孛罗帖木儿部将脱列伯战败之。

二十一年正月，命平章答失帖木儿、参政七十往谕解之，孛罗帖木儿罢兵还镇。九月，命孛罗帖木儿于保定以东、河间以南屯田。

二十二年二月，伪平章左李遣杨荣祖至大同降。三月，孛罗帖木儿遣裨将也速不花等招兵五万，戍大同。升孛罗帖木儿太尉、中书平章，位居第一。张良弼来受节制，李思齐遣兵攻良弼于武功，良弼伏兵大破之。

二十三年十月，孛罗帖木儿复南侵扩廓帖木儿所守地，遂据真定。初，朝廷既黜御史大夫老的沙，安置东胜州，帝别遣宦官密谕孛罗帖木儿，令留军中。而皇太子累遣官索之，孛罗帖木儿匿不发。

二十四年正月，孛罗帖木儿阴使人杀其叔父左丞亦只儿不花，佯为不知，往吊不哭。朝廷知其跋扈，又以匿老的沙事，三月辛卯，诏罢孛罗帖木儿兵权，四川安置。孛罗帖木儿杀使者拒命，遣部将秃坚帖木儿提兵犯阙，扬言索右丞相搠思监、资正院使朴不花二人。

先是，朝廷立卫屯田，尝命中书右丞也先不花提督，与秃坚帖木儿分院之地相近，因扰及其亲里，构成嫌隙，也先不花乃潜秃坚帖木儿诋毁朝政，孛罗帖木儿与秃坚帖木儿相友善，且知其诬，遣人白其非罪。皇太子以孛罗帖木儿握兵跋扈，今乃与秃坚帖木儿交通，又匿不轨之臣，遂与丞相搠思监议，请诏削其官，分其兵授四川省丞相察罕不花领之。孛罗帖木儿谓非帝意，故不听命，举兵助秃坚帖木儿。

四月壬寅，入居庸，乙巳，至清河列营，将犯阙。帝遣达达国师、蛮子院使往问故，乃命屏搠思监于岭北，窜朴不花于甘肃，实执送与之。庚戌，秃坚帖木儿自健德门入，见帝延春阁，恸哭请罪，帝赐宴慰勉，诏赦其罪。仍以孛罗帖木儿为太保、中书平章，兼知枢密院事，守御大同；以秃坚帖木儿为中书平章政事。辛亥，孛罗帖木儿还大同，皇太子恚怒不已，再征扩廓帖木儿兵，保障京师。

五月，诏扩廓帖木儿总兵，调诸道军分讨大同。扩廓帖木儿自其父察罕帖木儿在时，与孛罗帖木儿连年相雠杀，朝廷累命官讲和，二军已还兵，各守其地。至是，扩廓帖木儿乃大发兵，诸道夹攻大同，调麾下锁住守护京师，兵不满万，以其部下青军杨同佥守居庸，扩廓帖木儿自将至太原，调督诸军。

七月，孛罗帖木儿率兵，与秃坚帖木儿、老的沙等复犯阙，京师震骇。丙戌，皇太子亲统兵迎于清河，丞相也速、詹事不兰奚军于昌平，也速军士无斗志，青军杨同佥被杀于居庸，不兰奚战败走，皇太子亦驰入城。丁亥夜，锁住胁东宫官僚从太子出奔太原。戊子，孛罗帖木儿兵至，驻健德门外，欲追袭皇太子，老的沙力止之。三人入见帝宣文阁，泣拜诉冤，帝亦为之泣，乃赐宴。庚寅，就命孛罗帖木儿太保、中书左丞相，老的沙中书平章政事，秃坚帖木儿御史大夫。部属将士，布列台省，总揽国柄。

八月壬寅，诏加孛罗帖木儿开府仪同三司、上柱国、录军国重事、太保、中书右丞相，节制天下〔军马〕。数月间，诛狎臣秃鲁帖木儿、波迪哇儿禡等，罢三宫不急造作，沙汰宦官，减省钱粮，禁西番僧人佛事。数遣使请皇太子还朝，使至太原，拘留不报。

二十五年，皇太子在外，日夜谋除内难，承制调遣岭北、甘肃、辽阳、陕西及扩廓帖木儿等军，进讨孛罗帖木儿。孛罗帖木儿怒，出皇后于外，幽置百日。遣秃坚帖木儿率军讨上都附皇太子者，调也速南御扩廓帖木儿军。也速次良乡不进，而归永平，遣人西连太原，东连辽阳，军声大振。孛罗帖木儿患之，遣骁将姚伯颜不花统兵出御，至通州，河溢，营虹桥以待，也速出其不意，袭而破之，擒姚伯颜，杀之。孛罗帖木儿大恐，自将出通州，三日大雨而还。孛罗帖木儿先尝以自疑杀其将保安，既又失姚伯颜，郁郁不乐，乃日与老的沙饮宴，荒淫无度，酗酒杀人，喜怒不测，人皆畏忌。威顺王子和尚，受帝密旨，与徐士本谋，结勇士上都马、金那海、伯〔颜〕达儿、帖古思不花、火儿忽达、洪宝宝等，阴图刺之。

七月乙酉，值秃坚帖木儿遣人来告上都之捷，孛罗帖木儿起入奏，行至延春阁李树下，伯〔颜〕达儿自众中奋出，斫孛罗帖木儿，中其脑，上都马及金那海等竞前斫死。老的沙伤额，趋出，得马，走其家，拥孛罗帖木儿母妻及其子天宝奴北遁。有旨令民间尽杀其部党。明日，遣使函孛罗帖木儿首级往太原，诏皇太子还朝。诸道兵闻诏，罢归。九月，皇太子朝京师。十二月，获秃坚帖木儿、老的沙，皆伏诛。

译文：

孛罗帖木儿，他的父亲是答失八都鲁。跟随父亲讨伐贼寇，屡次立下战功，这些都记载在他父亲的传上。父亲死后，孛罗帖木儿率兵退到井陉口。至正十八年正月，顺帝任命孛罗帖木儿为河南行省平章，仍旧率领他父亲原来管辖的部队。三月间，孛罗帖木儿领兵在卫辉进攻刘福通，把他赶走，又攻克了濮州。四月间，屯兵真定。六月间，从武安出发经过彭城截击沙刘二，把他打败。九月间，顺帝命他统率诸路军马夹攻曹州。十月间，派参政匡福率领苗军从西门进攻，孛罗帖木儿从北门进攻，四门同时进攻，克复曹州，活捉并杀死伪朝官员武宰相、仇知院，缴获伪政权的印信、金牌等物。

至正十九年二月，孛罗帖木儿率军经过代州，接收了从山东溃逃下来的将领孟本周等人的队伍。三月，天子下诏让孛罗帖木儿把军队开往大同，在那里设立大都督兵农司，专门监督屯田耕种，让孛罗帖木儿负责此事。在这个月他又领兵到丰州、云内，与关先生大战，关军失败后逃跑溃散。当时有一个叫杨诚的人，占据蔚州，六月间，顺帝下诏派平章月鲁不花、枢密同知八剌火者，率领军队捉拿杨诚。七月间，包围了蔚州。不久，天子下旨撤兵，十一月间，再次下旨围剿捉拿杨诚。

至正二十年正月，孛罗帖木儿追赶杨诚，一直追到飞狐县东关，杨诚丢下军队逃跑，溃散的士兵被迫投降，孛罗帖木儿回军大同。二月间，被任命为中书平章政事。三月，顺帝命他去攻打盘踞上都的程思忠，部队走到兴和，思忠的人马已逃跑四散了。七月间，在台州打败田丰手下的将领王士诚。天子下诏让他统率所有的达达、汉人诸支部队，可以根据情况采取措施。八月间，天子命他守卫石岭关以北地区，察罕帖木儿守卫石岭关以南地区。九月间,孛罗帖木儿打算得到冀宁,派兵从石岭关出发直围冀宁,三天以后,又退往交城。十月间,顺帝下诏让孛罗帖木儿守卫冀宁,孛罗帖木儿派保保、殷兴祖、高脱因抄近路去冀宁,但守城的人不放他们进城。察罕帖木儿令锁住、陈秉直派兵争夺,被孛罗帖木儿部下将领脱列伯打败。

二十一年正月,顺帝命平章答失帖木儿、参政七十去给孛罗帖木儿、察罕帖木儿解和,孛罗帖木儿撤兵回到原来镇守之地。九月间,顺帝又命孛罗帖木儿在保定以东、河间以南屯田。

二十二年二月,伪朝平章左李派杨荣祖至大同投降。三月间,孛罗帖木儿派偏将也速不花等招募士兵五万,戍守大同。提升孛罗帖木儿为太尉、中书平章,在朝廷大臣中位居第一。张良弼来接受指挥,李思齐派兵在武功攻打良弼,结果被良弼埋伏的军队打得大败。

二十三年十月,孛罗帖木儿又南下侵占扩廓帖木儿所镇守的地盘,占据了真定。起初,朝廷既贬谪了御史大夫老的沙,把他安置在东胜州,顺帝另派宦官晓谕孛罗帖木儿,让他把老的沙留在军中。但是皇太子多次派人索要,孛罗帖木儿把老的沙藏起来,不肯交给太子。

二十四年正月,孛罗帖木儿暗中派人杀死自己的叔父、左丞亦只儿不花,又假装不知道,去吊唁时不哭。朝廷知道他跋扈,又因为藏匿老的沙一事,三月辛卯那一天,顺帝下诏罢免孛罗帖木儿的兵权,把他安置在四川。孛罗帖木儿杀掉使者,抗拒命令,派部下将领与秃坚帖木儿合兵进攻京城,扬言索要右丞相搠思监、资正院使朴不花二人。

起初,朝廷设立屯田卫,曾经让中书右丞也先不花提督其事,屯田卫与秃坚帖木儿分院之地邻近,骚扰了他的亲戚乡里,二人结下了冤仇,也先不花便造谣说秃坚帖木儿攻击朝政,孛罗帖木儿和秃坚帖木儿关系很好,又知道他受了冤枉,派人到天子那里诉说他无罪。皇太子因为孛罗帖木儿手握重兵,跋扈骄横,现在和秃坚帖木儿勾结,又藏匿不守法度的大臣,使和丞相搠思监商议,请求天子下诏削掉他的官爵,把他的兵交给四川省丞相察罕不花率领。孛罗帖木儿认为这不是顺帝的本意,因此拒不接受这一命令,发兵帮助秃坚帖木儿。

四月壬寅这一天,孛罗帖木儿率兵进入居庸关,乙巳这一天,来到清河立营扎寨,准备侵犯京师。顺帝派达达国师、蛮子院使前往询问原因,便命令把搠思监贬往岭北,把朴不花贬往甘肃,实际上把二人送给了孛罗帖木儿。庚戌这一天,秃坚帖木儿从健德门进入京城,在延春阁拜见顺帝,大哭请罪,顺帝设宴安慰勉励他,下诏赦免他的罪过。仍旧以孛罗帖木儿为太保、中书平章,兼知枢密院事,守御大同,任命秃坚帖木儿为中书平章政事。辛亥这一天,孛罗帖木儿回到大同,皇太子恼恨不已,再次征调扩廓帖木儿之兵,以保卫京城。

五月间,顺帝下诏让扩廓帖木儿统率大军,调诸道军队分头攻打大同。扩廓帖木儿自从他的父亲察罕帖木儿在世时,与孛罗帖木儿连年互相仇杀,朝廷多次派人讲和,双方都撤回了军队,各自防守自己的地盘。这时,扩廓帖木儿大力调集军队,分几路夹攻大同,调动部下将领锁住守卫京师,因兵力不满万人,又派部下青军杨同佥守居庸关,扩廓帖木儿自己率军到太原,指挥调动各路军队。

七月间,孛罗帖木儿率领兵马,与秃坚帖木儿、老的沙等再次进攻京城,京城的人惊慌不已。丙戌这一天,皇太子亲自统率军队到清河迎战,丞相也速、詹事不兰奚驻军昌平,也速的军队没有斗志,青军杨同金被杀于居庸,不兰奚战败逃走,皇太子只好逃回城中。丁亥这一天夜里,锁住胁迫东宫官员跟随太子逃往太原。戊子这天,孛罗帖木儿率兵到京城,驻扎在健德门外,打算追赶袭击皇太子,被老的沙劝住。孛罗帖木儿、秃坚帖木儿和老的沙人三人在宣文阁拜见顺帝,一边哭泣一边诉冤,顺帝也为他们的遭遇流下了眼泪,于是赐他们酒宴。庚寅这天,顺帝封孛罗帖木儿为太保、中书左丞相,老的沙为中书平章政事,秃坚帖木儿为御史大夫。孛罗帖木儿部下的将领,分布在朝廷的各个部门,把持了朝政。

八月壬寅这一天,顺帝下诏加封孛罗帖木儿为开府仪同三司、上柱国、录军国重事、太保、中书右丞相,统率调动天下军马。几个月之间,杀死顺帝亲近的奸邪之臣秃鲁帖木儿、波迪哇儿祃等,停止三宫中不紧迫的工程,裁减宦官,节约钱粮,禁止西番僧人作佛事。几次派人请皇太子回朝,但是使者到了太原,都被皇太子扣留了,拒绝回朝。

二十五年,皇太子在朝外,日夜都想着除掉孛罗帖木儿,秉承顺帝的旨意调遣岭北、甘肃、辽阳、陕西和扩廓帖木儿的军队,一起讨伐孛罗帖木儿。孛罗帖木儿很为生气,把皇后赶出宫外,囚禁了一百多天。派秃坚帖木儿率兵讨伐上都附和皇太子的人,调动也速南下抵御扩廓帖木儿的军队。也速行至良乡不再前进,返回到永平,派人西边联结太原,东边联合辽阳,声威大震。孛罗帖木儿认为这是心腹之患,派骁将姚伯颜不花率兵抵挡也速,走到通州,河水漫溢无法通过,便在虹桥扎营等候水落,也速出其不意攻破了姚伯颜不花的营垒,并把他杀死。孛罗帖木儿大为恐慌,亲自率兵到通州,一连三天都遇到大雨,只得退回京城。孛罗帖木儿曾经因疑心杀死部下将领保安,接着又失掉了姚伯颜，心中闷闷不乐，便天天与老的沙饮酒，又没有节制，常发酒疯杀人，喜怒不常，人人害怕。威顺王的儿子和尚，接受了顺帝的秘密旨意，与徐士本商议，联合勇士上都马、金那海、伯颜达儿、帖古思不花、火儿忽达、洪宝宝等人，暗地里商量要刺杀孛罗帖木儿。

七月乙酉这一天，适逢秃坚帖木儿派人来报告打败扩廓帖木儿军的消息，孛罗帖木儿起身入奏给顺帝，走到延春阁的李树下，伯颜帖木儿从人丛中奋勇跳出，砍孛罗帖木儿，砍中了他的脑袋，上都马和金那海等人争着跑上前去把他杀死。老的沙被砍伤了额头，挣扎着跑出来，弄到一匹马，来到孛罗帖木儿家，带着孛罗帖木儿的母亲、妻子和儿子天宝奴向北方逃跑。顺帝下旨让民间杀尽孛罗帖木儿的部下和党羽。第二天，派人用匣子盛了孛罗帖木儿的人头到太原，下诏召皇太子回朝。其他几路兵听说已下了圣旨，都又撤回原地去了。九月，皇太子回到京城朝拜天子。十二月，捉到了秃坚帖木儿、老的沙，都被杀死。

史记
汉书
后汉书
三国志
晋书
宋书
南齐书
梁书
陈书
魏书
北齐书
周书
隋书
南史
北史
旧唐书
新唐书
旧五代史
新五代史
宋史
辽史
金史
元史
□ **明史**

明史

本　纪

明史卷一

本纪第一

太祖一

太祖开天行道肇纪立极大圣至神仁文义武俊德成功高皇帝，讳元璋，字国瑞，姓朱氏。先世家沛，徙句容，再徙泗州。父世珍，始徙濠州之钟离。生四子，太祖其季也。母陈氏。方娠，梦神授药一丸，置掌中有光，吞之寤，口余香气。及产，红光满室。自是，夜数有光起。邻里望见，惊以为火，辄奔救，至则无有。比长，姿貌雄杰，奇骨贯顶。志意廓然，人莫能测。

至正四年，旱蝗，大饥疫。太祖时年十七，父母兄相继殁，贫不克葬。里人刘继祖与之地，乃克葬，即凤阳陵也。

太祖孤无所依，乃入皇觉寺为僧。逾月，游食合肥。道病，二紫衣人与俱，护视甚至。病已，失所在。凡历光、固、汝、颍诸州三年，复还寺。当是时，元政不纲，盗贼四起。刘福通奉韩山童假宋后起颍，徐寿辉僭帝号起蕲，李二、彭大、赵均用起徐，众各数万，并置将帅，杀吏，侵略郡县，而方国珍已先起海上。他盗拥兵据地，寇掠甚众。天下大乱。

十二年春二月，定远人郭子兴与其党孙德崖等起兵濠州。元将彻里不花惮不敢攻，而日俘良民以邀赏。太祖时年二十五，谋避兵，卜于神，去留皆不吉。乃曰："得毋当举大事乎？"卜之吉，大喜，遂以闰三月甲戌朔入濠见子兴。子兴奇其状貌，留为亲兵。战辄胜。遂妻以所抚马公女，即高皇后也。子兴与德崖龃龉，太祖屡调护之。

秋九月，元兵复徐州，李二走死，彭大、赵均用奔濠，德崖等纳之。子兴礼大而易均用，均用怨之。德崖遂与谋，伺子兴出，执而械诸孙氏，将杀之。太祖方在淮北，闻难驰至，诉于彭大。大怒，呼兵以行，太祖亦甲而拥盾，发屋出子兴，破械，使人负以归，遂免。

是冬，元将贾鲁围濠。太祖与子兴力拒之。

十三年春，贾鲁死，围解。太祖收里中兵得七百人。子兴喜，署为镇抚。时彭、赵所部暴横，子兴弱，太祖度无足与共事，乃以兵属他将，独与徐达、汤和、费聚等南略定远。计降驴牌寨民兵三千，与俱东。夜袭元将张知院于横涧山，收其卒二万。道遇定远人李善长，与语大悦，遂与俱攻滁州，下之。

是年，张士诚据高邮，自称诚王。

十四年冬十月，元丞相脱脱大败士诚于高邮，分兵围六合。太祖曰："六合破，滁且不免。"与耿再成军瓦梁垒，救之。力战，卫老弱还滁。元兵寻大至，攻滁，太祖设伏诱败之。然度元兵势盛且再至，乃还所获马，遣父老具牛酒谢元将曰："守城备他盗耳，奈何舍巨寇戮良民。"元兵引去，城赖以完。脱脱既破士诚，军声大振，会中谗，遽解兵柄，江、淮乱益炽。

十五年春正月，子兴用太祖计，遣张天祐等拔和州，檄太祖总其军。太祖虑诸将不相下，秘其檄，期旦日会厅事。时席尚右，诸将先入，皆踞右，太祖故后至就左。比视事，剖决如流，众瞠目不能发一语，始稍稍屈。议分工甓城，期三日。太祖工竣，诸将皆后。于是始出檄，南面坐曰："奉命总诸公兵，今甓城皆后期，如军法何。"诸将皆惶恐谢。乃搜军中所掠妇女纵还家，民大悦。元兵十万攻和，拒守三月，食且尽，而太子秃坚、枢密副使绊住马、民兵元帅陈埜先分屯新塘、高望、鸡笼山以绝饷道。太祖率众破之，元兵皆走渡江。三月，郭子兴卒。时刘福通迎立韩山童子林儿于亳，国号宋，建元龙凤。檄子兴子天叙为都元帅，张天祐、太祖为左右副元帅。太祖慨然曰："大丈夫宁能受制于人耶？"遂不受。然念林儿势盛可倚借，乃用其年号以令军中。

夏四月，常遇春来归。五月，太祖谋渡江，无舟。会巢湖帅廖永安、俞通海以水军千艘来附，太祖大喜，往抚其众。而元中丞蛮子海牙扼铜城闸、马场河诸隘，巢湖舟师不得出。忽大雨，太祖喜曰："天助我也。"遂乘水涨从小港纵舟还，因击海牙于峪溪口，大败之，遂定计渡江。诸将请直趋集庆。太祖曰："取集庆必自采石始。采石重镇，守必固，牛渚前临大江，彼难为备，可必克也。"六月乙卯，乘风引帆，直达牛渚。常遇春先登，拔之。采石兵亦溃。缘江诸垒悉附。

诸将以和州饥，争取资粮谋归。太祖谓徐达曰："渡江幸捷，若舍而归，江东非吾有也。"乃悉断舟缆，放急流中，谓诸将曰："太平甚近，当与公等取之。"遂乘胜拔太平，执万户纳哈出。总管靳义赴水死，太祖曰"义士也"，礼葬之。揭榜禁剽掠。有卒违令，斩以徇，军中肃然。改路曰府。置太平兴国翼元帅府，自领元帅事，召陶安参幕府事，李习为知府。时太平四面皆元兵。右丞阿鲁灰、中丞蛮子海牙等严师截姑孰口，陈埜先水军帅康茂才以数万众攻城。太祖遣徐达、邓愈、汤和逆战，别将潜出其后，夹击之，擒埜先并降其众，阿鲁灰等引去。

秋九月，郭天叙、张天祐攻集庆，埜先叛，二人皆战死，于是子兴部将尽归太祖矣。埜先寻为民兵所杀，从子兆先收其众，屯方山，与海牙掎角以窥太平。

冬十二月壬子，释纳哈出北归。

十六年春二月丙子，大破海牙于采石。三月癸未，进攻集庆，擒兆先，降其众三万六千人，皆疑惧不自保。太祖择骁健者五百人入卫，解甲酣寝达旦，众心始安。庚寅，再败元兵于蒋山。元御史大夫福寿力战死之，蛮子海牙遁归张士诚，康茂才降。太祖入城，悉召官吏父老谕之曰："元政渎扰，干戈蜂起，我来为民除乱耳，其各安堵如故。贤士吾礼用之，旧政不便者除之，吏毋贪暴殃吾民。"民乃大喜过望。改集庆路为应天府，辟夏煜、孙炎、杨宪等十余人，葬御史大夫福寿以旌其忠。

当是时，元将定定扼镇江，别不华、杨仲英屯宁国，青衣军张明鉴据扬州，八思尔不花驻徽州，石抹宜孙守处州，其弟厚孙守婺州，宋伯颜不花守衢州，而池州已为徐寿辉将所据，张士诚自淮东陷平江，转掠浙西。太祖既定集庆，虑士诚、寿辉强，江左、浙右诸郡为所并，于是遣徐达攻镇江，拔之，定定战死。

夏六月，邓愈克广德。

秋七月己卯，诸将奉太祖为吴国公。置江南行中书省，自总省事，置僚佐。贻书张士诚，士诚不报，引兵攻镇江。徐达败之，进围常州，不下。九月戊寅，如镇江，谒孔子庙。遣儒士告谕父老，劝农桑，寻还应天。

十七年春二月，耿炳文克长兴。三月，徐达克常州。

夏四月丁卯，自将攻宁国，取之，别不华降。五月，上元、宁国、句容献瑞麦。六月，赵继祖克江阴。

秋七月，徐达克常熟。胡大海克徽州，八思尔不花遁。

冬十月，常遇春克池州，缪大亨克扬州，张明鉴降。十二月己丑，释囚。

是年，徐寿辉将明玉珍据重庆路。

十八年春二月乙亥，以康茂才为营田使。三月己酉，录囚。邓愈克建德路。

夏四月，徐寿辉将陈友谅遣赵普胜陷池州。是月，友谅据龙兴路。五月，刘福通破汴梁，迎韩林儿都之。初，福通遣将分道四出，破山东，寇秦、晋，掠幽、蓟，中原大乱，太祖故得次第略定江表。所过不杀，收召才隽，由是人心日附。

冬十二月，胡大海攻婺州，久不下，太祖自将往击之。石抹宜孙遣将率车师由松溪来援，太祖曰："道陿，车战适取败耳。"命胡德济迎战于梅花门，大破之，婺州降，执厚孙。先一日，城中人望见城西五色云如车盖，以为异，及是乃知为太祖驻兵地。入城，发粟振贫民，改州为宁越府。辟范祖干、叶仪、许元等十三人，分直讲经史。戊子，遣使招谕方国珍。

十九年春正月乙巳，太祖谋取浙东未下诸路。戒诸将曰："克城以武，戡乱以仁。吾比入集庆，秋毫无犯，故一举而定。每闻诸将得一城不妄杀，辄喜不自胜。夫师行如火，不戢将燎原。为将能以不杀为武，岂惟国家之利，子孙实受其福。"庚申，胡大海克诸暨。是月，命宁越知府王宗显立郡学。三月甲午，赦大逆以下。丁巳，方国珍以温、台、庆元来献，遣其子关为质，不受。

夏四月，俞通海等复池州。时耿炳文守长兴，吴良守江阴，汤和守常州，皆数败士诚兵。太祖以故久留宁越，徇浙东。六月壬戌，还应天。

秋八月，元察罕帖木儿复汴梁，福通以林儿退保安丰。九月，常遇春克衢州，擒宋伯颜不花。

冬十月，遣夏煜授方国珍行省平章，国珍以疾辞。十一月壬寅，胡大海克处州，石抹宜孙遁。时元守兵单弱，且闻中原乱，人心离散，以故江左、浙右诸郡，兵至皆下，遂西与友谅邻。

二十年春二月，元福建行省参政袁天禄以福宁降。三月戊子，征刘基、宋濂、章溢、叶琛至。

夏五月，徐达、常遇春败陈友谅于池州。闰月丙辰，友谅陷太平，守将朱文逊、院判花云、王鼎、知府许瑗死之。未几，友谅弑其主徐寿辉，自称皇帝，国号汉，尽有江西、湖广地。约士诚合攻应天，应天大震。诸将议先复太平以牵之，太祖曰："不可。彼居上游，舟师十倍于我，猝难复也。"或请自将迎击，太祖曰："不可。彼以偏师缀我，而全军趋金陵，顺流半日可达，吾步骑急难引还，百里趋战，兵法所忌，非策也。"乃驰谕胡大海捣信州牵其后，而令康茂才以书绐友谅，令速来。友谅果引兵东。于是常遇春伏石灰山，徐达阵南门外，杨璟屯大胜港，张德胜等以舟师出龙江关，太祖亲督军卢龙山。乙丑，友谅至龙湾，众欲战，太祖曰："天且雨，趣食，乘雨击之。"须臾，果大雨，士卒竞奋，雨止合战，水陆夹击，大破之。友谅乘别舸走。遂复太平，下安庆，而大海亦克信州。

初，太祖令茂才绐友谅，李善长以为疑。太祖曰："二寇合，吾首尾受敌，惟速其来而先破之，则士诚胆落矣。"已而士诚兵竟不出。丁卯，置儒学提举司，以宋濂为提举，遣子标受经学。六月，耿再成败石抹宜孙于庆元，宜孙战死，遣使祭之。

秋九月，徐寿辉旧将欧普祥以袁州降。

冬十二月，复遣夏煜以书谕国珍。

二十一年春二月甲申，立盐茶课。己亥，置宝源局。三月丁丑，改枢密院为大都督府。元将薛显以泗州降。戊寅，国珍遣使来谢，饰金玉马鞍以献。却之曰："今有事四方，所需者人材，所用者粟帛，宝玩非所好也。"

秋七月，友谅将张定边陷安庆。八月，遣使于元平章察罕帖木儿。时察罕平山东，降田丰，军声大振，故太祖与通好。会察罕方攻益都未下，太祖乃自将舟师征陈友谅。戊戌，克安庆，友谅将丁普郎、傅友德迎降。壬寅，次湖口，追败友谅于江州，克其城，友谅奔武昌。分徇南康、建昌、饶、蕲、黄、广济皆下。

冬十一月己未，克抚州。

二十二年春正月，友谅江西行省丞相胡廷瑞以龙兴降。乙卯，如龙兴，改为洪都府。谒孔子庙。告谕父老，除陈氏苛政，罢诸军需，存恤贫无告者，民大悦。袁、瑞、临江、吉安相继下。二月，还应天。邓愈留守洪都。癸未，降人蒋英杀金华守将胡大海，郎中王恺死之，英叛降张士诚。处州降人李祐之闻变，亦杀行枢密院判耿再成反，都事孙炎、知府王道同、元帅朱文刚死之。三月癸亥，降人祝宗、康泰反，陷洪都，邓愈走应天，知府叶琛、都事万思诚死之。是月，明玉珍称帝于重庆，国号夏。

夏四月己卯，邵荣复处州。甲午，徐达复洪都。五月丙午，朱文正、赵德胜、邓愈镇洪都。六月戊寅，察罕以书来报，留我使人不遣。察罕寻为田丰所杀。

秋七月丙辰，平章邵荣、参政赵继祖谋逆，伏诛。

冬十二月，元遣尚书张昶航海至庆元，授太祖江西行省平章政事，不受。察罕子扩廓帖木儿致书归使者。

二十三年春正月丙寅，遣汪河报之。二月壬申，命将士屯田积谷。是月，友谅将张定边陷饶州。士诚将吕珍破安丰，杀刘福通。三月辛丑，太祖自将救安丰，珍败走，以韩林儿归滁州，乃还应天。

夏四月壬戌，友谅大举兵围洪都。乙丑，诸全守将谢再兴叛，附于士诚。五月，筑礼贤馆。友谅分兵陷吉安，参政刘齐、知府朱叔华死之。陷临江，同知赵天麟死之。陷无为州，知州董曾死之。

秋七月癸酉，太祖自将救洪都。癸未，次湖口，先伏兵泾江口及南湖觜，遏友谅归路，檄信州兵守武阳渡。友谅闻太祖至，解围，逆战于鄱阳湖。友谅兵号六十万，联巨舟为阵，楼橹高十余丈，绵亘数十里，旌旗戈盾，望之如山。丁亥，遇于康郎山，太祖分军十一队以御之。戊子，合战，徐达击其前锋，俞通海以火炮焚其舟数十，杀伤略相当。友谅骁将张定边直犯太祖舟，舟胶于沙，不得退，危甚。常遇春从旁射中定边，通海复来援，舟骤进水涌，太祖舟乃得脱。己丑，友谅悉巨舰出战，诸将舟小，仰攻不利，有怖色。太祖亲麾之，不前，斩退缩者十余人，人皆殊死战。会日晡，大风起东北，乃命敢死士操七舟，实火药芦苇中，纵火焚友谅舟。风烈火炽，烟焰涨天，湖水尽赤。友谅兵大乱，诸将鼓噪乘之，斩首二千余级，焚溺死者无算，友谅气夺。辛卯，复战，友谅复大败。于是敛舟自守，不敢更战。壬辰，太祖移军扼左蠡，友谅亦退保渚矶。相持三日，其左、右二金吾将军皆降。友谅势益蹙，忿甚，尽杀所获将士。而太祖则悉还所俘，伤者傅以善药，且祭其亲戚诸将阵亡者。八月壬戌，友谅食尽，趋南湖觜，为南湖军所遏，遂突湖口。太祖邀之，顺流搏战，及于泾江。泾江军复遮击之，友谅中流矢死。张定边以其子理奔武昌。

九月，还应天，论功行赏。先是，太祖救安丰，刘基谏不听。至是谓基曰："我不当有安丰之行，使友谅乘虚直捣应天，大事去矣。乃顿兵南昌，不亡何待。友谅亡，天下不难定也。"壬午，自将征陈理。是月，张士诚自称吴王。

冬十月壬寅，围武昌，分徇湖北诸路，皆下。十二月丙申，还应天，常遇春留督诸军。

二十四年春正月丙寅朔，李善长等率群臣劝进，不允。固请，乃即吴王位。建百官。以善长为右相国，徐达为左相国，常遇春、俞通海为平章政事，谕之曰："立国之初，当先正纪纲。元氏暗弱，威福下移，驯至于乱，今宜鉴之。"立子标为世子。二月乙未，复自将征武昌，陈理降，汉、沔、荆、岳皆下。三月乙丑，还应天。丁卯，置起居注。庚午，罢诸翼元帅府，置十七卫亲军指挥使司，命中书省辟文武人材。

夏四月，建祠，祀死事丁普郎等于康郎山，赵德胜等于南昌。

秋七月丁丑，徐达克庐州。戊寅，常遇春徇江西。八月戊戌，复吉安，遂围赣州。达徇荆、湘诸路。九月甲申，下江陵、夷陵、潭、归皆降。

冬十二月庚寅，达克辰州，遣别将下衡州。

二十五年春正月己巳，徐达下宝庆，湖湘平。常遇春克赣州，熊天瑞降。遂趋南安，招谕岭南诸路，下韶州、南雄。甲申，如南昌，执大都督朱文正以归，数其罪，安置桐城。二月己丑，福建行省平章陈友定侵处州，参军胡深击败之，遂下浦城。丙午，士诚将李伯升攻诸全之新城，李文忠大败之。

夏四月庚寅，常遇春徇襄、汉诸路。五月乙亥，克安陆。己卯，下襄阳。六月壬子，朱亮祖、胡深攻建宁，战于城下，深被执，死之。

秋七月，令从渡江士卒被创废疾者养之，死者赡其妻子。九月丙辰，建国子学。

冬十月戊戌，下令讨张士诚。是时，士诚所据，南至绍兴，北有通、秦、高邮、淮安、濠、泗，又北至于济宁。乃命徐达、常遇春等先规取淮东。闰月，围泰州，克之。十一月，张士诚寇宜兴，徐达击败之，遂自宜兴还攻高邮。

二十六年春正月癸未，士诚窥江阴，太祖自将救之，士诚遁，康茂才追败之于浮子门。太祖还应天。二月，明玉珍死，子升自立。三月丙申，令中书严选举。徐达克高邮。

夏四月乙卯，袭破士诚将徐义水军于淮安，义遁，梅思祖以城降。濠、徐、宿三州相继下，淮东平。甲子，如濠州省墓，置守冢二十家，赐故人汪文、刘英粟帛。置酒召父老饮极欢，曰："吾去乡十有余年，艰难百战，乃得归省坟墓，与父老子弟复相见。今苦不得久留欢聚为乐。父老幸教子弟孝弟力田，毋远贾，滨淮郡县尚苦寇掠，父老善自爱。"令有司除租赋，皆顿首谢。辛未，徐达克安丰，分兵败扩廓于徐州。夏五月壬午，至自濠。庚寅，求遗书。

秋八月庚戌，改筑应天城，作新宫钟山之阳。辛亥，命徐达为大将军，常遇春为副将军，帅师二十万讨张士诚。御戟门誓师曰："城卜之日，毋杀掠，毋毁庐舍，毋发丘垄。士诚母葬平江城外，毋侵毁。"既而召问达、遇春，用兵当何先。遇春欲直捣平江。太祖曰："湖州张天骐、杭州潘原明为士诚臂指，平江穷蹙，两人悉力赴援，难以取胜。不若先攻湖州，使疲于奔命，羽翼既披，平江势孤，立破矣。"甲戌，败张天骐于湖州，士诚亲率兵来援，复败之于皂林。九月乙未，李文忠攻杭州。

冬十月壬子，遇春败士诚兵于乌镇。十一月甲申，张天骐降。辛卯，李文忠下余杭，潘原明降，旁郡悉下。癸卯，围平江。十二月，韩林儿卒。以明年为吴元年，建庙社宫室，祭告山川。所司进宫殿图，命去雕琢奇丽者。

是岁，元扩廓帖木儿与李思齐、张良弼构怨，屡相攻击，朝命不行，中原民益困。

二十七年春正月戊戌，谕中书省曰："东南久罹兵革，民生凋敝，吾甚悯之。且太平、应天诸郡，吾渡江开创地，供亿烦劳久矣。今比户空虚，有司急催科，重困吾民，将何以堪。其赐太平田租二年，应天、镇江、宁国、广德各一年。"二月丁未，傅友德败扩廓将李二于徐州，执之。三月丁丑，始设文武科取士。

夏四月，方国珍阴遣人通扩廓及陈友定，移书责之。五月己亥，初置翰林院。是月，以旱减膳素食，复徐、宿、濠、泗、寿、邳、东海、安东、襄阳、安陆及新附地田租三年。六月戊辰，大雨，群臣请复膳。太祖曰："虽雨，伤禾已多，其赐民今年田租。"癸酉，命朝贺罢女乐。

秋七月丙子，给府州县官之任费，赐绮帛及其父母妻长子有差，著为令。己丑，雷震宫门兽吻，赦罪囚。庚寅，遣使责方国珍贡粮。八月癸丑，圜丘、方丘、社稷坛成。九月甲戌，太庙成。朱亮祖帅师讨国珍。戊寅，诏曰："先王之政，罪不及孥。自今除大逆不道，毋连坐。"辛巳，徐达克平江，执士诚，吴地平。戊戌，遣使致书于元主，送其宗室神保大王等北还。辛丑，论平吴功，封李善长宣国公，徐达信国公，常遇春鄂国公，将士赐赉有差。朱亮祖克台州。癸卯，新宫成。

冬十月甲辰，遣起居注吴琳、魏观以币求遗贤于四方。丙午，令百官礼仪尚左。改李善长左相国，徐达右相国。辛亥，祀元臣余阙于安庆，李黼于江州。壬子，置御史台。癸丑，汤和为征南将军,吴祯副之,讨国珍。甲寅,定律令。戊午,正郊社、太庙雅乐。

庚申,召诸将议北征。太祖曰:"山东则王宣反侧,河南则扩廓跋扈,关、陇则李思齐、张思道枭张猜忌,元祚将亡,中原涂炭。今将北伐,拯生民于水火,何以决胜?"遇春对曰:"以我百战之师,敌彼久逸之卒,直捣元都,破竹之势也。"太祖曰:"元建国百年,守备必固,悬军深入,馈饷不前,援兵四集,危道也。吾欲先取山东,撤彼屏蔽,移兵两河,破其藩篱,拔潼关而守之,扼其户槛。天下形胜入我掌握,然后进兵,元都势孤援绝,不战自克。鼓行而西,云中、九原、关、陇可席卷也。"诸将皆曰"善"。

甲子,徐达为征虏大将军,常遇春为副将军,帅师二十五万,由淮入河,北取中原。胡廷瑞为征南将军,何文辉为副将军,取福建。湖广行省平章杨璟、左丞周德兴、参政张彬取广西。己巳,朱亮祖克温州。十一月辛巳,汤和克庆元,方国珍遁入海。壬午,徐达克沂州,斩王宣。己丑,廖永忠为征南副将军,自海道会和讨国珍。乙未,颁《大统历》。辛丑,徐达克益都。十二月甲辰,颁律令。丁未,方国珍降,浙东平。张兴祖下东平,兖东州县相继降。己酉,徐达下济南。胡廷瑞下邵武。癸丑,李善长帅百官劝进,表三上,乃许。甲子,告于上帝。庚午,汤和、廖永忠由海道克福州。

译文:

太祖开天行道肇纪立极大圣至神仁文义武俊德成功高皇帝,名元璋,字国瑞,姓朱。先辈家在沛,迁到句容,再迁到泗州。父亲朱世珍,开始迁居到濠州的钟离。生了四个儿子,太祖是排行第三的。母亲陈氏。正妊娠的时候，梦见有神给了她一粒药丸，放在手中有光亮，吞了它，醒来口里还有香气。临产时，满屋有红光。从此，晚上经常有光升起。邻居看见，害怕以为是失火，总是跑去救，到那里则什么都没有。长大后，一副英雄豪杰的相貌姿态，有块特别的骨头横贯在头顶上。志向远大，别人很难测度到。

至正四年，旱灾蝗灾，大规模的饥荒和瘟疫。当时太祖十七岁，父母兄长接连死去，因为贫穷无力安葬。同里的人刘继祖给了他一块地，才能安葬，这块地就是后来的凤阳陵。

太祖孑身一人无所依靠，便入了皇觉寺当和尚。过了一个月，游食到合肥。路上病了，有两个穿紫色衣服的人和他在一起，看护照顾得他很周到。病好了，两个人不知道到哪里去了。三年来经过了光州、固州、汝州、颍州等地，再回皇觉寺。当时，元朝政治腐败，盗贼四起。刘福通侍奉韩山童假称是宋朝的后代在颍州起事，徐寿辉僭称帝号在蕲州起事，李二、彭大、赵均用在徐州起事，各拥有部众几万人，设置将帅，杀官吏，侵犯占领郡县，而方国珍已经先在海上起事了。还有其他的盗贼拥有武装占据地盘，侵犯抢掠的人很多，天下大乱。

至正十二年春二月，定远人郭子兴和他的党羽孙德崖等在濠州起兵。元朝将领彻里不花害怕，不敢攻打他们，每天只是俘虏百姓去邀赏赐。太祖当时二十五岁，想躲避兵灾，在神像前占卜，出去和留下来都不吉利，便说："难道是应该发动大事吗？"占卜得吉，很高兴，于是在闰三月甲戌初一到濠州见郭子兴。郭子兴看他相貌非凡，留他当了亲兵。太祖打仗总是胜利。于是郭子兴把自己抚养大的马公的女儿嫁了给他，就是后来的高皇后。郭子兴和孙德崖有矛盾，太祖屡次调解保护郭子兴。

秋九月，元兵收复徐州，李二逃跑死了，彭大、赵均用跑到濠州，孙德崖等接纳了他。郭子兴礼待彭大而轻视赵均用，赵均用怨恨他。孙德崖便和赵均用合谋，趁郭子兴外出，抓了他，上了刑具押到孙氏那里，准备把他杀了。太祖当时正在淮北，听说郭子兴遇难，飞马赶到，告诉了彭大。彭大很生气，带着兵去，太祖亦穿上甲胄拿着盾牌，撞开屋子，救出郭子兴，打破刑具，让人背了他回去，郭子兴得以免遭杀害。这年冬天，元将贾鲁包围了濠州。太祖和郭子兴极力抗拒他。

至正十三年春天，贾鲁死了，元兵对濠州的包围也解除了。太祖收集了濠州里面的兵，得七百人。郭子兴很高兴，让他代理镇抚。当时彭大、赵均用所率领的部队粗暴蛮横，郭子兴太软弱，太祖考虑和他们共事意义不大，于是把兵委托给其他将领，自己单独与徐达、汤和、费聚等向南攻取定远。用计降服了驴牌寨民兵三千人，和他们一同向东去。在横涧山夜袭元将张知院，收了他的兵卒二万人。路上遇到定远人李善长，和他谈得非常融洽，于是和他一起攻下了滁州。

这一年，张士诚占据了高邮，自称诚王。

至正十四年冬十月，元朝丞相脱脱在高邮把张士诚打得大败，分兵包围了六合。太祖说："六合被攻破，滁州也不能避免。"和耿再成驻军在瓦梁垒，救六合。奋力作战，把老弱护送回滁州。元兵接着大批开到，攻到滁州。太祖设下埋伏引诱元兵，把元兵打败。但是，考虑到元兵势力强大，而且还会再来，于是把缴获的马还给元兵，派父老带上牛酒，向元将道歉说："我们守护城是防止其他盗贼罢了，你们为什么放了大盗来杀戮良民。"元兵撤走，城被保护住了。脱脱打败了张士诚，军威大振，刚好元顺帝听了谗言，突然解除了他的兵权，江、淮一带的反乱势力更加发展。

至正十五年春正月，郭子兴用了朱元璋的计策，派遣张天佑等拿下了和州，发文书使太祖总领这些军队。太祖考虑到各将领可能不服气，于是把公文藏起来，约定第二天会集厅堂议事。当时座位次序是以右面为上，各将领先进去，都占了右面的位置。太祖故意晚些进去，坐在左面。到处理公事的时候，太祖对事情的分析决断像流水一样通畅，各将领瞪眼看着说不出一句话来，才稍稍有点屈服。商议分工用砖筑城墙，决定三天完成。太祖负责的工程按时完成了，各将领的都没有按时间完成。这时太祖才拿出公文，坐在南面说："我奉命统率你们的军队，现在筑墙城都误了时间，按军法该怎么处理。"各将领都惶恐地承认错误。于是把在军队中的抢来的妇女全部搜查出来，把她们放回家，老百姓非常满意。元兵十万人攻打和州，坚守了三个月，粮食快吃完了，而太子秃坚、枢密副使绊住马、民兵元帅陈野先分别驻扎在新塘、高望、鸡笼山，以截断运粮食到和州的路。太祖领兵打败了他，元兵都渡过长江逃跑。三月，郭子兴死了。当时刘福通把韩山童的儿子韩林儿接到亳州，把他推为皇帝，国号宋，年号龙凤。发公文委任郭子兴的儿子郭天叙任都元帅，张天佑、太祖任左右副元帅。太祖感慨地说："大丈夫怎么能够受别人的制约呢？"于是不接受委任。但是考虑到韩林儿势力强大，可以借助倚靠，于是用了他的年号来号令军队。

夏四月，常遇春来归附。五月，太祖计划渡过长江，没有船。刚好巢湖帅廖永安、俞通海带了水军千艘来归附，太祖非常高兴，亲自前往安抚部众。而元朝的中丞蛮子海牙扼守铜城闸、马场河各个险要的地方，巢湖的水军出不来。忽然天下大雨，太祖高兴地说："老天爷真帮忙呀。"于是乘水涨从小港把水军的船只全部驶入长江，紧接着在峪溪口把海牙打得大败，这才定计划渡长江。各将领请求直接向集庆进军。太祖说："占领集庆一定要从采石开始。采石是重镇，防守必定很牢固，牛渚面对大江，元兵很难防备，一定可以拿下来。"六月乙卯，乘风驶帆，直达牛渚。常遇春先登岸，把牛渚拿下了。采石的元兵亦溃散。长江沿岸各个垒全都归附。

各将领因为和州饥荒，争着拿钱粮准备回去。太祖对徐达说："渡江幸而得胜，如果放弃了这里回去，江东不再是我们所占有的了。"于是把系船的缆绳全部砍断，把船放到急流里，对各将领说："太平离这里很近，我和你们一起去夺取它。"于是乘胜拿下了太平，俘虏了万户纳哈出。总管靳义自己溺水死，太祖说："是义士呀！"以礼埋葬了他。出榜安民，禁止抢掠。有个士兵违背了军令，斩了他示众，军中纪律严肃，秩序井然。把路的建制改为府。设置太平兴国翼元帅府，自己负责元帅的事，召陶安参与幕府的事，李习任知府。当时太平四面都是元兵。右丞阿鲁灰、中丞蛮子海牙等截住姑孰口，严阵以待。陈野先的水军率领康茂才用几万人攻城。太祖派徐达、邓愈、汤和反击，另遣将领偷偷跑到他的后方，前后夹击，俘虏了陈野先，降服了他的部下，阿鲁灰等撤走了。

秋九月，郭天叙、张天佑攻打集庆，陈野先反叛，郭天叙、张天佑两人都战死，于是郭子兴部队的将领全部归附了太祖。陈野先不久被民兵杀了，他的从子陈兆先收集了他的部众，驻守方山，和海牙互为掎角的形势，以窥伺太平。

冬十二月壬子，放了纳哈出回北方。

至正十六年春二月丙子，在采石大败海牙。三月癸未，进攻集庆，俘虏了陈兆先，降服了他的部众三万六千人，这些人都非常害怕不能保住自己。太祖选择了其中最勇猛强健的五百人进去当卫士，自己卸下盔甲酣睡到天明，大家心里才安定下来。庚寅，在蒋山再次打败元兵。元朝御史大夫福寿奋力作战，死了；蛮子海牙逃跑去归附了张士诚，康茂才投降。太祖进城，把官吏父老全都找来，向他们宣告说："元朝政治腐败，贪污混乱，到处起兵，我来是为百姓除去暴乱罢了，你们都要像过去一样安居稳定。有贤德才能的人我以礼聘用他，从前对老百姓不方便的政策命令，我废除它，官吏不准贪污横暴祸害我的老百姓。"百姓这才感到喜出望外。把集庆路改为应天府，征召了夏煜、孙炎、杨宪等十多人，分别安排了官职。安葬了御史大夫福寿，以表彰他的忠心。

当时，元将定定扼守镇江，别不华、杨仲英驻守宁国，青衣军张明鉴占据了扬州，八思尔不花驻守徽州，石抹宜孙防守处州，他的弟弟厚孙防守婺州，宋伯颜不花防守衢州，而池州已经被徐寿辉将领所占据，张士诚从淮东攻陷平江，转而抢掠浙西。太祖即平定了集庆，顾虑张士诚、徐寿辉强大，江左、浙右各郡会被他们吞并，于是派徐达攻镇江，拿下了它，定定战死。

夏六月，邓愈攻克广德。

秋七月己卯，各将领尊奉太祖为吴国公。设置江南行中书省，自己总管省的事务，设置僚属助理。送信张士诚，张士诚不复，领兵攻打镇江。徐达把张士诚打败，进而包围常州，攻不下来。九月戊寅，太祖到镇江，拜谒孔子庙。派儒士向父老宣告，劝百姓重视农作栽桑。不久回应天。

至正十七年春二月，耿炳文攻克长兴。三月，徐达攻克常州。

夏四月丁卯，太祖自己领兵攻打宁国，占领了，别不华投降。五月，上元、宁国、句容献上象征祥瑞的麦子。六月，赵继祖攻克江阴。

秋七月，常遇春攻克常熟。胡大海攻克徽州，八思尔不花逃跑了。

冬十月，常遇春攻克池州，缪大亨攻克扬州，张明鉴投降。十二月己丑。释放囚徒。

这一年，徐寿辉的部将明玉珍占据了重庆路。

至正十八年春二月乙亥，任命康茂才为营田使。三月己酉，审察并记录犯人的罪状。邓愈攻克建德路。

夏四月，徐寿辉部将陈友谅派赵普胜攻陷池州。这个月，陈友谅占据了龙兴路。五月，刘福通攻破汴梁，迎接韩林儿前往并定都在那里。当初，刘福通派遣将领分道四出，攻破山东，侵犯秦、晋，抢掠幽、蓟，中原大乱，太祖所以能够逐一攻下和稳定长江以南地区。所经过的地方不杀人，招收征召那些才智出众的人，因此人心归附。

冬十二月，胡大海攻打婺州，很久都没打下，太祖自己领兵前往攻打它。石抹宜孙派遣将领率领车师由松溪来援救，太祖说："道窄，车战正是自取失败罢了。"命胡德济在梅花门迎战，把他打得大败，婺州投降，俘虏了石抹厚孙。前一天，城中的人望见城西有五色的云，形状像车盖一样，都觉得奇怪，现在才知道那里是太祖部队驻扎的地方。入城，把库里的粮食拿出来赈济贫民，改州为宁越府。征召了范祖干、叶仪、许元等十三个人，分别轮值讲解经史。戊子，派遣使者招谕方国珍。

至正十九年春正月乙巳，太祖计划夺取浙东还没打下的各个路。告诫各将领说："攻克城池是用武力，平定混乱是用仁政。我近来进入集庆，秋毫无犯，所以能够一举便平定。我每听见各将领得到一个城，不随意杀人，常常喜不自胜。部队行军像火一样急，不收敛将会引起燎原之势。当将领能够以不杀人作为勇猛，不但是国家的利益，而且是子孙的幸福。"庚申，胡大海攻克诸暨。这个月，命令宁越知府王宗显设立郡学。三月甲午，赦免大逆以下的罪人。丁巳，方国珍来献温州、台州、庆元，派他的儿子方关做人质，朱元璋不接受人质。

夏四月，俞通海等收复池州。当时耿炳文守长兴，吴良守江阴，汤和守常州，都几次打败了张士诚的兵。太祖因此在宁越停留了较长的时间，攻取浙东。六月壬戌，回应天。

秋八月，元察罕贴木儿收复汴梁，刘福通护着韩林儿退保安丰。九月，常遇春攻克衢州，生擒宋伯颜不花。

冬十月，派遣夏煜任命方国珍为行省平章，方国珍借口有病推辞了。十一月壬寅，胡大海攻克处州，石抹宜孙逃跑了。当时元朝守卫的兵力很单薄，而且听说中原混乱，人心离散，所以江左、浙右各郡，部队开到就拿下了，于是西面与陈友谅相邻接。

至正二十年春二月，元政府福建行省参政袁天禄献福宁投降。三月戊子，征召的刘基、宋濂、章溢、叶琛来到。

夏五月，徐达、常遇春在池州打败了陈友谅。闰月丙辰，陈友谅攻陷太平，守将朱文逊，院判花云、王鼎，知府许瑗遇难。不久，陈友谅杀了他的主子徐寿辉，自己称皇帝，国号汉，全部占有江西、湖广的地区。约张士诚联合进攻应天，应天大为震动。各将领商议先收复太平来牵制他，太祖说："不成。他在长江上游，舟师比我多十倍，很难突然收复。"或者请太祖自己领兵迎击，太祖说："不成。他用侧翼部队牵制着我，而全军进军金陵，顺流半日可以到达，我们的骑兵步兵急切难以返回去，远途赶去作战，是兵法所忌讳的，不是办法。"于是派人飞马前去命令胡大海骚扰信州牵制他的后方，而令康茂才写信欺骗陈友谅,让他赶快来。陈友谅果然领兵东来。于是常遇春埋伏在石灰山,徐达在南门外摆开阵势,杨璟驻扎在大胜港、张德胜等用水师出龙江关,太祖亲自在卢龙山指挥军队。乙丑,陈友谅到龙湾,众人准备开战,太祖说:"天快要下雨了,赶快吃饭,乘雨攻击他。"不久,果然下大雨,兵士奋勇争先,雨停联合作战,水陆夹击,把他打得大败。陈友谅换乘另一只船跑了。于是收复太平,攻下安庆,而胡大海亦攻克了信州。

当初,太祖令康茂才写信骗陈友谅,李善长表示怀疑。太祖说:"两贼寇联合,我首尾受敌,只有催他来先将他打败,则张士诚丧胆了。"后来张士诚果然不出兵。丁卯,设置儒学提举司,任命宋濂为提举,送儿子标来学经学。六月,耿再成在庆元打败石抹宜孙,宜孙战死,派遣使者祭祀他。

秋九月,徐寿辉从前的将领欧普祥领袁州降。

冬十二月,再派复煜用信晓谕方国珍。

至正二十一年春二月甲申,开始规定征收盐茶税的数额和时间。己亥,设置宝源局。三月丁丑,把枢密院改为大都督府。元政府将领薛显领泗州投降。戊寅,方国珍派遣使者前来认错,并把用金玉装饰得很华丽的马鞍献上。太祖推辞说:"现在天下多事,所需要的是人才,所用的是粮食布匹,珍宝玩物不是我所爱好的。"

秋七月,陈友谅的部将张定边攻陷安庆。八月,太祖派遣使者前往元政府平章察罕帖木儿处。当时察罕平定了山东,降服了田丰,军队的声望很高,所以太祖和他友好来往。刚好察罕正在攻打益都,没能拿下来,太祖便自己率领舟师征讨陈友谅。戊戌,攻克安庆,陈友谅部将丁普郎、傅友德前来迎接、投降。壬寅,到湖口,追赶陈友谅并在江州把他打败,攻克了他的城,陈友谅跑到武昌。分别攻打南康、建昌、饶、蕲、黄、广济，都拿下了。

冬十一月己未，攻克抚州。

至正二十二年春正月，陈友谅的江西行省丞相胡廷瑞献出龙兴投降。乙卯，太祖到龙兴，把它改为洪都府。拜谒孔子庙。告谕父老，废除陈友谅苛刻的政令，停止征收各种军用物资，慰问抚恤贫穷没有依靠的人，百姓非常满意。袁、瑞、临江、吉安等地接连被攻下。二月，回应天。邓愈留守洪都。癸未，降人蒋英杀了金华守将胡大海，郎中王恺被害，蒋英反叛投降了张士诚。处州投降的李祐之听说有变乱，亦杀了行枢密院判耿再成反叛，都事孙炎、知府王道同、元帅朱文刚都被害。三月癸亥，投降的祝宗、康泰反叛，攻陷洪都，郑愈跑到应天，知府叶琛、都事万思诚遇害。这个月，明玉珍在重庆称帝，国号夏。

夏四月己卯，邵荣收复处州。甲午，徐达收复洪都。五月丙午，朱文正、赵德胜、邓愈镇守洪都。六月戊寅，察罕送来复信，把太祖的使者留下不让回来。接着察罕被田丰杀了。

秋七月丙辰，平章邵荣、参政赵继祖谋反，被判死刑。

冬十二月，元政府派遣尚书张昶从海道到庆元，任命太祖为江西行省平章政事，太祖不接受。察罕的儿子扩廓帖木儿来信并让使者回来。

至正二十三年春正月丙寅，派汪河回报扩廓帖木儿。二月壬申，命令将领兵士屯田储备粮食。这个月，陈友谅部将张定边攻陷饶州。张士诚的部将吕珍攻破安丰，杀了刘福通。三月辛丑，太祖自己领兵前往援救安丰，吕珍战败逃走，太祖保护韩林儿回滁州，然后再回应天。

夏四月壬戌，陈友谅调动大军包围洪都。乙丑，守卫诸全的将领谢再兴反叛，归附张士诚。五月，建筑礼贤馆。陈友谅分兵攻陷吉安，参政刘齐、知府朱叔华被害。攻陷临江，同知赵天麟被害。攻陷无为州，知州董曾被害。

秋七月癸酉，太祖自己率兵解救洪都。癸未，到湖口，先在泾江口和南湖觜设下伏兵，阻截陈友谅的退路，发公文征召信州的兵把守武阳渡。陈友谅听说太祖来到，撤除了对洪都的包围，在鄱阳湖上逆水大战。陈友谅的兵号称六十万，把大船联接在一起作为战斗队列，侦察防守的高台高达十余丈，连绵几十里，旗帜、戈盾等兵器堆积，看上去像山一样。丁亥，在康郎山遭遇，太祖分兵十一队来抵挡他。戊子，双方交战，徐达打击了他的前锋，俞通海用火炮烧了他几十只船，双方死伤差不多。陈友谅的猛将张定边直接进攻太祖的船，船搁浅在沙上，不能退却，非常危急。常遇春从旁射中张定边，俞通海又来支援，由于这些船迅疾驶来水也涌过来，太祖的船这才得以驶走。己丑，陈友谅全部用巨舰作战，太祖各部将的船小，不利于向上进攻，大家神色紧张。太祖亲自督战，部队不向前冲，斩杀了十多个退缩的人，其他的人便拼死一战。刚好日落，刮起了东北风，于是命敢死的士兵划着七只小船，放满火药芦苇，放火烧陈友谅的船。风猛，火势大作，滚滚浓烟遮没了天空，湖水全都映得赤红。陈友谅的兵大乱，太祖各将领乘机呼喊着冲杀，斩首二千多级，烧死淹死的无法计算，陈友谅的锐气丧失了。辛卯，再交战，陈友谅再大败。于是收敛着船自卫，不敢再战。壬辰，太祖转移部队据守左蠡，陈友谅亦退回防守渚矶。对峙了三天，陈友谅左右两金吾将军都投降。陈友谅的形势更显得迫促，非常愤恨，把俘获的将士全部杀死。而太祖则把俘虏全部放回，给受伤的敷上好药，而且祭奠他们战死了的亲戚和各将领。八月壬戌，陈友谅断粮，向南湖觜进军，被南湖的军队阻截，于是急冲湖口。太祖截击他，顺流搏战,到了泾江。泾江的军队再拦击他,陈友谅被流箭射死。张定边保着他的儿子陈理跑到武昌。

九月,回应天,论功行赏。先是,太祖救安丰,不接受刘基的劝谏。现在对刘基说:"我不应当去安丰,如果陈友谅乘虚直接袭击应天,那就完了。但是他却驻守南昌,不亡还等什么。陈友谅灭亡,天下不难安定了。"壬午,自己领兵去征讨陈理。这个月,张士诚自称吴王。

冬十月壬寅,包围武昌,分别攻打湖北各路,都攻下了。十二月丙申,回应天,留常遇春指挥各路军队。

至正二十四年春正月丙寅初一,李善长等率领官员们劝太祖称帝,不准。坚决请求,这才登了吴王位。设立百官。用李善长为右相国,徐达为左相国,常遇春、俞通海为平章政事。诏令他们说:"刚建立国家的时候,首先应该整理规章制度。元朝皇帝愚昧软弱,威望福泽下移,终于发生叛乱,现在应该引以为鉴戒。"立儿子朱标为世子。二月乙未,自己再领兵征伐武昌,陈理投降,汉、沔、荆、岳都拿下了。三月乙丑,回应天。丁卯,设置起居注。庚午,撤销诸翼元帅府,成立十七卫亲军指挥使司,命令中书省征召文武人才。

夏四月,建祠,在康郎山祭祀死难的丁普郎等,在南昌祭祀赵德胜等。

秋七月丁丑,徐达攻克庐州。戊寅,常遇春攻取江西。八月戊戌,收复吉安,于是包围了赣州。徐达攻下了荆、湘各路。九月甲申,攻下江陵,夷陵、潭、归都投降。

冬十二月庚寅,徐达攻克辰州,派副将攻下衡州。

至正二十五年春正月己巳,徐达攻下宝庆,湖湘平定。常遇春攻克赣州,熊天瑞投降。于是指向南安,招谕岭南各路,攻下韶州、南雄。甲申，太祖到南昌，捉拿了大都督朱文正回去，列举他的罪状，把他安置到桐城。二月己丑，福建行省平章陈友定侵犯处州，参军胡深把他打败，于是攻下浦城。丙午，张士诚的将领李伯升攻打诸全的新城，李文忠把他打得大败。

夏四月庚寅，常遇春攻占襄、汉各路。五月乙亥，攻克安陆。己卯，攻下襄阳。六月壬子，朱亮祖、胡深进攻建宁，在城下作战，胡深被捉，被害。

秋七月，下令赡养那些跟随渡长江、因受伤而致病残的兵士，战死了的则赡养他的妻子。九月丙辰，建立国子学。

冬十月戊戌，下令讨伐张士诚。这时，张士诚所占领的地方，南面到绍兴，北面有通、泰、高邮、淮安、濠、泗，再北直到济宁。于是命令徐达、常遇春等先计划夺取淮东。闰月，包围泰州，攻克它。十一月，张士诚侵犯宜兴，徐达把他打败，于是从宜兴回攻高邮。

至正二十六年春正月癸未，张士诚窥伺江阴，太祖自己领兵去救，张士诚跑了，康茂才追赶着他，在浮子门把他打败。太祖回应天。二月，明玉珍死，儿子明升继位。三月丙申，下令中书严格对人员的选举。徐达攻克高邮。

夏四月乙卯，袭击淮安，攻破张士诚部将徐义的水军，徐义跑了，梅思祖举城投降。濠州、徐州、宿州相继占领，淮东平定。甲子，太祖到濠州扫墓，设置了二十家守护隆起的坟墓，赐粮食布帛给老友汪文、刘英。摆酒召父老来开怀畅饮，说："我离开家乡十多年，历尽艰难身经百战，才得回来扫墓，和父老子弟再相见。可惜现在不能久留和你们欢聚。希望父老教育子弟孝顺父母、尊敬兄长、努力耕作，不要到远处营商，靠近淮河的郡县还苦于盗贼的抢掠，请父老善自珍重。"

命令地方政府免除租赋，父老都叩首致谢。辛未，徐达攻克安丰，分兵在徐州打败扩廓。夏五月壬午，从濠州回来。庚寅，寻求散失的书和前人的藏书。

秋八月庚戌，改建应天城，在钟山南面起盖新的宫殿。辛亥，任命徐达为大将军，常遇春为副将军，率兵二十万讨伐张士诚。到立着戟的宫门前誓师说："攻占城池的时候，不要杀人抢掠，不要毁坏田舍，不要发掘坟墓。张士诚母亲葬在平江城外，不要侵犯毁坏。"然后召见徐达、常遇春，问他们出兵应该先攻打那里。常遇春想直捣平江。太祖说："湖州张天骐、杭州潘原明是张士诚的手臂手指，平江受到逼迫，两个人都会全力赶去援救，我们难以取胜。不如先攻湖州，使他疲于奔命，羽翼一分开，平江的形势便显得孤立，立刻可以攻破了。"甲戌，在湖州打败了张天骐，张士诚亲自带领军队来援救，在皂林又再把他打败。九月乙未，李文忠攻打杭州。

冬十月壬子，常遇春在乌镇打败了张士诚的部队。十一月甲申，张天骐投降。辛卯，李文忠攻下余杭，潘原明投降，附近的郡都拿下了。癸卯，包围了平江。十二月，韩林儿去世。用第二年作为吴元年，建筑拜祭祖先土地的庙社和宫殿，拜祭祷告山川。有关部门呈进建造宫殿的图纸，命令去掉那些雕琢过于奢华之处。

这一年，元扩廓帖木儿与李思齐、张良弼闹矛盾，几次互相攻击，不执行中央的命令，中原的百姓更加穷困。

至正二十七年春正月戊戌，告谕中书省说："东南长期遭受兵灾，民生凋敝，我很怜悯他们。而且太平、应天各郡，是我渡江开创的地方，长期烦劳他们大量供给物资。现在相邻各户都是空荡无物，有关部门催收赋税又很急，使我的百姓处境很困难，怎么能够忍受。现在赐太平田租二年，应天、镇江、宁国、广德各一年。"二月丁未，傅友德在徐州打败了扩廓的部将李二，活捉了他。三月丁丑，开始设立文武科录取士人。

夏四月，方国珍秘密派遣使者与扩廓及陈友定联系，太祖写信责备他。五月己亥，开始设置翰林院。这个月，因为干旱，太祖减膳食吃素菜，免除徐、宿、濠、泗、寿、邳、东海、安东、襄阳、安陆和新归附的地方三年的田租。六月戊辰，下大雨，官员们请太祖恢复原来的膳食。太祖说："虽然下雨，但已有很多禾苗受到损害，还是赐百姓免交今年的田租。"癸酉，命令朝贺时撤去女乐。

秋七月丙子，给府州县官上任的费用，把数量质量不同的丝织品、布帛分别赐给他们的父母妻子和长子，并作为制度执行。己丑，雷震动宫门的兽吻，赦免被囚禁的罪人。庚寅，派使者责令方国珍贡献粮食。八月癸丑，祭天的坛、祭地的坛、祭土地神和谷神的坛建成。九月甲戌，太庙建成。朱亮祖率军队讨伐方国珍。戊寅，下诏说："上古时帝王的政策，对犯了罪的人不株连他的妻子儿女。从今以后，除了大逆不道以外，不许牵连治罪。"辛巳，徐达攻克平江，活捉张士诚，吴的地区全部平定。戊戌，派使者送信给元顺帝，送他的宗室神保大王等回到北方。辛丑，评议平定吴的功劳，封李善长为宣国公，徐达为信国公，常遇春为鄂国公，对将官士兵亦分别给予不同赏赐。朱亮祖攻克台州。癸卯，新的宫殿建成。

冬十月甲辰，派起居注吴琳、魏观用玉帛等礼物到各处搜求尚未被聘用的有贤德的人。丙午，令所有官员的礼仪都以左为上。改任李善长为左相国，徐达为右相国。辛亥，在安庆祭祀元朝大臣余阙，在江州祭祀李黼。壬子，设置御史台。癸丑，汤和任征南将军，吴祯为副将军，讨伐方国珍。甲寅，制定法令。戊午,整理、纠正祭祀天地、太庙时所用的乐舞。

庚申,召集各将领商议向北进军。太祖说:"山东则王宣反复不定,河南则扩廓专横暴戾,关、陇则李思齐、张思道气焰嚣张互相猜疑嫉妒,元朝的统治将要灭亡,中原处于极其困苦的境地。现在我们将要北伐,拯救百姓于水深火热之中,怎样才能取得胜利呢?"常遇春回答说:"用我久经战斗的部队,和他那长期处于安闲状态的兵士作战,直接攻打元朝的都城,那必然是势如破竹。"太祖说:"元朝建国已经百年,守御防备必然是很稳固的,孤军深入敌境,粮食运送不到,各地救援京师的军队汇集,这是很危险的办法。我准备先占领山东,撤了他的屏障,转移部队到两河,打破他的藩篱,攻克潼关而且驻守在那里控制着他的门槛。天下形势险要的地方都已在我掌中,然后再进军,元朝京都势力孤单援军断绝,不打也自然可以拿下了。然后大张声势地向西进军,云中、九原、关、陇可以席卷了。"众将领都说:"好。"

甲子,徐达任征虏大将军,常遇春为副将军,率领部队二十五万人,由淮入黄河,北取中原。胡廷瑞任征南将军,何文辉任副将军,进攻福建。湖广行省平章杨璟、左丞周德兴、参政张彬夺取广西。己巳,朱亮祖攻克温州。十一月辛巳,汤和攻克庆元,方国珍逃跑到海上。壬午,徐达攻克沂州,斩了王宣。己丑,廖永忠任征南副将军,从海路会合汤和征讨方国珍。乙未,颁布大统历。辛丑,徐达攻克益都。十二月甲辰,颁布法令。丁未,方国珍投降,浙东平定。张兴祖攻下东平,衮东的州县相继投降。己酉,徐达攻下济南。胡廷瑞攻下邵武。癸丑,李善长带领所有官员劝太祖即帝位,上了三次奏表,才允准了。甲子,禀告上帝。庚午,汤和、廖永忠由海路攻克福州。

明史卷二

本纪第二

太祖二

洪武元年春正月乙亥，祀天地于南郊，即皇帝位。定有天下之号曰明，建元洪武。追尊高祖考曰玄皇帝，庙号德祖；曾祖考曰恒皇帝，庙号懿祖；祖考曰裕皇帝，庙号熙祖；皇考曰淳皇帝，庙号仁祖；妣皆皇后。立妃马氏为皇后，世子标为皇太子。以李善长、徐达为左、右丞相，诸功臣进爵有差。丙子，颁即位诏于天下。追封皇伯考以下皆为王。辛巳，李善长、徐达等兼东宫官。甲申，遣使核浙西田赋。壬辰，胡廷瑞克建宁。庚子，邓愈为征戍将军，略南阳以北州郡。汤和克延平，执元平章陈友定，福建平。是月，天下府州县官来朝。谕曰："天下始定，民财力俱困，要在休养安息，惟廉者能约己而利人，勉之。"二月壬寅，定郊社宗庙礼，岁必亲祀以为常。癸卯，汤和提督海运。廖永忠为征南将军，朱亮祖副之，由海道取广东。丁未，以太牢祀先师孔子于国学。戊申，祀社稷。壬子，诏衣冠如唐制。癸丑，常遇春克东昌，山东平。甲寅，杨璟克宝庆。三月辛未，诏儒臣修女诫，戒后妃毋预政。壬申，周德兴克全州。丁酉，邓愈克南阳。己亥，徐达徇汴梁，左君弼降。

夏四月辛丑，蕲州进竹簟，却之，命四方毋妄献。廖永忠师至广州，元守臣何真降，广东平。丁未，袷享太庙。戊申，徐达、常遇春大破元兵于洛水北，遂围河南。梁王阿鲁温降，河南平。丁巳，杨璟克永州。甲子，幸汴梁。丙寅，冯胜克潼关，李思齐、张思道遁。五月己卯，廖永忠下梧州，浔、贵、容、郁林诸州皆降。辛卯，改汴梁路为开封府。六月庚子，徐达朝行在。甲辰，海南、海北诸道降。壬戌，杨璟、朱亮祖克靖江。

秋七月戊子，廖永忠下象州，广西平。庚寅，振恤中原贫民。辛卯，将还应天，谕达等曰："中原之民，久为群雄所苦，流离相望，故命将北征，拯民水火。元祖宗功德在人，其子孙罔恤民隐，天厌弃之。君则有罪，民复何辜。前代革命之际，肆行屠戮，违天虐民，朕实不忍。诸将克城，毋肆焚掠妄杀人，元之宗戚，咸俾保全。庶几上答天心，下慰人望，以副朕伐罪安民之意。不恭命者罚无赦。"丙申，命冯胜留守开封。闰月丁未，至自开封。己酉，徐达会诸将兵于临清。壬子，常遇春克德州。丙寅，克通州，元帝趋上都。是月，征天下贤才为守令。免吴江、广德、太平、宁国、滁、和被灾田租。

八月己巳，以应天为南京，开封为北京。庚午，徐达入元都，封府库图籍，守宫门，禁士卒侵暴，遣将巡古北口诸隘。壬申，以京师火，四方水旱，诏中书省集议便民事。丁丑，定六部官制。御史中丞刘基致仕。己卯，赦殊死以下。将士从征者恤其家，逋逃许自首。新克州郡毋妄杀。输赋道远者，官为转运，灾荒以实闻。免镇江租税。避乱民复业者，听垦荒地，复三年。衍圣公袭封及授曲阜知县，并如前代制。有司以礼聘致贤士，学校毋事虚文。平刑，毋非时决囚。除书籍田器税，民间逋负免征。

蒙古、色目人有才能者，许擢用。鳏寡孤独废疾者，存恤之。民年七十以上，一子复。他利害当兴革不在诏内者，有司具以闻。壬午，幸北京。改大都路曰北平府。征元故臣。癸未，诏徐达、常遇春取山西。甲午，放元宫人。九月癸亥，诏曰："天下之治，天下之贤共理之。今贤士多隐岩穴，岂有司失于敦劝欤，朝廷疏于礼待欤，抑朕寡昧不足致贤，将在位者壅蔽使不上达欤。不然，贤士大夫，幼学壮行，岂甘没世而已哉？天下甫定，朕愿与诸儒讲明治道。有能辅朕济民者，有司礼遣。"乙丑，常遇春下保定，遂下真定。

冬十月庚午，冯胜、汤和下怀庆，泽、潞相继下。丁丑，至自北京。戊寅，以元都平，诏天下。十一月己亥，遣使分行天下，访求贤才。庚子，始祀上帝于圜丘。癸亥，诏刘基还。十二月丁卯，徐达克太原，扩廓帖木儿走甘肃，山西平。己巳，置登闻鼓。壬辰，以书谕明升。

二年春正月乙巳，立功臣庙于鸡笼山。丁未，享太庙。庚戌，诏曰："朕淮右布衣，因天下乱，率众渡江，保民图治，今十有五年。荷天眷祐，悉皆戡定。用是命将北征，齐、鲁之民馈粮给军，不惮千里。朕轸厥劳，已免元年田租。遭旱民未苏，其更赐一年。顷者，大军平燕都，下晋、冀，民被兵燹，困征敛，北平、燕南、河东、山西今年田租小与蠲免。河南诸郡归附，久欲惠之，西北未平，师过其地，是以未遑。今晋、冀平矣，西抵潼关，北界大河，南至唐、邓、光、息，今年税粮悉除之。"又诏曰："应天、太平、镇江、宣城、广德供亿浩穰。去岁蠲租，遇旱惠不及下。其再免诸郡及无为州今年租税。"庚申，常遇春取大同。是月，倭寇山东滨海郡县。二月丙寅朔，诏修元史。壬午，耕耤田。三月庚子，徐达至奉元，张思道遁。振陕西饥，户米三石。丙午，常遇春至凤翔，李思齐奔临洮。

夏四月丙寅，遇春还师北平。己巳，诸王子受经于博士孔克仁。令功臣子弟入学。乙亥，编《祖训录》，定封建诸王之制。徐达下巩昌。丙子，赐秦、陇新附州县税粮。丁丑，冯胜至临洮，李思齐降。乙酉，徐达袭破元豫王于西安。五月甲午朔，日有食之。丁酉，徐达下平凉、延安。张良臣以庆阳降，寻叛。癸卯，始祀地于方丘。六月己卯，常遇春克开平，元帝北走。壬午，封陈日煃为安南国王。

秋七月己亥，鄂国公常遇春卒于军，诏李文忠领其众。辛亥，扩廓帖木儿遣将破原州、泾州。辛酉，冯胜击走之。丙辰，明升遣使来。八月丙寅，元兵攻大同，李文忠击败之。己巳，定内侍官制。谕吏部曰："内臣但备使令，毋多人。古来若辈擅权，可为鉴戒。驭之之道，当使之畏法，勿令有功，有功则骄恣矣。"癸酉，《元史》成。丙子，封王颛为高丽国王。癸未，徐达克庆阳，斩张良臣，陕西平。是月，命儒臣纂礼书。九月辛丑，召徐达、汤和还，冯胜留总军事。癸卯，以临濠为中都。戊午，征南师还。

冬十月壬戌，遣璟谕明升。甲戌，甘露降于钟山，群臣请告庙，不许。辛卯，诏天下郡县立学。是月，遣使贻元帝书。十一月乙巳，祀上帝于圜丘，以仁祖配。十二月甲戌，封阿答阿者为占城国王。甲申，振西安诸府饥，户米二石。己丑，大赉平定中原及征南将士。庚寅，扩廓帖木儿攻兰州，指挥于光死之。

是年，占城、安南、高丽入贡。

三年春正月癸巳，徐达为征虏大将军，李文忠、冯胜、邓愈、汤和副之，分道北征。二月癸未，追封郭子兴滁阳王。戊子，诏求贤才可任六部者。是月，李文忠下兴和，进兵察罕脑儿，执元平章竹贞。三月庚寅，免南畿、河南、山东、北平、浙东、江西广信、饶州今年田租。

夏四月乙丑，封皇子樉为秦王，棡晋王，棣燕王，橚吴王，桢楚王，榑齐王，梓潭王，杞赵王，檀鲁王，从孙守谦靖江王。徐达大破扩廓帖木儿于沈儿峪，尽降其众，扩廓走和林。丙戌，元帝崩于应昌，子爱猷识理达腊嗣。是月，慈利土官覃垕作乱。五月己丑，徐达取兴元。分遣邓愈招谕吐蕃。丁酉，诏守令举学识笃行之士。己亥，设科取士。甲辰，李文忠克应昌。元嗣君北走，获其子买的里八剌，降五万余人，穷追至北庆州，不及而还。丁未，诏行大射礼。戊申，祀地于方丘，以仁祖配。辛亥，徐达下兴元。邓愈克河州。丁巳，诏开国时将帅无嗣者禄其家。是月旱，斋戒，后妃亲执爨，皇太子诸王馈于斋所。六月戊午朔，素服草屦，步祷山川坛，露宿凡三日，还斋于西庑。辛酉，赉将士，省狱囚，命有司访求通经术明治道者。壬戌，大雨。壬申，李文忠捷奏至，命仕元者勿贺。谥元主曰顺帝。癸酉，买的里八剌至京师，群臣请献俘。帝曰："武王伐殷用之乎？"省臣以唐太宗尝行之对。帝曰："太宗是待王世充耳。若遇隋之子孙，恐不尔也。"遂不许。又以捷奏多侈辞，谓宰相曰："元主中国百年，朕与卿等父母皆赖其生养，奈何为此浮薄之言，亟改之。"乙亥，封买的里八剌为崇礼侯。丙子，告捷于南郊。丁丑，告太庙，诏示天下。辛巳，徙苏州、松江、嘉兴、湖州、杭州民无业者田临濠，给资粮牛种，复三年。是月，倭寇山东、浙江、福建滨海州县。

秋七月丙辰，明升将吴友仁寇汉中，参政傅友德击却之。中书左丞杨宪有罪诛。八月乙酉，遣使瘗中原遗骸。

冬十月丙辰，诏儒士更直午门，为武臣讲经史。癸亥，周德兴为征南将军，讨覃垕，垕遁。辛巳，贻元嗣君书。十一月壬辰，北征帅还。甲午，告武成于郊庙。丙申，大封功臣。进李善长韩国公，徐达魏国公，封李文忠曹国公，冯胜宋国公，邓愈卫国公，常遇春子茂郑国公，汤和等侯者二十八人。己亥，设坛亲祭战没将士。庚戌，有事于圜丘。辛亥，诏户部置户籍、户帖，岁计登耗以闻，著为令。乙卯，封中书右丞汪广洋忠勤伯，御史中丞刘基诚意伯。十二月癸亥，复贻元嗣君书，并谕和林诸部。甲子，建奉先殿。庚午，遣使祭历代帝王陵寝，并加修葺。己卯，赐勋臣田。壬午，以正月至是月，日中屡有黑子，诏廷臣言得失。

是年，占城、爪哇、西洋入贡。

四年春正月丙戌，李善长罢，汪广洋为右丞相。丁亥，中山侯汤和为征西将军，江夏侯周德兴、德庆侯廖永忠副之，率舟师由瞿塘，颍川侯傅友德为征虏前将军，济宁侯顾时副之，率步骑由秦、陇伐蜀。魏国公徐达练兵北平。戊子，卫国公邓愈督饷给征蜀军。庚寅，建郊庙于中都。丁未，诏设科取士连举三年，嗣后三年一举。戊申，免山西旱灾田租。二月甲戌，幸中都。壬午，至自中都。元平章刘益以辽东降。是月，蠲太平、镇江、宁国田租。三月乙酉朔，始策试天下贡士，赐吴伯宗等进士及第、出身有差。乙巳，徙山后民万七千户屯北平。丁未，诚意伯刘基致仕。

夏四月丙戌，傅友德克阶州，文、隆、绵三州相继下。五月，免江西、浙江秋粮。六月壬午，傅友德克汉州。辛卯，廖永忠克夔州。戊戌，明升将丁世贞破文州，守将朱显忠死之。癸卯，汤和至重庆，明升降。戊申，倭寇胶州。是月，徙山后民三万五千户于内地，又徙沙漠遗民三万二千户屯田北平。

秋七月辛亥，徐达练兵山西。辛酉，傅友德下成都，四川平。乙丑，明升至京师，封归义侯。八月甲午，免中都、淮、扬及泰、滁、无为田租。己酉，振陕西饥。是月，高州海寇乱，通判王名善死之。九月庚戌朔，日有食之。

冬十月丙申，征蜀师还。十一月丙辰，有事于圜丘。庚申，命官吏犯赃者罪勿贷。是月，免陕西、河南被灾田租。十二月，徐达还。

是年，安南、浡泥、高丽、三佛齐、暹罗、日本、真腊入贡。

五年春正月癸丑，待制王祎使云南，诏谕元梁王把匝剌瓦尔密。祎至，不屈死。乙丑，徙陈理、明升于高丽。甲戌，魏国公徐达为征虏大将军，出雁门，趋和林，曹国公李文忠为左副将军，出应昌，宋国公冯胜为征西将军，取甘肃，征扩廓帖木儿。靖海侯吴祯督海运，饷辽东。卫国公邓愈为征南将军，江夏侯周德兴、江阴侯吴良副之，分道讨湖南、广西洞蛮。二月丙戌，安南陈叔明弑其主日熞自立，遣使入贡，却之。三月丁卯，都督佥事蓝玉败扩廓于土剌河。

夏四月己卯，振济南、莱州饥。戊戌，始行乡饮酒礼。庚子，邓愈平散毛诸洞蛮。五月壬子，徐达及元兵战于岭北，败绩。是月，诏曰："天下大定，礼仪风俗不可不正。诸遭乱为人奴隶者复为民。冻馁者里中富室假贷之，孤寡残疾者官养之，毋失所。乡党论齿，相见揖拜，毋违礼。婚姻毋论财。丧事称家有无，毋惑阴阳拘忌，停柩暴露。流民复业者各就丁力耕种，毋以旧田为限。僧道斋醮杂男女，恣饮食，有司严治之。闽、粤豪家毋阉人子为火者，犯者抵罪。"六月丙子，定宦官禁令。丁丑，定宫官女职之制。戊寅，冯胜克甘肃，追败元兵于瓜、沙州。癸巳，定六部职掌及岁终考绩法。壬寅，吴良平靖州蛮。甲辰，李文忠败元兵于阿鲁浑河，宣宁侯曹良臣战没。乙巳，作铁榜诫功臣。是月，振山东饥，免被灾郡县田租。

秋七月丙辰，汤和及元兵战于断头山，败绩。八月丙申，吴良平五开、古州诸蛮。甲辰，元兵犯云内，同知黄里死之。九月戊午，周德兴平婪凤、安田诸蛮。

冬十月丁酉，冯胜师还。是月，免应天、太平、镇江、宁国、广德田租。十一月辛酉，有事于圜丘。甲子，征南师还。壬申，纳哈出犯辽东。是月，召徐达、李文忠还。十二月甲戌，诏以农桑学校课有司。辛巳，命百官奏事启皇太子。庚子，邓愈为征西将军，征吐番。壬寅，贻元嗣君书。

是年，琐里、占城、高丽、琉球、乌斯藏入贡。高丽贡使再至，谕自后三年一贡。

六年春正月甲寅，谪汪广洋为广东参政。二月乙未，谕暂罢科举，察举贤才。壬寅，命御史及按察使考察有司。三月癸卯朔，日有食之。颁《昭鉴录》，训诫诸王。戊申，大阅。壬子，徐达为征虏大将军，李文忠、冯胜、邓愈、汤和副之，备边山西、北平。甲子，指挥使于显为总兵官，备倭。

夏四月己丑，令有司上山川险易图。六月壬午，盱眙献瑞麦，荐宗庙。壬辰，扩廓帖木儿遣兵攻雁门，指挥吴均击却之。是月，免北平、河间、河南、开封、延安、汾州被灾田租。

秋七月壬寅，命户部稽渡江以来各省水旱灾伤分数，优恤之。壬子，胡惟庸为右丞相。八月乙亥，诏祀三皇及历代帝王。

冬十月辛巳，召徐达、冯胜还。十一月壬子，扩廓帖木儿犯大同，徐达遣将击败之，达仍留镇。甲子，遣兵部尚书刘仁振真定饥。丙寅，冬至，帝不豫，改卜郊。闰月乙亥，录故功臣子孙未嗣者二百九人。壬午，有事于圜丘。庚寅，颁定《大明律》。

是年，暹罗、高丽、占城、真腊、三佛齐入贡。命安南陈叔明权知国事。

七年春正月甲戌，都督佥事王简、王诚，平章李伯升，屯田河南、山东、北平。靖海侯吴祯为总兵官，都督于显副之，巡海捕倭。二月丁酉朔，日有食之。戊午，修曲阜孔子庙，设孔、颜、孟三氏学。是月，平阳、太原、汾州、历城、汲县旱蝗，并免租税。

夏四月己亥，都督蓝玉败元兵于白酒泉，遂拔兴和。壬寅，金吾指挥陆龄讨永、道诸州蛮，平之。五月丙子，免真定等四十二府州县被灾田租。辛巳，振苏州饥民三十万户。癸巳，减苏、松、嘉、湖极重田租之半。六月，陕西平凉、延安、靖宁、鄜州雨雹，山西、山东、北平、河南蝗，并蠲田租。

秋七月甲子，李文忠破元兵于大宁、高州。壬申，倭寇登、莱。八月甲午朔，祀历代帝王庙。辛丑，诏军士阵殁，父母妻子不能自存者，官为存养。百姓避兵离散或客死，遗老幼，并资遣还。远宦卒官，妻子不能归者，有司给舟车资送。庚申，振河间、广平、顺德、真定饥，蠲租税。九月丁丑，遣崇礼侯买的里八剌归，遗元嗣君书。

冬十一月壬戌，纳哈出犯辽阳，千户吴寿击走之。辛未，有事于圜丘。十二月戊戌，召邓愈、汤和还。

是年，阿难功德国、暹罗、琉球、三佛齐、乌斯藏、撒里畏兀儿入贡。

八年春正月辛未，增祀鸡笼山功臣庙一百八人。癸酉，命有司察穷民无告者，给屋舍衣食。辛巳，邓愈、汤和等十三人屯戍北平、陕西、河南。丁亥，诏天下立社学。是月，河决开封，发民夫塞之。二月甲午，宥杂犯死罪以下及官犯私罪者，谪凤阳输作屯种赎罪。癸丑，耕耤田。召徐达、李文忠、冯胜还，傅友德等留镇北平。三月辛酉，立钞法。辛巳，罢宝源局铸钱。

夏四月辛卯，幸中都。丁巳，至自中都。免彰德、大名、临洮、平凉、河州被灾田租。罢营中都。致仕诚意伯刘基卒。五月己巳，永嘉侯朱亮祖偕傅友德镇北平。六月壬寅，指挥同知胡汝平贵州蛮。

秋七月己未朔，日有食之。辛酉，改作太庙。壬戌，召傅友德、朱亮祖还，李文忠、顾时镇山西、北平。戊辰，诏百官奔父母丧不俟报。京师地震。丁丑，免应天、太平、宁国、镇江及蕲、黄诸府被灾田租。八月己酉，元扩廓帖木儿卒。

冬十月丁亥，诏举富民素行端洁达时务者。壬子，命皇太子诸王讲武中都。十一月丁丑，有事于圜丘。十二月戊子，京师地震。甲寅，遣使振苏州、湖州、嘉兴、松江、常州、太平、宁国、杭州水灾。是月，纳哈出犯辽东，指挥马云、叶旺大败之。

是年，撒里、高丽、占城、暹罗、日本、爪哇、三佛齐入贡。

九年春正月，中山侯汤和，颍川侯傅友德，都督佥事蓝玉、王弼，中书右丞丁玉，备边延安。三月己卯，诏曰："比年西征燉煌，北伐沙漠，军需甲仗，皆资山、陕，又以秦、晋二府宫殿之役，重困吾民。平定以来，间阎未息。国都始建，土木屡兴。畿辅既极烦劳，外郡疲于转运。今蓄储有余，其淮、扬、安、徽、池五府及山西、陕西、河南、福建、江西、浙江、北平、湖广今年租赋，悉免之。"

夏四月庚戌，京师自去年八月不雨，是日始雨。五月癸酉，自庚戌雨，至是日始霁。六月甲午，改行中书省为承宣布政使司。辛丑，李文忠还。

秋七月癸丑朔，日有食之。是月，蠲苏、松、嘉、湖水灾田租，振永平旱灾。元将伯颜帖木儿犯延安，傅友德败降之。八月己酉，遣官省历代帝王陵寝，禁刍牧，置守陵户。忠臣烈士祠，有司以时葺治。分遣国子生修岳镇海渎祠。西番朵儿只巴寇罕东，河州指挥甯正击走之。闰九月庚寅，以灾异诏求直言。

冬十月己未，太庙成，自是行合享礼。丙子，命秦、晋、燕、吴、楚、齐诸王治兵凤阳。十一月壬午，有事于圜丘。戊子，徙山西及真定民无产者田凤阳。十二月甲寅，振畿内、浙江、湖北水灾。己卯，遣都督同知沐英乘传诣陕西问民疾苦。

是年，览邦、琉球、安南、日本、乌斯藏、高丽入贡。

十年春正月辛卯，以羽林等卫军益秦、晋、燕三府护卫。是春，振苏、松、嘉、湖水灾。

夏四月己酉，邓愈为征西将军，沐英为副将军，率师讨吐番，大破之。是月，振太平、宁国及宜兴、钱塘诸县水灾。五月庚子，韩国公李善长、曹国公李文忠总中书省、大都督府、御史台，议军国重事。癸卯，振湖广水灾。丙午，户部主事赵乾振荆、蕲迟缓，伏诛。六月丁巳，诏臣民言事者，实封达御前。丙寅，命政事启皇太子裁决奏闻。

秋七月甲申，置通政司。是月，始遣御史巡按州县。八月庚戌，改建大祀殿于南郊。癸丑，选武臣子弟读书国子监。九月丙申，振绍兴、金华、衢州水灾。辛丑，胡惟庸为左丞相，汪广洋为右丞相。

冬十月戊午，封沐英西平侯。辛酉，赐百官公田。十一月癸未，卫国公邓愈卒。丁亥，合祀天地于奉天殿。是月，免河南、陕西、广东、湖广田租。威茂蛮叛，御史大夫丁玉为平羌将军，讨平之。十二月乙巳朔，日有食之。丁未，录故功臣子孙五百余人，授官有差。

是年，占城、三佛齐、暹罗、爪哇、真腊入贡。高丽使五至，以嗣王未立，却之。

十一年春正月甲戌，封皇子椿为蜀王，柏湘王，桂豫王，楧汉王，植卫王。改封吴王橚为周王。己卯，进封汤和信国公。是月，征天下布政使及知府来朝。二月，指挥胡渊平茂州蛮。三月壬午，命奏事毋关白中书省。是月，第来朝官为三等。

夏四月，元嗣君爱猷识理达腊殂，子脱古思帖木儿嗣。五月丁酉，存问苏、松、嘉、湖被水灾民，户赐米一石，蠲通赋六十五万有奇。六月壬子，遣使祭故元嗣君。己巳，五开蛮叛，杀靖州指挥过兴，以辰州指挥杨仲名为总兵官，讨之。

秋七月丁丑，振平阳饥。是月，苏、松、扬、台海溢，遣官存恤。八月，免应天、太平、镇江、宁国、广德诸府州秋粮。九月丙申，追封刘继祖为义惠侯。

冬十月甲子，大祀殿成。十一月庚午，征西将军西平侯沐英率都督蓝玉、王弼讨西番。是月，五开蛮平。

是年，暹罗、阇婆、高丽、琉球、占城、三佛齐、朵甘、乌斯藏、彭亨、百花入贡。

十二年春正月己卯，始合祀天地于南郊。甲申，洮州十八族番叛，命沐英移兵讨之。丙申，丁玉平松州蛮。二月戊戌，李文忠督理河、岷、临、巩军事。乙巳，诏曰："今春雨雪经旬，天下贫民困于饥寒者多有，其令有司给以钞。"丙寅，信国公汤和率列侯练兵临清。

夏五月癸未，蠲北平田租。六月丁卯，都督马云征大宁。

秋七月丙辰，丁玉回师讨眉县贼，平之。己未，李文忠还掌大都督府事。八月辛巳，诏凡致仕官复其家，终身无所与。九月己亥，沐英大破西番，擒其部长三副使。

冬十一月甲午，沐英班师，封仇成、蓝玉等十二人为侯。庚申，大宁平。十二月，汪广洋贬广南，赐死。征天下博学老成之士至京师。

是年，占城、爪哇、暹罗、日本、安南、高丽入贡。高丽贡黄金百斤、白金万两，以不如约，却之。

十三年春正月戊戌，左丞相胡惟庸谋反，及其党御史大夫陈宁、中丞涂节等伏诛。癸卯，大祀天地于南郊。罢中书省，废丞相等官，更定六部官秩，改大都督府为中、左、右、前后五军都督府。二月壬戌朔，诏举聪明正直、孝弟力田、贤良方正、文学术数之士。发丹符，验天下金谷之数。戊辰，文武官年六十以上者听致仕，给以诰敕。三月壬辰，减苏、松、嘉、湖重赋十之二。壬寅，燕王棣之国北平。壬子，沐英袭元将脱火赤于亦集乃，擒之，尽降其众。

夏四月己丑，命群臣各举所知。五月甲午，雷震谨身殿。乙未，大赦。丙申，释在京及临濠屯田输作者。己亥，免天下田租。吏以过误罢者还其职。壬寅，都督濮英进兵赤斤站，获故元豳王亦怜真及其部曲而还。是月，罢御史台。命从征士卒老疾者许以子代，老而无子及寡妇，有司资遣还。六月丙寅，雷震奉天门，避正殿省愆。丁卯，罢王府工役。丁丑，置谏院官。

秋八月，命天下学校师生，日给廪膳。九月辛卯，景川侯曹震。营阳侯杨璟、永城侯薛显屯田北平。乙巳，天寿节，始受群臣朝贺，赐宴于谨身殿，后以为常。丙午，置四辅官，告于太庙。以儒士王本、杜佑、龚敩、杜敩、赵民望、吴源为春、夏官。是月，诏陕西卫军以三分之二屯田。安置翰林学士承旨宋濂于茂州，道卒。

冬十一月乙未，徐达还。丙午，元平章完者不花、乃儿不花犯永平，指挥刘广战没，千户王辂击败之，擒完者不花。十二月，天下府州县所举士至者八百六十余人，授官有差。南雄侯赵庸镇广东，讨阳春蛮。

是年，琉球、日本、安南、占城、真腊、爪哇入贡，日本以无表却之。

十四年春正月戊子，徐达为征虏大将军，汤和、傅友德为左、右副将军，帅师讨乃儿不花。命新授官者各举所知。乙未，大祀天地于南郊。壬子，罢天下岁造兵器。癸丑，命公侯子弟入国学。丙辰，诏求隐逸。二月庚辰，核天下官田。三月丙戌，大赦。辛丑，颁《五经》《四书》于北方学校。

夏四月庚午，徐达率诸将出塞，至北黄河，击破元兵，获全宁四部以归。五月，五溪蛮叛，江夏侯周德兴讨平之。

秋八月丙子，诏求明经老成之士，有司礼送京师。庚辰，河决原武、祥符、中牟。辛巳，徐达还。九月壬午朔，傅友德为征南将军，蓝玉、沐英为左、右副将军，帅师征云南。徐达镇北平。丙午，周德兴移师讨施州蛮，平之。

冬十月壬子朔，日有食之。癸丑，命法司录囚，会翰林院给事中及春坊官会议平允以闻。甲寅，免应天、太平、广德、镇江、宁国田租。癸亥，分遣御史录囚。己卯，延安侯唐胜宗帅师讨浙东山寇，平之。十一月壬午，吉安侯陆仲亨镇成都。庚戌，赵庸讨广州海寇，大破之。十二月丁巳，命翰林春坊官考驳诸司章奏。戊辰，傅友德大败元兵于白石江，遂下曲靖。壬申，元梁王把匝剌瓦尔密走普宁自杀。

是年，暹罗、安南、爪哇、朵甘、乌斯藏入贡。以安南寇思明，不纳。

译文：

洪武元年春正月乙亥，在南郊拜祭天地，登皇帝位。定国号为明，年号洪武。追尊高祖父为玄皇帝，庙号德祖；曾祖父为恒皇帝，庙号懿祖；祖父为裕皇帝，庙号熙祖；父亲为淳皇帝，庙号仁祖；母都是皇后。立妃马氏为皇后，世子标为皇太子。任李善长、徐达为左、右丞相，各功臣亦分别进不同等级的爵位。丙子，在全国颁布即位的诏书。追封皇伯父以下都是王。辛巳，李善长、徐达等兼任东宫官。甲申，派遣使者查核浙西的田赋。壬辰，胡廷瑞攻克建宁。庚子，邓愈任征戍将军，夺取南阳以北州郡。汤和攻克延平，活捉了元的平章陈友定，福建平定。这个月，全国府州县官到京师朝觐。告谕他们说："天下刚刚安定，百姓人力财力都很困乏，关键在于休养安息，只有廉洁的人才能够克制自己而有利于别人，希望大家勉励。"二月壬寅，制定拜祀天地宗庙的礼节，每年都要亲自祭祀。癸卯，汤和提督海运。廖永忠任征南将军，朱亮祖任副将军，由海路攻打广东。丁未，用牛羊猪三牲在国学祭祀孔子。戊申，祭祀土地神、谷神。壬子，诏令衣冠制度和唐朝一样。癸丑，常遇春攻克东昌，山东平定。甲寅，杨璟攻克宝庆。三月辛未，诏令儒臣修订关于妇女的戒律，告诫后妃不得干预政治。壬申，周德兴攻克全州。丁酉，邓愈攻克南阳。己亥，徐达攻取汴梁，左君弼投降。

夏四月辛丑，蕲州进贡竹席，拒不接受，命令各处不要随意贡献物品。廖永忠的部队到了广州，元朝守臣何真投降，广东平定。丁未，集远近祖先的神主在太庙，用酒肉合祭。戊申，徐达、常遇春在洛水北面大败元兵，于是包围了河南。梁王阿鲁温投降，河南平定。丁巳，杨璟攻克永州。甲子，太祖到汴梁。丙寅，冯胜攻克潼关，李思齐、张思道逃跑了。五月己卯，廖永忠攻下梧州、浔、贵、容、郁林各州都投降。辛卯，把汴梁路改为开封府。六月庚子，徐达到太祖所在的地方朝见。甲辰，海南、海北各道都投降。壬戌，杨璟、朱亮祖攻克靖江。

秋七月戊子，廖永忠攻下象州，广西平定。庚寅，赈济抚恤中原贫民。辛卯，将要回应天，告谕徐达等说："中原的百姓，长期以来被各武装力量所侵扰，处处流离颠沛，所以我命令部队北征，拯救百姓于水深火热之中。元朝祖宗功德在于人心，他的子孙不顾念百姓的困苦，所以上天讨厌、抛弃了他。君主是有罪的，百姓是无辜的。以前改朝换代的时候，恣意屠杀，违背天心虐害百姓，我实在不忍。各将领攻占城池，不能随意焚烧抢掠乱杀人，元朝的宗室皇亲，全都要保护他们的安全。这样才可以向上报答上天的好心，向下安慰百姓的希望，以符合我讨伐有罪者，安抚百姓的目的。不是恭敬地执行这命令的，给予惩罚，不能赦免。"丙申，命令冯胜留守开封。闰月丁未，从开封回应天。己酉，徐达在临清会合各将领的部队。壬子，常遇春攻克德州。丙寅，攻克通州，元顺帝走向上都。这个月，征召各处有德有才的人任守令。免了吴江、广德，太平、宁国、滁和受灾地区的田租。

八月己巳，把应天作为南京，开封作为北京。庚午，徐达进入元朝京都，封了仓库地图册籍，守卫宫门，禁止士卒无礼侵犯，派将领巡示古北口各个险要的地方。壬申，因为京师火灾，到处水灾旱灾，诏令中书省集体议论有些什么需要方便百姓的事。丁丑，制定吏、户、礼、兵、刑、工六部的官职编制。御史中丞刘基退休。己卯，赦免判死刑以下的犯人。抚恤出征将士的家属，欠了赋税逃跑的允许自首。新攻克的州郡，不许乱杀人。交赋税路远的，由官府转运，灾荒要据实奏闻。免征镇江租税。

避乱外逃的百姓回来复业的，准他开垦耕地，免三年租赋。衍圣公袭封和授予曲阜知县的制度和前代一样。有关部门以礼聘用贤德的士人，学校不要敷衍塞责做表面文章。刑罚要公平，不得不按时判决囚犯。免除书籍农具的税，民间过去欠的租税免予征收。蒙古、色目有才能的人，允许提拔使用。保存、抚恤那些鳏寡孤独病残的人。百姓年龄七十以上的，免他一个儿子的赋役。其他有利当兴有弊当革而又在诏书里没有提到的，由有关部门上报听闻。壬午，太祖到北京。把大都路改为北平府。征召元朝过去的官员。癸未，诏令徐达、常遇春攻打山西。甲午，释放元朝时的宫人。九月癸亥，下诏说："天下太平，需要天下贤德的人共同管理。现在贤德的人很多隐居在山岩洞穴之中，是有关部门失职没有敦促劝告他们出来，是朝廷礼待不周到，还是我孤寡愚昧不足以请来贤德的人，抑或在位的人壅塞遮蔽使他们不能被上面知道呢？如果不是这样，贤德的士大夫，少年时刻苦学习，长大了报效国家，怎能甘心终生就这样度过呢？国家刚刚安定，我愿意和各位儒者讲求清明的统治办法。有能够辅助我，对百姓有所增益的人，有关部门要以礼送来。"乙丑，常遇春攻下保定，顺利地拿下真定。

冬十月庚午，冯胜、汤和攻下怀庆，泽、潞相继占领。丁丑，从北京回应大。戊寅，因为平定了元朝都城，下诏告知全国。十一月己亥，派遣使者分别巡视全国各地，访问寻求有贤德才能的人。庚子，开始在圜丘祭祀上帝。癸亥，诏令刘基回来。十二月丁卯，徐达攻克太原，扩廓帖木儿跑到甘肃，山西平定。己巳，设置登闻鼓。壬辰，写信告谕明升。

洪武二年春正月乙巳，在鸡笼山建造功臣庙。丁未，以酒肉拜太庙。庚戌，下诏说："我本来是淮右一个普通百姓，因为天下混乱，带领众人渡过长江，保护百姓谋取太平，到现在十五年了。感谢上天的眷顾保佑，全都平定了。因为这样命令军队北征，齐、鲁的百姓不怕千里之遥，运送粮食给军队。我经常思念到他们的辛劳，已经免除了洪武元年的田租。遭到旱灾的百姓还未能缓过来，现在再赐给免除一年田租。不久前，大军平定燕都，攻下晋、冀，百姓遭受战火，苦于赋税军用物资的征收，北平、燕南、河东、山西今年的田租亦给予免除。河南各郡归附，我早就想照顾它，只是西北未平定，军队从那里经过，所以还未来得及。现在晋、冀平定了，西面到潼关，北面到大河，南面到唐、邓、光、息，今年的税粮亦全都免除。"又下诏说："应天、太平、镇江、宣城、广德供给物资非常多。去年免了租，但遇到旱灾，百姓还没得到这个实惠。现在再免除各个郡和无为州今年的租税。"庚申，常遇春夺取大同。这个月，倭寇骚扰山东沿海的郡县。二月丙寅初一，诏令编修《元史》。壬午，耕籍田。三月庚子，徐达到奉元，张思道逃跑。赈济陕西饥荒，每户发三石米。丙午，常遇春到凤翔，李思齐跑到临洮。

夏四月丙寅，常遇春领部队回北平。己巳，各王子跟从孔克仁博士学经学。令功臣子弟入学。乙亥，编写《祖训录》，制定封建各王的制度。徐达占领了巩昌。丙子，把税粮赐给秦、陇这些新归附的州县。丁丑，冯胜到临洮，李思齐投降。乙酉，徐达在西安袭击，打败元豫王。五月甲午初一，日食。丁酉，徐达攻下平凉、延安。张良臣献出庆阳投降，不久反叛。癸卯，开始在方丘祭祀大地。六月己卯，常遇春攻克开平，元顺帝向北去。壬午，封陈日烇为安南国王。

秋七月己亥，鄂国公常遇春在军队里去世，诏令李文忠率领他的部众。辛亥，扩廓帖木儿派遣将领攻破原州、泾州。辛酉，冯胜把他打跑了。丙辰，明升派遣使者来。八月丙寅，元兵进攻大同，李文忠把他打败。己巳，制定内侍的官职制度。告谕吏部说："内臣只是用来使唤，不用很多人。自古以来这些人擅自揽取权力，应该作为鉴戒。驾驭他们的办法，应该使他们害怕法律，不要让他们有功劳，有功劳便会骄傲放肆了。"癸酉，《元史》完成。丙子，封王颛为高丽国王。癸未，徐达攻克庆阳，斩了张良臣，陕西平定。这个月，命令儒臣编纂礼书。九月辛丑，召徐达、汤和回应天，冯胜留下总管军事。癸卯，把临濠作为中都。戊午，征南部队班师回朝。

冬十月壬戌，派杨璟晓谕明升。甲戌，钟山降甘露，群臣请禀告太庙，不准。辛卯，诏令全国郡县设立学校。这个月，派使者送信给元顺帝。十一月乙巳，在圜丘祭祀上帝，由仁祖附祭。十二月甲戌，封阿答阿者为占城国王。甲申，赈济西安各府饥荒，每户二石米。己丑，大规模赏赐平定中原和南征的将士。庚寅，扩廓帖木儿攻打兰州，指挥于光遇难。

这一年，占城、安南、高丽入贡。

洪武三年春正月癸巳，徐达任征虏大将军，李文忠、冯胜任左、右副将军，邓愈、汤和任左、右副将军，分道北征。二月癸未，追封郭子兴为滁阳王。戊子，下诏寻求有贤德才能，可以胜任吏户礼兵刑工六部工作的人。这个月，李文忠攻下兴和，进军察罕脑儿，活捉了元平章竹贞。三月庚寅，免除南畿、河南、山东、北平、浙东、江西的广信、饶州今年田租。

夏四月乙丑，封皇子樉为秦王，㭎为晋王，棣燕王，橚吴王，桢楚王，榑齐王，梓潭王，杞赵王，檀鲁王，从孙守谦靖江王。徐达在沈儿峪大败扩廓帖木儿，把他的部众全部降服，扩廓去了和林。丙戌，元顺帝在应昌驾崩，儿子爱猷识理达腊继位。

这个月，慈利的土官覃垕造反。五月己丑，徐达攻打兴元。让邓愈劝说告谕吐蕃。丁酉，诏令地方官推举有学识的、诚实有操行的士人。己亥，设科录取士人。甲辰，李文忠攻克应昌。元继位的君主向北去，抓获他的儿子买的里八剌，降服了五万多人，穷追到北庆州，追不上，回来。丁未，诏令举行大射礼。戊申，在方丘祭祀地，仁祖附祭。辛亥，徐达拿下了兴元。邓愈攻克河州。丁巳，诏令开国时将帅没有继承人的，俸禄给他的家人。这个月天旱，斋戒，皇后皇妃亲自烧火造饭，皇太子和各王把饭送到斋戒的地方。六月戊午初一，穿素服草鞋，步行祷告山川坛，露宿了三天，回到西殿的廊屋吃素。辛酉，赏赐将士，减少监狱的囚犯，命令有关部门访问寻求精通经世之术，明了治国之道的人。壬戌，下大雨。壬申，李文忠的捷报来到，命令曾经在元朝做官的人不要参加祝贺。谥元主为顺帝。癸酉，买的里八剌来到京师，群臣请求举行献俘仪式。皇帝说："武王征伐商殷时用了这个吗？"中书省官员回答说唐太宗曾经实行。皇帝说："唐太宗是对待王世充罢了。如果遇到隋朝的子孙，恐怕不会这样。"于是不准许。又因为捷报很多夸大的词语，对宰相说："元朝统治中国百年，我和你们的父母都依赖他生养，为什么要说这些轻浮薄幸的话，赶快改了。"乙亥，封买的里八剌为崇礼侯。丙子，在南郊禀告捷报。丁丑，禀告太庙，下诏布告全国。辛巳，把苏州、松江、嘉兴、湖州、杭州那些无业百姓迁到临濠耕田，给予物资粮食牛和种子，免除三年租赋。这个月，倭侵犯山东、浙江、福建沿海州县。

秋七月丙辰，明升的将领吴友仁侵犯汉中，参政傅友德打退他。中书左丞杨宪有罪处死。八月乙酉，派人埋葬遗留在中原的尸体。

冬十月丙辰，诏令儒士在午门轮值，给武臣讲解经史。癸亥，周德兴任征南将军，讨伐覃垕，覃垕逃跑了。辛巳，给元嗣君信。十一月壬辰，北征部队班师回朝。甲午，在南郊和太庙禀告武事成功。丙申，大封功臣。进李善长韩国公，徐达魏国公，封李文忠曹国公，冯胜宋国公，邓愈卫国公，常遇春儿子常茂郑国公，汤和等封侯的二十八人。己亥，设坛亲自祭祀战死的将士。庚戌，在天坛有事。辛亥，诏户部置户籍、户帖，每年统计人口增减上报，把这作为一项法令执行。乙卯，封中书右丞汪广洋忠勤伯，御史中丞刘基诚意伯。十二月癸亥，再次送信元嗣君，并劝谕和林各部。甲子，建奉先殿。庚午，派遣使者祭祀历代帝王的陵墓，并且加以修缮。己卯，把田赐给勋臣。壬午，因为从正月到这个月，太阳中屡次有黑子，下诏令朝臣讲述朝政得失。

这一年，占城、爪哇、西洋入贡。

洪武四年春正月丙戌，李善长罢官，汪广洋当右丞相。丁亥，中山侯汤和任征西将军，江夏侯周德兴、德庆侯廖永忠任左、右副将军，率领舟师由瞿塘，颍川侯傅友德任征虏前将军，济宁侯顾时任左副将军，率领步兵骑兵由秦、陇讨伐蜀。魏国公徐达在北平操练军队。戊子，卫国公邓愈督促运粮饷给征讨四川的军队。庚寅，在中都建立祭大的地方和太庙。丁未，下诏举行乡试，连试三年，以后三年一试。戊申，因山西旱灾，免田租。二月甲戌，太祖到中都。壬午，从中都回应天。元平章刘益献出辽东投降。这个月，免除太平、镇江、宁国田租。三月乙酉初一，开始出题亲自考试全国贡士，分别赐吴伯宗等进士及第、进士出身、同进士出身。乙巳，把山后的百姓一万七千户迁到北平屯田。丁未，诚意伯刘基退休。

夏四月丙戌，傅友德攻克阶州，文、隆、绵三州相继占领。五月，免江西、浙江秋粮。六月壬午，傅友德攻克汉州。辛卯，廖永忠攻克夔州。戊戌，明升的将领丁世贞攻破文州，守将朱显忠战死。癸卯，汤和至重庆，明升投降。戊申，倭侵犯胶州。这个月，把山后民三万五千户迁到内地，又把沙漠遗民三万二千户迁到北平屯田。

秋七月辛亥，徐达在山西练兵。辛酉，傅友德攻下成都，四川平定。乙丑，明升到京师，封他为归义侯。八月甲午，免中都、淮、扬及泰、滁、无为田租。己酉，赈济陕西饥民。这个月，高州海寇造反，通判王名善被害。九月庚戌初一，日食。

冬十月丙申，征讨蜀的军队班师回朝。十一月丙辰，在天坛有事。庚申，命令对凡是犯了贪污罪的官员，不能饶恕。这个月，免了陕西、河南受灾地区的田租。十二月，徐达回京师。

这一年，安南、浡泥、高丽、三佛齐、暹罗、日本、真腊入贡。

洪武五年春正月癸丑，待制王祎出使云南，送诏书告谕元梁王把匝剌瓦尔密。王祎去到后，不屈服，被害。乙丑，把陈理、明升迁到高丽。甲戌，魏国公徐达任征虏大将军，从雁门关出，进军和林，曹国公李文忠任副将军，从应昌出，宋国公冯胜任征西将军，攻打甘肃，征讨扩廓帖木儿。靖海侯吴祯指挥海运，运粮饷到辽东。卫国公邓愈任征南将军，江夏侯周德兴、江阴侯吴良任左、右副将军，分路征讨湖南、广西的洞蛮。二月丙戌，安南陈叔明杀了他的主公陈日熞自立为安南国王，派遣使者入贡，拒绝了他。三月丁卯，都督佥事蓝玉在土剌河战败扩廓帖木儿。

夏四月己卯，赈济济南、莱州的饥民。戊戌，开始举行乡饮酒礼。庚子，邓愈平服了散毛各洞蛮。五月壬子，徐达在岭北赶上元兵，战败。这个月，下诏说："天下已经平定，礼仪风俗不可以不整理纠正。凡遇到混乱时给人当奴隶的，恢复百姓的身份。冻饿的人由里里面的富户借钱给他。孤儿、寡妇有病和残废的，由政府赡养，不让他们无所依靠。乡里间讲究年龄，相见时行揖拜礼，不准违反。婚姻不许讲钱财。按家庭经济情况办丧事，不准迷惑于阴阳风水的忌讳，停放棺柩不葬。流民回来务农的，各自按照劳力情况耕种，不必用以前的田来限制。僧道打斋建醮做法事时，凡男女混杂，放恣饮食的，有关部门要严加惩治。福建、广东富豪家庭不许阉割别人的男孩做火者，违反的要抵罪。"六月丙子，制定对宦官的禁令。丁丑，制定宫内女官的制度。戊寅，冯胜攻克甘肃，追赶元兵到瓜州、沙州，把他打败。癸巳，制定六部的职责权力范围及年终考核办法。壬寅，吴良平定了靖州蛮。甲辰，李文忠在阿鲁浑河打败了元兵，宣宁侯曹良臣战死。乙巳，制作铁榜告诫功臣。这个月，赈济山东饥民，免除受灾郡县的田租。

秋七月丙辰，汤和在断头山赶上元兵，战败。八月丙申，吴良平定了五开、古州各蛮。甲辰，元兵侵犯云内，同知黄里被害。九月戊午，周德兴平定婪凤、安田各蛮。

冬十月丁酉，冯胜班师回朝。这个月，免了应天、太平、镇江、宁国、广德的出租。十一月辛酉，在天坛有事。甲子，征南部队班师回朝。壬申，纳哈出侵犯辽东。这个月，召徐达、李文忠回京师。十二月甲戌，诏令用农桑办学的情况考核有关部门官吏。辛巳，命令所有官员有事都向皇太子启奏。庚子，邓愈任征西将军，征讨吐番。壬寅，送信给元嗣君。

这一年，琐里、占城、琉球、高丽、乌斯藏入贡。高丽贡使再来，告谕他以后三年才能贡一次。

洪武六年春正月甲寅，贬汪广洋为广东参政。二月乙未，告谕暂时停止科举考试，考察保举有贤德才能的人。壬寅，命御史和按察使考察各部门官吏。三月癸卯初一，日食。颁布《昭鉴录》，训导告诫各藩王。戊申，大规模阅兵。壬子，徐达任征虏大将军，李文忠、冯胜、邓愈、汤和为副，在山西、北平守备边境。甲子，指挥使于显任总兵官，防备倭寇。

夏四月己丑，命令有关部门呈上山川形势图。六月壬午，盱眙献瑞麦，上供宗庙。壬辰，扩廓帖木儿派兵进攻雁门，指挥吴均把他打退。这个月，免北平、河间、河南、开封、延安、汾州灾区的田租。

秋七月壬寅，命户部稽查渡江以来各省受水旱灾害的情况，从优给予救济。壬子，胡惟庸任右丞相。八月乙亥，下诏令祭祀三皇和历代帝王。

冬十月辛巳，召徐达、冯胜回京师。十一月壬子，扩廓帖木儿侵犯大同，徐达派将领把他打败，徐达留在那里镇守。甲子，派兵部尚书刘仁赈济真定饥民。丙寅，冬至，皇帝不舒服，改变卜郊的日期。闰月乙亥，录用了二百零九个未曾继承的已去世的功臣的子孙。壬午，到天坛祭祀。庚寅，颁定《大明律》。

这一年，暹罗、高丽、占城、真腊、三佛齐入贡。命令安南陈叔明暂时代理政务。

洪武七年春正月甲戌，都督佥事王简、王诚，平章李伯升，在河南、山东、北平屯田。靖海侯吴祯任总兵官，都督于显为副总兵官，巡海逮捕倭寇。二月丁酉朔，日食。戊午，修缮曲阜孔子庙，设立孔、颜、孟三氏学业。这个月，平阳、太原、汾州、历城、汲县旱灾蝗灾，全都免除租税。

夏四月己亥，都督蓝玉在白酒泉战败元兵，于是占领了兴和。壬寅，金吾指挥陆龄讨伐永、道各州蛮，平定了他们。五月丙子，免真定等四十二府州县灾区田租。辛巳，赈济苏州三十万户饥民。癸巳，对苏、松、嘉、湖最重的田租减半征收。六月，陕西平凉、延安、靖宁、鄜州下雨雹，山西、山东、北平、河南蝗灾，都免征田租。

秋七月甲子，李文忠在大宁、高州战败元兵。壬申，倭寇在登、莱登陆。八月甲午初一，祭祀历代帝王庙。辛丑，下诏阵亡军士，父母妻子不能养活自己的，由政府慰问赡养。百姓因为避战乱而离散或者死在外地，留下老人小孩，政府资助遣送回老家。在远处做官死于任上，妻子不能回去的，由有关部门给车船资助送回老家。庚申，赈济河间、广平、顺德、真定饥民，免收租税。九月丁丑，派遣崇礼侯买的里八剌回去，送信给元嗣君。

冬十一月壬戌，纳哈出侵犯辽阳，千户吴寿把他打走。辛未，到天坛祭祀。十二月戊戌，召邓愈、汤和回京师。

这一年，阿难功德国、暹罗、琉球、三佛齐、乌斯藏、撒里、畏兀儿入贡。

洪武八年春正月辛未，在鸡笼山功臣庙增加祭祀一百零八人。癸酉，命有关部门调查贫穷无依靠的人，给予住房和衣食。辛巳，邓愈、汤和等十三人在北平、陕西、河南屯田戍守。丁亥，下诏令全国各地设立社学。这个月，黄河开封地区决堤，征发民夫堵塞了它。二月甲午，宽恕杂犯死罪以下和犯私罪的官员，把他们流放到凤阳运输、制作、屯种赎罪。癸丑，耕籍田。召徐达、李文忠、冯胜回京师，傅友德等留在北平镇守。三月辛酉，制定钞法。辛巳，宝源局停止铸钱。

夏四月辛卯，到中都。丁巳，从中都回京师。免彰德、大名、临洮、平凉、河州灾区的田租。停止营建中都。退休了的诚意伯刘基去世。五月己巳，永嘉侯朱亮祖和傅友德镇守北平。六月壬寅，指挥同知胡汝平定了贵州蛮。

秋七月己未初一，日食。辛酉，改建太庙。壬戌，召傅友德、朱亮祖回京师，李文忠、顾时镇守山西、北平。戊辰，诏令官员父母死回去奔丧的，不必等批准才动身。京师地震。丁丑，免应天、太平、宁国、镇江及蕲、黄各府灾区田租。八月己酉，元扩廓帖木儿去世。

冬十月丁亥，下诏令推举平素行为端正洁净识时务的富民。壬子，命皇太子和各王在中都讲习军事。十一月丁丑，在天坛有事。十二月戊子，京师地震。甲寅，派遣使者赈济苏州、湖州、嘉兴、松江、常州、太平、宁国、杭州水灾。这个月，纳哈出侵犯辽东，指挥马云、叶旺把他打得大败。

这一年，撒里、高丽、占城、暹罗、日本、爪哇、三佛齐入贡。

洪武九年春正月，中山侯汤和，颍川侯傅友德，都督佥事蓝玉、王弼，中书右丞丁玉，在延安守备边境。三月己卯，下诏说："几年西征敦煌，北伐沙漠，一切军用物资武器，都由山西、陕西供给；又因为起盖秦、晋两王府的徭役，使我的百姓负担很重。天下平定以来，平民百姓没有得到休息。国都开始兴建，土木工程不断。京都附近地区固然是极度劳累，外郡亦因转运物资而疲乏。现在积蓄储备有盈余，淮、扬、安、徽、池五府和山西、陕西、河南、福建、江西、浙江、北平、湖广今年的租赋，全部免除。"

夏四月庚戌，京师自从去年八月不下雨，到这一天才下雨。五月癸酉，自从庚戌那天下雨，到这一天才开始转晴。六月甲午，把行中书省改为承宣布政使司。辛丑，李文忠回京师。

秋七月癸丑初一，日食。这个月免除苏、松、嘉、湖水灾区的田租，赈济永平旱灾。元将伯颜帖木儿侵犯延安，傅友德把他打败，投降。八月己酉，派官视察历代帝王陵墓，禁止在那里放牧，设置守陵户。忠臣烈士祠堂由有关部门经常维修。分别派遣国子生修建泰山、衡山、华山、恒山、嵩山五岳、各方的主山、大海、大川的祠。西番朵儿只巴骚扰罕东，河州指挥宁正把他打走了。闰九月庚寅，由于有灾荒等异常情况，下诏征求意见。

冬十月己未，太庙建成，从此以后把远近祖先神主都供在太庙，以酒肉祭。丙子，命秦、晋、燕、吴、楚、齐各王到凤阳整训军队。十一月壬午，在天坛有事。戊子，把山西、真定没有产业的百姓迁到凤阳耕田。十二月甲寅，赈济畿内、浙江、湖北水灾。己卯，派遣都督同知沐英乘驿站用四匹下马拉的车，到陕西访问百姓的疾苦。

这一年，览邦、琉球、安南、日本、乌斯藏、高丽入贡。

洪武十年春正月辛卯，用羽林等卫军增强秦、晋、燕三府的护卫力量。这个春天，赈济苏、松、嘉、湖水灾。

夏四月己酉，邓愈任征西将军，沐英为副将军，率领部队讨伐吐番，把他打得大败。这个月，赈济太平、宁国、宜兴、钱塘各县水灾。五月庚子，韩国公李善长、曹国公李文忠总管中书省、大都督府、御史台，商议军国大事。癸卯，赈济湖广水灾。丙午，户部主事赵乾赈济荆、蕲太迟，被处死。六月丁巳，下诏官民上书言事的，密封直送皇帝。丙寅，命令政务先启奏皇太子裁决再奏闻。

秋七月甲申，设置通政司。这个月，开始派遣御史巡按州县。八月庚戌，改建大祀殿于南郊。癸丑，选武臣子弟到国子监读书。九月丙申，赈济绍兴、金华、衢州水灾。辛丑，胡惟庸为左丞相，汪广洋为右丞相。

冬十月戊午，封沐英西平侯。辛酉，把公田赐给各官员。十一月癸未，卫国公邓愈去世。丁亥，在奉先殿一起祭祀天地。这个月，免河南、陕西、广东、湖广田租。威茂蛮叛变，御史大夫丁玉为平羌将军前往讨伐，平定了他。十二月乙巳初一，日食。丁未，录用死去的功臣的子孙五百余人，分别授给不同的官职。

这一年，占城、三佛齐、暹罗、爪哇、真腊入贡。高丽使臣来了五次，因为嗣王未继位，拒绝了他。

十一年春正月甲戌，封皇子椿为蜀王，柏湘王，桂豫王，楧汉王，植卫王。把吴王橚改封为周王。己卯，进封汤和为信国公。这个月，征召全国布政使和知府到京师朝见。二月，指挥胡渊平定了茂州蛮。三月壬午，命奏事的人不必关照知会中书省。这个月，把来朝的官员分为三等。

夏四月，元嗣君爱猷识理达腊去世，儿子脱古思帖木儿继位。五月丁酉，慰问苏、松、嘉、湖受水灾的百姓，每户赐米一石，免除过去的欠赋六十五万多。六月壬子，派使者前往祭祀刚死去的元嗣君。己巳，五开蛮叛变，杀了靖州指挥过兴，派辰州指挥杨仲名为总兵官，前往讨伐他。

秋七月丁丑，赈济平阳饥荒。这个月，苏、松、扬、台海水泛滥，派官员慰问抚恤灾民。八月，免应天、太平、镇江、宁国、广德各府州秋粮。九月丙申，追封刘继祖为义惠侯。

冬十月甲子，大祀殿建成。十一月庚午，征西将军西平侯沐英率领都督蓝玉、王弼讨伐西番。这个月，五开蛮的叛乱被平定。

这一年，暹罗、阇婆、高丽、琉球、占城、三佛齐、朵甘、乌斯藏、彭亨、百花入贡。

洪武十二年春正月己卯，开始在南郊合祭天地。甲申，洮州十八族番叛乱，命沐英转移部队前往征讨。丙申，丁玉平定了松州蛮。二月戊戌，李文忠监督整理河、岷、临、巩的军事设施。乙巳，下诏说："今年春天雨雪几十天，各处贫民很多苦于饥寒，令有关部门发给钞。"丙寅，信国公汤和率列侯在临清练兵。

夏五月癸未，免北平田租。六月，丁卯，都督马云征讨大宁。

秋七月丙辰，丁玉返回来的部队讨伐眉县的盗贼，平定了他。己未，李文忠回京师掌管大都督府的事。八月辛巳，诏令凡是退休的官员免除他家的赋役，终生不用交纳。九月己亥，沐英大败西番，生擒了他的部长三副使。

冬十一月甲午，沐英班师回朝，封仇成、蓝玉等十二个人为侯。庚申，大宁平定。十二月，汪广洋贬到广南，赐他自杀。征召各处博学老成的士人到京师。

这一年，占城、爪哇、暹罗、日本、安南、高丽入贡。高丽贡黄金百斤、白金万两，因为他没有按照规定，拒绝了他。

洪武十三年春正月戊戌，左丞相胡惟庸谋反，他和他的党羽御史大夫陈宁、中丞涂节等被处死。癸卯，在南郊举行盛大的祭祀天地的典礼。撤销中书省，废除丞相等官职，改定吏户礼兵刑工六部尚书的级别，改大都督府为中、左、右、前、后五军都督府。二月壬戌初一，诏令推举聪明正直、孝顺父母尊敬兄长致力耕田、有才有德、长于文学天文历法的士人。发丹朱凭证，检查全国金谷的数量。戊辰，文武官员年六十岁以上的，可以准许退休，发给诰敕。三月壬辰，减苏、松、嘉、湖地区重赋十分之二。壬寅，燕王棣到封地北平。壬子，沐英在亦集乃袭击元将脱火赤，生擒他，全部降服了他的部众。

夏四月己丑，命令官员各自推举自己所知道的有才有德的人。五月甲午，雷震谨身殿。乙未，大赦。丙申，释放在京师和在临濠屯田运输制作的犯人。己亥，免全国田租。因为过失错误被罢职的吏恢复原来的职。壬寅，都督濮英向赤斤站进军，俘获过去元政权的豳王亦怜真和他的部曲然后回师。这个月，撤销御史台。命令从征士卒老而有病的可以由儿子代替，老而没有儿子和寡妇，由有关部门资助遣送回老家。六月丙寅，雷震奉天门，避正殿反省错误。丁卯，撤去起盖王府的工役。丁丑，设置谏院官。

秋八月，命令全国学校每天给师生伙食补贴。九月辛卯，景川侯曹震、营阳侯杨璟、永城侯薛显在北平屯田。乙巳，天寿节，开始接受群臣朝贺，在谨身殿赐宴，后来成了常规。丙午，设置四辅官，向太庙禀告。用儒士王本、杜佑、龚敩、杜敩、赵民望、吴源为春、夏官。这个月，诏令陕西卫军队用三分之二兵士屯田。把翰林学士承旨宋濂安置到茂州，在途中去世。

冬十一月乙未，徐达回京师。丙午，元朝平章完者不花、乃儿不花侵犯永平，指挥刘广战死，千户王辂把他打败，生擒了完者不花。十二月，全国各地所推举的士人，有八百六十余人来到京师，授给他们不同的官职。南雄侯赵庸镇守广东，讨伐阳春蛮。

这一年，琉球、日本、安南、占城、真腊、爪哇入贡，因为日本没有表，拒绝了他。

洪武十四年春正月戊子，徐达任征虏大将军，汤和、傅友德为左、右副将军，帅军征讨乃儿不花。命令新任命的官员各自推荐自己所知道的德才好的人。乙未，在南郊隆重祭祀天地。壬子，停止全国各地每年定额制造的兵器。癸丑，命令公侯子弟入国学。丙辰，下诏寻求隐士。二月庚辰，查核全国各地的官田。三月丙戌，大赦。辛丑，把《五经》《四书》颁发给北方学校。

夏四月庚午，徐达率领各将官出塞，到北黄河，打败了元兵，俘获全宁四个部属回来。五月，五溪蛮叛变，江夏侯周德兴讨伐平定了他。

秋八月丙子，下诏寻求精通经书老成的士人，由有关部门以礼送到京师。庚辰，原武、祥符、中牟黄河决堤。辛巳，徐达回京师。九月壬午初一，傅友德任征南将军，蓝玉、沐英为左、右副将军，率部队征伐云南。徐达镇守北平。丙午，周德兴移兵讨伐施州蛮，平定了他。

冬十月壬子初一，日食。癸丑，命令司法部门审查记录囚徒的罪状，会同翰林院、给事中及春坊官讨论出公平合理的结论上报。甲寅，免除应天、太平、广德、镇江、宁国的田租。癸亥，派遣御史分别到各地审查记录囚犯的罪状。己卯，延安侯唐胜宗领兵讨伐浙东山寇，平定了他。十一月壬午，吉安侯陆仲亨镇守成都。庚戌，赵庸讨伐广州海寇，把他打得大败。十二月丁巳，命翰林春坊官考核驳正各部门的奏章。戊辰，傅友德在白石江把元兵打得大败，于是拿下了曲靖。壬中，元梁王把匝剌瓦尔密跑到普宁自杀。

这一年，暹罗、安南、爪哇、朵甘、乌斯藏入贡。因为安南侵犯思明，不予接待。

明史卷三

本纪第三

太祖三

十五年春正月辛巳，宴群臣于谨身殿，始用九奏乐。景川侯曹震、定远侯王弼下威楚路。壬午，元曲靖宣慰司及中庆、澂江、武定诸路俱降，云南平。己丑，减大辟囚。乙未，大祀天地于南郊。庚戌，命天下朝觐官各举所知一人。二月壬子，河决河南，命驸马都尉李祺振之。甲寅，以云南平，诏天下。闰月癸卯，蓝玉、沐英克大理，分兵徇鹤庆、丽江、金齿，俱下。三月庚午，河决朝邑。

夏四月甲申，迁元梁王把匝剌瓦儿密及威顺王子伯伯等家属于耽罗。丙戌，诏天下通祀孔子。壬辰，免畿内、浙江、江西、河南、山东税粮。五月乙丑，太学成，释奠于先师孔子。丙子，广平府吏王允道请开磁州铁冶。帝曰："朕闻王者使天下无遗贤，不闻无遗利。今军器不乏，而民业已定，无益于国，且重扰民。"杖之，流岭南。丁丑，遣行人访经明行修之士。

秋七月乙卯，河决荥泽、阳武。辛酉，罢四辅官。乙亥，傅友德、沐英击乌撒蛮，大败之。八月丁丑，复设科取士，三年一行,为定制。丙戌,皇后崩。己丑,延安侯唐胜宗、长兴侯耿炳文屯田陕西。丁酉,擢秀才曾泰为户部尚书。辛丑,命征至秀才分六科试用。九月己酉,吏部以经明行修之士郑韬等三千七百余人入见,令举所知,复遣使征之。赐韬等钞,寻各授布政使、参政等官有差。庚午,葬孝慈皇后于孝陵。

冬十月丙子,置都察院。丙申,录囚。甲辰,徐达还。是月,广东群盗平,诏赵庸班师。十一月戊午,置殿阁大学士,以邵质、吴伯宗、宋讷、吴沉为之。十二月辛卯,振北平被灾屯田士卒。己亥,永城侯薛显理山西军务。

是年,爪哇、琉球、乌斯藏、占城入贡。

十六年春正月乙卯,大祀天地于南郊。戊午,徐达镇北平。二月丙申,初命天下学校岁贡士于京师。三月甲辰,召征南师还,沐英留镇云南。丙寅,复凤阳、临淮二县民徭赋,世世无所与。

夏五月庚申,免畿内各府田租。六月辛卯,免畿内十二州县养马户田租一年,滁州免二年。

秋七月,分遣御史录囚。八月壬申朔,日有食之。九月癸亥,申国公邓镇为征南将军,讨龙泉山寇,平之。

冬十月丁丑,召徐达等还。十二月甲午,刑部尚书开济有罪诛。

是年,琉球、占城、西番、打箭炉、暹罗、须文达那入贡。

十七年春正月丁未,大祀天地于南郊。戊申,徐达镇北平。壬戌,汤和巡视沿海诸城防倭。三月戊戌朔,颁科举取士式。曹国公李文忠卒。甲子,大赦天下。

夏四月壬午,论平云南功,进封傅友德颍国公,陈桓等侯者四人,大赉将士。庚寅,收阵亡遗骸。增筑国子学舍。五月丙寅，凉州指挥宋晟讨西番于亦集乃，败之。

秋七月戊戌，禁内官预外事，敕诸司毋通内官监文移。癸丑，诏百官迎养父母者，官给舟车。丁巳，免畿内今年田租之半。庚申，录囚。壬戌，盱眙人献天书，斩之。八月丙寅，河决开封。壬申，决杞县，遣官塞之。己丑，蠲河南诸省逋赋。

冬十月丙子，河南、北平大水，分遣驸马都尉李祺等振之。闰月癸丑，诏天下罪囚，刑部、都察院详议，大理寺覆谳后奏决。是月，召徐达还。十二月壬子，蠲云南逋赋。

是年，琉球、暹罗、安南、占城入贡。

十八年春正月辛未，大祀天地于南郊。癸酉，朝觐官分五等考绩，黜陟有差。二月甲辰，以久阴雨雷雹，诏臣民极言得失。己未，魏国公徐达卒。三月壬戌，赐丁显等进士及第、出身有差。诏中外官父母殁任所者，有司给舟车归其丧，著为令。乙亥，免畿内今年田租。命天下郡县瘗暴骨。丙子，初选进士为翰林院、承敕监、六科庶吉士。己丑，户部侍郎郭桓坐盗官粮诛。

夏四月丁酉，吏部尚书余熂以罪诛。丙辰，思州蛮叛，汤和为征虏将军，周德兴为副将军，帅师从楚王桢讨之。六月戊申，定外官三年一朝，著为令。

秋七月甲戌，封王祸为高丽国王。庚辰，五开蛮叛。八月庚戌，冯胜、傅友德、蓝玉备边北平。是月，振河南水灾。

冬十月己丑，颁《大诰》于天下。癸卯，召冯胜还。甲辰，诏曰：“孟子传道，有功名教。历年既久，子孙甚微。近有以罪输作者，岂礼先贤之意哉？其加意询访，凡圣贤后裔输作者，皆免之。”是月，楚王桢、信国公汤和讨平五开蛮。十一月乙亥，蠲河南、山东、北平田租。十二月丙午，诏有司举孝廉。癸丑，麓川平缅宣慰使思伦发反，都督冯诚败绩，千户王升死之。

是年，高丽、琉球、安南、暹罗入贡。

十九年春正月辛酉，振大名及江浦水灾。甲子，大祀天地于南郊。是月，征蛮师还。二月丙申，耕耤田。癸丑，振河南饥。

夏四月甲辰，诏赎河南饥民所鬻子女。六月甲辰，诏有司存问高年。贫民年八十以上，月给米五斗，酒三斗，肉五斤；九十以上，岁加帛一匹，絮一斤；有田产者罢给米。应天、凤阳富民年八十以上赐爵社士，九十以上乡士；天下富民八十以上里士，九十以上社士。皆与县官均礼，复其家。鳏寡孤独不能自存者，岁给米六石。士卒战伤除其籍，赐复三年。将校阵亡，其子世袭加一秩。岩穴之士，以礼聘遣。丁未，振青州及郑州饥。

秋七月癸未，诏举经明行修练达时务之士。年六十以上者，置翰林备顾问；六十以下，于六部、布按二司用之。八月甲辰，命皇太子修泗州盱眙祖陵，葬德祖以下帝后冕服。九月庚申，屯田云南。

冬十月，命官军已亡子女幼或父母老者皆给全俸，著为令。十二月癸未朔，日有食之。是月，命宋国公冯胜分兵防边。发北平、山东、山西、河南民运粮于大宁。

是年，高丽、琉球、暹罗、占城、安南入贡。

二十年春正月癸丑，冯胜为征虏大将军，傅友德、蓝玉副之，率师征纳哈出。焚锦衣卫刑具，以系囚付刑部。甲子，大祀天地于南郊。礼成，天气清明，侍臣进曰："此陛下敬天之诚所致。"帝曰："所谓敬天者，不独严而有礼，当有其实。天以子民之任付于君，为君者欲求事天，必先恤民。恤民者，事天之实也。即如国家命人任守令之事，若不能福民，则是弃君之命，不敬孰大焉。"又曰："为人君者，父天母地子民，皆职分之所当尽，祀天地，非祈福于己，实为天下苍生也。"二月壬午，阅武。乙未，耕耤田。三月辛亥，冯胜率师出松亭关，城大宁、宽河、会州、富峪。

夏四月戊子，江夏侯周德兴筑福建濒海城，练兵防倭。六月庚子，临江侯陈镛从征失道，战没。癸卯，冯胜兵逾金山。丁未，纳哈出降。闰月庚申，师还次金山，都督濮英殿军遇伏，死之。

秋八月癸酉，收冯胜将军印，召还，蓝玉摄军事。景川侯曹震屯田云南品甸。九月戊寅，封纳哈出海西侯。癸未，置大宁都指挥使司。丁酉，安置郑国公常茂于龙州。丁未，蓝玉为征虏大将军，延安侯唐胜宗、武定侯郭英副之，北征沙漠。是月，城西宁。

冬十月戊申，封朱寿为舳舻侯，张赫为航海侯，是月，冯胜罢归凤阳，奉朝请。十一月壬午，普定侯陈桓、靖宁侯叶昇屯田定边、姚安、毕节诸卫。己丑，汤和还，凡筑宁海、临山等五十九城。十二月，振登、莱饥。

是年，琉球、安南、高丽、占城、真腊、朵甘、乌斯藏入贡。

二十一年春正月辛巳，麓川蛮思伦发入寇马龙他郎甸，都督宁正击败之。辛卯，大祀天地于南郊。甲午，振青州饥，逮治有司匿不以闻者。三月乙亥，赐任亨泰等进士及第、出身有差。丙戌，振东昌饥。甲辰，沐英讨思伦发败之。

夏四月丙辰，蓝玉袭破元嗣君于捕鱼儿海，获其次子地保奴及妃主王公以下数万人而还。五月甲戌朔，日有食之。六月甲辰，信国公汤和归凤阳。甲子，傅友德为征南将军，沐英、陈桓为左、右副将军，帅师讨东川叛蛮。

秋七月戊寅，安置地保奴于琉球。八月癸丑，徙泽、潞民无业者垦河南、北田，赐钞备农具，复三年。丁卯，蓝玉师还，大赉北征将士。戊辰，封孙恪为全宁侯。是月，御制八谕饬武臣。九月丙戌，秦、晋、燕、周、楚、齐、湘、鲁、潭九王来朝。癸巳，越州蛮阿资叛，沐英会傅友德讨之。

冬十月丁未，东川蛮平。十二月壬戌，进封蓝玉凉国公。

是年，高丽、占城、琉球、暹罗、真腊、撒马儿罕、安南入贡。诏安南三岁一朝，象犀之属毋献。安南黎季犛弑其主炜。

二十二年春正月丙戌，改大宗正院曰宗人府，以秦王樉为宗人令，晋王㭎、燕王棣为左、右宗正，周王橚、楚王桢为左、右宗人。丁亥，大祀天地于南郊。乙未，傅友德破阿资于普安。二月己未，蓝玉练兵四川。壬戌，禁武臣预民事。癸亥，湖广千户夏得忠结九溪蛮作乱，靖宁侯叶昇讨平之，得忠伏诛。是月，阿资降。三月庚午，傅友德帅诸将分屯四川、湖广，防西南蛮。

夏四月己亥，徙江南民田淮南，赐钞备农具，复三年。癸丑，魏国公徐允恭、开国公常升等练兵湖广。甲寅，徙元降王于耽罗。是月，遣御史按山东官匿灾不奏者。五月辛卯，置泰宁、朵颜、福余三卫于兀良哈。

秋七月，傅友德等还。八月乙卯，诏天下举高年有德识时务者。是月，更定《大明律》。九月丙寅朔，日有食之。

冬十一月丙寅，宣德侯金镇等练兵湖广。己卯，思伦发入贡谢罪，麓川平。十二月甲辰，周王橚有罪，迁云南，寻罢徙，留居京师。定远侯王弼等练兵山西、河南、陕西。

是年，高丽、安南、占城、暹罗、真腊入贡。元也速迭儿弑其主脱古思帖木儿而立坤帖木儿。高丽废其主祦，又废其主昌。安南黎季犛复弑其主日焜。

二十三年春正月丁卯，晋王㭎、燕王棣帅师征元丞相咬住、太尉乃儿不花，征虏前将军颖国公傅友德等皆听节制。己卯，大祀天地于南郊。庚辰，贵州蛮叛，延安侯唐胜宗讨平之。乙酉，齐王榑帅师从燕王棣北征。赣州贼为乱，东川侯胡海充总兵官，普定侯陈桓、靖宁侯叶升为副将，讨平之。唐胜宗督贵州各卫屯田。二月戊申，蓝玉讨平西番叛蛮。丙辰，耕耤田。癸亥，河决归德，发诸军民塞之。三月癸巳，燕王棣师次迤都，咬住等降。

夏四月，吉安侯陆仲亨等坐胡惟庸党下狱。丙申，潭王梓自焚死。闰月丙子，蓝玉平施南、忠建叛蛮。五月甲午，遣诸公侯还里，赐金币有差。乙卯，赐太师韩国公李善长死，陆仲亨等皆坐诛。作《昭示奸党录》，布告天下。六月乙丑，蓝玉遣凤翔侯张龙平都匀、散毛诸蛮。庚寅，授耆民有才德知典故者官。

秋七月壬辰，河决开封，振之。癸巳，崇明、海门风雨海溢，遣官振之，发民二十五万筑堤。八月壬申，诏毋以吏卒充选举。蓝玉还。是月，振河南、北平、山东水灾。九月庚寅朔，日有食之。

冬十月己卯，振湖广饥。十一月癸丑，免山东被灾田租。十二月癸亥，令殊死以下囚输粟北边自赎。壬申，罢天下岁织文绮。

是年，墨刺、哈梅里、高丽、占城、真腊、琉球、暹罗入贡。

二十四年春正月癸卯，大祀天地于南郊。戊申，颖国公傅友德为征虏将军，定远侯王弼、武定侯郭英副之，备北平边。丁巳，免山东田租。二月壬申，耕耤田。三月戊子朔，日有食之。魏国公徐辉祖、曹国公李景隆、凉国公蓝玉等备边陕西。乙未，靖宁侯叶升练兵甘肃。丁酉，赐许观等进士及第、出身有差。

夏四月辛未，封皇子㮵为庆王，权宁王，楩岷王，橞谷王，松韩王，模沈王，楹安王，桱唐王，栋郢王，㰷伊王。癸未，燕王棣督傅友德诸将出塞，败敌而还。五月戊戌，汉、卫、谷、庆、宁、岷六王练兵临清。六月己未，诏廷臣参考历代礼制，更定冠服、居室、器用制度。甲子，久旱录囚。

秋七月庚子，徙富民实京师。辛丑，免畿内官田租之半。八月乙卯，秦王樉有罪，召还京师。乙丑，皇太子巡抚陕西。乙亥，都督金事刘真、宋晟讨哈梅里，败之。九月乙酉，遣使谕西域。是月，倭寇雷州，百户李玉、镇抚陶鼎战死。

冬十月丁巳，免北平、河间被水田租。十一月甲午，五开蛮叛，都督金事茅鼎讨平之。庚戌，皇太子还京师，晋王㭎来朝。辛亥，振河南水灾。十二月庚午，周王橚复国。辛巳，阿资复叛，都督金事何福讨降之。

是年，天下郡县赋役黄册成，计户六十八万四千四百三十五，丁五千六百七十七万四千五百六十一。琉球、暹罗、别失八里、撒马儿罕入贡。以占城有篡逆事，却之。

二十五年春正月戊子，周王橚来朝。庚寅，河决阳武，发军民塞之，免被水田租。乙未，大祀天地于南郊。何福讨都匀、毕节诸蛮，平之。辛丑，令死囚输粟塞下。壬寅，晋王㭎、燕王棣、楚王桢、湘王柏来朝。二月戊午，召曹国公李景隆等还京师。靖宁侯叶升等练兵于河南及临、巩、甘、凉、延庆。都督茅鼎等平五开蛮。丙寅，耕耤田。庚辰，诏天下卫所军以十之七屯田。三月癸未，冯胜等十四人分理陕西、山西、河南诸卫军务。庚寅，改封豫王桂为代王，汉王楧为肃王，卫王植为辽王。

夏四月壬子，凉国公蓝玉征罕东。癸丑，建昌卫指挥月鲁帖木儿叛，指挥鲁毅败之。丙子，皇太子标薨。戊寅，都督聂纬、徐司马、瞿能讨月鲁帖木儿，俟蓝玉还，并听节制。五月辛巳，蓝玉至罕东，寇遁，遂趋建昌。己丑，振陈州原武水灾。六月丁卯，西平侯沐英卒于云南。秋七月庚辰，秦王樉复国。癸未，指挥瞿能败月鲁帖木儿于双狼寨。八月己未，江夏侯周德兴坐事诛。丁卯，冯胜、傅友德帅开国公常升等分行山西，籍民为军，屯田于大同、东胜，立十六卫。甲戌，给公侯岁禄，归赐田于官。丙子，靖宁侯叶升坐胡惟庸党诛。九月庚寅，立皇孙允炆为皇太孙。高丽李成桂幽其主瑶而自立，以国人表来请命，诏听之，更其国号曰朝鲜。

冬十月乙亥，沐春袭封西平侯，镇云南。十一月甲午，蓝玉擒月鲁帖木儿，诛之，召玉还。十二月甲戌，宋国公冯胜、颍国公傅友德等兼东宫师保官。闰月戊戌，冯胜为总兵官，傅友德副之，练兵山西、河南，兼领屯卫。

是年，琉球中山、山南，高丽，哈梅里入贡。

二十六年春正月戊申，免天下耆民来朝。辛酉，大祀天地于南郊。二月丁丑，晋王棡统山西、河南军出塞，召冯胜、傅友德、常升、王弼等还。乙酉，蜀王椿来朝。凉国公蓝玉以谋反，并鹤庆侯张翼、普定侯陈桓、景川侯曹震、舳舻侯朱寿、东莞伯何荣、吏部尚书詹徽等皆坐诛。己丑，颁《逆臣录》于天下。庚寅，耕耤田。三月辛亥，代王桂率护卫兵出塞，听晋王节制。长兴侯耿炳文练兵陕西。丙辰，冯胜、傅友德备边山西、北平，其属卫将校悉听晋王、燕王节制。庚申，诏二王军务大者始以闻。壬戌，会宁侯张温坐蓝玉党诛。

夏四月乙亥，孝感饥，遣使乘传发仓贷之。诏自今遇岁饥，先贷后闻，著为令。戊子，周王橚来朝。庚寅，旱，诏群臣直言得失，省狱囚。丙申，以安南擅废立，绝其朝贡。

秋七月甲辰朔，日有食之。戊申，选秀才张宗濬等随詹事府官分直文华殿，侍皇太孙。八月，秦、晋、燕、周、齐五王来朝。九月癸丑，代、肃、辽、庆、宁五王来朝。赦胡惟庸、蓝玉余党。

冬十月丙申，擢国子监生六十四人为布政使等官。十二月，颁《永鉴录》于诸王。

是年，琉球、爪哇、暹罗入贡。

二十七年春正月乙卯，大祀天地于南郊。辛酉，李景隆为平羌将军，镇甘肃。发天下仓谷贷贫民。三月庚子，赐张信等进士及第、出身有差。辛丑，魏国公徐辉祖、安陆侯吴杰备倭浙江。庚戌，课民树桑枣木棉。甲子，以四方底平，收藏甲兵，示不复用。

秋八月甲戌，吴杰及永定侯张铨率致仕武臣，备倭广东。乙亥，遣国子监生分行天下，督吏民修水利。丙戌，阶、文军乱，都督宁正为平羌将军讨之。九月，徐辉祖节制陕西沿边诸军。

冬十一月乙丑，颍国公傅友德坐事诛。阿资复叛，西平侯沐春击败之。十二月乙亥，定远侯王弼坐事诛。

是年，乌斯藏、琉球、缅、朵甘、爪哇、撒马儿罕、朝鲜入贡。安南来贡，却之。

二十八年春正月丙午，阶、文寇平，宁正以兵从秦王樉征洮州叛番。丁未，大祀天地于南郊。甲子，西平侯沐春擒斩阿资，越州平。是月，周王橚、晋王棡率河南、山西诸卫军出塞，筑城屯田。燕王棣帅总兵官周兴出辽东塞。二月丁卯，宋国公冯胜坐事诛。己丑，谕户部编民百户为里。婚姻死丧疾病患难，里中富者助财，贫者助力。春秋耕获，通力合作，以教民睦。

夏六月壬申，诏诸土司皆立儒学。辛巳，周兴等自开原追敌至甫答迷城，不及而还。己丑，御奉天门，谕群臣曰："朕起兵至今四十余年，灼见情伪，惩创奸顽，或法外用刑，本非常典。后嗣止循《律》与《大诰》，不许用黥刺、荆、劓、阉割之刑。臣下敢以请者，置重典。"又曰："朕罢丞相，设府、部、都察院分理庶政，事权归于朝廷。嗣君不许复立丞相。臣下敢以请者置重典。皇亲惟谋逆不赦。余罪，宗亲会议取上裁。法司祇许举奏，毋得擅逮。勒诸典章，永为遵守。"

秋八月丁卯，都督杨文为征南将军，指挥韩观、都督佥事宋晟副之，讨龙州土官赵宗寿。戊辰，信国公汤和卒。辛巳，赵宗寿伏罪来朝，杨文移兵讨奉议、南丹叛蛮。九月丁酉，免畿内、山东秋粮。庚戌，颁《皇明祖训条章》于中外，"后世有言更祖制者，以奸臣论"。十一月乙亥，奉议、南丹蛮悉平。十二月壬辰，诏河南、山东桑枣及二十七年后新垦田，毋征税。

是年，朝鲜、琉球、暹罗入贡。

二十九年春正月壬申，大祀天地于南郊。二月癸卯，征虏前将军胡冕讨郴、桂蛮，平之。辛亥，燕王棣帅师巡大宁，周世子有燉帅师巡北平关隘。三月辛酉，楚王桢、湘王柏来朝。甲子，燕王败敌于彻彻儿山，又追败之于兀良哈秃城而还。

秋八月丁未，免应天、太平五府田租。九月乙亥，召致仕武臣二千五百余人入朝，大赉之，各进秩一级。

是年，琉球、安南、朝鲜、乌斯藏入贡。

三十年春正月丙辰，耿炳文为征西将军，郭英副之，巡西北边。丙寅，大祀天地于南郊。丁卯，置行太仆寺于山西、北平、陕西、甘肃、辽东，掌马政。己巳，左都督杨文屯田辽东。是月，沔县盗起，诏耿炳文讨之。二月庚寅，水西蛮叛，都督佥事顾成为征南将军，讨平之。三月癸丑，赐陈𰍎等进士及第、出身有差。庚辰，古州蛮叛，龙里千户吴得、镇抚井孚战死。

夏四月己亥，都指挥齐让为平羌将军，讨之。壬寅，水西蛮平。五月壬子朔，日有食之。乙卯，楚王桢、湘王柏帅师讨古州蛮。六月辛巳，赐礼部覆试贡士韩克忠等进士及第、出身有差。乙酉，驸马都尉欧阳伦有罪赐死。

秋八月丁亥，河决开封。甲午，李景隆为征虏大将军，练兵河南。九月庚戌，汉、沔寇平。戊辰，麓川平缅土酋刀干孟逐其宣慰使思伦发以叛。乙亥，都督杨文为征虏将军，代齐让。

冬十月戊子，停辽东海运。辛卯，耿炳文练兵陕西。乙未，重建国子监先师庙成。十一月癸酉，沐春为征虏前将军，都督何福等副之，讨刀干孟。

是年，琉球、占城、朝鲜、暹罗、乌斯藏、泥八剌入贡。

三十一年春正月壬戌，大祀天地于南郊。乙丑，遣使之山东、河南课耕。二月乙酉，倭寇宁海，指挥陶铎击败之。辛丑，古州蛮平，召杨文还。甲辰，都督佥事徐凯讨平么些蛮。

夏四月庚辰，廷臣以朝鲜屡生衅隙请讨，不许。五月丁未，沐春击刀干孟，大败之。甲寅，帝不豫。戊午，都督杨文从燕王棣，武定侯郭英从辽王植，备御开平，俱听燕王节制。

闰月癸未，帝疾大渐。乙酉，崩于西宫，年七十有一。遗诏曰："朕膺天命三十有一年，忧危积心，日勤不怠，务有益于民。奈起自寒微，无古人之博知，好善恶恶，不及远矣。今得万物自然之理，其奚哀念之有。皇太孙允炆仁明孝友，天下归心，宜登大位。内外文武臣僚同心辅政，以安吾民。丧祭仪物，毋用金玉。孝陵山川因其故，毋改作。天下臣民，哭临三日，皆释服，毋妨嫁娶。诸王临国中，毋至京师。诸不在令中者，推此令从事。"辛卯，葬孝陵。谥曰高皇帝，庙号太祖。永乐元年，谥圣神文武钦明启运俊德成功统天大孝高皇帝。嘉靖十七年，增谥开天行道肇纪立极大圣至神仁文义武俊德成功高皇帝。

帝天授智勇,统一方夏,纬武经文,为汉、唐、宋诸君所未及。当其肇造之初,能沉几观变,次第经略,绰有成算。尝与诸臣论取天下之略,曰:"朕遭时丧乱,初起乡土,本图自全。及渡江以来,观群雄所为,徒为生民之患,而张士诚、陈友谅尤为巨蠹。士诚恃富,友谅恃强,朕独无所恃。惟不嗜杀人,布信义,行节俭,与卿等同心共济。初与二寇相持,士诚尤逼近,或谓宜先击之。朕以友谅志骄,士诚器小,志骄则好生事,器小则无远图,故先攻友谅。鄱阳之役,士诚卒不能出姑苏一步以为之援。向使先攻士诚,浙西负固坚守,友谅必空国而来,吾腹背受敌矣。二寇既除,北定中原,所以先山东、次河洛,止潼关之兵不遽取秦、陇者,盖扩廓帖木儿、李思齐、张思道皆百战之余,未肯遽下,急之则并力一隅,猝未易定,故出其不意,反斾而北。燕都既举,然后西征。张、李望绝势穷,不战而克,然扩郭犹力抗不屈。向令未下燕都,骤与角力,胜负未可知也。"帝之雄才大略,料敌制胜,率类此。故能戡定祸乱,以有天下。语云"天道后起者胜",岂偶然哉?

赞曰:太祖以聪明神武之资,抱济世安民之志,乘时应运,豪杰景从,戡乱摧强,十五载而成帝业。崛起布衣,奄奠海宇,西汉以后所未有也。惩元政废弛,治尚严峻。而能礼致耆儒,考礼定乐,昭揭经义,尊崇正学,加恩胜国,澄清吏治,修人纪,崇风教,正后宫名义,内治肃清,禁宦竖不得干政,五府六部官职相维,置卫屯田,兵食俱足。武定祸乱,文致太平,太祖实身兼之。至于雅尚志节,听蔡子英北归。晚岁忧民益切,尝以一岁开支河暨塘堰数万以利农桑、备旱潦。用此子孙承业二百余年,士重名义，闾阎充实。至今苗裔蒙泽，尚如东楼、白马，世承先祀，有以哉？

译文：

洪武十五年春正月辛巳，在谨身殿设宴款待群臣，开始用九奏乐。景川侯曹震、定远侯王弼攻下威楚路。壬午，元曲靖宣慰司及中庆、澄江、武定各路都投降，云南平定。己丑，减少判死刑的囚犯。乙未，在南郊隆重祭祀天地。庚戌，命令全国各地到京师朝觐的官员各自推举一个自己所知的有德有才的人。二月壬子，河南黄河决口，令驸马都尉李祺负责赈济。甲寅，因为云南平定，下诏告知全国。闰月癸卯，蓝玉、沐英攻克大理，分兵攻鹤庆、丽江、金齿，都攻下了。三月庚午，朝邑黄河决口。

夏四月甲申，把元梁王把匝剌瓦儿密和威顺王子伯伯等的家属迁到耽罗。丙戌，下诏天下普遍祭祀孔子。壬辰，免除畿内、浙江、江西、河南、山东税粮。五月乙丑，太学建成，陈设酒食祭奠孔子。丙子，广平府吏王允道请求开采磁州铁矿冶炼。皇帝说："我听说做帝王的人，要使全国各地都没有遗漏不用的贤人，没有听说要不遗留利益。现在兵器并不缺乏，而百姓生产已经稳定，开铁矿对国家没有好处，而且严重骚扰百姓。"杖打了他，流放到岭南。丁丑，派遣行人访明经学修行好的士人。

秋七月乙卯，荥泽、阳武黄河决口。辛酉，撤销四辅官。乙亥，傅友德、沐英进击乌撒蛮，把他打得大败。八月丁丑，再设科举考试录取士人，把三年一试定为制度。丙戌，皇后去世。己丑，延安侯唐胜宗、长兴侯耿炳文在陕西屯田。丁酉，提升秀才曾泰为户部尚书。辛丑，命把征召到京师的秀才分到吏户礼兵刑工六科试用。九月己酉，吏部安排明经学修行好的士人郑韬等三千七百多人进京谒见，皇帝令他们推举自己所知道的人，再派遣使者征召他们。赐给郑韬等钞，不久，分别授予布政使、参政等级别不同的官职。庚午，把孝慈皇后葬到孝陵。

冬十月丙子，设置都察院。丙申，审察记录囚徒的罪状。甲辰，徐达回京师。这个月，平定了广东的那群盗贼，下诏令赵庸班师回朝。十一月戊午，设置殿阁大学士，由邵质、吴伯宗、宋讷、吴沉担任。十二月辛卯，赈济北平受灾的屯田士卒。己亥，永城侯薛显管理山西军务。

这一年，爪哇、琉球、乌斯藏、占城入贡。

洪武十六年春正月乙卯，在南郊隆重祭祀天地。戊午，徐达镇守北平。二月丙申，开始命令全国各地学校每年贡士子到京师。三月甲辰，召征南的部队回朝，沐英留在云南镇守。丙寅，免除凤阳、临淮两县百姓的徭役赋税，世世代代不用交纳。

夏五月庚申，免除畿内各府的田租。六月辛卯，免除畿内十二个州县养马户一年田租，滁州免除二年。

秋七月，分别派遣御史审察记录囚犯的罪状。八月壬申初一，日食。九月癸亥，申国公邓镇任征南将军，讨伐龙泉山盗寇，平定了他。

冬十月丁丑，召徐达等回京师。十二月甲午，刑部尚书开济犯罪，判处死刑。

这一年，琉球、占城、西番、打箭炉、暹罗、须文达那入贡。

洪武十七年春正月丁未，在南郊隆重祭祀天地。戊申，徐达镇守北平。壬戌，汤和巡视沿海各城防备倭寇。三月戊戌初一，颁布科举录取士人的格式。曹国公李文忠去世。甲子，全国大赦。

夏四月壬午，评定平定云南的功劳，进封傅友德颍国公，陈桓等四人封侯，大规模的赏赐将官士卒。庚寅，收战死者的尸骨。增建国子学的馆舍。五月丙寅，凉州指挥宋晟在亦集乃讨伐西番，把他打败。

秋七月戊戌，禁止内官干预官外的事，敕令各政府部门不得和内官监有公文来往。癸丑，下诏各官员把父母迎接到任所奉养的，由政府供给车船。丁巳，减免畿内今年一半田租。庚申，审察记录囚犯的罪状。壬戌，盱眙人献天书，斩了他。八月丙寅，开封黄河决口。壬申，杞县黄河决口，派官堵塞它。己丑，免除河南各省欠赋。

冬十月丙子，河南、北平大水灾，分别派遣驸马都尉李祺等前往赈济。闰月癸丑，诏令刑部、都察院详细审议全国各地的囚犯，由大理寺复核定罪后，奏请皇帝裁决。这个月，召徐达等回京师。十二月壬子，免除云南过去所欠的赋税。

这一年，琉球、暹罗、安南、占城入贡。

洪武十八年春正月辛未，在南郊隆重祭祀天地。癸酉，分五等考核朝觐官的政绩，分别给予不同的进退升降。二月甲辰，因为长期阴雨雷雹，下诏臣民尽量述说朝政的得失。己未，魏国公徐达去世。三月壬戌，分别赐给丁显等进士及第或进士出身。下诏不管朝中还是外地官员，父母在任所去世的，由有关部门供给车船运送棺柩回老家，并把这定为法令。乙亥，免除畿内今年田租。命令全国各郡县掩埋暴露的尸骨。丙子，初次选用进士为翰林院、承敕监、六科庶吉士。己丑，户部侍郎郭桓被判偷盗公粮，处死。

夏四月丁酉，吏部尚书余燫因为犯罪，处死。丙辰，思州蛮叛乱，汤和任征虏将军，周德兴任副将军，领兵跟从楚王桢讨伐他。六月戊申，定外官三年一次朝觐，作为法令。

秋七月甲戌，封王禑为高丽国王。庚辰，五开蛮叛乱。八月庚戌，冯胜、傅友德、蓝玉在北平防备边境。这个月，赈济河南水灾。

冬十月己丑，向全国颁发《大诰》。癸卯，召冯胜回京师。甲辰，下诏说："孟子传播道义，对正名定分的礼教立下了功劳。距今时间已经很长，子孙很少。近来有因为犯罪而运输劳作的，这哪里是敬礼先贤的意思呀。希望用心查访，凡是圣贤的后代运输劳作的，都给予免除。"这个月，楚王桢、信国公汤和讨伐平定了五开蛮。十一月乙亥，蠲免河南、山东、北平的田租。十二月丙午，诏令有关部门推举孝廉。癸丑，麓川平缅宣慰使思伦发反叛，都督冯诚战败，千户王升战死。

这一年，高丽、琉球、安南、暹罗入贡。

洪武十九年春正月辛酉，赈济大名和江浦水灾。甲子，在南郊隆重祭祀天地。这个月，征讨蛮的部队回京。二月丙申，耕籍田。癸丑，赈济河南饥荒。

夏四月甲辰，下诏赎取河南饥民所卖的子女。六月甲辰，下诏有关部门慰问年老的人。贫民八十岁以上，每月给米五斗，酒三斗，肉五斤；九十岁以上，每年加帛一匹，棉絮一斤；有田产的不给米。应天、凤阳富民八十岁以上的赐社士的爵位，九十以上的赐乡士；全国各处富民八十岁以上的赐里士，九十岁以上的赐社士。他们见县官可以平起平坐，免他家的赋役。鳏寡孤独不能养活自己的，每年给米六石。战争中受伤的士兵，免除他的军籍，赐给三年赋役。将校官阵亡的，他的儿子世袭职位加一级俸禄。山岩洞穴的隐士，用礼聘请遣送。丁未，赈济青州和郑州饥荒。

秋七月癸未，下诏令推举明经学、修行好、老练通达识时务的士人。六十岁以上的，安置翰林院备顾问；六十岁以下的，在六部、布、按二司安排使用。八月甲辰，命皇太子修缮泗州盱眙祖陵，埋葬德祖以下皇帝皇后的礼服。九月庚申，在云南屯田。

冬十月，下令凡已死军官的子女年幼或父母年老的，都发给全份薪俸，并作为法令。十二月癸未初一，日食。这个月，命宋国公冯胜分兵防守边境。征发北平、山东、山西、河南的民夫运粮到大宁。

这一年，高丽、琉球、暹蜀、占城、安南入贡。

洪武二十年春正月癸丑，冯胜任征虏大将军，傅友德、蓝玉为副，率领部队征伐纳哈出。烧了锦衣卫的刑具，把锦衣狱关押的囚犯转到刑部监狱。甲子，在南郊隆重祭祀天地。典礼完成，天气晴朗。侍臣进言说："这是陛下诚心敬天所致。"皇帝说："所谓敬天，不单严谨有礼，更要实在。天给君主的任务，是要他把百姓当儿子一样，为君主的想要侍奉天，首先必定要体恤百姓。体恤百姓，是对天的最真实的侍奉。就像国家任命人当太守县令这样的事，如果他们不能为百姓谋福利，就是背弃了君主的命令，还有什么比这更不恭敬的呢？"又说："做人君的，把天作为父，把地作为母，把百姓作为儿子，都是分内应该做的，祭祀天地，不是为自己祈祷福，实在是为了天下的百姓。"二月壬午，阅兵。乙未，耕籍田。三月辛亥，冯胜率师出松亭关，在大宁、宽河、会州、富峪建城。

夏四月戊子，江夏侯周德兴在福建沿海筑城，练兵防御倭寇。六月庚子，临江侯陈镛从征迷路，战死。癸卯，冯胜部队越过金山。丁未，纳哈出投降。闰月庚申，部队班师，驻扎在金山，都督濮英殿后，遇到埋伏，战死。

秋八月癸酉，收了冯胜的将军印，召回京师，蓝玉代理军中之事。景川侯曹震屯田云南品甸。九月戊寅，封纳哈出为海西侯。癸未，设置大宁都指挥使司。丁酉，安置郑国公常茂到龙州。丁未，蓝玉任征虏大将军，延安侯唐胜宗、武定侯郭英为副，北征沙漠。这个月，建筑西宁城。

冬十月戊申，封朱寿为舳舻侯，张赫为航海侯。这个月，冯胜被罢官回凤阳，定期朝见皇帝。十一月壬午，普定侯陈桓、靖宁侯叶升在定边、姚安、毕节各卫屯田。己丑，汤和回京师，一共建筑了宁山、临海等五十九座城。十二月，赈济登州、莱州饥荒。

这一年，琉球、安南、高丽、占城、真腊、朵甘、乌斯藏入贡。

洪武二十一年春正月辛巳，麓川蛮思伦发侵入马龙他郎甸骚扰，都督宁正把他打败。辛卯，在南郊隆重祭祀天地。甲午，赈济青州饥荒，逮捕法办那些隐匿灾情不报的有关官员。三月乙亥，分别赐任亨泰等进士及第、进士出身。丙戌，赈济东昌饥荒。甲辰，沐英讨伐思伦发，把他打败。

夏四月丙辰，蓝玉在捕鱼儿海袭击元嗣君，把他打败，俘获他的次子地保奴和皇妃、公主、王公以下几万人回来。五月甲戌初一，日食。六月甲辰，信国公汤和回凤阳。甲子，傅友德任征南将军，沐英、陈桓为左、右副将军，率领部队讨伐东川反叛的蛮。

秋七月戊寅，把地保奴安置到琉球。八月癸丑，把泽、潞无业的百姓迁去开垦黄河南、北的土地，赐钞给他们购置农具，免除三年租赋。丁卯，蓝玉班师回朝，大规模赏赐北征将士。戊辰，封孙恪为全宁侯。这个月，御制八条告示戒饬武臣。九月丙戌，秦、晋、燕、周、楚、齐、湘、鲁、潭九个王进京朝见。癸巳，越州蛮阿资叛变，沐英会同傅友德讨伐他。

冬十月丁未，东川蛮平定。十二月壬戌，进封蓝玉凉国公。

这一年，高丽、占城、琉球、暹罗、真腊、撒马儿罕、安南入贡。下诏安南三年朝贡一次，不要献象牙、犀角一类的东西。安南黎季犛杀了他的国王炜。

洪武二十二年春正月丙戌，改大宗正院为宗人府，用秦王樉为宗人令，晋王棡、燕王棣为左、右宗正，周王橚、楚王桢为左、右宗人。丁亥，在南郊隆重祭祀天地。乙未，傅友德在普安攻破阿资。二月己未，蓝玉在四川练兵。壬辰，禁止武臣干预民事。癸亥，湖广千户夏得忠勾结九溪蛮造反，靖宁侯叶升讨伐平定了他，夏得忠被处死。这个月阿资投降。三月庚午，傅友德率各将领分别在四川、湖广屯田，防备西南蛮。

夏四月己亥，迁徙江南百姓到淮南耕田，赐钞购置农具，免租赋三年。癸丑，魏国公徐允恭、开国公常升等在湖广练兵。甲寅，把元降王迁到耽罗。这个月，派遣御史检举弹劾山东隐瞒灾情不上奏的官员。五月辛卯，在兀良哈设置泰宁、朵颜、福余三卫。

秋七月，傅友德等回京师。八月乙卯，诏全国各地推举年高有德识时务的人。这个月，更定《大明律》。九月丙寅初一，日食。

冬十一月丙寅，宣德侯金镇等在湖广练兵。乙卯，思伦发入贡谢罪，麓川平定。十二月甲辰，周王橚有罪，迁到云南，不久，停止迁徙，留在京师居住。定远侯王弼等在山西、河南、陕西练兵。

这一年，高丽、安南、占城、暹罗、真腊入贡。元也速迭儿杀了他的主公脱古思帖木儿，而立坤帖木儿。高丽废了他的国王王禑，又废了他的国王昌。安南黎季犛再杀了他的国王日煃。

洪武二十三年春正月丁卯，晋王棡、燕王棣率领部队征讨元丞相咬住、太尉乃儿不花，征虏前将军颍国公傅友德等，都听他指挥。己卯，在南郊隆重祭祀天地。庚辰，贵州蛮叛变，延安侯唐胜宗讨伐平定了他。乙酉，齐王榑率领军队跟从燕王朱棣北征。赣州盗贼作乱，东川侯胡海充任总兵官，普定侯陈垣、靖宁侯叶升任副将，讨伐平定了他。唐胜宗指挥贵州各卫屯田。二月戊申，蓝玉讨伐平定了西番叛蛮。丙辰，耕籍籍田。癸亥，归德黄河决口，征发各军和百姓堵塞它。三月癸巳，燕王棣部队驻扎在迤都，咬住等投降。

夏四月，吉安侯陆冲亨等被告为胡惟庸同党，投进监狱。丙申，潭王梓自焚死。闰月丙子，蓝玉平定施南、忠建的叛蛮。五月甲午，遣返各公侯回故乡，赐给数量不同的金币。乙卯，赐太师韩国公李善长死，陆仲亨等都被判处死刑。作《昭示奸党录》，向全国布告。六月乙丑，蓝玉派凤翔侯张龙平定都匀、散毛各蛮。庚寅，把官职授给年老、有才有德熟知典故的人。

秋七月壬辰，开封黄河决口，整治它。癸巳，崇明、海门暴风雨，海水涨溢，派官整治它，征发民夫二十五万人筑堤。八月壬申，下诏不得用吏卒参加选举。蓝玉回京师。这个月，赈济河南、北平、山东水灾。九月庚寅初一，日食。

冬十月己卯，赈济湖广饥荒。十一月癸丑，免山东灾区田租。十二月癸亥，令判死刑以下的囚犯运粟到北方边境赎回自己。壬申，停止全国各地每年织造华丽的丝织品。

这一年，墨刺、哈梅里、高丽、占城、真腊、琉球、暹罗入贡。

洪武二十四年春正月癸卯，在南郊隆重祭祀天地。戊申，颍国公傅友德为征虏将军，定远侯王弼、武定侯郭英为副将军，守备北平边境。丁巳，免山东田租。二月壬申，耕籍田。三月戊子初一，日食。魏国公徐辉祖、曹国公李景隆、凉国公蓝玉等在陕西守备边境。乙未，靖宁侯叶升在甘肃练兵。丁酉，分别赐许观等进士及第、进士出身。

夏四月辛未，封皇子㮵为庆王，权宁王，楩岷王，橞谷王，松韩王，模沈王，楹安王，桱唐王，栋郢王，㰘伊王。癸未，燕王棣指挥傅友德各将领出塞，打败敌人便回来。五月戊戌，汉、卫、谷、庆、宁、岷六个王在临清练兵。六月己未，下诏廷臣参考历代礼仪制度，更改制定冠服、居室、用具的制度。甲子，因为干旱已很久，下令审察记录囚犯的罪状。

秋七月庚子，迁徙富民去充实京师。辛丑，免畿内官田一半田租。八月乙卯，秦王樉有罪，召回京师。乙丑，皇太子巡抚陕西。乙亥，都督佥事刘真、宋晟讨伐哈梅里，打败了他。九月乙酉派遣使者告谕西域。这个月，倭骚扰雷州，百户李玉、镇抚陶鼎战死。

冬十月丁巳，免除北平、河间受水淹地区的田租。十一月甲午，五开蛮叛乱，都督佥事茅鼎讨伐平定了他。庚戌，皇太子回京师，晋王棡来京师朝见。辛亥，赈济河南水灾。十二月庚午，周王橚恢复封国。辛巳，阿资再次叛乱，都督佥事何福讨伐降服了他。这一年，天下郡县赋役黄册制成，共计有一千六十八万四千四百三十五户，五千六百七十七万四千五百六十一丁。琉球、暹罗、别失八里、撒马儿罕入贡。由于占城有篡位叛逆的事，拒绝了他。

洪武二十五年春正月戊子，周王橚到京师朝见。庚寅，阳武黄河决堤，征发士兵民夫堵塞它，免除水淹田的租。乙未，在南郊隆重祭祀天地。何福讨伐都匀、毕节各蛮，平定了他们。辛丑，命令判了死刑的囚犯运输粮食到边塞。壬寅，晋王㭎、燕王棣、楚王桢、湘王柏到京师朝见。二月戊午，召曹国公李景隆等回京师。靖宁侯叶升等练兵于河南及临、巩、甘、凉、延庆。都督茅鼎等平定了五开蛮。丙寅，耕籍田。庚辰，诏令全国各处卫所军队，用十分之七的士兵屯田。三月癸未，冯胜等十四个人分理陕西、山西、河南各卫的军务。庚寅，改封豫王桂为代王，汉王楧为肃王，卫王植为辽王。

夏四月壬子，凉国公蓝玉征伐罕东。癸丑，建昌卫指挥月鲁帖木儿反叛，指挥鲁毅把他打败。丙子，皇太子标去世。戊寅，都督聂纬、徐司马、瞿能讨伐月鲁帖木儿，等到蓝玉回来，都听从他的指挥。五月辛巳，蓝玉至罕东，贼寇逃跑了，于是进军建昌。己丑，赈济陈州原武水灾。六月丁卯，西平侯沐英在云南去世。秋七月庚辰，秦王樉恢复封国。癸未，指挥瞿能在双狼寨打败月鲁帖木儿。八月己未，江夏侯周德兴被判有罪，处死。丁卯，冯胜、傅友德带领开国公常升等分别巡行山西，征用百姓为军士，在大同、东胜屯田，设立了十六个卫。甲戌，发给公侯年俸禄，让他们把以前赐给的田归还政府。丙子，靖宁侯叶升被判为胡惟庸党，处死。九月庚寅，册立皇孙允炆为皇太孙。高丽李成桂囚禁了他的国王而自立，拿着国人的表来请求命令，下诏接受他，改了他的国号叫朝鲜。

冬十月乙亥，沐春承继爵位封西平侯，镇守云南。十一月甲午，蓝玉生擒月鲁帖木儿，把他处死，召蓝玉回京师。十二月甲戌，宋国公冯胜、颍国公傅友德等兼任东宫师保官。闰月戊戌，冯胜任总兵官，傅友德任副总兵官。在山西、河南练兵，兼管屯田卫。

这一年，琉球中山、山南、高丽、哈梅里入贡。

洪武二十六年春正月戊申，免除全国老人来京师朝见。辛酉，在南郊隆重祭祀天地。二月丁丑，晋王㭎统领河南、山西部队出塞，召冯胜、傅友德、常升、王弼等回京。乙酉，蜀王椿到京朝见。因为凉国公蓝玉谋反，鹤庆侯张翼、普定侯陈垣、景川侯曹震、舳舻侯朱寿、东莞伯何荣、吏部尚书詹徽等都被牵连，判处死刑。己丑，向全国颁布《逆臣录》。庚寅，耕籍田。三月辛亥，代王桂率领护卫兵出塞，由晋王指挥。长兴侯耿炳文在山西练兵。丙辰，冯胜、傅友德在山西、北平防备边境，他们下属的卫所将校全部听从晋王、燕王指挥。庚申，诏令晋王、燕王、重大的军务才要奏闻。壬戌，会宁侯张温被判为蓝玉党，处死。

夏四月乙亥，孝感饥荒，派遣使者乘驿车前往发仓库粮借给他们。下诏从此以后遇到饥荒年岁，先借粮给百姓再奏闻，作为法令。戊子，周王橚进京朝见。庚寅，旱灾，下诏群臣直言朝政得失，减少监狱的囚犯。丙申，因为安南擅自废国王自立，拒绝他朝贡。

秋七月甲辰初一，日食。戊申，选秀才张宗濬等跟随詹事府官分别在文华殿轮值，侍奉皇太孙。八月，秦、晋、燕、周、齐五王来京朝见。九月癸丑，代、肃、辽、庆、宁五王来京朝见。赦免胡惟庸、蓝玉余党。

冬十月丙申，提升国子监生六十四人任布政使等官。十二月，颁发《永鉴录》给各王。

这一年，琉球、爪哇、暹罗入贡。

洪武二十七年春正月乙卯，在南郊隆重祭祀天地。辛酉，李景隆任平羌将军。镇守甘肃。散发全国各地仓库的粮食借给贫民。三月庚子，分别赐张信等进士及第、进士出身。辛丑，魏国公徐辉祖、安陆侯吴杰在浙江防备倭。庚戌，督促百姓栽种桑、枣、木棉。甲子，由于全国各地已经平定，把武器收藏起来，表示不再使用。

秋八月甲戌，吴杰和永定侯张铨带领退休的武官，在广东防备倭。乙亥，派遣国子监的生员分别前往全国各地，督促官吏百姓兴修水利。丙戌，阶、文军队作乱，都督宁正任平羌将军讨伐他。九月，徐辉祖指挥陕西沿边各部队。

冬十一月乙丑，颍国公傅友德因事处死。阿资再次叛变，西平侯沐春把他打败。十二月乙亥，定远侯王弼因事处死。

这一年，乌斯藏、琉球、缅、朵甘、爪哇、撒马儿罕、朝鲜入贡。安南来进贡，拒绝了他。

洪武二十八年春正月丙午，阶、文盗寇平定，宁正领兵跟从秦王樉征伐洮州叛乱的番人。丁未，在南郊隆重祭祀天地。甲子，西平侯沐春生擒阿资，把他斩了，越州平定。这个月，周王橚、晋王棡率领河南、山西各卫军队出塞，筑城屯田。燕王棣率领总兵官周兴出辽东边塞。二月丁卯，宋国公冯胜因事处死。乙丑，谕令户部把百姓每一百户编为里。有婚姻死丧疾病患难，里里面有钱的出钱帮助，没钱的出力，春耕秋收，通力合作，以教育百姓和睦相处。

夏六月壬申，下诏各土司都要设立儒学。辛巳，周兴等从开原追赶敌人到了甫答迷城，追不上便回来。己丑，到奉天门，谕令群臣说："我起兵到现在四十余年，透彻地知道事情的真伪是非，有时法外用刑，惩治犯法作乱贪婪顽固的人以警诫后来，这本来不是正常的法则。从今以后只遵循《律》和《大诰》，不许用黥刺、剕、劓、阉割的刑罚。臣下有敢请求用这些刑的，从重处置。"又说："我罢免了丞相，设立府、部、都察院分管众多的政务，政权归于朝廷。后继的君主不许再设立丞相。臣下有敢请求设立的，从重处置。皇帝只有谋反不能赦免。其余的罪，由宗亲会议报请皇上裁决。司法部门只准举报奏闻，不得擅自逮捕。刻在典章制度上，永远遵守。"

秋八月丁卯，都督杨文任征南将军，指挥韩观、都督佥事宋晟任左、右副将军，征讨龙州土官赵宗寿。戊辰，信国公汤和去世。辛巳，赵宗寿认罪来京师朝见，杨文领兵转而讨伐奉议、南丹反叛的蛮。九月丁酉，免除畿内、山东秋粮。庚戌，在朝廷内外颁布《皇明祖训条章》，"后世有谈论改变祖宗制度的，作为奸臣处理。"十一月乙亥，奉议、南丹蛮全部平定。十二月壬辰，下诏河南、山东栽种的桑枣和洪武二十七年以后开垦的田，不用征税。

这一年，朝鲜、琉球、暹罗入贡。

洪武二十九年春正月壬申，在南郊隆重祭祀天地。二月癸卯，征虏前将军胡冕讨伐桺、桂蛮，平息了他。辛亥，燕王朱棣率领部队巡视大宁，周世子朱有燉率领部队巡视北平关口要隘。三月辛酉，楚王桢、湘王柏到京朝见。甲子，燕王在彻彻儿山打败敌人，又追到兀良哈秃城把他打败然后回师。

秋八月丁未，免除应天、太平五府的田租。九月乙亥，召退休了的武臣二千五百余人到京师朝见，大规模赏赐他们，各加薪俸一级。

这一年，琉球、安南、朝鲜、乌斯藏入贡。

洪武三十年春正月丙辰，耿炳文任征西将军，郭英任副将军，巡视西北边境。丙寅，在南郊隆重祭祀天地。丁卯，在山西、北平、陕西、甘肃、辽东设置行太仆寺，掌管马政。己巳，左都督杨文屯田辽东。这个月，沔县盗贼起，诏耿炳文讨伐他。

二月庚寅，水西蛮叛乱，都督佥事顾成任征南将军，讨伐平定了他。三月癸丑，分别赐陈䢿等进士及第、进士出身。庚辰，古州蛮叛乱，龙里千户吴得，镇抚井孚战死。

夏四月己亥，都指挥齐让任平羌将军，讨伐他。壬寅，水西蛮平定。五月壬子初一，日食。乙卯，楚王桢、湘王柏率领部队讨伐古州蛮。六月辛巳，分别赐礼部复试贡士韩克忠等进士及第、进士出身。己寅，驸马都尉欧阳伦犯罪，赐死。

秋八月丁亥，开封黄河决口。甲午，李景隆任征虏大将军，在河南练兵。九月庚戌，汉、沔盗寇平定。戊辰，麓川平缅土酋刀干孟驱逐了他的宣慰使思伦发，由此反叛。乙亥，都督杨文任征虏将军，代替齐让。

冬十月戊子，停止辽东的海运。辛卯，耿炳文在陕西练兵。乙未，重建国子监先师庙建成。十一月癸酉，沐春任征虏前将军，都督何福为左将军，徐凯为右将军，讨伐刀干孟。

这一年，琉球、占城、朝鲜、暹罗、乌斯藏、泥八剌入贡。

洪武三十一年春正月壬戌，在南郊隆重祭祀天地。乙丑，派遣使者到山东、河南督促完成耕种任务。二月乙酉，倭骚扰宁海，指挥陶铎把他打败。辛丑，古州蛮平定，召杨文回京师。甲辰，都督佥事徐凯讨伐平定了么些蛮。

夏四月庚辰，延臣因为朝鲜屡次生事挑衅，请求讨伐他，不准。五月丁未，沐春攻打刀干孟，把他打得大败。甲寅，皇帝身体不舒服。戊午，都督杨文跟随燕王朱棣，武定侯跟随辽王朱植，在开平防御守备，都听燕王指挥。

闰月癸未，皇帝病越来越重。乙酉，在西宫去世，享年七十一岁。遗诏说："我受天的任命三十一年中，总是担心着国家的忧患，所以每天勤勤恳恳不敢怠慢，总希望能对百姓有好处。无奈出身贫寒低下，没有古人那样渊博的知识，爱好好的憎恶坏的，远远比不上他们，现在得到自然的规律，我那里会有悲哀的想法。皇太孙允炆仁义明达孝顺友爱，天下归心，应该登上皇帝位。内外文武百官要同心辅助政事，以安定我的百姓。丧礼祭奠的礼仪用品，不要用金玉。孝陵山水仍然按原来的样子，不要改建。全国臣民，哀悼仪式举行三天后，都脱去丧服，不要妨碍嫁娶。各王在封国中哀悼，不要到京师。凡在诏令中没有提及的，根据这诏令的精神办理。"辛卯，葬到孝陵。谥号高皇帝，庙号太祖。永乐元年，谥为圣神文武钦明启运俊德成功统天大孝高皇帝。嘉靖十七年，增谥开天行道肇纪立极大圣至神仁文义武俊德成功高皇帝。

上天给予皇帝智慧和勇敢，他统一了全中国，策划处理军政大事，是汉唐宋以来各朝皇帝都比不上的。当他开始缔造国家的时候，能够以少数而沉着地静观变化，有次序地经营略定，有充分的计划考虑。曾经和各大臣讨论夺取天下的策略，说："我当时遭到死亡和战乱，刚从乡下起事，本来是想保护自己。及至渡江以后，看到各股武装势力所做的事，只是祸害百姓，而张士诚、陈友谅尤其是最大的蛀虫。张士诚恃着他富有，陈友谅恃着力量强大，只有我没有什么可恃的。只有不好杀人，传布信义，实行节俭，和你们同心共济。当初和张士诚、陈友谅相对峙，张士诚逼迫得更近，有说应该先攻打他。我以为陈友谅志气骄傲，张士诚器量狭小，志气骄傲便好生事，器量狭小则不会有长远的打算，所以先攻打陈友谅。鄱阳的战役，张士诚终于不能走出姑苏一步来支援陈友谅。假使那时先攻打张士诚，浙西依恃险固坚决防守，陈友谅一定倾国出动，我们就腹背受敌了。张士诚、陈友谅除掉以后，向北平定中原，所以先攻打山东，其次是河洛，阻止潼关的兵不让急忙夺取秦、陇，这是因为扩廓贴木儿，李思齐、张思道都是百战以后，未肯急于投降的，逼急了，他们会合力在一处，一下不易把他平定，所以出其不意，反而向北进军。攻取了燕都，然后西征。张思道、李思齐势穷绝望，不用怎样打便攻克了，但扩廓还极力抗拒不肯屈服。假如那时候没有拿下燕都，急忙便和他们比武，谁胜谁负还很难说呢。"皇帝的雄才大略，分析敌情并制服他，取得胜利，都和这相类似。所以能够平定祸乱，以至拥有天下。古语说："天道后起者胜"，这难道是偶然的吗？

赞辞说：太祖以英明威武的资质，怀抱救世安民的志向，抓紧时机，顺应天命，于是豪杰尊敬跟从，平定混乱，挫败强者，用十五年而完成了皇帝的事业。由一个普通的百姓而崛起，覆盖奠定全国，这是西汉以后所未有的。鉴于元朝政治松弛腐败，因此治理国家崇尚严刑峻法。而又能够以礼招致老年儒士，考核制定礼乐，明白揭示经学的义理，尊崇儒家正统的思想学说，加恩惠于覆亡了的元朝，澄清吏治，修正人伦之道，推崇风俗教化，整理后宫的名分，宫内治理得井井有条，禁止宦官不得干预政事，五府六部官职互相关联制约，设置屯田卫，使军队和粮食都充足。用武力平定祸乱，用礼乐制度导致天下太平，太祖确定是兼而有之。至于常常崇尚志气节烈，允许蔡子英回北方去。晚年更加关心百姓，曾经用一年的开支修筑河和几万处塘堰，以防备旱涝，有利于农桑生产的发展。因此子孙能够承继帝业二百余年，士人重视名分，民生充实。直到现在后代子孙仍然蒙受福泽，就像东楼、白马一样，世世代代祭祀先祖，这难道是偶然的吗？

列 传

明史卷一百二十三

列传第十一

方国珍

方国珍，黄岩人。长身黑面，体白如瓠，力逐奔马。世以贩盐浮海为业。元至正八年，有蔡乱头者，行剽海上，有司发兵捕之。国珍怨家告其通寇。国珍杀怨家，遂与兄国璋、弟国瑛、国珉亡入海，聚众数千人，劫运艘，梗海道。行省参政朵儿只班讨之，兵败，为所执，胁使请于朝，授定海尉。寻叛，寇温州。元以孛罗贴木儿为行省左丞，督兵往讨，复败，被执。乃遣大司农达识帖睦迩招之降。已而汝、颍兵起，元募舟师守江。国珍疑惧，复叛。诱杀台州路达鲁花赤泰不华，亡入海。使人潜至京师，赂诸权贵，仍许降，授徽州路治中。国珍不听命，陷台州，焚苏之太仓。元复以海道漕运万户招之，乃受官。寻进行省参政，俾以兵攻张士诚。士诚遣将御之昆山。国珍七战七捷。会士诚亦降，乃罢兵。

先是，天下承平，国珍兄弟始倡乱海上，有司惮于用兵，一意招抚。惟都事刘基以国珍首逆，数降数叛，不可赦。朝议不听。国珍既授官，据有庆元、温、台之地，益强不可制。国珍之初作乱也，元出空名宣敕数十道募人击贼。海滨壮士多应募立功。所司邀重贿，不辄与，有一家数人死事卒不得官者。而国珍之徒，一再招谕，皆至大官。由是民慕为盗，从国珍者益众。元既失江、淮，资国珍舟以通海运，重以官爵羁縻之，而无以难也。有张子善者，好纵横术，说国珍以师溯江窥江东，北略青、徐、辽海。国珍曰："吾始志不及此。"谢之去。

太祖已取婺州，使主簿蔡元刚使庆元。国珍谋于其下曰："江左号令严明，恐不能与抗。况为我敌者，西有吴，南有闽。莫若姑示顺从，借为声援以观变。"众以为然。于是遣使奉书进黄金五十斤，白金百斤，文绮百匹。太祖复遣镇抚孙养浩报之。国珍请以温、台、庆元三郡献，且遣次子关为质。太祖却其质，厚赐而遣之；复使博士夏煜往，拜国珍福建行省平章事，弟国瑛参知政事，国珉枢密分院佥事。国珍名献三郡，实阴持两端。煜既至，乃诈称疾，自言老不任职，惟受平章印诰而已。太祖察其情，以书谕曰："吾始以汝豪杰识时务，故命汝专制一方。汝顾中怀叵测，欲觇我虚实则遣侍子，欲却我官爵则称老病。夫智者转败为功，贤者因祸成福，汝审图之。"是时国珍岁岁治海舟，为元漕张士诚粟十余万石于京师，元累进国珍官至江浙行省左丞相衢国公，分省庆元。国珍受之如故，特以甘言谢太祖，绝无内附意。及得所谕书，竟不省。太祖复以书谕曰："福基于至诚，祸生于反覆，隗嚣、公孙述故辙可鉴。大军一出，不可虚辞解也。"国珍诈穷，复阳为惶惧谢罪，以金宝饰鞍马献。太祖复却之。已而苗帅蒋英等叛，杀胡大海，持首奔国珍，国珍不受，自台州奔福建。国璋守台，邀击之，为所败，被杀，太祖遣使吊祭。逾年，温人周宗道以平阳来降。国珍从子明善守温以兵争。参军胡深击败之，遂下瑞安，进兵温州。国珍恐，请岁输白金三万两给军，俟杭州下，即纳土来归。太祖诏深班师。

吴元年克杭州。国珍据境自如，遣间谍假贡献觇胜负，又数通好于扩廓帖木儿及陈友定，图为掎角。太祖闻之怒，贻书数其十二罪，复责军粮二十万石。国珍集众议，郎中张本仁、左丞刘庸等皆言不可从。有丘楠者，独争曰："彼所言均非公福也。惟智可以决事，惟信可以守国，惟直可以用兵。公经营浙东十余年矣，迁延犹豫，计不早定，不可谓智。既许之降，抑又倍焉，不可谓信。彼之征师，则有词矣，我实负彼，不可谓直。幸而扶服请命，庶几可视钱俶乎？"国珍不听，惟日夜运珍宝，治舟楫，为航海计。

九月，太祖已破平江，命参政朱亮祖攻台州，国瑛迎战败走。进克温州。征南将军汤和以大军长驱抵庆元。国珍帅所部遁入海。追败之盘屿，其部将相次降。和数令人示以顺逆，国珍乃遣子关奉表乞降曰："臣闻天无所不覆，地无所不载。王者体天法地，于人无所不容。臣荷主上覆载之德旧矣，不敢自绝于天地，故一陈愚衷。臣本庸才，遭时多故，起身海岛，非有父兄相借之力，又非有帝制自为之心。方主上霆击电掣，至于婺州，臣愚即遣子入侍，固已知主上有今日矣，将以依日月之末光，望雨露之余润。而主上推诚布公，俾守乡郡，如故吴越事。臣遵奉条约，不敢妄生节目。子姓不戒，潜构衅端，猥劳问罪之师，私心战兢，用是俾守者出迎。然而未免浮海，何也？孝子之于亲，小杖则受，大杖则走，臣之情事适与此类。即欲面缚待罪阙廷，复恐婴斧钺之诛，使天下后世不知臣得罪之深，将谓主上不能容臣，岂不累天地大德哉？"盖幕下士詹鼎词也。

太祖览而怜之，赐书曰："汝违吾谕，不即敛手归命，次且海外，负恩实多。今者穷蹙无聊，情词哀恳，吾当以汝此诚为诚，不以前过为过，汝勿自疑。"遂促国珍入朝，面让之曰："若来得毋晚乎！"国珍顿首谢。授广西行省左丞，食禄不之官。数岁，卒于京师。

子礼，官广洋卫指挥佥事；关，虎贲卫千户所镇抚。关弟行，字明敏，善诗，承旨宋濂尝称之。

译文：

方国珍，黄岩人。身材颀长，面黝黑，身体像瓠一样白，力气大得可以驱赶那些正在狂奔的马。家里世世代代以航海卖盐为生。元至正八年，有个叫蔡乱头的，在海上抢掠，政府派兵捉拿他。方国珍的仇人诬告方国珍与他有勾结。方国珍杀了仇家，便和哥哥国璋、弟弟国瑛、国珉逃亡到海上，聚集了几千人，抢劫运输的船只，阻截海上运输线。行政参政朵儿只班带兵征讨他，兵败，被方国珍抓了，迫使他向朝廷提出请求，授职方国珍为定海尉。不久，叛变，侵犯温州。元朝任命孛罗帖木儿为行省左丞，带兵前往讨伐，政府军再败，孛罗帖木儿被俘虏。于是派大司农达识帖睦迩招方国珍投降。不久，汝州、颍州武装力量兴起，元朝招募水军守卫长江。方国珍怀疑恐惧，再次反叛。用计引诱杀了台州路达鲁花赤泰不华，逃亡入海。使人秘密潜入京师，贿赂各权贵，仍然准许他投降，任命为徽州路治中。方国珍不接受委任，攻陷台州，焚烧了苏之太仓。元朝再以海道漕运万户招抚他，这才受了官职。不久升为行省参政，让他出兵攻打张士诚。张士诚派将领在昆山抵御。方国珍七战七捷。刚好张士诚亦投降，这才罢兵。

当初天下太平，方国珍兄弟开始在海上作乱的时候，政府害怕打仗，一心想招抚。只有都事刘基认为方国珍是首逆，几次投降又几次背叛，不可以赦免。朝廷讨论不听他的意见。既然授给了方国珍官职，占据了庆元、温、台这些地方，更加强大不可制服。方国珍开始造反时，元政府发出没有名字的宣敕几十份，征募人杀敌。海边青壮年很多应募立功。政府有关官员要收丰厚的贿赂，常常不把宣敕给他们，有一家几口人都打死了却始终得不到官职的。而方国珍这些人，一再招抚，都做了大官。于是百姓羡慕做贼的，追随方国珍的人更多。元政府既丧失了长江、淮河，要借助方国珍的船来海运，只能用高官爵笼络他，而无法为难他。有个叫张子善的人，喜欢游说，他劝方国珍派兵逆长江而上，窥伺江东，北向夺取青州、徐州、辽海。方国珍说："我开始的志向还没有考虑到这个。"致谢后打发他走了。

太祖已经夺取了婺州，派主簿蔡元刚出使庆元。方国珍和他的下属商议说："江左号令严明，恐怕不能和他抗争。况且与我们为敌的，西有吴，南有闽。不如假意表示顺从，借他的力量作为声援以观察变化。"大家都表示赞同。于是派使者带着信进献黄金五十斤，白金一百斤，丝织品一百匹。太祖再派镇抚孙养浩答复他。方国珍提出献温、台、庆元三郡，而且派次子关作为人质。太祖拒绝了人质，赐给他很多东西并把他送回去；再使博士夏煜前往，拜方国珍为福建行省平章事，弟国瑛参知政事，国珉枢密分院佥事。方国珍名义上是献出三郡，实际上是脚踏两只船。夏煜既然来到，便假装生病，说自己年老不能担任职务，只受平章的印和封诰便算。明太祖知道他的情况，写信对他说："我开始时以为你是豪杰，能认清形势，所以授命你管辖一个区域，你却心怀鬼胎，想观察我的情况便送儿子来，想推辞我的任命便说年老有病。其实聪明的人能够转失败为成功，贤能的人可以因祸得福，你好好考虑吧。"当时方国珍年年管理海船，为元朝漕运张士诚交的十余万石粟到京师，元政府屡次提升方国珍官职至江浙行省左丞相衢国公，分省庆元。方国珍和从前一样接受，只用好话多谢太祖，绝对没有归附他的意思。直到收到太祖晓谕他的信，还不醒悟。太祖再写信晓谕他说："福的基础在于真诚，祸的滋生由于反复，隗嚣、公孙述走过的路可以作为借鉴。大军一派出，你就不可以拿空话来解决了。"方国珍假装走投无路，又假意惶恐谢罪，用金宝装饰鞍马献给太祖。太祖再次拒绝了。不久苗帅蒋英等反叛，杀了胡大海，提着他的脑袋投奔方国珍，方国珍不接受，从台州跑到福建。方国璋驻守台州，半路截击他，兵败，被杀，太祖派使者前往吊祭。过了一年，温人周宗道用平阳来投降太祖。方国珍从子明善驻守温，以武力争夺。参军胡深把他打败，攻下瑞安，进兵温州。方国珍害怕了，提出每年拿白金三万两给军队，等攻下杭州，便交出地盘前来归附。太祖便让胡深班师。

吴元年攻克了杭州，方国珍仍然占据着他的地域，派间谍打着贡献的名义窥测胜负，又经常与扩廓帖木儿和陈友定联系，企图形成掎角的形势。太祖听说后非常生气，送信去数落了他十二条大罪，还责令他缴交军粮二十万石。方国珍聚集众人商议，郎中张本仁、左丞刘庸等都说不能听从。有个叫丘楠的独自和他们争论，对方国珍说："他们所说的都不是对你有利的。唯有智谋可以决断事情，唯有信用可以守卫国家，唯有正直可以领兵打仗。公经营浙东十来年了，做事拖拖拉拉犹犹豫豫，计划不能及早制定，这不能说是有智谋。既然答应他投降，然而又背叛，这不能说是有信用。他出兵征讨，是有理由，我们实在对不起他，这不能说是正直。幸而匍匐请求保护生命，或者还可以像钱俶那样吧。"方国珍不听，只是日夜运珍宝，修造船只，准备航海。

九月，太祖已经攻破平江，命参政朱亮祖攻打台州，方国瑛迎战兵败逃跑。太祖进而攻克温州。征南将军汤和率领大军长驱直入。抵达庆元，方国珍带领他的部队逃到海上。汤和追击他们，在盘屿把他打败，他部下的将领相继投降。汤和几次让人把投降和顽抗的得失利害告诉他，方国珍便派儿子方关奉表请降，说："我听说天无处不覆盖，地没有什么不容载。王者以天地为榜样，对于人没有什么不能容忍的。我承蒙主上覆载的德泽很久了，不敢自绝于天地，所以陈述一下我的心里话。我本来是个普普通通的人，遇上动乱的时代，从海岛出身，不是有父兄的力量凭借，又不是有自己当皇帝的想法。当主上雷轰电闪般来到婺州时，我虽然愚蠢也立即送儿子去侍候，因为已经知道主上会有今天了，希望能够依靠上日月最微弱的光，分沾一点点雨露。而主上推诚布公，使我守卫乡郡，就像过去吴越的情况一样。我遵奉条约，不敢妄生别的事。我的子孙不慎重，偷偷地挑起了争端，烦劳出兵问罪，我的内心实在是战战兢兢，所以让守卫的人出来迎接。然而又不免跑到海上，为什么呢！孝子对他的父亲，轻微的杖打则承受，重重的杖打则走避，我的情况正与这个相类似。即使想捆绑了自己到官门前等候判决，又恐怕遭到杀害，以致天下后世不知道我得罪的深重，将会说主上不能容纳我，岂不是有累主公天地般广大的恩德吗？"这些都是幕客詹鼎教他说的话。

太祖看了以后很可怜他，给他信说："你违背了我的告谕，不马上束手来降，而且跑到海外，实在在辜负我的恩德。现在走投无路，又苦苦来哀求，我应当把你这次的真诚作为真诚，不以你以前的过错作为过错，你不要自己怀疑。"于是催促方国珍入朝，当面责备他说："你来得不是太晚了吗！"方国珍叩头认错。任命他为广西行省左丞，领取俸禄，不到任上。几年后，方国珍死在京师。

方国珍的儿子礼，任广洋卫指挥佥事；关，虎贲卫千户所镇抚。关的弟弟行，字明敏，擅长写诗，承旨宋濂曾经称赞他。

明史卷一百二十五

列传第十三

徐　达

徐达，字天德，濠人，世业农。达少有大志，长身高颧，刚毅武勇。太祖之为郭子兴部帅也，达时年二十二，往从之，一见语合。及太祖南略定远，帅二十四人往，达首与焉。寻从破元兵于滁州涧，从取和州，子兴授达镇抚。子兴执孙德崖，德崖军亦执太祖，达挺身诣德崖军请代，太祖乃得归，达亦获免。从渡江，拔采石，取太平，与常遇春皆为军锋冠。从破擒元将陈埜先，别将兵取溧阳、溧水，从下集庆。太祖身居守，而命达为大将，帅诸军东攻镇江，拔之。号令明肃，城中宴然。授淮兴翼统军元帅。

时张士诚已据常州，挟江东叛将陈保二以舟师攻镇江。达败之于龙潭，遂请益兵以围常州。士诚遣将来援。达以敌狡而锐，未易力取，乃离城设二伏以待，别遣将王均用为奇兵，而自督军战。敌退走遇伏，大败之，获其张、汤二将，进围常州。明年克之。进金枢密院事。继克宁国，徇宜兴，使前锋赵德胜下常熟，擒士诚弟士德。明年复攻宜兴，克之。太祖自将攻婺州，命达留守应天，别遣兵袭破天完将赵普胜，复池州。迁奉国上将军、同知枢密院事。进攻安庆，自无为陆行，夜掩浮山寨，破普胜部将于青山，遂克潜山。还镇池州，与遇春设伏，败陈友谅军于九华山下，斩首万人，生擒三千人。遇春曰："此劲旅也，不杀为后患。"达不可，乃以状闻。而遇春先以夜坑其人过半，太祖不怿，悉纵遣余众。于是始命达尽护诸将。陈友谅犯龙江，达军南门外，与诸将力战破之，追及之慈湖，焚其舟。

明年，从伐汉，取江州。友谅走武昌，达追之。友谅出战舰沔阳，达营汉阳沌口以遏之。进中书右丞。明年，太祖定南昌，降将祝宗、康泰叛。达以沌口军讨平之。从援安丰，破吴将吕珍，遂围庐州。会汉人寇南昌，太祖召达自庐州来会师，遇于鄱阳湖。友谅军甚盛，达身先诸将力战，败其前锋，杀千五百人，获一巨舟。太祖知敌可破，而虑士诚内犯，即夜遣达还守应天，自帅诸将鏖战，竟毙友谅。

明年，太祖称吴王，以达为左相国。复引兵围庐州，克其城。略下江陵、辰州、衡州、宝庆诸路，湖、湘平。召还，帅遇春等徇淮东，克泰州。吴人陷宜兴，达还救复之。复引兵渡江，克高邮，俘吴将士千余人。会遇春攻淮安，破吴军于马骡港，守将梅思祖以城降。进破安丰，获元将忻都，走左君弼，尽得其运艘。元兵侵徐州，迎击，大破之，俘斩万计。淮南、北悉平。

师还，太祖议征吴。右相国李善长请缓之。达曰："张氏汰而苛，大将李伯升辈徒拥子女玉帛，易与耳。用事者，黄、蔡、叶三参军，书生不知大计。臣奉主上威德，以大军蹙之，三吴可计日定。"太祖大悦，拜达大将军，平章遇春为副将军，帅舟师二十万人薄湖州。敌三道出战，达亦分三军应之，别遣兵扼其归路。敌战败返走，不得入城。还战，大破之，擒将吏二百人，围其城。士诚遣吕珍等以兵六万赴救，屯旧馆，筑五寨自固。达使遇春等为十垒以遮之。士诚自以精兵来援，大破之于皂林。士诚走，遂拔升山水陆寨。五太子、朱暹、吕珍等皆降，以徇于城下，湖州降。遂下吴江州，从太湖进围平江。达军葑门，遇春军虎丘，郭子兴军娄门，华云龙军胥门，汤和军阊门，王弼军盘门，张温军西门，康茂才军北门，耿炳文军城东北，仇成军城西南，何文辉军城西北，筑长围困之。架木塔与城中浮屠等。别筑台三成，瞰城中，置弓弩火筒。台上又置巨炮，所击辄糜碎。城中大震。达遣使请事，太祖敕劳之曰："将军谋勇绝伦，故能遏乱略，削群雄。今事必禀命，此将军之忠，吾甚嘉之。然将在外，君不御。军中缓急，将军其便宜行之，吾不中制。"既而平江破，执士诚，传送应天，得胜兵二十五万人。城之将破也，达与遇春约曰："师入，我营其左，公营其右。"又令将士曰："掠民财者死，毁民居者死，离营二十里者死。"既入，吴人安堵如故。师还，封信国公。

寻拜征虏大将军，以遇春为副，帅步骑二十五万人，北取中原，太祖亲祃于龙江。是时称名将，必推达、遇春。两人才勇相类，皆太祖所倚重。遇春剽疾敢深入，而达尤长于谋略。遇春下城邑不能无诛僇，达所至不扰，即获壮士与谍，结以恩义，俾为己用。由此，多乐附大将军者。至是，太祖谕诸将御军持重有纪律，战胜攻取得为将之体者，莫如大将军达。又谓达，进取方略，宜自山东始。师行，克沂州，降守将王宣。进克峄州，王宣复叛，击斩之。莒、密、海诸州悉下。乃使韩政分兵扼河，张兴祖取东平、济宁，而自帅大军拔益都，徇下潍、胶诸州县。济南降，分兵取登、莱。齐地悉定。

洪武元年，太祖即帝位，以达为右丞相。册立皇太子，以达兼太子少傅。副将军遇春克东昌，会师济南，击斩乐安反者。还军济宁，引舟师溯河，趋汴梁，守将李克彝走，左君弼、竹贞等降。遂自虎牢关入洛阳，与元将脱因帖木儿大战洛水北，破走之。梁王阿鲁温以河南降，略定嵩、陕、陈、汝诸州，遂捣潼关。李思齐奔凤翔，张思道奔鄜城，遂入关，西至华州。

捷闻，太祖幸汴梁，召达诣行在所，置酒劳之，且谋北伐。达曰："大军平齐鲁，扫河洛，王保保逡巡观望；潼关既克，思齐辈狼狈西奔。元声援已绝，今乘势直捣元都，可不战有也。"帝曰："善。"达复进曰："元都克，而其主北走，将穷追之乎？"帝曰："元运衰矣，行自澌灭，不烦穷兵。出塞之后，固守封疆，防其侵轶可也。"达顿首受命。遂与副将军会师河阴，遣裨将分道徇河北地，连下卫辉、彰德、广平。师次临清，使傅友德开陆道通步骑，顾时浚河通舟师，遂引而北。遇春已克德州，合兵取长芦，扼直沽，作浮桥以济师。水陆并进，大败元军于河西务，进克通州。顺帝帅后妃太子北去。逾日，达陈兵齐化门，填濠登城。监国淮王帖木儿不花，左丞相庆童，平章迭儿必失、朴赛因不花，右丞张康伯，御史中丞满川等不降，斩之，其余不戮一人。封府库，籍图书宝物，令指挥张胜以兵千人守宫殿门，使宦者护视诸宫人、妃、主，禁士卒毋所侵暴。吏民安居，市不易肆。

捷闻，诏以元都为北平府，置六卫，留孙兴祖等守之，而命达与遇春进取山西。遇春先下保定、中山、真定，冯胜、汤和下怀庆，度太行，取泽、潞，达以大军继之。时扩廓帖木儿方引兵出雁门，将由居庸以攻北平。达闻之，与诸将谋曰："扩廓远出，太原必虚。北平有孙都督在，足以御之。今乘敌不备，直捣太原，使进不得战，退无所守，所谓批亢捣虚者也。彼若西还自救,此成擒耳。"诸将皆曰:"善。"乃引兵趋太原。扩廓至保安,果还救。达选精兵夜袭其营。扩廓以十八骑遁去。尽降其众,遂克太原。乘势收大同,分兵徇未下州县。山西悉平。

二年引兵西渡河。至鹿台,张思道遁,遂克奉元。时遇春下凤翔,李思齐走临洮,达会诸将议所向。皆曰:"张思道之才不如李思齐,而庆阳易于临洮,请先庆阳。"达曰:"不然,庆阳城险而兵精,猝未易拔也。临洮北界河、湟,西控羌、戎,得之,其人足备战斗,物产足佐军储。蹙以大兵,思齐不走,则束手缚矣。临洮既克,于旁郡何有。"遂渡陇,克秦州,下伏羌、宁远,入巩昌,遣右副将军冯胜逼临洮,思齐果不战降。分兵克兰州,袭走豫王,尽收其部落辎重。还出萧关,下平凉。思道走宁夏,为扩廓所执,其弟良臣以庆阳降。达遣薛显受之。良臣复叛,夜出兵袭伤显。达督军围之。扩廓遣将来援,逆击败去,遂拔庆阳。良臣父子投于井,引出斩之。尽定陕西地。诏达班师,赐白金文绮甚厚。

将论功大封,会扩廓攻兰州,杀指挥使,副将军遇春已卒,三年春帝复以达为大将军,平章李文忠为副将军,分道出兵。达自潼关出西道,捣定西,取扩廓。文忠自居庸出东道,绝大漠,追元嗣主。达至定西,扩廓退屯沈儿峪,进军薄之。隔沟而垒,日数交。扩廓遣精兵从间道劫东南垒,左丞胡德济仓卒失措,军惊扰,达帅兵击却之。德济,大海子也,达以其功臣子,械送之京师,而斩其下指挥等数人以徇。明日,整兵夺沟,殊死战,大破扩廓兵。擒郯王、文济王及国公、平章以下文武僚属千八百六十余人,将士八万四千五百余人,马驼杂畜以巨万计。扩廓仅挟妻子数人奔和林。德济至京,帝释之,而以书谕达:"将军效卫青不斩苏建耳,独不见穰苴之待庄贾乎?将军诛之,则已。今下廷议，吾且念其信州、诸暨功，不忍加诛。继自今，将军毋事姑息。"

达既破扩廓，即帅师自徽州南一百八渡至略阳，克沔州，入连云栈，攻兴元，取之。而副将军文忠亦克应昌，获元嫡孙妃主将相。先后露布闻，诏振旅还京师。帝迎劳于龙江。乃下诏大封功臣，授达开国辅运推诚宣力武臣，特进光禄大夫、左柱国、太傅、中书右丞相参军国事，改封魏国公，岁禄五千石，予世券。明年帅盛熙等赴北平练军马，修城池，徙山后军民实诸卫府，置二百五十四屯，垦田一千三百余顷。其冬，召还。

五年复大发兵征扩廓。达以征虏大将军出中道，左副将军李文忠出东道，征西将军冯胜出西道，各将五万骑出塞。达遣都督蓝玉击败扩廓于土剌河。扩廓与贺宗哲合兵力拒，达战不利，死者数万人。帝以达功大，弗问也。时文忠军亦不利，引还。独胜至西凉获全胜，坐匿驼马，赏不行，事具《文忠、胜传》。明年，达复帅诸将行边，破敌于答剌海，还军北平，留三年而归。十四年，复帅汤和等讨乃儿不花。已，复还镇。

每岁春出，冬暮召还，以为常。还辄上将印，赐休沐，宴见欢饮，有布衣兄弟称，而达愈恭慎。帝尝从容言："徐兄功大，未有宁居，可赐以旧邸。"旧邸者，太祖为吴王时所居也。达固辞。一日，帝与达之邸，强饮之醉，而蒙之被，舁卧正寝。达醒，惊趋下阶，俯伏呼死罪。帝视之，大悦。乃命有司即旧邸前治甲第，表其坊曰"大功"。胡惟庸为丞相，欲结好于达，达薄其人，不答，则赂达阍者福寿使图达。福寿发之，达亦不问；惟时时为帝言惟庸不任相。后果败，帝益重达。十七年，太阴犯上将，帝心恶之。达在北平病背疽，稍愈，帝遣达长子辉祖赍敕往劳，寻召还。明年二月，病笃，遂卒，年五十四。帝为辍朝，临丧悲恸不已。追封中山王，谥武宁，赠三世皆王爵。赐葬钟山之阴，御制神道碑文。配享太庙，肖像功臣庙，位皆第一。

达言简虑精。在军，令出不二。诸将奉持凛凛，而帝前恭谨如不能言。善抚循，与下同甘苦，士无不感恩效死，以故所向克捷。尤严戢部伍，所平大都二，省会三，郡邑百数，闾井宴然，民不苦兵。归朝之日，单车就舍，延礼儒生，谈议终日，雍雍如也。帝尝称之曰："受命而出，成功而旋，不矜不伐，妇女无所爱，财宝无所取，中正无疵，昭明乎日月，大将军一人而已。"

子四：辉祖、添福、膺绪、增寿。长女为文皇帝后，次代王妃，次安王妃。

译文：

徐达，字天德，濠州人，世代务农。徐达从小就有远大的志向，身材颀长，颧骨较高，一副刚强勇武的气概。太祖在郭子兴部下当元帅时，徐达二十二岁，去投奔他，一见面便谈得很投机。太祖向南夺取定远时，带了二十四个人去，第一个选中的就是徐达。接着又跟从太祖在滁州涧打败了元兵，夺取了和州，郭子兴任命徐达为镇抚。郭子兴抓了孙德崖，孙德崖部队亦抓了太祖，徐达挺身去到孙德崖的部队，请求替代太祖，于是太祖能够回去，徐达亦得到释放。跟随太祖渡长江，攻克采石，攻取太平，他和常遇春都是军中冲在最前面的人。跟随太祖打败了元将陈埜先，俘虏了他。另领兵攻取了溧阳、溧水，跟从太祖攻下集庆。太祖坐镇，令徐达为大将，带领各部队东攻镇江，攻克了。部队号令严明，城里非常平静。任命为淮兴翼统军元帅。

当时张士诚已经占据了常州，挟持着江东叛变的将领陈保二用水军攻打镇江。徐达在龙潭把他打败，于是请求增兵包围常州。张士诚派军队来援救。徐达认为敌军狡猾而且精锐，不容易用武力夺取，于是在城外设了两处伏军等待，另派将领王均用为出奇制胜的部队，而自己督军队作战。敌军退走时遇到埋伏，把他打得大败，俘虏了他的张、汤两将领，进而包围常州。第二年攻克了它。徐达升为枢密院事。接着攻克宁国，攻打宜兴，使前锋赵德胜攻下了常熟，抓了张士诚的弟弟张士德。第二年再攻宜兴，攻克了。太祖自己领兵攻打婺州，命徐达留守应天，另派兵袭击打败了天完将领赵普胜，收复池州。调为奉国上将军、同知枢密院事。进攻安庆，从无为陆路进军，夜袭浮山寨，在青山打败了赵普胜部将，于是攻克潜山。回去镇守池州，与常遇春一起设伏兵，在九华山下大败陈友谅部队，斩首万人，生俘三千。常遇春说："这是很有实力的部队，不杀死他们将会留下后患。"徐达不同意，于是向太祖报告。而常遇春已经先在晚上把一半以上的人都活埋了，太祖不满，把其余的人全都放走了。这才开始命令徐达统辖各将领。陈友谅侵犯龙江，徐达军队在南门外，和各将领奋力把他打败，追到慈湖把他赶上，烧了他的船。

　　第二年，跟随太祖征伐汉，夺取江州。陈友谅跑到武昌，徐达紧追。陈友谅在沔阳出战舰，徐达宿营汉阳沌口以阻遏他。升中书右丞。第二年，太祖平定了南昌，降将祝宗、康泰叛变。徐达用驻沌口的部队讨伐他们，把他们平息了。跟随太祖支援安丰，打败了吴将吕珍，于是包围了庐州。刚好汉兵侵犯南昌，太祖召徐达从庐州来会师，在鄱阳湖和汉兵遭遇。陈友谅军队士气甚骄，徐达身先将领奋力作战，打败了他的前锋，杀一千五百人，俘获一只大船。太祖知道可以打败敌军，但担心张士诚攻打自己的后方，连夜派徐达回去守应天，自己统帅众将领苦战，竟把陈友谅打死了。

第二年，太祖称吴王，用徐达任左相国。再引兵围庐州，攻克了这城。夺取了江陵、辰州、衡州、宝庆等路，湖、湘平定。太祖把徐达召回，让他率领常遇春等攻取淮东，攻克泰州。吴人攻陷宜兴，徐达回去救，收复了它。再引兵渡长江，攻克高邮，俘虏了吴军将士千余人。刚好常遇春攻打淮安，在马骡港打败了吴军，守将梅思祖举城投降。接着攻破安丰，俘虏了元将忻都，左君弼逃跑了，把他的运输船只全都缴获。元兵侵犯徐州，徐达给予迎头痛击，把他打得大败，俘虏、打死的元兵以万计。淮南、淮北全部平定。

班师回去，太祖又商议征伐吴。右丞相李善长建议暂缓进行。徐达说："张士诚奢侈而苛刻，大将李伯升之流只顾拥有女子和财富，很容易解决。真正管事的是黄、蔡、叶三个参军，他们这些书生没有远大的眼光和计划。我遵奉主上的威德，用大军逼迫他，三吴的平定指日可待。"太祖非常高兴，拜徐达为大将军，平章常遇春为副将军，带领水军二十万迫近湖州。敌军分三路出战，徐达亦分兵三路迎敌，另派部队控制他的归路。敌军战败往回逃跑，不能进城。回兵再战，徐达把他打得大败，俘获将吏二百人，围了他的城。张士诚派吕珍等带了六万兵去救，驻扎在旧馆，筑了五个寨自守。徐达让常遇春等盖了十个堡垒来阻塞他。张士诚自己带精兵来援救，徐达在皂林把他打得大败。张士诚逃跑，于是夺取了升山水陆寨。五太子、朱暹、吕珍等都投降，徐达让他们示众，湖州投降。于是攻下了吴的江州，从太湖进围平江。徐达驻军葑门，常遇春驻军虎丘，郭子兴驻军娄门，华云龙驻军胥门，汤和驻军阊门，王弼驻军盘门，张温驻军西门，康茂才驻军北门，耿炳文驻军城东北，仇成驻军城西南，何文辉驻军城西北,筑起了很长的壁垒围困他。又架起和城中佛塔一样高的木塔。另外又筑了三个台,台建成后可以俯瞰城里动静,台上安放了弓弩火筒,还装上大炮,炮击中的地方都被打得粉碎。城里大为震动。徐达派使者向太祖请示,太祖写敕慰劳他说:"将军智谋勇敢无与伦比,所以能够制止叛乱的阴谋,削弱群雄势力。现在有事都一定报告请示,这是将军忠心的体现,我非常赞赏。然而将在外,君主不加以牵制。部队中各种事情,将军可以斟酌情况自行处理,我不从中控制。"不久攻破平江,俘虏了张士诚,传送到应天,得到了张士诚的部队二十五万人。城将要攻破时,徐达与常遇春相约说:"部队进城以后,我驻扎在左面,公驻扎在右面。"又命令将士说:"抢掠老百姓财物的处死,拆毁老百姓住房的处死,离开驻地二十里的处死。"进城以后,吴的百姓和往常一样安居。班师回来,封徐达为信国公。

不久,拜为征虏大将军,以常遇春为副将军,带领步兵骑兵二十五万人,向北夺取中原。部队出发后,太祖亲自在龙江祭神。当时一讲到名将,一定推徐达、常遇春。两个人的才能和勇敢都相类似,都被太祖所倚靠重用。常遇春剽悍敏捷,敢于深入敌阵,而徐达尤其擅长出谋划策。常遇春攻下了城邑不能没有杀人,徐达所到的地方都不受惊扰,即使抓到了壮士和间谍,也都用恩义和他相处,使他为自己所用。因此,多数人都乐于归附大将军。到了这时,太祖告谕各将领,带兵稳重有严格纪律,在战争得胜和攻取城池时最有大将风范的,都不如大将军徐达。又告诉徐达,下一步进军夺取的计划,应该从山东开始。于是进军山东,攻克沂州,降服了守将王宣。进而攻克峄州,王宣再反叛,把他打败,斩了。相继攻下莒、密、海各个州。于是派韩政分兵扼守黄河，张兴祖夺取东平、济宁，而自己率领大部队攻克益都，攻下了潍、胶各个州县。济南投降，分兵夺取登、莱。齐地区全部平定。

洪武元年，太祖登皇帝位，任命徐达为右丞相。册立皇太子，用徐达兼任太子少傅。副将军常遇春攻克东昌，在济南会师，打击并斩了在乐安反叛的人。部队回到济宁，带领水军溯黄河而上，进军汴梁，守将李克彝逃跑，左君弼、竹贞等投降。于是从虎牢关进入洛阳，与元将脱因帖木儿在洛水以北大战，打得他大败而逃。梁王阿鲁温领河南投降。夺取并稳定了嵩、陕、陈、汝各个州，这才进攻潼关。李思齐跑到凤翔，张思道跑到鄜城，于是入了关，向西进至华州。

得到捷报后，太祖去到汴梁，召徐达到他那里，设酒宴慰劳他，而且计划北伐。徐达说：“大军平定了齐鲁，扫荡了河洛，王保保正在徘徊观望，潼关已经攻克，李思齐等人狼狈向西逃跑。元朝的声援已经断绝，现在趁势直攻元朝的首都，可以不用打什么大仗就能占领。”皇帝说：“好。”徐达又说：“元朝首都攻克了，而元主向北逃跑，这时要穷追他吗？”皇帝说：“元朝的运气已经衰败，将会像水的干涸一样慢慢消灭，不必竭尽兵力去追赶。他出塞之后，只要加强边境的守卫，防止他的侵犯便可以了。”徐达叩头接受命令。于是与副将军会师河阴，派副将分路攻取河北各个地方，接连攻下了卫辉、彰德、广平。部队驻扎在临清，使傅友德修筑陆路，以便步兵骑兵通过，顾时疏通河道以便水师通行，于是领兵北上。常遇春已经攻克德州，双方合兵攻取长芦，控制直沽，大造浮桥让部队渡过。水陆同时进发，在河西务大败元军，进而攻克通州。元顺帝带着太子后妃向北逃遁。过了一天，徐达列兵齐化门，填城壕登城。监国的淮王帖木儿不花,左丞相庆童,平章迭儿必失、朴赛因不花,右丞张康伯,御史中丞满川等不投降,把他们斩了,其余的人一个不杀。封了仓库,造册登记图书珍宝文物,令指挥张胜领一千兵守卫宫殿门,使宦官保护看视各宫人、妃嫔、公主,禁止士卒无礼侵犯。官吏百姓个个安居,市内的作坊店铺都照常营业。

皇帝收到捷报后,下诏将元朝的京师改为北平府,设置六个卫,留孙兴祖等守卫,而令徐达与常遇春进取山西。常遇春先攻下保定、中山、真定,冯胜、汤和攻下怀庆,越过太行山,攻取了泽、潞,徐达领大军跟着开到。当时扩廓帖木儿正领兵出雁门,准备由居庸关进攻北平。徐达知道后,和各将领商议说:"扩廓远出,太原必定空虚。北平有孙都督在,足以抵御他。现在我们可以出敌不意,直捣太原,使他进不能攻,退无处守,正所谓抓住要害乘虚而入。他如果领兵向西回来自救,这正好把他逮住。"各将领都说:"好。"于是领兵进军太原。扩廓去到保安,果然回兵自救。徐达选精兵夜袭他的营地,扩廓带着十八骑逃跑了。徐达把他的部众全部收降,于是攻克了太原。乘势收了大同,分兵攻取还未占领的州县。山西全部平定。

洪武二年引兵向西渡过黄河。到鹿台,张思道逃跑,于是攻克奉元。当时常遇春攻下凤翔,李思齐跑到临洮,徐达召集各将领商议进军目标。都说:"张思道的能力不如李思齐,而庆阳比临洮容易攻打,请先攻庆阳。"徐达说:"不成。庆阳城险要而部队精锐,一下子不容易拿下来。临洮北面与河、湟相连接,西面控制羌、戎,取得它,那里的人足可以补充战斗的兵源,那里的物产亦足可以补充军队的物资储备。大部队逼迫他,李思齐不走,则只能束手就擒。临洮被攻克,附近的郡还有什么关系。"于是渡过陇,攻克秦州,攻下伏羌、宁远,进入巩昌,派右副将军冯胜进逼临洮，李思齐果然不战而降。分兵攻克兰州，豫王受到袭击，逃跑了，把他部落的器械粮草等全部没收。回兵出萧关，攻下平凉。张思道跑到宁夏，被扩廓捉住，他的弟弟张良臣举庆阳城投降。徐达派薛显受降。张良臣再叛变，晚上出兵袭击打伤了薛显。徐达指挥军队把他包围，扩廓派将领来援救，反击失败走了，于是拿下了庆阳。张良臣父子投井，拉出来斩了。陕西全部平定。诏令徐达班师，大量赐给他白金和华丽的丝织品。

正当准备论功大封赏的时候，刚好扩廓攻打兰州，杀了指挥使。副将军常遇春已死。洪武三年春，皇帝再任命徐达为大将军，平章李文忠为副将军，分路出兵。徐达从潼关走西路出，捣定西，直取扩廓。李文忠从居庸关走东路出，穿越沙漠，追赶继位的元主。徐达到定西，扩廓退到沈儿峪驻扎，徐达进军迫近他。隔着壕沟堆砌起堡垒，一日几次接触。扩廓派精兵从偏僻的小路强夺在东南的堡垒，左丞胡德济仓皇失措，部队惊恐骚动，徐达领兵把他打退。胡德济是胡大海的儿子，徐达因为他是功臣的儿子，把他带上刑具送入京师，而斩了他属下的指挥等几个人以示众。第二天，整顿队伍抢夺壕沟，拼死大战，大败扩廓部队。俘虏了郯王、文济王及国公、平章以下文武僚属一千八百六十余人，将士八万四千五百余人，马、骆驼和其他牲口以万万计。扩廓仅仅带着妻子几个人跑去和林。胡德济到京师，皇帝放了他，而写信晓谕徐达说：“将军效法卫青不斩苏建罢了，唯独不见穰苴是怎样对待庄贾的吗？将军杀了他便算了。现在放下廷议，我姑且念他在信州、诸暨的功劳，不忍心杀了他。从今以后，将军不要姑息。”

徐达既打败扩廓，即统帅部队从徽州南一百八渡到略阳，攻克沔州，进入连云栈，攻打兴元，夺取了它。而副将军李文忠亦攻克应昌，俘获元嫡孙妃公主将相。捷报先后上闻，下诏休整军队班师回朝。皇帝到龙江迎接慰劳。于是下诏大封功臣，授予徐达开国辅运推诚宣力武臣，特进光禄大夫、左柱国、太傅、中书右丞相参军国事，改封魏国公，年俸禄五千石，给予世袭铁券。第二年徐达率领盛熙等到北平操练兵马，修缮城池，迁徙山后军民充实各卫府，设置了二百五十四屯，开垦荒地一千三百余顷。这年冬天，召回京师。

洪武五年，再大举征伐扩廓，徐达以征虏大将军的身份从中路出兵，左副将军李文忠从东路出，征西将军冯胜从西路出，各带领五万骑兵出塞。徐达派遣都督蓝玉在土剌河打败扩廓。扩廓与贺宗哲合兵全力抗拒，徐达部队打得不顺利，死了几万人。皇帝因为徐达功劳大，不问罪。当时李文忠部亦不顺利，引兵退回。只有冯胜到西凉获得全胜，但被告私藏骆驼马匹，所以不给赏赐，这些事见载于《李文忠传》《冯胜传》。第二年，徐达再率领各将领前往边境，在答剌海打败了敌人，回师北平，在那里守候了三年然后回京师。洪武十四年，再率领汤和等征讨乃儿不花。随后再回去镇守。

每年春天出去，冬末召回京师。习以为常。回来总是交回将军的印，皇帝赐给假期，设宴接见痛饮，有布衣兄弟之称，而徐达越益谦恭谨慎。皇帝曾经从容地说："徐兄功劳大，未有合适的住宅，可以把我从前住的旧邸赐给他。"所谓旧邸，就是太祖当吴王时居住的地方。徐达坚决地推辞了。有一天，皇帝和徐达到这旧邸，他把徐达灌醉了，用被裹着他，把他抬到正中的寝室里睡。徐达醒过来，吓得赶快跑下台阶，俯伏在那里高呼自己死罪。皇帝偷看到了，非常高兴。这才让有关部门在这旧邸前面起盖封侯的第宅给他。旌表他的牌坊叫："大功"。胡惟庸当丞相,想和徐达拉关系,徐达鄙薄他这个人,不予理睬,胡惟庸就贿赂徐达的守门人福寿,让他设法加害徐达。福寿揭发了他,徐达亦不问;只是常常对皇帝说胡惟庸不能胜任丞相。后来胡惟庸的阴谋果然败露,皇帝更加看重徐达。洪武十七年,月球侵犯上将星座,皇帝心里很忌讳它。徐达在北平生病,背上长疽,稍好一点,皇帝派他的长子徐辉祖带着敕书前往慰劳,不久召回。第二年二月,病重,便去世,享年五十四岁。皇帝因此停止出朝,参加丧礼时悲伤哀恸不止。追封为中山王,谥号武宁,赠予三代都封王爵。赐葬在钟山北面,御制神道碑文。牌位供在太庙附祭,肖像供在功臣庙,排列都在第一位。

徐达说话不多,但考虑得很周到。在军中,发布了命令就不再更改。各将领敬畏地遵奉着他的领导,而在皇帝面前他谦恭谨慎得好像不能说话。善于安抚慰问,和部下同甘苦,兵士没有不感谢他的恩德愿意效死力的,因此所向都能攻克告捷。尤其严于收敛部队,他所平定的大都两个,省会三个,郡邑上百个,都是里巷平静,百姓没有受兵的骚扰。回朝的时候,只坐一辆车回家,礼貌地接待儒生,整天和他们交谈议论,非常和谐。皇帝曾经称赞他说:"受命就出动,成功就归来,不居功,不自傲,不好女色,不取财宝,不偏不倚,没有过失,像日月一样光明,只有大将军一人罢了。"

徐达有儿子四人:辉祖、添福、膺绪、增寿。长女是文皇帝皇后,次女中有代王妃、安王妃。

常遇春

常遇春,字伯仁,怀远人。貌奇伟,勇力绝人,猿臂善射。初从刘聚为盗,察聚终无成,归太祖于和阳。未至,困卧田间,梦神人被甲拥盾呼曰："起起，主君来。"惊寤，而太祖适至，即迎拜。时至正十五年四月也。无何，自请为前锋。太祖曰："汝特饥来就食耳，吾安得汝留也。"遇春固请。太祖曰："俟渡江，事我未晚也。"及兵薄牛渚矶，元兵陈矶上，舟距岸且三丈余，莫能登。遇春飞舸至，太祖麾之前。遇春应声，奋戈直前。敌接其戈，乘势跃而上，大呼跳荡，元军披靡。诸将乘之，遂拔采石，进取太平。授总管府先锋，进总管都督。

时将士妻子辎重皆在和州，元中丞蛮子海牙复以舟师袭据采石，道中梗。太祖自将攻之，遣遇春多张疑兵分敌势。战既合，遇春操轻舸，冲海牙舟为二。左右纵击，大败之，尽得其舟。江路复通。寻命守溧阳，从攻集庆，功最。从元帅徐达取镇江，进取常州。吴兵围达于牛塘，遇春往援，破解之，擒其将，进统军大元帅。克常州，迁中翼大元帅。从达攻宁国，中流矢，裹创斗，克之。别取马驼沙，以舟师攻池州，下之，进行省都督马步水军大元帅。从取婺州，转同佥枢密院事，守婺。移兵围衢州，以奇兵突入南门瓮城，毁其战具，急攻之，遂下，得甲士万人，进佥枢密院事。攻杭州，失利，召还应天。从达拔赵普胜之水寨，从守池州，大破汉兵于九华山下，语具《达传》。

友谅薄龙湾，遇春以五翼军设伏，大破之，遂复太平，功最。太祖追友谅于江州，命遇春留守，用法严，军民肃然无敢犯，进行省参知政事。从取安庆。汉军出江游徼，遇春击之，皆反走，乘胜取江州。还守龙湾，援长兴，俘杀吴兵五千余人，其将李伯升解围遁。命甓安庆城。

先是，太祖所任将帅最著者，平章邵荣、右丞徐达与遇春为三。而荣尤宿将善战，至是骄蹇有异志，与参政赵继祖谋伏兵为变。事觉，太祖欲宥荣死，遇春直前曰："人臣以反名，尚何可宥，臣义不与共生。"太祖乃饮荣酒，流涕而戮之，以是益爱重遇春。

池州帅罗友贤据神山寨，通张士诚，遇春破斩之。从援安丰。比至，吕珍已陷其城，杀刘福通，闻大军至，盛兵拒守。太祖左右军皆败，遇春横击其阵，三战三破之，俘获士马无算。遂从达围庐州。城将下，陈友谅围洪都，召还。会师伐汉，遇于彭蠡之康郎山。汉军舟大，乘上流，锋锐甚。遇春偕诸将大战，呼声动天地，无不一当百。友谅骁将张定边直犯太祖舟，舟胶于浅，几殆。遇春射中定边，太祖舟得脱，而遇春舟复胶于浅。有败舟顺流下，触遇春舟乃脱。转战三日，纵火焚汉舟，湖水皆赤，友谅不敢复战。诸将以汉军尚强，欲纵之去，遇春独无言。比出湖口，诸将欲放舟东下，太祖命扼上流。遇春乃溯江而上，诸将从之。友谅穷蹙，以百艘突围。诸将邀击之，汉军遂大溃，友谅死。师还，第功最，赉金帛土田甚厚。从围武昌，太祖还应天，留遇春督军困之。

明年，太祖即吴王位，进遇春平章政事。太祖复视师武昌。汉丞相张必先自岳来援。遇春乘其未集，急击擒之。城中由是气夺，陈理遂降，尽取荆、湖地。从左相国达取庐州，别将兵略定临江之沙坑、麻岭、牛陂诸寨，擒伪知州邓克明，遂下吉安。围赣州，熊天瑞固守不下。太祖使使谕遇春："克城无多杀。苟得地，无民何益？"于是遇春浚壕立栅以困之。顿兵六月，天瑞力尽乃降，遇春果不杀。太祖大喜，赐书褒勉。遇春遂因兵威谕降南雄、韶州，还定安陆、襄阳。复从徐达克泰州，败士诚援兵，督水军壁海安坝以遏之。

其秋拜副将军，伐吴。败吴军于太湖，于毗山，于三里桥，遂薄湖州。士诚遣兵来援，屯于旧馆，出大军后。遇春将奇兵由大全港营东阸,更出其后。敌出精卒搏战,奋击破之。袭其右丞徐义于平望,尽燔其赤龙船,复败之于乌镇,逐北至升山,破其水陆寨,悉俘旧馆兵,湖州遂下。进围平江,军虎丘。士诚潜师趋遇春,遇春与战北濠,破之,几获士诚。久之,诸将破葑门,遇春亦破阊门以入,吴平。进中书平章军国重事,封鄂国公。

复拜副将军,与大将军达帅兵北征。帝亲谕曰:"当百万众,摧锋陷坚,莫如副将军。不虑不能战,虑轻战耳。身为大将,顾好与小校角,甚非所望也。"遇春拜谢。既行,以遇春兼太子少保,从下山东诸郡,取汴梁,进攻河南。元兵五万陈洛水北。遇春单骑突其阵,敌二十余骑攒槊刺之。遇春一矢殪其前锋,大呼驰入,麾下壮士从之。敌大溃,追奔五十余里。降梁王阿鲁温,河南郡邑以次下。谒帝于汴梁,遂与大将军下河北诸郡。先驱取德州,将舟师并河而进,破元兵于河西务,克通州,遂入元都。别下保定、河间、真定。

与大将军攻太原,扩廓帖木儿来援。遇春言于达曰:"我骑兵虽集,步卒未至,骤与战必多杀伤,夜劫之可得志。"达曰:"善。"会扩廓部将豁鼻马来约降,且请为内应,乃选精骑夜衔枚往袭。扩廓方燃烛治军书,仓卒不知所出,跣一足,乘孱马,以十八骑走大同。豁鼻马降,得甲士四万,遂克太原。遇春追扩廓至忻州而还。诏改遇春左副将军,居右副将军冯胜上。北取大同,转徇河东,下奉元路,与胜军合,西拔凤翔。

会元将也速攻通州,诏遇春还备,以平章李文忠副之,帅步骑九万,发北平,径会州,败敌将江文清于锦州,败也速于全宁。进攻大兴州,分千骑为八伏。守将夜遁,尽擒之,遂拔开平。元帝北走,追奔数百里。获其宗王庆生及平章鼎住等将士万人,车万辆,马三千匹,牛五万头,子女宝货称是。师还,次柳河川，暴疾卒，年仅四十。太祖闻之，大震悼。丧至龙江，亲出奠，命礼官议天子为大臣发哀礼。议上，用宋太宗丧韩王赵普故事。制曰"可"。赐葬钟山原，给明器九十事纳墓中。赠翊运推诚宣德靖远功臣、开府仪同三司、上柱国、太保、中书右丞相，追封开平王，谥忠武。配享太庙，肖像功臣庙，位皆第二。

遇春沉鸷果敢，善抚士卒，摧锋陷阵，未尝败北。虽不习书史，用兵辄与古合。长于大将军达二岁，数从征伐，听约束惟谨，一时名将称徐、常。遇春尝自言能将十万众，横行天下，军中又称"常十万"云。

遇春从弟荣，积功为指挥同知，从李文忠出塞，战死胪朐河。遇春二子，茂、升。

译文：

常遇春，字伯仁，怀远县人。相貌雄伟，勇猛过人，臂长力大，善于射箭。早年跟随刘聚为盗，察觉到刘聚难成大事业，决心自找出路，在和阳投靠了朱元璋。投奔途中，因困倦睡卧在田间，梦见一身穿盔甲、手持盾牌的神人，对自己大呼："快起快起，主君来了。"遇春顿时惊醒，朱元璋恰好路过此处，他便迅即上前迎拜。此时为至正十五年四月。不多久，遇春自荐担任前锋。朱元璋说道："你特意为饥饿而来寻求生计，我因此将你留下。"遇春仍坚决请命。朱元璋又道："等渡江时再为我效力也不晚。"当军队到达牛渚矶时，元朝军队陈兵矶上，舟船距岸边有三丈多远，无法登陆。遇春驾船飞速赶到，朱元璋令其前冲。遇春应声而动，奋力挥戈向前。敌兵抓其戈，遇春乘势一跃而上，大声呼喊跳跃杀敌，元军胆怯，纷纷逃跑。众将士乘势跟上，击溃元军，占领采石，又乘胜拿下太平府。战后，授常遇春总管府先锋，晋升总管都督。

当时，将士们的妻子及军队辎重均在和州，元朝中丞蛮子海牙率水军再次袭击并占领采石，截断了和州与太平府之间的通道。朱元璋亲率军队进攻采石，派遣遇春广布疑兵迷惑元军，以分其势。战斗打响，与朱元璋会合，遇春驾驶轻型战船，将元将海牙水军分割成两半。左冲右击，大败元军，将其舟船全部缴获。和州至太平间的长江水路重新打通。接着奉命驻守溧阳，随朱元璋军攻打集庆，功勋卓著。随元帅徐达攻取镇江，又取常州。吴军将徐达围困在牛塘，遇春前往支援，击破吴军，围解，并俘获吴将，任命遇春为统军大元帅。攻克常州后，迁升为中翼大元帅。随徐达攻宁国，中箭负伤，包扎伤口后继续作战，遂攻克宁国。此外，还攻取马驼沙，并率水军攻下池州，晋升为江南行省都督马步水军大元帅。随朱元璋军攻取婺州后，转任同佥枢密院事，驻守婺州。后移师围攻衢州，率奇兵出其不意攻入南门瓮城，毁坏元军武器装备，乘势迅急进攻，拿下衢州，俘获甲士万人。晋升为佥枢密院事。他在攻打杭州战役中失利，被朱元璋召回应天。后随徐达攻破赵普胜水军营寨，共同驻守池州，并在九华山大败汉王陈友谅军队。详细内容见《徐达传》。

陈友谅军队临龙湾，遇春设下五面伏兵，大败汉军，收复太平，功勋卓著。朱元璋率军队追击陈友谅，抵达江州，命遇春留江州。遇春执法严明，因此军民皆遵纪守法，无敢犯者。晋升为江南行省参知政事。随朱元璋攻取安庆。陈友谅汉军出江进攻，遇春迎击，汉军败退，乘胜占领江州。此后还兵固守龙湾，又率军援助长兴，俘杀张士诚吴军五千余人，吴将李伯升突围逃走。遇春受命建造安庆城。

早先，朱元璋所任将帅中最著名者，有平章邵荣、右丞徐达和常遇春三人。邵荣尤为骁勇善战，但此时骄横跋扈，并且心怀异志，与参政赵继祖密谋设伏兵发动政变。事情败露，邵荣被捕，但太祖意欲免邵荣死。遇春挺身而出，上前谏阻："臣下以谋反定罪，有何可宽恕之处？作为忠义之臣，我将不与此人共生共存。"朱元璋因此赐邵荣饮酒，而后挥泪下令处死邵荣。经过此事，太祖更加器重遇春。

池州将帅罗友贤占据神山寨，与张士诚互相勾通。遇春攻破山寨，斩杀罗友贤。随朱元璋率军救援安丰，及至，吕珍已攻陷该城，杀害了刘福通。闻听朱元璋已到，遂率重兵拒守。朱元璋左右军攻城不下，均告失败，常遇春从横面攻击敌阵，三战三胜，俘获士卒、战马无数。接着随徐达包围庐州，城池即将攻下之时，陈友谅率军围攻洪都，遇春因而被召回师，与朱元璋会师于彭蠡的康郎山，共同讨伐汉军。汉军所乘舟船高大，占据上流，锐气旺盛。遇春与诸位将领偕同大战，呼喊之声惊天动地，无不以一当百。陈友谅手下猛将张定边驾船直逼朱元璋所乘之舟，元璋舟船不巧搁浅，险些被俘。遇春抽箭射中张定边，太祖所乘之船得以解脱，但遇春之舟却反而陷入浅滩。恰巧有败退船只顺流而下，撞中遇春之舟，遂得而解脱。此役转战三日，朱元璋军队纵火焚烧汉军舟船，鄱阳湖水皆变赤色，陈友谅不敢再战。朱元璋手下将领认为汉军目前仍很强盛，一时难以全歼，纷纷主张暂放其走，只有常遇春一言不发。待出鄱阳湖口，众将领想放舟顺流东下，朱元璋却命令扼守上流。遇春乃驾船溯江而上，众将领则尾随其后。至此，陈友谅计穷，无路可走，无奈组织战船百艘进行突围。众将领迎头痛击，汉军大败，陈友谅亦被打死。战斗结束，军队回师，遇春功劳最著，奖赏了大量金银绢帛和良田沃土。后跟随朱元璋围攻武昌，不久太祖返回应天。留下遇春督军，继续围城。

明年，朱元璋称吴王，晋升遇春为平章政事。朱元璋再次前往武昌，巡视围城部队。汉政权丞相张必先从岳阳率军前来支援武昌守军。常遇春乘其立足未稳、尚未集结完毕之际，迅急攻击，擒获张必先。城中守军见此，士气大落，陈理遂开城投降，朱元璋尽得荆襄、湖广之地。此后常遇春随左相国徐达攻取庐州，另外又率军扫平临江所属的沙坑、麻岭、牛陂等堡寨，擒获伪知州邓克明，拿下吉安。朱元璋军围攻赣州，熊天瑞顽强固守，久攻不下。朱元璋派使臣告谕遇春："攻克城池后不要滥杀无辜，否则，即使得到此地，却无百姓，又有什么益处？"于是遇春在城下疏浚壕沟，设立栅栏，前后屯兵六个月，进行围困。熊天瑞无力继续坚守，乃开城投降，遇春果然遵守元璋之谕，不行滥杀。朱元璋闻讯十分高兴，特赐书予以赞扬勉励。常遇春又告谕据守南雄、韵州的敌军，使其慑于兵威而投降。接着回师平定安陆、襄阳。又跟随徐达攻克泰州，击败张士诚援兵，监督水军筑海安坝以遏制张士诚军。

同年秋天，常遇春被任命为副将军，讨伐吴。先后在太湖、毗山、三里桥连败吴军，兵锋直指湖州。张士诚调遣军队前来支援，屯兵于旧馆一带，出现在朱元璋军队身后。遇春率奇兵从大全港出，在东阡扎营，又出现在张士诚军之后。敌军派出精兵与遇春决战，遇春率军奋力攻击，大破敌军。在平望袭击张士诚右丞徐义之军，尽焚其赤龙船。再败徐义于乌镇，将其北赶到升山，攻破其水陆军寨，全部俘获旧馆之兵，湖州遂被攻下。进而围攻平江，屯军虎丘。张士诚暗率军队袭击遇春，遇春与之战于北濠，大败士诚军，几乎抓获士诚。经过长久围攻，众将率军攻破葑门，遇春亦攻破阊门入城，东吴平定。晋升为中书平章军国重事，受封鄂国公。

复拜常遇春为副将军，与大将军徐达率兵北伐。太祖朱元璋亲自告谕他说："统帅百万之众，冲锋陷阵、无坚不摧者，莫如副将军常遇春。不怕其不能战，只怕其麻痹轻敌。身为大将，却好与军校角斗，是我特别不希望看到的。"遇春表示改过。出征前夕，任命遇春兼太子少保。此后随徐达拿下山东各州郡，占领汴梁，进攻河南府。元军在洛水以北陈兵五万抵抗，遇春只身单骑冲入敌阵，敌骑兵二十余名各持武器向常遇春刺来。遇春一箭射死敌前锋，大声呼喊冲入敌群，身后壮士紧随其后。敌兵大败，一直追杀五十余里。俘降元朝梁王阿鲁温，河南府所属郡邑依次攻下。回汴梁谒见太祖，又与大将军徐达攻取河北各处州郡。先率军攻取德州，与水军沿黄河齐头并进，在河西务打败元军，攻克通州，占领元朝国都——大都。另又攻下保定、河间、真定等府。

与大将军徐达进攻太原，元将扩廓帖木儿率军前来救援。遇春对徐达道："我军骑兵虽已集结，但步兵尚未到达，骤然与元军作战，必会造成重大伤亡。如果夜袭，则可取胜。"徐达道："好计！"恰逢此时扩廓帖木儿的部将豁鼻马前来约降，并主动表示愿做内应。于是挑选精锐骑兵，各个口中衔枚，乘夜悄然突袭元营。此时扩廓帖木儿正在营帐中点燃蜡烛观看军书，仓卒间不知所措，扭伤一脚，乘匹劣马，带领十八名骑兵向大同逃跑。豁鼻马投降，明军俘获甲士四万，接着攻克太原。常遇春追赶扩廓帖木儿至忻州而还。太祖下诏，改命遇春为左副将军，地位在右副将军冯胜之上。向北攻占大同，转而环绕河东之地，拿下奉元路，与冯胜军会合，向西攻下凤翔。

恰值此时，元军将领也速攻打通州，太祖下诏，调常遇春还师准备，并以平章李文忠为副统帅，率领步兵、骑兵九万人，从北平出发，直抵会州。在锦州一带击败敌将江文清部，再败也速部于全宁。进攻大兴州，将千余名骑兵分设八面埋伏。大兴州守军乘夜逃跑，结果全部被擒，乘胜占领开平。元顺帝向北逃跑，遇春率军追奔数百里，俘虏元朝宗王庆生、平章鼎住以及将士万余人，缴获车一万辆、马三千匹、牛五万头，另有大量妇女和金银宝物等。在回师途中，至柳河川时得暴病而亡，年仅四十岁。太祖闻听这一消息，震惊万分，异常哀痛。发丧至龙江，亲自祭奠送葬，并命礼官议定天子为大臣发哀礼仪。礼官提议，采用宋太宗为韩王赵普发丧之例。太祖命令道："可以。"特赐埋葬于钟山之原，并给冥器九十种随葬墓中。赠翊运推诚宣德靖远功臣、开府仪同三司、上柱国、太保、中书右丞相等官爵，追封为开平王，谥号忠武。附祀于太庙和肖像功臣庙，位置均排列第二。

遇春沉着勇猛果敢，平时善于抚慰士兵，战斗中冲锋陷阵，未曾打过败仗。他虽然不识字读书、精通文史，但用兵中却常与古代兵法相吻合。他虽比大将军徐达年长两岁，多次随征出战，均能谨慎行事，听从约束，时有徐、常并为名将之称。遇春曾自言能统兵十万横行天下，因此军中又称之为"常十万"。

常遇春的堂弟常荣，因战功官至指挥同知，跟随李文忠出塞，战死在胪朐河。遇春有二子，即常茂、常升。

明史卷一百二十七

列传第十五

李善长

李善长,字百室,定远人。少读书有智计,习法家言,策事多中。太祖略地滁阳,善长迎谒。知其为里中长者,礼之,留掌书记。尝从容问曰:"四方战斗,何时定乎?"对曰:"秦乱,汉高起布衣,豁达大度,知人善任,不嗜杀人,五载成帝业。今元纲既紊,天下土崩瓦解。公濠产,距沛不远。山川王气,公当受之。法其所为,天下不足定也。"太祖称善。从下滁州,为参谋,预机画,主馈饷,甚见亲信。太祖威名日盛,诸将来归者,善长察其材,言之太祖。复为太祖布款诚,使皆得自安。有以事力相龃龉者,委曲为调护。郭子兴中流言,疑太祖,稍夺其兵柄。又欲夺善长自辅,善长固谢弗往。太祖深倚之。太祖军和阳,自将击鸡笼山寨,少留兵佐善长居守。元将谍知来袭,设伏败之,太祖以为能。

太祖得巢湖水师,善长力赞渡江。既拔采石,趋太平,善长预书榜禁戢士卒。城下,即揭之通衢,肃然无敢犯者。太祖为太平兴国翼大元帅,以为帅府都事。从克集庆。将取镇江,太祖虑诸将不戢下，乃佯怒欲置诸法，善长力救得解。镇江下，民不知有兵。太祖为江南行中书省平章，以为参议。时宋思颜、李梦庚、郭景祥等俱为省僚，而军机进退，赏罚章程，多决于善长。改枢密院为大都督府，命兼领府司马，进行省参知政事。

太祖为吴王，拜右相国。善长明习故事，裁决如流，又娴于辞命。太祖有所招纳，辄令为书。前后自将征讨，皆命居守，将吏帖服，居民安堵，转调兵饷无乏。尝请榷两淮盐，立茶法，皆斟酌元制，去其弊政。既复制钱法，开铁冶，定鱼税，国用益饶，而民不困。吴元年九月论平吴功，封善长宣国公。改官制，尚左，以为左相国。太祖初渡江，颇用重典，一日，谓善长："法有连坐三条，不已甚乎？"善长因请自大逆而外皆除之，遂命与中丞刘基等裁定律令，颁示中外。

太祖即帝位，追帝祖考及册立后妃太子诸王，皆以善长充大礼使。置东宫官属，以善长兼太子少师，授银青荣禄大夫、上柱国，录军国重事，余如故。已，帅礼官定郊社宗庙礼。帝幸汴梁，善长留守，一切听便宜行事。寻奏定六部官制，议官民丧服及朝贺东宫仪。奉命监修《元史》，编《祖训录》《大明集礼》诸书。定天下岳渎神祇封号，封建诸王，爵赏功臣，事无巨细，悉委善长与诸儒臣谋议行之。

洪武三年大封功臣。帝谓："善长虽无汗马劳，然事朕久，给军食，功甚大，宜进封大国。"乃授开国辅运推诚守正文臣、特进光禄大夫、左柱国、太师、中书左丞相，封韩国公，岁禄四千石，子孙世袭。予铁券，免二死，子免一死。时封公者，徐达、常遇春子茂、李文忠、冯胜、邓愈及善长六人。而善长位第一，制词比之萧何，褒称甚至。

善长外宽和，内多忮刻。参议李饮冰、杨希圣，稍侵善长权,即按其罪奏黜之。与中丞刘基争法而诟。基不自安,请告归。太祖所任张昶、杨宪、汪广洋、胡惟庸皆获罪,善长事寄如故。贵富极,意稍骄,帝始微厌之。四年以疾致仕,赐临濠地若干顷,置守冢户百五十,给佃户千五百家,仪仗士二十家。逾年,病愈,命董建临濠宫殿。徙江南富民十四万田濠州,以善长经理之,留濠者数年。七年擢善长弟存义为太仆丞,存义子伸、佑皆为群牧所官。九年以临安公主归其子祺,拜驸马都尉。初定婚礼,公主修妇道甚肃。光宠赫奕,时人艳之。祺尚主后一月,御史大夫汪广洋、陈宁疏言:"善长狎宠自恣,陛下病不视朝几及旬,不问候。驸马都尉祺六日不朝,宣至殿前,又不引罪,大不敬。"坐削岁禄千八百石。寻命与曹国公李文忠总中书省大都督府御史台,同议军国大事,督圜丘工。

丞相胡惟庸初为宁国知县,以善长荐,擢太常少卿,后为丞相,因相往来。而善长弟存义子佑,惟庸从女婿也。十三年,惟庸谋反伏诛,坐党死者甚众,善长如故。御史台缺中丞,以善长理台事,数有所建白。十八年,有人告存义父子实惟庸党者,诏免死,安置崇明。善长不谢,帝衔之。又五年,善长年已七十有七,耄不检下。尝欲营第,从信国公汤和假卫卒三百人,和密以闻。四月,京民坐罪应徙边者,善长数请免其私亲丁斌等。帝怒按斌,斌故给事惟庸家,因言存义等往时交通惟庸状。命逮存义父子鞫之,词连善长,云:"惟庸有反谋,使存义阴说善长。善长惊叱曰:'尔言何为者!审尔,九族皆灭。'已,又使善长故人杨文裕说之云:'事成当以淮西地封为王。'善长惊不许,然颇心动。惟庸乃自往说善长,犹不许。居久之,惟庸复遣存义进说,善长叹曰:'吾老矣。吾死,汝等自为之。'"或又告善长云:"将军蓝玉出塞,至捕鱼儿海,获惟庸通沙漠使者封绩,善长匿不以闻。"于是御史交章劾善长。而善长奴卢仲谦等，亦告善长与惟庸通赂遗，交私语。狱具，谓善长元勋国戚，知逆谋不发举，狐疑观望怀两端，大逆不道。会有言星变，其占当移大臣。遂并其妻女弟侄家口七十余人诛之。而吉安侯陆仲亨、延安侯唐胜宗、平凉侯费聚、南雄侯赵庸、荥阳侯郑遇春、宜春侯黄彬、河南侯陆聚等，皆同时坐惟庸党死，而已故营阳侯杨璟、济宁侯顾时等追坐者又若干人。帝手诏条列其罪，傅著狱辞，为《昭示奸党三录》，布告天下。善长子祺与主徙江浦，久之卒。祺子芳、茂，以公主恩得不坐。芳为留守中卫指挥，茂为旗手卫镇抚，罢世袭。

善长死之明年，虞部郎中王国用上言："善长与陛下同心，出万死以取天下，勋臣第一，生封公，死封王，男尚公主，亲戚拜官，人臣之分极矣。借令欲自图不轨，尚未可知，而今谓其欲佐胡惟庸者，则大谬不然。人情爱其子，必甚于兄弟之子，安享万全之富贵者，必不侥幸万一之富贵。善长与惟庸，犹子之亲耳，于陛下则亲子女也。使善长佐惟庸成，不过勋臣第一而已矣，太师国公封王而已矣，尚主纳妃而已矣，宁复有加于今日？且善长岂不知天下之不可幸取。当元之季，欲为此者何限，莫不身为齑粉，覆宗绝祀，能保首领者几何人哉？善长胡乃身见之，而以衰倦之年身蹈之也。凡为此者，必有深仇激变，大不得已，父子之间或至相挟以求脱祸。今善长之子祺备陛下骨肉亲，无纤芥嫌，何苦而忽为此？若谓天象告变，大臣当灾，杀之以应天象，则尤不可。臣恐天下闻之，谓功如善长且如此，四方因之解体也。今善长已死，言之无益，所愿陛下作戒将来耳。"太祖得书，竟亦不罪也。

译文：

　　李善长，字百室，定远县人。少年时读书，很有智谋，学习法家思想，策划事情多很准确。朱元璋军队到达滁阳，善长前往迎接拜见。朱元璋得知善长为当地知名长者，遂以礼相待，留在军中主掌文书之职。朱元璋曾从容问李善长道："四方战事，何时能够平定呢？"答道："秦末大乱，汉高祖以平民而起兵，豁达大度，知人善任，不滥杀无辜，因此五年时间便建立政权，成就事业。今日元朝纲纪已乱，天下土崩瓦解。主公兴起于濠州，此地距沛郡不远。山川王气，主公应当承受。效法汉高祖的做法，天下是不难平定的。"朱元璋称此为善策。跟随朱元璋攻下滁州，作为参谋人员参与制定规划策略，并负责粮饷，愈得朱元璋的亲近信赖。朱元璋的威名远扬，日盛一日，各地将领前来归附者，善长考察其才能，告诉元璋。又替元璋表达真诚的心意，使各位将领都能安心效力。各位将领间因故发生矛盾、互相争斗者，善长总能从中委婉调解。郭子兴听信谣言，怀疑朱元璋，稍稍削夺其统兵之权，又企图将善长调到自己身边以为辅佐，善长坚决辞谢，不愿前往。朱元璋更加信赖、依靠善长。朱元璋军队驻扎和阳，亲自率军队攻击鸡笼山山寨，只安排少量军队协助李善长留守和阳。元朝将领探得这一消息，率军前来偷袭，善长设埋伏击败元军，朱元璋更加认识了善长的才能。

　　朱元璋获得巢湖水师后，善长极力主张渡过长江。此后遂占领采石，其势直指太平。善长预先写好约束士卒的榜文，攻占城池后，马上将榜文张贴在沿街大道上，因此将士都认真遵守，无人敢违抗命令。朱元璋担任太平府的兴国翼大元帅，以李善长为帅府都事。随朱元璋攻克集庆。即将攻下镇江时，朱元璋担心各位将领不能约束部下，故假装发怒，表示要用严法来惩处诸将，善长从中竭力解救，使各位将领得以解脱。镇江攻下后，城中居民竟不知有军队入城。朱元璋担任江南行中书省平章，以善长任参议之职。当时宋思颜、李梦庚、郭景祥等均任江南行省幕僚，但军国大计的决策进退、赏罚章程的制定，多由善长决定。后改枢密院为大都督府，命善长兼任府司马之职，并晋升为行省参知政事。

朱元璋即位吴王，任命善长为右相国。善长通晓文史，谙熟典章法制，裁决事物得心应手，又很擅长文辞和起草命令。凡朱元璋招收、接纳归附者，常令其起草文书。每当朱元璋亲率军队进行征战时，皆命善长担任留守，下属文武将吏都乐于听命，服从指挥，百姓则安居稳定，转调各处兵饷均能保证供给。曾向太祖建议征榷两淮盐税，设立茶法，这些都能参考元朝制度，并去除其中的弊政。此后又制定钱法，开炼铁冶，确定鱼税，国家财政充裕，而百姓不因此而困乏。吴元年九月讨论平吴功劳，封善长为宣国公。改定官制，以左为上，故被任命为左相国。朱元璋渡江初期，常采用重刑严法。一天，朱元璋对善长言道："刑法有连坐三条，已太过分了吧？"善长因此建议，自大逆之罪外，各种酷刑皆废除掉。朱元璋遂命善长与中丞刘基等人负责裁定律令，颁行各地。

朱元璋登基即皇帝位，在追封其祖父帝位尊号、册立皇后妃嫔及太子诸王时，均以善长充当大礼使，主持册封仪式。在设置太子东宫官属时，以善长兼任太子少师，授以银青荣禄大夫、上柱国之职，参与国家大事，其他职责如前。随后，召集礼仪之官确定四郊祭祀社稷宗庙礼仪。太祖到汴梁巡视，由善长留守南京，一切事务可自行处理。不久，向朝廷上奏确定六部官制，议准官民丧服规格及朝贺太子东宫的礼仪。奉皇帝之命监督修撰

《元史》，编辑《祖训录》《大明集礼》等书。订立天下山川神祇封号，分封各位王子，赏赐功臣爵位等，事无巨细，悉委托善长与各位儒士文臣谋划，议定推行。

洪武三年大封功臣，太祖朱元璋说："善长虽然没有汗马功劳，但跟随我已很久，供给军饷食粮，功劳非常之大，应当受封大国爵位。"因此授予开国辅运推诚守正文臣、特进光禄大夫、左柱国、太师、中书左丞相等职，封为韩国公，年俸禄米四千石，子孙可以世袭爵位。赐予铁券，本人因罪可免死二次，子可免死一次。当时封为公爵的人，有徐达、常遇春之子常茂、李文忠、冯胜、邓愈及善长等六人，其中善长位居第一。皇帝所下命令的词语中，将他比作汉代的萧何，褒奖赞扬之言非常突出。

善长外表宽厚和蔼，内心则好忌恨，为人刻薄。参议李饮冰、杨希圣，稍微冒犯了善长之权，随即加以罪名，上奏朝廷将其罢黜。又因与中丞刘基争论礼法而漫骂之，刘基不能自安，向太祖要求告老还乡。太祖任用的张昶、杨宪、汪广洋、胡惟庸等皆犯下大罪，善长却仍像往常一样，与他们密切联系。他官高位尊，达到极盛，渐渐有些骄狂起来，太祖开始对他有所反感。洪武四年因疾病退休，赏赐临濠一带的土地若干顷，配置看守墓地者一百五十户，并赐给佃户一千五百家，仪仗士卒二十家。第二年，病好之后，命善长监督营建临濠宫殿。迁徙江南地区十四万富民到濠州垦田，由善长负责管理。他在濠州留任数年之久。洪武七年，擢升善长之弟李存义为太仆丞，存义之子李伸、李佑皆为群牧所官员。洪武九年，将临安公主嫁给善长之子李祺，拜任驸马都尉。举行婚礼之时，公主谨修妇道，庄重有礼。李祺由此广得恩宠，地位显赫，当时人多羡慕之。李祺与公主结婚一个月后，御史大夫汪广洋、陈宁上疏朝廷，言道："善长恃宠狂妄自傲，陛下因生病不能上朝理政将近一旬，善长竟不问候。驸马都尉李祺有六天私自不上朝，将他召至殿前，他竟不主动承担罪责，实属大不敬。"善长因此过错而被削减年俸禄米一千八百石。不久，太祖命善长与曹国公李文忠总理中书省、大都督府和御史台，共同商议军事大事，并负责监督圜丘工程。

丞相胡惟庸早年担任宁国县知县，由于善长的推荐，擢升为太常少卿，以后又任用为丞相，因此互相往来密切。而善长弟弟存义的儿子李佑，是胡惟庸的二女婿。洪武十三年，胡惟庸以谋反罪被杀，因同党罪名被杀者很多，善长却依然如故。御史台缺中丞官职，任命善长主掌其务，数次陈述治国意见。洪武十八年，有人告发存义父子实际是胡惟庸党羽，太祖下诏免其死，安置在崇明地区。善长却不认错，朱元璋由此怀恨在心。又过了五年，善长已七十七岁，昏庸而不检点。曾想营建府第，从信国公汤和那里借用卫士三百人，汤和秘密告诉了太祖。四月，京师官民中因犯罪而将要发配边远地区，其中有善长的亲属丁斌等人。善长几次向朝廷请求，要赦免丁斌等。太祖大怒，审讯了丁斌。丁斌过去曾在胡惟庸家效力，因此谈了存义等人往时勾通胡惟庸的情况。太祖命令逮捕了存义父子，审讯中供词牵连善长，言道："胡惟庸有造反阴谋，指使存义暗地里告诉善长。善长很震惊，说：'你们所讲的是干什么！如事发受审，将灭九族。'以后，胡惟庸又指使善长的老朋友杨文裕劝说善长：'事成之后将把淮西地区封给你称王。'善长仍震惊，不同意，但心中已为之所动。于是胡惟庸亲自前往说服善长，善长仍不同意。过了一段时间，胡惟庸再派存义进见劝说，善长叹息道：'我老了。我死之后，你们自便去做吧。'"又有人告发善长道："将军蓝玉率军出塞外，到达捕鱼儿海时，捕获了胡惟庸派往勾通蒙古的使者封绩，善长隐瞒消息不报告朝廷。"于是御史们纷纷上奏章弹劾善长。而善长家的奴仆卢仲谦等人，也告发善长与胡惟庸勾通贿赂、私下结交的情况。罪行确立，认为李善长身为元勋国戚，明知有叛逆之事而不告发举报，徘徊犹豫，心存两端，实属大逆不道。恰逢此时，有人占卜天象，说星象有变，应当诛杀大臣以免灾。因此将善长以及妻子儿女亲侄家口共七十余人诛杀掉。而吉安侯陆仲亨、延安侯唐胜宗、平凉侯费聚、南雄侯赵庸、荥阳侯郑遇春、宜春侯黄彬、河南侯陆聚等，皆同时以胡惟庸党羽的罪名被处死，已经去世的营阳侯杨璟、济宁侯顾时等又追加罪名者若干人。皇帝亲自写下诏书列举其罪状，附上审讯中的口供记录，印成《昭示奸党三录》，颁布诏告天下。善长之子李祺和公主被迁徙到江浦，很久之后去世。李祺之子李芳、李茂，因其母为公主，受恩而没有获罪。李芳为留守中卫指挥，李茂为旗手卫镇抚，但世袭爵位的荣誉被罢废。

　　善长死后第二年，虞部郎中王国用向朝廷上言："善长与陛下同心同德，万死不辞辅佐陛下夺取天下，勋臣中位居第一，生前封公爵，死后可追封为王，其子又与公主婚配，亲戚中纷纷担任国家官职，已达到了做人臣的极点。假使他想自图不轨，妄想造反，尚不可知。如今却说他想辅佐胡惟庸，实在是谬误之论，不可信。就人情而论，爱自己的孩子，必超过爱兄弟的孩子；能够安稳地享受已得到的万全富贵者，必然不会再抱侥幸心理去乞求万一之富贵。善长与胡惟庸的亲戚关系，是侄子之亲，而与陛下则是亲生子女之亲。即使善长辅佐胡惟庸谋反成功，也不过列为第一勋臣而已，官爵为太师、国公、封王而已，与子尚公主、女纳为妃而已。难道还会比今日的荣耀更高吗？况且善长怎么能不知道天下是不可侥幸夺取这一道理！在元朝末年，多少人都想这样做，结果莫不粉身碎骨，毁家灭族，有几个人能够得免不死呢？善长怎么能以身见之而又以衰弱苍老之身躯，身蹈覆辙呢！凡做出此种事者，必定有深仇大恨而激发事变；实在不得已，父子之间相互倚仗以求解脱祸患。而今善长之子李祺与陛下亲生骨肉结为夫妻，没有任何猜嫌和矛盾，何苦突然做出此种事来。如果说天象显示将发生事变，大臣应当承受灾祸，要杀戮大臣以应和天象，则尤其不可这样做。臣担心天下之人闻听这一情况，会说像李善长这样功勋卓著者尚且如此，国家会众叛亲离、四散瓦解的。如今善长已死，说来也没有什么作用了，只希望陛下能以此为戒，将来不再发生类似事件。"太祖得到这份上疏，竟然也没有将他治罪。

明史卷一百四十一

列传第二十九

方孝孺

方孝孺，字希直，一字希古，宁海人。父克勤，洪武中循吏，自有传。孝孺幼警敏，双眸炯炯，读书日盈寸，乡人目为"小韩子"。长从宋濂学，濂门下知名士皆出其下。先辈胡翰、苏伯衡亦自谓弗如。孝孺顾末视文艺，恒以明王道、致太平为己任。尝卧病，绝粮。家人以告，笑曰："古人三旬九食，贫岂独我哉？"父克勤坐"空印"事诛，扶丧归葬，哀动行路。既免丧，复从濂卒业。

洪武十五年，以吴沉、揭枢荐，召见。太祖喜其举止端整，谓皇太子曰："此庄士，当老其才。"礼遣还。后为仇家所连，逮至京，太祖见其名，释之。二十五年，又以荐召至。太祖曰："今非用孝孺时。"除汉中教授，日与诸生讲学不倦。蜀献王闻其贤，聘为世子师。每见，陈说道德。王尊以殊礼，名其读书之庐曰"正学"。

及惠帝即位，召为翰林侍讲，明年迁侍讲学士，国家大政事辄咨之。帝好读书，每有疑即召使讲解。临朝奏事，臣僚面议可否，或命孝孺就扆前批答。时修《太祖实录》及《类要》诸书，孝孺皆为总裁。更定官制，孝孺改文学博士。燕兵起，廷议讨之，诏檄皆出其手。

建文三年，燕兵掠大名。王闻齐、黄已窜，上书请罢盛庸、吴杰、平安兵。孝孺建议曰："燕兵久顿大名，天暑雨，当不战自疲。急令辽东诸将入山海关攻永平，真定诸将渡卢沟捣北平，彼必归救。我以大兵蹑其后，可成擒也。今其奏事适至，宜且与报书，往返逾月，使其将士心懈。我谋定势合，进而蹴之，不难矣。"帝以为然。命孝孺草诏，遣大理寺少卿薛嵓驰报燕，尽赦燕罪，使罢兵归藩。又为宣谕数千言授嵓，持至燕军中，密散诸将士。比至，嵓匿宣谕不敢出，燕王亦不奉诏。

五月，吴杰、平安、盛庸发兵扰燕饷道。燕王复遣指挥武胜上书伸前请。帝将许之。孝孺曰："兵罢，不可复聚，愿毋为所惑。"帝乃诛胜以绝燕。未几，燕兵掠沛县，烧粮艘。时河北师老无功，而德州又馈饷道绝，孝孺深以为忧。以燕世子仁厚，其弟高煦狡谲，有宠于燕王，尝欲夺嫡，谋以计间之，使内乱。乃建议白帝，遣锦衣卫千户张安赍玺书往北平赐世子，世子得书不启封，并安送燕军前，间不得行。

明年五月，燕兵至江北，帝下诏征四方兵。孝孺曰："事急矣。遣人许以割地，稽延数日，东南募兵渐集，北军不长舟楫，决战江上，胜负未可知也。"帝遣庆成郡主往燕军，陈其说。燕王不听。帝命诸将集舟师江上，而陈瑄以战舰降燕，燕兵遂渡江，时六月乙卯也。帝忧惧，或劝帝他幸，图兴复。孝孺力请守京城以待援兵，即事不济，当死社稷。乙丑，金川门启，燕兵入，帝自焚。是日，孝孺被执下狱。

先是，成祖发北平，姚广孝以孝孺为托，曰："城下之日，彼必不降，幸勿杀之。杀孝孺，天下读书种子绝矣。"成祖颔之。至是欲使草诏。召至，悲恸声彻殿陛。成祖降榻劳曰："先生毋自苦，予欲法周公辅成王耳。"孝孺曰："成王安在？"成祖曰："彼自焚死。"孝孺曰："何不立成王之子？"成祖曰："国赖长君。"孝孺曰："何不立成王之弟？"成祖曰："此朕家事。"顾左右授笔札，曰："诏天下，非先生草不可。"孝孺投笔于地，且哭且骂曰："死即死耳，诏不可草。"成祖怒，命磔诸市。孝孺慨然就死，作绝命词曰："天降乱离兮孰知其由，奸臣得计兮谋国用犹。忠臣发愤兮血泪交流，以此殉君兮抑又何求。呜呼哀哉兮庶不我尤。"时年四十有六。其门人德庆侯廖永忠之孙镛与其弟铭检遗骸瘗聚宝门外山上。

孝孺有兄孝闻，力学笃行，先孝孺死。弟孝友与孝孺同就戮，亦赋诗一章而死。妻郑及二子中宪、中愈先自经死，二女投秦淮河死。

孝孺工文章，醇深雄迈。每一篇出，海内争相传诵。永乐中，藏孝孺文者罪至死。门人王稌潜录为《侯城集》，故后得行于世。

仁宗即位，谕礼部："建文诸臣，已蒙显戮，家属籍在官者，悉宥为民，还其田土。其外亲戍边者，留一人戍所，余放还。"万历十三年三月释坐孝孺谪戍者后裔，浙江、江西、福建、四川、广东凡千三百余人。而孝孺绝无后，惟克勤弟克家有子曰孝复。洪武二十五年尝上书阙下，请减信国公汤和所加宁海赋，谪戍庆远卫，以军籍获免。孝复子琬，后亦得释为民。世宗时，松江人俞斌自称孝孺后，一时士大夫信之，为纂《归宗录》。既而方氏察其伪，言于官，乃已。神宗初，有诏褒录建文忠臣，建表忠祠于南京，首徐辉祖，次孝孺云。

译文：

方孝孺，字希直，又字希古，宁海上。父亲方克勤，是洪武中奉公守法的官吏，在《明史》中另有传。方孝孺从小就机警敏捷，双眼炯炯有神，每天所读的书厚达一寸，乡人把他看作"小韩子"。长大跟从宋濂求学，宋濂门下知名的读书人都比不上他。先辈胡翰、苏伯衡亦自认不如他。方孝孺看不起文艺，经常以阐明王道、使天下太平作为自己的责任。曾经生病卧床，没有粮食。家人告诉他，孝孺笑说："古人三十天吃九顿饭，难道只有我才穷吗？"父亲方克勤牵连入"空印"案被杀，方孝孺护送棺木回去安葬，他的悲哀震动了路人。丧事结束以后，再跟从宋濂完成未竟的学业。

洪武十五年，由于吴沉、揭枢的推荐，皇帝召见他。太祖喜欢他的举止端庄整齐，对皇太子说："这庄重的士子，应当让他更老成一些。"以礼送回。后来被仇家所连累，逮捕到京师，太祖见到他的名字，放了他。洪武二十五年，又由于推荐被皇帝召至京师。太祖说："现在不是用孝孺的时候。"授予汉中教授的职务，每天和学生讲学不知疲倦。蜀献王听说他的贤德，聘为世子的老师。每次见面，方孝孺都讲述道德。蜀献王尊敬他，待以特殊的礼节，命名他读书的小屋为"正学"。

及至惠帝即位，召为翰林侍讲。第二年升侍讲学士，国家大事常常都向他咨询。皇帝好读书，每有疑难之处立即召方孝孺来给他讲解。临朝奏事，文武官员当面议论可行不可行，或者命方孝孺就在殿上门窗之间的屏风前批答。当时修纂《太祖实录》及《类要》等书，方孝孺都是总裁。更改制定新的官制，方孝孺改为文学博士。燕王起兵，廷议要讨伐他，诏书檄文都出自方孝孺的手笔。

建文三年，燕兵夺取大名。燕王听说齐泰、黄子澄已经被放逐，上书请求罢盛庸、吴杰、平安的兵。方孝孺建议说："燕兵长期屯驻大名，天热下雨，就是不打仗也疲乏了。赶快令辽东各将领入山海关攻打永平，真定各将领渡卢沟攻打北平，他一定回去救援。我用大兵紧跟在他后面，可以把他抓了。现在他奏事刚到，应该姑且给他回信，往返一个月，使他的将士心里松懈。我计划确定兵势联合，进而踢他，不难了。"皇帝以为对。命方孝孺起草诏书，派大理寺少卿薛嵓飞马报给燕王，完全赦免了燕王的罪，让他罢兵回封地。又写了几千言的宣谕给薛嵓，让他带到燕军中，秘密散发给各将士。薛嵓抵北平后，却藏了宣谕不敢拿出来，燕王亦不奉诏。

五月，吴杰、平安、盛庸发兵骚扰燕军运输粮食的路。燕王再派指挥武胜上书重申以前的请求。皇帝将要答应。方孝孺说："兵士解散以后不可以再聚集，希望不要被他所迷惑。"于是，皇帝杀了武胜回绝燕王。不久，燕兵夺取沛县，烧了运粮船。当时河北部队疲惫没有功劳，而德州运兵饷的路又截断了，方孝孺非常忧虑。认为燕世子仁爱宽厚，他的弟弟高煦狡猾诡谲，得到燕王的宠爱，曾经想夺取嫡子的地位，于是考虑设计离间他们，使他们内乱。他把这意见告诉了皇帝，派遣锦衣卫千户张安捧玺书前往北平赐给世子，世子得到玺书连封也不拆，连同张安一起送给在军中的燕王，离间行不通。

明年五月，燕兵到了江北，皇帝下诏征集各处兵马。方孝孺说："事情紧急了。派人去答应割地给他，以拖延几天，等在东南招募的兵逐渐聚集，北军不善于行船，在长江上决战，谁胜谁负还不一定呢。"皇帝派庆成郡主前往燕军，讲那些话。燕王不听。皇帝又命令各将军聚集水军在长江上，而陈瑄将战舰投降了燕王，燕兵便渡过了长江，当时是六月乙卯。皇帝担忧害怕，又有劝皇帝去其他地方，图谋复兴的。方孝孺极力请求皇帝守住京城等待援兵，就是事情不成功，亦应当为国捐躯。乙丑，金川门打开了，燕兵进入，皇帝自焚。这天，方孝孺被捕入狱。

起先是，成祖率兵从北平出发时，姚广孝把方孝孺嘱托给他，说："城攻下的时候，他一定不投降，请不要杀了他。杀了方孝孺，天下读书种子就断绝了。"成祖点头答应。到了这时想使他起草诏书。召来，方孝孺悲恸的声音响彻宫殿的台阶。成祖下榻慰问说："先生不要苦了自己，我只是想效法周公辅助成王罢了。"方孝孺说："成王在哪里？"成祖说："他自己烧死了。"方孝孺说："为什么不立成王的儿子？"成祖说："国家依靠年长的君主。"方孝孺说："为什么不立成王的弟弟？"成祖说："这是朕的家事。"叫左右的人把纸和笔给方孝孺，说："诏天下，非先生起草不可。"方孝孺把笔扔在地下，一边哭一边骂着说："死便死吧，不能起草诏书。"成祖大怒，下令把他拉到闹市车裂。方孝孺慷慨就死，作了首绝命词说："天降乱离呀谁知道它的根由，奸臣得计呀夺国用了阴谋。忠臣发愤呀血泪交流，用这个殉君呀还有何求。呜呼哀哉呀这不是我的罪尤。"当时四十六岁。他的门人德庆侯廖永忠的孙廖镛和他的弟弟廖铭收拾了遗体，埋葬在聚宝门外的山上。

方孝孺有个兄长叫方孝闻，勤学忠厚，在方孝孺死之前就去了。弟弟方孝友和方孝孺一同被杀，亦赋诗一章才死。妻郑氏两个儿子中宪、中愈先自杀死了，两个女儿投秦淮河死。

方孝孺擅长写文章，淳朴精深英雄豪迈。每写一篇文章出来，海内争相传抄背诵。永乐中，收藏方孝孺文章的人甚至被判死罪。门人王稌秘密抄录为《侯城集》，故得以流行于后世。

仁宗即位，谕礼部："建文各臣，已经被当众处死，家属籍没在官的，全部从宽发放为民，归还他们的田地。他们的外亲有充军边疆的，留一个人在卫所戍守，其余的放回。"万历十三年三月，释放因被方孝孺案牵连而流放充军的人的后代，浙江、江西、福建、四川、广东共一千三百余人。而方孝孺无后人，只有方克勤的弟弟克家有个儿子叫孝复。洪武二十五年曾到宫门外上书，请求减轻信国公汤和所加给宁海的赋税，被流放充军庆远卫，由于是军籍得以避免牵连。孝复的儿子琬，以后亦得到释放为民。世宗时，松江人俞斌自称系方孝孺后代，一时士大夫都相信了他，给他纂写《归宗录》。后来方氏发现他是假的，告诉了官府，这才算了。神宗初年，有诏褒奖记录建文的忠臣，在南京建了表忠祠，为首是徐辉祖，第二个就是方孝孺。

明史卷一百四十五

列传第三十三

姚广孝

姚广孝，长洲人，本医家子。年十四，度为僧，名道衍，字斯道，事道士席应真，得其阴阳术数之学。尝游嵩山寺，相者袁珙见之曰："是何异僧，目三角，形如病虎，性必嗜杀，刘秉忠流也。"道衍大喜。

洪武中，诏通儒书僧试礼部。不受官，赐僧服还。经北固山，赋诗怀古。其侪宗泐曰："此岂释子语耶？"道衍笑不答。高皇后崩，太祖选高僧侍诸王，为诵经荐福。宗泐时为左善世，举道衍。燕王与语甚合，请以从。至北平，住持庆寿寺。出入府中，迹甚密，时时屏人语。及太祖崩，惠帝立，以次削夺诸王，周、湘、代、齐、岷相继得罪，道衍遂密劝成祖举兵。成祖曰："民心向彼，奈何？"道衍曰："臣知天道，何论民心。"乃进袁珙及卜者金忠。于是成祖意益决，阴选将校，勾军卒，收材勇异能之士。燕邸，故元宫也，深邃。道衍练兵后苑中。穴地作重屋，缭以厚垣，密甃瓴甋瓶缶，日夜铸军器，畜鹅鸭乱其声。

建文元年六月，燕府护卫百户倪谅上变。诏逮府中官属。

都指挥张信输诚于成祖，成祖遂决策起兵。适大风雨至，檐瓦堕地，成祖色变。道衍曰："详也。飞龙在天，从以风雨。瓦堕，将易黄也。"兵起，以诛齐泰、黄子澄为名，号其众曰："靖难之师"。道衍辅世子居守。其年十月，成祖袭大宁，李景隆乘间围北平。道衍守御甚固，击却攻者，夜缒壮士击伤南兵。援师至，内外合击，斩首无算。景隆、平安等先后败遁。成祖围济南三月，不克，道衍驰书曰："师老矣，请班师。"乃还。复攻东昌，战败，亡大将张玉，复还。成祖意欲稍休，道衍力趣之，益募勇士，败盛庸，破房昭西水寨。道衍语成祖："毋下城邑，疾趋京师。京师单弱，势必举。"从之。遂连败诸将于淝河、灵璧，渡江入京师。

成祖即帝位，授道衍僧录司左善世。帝在藩邸，所接皆武人，独道衍定策起兵。及帝转战山东、河北，在军三年，或旋或否，战守机事皆决于道衍。道衍未尝临战阵，然帝用兵有天下，道衍力为多，论功以为第一。永乐二年四月拜资善大夫、太子少师，复其姓，赐名广孝，赠祖父如其官。帝与语，呼少师而不名。命蓄发，不肯。赐第及两宫人，皆不受。常居僧寺，冠带而朝，退仍缁衣。出振苏、湖，至长洲，以所赐金帛散宗族乡人。重修《太祖实录》，广孝为监修。又与解缙等纂修《永乐大典》。书成，帝褒美之。帝往来两都，出塞北征，广孝皆留辅太子于南京。五年四月，皇长孙出阁就学，广孝侍说书。

十六年三月入觐，年八十有四矣，病甚，不能朝，仍居庆寿寺。车驾临视者再，语甚欢，赐以金唾壶，问所欲言。广孝曰："僧溥洽系久，愿赦之。"溥洽者，建文帝主录僧也。初，帝入南京，有言建文帝为僧遁去，溥洽知状，或言匿溥洽所。帝乃以他事禁溥洽，而命给事中胡濙等遍物色建文帝，久之不可得，溥洽坐系十余年。至是,帝以广孝言,即命出之。广孝顿首谢。寻卒。帝震悼,辍视朝二日,命有司治丧,以僧礼葬。追赠推诚辅国协谋宣力文臣、特进荣禄大夫、上柱国、荣国公,谥恭靖。赐葬房山县东北。帝亲制神道碑志其功,官其养子继尚宝少卿。

广孝少好学,工诗。与王宾、高启、杨孟载友善。宋濂、苏伯衡亦推奖之。晚著《道余录》,颇毁先儒,识者鄙焉。其至长洲,候同产姊。姊不纳。访其友王宾。宾亦不见,但遥语曰:"和尚误矣,和尚误矣。"复往见姊。姊詈之。广孝惘然。

洪熙元年加赠少师,配享成祖庙庭。嘉靖九年,世宗谕阁臣曰:"姚广孝佐命嗣兴,劳烈具有。顾系释氏之徒,班诸功臣,侑食太庙,恐不足尊敬祖宗。"于是尚书李时偕大学士张璁、桂萼等议请移祀大兴隆寺,太常春秋致祭。诏曰:"可。"

译文:

姚广孝,长洲人,原本为医家子弟,十四岁时出家为僧,法名道衍,字斯道。跟随道士席应真学习,学得阴阳术数方面的知识。曾经游历嵩山寺,相面人袁珙见他后言道:"是何等怪僧!三角眼,身形如同病虎,本性必好杀人,属刘秉忠之类的人物。"道衍听后非常高兴。

洪武年间,颁布诏书,征召有文化、通晓儒家经典的僧人在礼部考试。姚广孝考试合格,却不愿做官,朝廷赏赐其僧服而返。经过北固山时,作诗怀古。他的同伴宗泐道:"这怎么像佛教语言呢?"道衍笑笑,没有回答。高皇后去世后,太祖挑选高僧服侍各位亲王,并为他们诵经献福。宗泐当时为左善世,举荐了道衍。燕王与道衍交谈,非常投机,因此请他跟随自己。后随燕王来到北平,住在庆寿寺,并做了该寺主持。他经常出入燕王府，交往十分密切，经常屏退左右之人，秘密交谈。及至太祖去世，惠帝即位，开始逐步削夺各位亲王权力，周王、湘王、齐王、代王、岷王相继被削藩定罪。道衍得知这一消息，遂秘密劝成祖起兵反抗。成祖道："民心向着惠帝，怎么办？"道衍说："我知道天意，不必议论民心。"因而向成祖推荐了袁珙和占卜者金忠。于是成祖信心更足，暗地挑选将校，召集军兵和勇猛有特殊能力之人。燕王府邸，原为元朝宫殿，非常深广，道衍就在后花园内练兵。还在地下挖筑地下室，周围秘密砌以厚墙砖壁和瓶缶等容器，日夜铸造兵器。在附近养了许多鹅鸭，用鹅鸭乱叫之声掩盖打造兵器之声。

建文元年六月，燕府护卫百户官倪谅到南京告发燕王谋反。惠帝下诏逮捕燕府官员。都指挥张信向成祖表示忠诚，成祖遂制定计划，决定起兵。恰在此时，狂风暴雨突然而至，屋檐上的瓦坠落在地，成祖骤然变色。道衍云："这是吉祥之兆。飞龙在天，伴随着风雨。瓦坠落地下，表示将换成黄色。"于是起兵，名义上说是要诛杀齐泰、黄子澄，军队号称"靖难之师"。道衍辅佐成祖的世子居守北平。这年十月，成祖军队袭击大宁，李景隆乘机包围了北平。道衍率军牢固坚守，击退进攻者。夜间派壮士顺绳子下到城外，击伤南兵。等援兵到后，内外合击，斩杀无数南军，景隆、平安等建文军将领先后败逃。成祖围攻济南城，连续三个月不能攻克，道衍派人送书信给成祖，言道："军队疲劳，请撤军北还。"因而回兵。接着攻打东昌，战败，大将张玉阵亡，再次撤军。成祖想稍作休整，道衍却竭力催促，招募了更多的勇士，打败盛庸，又在西水寨击破房昭军队。道衍告诉成祖："不要攻城池，要急速进逼京师。京师力量薄弱，大势所趋，必可夺取。"成祖听从这一建议，遂接连在淝河、灵璧等地打败建文军将领,乘胜渡过长江,进入南京。

成祖即帝位后,授予道衍僧录司左善世。成祖在任藩王期间,所接触者都是军人,却独有道衍制定计策起兵。及至成祖转战山东、河北,在军中三年,或还师或在外,战守机要之事皆取决于道衍。道衍虽没有亲临过战场,然而成祖用兵夺取天下,道衍出力最多,功劳排列第一位。永乐二年授予资善大夫、太子少师之职,恢复其姚姓,并赐名广孝,追赠其祖父、父亲以同样的官职。皇帝与之谈话,口称少师而不叫其名。成祖命其蓄发,他不肯;赏赐府第和两名宫女,他一概不接受。经常居住在僧寺中,身着朝服冠带上朝,退朝返回,仍穿着僧服。他到苏州、湖州等地赈济灾民,至长洲时,将朝廷赏赐的金银绢帛都分给了宗族乡邻。重修《太祖实录》时,由姚广孝负责监修。又与解缙等人纂修《永乐大典》。书成之后,得到成祖的褒奖赞美。成祖往来于南北二京或出塞北征蒙古时,都是让广孝留在南京辅佐太子。永乐五年四月,皇长孙出阁开始学习,由姚广孝侍奉,教其读书。

永乐十六年三月入京师晋见天子,当时已八十四岁,病重,不能上朝,因而仍居住在庆寿寺。成祖两次前往探视,交谈得十分高兴。成祖赏赐他金唾壶,并问他有何嘱托。广孝说:"僧人溥洽关在狱中很久了,愿陛下能将他赦免。"溥洽是建文帝的主录僧,当初成祖攻入南京,有传言说建文帝化装成僧人逃走,而溥洽知道内情。还有人说是藏在了溥洽处所。成祖因此找借口囚禁了溥洽,另外命给事中胡濙等人到处寻找建文帝,用了很长时间也未找到,溥洽则被囚禁了十多年。到了此时,因广孝之言,成祖下令将其释放。广孝顿首拜谢成祖,不久去世。成祖非常哀痛,停止上朝二天,命令有关官署治丧,按照僧门礼仪埋葬,追赠为推诚辅国协谋宣力文臣、特进荣禄大夫、上柱国、荣国公等官爵，谥号恭靖。特赐予葬在房山县东北。成祖亲自撰写神道碑文记载其功勋，将广孝养子姚继授予尚宝少卿官职。

广孝少年时爱好学习，善作诗赋，与王宾、高启、杨孟载为好友。宋濂、苏伯衡也很推崇赞扬他。晚年著有《道余录》一书，书中对前代儒士进行诋毁，有识之士对此很是鄙视。他来到长洲时，前往问候同胞姐姐。其姐拒而不见。去拜访故友王宾，王宾也不出见，但让人传话道："和尚错了，和尚错了。"再次去见姐姐，遭到姐姐的责骂。广孝感到惘然若失。

洪熙元年，给姚广孝加赠少师之衔，并享有附祭于成祖庙庭的荣誉。嘉靖九年，世宗谕示内阁学士道："姚广孝辅佐天命振兴明室，劳苦功高。但考虑到他是佛教徒，与各位功臣并列，陪侍进食于太庙，这样做恐怕对祖宗有所不敬。"于是尚书李时偕同大学士张璁、桂萼等建议，请将其牌位移祀于大兴隆寺，由太常负责于春秋时节主持祭祀。世宗下诏道："可以。"

明史卷一百四十七

列传第三十五

解 缙

解缙，字大绅，吉水人。祖子元，为元安福州判官。兵乱，守义死。父开，太祖尝召见论元事，欲官之，辞去。

缙幼颖敏，洪武二十一年举进士。授中书庶吉士。甚见爱重，常侍帝前。一日，帝在大庖西室，谕缙："朕与尔义则君臣，恩犹父子，当知无不言。"缙即日上封事万言，略曰：

臣闻令数改则民疑，刑太繁则民玩。国初至今，将二十载，无几时不变之法，无一日无过之人。尝闻陛下震怒，锄根翦蔓，诛其奸逆矣。未闻褒一大善，赏延于世，复及其乡，终始如一者也。

臣见陛下好观《说苑》《韵府》杂书与所谓《道德经》《心经》者，臣窃谓甚非所宜也。《说苑》出于刘向，多战国纵横之论。《韵府》出元之阴氏，抄辑秽芜，略无可采。陛下若喜其便于检阅，则愿集一二志士儒英，臣请得执笔随其后，上沂唐、虞、夏、商、周、孔，下及关、闽、濂、洛，根实精明，随事类别，勒成一经，上接经史，岂非太平制作之一端欤？又今六经残缺。《礼记》出于汉儒，踳驳尤甚，宜及时删改。访求审乐之儒，大备百王之典，作乐书一经以惠万世。尊祀伏羲、神农、黄帝、尧、舜、禹、汤、文、武、皋陶、伊尹、太公、周公、稷、契、夷、益、傅说、箕子于太学。孔子则自天子达于庶人，通祀以为先师，而以颜、曾、子思、孟子配。自闵子以下，各祭于其乡。鲁之阙里，仍建叔梁纥庙，赐以王爵，以颜路、曾晳、孔鲤配。一洗历代之因仍，肇起天朝之文献，岂不盛哉！

若夫祀天宜复扫地之规，尊祖宜备七庙之制。奉天不宜为筵宴之所，文渊未备夫馆阁之隆。太常非俗乐之可肄，官妓非人道之所为。禁绝倡优，易置寺阉。执戟陛墀，皆为吉士，虎贲趣马，悉用俊良。除山泽之禁税，蠲务镇之征商。木辂朴居，而土木之工勿起。布垦荒田，而四裔之地勿贪。释、老之壮者驱之，俾复于人伦。经咒之妄者火之，俾绝其欺诳。绝鬼巫，破淫祀，省冗官，减细县，痛惩法外之威刑，永革京城之工役。流十年而听复，杖八十以无加。妇女非帷薄不修，毋令逮系。大臣有过恶当诛，不宜加辱。治历明时，授民作事，但申播植之宜，何用建除之谬。所宜著者，日月之行，星辰之次，仰观俯察，事合逆顺，七政之齐，正此类也。

近年以来，台纲不肃，以刑名轻重为能事，以问囚多寡为勋劳，甚非所以励清要、长风采也。御史纠弹，皆承密旨，每闻上有赦宥，则必故为执持，意谓如此，则上恩愈重。此皆小人趋媚效劳之细术，陛下何不肝胆而镜照之哉？

陛下进人不择贤否，授职不量重轻。建不为君用之法，所谓取之尽锱铢，置朋奸倚法之条，所谓用之如泥沙。监生进士，经明行修，而多屈于下僚。孝廉人才，冥蹈瞽趋，而或布于朝省。

椎埋罢悍之夫，阛茸下愚之辈，朝捐刀镘，暮拥冠裳，左弃筐箧，右绾组符。是故贤者羞为之等列，庸人悉习其风流。以贪婪苟免为得计，以廉洁受刑为饰辞。出于吏部者无贤否之分，入于刑部者无枉直之判。天下皆谓陛下任喜怒为生杀，而不知皆臣下之乏忠良也。

古者善恶，乡邻必记。今虽有申明旌善之举，而无党庠乡学之规，互知之法虽严，训告之方未备。臣欲求古人治家之礼，睦邻之法，若古蓝田吕氏之《乡约》，今义门郑氏之家范，布之天下。世臣大族，率先以劝，旌之复之，为民表帅，将见作新于变，至于比屋可封不难矣。

陛下天资至高，合于道微。神怪妄诞，臣知陛下洞瞩之矣。然犹不免所谓神道设教者，臣谓不必然也。一统之舆图已定矣，一时之人心已服矣，一切之奸雄已慑矣。天无变灾，民无患害，圣躬康宁，圣子圣孙继继绳绳，所谓得真符者矣。何必兴师以取宝为名，谕众以神仙为征应也哉？

臣观地有盛衰，物有盈虚，而商税之征，率皆定额。是使其或盈也，奸黠得以侵欺；其歉也，良善困于补纳。夏税一也，而茶椒有粮，菓丝有税。既税于所产之地，又税于所过之津，何其夺民之利至于如此之密也。且多贫下之家，不免抛荒之咎。今日之土地，无前日之生植，而今日之征聚，有前日之税粮。或卖产以供税，产去而税存；或赔办以当役，役重而民困。土田之高下不均，起科之轻重无别，膏腴而税反轻，瘠卤而税反重。欲拯困而革其弊，莫若行授田均田之法，兼行常平义仓之举。积之以渐，至有九年之食无难者。

臣闻仲尼曰："王公设险以守其国。"近世狃于晏安，堕名城，销锋镝，禁兵讳武，以为太平。一旦有不测之虞，连城望风而靡。及今宜敕有司整葺，宽之以岁月，守之以里胥，额设弓手，兼教民兵。开武举以收天下之英雄，广乡校以延天下之俊义。古时多有书院学田，贡士有庄，义田有族，皆宜兴复而广益之。

夫罪人不孥，罚弗及嗣。连坐起于秦法，孥戮本于伪书。今之为善者妻子未必蒙荣，有过者里胥必陷其罪。况律以人伦为重，而有给配妇女之条，听之于不义，则又何取夫节义哉？此风化之所由也。

孔子曰："名不正则言不顺。"尚书、侍郎，内侍也，而以加于六卿。郎中、员外，内职也，而以名于六属。御史词臣，所以居宠台阁，郡守县令，不应回避乡邦。同寅协恭，相倡以礼。而今内外百司捶楚属官，甚于奴隶。是使柔懦之徒，荡无廉耻，进退奔趋，肌肤不保，甚非所以长孝行、励节义也。臣以为自今非犯罪恶解官，笞杖之刑勿用，催科督厉，小有过差，蒲鞭示辱，亦足惩矣。

臣但知罄竭愚衷，急于陈献，略无次序，惟陛下幸垂鉴焉。

书奏，帝称其才。已，复献《太平十策》，文多不录。

缙尝入兵部索皂隶，语嫚。尚书沈溍以闻。帝曰："缙以冗散自恣耶？"命改为御史。韩国公李善长得罪死，缙代郎中王国用草疏白其冤。又为同官夏长文草疏，劾都御史袁泰。泰深衔之。时近臣父皆得入觐。缙父开至，帝谓曰："大器晚成，若以而子归，益令进学，后十年来，大用未晚也。"

归八年，太祖崩，缙入临京师。有司劾缙违诏旨，且母丧未葬，父年九十，不当舍以行。谪河州卫吏。时礼部侍郎董伦方为惠帝所信任，缙因寓书于伦曰："缙率易狂愚，无所避忌，数上封事，所言分封势重，万一不幸，必有厉长、吴濞之虞。郫哈术来归，钦承顾问，谓宜待之有礼，稍忤机权，其徒必贰。此类非一，颇皆亿中。又尝为王国用草谏书，言韩国事，为詹徽所疾，欲中以危法。伏蒙圣恩，申之慰谕，重以锡赐，令以十年著述，冠带来廷。《元史》舛误，承命改修，及踵成《宋书》，删定《礼经》，凡例皆已留中。奉亲之暇，杜门纂述，渐有次第，洊将八载。宾天之讣忽闻，痛切欲绝。母丧在殡，未遑安厝，家有九十之亲，倚门望思，皆不暇恋，冀一拜山陵，陨泪九土。何图诖误，蒙恩远行。扬、粤之人，不耐寒暑，复多疾病，俯仰奔趋，伍于吏卒，诚不堪忍。昼夜涕泣，恒惧不测，负平生之心，抱万古之痛。是以数鸣知感。冀还京师，得望天颜，或遂南还，父子相见，即更生之日也。"伦乃荐缙，召为翰林待诏。

成祖入京师，擢侍读，命与黄淮、杨士奇、胡广、金幼孜、杨荣、胡俨并直文渊阁，预机务。内阁预机务自此始。

寻进侍读学士，奉命总裁《太祖实录》及《列女传》。书成，赐银币。永乐二年，皇太子立，进缙翰林学士兼右春坊大学士。帝尝召缙等曰："尔七人朝夕左右，朕嘉尔勤慎，时言之宫中。恒情，慎初易，保终难，愿共勉焉。"因各赐五品服，命七人命妇朝皇后于柔仪殿，后劳赐备至。又以立春日赐缙等金绮衣，与尚书埒。缙等入谢，帝曰："代言之司，机密所系，且旦夕侍朕，裨益不在尚书下也。"一日，帝御奉天门，谕六科诸臣直言，因顾缙等曰："王、魏之风，世不多有。若使进言者无所惧，听言者无所忤，天下何患不治，朕与尔等共勉之。"其年秋，胡俨出为祭酒，缙等六人从容献纳。帝尝虚己以听。

缙少登朝，才高，任事直前，表里洞达。引拔士类，有一善称之不容口。然好臧否，无顾忌，廷臣多害其宠。又以定储议，为汉王高煦所忌，遂致败。先是，储位未定，淇国公丘福言汉王有功，宜立。帝密问缙。缙称："皇长子仁孝，天下归心。"帝不应。缙又顿首曰："好圣孙。"谓宣宗也。帝颔之。太子遂定。高煦由是深恨缙。会大发兵讨安南，缙谏。不听。卒平之，置郡县。而太子既立，又时时失帝意。高煦宠益隆，礼秩逾嫡。缙又谏曰："是启争也，不可。"帝怒，谓其离间骨肉，恩礼寖衰。四年赐黄淮等五人二品纱罗衣，而不及缙。久之，福等议稍稍传达外廷，高煦遂潜缙泄禁中语。明年，缙坐廷试读卷不公，谪广西布政司参议。既行，礼部郎中李至刚言缙怨望，改交阯，命督饷化州。

永乐八年，缙奏事入京，值帝北征，缙谒皇太子而还。汉王言缙伺上出，私觐太子，径归，无人臣礼。帝震怒。缙时方偕检讨王偁道广东，览山川，上疏请凿赣江通南北。奏至，逮缙下诏狱，拷掠备至。词连大理丞汤宗，宗人府经历高得旸，中允李贯，赞善王汝玉，编修朱纮，检讨蒋骥、潘畿、萧引高并及至刚，皆下狱。汝玉、贯、纮、引高、得阳皆瘐死。十三年，锦衣卫帅纪纲上囚籍。帝见缙姓名曰："缙犹在耶？"纲遂醉缙酒，埋积雪中，立死。年四十七。籍其家，妻子宗族徙辽东。

方缙居翰林时，内官张兴恃宠笞人左顺门外。缙叱之，兴敛手退。帝尝书廷臣名，命缙各疏其短长。缙言："蹇义天资厚重，中无定见。夏原吉有德量，不远小人。刘俊有才干，不知顾义。郑赐可谓君子，颇短于才。李至刚诞而附势，虽才不端。黄福秉心易直，确有执守。陈瑛刻于用法，尚能持廉。宋礼戆直而苛，人怨不恤。陈洽疏通警敏，亦不失正。方宾簿书之才，驵侩之心。"帝以付太子，太子因问尹昌隆、王汝玉。缙对曰："昌隆君子而量不弘。汝玉文翰不易得，惜有市心耳。"后仁宗即位，出缙所疏示杨士奇曰："人言缙狂，观所论列，皆有定见，不狂也。"诏归缙妻子宗族。

缙初与胡广同侍成祖宴。帝曰："尔二人生同里，长同学，仕同官。缙有子，广可以女妻之。"广顿首曰："臣妻方娠，未卜男女。"帝笑曰："定女矣。"已而果生女，遂约婚。缙败，子祯亮徙辽东，广欲离婚。女截耳誓曰："薄命之婚，皇上主之，大人面承之，有死无二。"及赦还，卒归祯亮。

正统元年八月诏还所籍家产。成化元年复缙官，赠朝议大夫。始缙言汉王及安南事得祸。后高煦以叛诛。安南数反，置吏未久，复弃去。悉如缙言。

缙兄纶，洪武中，亦官御史，性刚直。后改应天教授。子祯期，以书名。

译文：

解缙，字大绅，吉水人。其祖父解子元，担任元朝安福州的判官。发生军队叛乱，他恪守正义，坚持道德规范，结果被杀。父亲解开，太祖朱元璋曾召见并与之谈论元朝事，且打算授其官职，他辞谢而去。

解缙少年时很聪敏，洪武二十一年考中进士，授为中书庶吉士。颇受明太祖的器重，经常使其陪侍身边。一天，明太祖在餐厅西室对解缙说："我与你从规范礼法来说是君臣，从恩情来说如同父子，你应当知无不言。"解缙遂于当天上一封万言书，大略内容是：

我听说政令改动太频则失信于民，刑法太繁、杀戮太多民众反而会藐视法令。从建国至今，已将近二十年，没有经常不变之法令，没有一日无犯罪之人。曾听说陛下震怒之时，斩草除根，株连甚多，意在杀戮奸逆叛党。却未曾听说褒奖过某一位大好人，赏赐延至其一生，并使恩泽广至其乡里邻右，且能始终如一者。

我看到陛下很爱看《说苑》《韵府》等杂书和《道德经》《心经》等，我私下以为这是很不适宜的。《说苑》是刘向所写，内容多谈战国纵横之论。《韵府》是元朝的阴氏所写，转抄辑录一些污秽杂语，没有什么可取之处。陛下如果欣赏该书的便于检阅，我可以召集一些杰出的儒士文人，请由我执笔随他们其后，上溯唐尧、虞舜、夏禹、商汤、周文王和武王、孔子之世，下及关、闽、濂、洛之学，根基坚实，精深详明，分门别类，刻成一书，上接经史，这难道不是太平盛世制成的一部杰作吗？如今《六经》残缺不全，《礼记》出于汉代儒士之手，舛谬杂乱之处非常多，应当及时删改。访求审定乐书的儒士，备齐了百王典籍，写成乐书一部，以便万世能够受益。尊奉祭祀伏羲、神农、黄帝、尧、舜、禹、汤、文、武、皋陶、伊尹、太公、周公、稷、契、夷、益、傅说、箕子牌位于太学之中。至于孔子，则无论天子还是黎民百姓，都把他作为先师来祭祀，并且将颜子、曾子、子思、孟子等人随之附祀。自闵子以下各人，则分别在其家乡祭祀。在原鲁国的阙里，仍然建造叔梁纥庙，追赠王爵称号，以颜路、曾皙、孔鲤附祀其中。一改历代因循守旧之陈规，创立起天朝的文化典籍和先贤哲人，难道不是一大盛事吗？

祭祀上天时应有清扫地面之规矩，尊奉祖先时也应备齐天子七庙之制度。奉天殿不应作为排摆筵宴的场所，文渊阁尚未具备馆阁兴盛之规模。太常寺并不是庸俗乐曲所能肆行的地方、官妓也不是人伦道德所应当允许的。禁止、杜绝倡优，撤除、换掉阉宦。在殿廷两旁的持戟卫士都应是才华优美的人，勇猛善战的军兵战马，全部让俊杰精良者充任。革除山川湖泽的各种禁税，免除河西务的征商税则。乘简便木车，居处朴素，不大兴土木营建宫殿，布告天下开垦荒地，不贪占土地据为己有。僧、道中身体强壮者使其还俗，有益于恢复人伦；经咒中胡言乱语之词以火焚烧，有益于禁绝欺诳。断绝鬼巫，破除淫祀，裁汰冗官，合并小县，严惩法令之外滥用威刑者，永远禁革京城之中的工役。流徙十年者可听任其复还，已受杖八十者不应再有复加。妇女如不是闺门不整肃，则不要下令逮捕；大臣中有犯罪应当诛杀者，不应当再加以羞辱。修治历法是为了明了时令节气，只需申明应当播种栽植之事，何必论说哪些当行、哪些当除？所应当著明者，日月星辰的运行和到达规律；上观下察，事物合乎逆顺，春、秋、冬、夏、天文、地理、人道等七政齐备，就在于此呀。

近年以来，监察机构纲纪不肃，以滥定轻重刑罚为能事，以审讯囚禁多寡为功过，实在不是鼓励清正切要、倡导风范名节之意。御史纠察弹劾不法行为的，都是秉承密旨，每当听说陛下有赦免宽宥之举时，必然要故作姿态，坚持不可宽大，以为这样一来，则愈显陛下恩情之重。这些做法都是小人谀媚效劳的琐屑之术，陛下为什么不明查其肝胆内心所想呢？

陛下用人不选择其好坏，授官不衡量其轻重。确立的是不适合君主所行之法，得到的是很微小的作用；设置的是朋党奸佞倚法条例，实行时如同泥土沙石。监生进士，经学深湛，品行端正，但大多屈服于下级僚属；孝廉人才，在昏暗中亦步亦趋，分布在朝廷、各省。杀人埋尸、奸诈凶悍之夫，品格卑鄙、下贱愚昧之辈，朝捐刀枪凶器，暮着官帽官裳，这边扔弃筐篚，那边佩上印信。因此贤能之士羞于与之同，而庸俗小人都纷纷仿效学习。以贪婪苟免自以为得计，以廉洁受刑为修饰之词。经过吏部而委任做官者无贤否之分，经过刑部而判决定罪者无枉直之判。天下人都说陛下任由自己的喜怒而执掌生杀，却不知这些都是由于大臣中缺乏忠良之士。

古时人的善恶，乡里邻右必要记载。今日虽有申明表彰良善之举，却无各类地方学校之规章。互知之法令虽然很严，训导之方法却未齐备。我想求得古人治家之礼规、睦邻之法纪，比如古时蓝田吕氏的《乡约》，今时义门郑氏的家范，应将之刊布天下。勋臣贵族，以身作则，予以表彰，使其言行更为规范，可为民众表率，这样将看到新的风气和变化，至于家家得到封赏是不难的。

陛下的天资高深，与道德法则相符合。神仙鬼怪荒诞不经的东西，我知道都在陛下的洞察之中。然而仍然不免有神道设教之举，我认为大可不必这样做。如今天下统一，版图已定，人心都已归顺，心悦诚服，一切奸雄之人都已慑服，不敢造反。天无变化灾害，百姓没有祸患，陛下身体安康，皇子皇孙，延续不绝，实可谓得到了真符。陛下何必再兴师动众以取宝，徒作虚名，告谕众人以神仙作为征兆合应呢？

我看到土地有盛有衰，物产有盈有虚，而征收商税，通常都有定额。物产充盈之时，贪官污吏得以乘机侵吞欺诈，物产歉缺时，善良百姓则苦于补贴缴纳。夏税应为一种，然而种茶椒则要征粮，产果丝则要征税。既征税于物品所产之地，又税于物品所过之关津，何必掠夺百姓之利达到如此繁重的程度。况且大多数是贫穷之家，其结果不免出现土地荒芜的灾祸。今日的土地，没有前日所生产的物品，而今日的征敛，却有前日的税粮。造成或变卖田产以供税，产去而税存；或赔办倒贴以服役，役重而民苦。土田有肥沃贫瘠之区别，征税则无多征少征之区别，肥沃之田税反而轻，贫瘠之田税反而重。要想拯救百姓困苦而革除弊端，不如推行授田、均田之法，推行常平仓、义仓办法。逐渐积累，这样就可达到九年食粮不缺。

我听说孔子说道："王公设置险要，以守卫其国。"近年来习惯平静安宁，拆掉名城，销毁军器，禁止论兵习武，以为天下已经太平。一旦出现不可预测的祸患，一座座城池将闻风而垮。时至今日应敕令官府整顿修葺，给其宽裕的时间，由地方乡官胥吏来守卫，定额设置弓箭手，兼带教习民兵。开设武举以征收天下英雄豪杰，广设地方学校以招延天下有用之才。古时设有很多书院学田，供应学生有庄，捐献田地有族，这些做法都应当兴复并推广开来。

惩治罪犯不牵连其子嗣。连坐之罪起始于秦代法律，孥戮之条起源于伪书之中。如今有功者其妻子未必能够得到荣耀，有罪者其妻子则被里胥陷害加罪。况且律令以人伦纲常为重，然而却有发配妇女的条例，听任这样不合乎道德规范的事情，怎么做到名节义理呢？这是风化好坏的缘由。

孔子说："名不正则言不顺。"尚书、侍郎原为内廷之官，而今则以其名用作六部长官的称呼；郎中、员外，原为内廷之职，而今则以其名用作六部属官的称呼。御史词臣，以其职责显要居宫廷台阁机构；郡守县令，不应实行回避之制，不准在其乡里任职。同敬同恭，彼此间以礼相待。而今的内外各级官署，对属官施以杖刑，甚至超过奴隶。致使一些软弱怯懦之徒，荡然没有廉耻之心，进退奔走，肌肤不保，这实在不是助长孝行、激励节义之举。我认为，自今以后如不是犯有罪恶押解官府者，笞杖之刑不要使用，在催收田赋、督察风纪时，小有过错，用蒲草做的鞭子予以责罚，这就足以显示惩处之意了。

我只知殚心竭力以尽忠心，仓促进言陈说，语无伦次，请陛下审察。

书上奏后，太祖称赞了解缙的才华。接着，解缙又呈献了《太平十策》，内容多不载录。

解缙曾到兵部索要差役，语言轻侮。尚书沈缙报告了太祖。太祖道："缙以闲散而放纵呀。"命令将他改为御史。韩国公李善长因犯罪被处死，解缙代替郎中王国用写奏章表白善长之冤。又替同官夏长文撰写奏章，弹劾都御史袁泰。袁泰内心十分怨恨。当时规定，亲近大臣的父亲可以觐见皇帝。解缙的父亲解开来见太祖，太祖告诉他："大器晚成，如果把你儿子带回去，使他进一步学习，十年以后，再来重用不晚。"

归乡八年，太祖驾崩，解缙来到京师。官府弹劾他违抗圣旨，而且母亲亡故尚未安葬，其父也已经九十高龄，不应当舍弃他们而来。贬谪为河州卫胥吏。此时礼部侍郎董伦正得到惠帝的信任，缙因此寄书给董伦说："我通常容易狂妄愚蠢，无所忌讳，几次向朝廷上书，谈到分封之事关系重大，万一有差，必会出现厉长、吴濞之类的祸患。邺哈术前来归附，受太祖之命照顾问候，说应对他们招待有礼。如稍微不合其意，其党徒必会反叛。此类事情并非一体，都能预料得中。又曾为王国用撰写谏章，谈韩国公之事，被詹徽所憎恨，想施以重法治罪。承蒙太祖圣恩，申明抚慰谕旨，赐给重金，令我钻研十年学问，再来朝授以官职。《元史》中的错误，奉命予以修改。及至汇成《宋书》、删定《礼经》，凡例都已留在宫禁之中。探亲暇余之间，闭门纂述，已渐有眉目，如今已有八年。忽然得到太祖去世的讣告，悲痛欲绝。母丧在殡，尚未有闲暇予以安葬，家有九十岁的老父，倚门盼望思念，这些都无暇去眷恋，只希望能一拜皇陵，泪洒九土。哪里想到遭连累去官，蒙受恩赐而远行。扬、粤地区之人，不耐寒暑，而且有很多疾病，来回奔波，在行伍中充当吏卒，实在不堪忍受其苦。昼夜痛哭，经常担心遭到不测，辜负平生的心愿，抱万古之哀痛。因而将此情况告知朋友，希望能回京师，得望天子容颜。或者南还故乡，父子相见，此即本人再生之日。"于是，董伦向朝廷推荐解缙，召回任为翰林待诏。

成祖入主京师，擢升解缙为侍读，命令与黄淮、杨士奇、胡广、金幼孜、杨荣、胡俨等一并入值文渊阁，参与决断军国大计。内阁参与军国大计自此为始。

不久晋升侍读学士，奉成祖之命负责编纂《太祖实录》和《列女传》。书成之后，赏赐银钱予以奖励。永乐二年，确定了皇太子，提升解缙为翰林学士兼右春坊大学士之职。成祖曾召见解缙等人道："你们七人早晚在我身边辅政，我嘉奖你们的勤恳谨慎，时常言于宫中。按一般情理，初时谨慎容易做到，保持始终如一却很难，愿我们共勉吧。"接着给七人均定为五品之官，并命各人妻子在柔仪殿朝见皇后，皇后对她们予以慰劳赏赐。以后到了立春之日，又赏赐解缙等人金绮衣，与尚书相等。解缙等人入宫拜谢，成祖道："内阁是表达朕意的机构，事关国家机密，况且你们早晚服侍我的身边，作用不在尚书之下。"一天，成祖来到奉天门，告谕六科言官，可直言奏事。因而对解缙等人道："王珪、魏徵之风，世间并不多有。如能使进言者无所畏惧，听言者无所抵触，天下将有什么祸患不能治理呢？我愿与你们共同勉励。"这年秋天，胡俨从内阁调出，担任国子监祭酒，解缙等人照常从容献计献策，成祖也曾虚心听取意见。

解缙很年轻即参与朝政，才能很高，处事直率，表里通达。引荐选拔文人，只要有一方面的长处就赞不绝口。然而好褒贬人物，无所顾忌，朝廷大臣许多都妒忌他的受宠。以后又因为议定太子之事，为汉王高煦所忌恨，遂导致解缙的失败。当初，太子之位尚未确定，淇国公丘福说汉王有功劳，应当立为太子。成祖暗地征询解缙意见，缙回答："皇长子仁孝，人心所向，众望所归。"成祖不答话。解缙又顿首言道："好圣孙。"这是指宣宗。成祖听罢点头，太子随后即确定。高煦由于此事对解缙怀恨在心。适逢大举出兵征讨安南，解缙谏阻，成祖不听。最终安南被平定，在那里设置郡县。而太子确立之后，却时常不合成祖心意。高煦愈加受到宠幸，所用礼仪超过了太子。解缙又进谏道："这是开启争端，不能这样做。"成祖十分生气，说解缙在离间其骨肉之情，恩宠礼遇逐渐减少。永乐四年赐给黄淮等五人二品官沙罗衣，却没有赐予解缙。过了很长时间，丘福等人建议渐渐传到外廷，高煦遂诬陷解缙，说他泄露了内廷谈话。第二年，解缙以廷试中判卷不公的罪名，谪贬为广西布政司参议。即将动身时，礼部郎中李至刚报告说解缙怨气很大，因而改谪到交阯，命令他督押粮饷于化州。

永乐八年，解缙入京师奏报事情，恰逢此时成祖率军北征蒙古，不在京师，他谒见了皇太子之后返国。汉王报告解缙乘皇帝外出之际，私自赴京觐见太子，觐见之后直接就走，没有人臣礼节。成祖听后十分震怒。这一时期解缙正和检讨王翱一道经由广东游览山川，向朝廷上疏，建议开凿赣江以沟通南北。奏疏上报之后，成祖下令逮捕解缙入狱，严刑拷打。供词牵连大理寺丞汤宗，宗人府经历高得旸，中允李贯，赞善王汝玉，编修朱纮，检讨蒋骥、潘畿、萧引高以及李至刚等人，这些人都被捕入狱。王汝玉、李贯、朱纮、萧引高、高得旸等都病死狱中。永乐十二年，锦衣卫帅纪纲向成祖呈上囚犯名单，成祖见到解缙姓名时，言道："解缙仍然活着呀！"纪纲因而将解缙用酒灌醉，埋在积雪之中，立即死亡。时年四十七岁。登记并没收其家产，妻子及宗族被发配辽东。

当解缙任职翰林时，宦官张兴曾恃宠在左顺门外鞭笞人，解缙上前斥责，张兴收敛气焰退下。成祖曾书写大臣姓名，命解缙分别指出他们的优缺点。解缙言道："蹇义沉着稳重，胸中却无主见；夏原吉有德才度量，却不疏远小人；刘鏎很有才干，却不注重义礼；郑赐虽称得上君子，却很缺乏才能；李至刚虚妄而趋炎附势，虽有才干却品行不正；黄福秉性坦诚，公正直率，确能保持操守；陈瑛严苛用法，尚能保持廉正；宋礼刚直苛刻，人们责怪其不善体恤；陈洽通达机敏，却不失正直守法；方宾虽有善写文书簿册之才，亦有牙行商贾之心。"成祖将这段评价交给太子，太子因此向解缙问及尹昌隆、王汝玉二人。解缙对答："昌隆虽为君子却气量不大，汝玉文才难得，可惜有商贾之心。"以后仁宗即位，拿出解缙的评述给杨士奇，言道："人们说解缙狂傲，观读他的议论，都很有见地，不算狂啊。"下诏召回他的妻子、儿女和亲属。

解缙早年与胡广在筵宴上共同侍奉成祖。成祖道："你们二人生为同乡，长大为同学，仕途又为同官。解缙有儿子，胡广可将女儿做其妻子。"胡广顿首回答："我妻子尚在妊娠期，未卜算是男是女。"成祖笑道："肯定是女儿。"以后果然生下一女，遂约定婚姻。解缙败亡，其子祯亮发配到辽东，胡广想提出解除婚约。但女儿截耳发誓说："薄命婚姻，由皇上主持而定，父亲亦当面承诺，即使死也不改变。"等到遇赦免回来，最终嫁给了祯亮。

正统元年八月，皇帝下诏归还所没收的家产。成化元年恢复了解缙官职，并追赠为朝议大夫。当初解缙因议论汉王及安南事而导致祸患，以后高煦因反叛而被诛杀，安南几次造反，设置官府不久，复舍弃掉。这些都应验了解缙所言。

解缙的兄长解纶，洪武时期官至御史，性情刚直。后改为应天府教授。其子祯期，以善书法而闻名。

明史卷一百四十八

列传第三十六

杨士奇

杨士奇,名寓,以字行,泰和人。早孤,随母适罗氏,已而复宗。贫甚。力学,授徒自给。多游湖、湘间,馆江夏最久。建文初,集诸儒修《太祖实录》,士奇已用荐征授教授当行,王叔英复以史才荐。遂召入翰林,充编纂官。寻命吏部考第史馆诸儒。尚书张紞得士奇策,曰:"此非经生言也。"奏第一。授吴王府审理副,仍供馆职。成祖即位,改编修。已,简入内阁,典机务,数月进侍讲。

永乐二年选宫僚,以士奇为左中允。五年进左谕德。士奇奉职甚谨,私居不言公事,虽至亲厚不得闻。在帝前,举止恭慎,善应对,言事辄中。人有小过,尝为掩覆之。广东布政使徐奇载岭南土物馈廷臣,或得其目籍以进。帝阅无士奇名,召问。对曰:"奇赴广时,群臣作诗文赠行,臣适病弗预,以故独不及。今受否未可知,且物微,当无他意。"帝遽命燬籍。

六年,帝北巡,命与蹇义、黄淮留辅太子。太子喜文辞,赞善王汝玉以诗法进。士奇曰:"殿下当留意《六经》,暇则观两汉诏令。诗小技，不足为也。"太子称善。

初，帝起兵时，汉王数力战有功。帝许以事成立为太子。既而不得立，怨望。帝又怜赵王年少，宠异之。由是两王合而间太子，帝颇心动。九年还南京，召士奇问监国状。士奇以孝敬对，且曰："殿下天资高，即有过必知，知必改，存心爱人，决不负陛下托。"帝悦。十一年正旦，日食。礼部尚书吕震请勿罢朝贺。侍郎仪智持不可。士奇亦引宋仁宗事力言之。遂罢贺。明年，帝北征。士奇仍辅太子居守。汉王谮太子益急。帝还，以迎驾缓，尽征东宫官黄淮等下狱。士奇后至，宥之。召问太子事。士奇顿首言："太子孝敬如初。凡所稽迟，皆臣等罪。"帝意解。行在诸臣交章劾士奇不当独宥，遂下锦衣卫狱，寻释之。

十四年，帝还京师，微闻汉王夺嫡谋及诸不轨状，以问蹇义。义不对，乃问士奇。对曰："臣与义俱侍东宫，外人无敢为臣两人言汉王事者。然汉王两遣就藩，皆不肯行。今知陛下将徙都，辄请留守南京。惟陛下熟察其意。"帝默然，起还宫。居数日，帝尽得汉王事，削两护卫，处之乐安。明年进士奇翰林学士，兼故官。十九年改左春坊大学士，仍兼学士。明年复坐辅导有阙，下锦衣卫狱，旬日而释。

仁宗即位，擢礼部侍郎兼华盖殿大学士。帝御便殿，蹇义、夏原吉奏事未退。帝望见士奇，谓二人曰："新华盖学士来，必有谠言，试共听之。"士奇入言："恩诏减岁供甫下二日，惜薪司传旨征枣八十万斤，与前诏戾。"帝立命减其半。服制二十七日期满，吕震请即吉。士奇不可。震厉声叱之。蹇义兼取二说进。明日，帝素冠麻衣绖而视朝。廷臣惟士奇及英国公张辅服如之。朝罢，帝谓左右曰："梓宫在殡，易服岂臣子所忍言，士奇执是也。"进少保，与同官杨荣、金幼孜并赐"绳愆纠缪"银章，得密封言事。寻进少傅。

时藩司守令来朝，尚书李庆建议发军伍余马给有司，岁课其驹。士奇曰："朝廷选贤授官，乃使牧马，是贵畜而贱士也，何以示天下后世。"帝许中旨罢之，已而寂然。士奇复力言。又不报。有顷，帝御思善门，召士奇谓曰："朕向者岂真忘之。闻吕震、李庆辈皆不喜卿，朕念卿孤立，恐为所伤，不欲因卿言罢耳，今有辞矣。"手出陕西按察使陈智言养马不便疏，使草敕行之。士奇顿首谢。群臣习朝正旦仪，吕震请用乐，士奇与黄淮疏止。未报。士奇复奏，待庭中至夜漏十刻。报可。越日，帝召谓曰："震每事误朕，非卿等言，悔无及。"命兼兵部尚书，并食三禄。士奇辞尚书禄。

帝监国时，憾御史舒仲成，至是欲罪之。士奇曰："陛下即位，诏向忤旨者皆得宥。若治仲成，则诏书不信，惧者众矣。如汉景帝之待卫绾，不亦可乎？"帝即罢弗治。或有言大理卿虞谦言事不密。帝怒，降一官。士奇为白其罔，得复秩。又大理少卿弋谦以言事得罪。士奇曰："谦应诏陈言。若加之罪，则群臣自此结舌矣。"帝立进谦副都御史，而下敕引过。

时有上书颂太平者，帝以示诸大臣，皆以为然。士奇独曰："陛下虽泽被天下，然流徙尚未归，疮痍尚未复，民尚艰食。更休息数年，庶几太平可期。"帝曰："然。"因顾蹇义等曰："朕待卿等以至诚，望匡弼。惟士奇曾五上章，卿等皆无一言。岂果朝无阙政，天下太平耶？"诸臣惭谢。是年四月，帝赐士奇玺书曰："往者朕膺监国之命，卿侍左右，同心合德，徇国忘身，屡历艰虞，曾不易志。及朕嗣位以来，嘉谟入告，期予于治，正固不二，简在朕心。兹创制'杨贞一印'赐卿，尚克交修，以成明良之誉。"寻修《太宗实录》，与黄淮、金幼孜、杨溥俱充总裁官。未几，帝不豫，召士奇与蹇义、黄淮、杨荣至思善门，命士奇书敕召太子于南京。

宣宗即位，修《仁宗实录》，仍充总裁。宣德元年，汉王高煦反。帝亲征，平之。师还，次献县之单家桥，侍郎陈山迎谒，言汉、赵二王实同心，请乘势袭彰德执赵王。荣力赞决。士奇曰："事当有实，天地鬼神可欺乎？"荣厉声曰："汝欲挠大计耶！今逆党言赵实与谋，何谓无辞？"士奇曰："太宗皇帝三子，今上惟两叔父。有罪者不可赦，其无罪者宜厚待之，疑则防之，使无虞而已。何遽加兵，伤皇祖在天意乎？"时惟杨溥与士奇合。将入谏，荣先入，士奇继之，阍者不纳。寻召义、原吉入。二人以士奇言白帝。帝初无罪赵意，移兵事得寝。比还京，帝思士奇言，谓曰："今议者多言赵王事，奈何？"士奇曰："赵最亲，陛下当保全之，毋惑群言。"帝曰："吾欲封群臣章示王，令自处何如？"士奇曰："善，更得一玺书幸甚。"于是发使奉书至赵。赵王得书大喜。泣曰："吾生矣。"即上表谢，且献护卫，言者始息。帝待赵王日益亲而薄陈山。谓士奇曰："赵王所以全，卿力也。"赐金币。

时交阯数叛。屡发大军征讨，皆败没。交阯黎利遣人伪请立陈氏后。帝亦厌兵，欲许之。英国公张辅、尚书蹇义以下，皆言与之无名，徒示弱天下。帝召士奇、荣谋。二人力言："陛下恤民命以绥荒服，不为无名。汉弃珠厓，前史以为美谈，不为示弱，许之便。"寻命择使交阯者。蹇义荐伏伯安口辩。士奇曰："言不忠信，虽蛮貊之邦不可行。伯安小人，往且辱国。"帝是之，别遣使。于是弃交阯，罢兵，岁省军兴巨万。

五年春，帝奉皇太后谒陵，召英国公张辅、尚书蹇义及士奇、荣、幼孜、溥，朝太后于行殿。太后慰劳之。帝又语士奇曰："太后为朕言，先帝在青宫，惟卿不惮触忤，先帝能从，以不败事。又诲朕当受直言。"士奇对曰："此皇太后盛德之言，愿陛下念之。"寻敕鸿胪寺，士奇老有疾，趋朝或后，毋论奏。帝尝微行，夜幸士奇宅。士奇仓皇出迎，顿首曰："陛下奈何以社稷宗庙之身自轻？"帝曰："朕欲与卿一言，故来耳。"后数日，获二盗，有异谋。帝召士奇，告之故。且曰："今而后知卿之爱朕也。"

帝以四方屡水旱，召士奇议下诏宽恤，免灾伤租税及官马亏额者。士奇因请并蠲逋赋薪刍钱，减官田额，理冤滞，汰工役，以广德意。民大悦。逾二年，帝谓士奇曰："恤民诏下已久，今更有可恤者乎？"士奇曰："前诏减官田租，户部征如故。"帝怫然曰："今首行之，废格者论如法。"士奇复请抚逃民，察墨吏，举文学武勇之士，令极刑家子孙皆得仕进。又请廷臣三品以上及二司官，各举所知，备方面郡守选。皆报可。当是时，帝励精图治，士奇等同心辅佐，海内号为治平。帝乃仿古君臣豫游事，每岁首，赐百官旬休。车驾亦时幸西苑万岁山，诸学士皆从，赋诗赓和，从容问民间疾苦。有所论奏，帝皆虚怀听纳。

帝之初即位也，内阁臣七人。陈山、张瑛以东宫旧恩入，不称，出为他官。黄淮以疾致仕。金幼孜卒。阁中惟士奇、荣、溥三人。荣疏阔果毅，遇事敢为。数从成祖北征，能知边将贤否，厄塞险易远近，敌情顺逆。然颇通馈遗，边将岁时致良马。帝颇知之，以问士奇。士奇力言："荣晓畅边务，臣等不及，不宜以小眚介意。"帝笑曰："荣尝短卿及原吉，卿乃为之地耶？"士奇曰："愿陛下以曲容臣者容荣。"帝意乃解。其后，语稍稍闻，荣以此愧士奇，相得甚欢。帝亦益亲厚之，先后所赐珍果牢醴金绮衣币书器无算。

宣宗崩，英宗即位，方九龄，军国大政关白太皇太后。太后推心任士奇、荣、溥三人，有事遣中使诣阁谘议，然后裁决。三人者亦自信，侃侃行意。士奇首请练士卒，严边防，设南京参赞机务大臣，分遣文武镇抚江西、湖广、河南、山东，罢侦事校尉。又请以次蠲租税，慎刑狱，严核百司。皆允行。正统之初，朝政清明，士奇等之力也。三年，《宣宗实录》成，进少师。四年乞致仕。不允。敕归省墓。未几，还。

是时中官王振有宠于帝，渐预外庭事，导帝以严御下，大臣往往下狱。靖江王佐敬私馈荣金。荣先省墓，归不之知。振欲借以倾荣，士奇力解之，得已。荣寻卒，士奇、溥益孤。其明年遂大兴师征麓川，帑藏耗费，士马物故者数万。又明年，太皇太后崩，振势益盛，大作威福，百官小有牴牾，辄执而系之。廷臣人人惴恐，士奇亦弗能制也。

士奇既耄，子稷傲很，尝侵暴杀人。言官交章劾稷。朝议不即加法，封其状示士奇。复有人发稷横虐数十事，遂下之理。士奇以老疾在告。天子恐伤士奇意，降诏慰勉。士奇感泣，忧不能起。九年三月卒，年八十。赠太师，谥文贞。有司乃论杀稷。

初，正统初，士奇言瓦刺渐强，将为边患，而边军缺马，恐不能御。请于附近太仆寺关领，西番贡马亦悉给之。士奇殁未几，也先果入寇，有土木之难，识者思其言。又雅善知人，好推毂寒士，所荐达有初未识面者。而于谦、周忱、况锺之属，皆用士奇荐，居官至一二十年，廉能冠天下，为世名臣云。

次子稹，以荫补尚宝丞。成化中，进太常少卿，掌司事。

译文：

杨士奇，名寓，通常都以字称呼他，泰和人。早年丧父，随母亲到了罗家,后来归宗复姓杨。家里很穷,奋力学习,靠教学生来维持生活。经常来往于湖南、湖北一带,在江夏教书的时间最长。建文初年,集中各儒生撰修《太祖实录》,杨士奇已经因为有人推荐被授职为教授,正要起行,王叔英又因为他史学方面的才识而再推荐他。于是召入翰林院,担任编纂官。不久命吏部考试评定史馆各儒生的等第。尚书张紞看到杨士奇写的策,说:"这不是寻常儒生说的话。"上奏他第一名。授职吴王府副审理,仍然在史馆工作。明成祖即位,改任编修。后来,选入内阁,掌管机密的军国大事,几个月后升为侍讲。

永乐二年选择宫僚,以杨士奇为左中允。永乐五年升为左谕德。杨士奇工作非常谨慎,在私宅不谈公事,即使是最亲近友好的人都听不到这些事。在皇帝面前,举止恭敬慎重,善于应对,讲什么事往往都能料中。别人有小的过错,常常给他掩饰过去。广东布政使徐奇带了岭南的土特产分送朝中大臣,有人拿了他的单子抄给皇帝。皇帝看到上面没有杨士奇的名字,便找他询问。回答说:"徐奇去广东的时候,群臣作诗文送行,我刚刚得病没有参加,所以没有送给我。现在他们有没有接受这些东西还不知道,而且东西也很少,估计没有其他意思。"皇帝马上命令把单子烧了。

永乐六年,皇帝北巡,命杨士奇与蹇义、黄淮留下辅导太子。太子喜好文章词采,赞善王汝玉把诗法上送给他。杨士奇说:"殿下应当用心学习《六经》,有空则看看两汉时的诏令。写诗只是小技巧,不值得去研究。"太子觉得很对。

当初,永乐帝起兵时,汉王屡立战功。皇帝答应事情成功以后立他为太子。后来得不到册立,心怀怨恨。皇帝又怜惜赵王年纪小,特别宠爱他。于是两王联合起来离间太子,皇帝有些心动。永乐九年回南京,召杨士奇问监国太子的情况。杨士奇回称他很孝顺恭敬,而且说:"殿下很聪明,即使有过错也一定能知道,知道了一定能改正,心地好待人仁爱,绝不会辜负陛下的托付。"皇帝满意了。永乐十一年正月初一,日食。礼部尚书吕震请求不要停止朝贺的仪式,侍郎仪智则坚持不可以。杨士奇亦引用宋仁宗的事例极力反对。于是停止朝贺。第二年,皇帝北征。士奇仍然辅助太子留守。汉王诬陷太子越来越严重。皇帝回来,因为迎接来迟,把东宫官黄淮等全部投到监狱。杨士奇后来才到,饶了他。召他询问太子的情况。杨士奇叩首说:"太子孝顺恭敬和以前一样。凡是有耽搁迟缓,都是我们的罪过。"皇帝的气消了。随从皇帝的各大臣纷纷上奏章弹劾杨士奇不应当单独得到宽恕,于是把他关到锦衣卫监狱,不久释放。

永乐十四年,皇帝回京师,听到一点汉王要夺取太子位的阴谋和各种不轨的行为,便问蹇义。蹇义不回答,于是问杨士奇。回答说:"我和蹇义都是侍奉东宫,外人没有敢跟我们两个说到汉王的事的。但是两次让汉王到藩封地,他都不肯去。现在知道陛下将要迁都,总是要求留守南京。希望陛下认真考虑他的用意。"皇帝默不作声,起驾回宫。过了几天,皇帝完全知道了汉王的事,削夺了两支隶属于他的护卫武装部队,把他安置到乐安。第二年升杨士奇为翰林学士,仍兼原来的官职。永乐十九年改为左春坊大学士,仍然兼翰林学士。第二年,又被告辅导太子有过错,关到锦衣卫监狱,十来日才释放了。

仁宗即帝位,提升为礼部侍郎兼华盖殿大学士。皇帝在便殿,蹇义、夏原吉奏事未退去。皇帝望见杨士奇,对两人说:"新华盖殿学士来,一定有正直的言论,我们来听听他的。"杨士奇进去说:"减少岁供的恩诏才发下两日,惜薪司传圣旨征收枣八十万斤,这和前面的诏令是相矛盾的。"皇帝立即命令减少一半。按照丧服制度的规定,穿丧服二十七日已到期,吕震请求换吉服。杨士奇不同意。吕震厉声斥责他。蹇义把他们两人的意见同时上报。次日,皇帝戴素冠穿麻衣制的丧服扎孝带出朝。朝廷大臣只有杨士奇和英国公张辅穿得和他一样。退朝以后,皇帝对左右的人说:"先帝的棺材还停放着,臣下怎能忍心说换吉服,杨士奇坚持得对。"升少保,和同事杨荣、金幼孜一起被赐给刻有"绳愆纠缪"四个字的银印章,准许密封上奏事情。不久升为少傅。

当时布政使县令等地方官来朝见,尚书李庆建议把军队多余的马匹给他们,每年让他们交小马驹。杨士奇说:"朝廷选举贤能授给官职,却让他牧马,是贵牲畜而轻视士人,这怎么能够向天下人和后世交代呢?"皇帝允许直接下圣旨停止,后来一点反应都没有。杨士奇再极力争辩。又没有回音。不久,皇帝到思善门,召杨士奇说:"朕难道真的忘记了吗?听说吕震、李庆等都不喜欢你,朕考虑到你孤立,恐怕被他们中伤,不想因为你的话停止罢了,现在有说的了。"随手拿出陕西按察使陈智说养马一事不妥当的奏疏,让杨士奇起草敕文施行。杨士奇叩首致谢。群臣练习正月初一日朝拜的仪式,吕震请用乐,杨士奇和黄淮上疏请求停止。没有回答,杨士奇再奏,在院庭中一直等到深夜。回答说可以。过了一天,皇帝召见他说:"吕震经常误事,不是你们提出,将会后悔不及。"命兼兵部尚书,领三个职务的俸禄。杨士奇推辞了尚书的俸禄。

皇帝监国时,恨御史舒仲成,这时想惩罚他。杨士奇说:"陛下即位,下诏说过去触犯违背了圣旨的人都可以得到宽恕,如果惩治舒仲成,则诏书没有信用,害怕的人多了。就像汉景帝对待卫绾一样,不是也可以吗?"皇帝立即停止不惩治他。又有人说大理卿虞谦讲事情不缜密,皇帝生气,降了他一级。杨士奇为他辩白这是陷害,得以恢复原级别。又大理少卿弋谦因为进说事情获罪。杨士奇说:"弋谦是响应诏书进言的。如果把他加罪,则群臣从此不敢讲话了。"皇帝立即提升弋谦为副都御史,而发下敕文承认自己的过错。

当时有上书歌颂太平的,皇帝给各大臣看,都以为是这样。只有杨士奇说:"陛下虽然恩泽布于天下,但是迁徙流移的人还未回来,战争的创伤还没有恢复,百姓衣食还比较艰难。再休息几年,那时可以期望能达到太平了。"皇帝说:"对。"于是看着蹇义等说:"我以至诚对待你们,希望得到辅助和纠正。只有杨士奇曾经五次上奏章,你们都没说一句话。难道真是朝廷政治没有疏漏错误之处,天下太平了吗?"各大臣惭愧认错。这年四月,皇帝赐给杨士奇玺书说:"从前我受命监国,你侍奉在左右,同心同德,为国忘身,屡次经历艰难忧患,都没有改变志向。我即帝位以来,有很好的谋略相告,希望给予天下太平,坚贞不渝,这些都记在我心里。现在创制'杨贞一印'赐给你,希望加强修养,以达到明达贤良的美名。"不久纂修《太宗实录》,和黄淮、金幼孜、杨溥都充当总裁官。不久,皇帝病重,召杨士奇与蹇义、黄淮、杨荣到思善门,命杨士奇写敕书到南京召太子。

宣宗即帝位,纂修《仁宗实录》,杨士奇仍然担任总裁。宣德元年,汉王高煦谋反。皇帝亲征,平定了他。部队回来,驻扎在献县的单家桥,侍郎陈山迎接拜谒,说汉、赵二王是一条心的,请乘势袭击彰德抓了赵王。杨荣极力赞成。杨士奇说:"事情应当有证据,天地鬼神可以欺骗吗?"杨荣厉声说:"你想阻挠这重大的计划吗？现在逆党说赵实在是同谋，怎么说没有事实？"杨士奇说："太宗皇帝三个儿子，现在皇帝只有两个叔父。有罪的不能赦免，而没有罪的应该厚待他，怀疑则防备他，使不会出事就是了。何必急忙攻打他，伤害皇祖在天上的感情呢？"当时只有杨溥和杨士奇意见相同。将要入谏，杨荣先进去了，杨士奇跟着他，守门的人不让进去。不久召蹇义、夏原吉进去。两人把杨士奇的话告诉了皇帝。皇帝开始并无惩治赵的意思，转移部队攻赵这件事得以停止。回到京师以后，皇帝考虑杨士奇的话，对他说："现在议论的人很多都说赵王的事，怎么办？"杨士奇说："赵最亲，陛下应该保全他，不要被人们的话所迷惑。"皇帝说："我想把群臣的奏章封起来给赵王看，让他自行处理，怎样？"杨士奇说："好，再有一封玺书更好。"于是派使者捧书到赵。赵王得到玺书非常高兴。哭着说："我能活了。"马上上表谢恩，而且献出护卫的武装力量，议论的人才平息了。皇帝待赵王日更亲热而轻视陈山。对杨士奇说："赵王所以能够保全，是你的功劳呀。"赐给金币。

当时交阯几次叛乱。明廷屡次发大军征讨，都失败了。交阯黎利派人假意请求立陈氏的后人。皇帝亦讨厌用兵，想允许他。英国公张辅、尚书蹇义以下的人，都说没有理由答应他，这样做只会向天下显示了自己的软弱。皇帝召杨士奇、杨荣商议。两人极力说："陛下为了体恤民命安抚辟远的地区，不是没有理由。汉朝放弃了珠阯，以前历史上都认为是好事，不是表示软弱，应该答应他。"接着命令选派到交阯的使臣。蹇义推荐伏伯安有口才。杨士奇说："话不讲忠信，虽然是蛮貊这样的地方也不能去。伯安小人，去会有失国体。"皇帝认为对，另派了使者。于是放弃交阯，撤回军队，每年省去由于战事而耗去的费用巨万。

宣德五年春天，皇帝侍奉太后拜谒陵墓，召英国公张辅、尚书蹇义及杨士奇、杨荣、金幼孜、杨溥，在行殿朝见太后。太后慰劳他们。皇帝又对杨士奇说："太后对我说，先帝在青宫的时候，只有你不怕犯颜直谏，先帝能听从，所以没有误事。又教导我应该接受正直的意见。"杨士奇回答说："这是皇太后盛德的话，希望你记住。"不久诏令鸿胪寺：杨士奇年老体弱，上朝可能会晚一些，不必议论参奏。皇帝曾微服出行，晚上到了杨士奇的家。杨士奇仓皇出来迎接，叩头说："你自己为什么这样不重视社稷宗庙所寄托的身体？"皇帝说："我想和你说说话，所以来罢了。"几天以后，抓获两个强盗，都有不轨的打算。皇帝召杨士奇，把情况告诉他。并且说："从今以后更知道你对我的爱护了。"

　　皇帝因为各处屡有水旱之灾，召杨士奇写诏令宽恤，免灾区租税和养官马交不足额的。杨士奇乘机请求免除过去拖欠的赋役柴薪草料钱，减少官田的数额，清理积压下来的冤屈，减少工役，以广布仁德的心意。百姓很高兴。过了两年，皇帝对杨士奇说："抚恤百姓的诏令颁布已经很久，现在还有可以体恤的地方吗？"杨士奇说："从前下诏减官田租，户部照旧征收。"皇帝愤怒地说："现在开始实行，不遵从或阻挠的依法处理。"杨士奇再请求安抚逃民，调查贪污的官吏，推举有文才学识、勇敢精通武艺的士人，命令被判死刑的人的子孙都可以做官谋个人进展。又建议请三品以上的朝廷大臣和地方上布政使按察使，各自举荐自己所知道的人，准备地方上官员的人选。都被同意了。在那个时候，皇帝励精图治，杨士奇等同心辅佐，国内认为天下安定太平。于是，皇帝仿效历史上君臣共同游乐的故事，每年初，赐给百官十天休假。皇帝亦常常到西苑万岁山，各学士都跟从着，赋诗唱和，从容地询问民间疾苦。有什么意见上奏，皇帝都能虚心听取。

皇帝开始即位时，内阁大臣有七个人，陈山、张瑛是因为曾在东宫的关系入阁的，不称职，调出来担任其他官职。黄淮因病退休。金幼孜死了。阁中只有杨士奇、杨荣、杨溥三个人。杨荣疏爽乐观果敢刚颜，遇事敢作敢为。几次跟从成祖北征，能够知道边关将领好不好，据守要塞的地形和道路远近，敌人的情况是归顺还是叛逆。但是比较喜欢接受礼物，边关的将领每年都给他送好马。皇帝有些知道，向杨士奇询问。杨士奇极力说："杨荣通晓边境事务，我们都比不上他，不应该因为有些小毛病而在意。"皇帝笑说："杨荣曾经说你和夏原吉的坏话，你却为他说情吗？"杨士奇说："愿陛下把对我的偏爱容忍来容忍杨荣。"于是，皇帝的不快解除了。后来，这些话稍稍泄露了出去，杨荣因此愧对杨士奇，互相间相处得很好。皇帝亦更加亲厚杨士奇，先后赏赐给他的珍宝果品、祭祀用的牺牲美酒、黄金丝织品衣服银币书籍器具无数。

宣宗去世，英宗即帝位，才九岁，国家的军政大事都要报告太皇太后。太后推心置腹的任用杨士奇、杨荣、杨溥三人，有事都派宦官到内阁咨询商议，然后裁决。三个人亦很自信，理直气壮地推行自己的意见。杨士奇首先请求操练士卒，加强边境的守备防御，设置南京参赞机务大臣，分别派遣文武官员镇守巡抚江西、湖广、河南、山东，撤除进行特务活动的校尉。又请求有安排地免除租税，慎重对案件的处理，严肃地查核各部门的官员。皇帝都准许实行。正统初年，朝廷政治清明，是杨士奇等的功劳。正统三年，《宣宗实录》修纂完成，升少师。正统四年请求退休，不准。诏令回乡扫墓。不久，回朝。

当时太监王振被皇帝宠信，逐渐干预朝政，诱导皇帝用严酷的手段统治下属，大臣往往被投到监狱。靖江王朱佐敬私自送金给杨荣。杨荣先已经回乡扫墓，回来并不知道。王振想借这件事排挤杨荣，杨士奇极力解释，得以作罢。杨荣不久去世，杨士奇、杨溥更加孤立。第二年便有大举征伐麓川的事，耗费国库储藏，兵士马匹死去的几万。又第二年，太皇太后去世，王振的势力更大，大作威福，大小官员对他稍为有些违抗，马上抓了关起来。朝廷大臣人人都心怀恐惧，杨士奇也不能制止。

杨士奇年老，儿子杨稷傲慢狠毒，曾经侵犯平民并用暴力杀人。言官纷纷上奏章弹劾杨稷。朝廷议论不立即加以处理，把那些陈述的文件封起来交给杨士奇看。再有人揭发了杨稷蛮横暴虐的几十件事，便把他抓了起来。杨士奇因为年老有病正在休假。天子恐怕伤害了杨士奇的感情，下诏安慰勉励他。杨士奇感动得哭了，忧虑得卧床不起。正统九年三月去世，享年八十岁。追赠太师，根据他生前的事迹为他立号为文贞。于是，政府判了杨稷死刑。

开始，正统初年，杨士奇说瓦剌势力逐渐强盛，将会成为边疆的祸患，而边境军队缺少马匹，恐怕不能抵御。建议在附近太仆寺领取，西番进贡来的马也全部给他们。杨士奇死后不久，也先果然侵犯，发生了土木之变，有知道的人都想起杨士奇的话。杨士奇又善于发现人才，喜欢推荐贫寒的士人，所推荐任用的人，有些开始时连面都没有见过。而于谦、周忱、况钟等人，都由于杨士奇的推荐，担任官职一二十年，廉洁和才能为天下之冠，是当代名臣。

次子杨穜以恩荫任尚宝丞。成化中，升太常少卿，掌管官署的事。

明史卷一百七十

列传第五十八

于谦

于谦，字廷益，钱塘人。生七岁，有僧奇之曰："他日救时宰相也。"举永乐十九年进士。

宣德初，授御史。奏对，音吐鸿畅，帝为倾听。顾佐为都御史，待寮属甚严，独下谦，以为才胜己也。扈跸乐安，高煦出降，帝命谦口数其罪。谦正词崭崭，声色震厉。高煦伏地战栗，称万死。帝大悦。师还，赏赉与诸大臣等。

出按江西，雪冤囚数百。疏奏陕西诸处官校为民害，诏遣御史捕之。帝知谦可大任，会增设各部右侍郎为直省巡抚，乃手书谦名授吏部，超迁兵部右侍郎，巡抚河南、山西。谦至官，轻骑遍历所部，延访父老，察时事所宜兴革，即具疏言之。一岁凡数上，小有水旱，辄上闻。

正统六年疏言："今河南、山西积谷各数百万。请以每岁三月，令府州县报缺食下户，随分支给。先菽秫，次黍麦，次稻。俟秋成偿官，而免其老疾及贫不能偿者。州县吏秩满当迁，预备粮有未足，不听离任。仍令风宪官以时稽察。"诏行之。河南近河处，时有冲决。谦令厚筑堤障，计里置亭，亭有长，责以督率修缮。并令种树凿井，榆柳夹路，道无渴者。大同孤悬塞外，按山西者不及至，奏别设御史治之。尽夺镇将私垦田为官屯，以资边用。威惠流行，太行伏盗皆避匿。在官九年，迁左侍郎，食二品俸。

初，三杨在政府，雅重谦。谦所奏，朝上夕报可，皆三杨主持。而谦每议事京师，空橐以入，诸权贵人不能无望。及是，三杨已前卒，太监王振方用事，适有御史姓名类谦者，尝忤振。谦入朝，荐参政王来、孙原贞自代。通政使李锡阿振指，劾谦以久不迁怨望，擅举人自代。下法司论死，系狱三月。已而振知其误，得释，左迁大理寺少卿。山西、河南吏民伏阙上书，请留谦者以千数，周、晋诸王亦言之，乃复命谦巡抚。时山东、陕西流民就食河南者二十余万，谦请发河南、怀庆二府积粟以振。又奏令布政使年富安集其众，授田给牛种，使里老司察之。前后在任十九年，丁内外艰，皆令归治丧，旋起复。

十三年以兵部左侍郎召。明年秋，也先大入寇，王振挟帝亲征。谦与尚书邝埜极谏，不听。埜从治兵，留谦理部事。及驾陷土木，京师大震，众莫知所为。郕王监国，命群臣议战守。侍讲徐珵言星象有变，当南迁。谦厉声曰："言南迁者，可斩也。京师天下根本，一动则大事去矣，独不见宋南渡事乎！"王是其言，守议乃定。时京师劲甲精骑皆陷没，所余疲卒不及十万，人心震恐，上下无固志。谦请王檄取两京、河南备操军，山东及南京沿海备倭军，江北及北京诸府运粮军，亟赴京师，以次经画部署，人心稍安。即迁本部尚书。

郕王方摄朝，廷臣请族诛王振。而振党马顺者，辄叱言官。于是给事中王竑廷击顺，众随之。朝班大乱，卫卒声汹汹。王惧欲起，谦排众直前掖王止，且启王宣谕曰："顺等罪当死，勿论。"众乃定。谦袍袖为之尽裂。退出左掖门，吏部尚书王直执谦手叹曰："国家正赖公耳。今日虽百王直何能为！"当是时，上下皆倚重谦，谦亦毅然以社稷安危为己任。

初，大臣忧国无主，太子方幼，寇且至，请皇太后立郕王。王惊谢至再。谦扬言曰："臣等诚忧国家，非为私计。"王乃受命。九月，景帝立，谦入对，慷慨泣奏曰："寇得志，要留大驾，势必轻中国，长驱而南。请饬诸边守臣协力防遏。京营兵械且尽，宜亟分道募民兵，令工部缮器甲。遣都督孙镗、卫颖、张軏、张仪、雷通分兵守九门要地，列营郭外。都御史杨善、给事中王竑参之，徙附郭居民入城。通州积粮，令官军自诣关支，以赢米为之直，毋弃以资敌。文臣如轩輗者，宜用为巡抚。武臣如石亨、杨洪、柳溥者，宜用为将帅。至军旅之事，臣身当之，不效则治臣罪。"帝深纳之。

十月敕谦提督各营军马。而也先挟上皇破紫荆关直入，窥京师。石亨议敛兵坚壁老之。谦不可，曰："奈何示弱，使敌益轻我。"亟分遣诸将，率师二十二万，列阵九门外：都督陶瑾安定门，广宁伯刘安东直门，武进伯朱瑛朝阳门，都督刘聚西直门，镇远侯顾兴祖阜成门，都指挥李端正阳门，都督刘得新崇文门，都指挥汤节宣武门，而谦自与石亨率副总兵范广、武兴陈德胜门外，当也先。以部事付侍郎吴宁，悉闭诸城门，身自督战。下令，临阵将不顾军先退者，斩其将。军不顾将先退者，后队斩前队。于是将士知必死，皆用命。副总兵高礼、毛福寿却敌彰义门北，擒其长一人。帝喜，令谦选精兵屯教场以便调用，复命太监兴安、李永昌同谦理军务。

初，也先深入，视京城可旦夕下，及见官军严阵待，意稍沮。叛阉喜宁嗾使邀大臣迎驾，索金帛以万万计，复邀谦及王直、胡濙等出议。帝不许，也先气益沮。庚申，寇窥德胜门。谦令亨设伏空舍，遣数骑诱敌。敌以万骑来薄，副总兵范广发火器，伏起齐击之。也先弟孛罗、平章卯那孩中炮死。寇转至西直门，都督孙镗御之，亨亦分兵至，寇引退。副总兵武兴击寇彰义门，与都督王敬挫其前锋。寇且却，而内官数百骑欲争功，跃马竞前。阵乱，兴被流矢死。寇逐至土城，居民升屋，号呼投砖石击寇，哗声动天。王竑及福寿援至，寇乃却。相持五日，也先邀请既不应，战又不利，知终弗可得志，又闻勤王师且至，恐断其归路，遂拥上皇由良乡西去。谦调诸将追击，至关而还。论功，加谦少保，总督军务。谦曰："四郊多垒，卿大夫之耻也，敢邀功赏哉！"固辞，不允。乃益兵守真、保、涿、易诸府州，请以大臣镇山西，防寇南侵。

景泰元年三月，总兵朱谦奏敌二万攻围万全，敕范广充总兵官御之。已而寇退，谦请即驻兵居庸，寇来则出关剿杀，退则就粮京师。大同参将许贵奏，迤北有三人至镇，欲朝廷遣使讲和。谦曰："前遣指挥季铎、岳谦往，而也先随入寇。继遣通政王复、少卿赵荣，不见上皇而还。和不足恃，明矣。况我与彼不共戴天，理固不可和。万一和而彼肆无厌之求，从之则坐敝，不从则生变，势亦不得和。贵为介胄臣，而恇怯如此，何以敌忾，法当诛。"移檄切责。自是边将人人主战守，无敢言讲和者。

初，也先多所要挟，皆以喜宁为谋主。谦密令大同镇将擒宁，戮之。又计授王伟诱诛间者小田儿。且因谍用间，请特释忠勇伯把台家，许以封爵，使阴图之。也先始有归上皇意，遣使通款，京师稍解严。谦上言："南京重地，抚辑须人。中原多流民，设遇岁荒，啸聚可虞。乞敕内外守备及各巡抚加意整饬，防患未然，召还所遣召募文武官及镇守中官在内地者。"

于时八月，上皇北狩且一年矣。也先见中国无衅，滋欲乞和，使者频至，请归上皇。大臣王直等议遣使奉迎，帝不悦曰："朕本不欲登大位，当时见推，实出卿等。"谦从容曰："天位已定，宁复有他，顾理当速奉迎耳。万一彼果怀诈，我有辞矣。"帝顾而改容曰："从汝，从汝。"先后遣李实、杨善往，卒奉上皇以归，谦力也。

上皇既归，瓦剌复请朝贡。先是，贡使不过百人，正统十三年至三千余，赏赉不餍，遂入寇。及是又遣使三千来朝，谦请列兵居庸关备不虞，京师盛陈兵，宴之。因言和议难恃，条上安边三策。请敕大同、宣府、永平、山海、辽东各路总兵官增修备御。京兵分隶五军、神机、三千诸营，虽各有总兵，不相统一，请择精锐十五万，分十营团操。团营之制自此始。具《兵志》中。瓦剌入贡，每携故所掠人口至。谦必奏酬其使，前后赎还累数百人。

初，永乐中，降人安置近畿者甚众。也先入寇，多为内应。谦谋散遣之。因西南用兵，每有征行，辄选其精骑，厚资以往，已更遣其妻子，内患以息。杨洪自独石入卫，八城悉以委寇。谦使都督孙安以轻骑出龙门关据之，募民屯田，且战且守，八城遂复。贵州苗未平，何文渊议罢二司，专设都司，以大将镇之。谦曰："不设二司，是弃之也。"议乃寝。谦以上皇虽还，国耻未雪，会也先与脱脱不花构，请乘间大发兵，身往讨之，以复前仇，除边患。帝不许。

谦之为兵部也，也先势方张，而福建邓茂七、浙江叶宗留、广东黄萧养各拥众僭号，湖广、贵州、广西、瑶、僮、苗、僚所至蜂起。前后征调，皆谦独运。当军马倥偬，变在俄顷，谦目视指屈，口具章奏，悉合机宜。僚吏受成，相顾骇服。号令明审，虽勋臣宿将小不中律，即请旨切责。片纸行万里外，靡不惕息。其才略开敏，精神周至，一时无与比。至性过人，忧国忘身。上皇虽归，口不言功。东宫既易，命兼宫僚者支二俸。诸臣皆辞，谦独辞至再。自奉俭约，所居仅蔽风雨。帝赐第西华门，辞曰："国家多难，臣子何敢自安。"固辞，不允。乃取前后所赐玺书、袍、锭之属，悉加封识，岁时一省视而已。

帝知谦深，所论奏无不从者。尝遣使往真定、河间采野菜，直沽造乾鱼，谦一言即止。用一人，必密访谦。谦具实对，无所隐，不避嫌怨。由是诸不任职者皆怨，而用弗如谦者，亦往往嫉之。比寇初退，都御史罗通即劾谦上功簿不实。御史顾曜言谦太专，请六部大事同内阁奏行。谦据祖制折之，户部尚书金濂亦疏争，而言者掊撼不已。诸御史以深文弹劾者屡矣，赖景帝破众议用之，得以尽所设施。

谦性故刚，遇事有不如意，辄拊膺叹曰："此一腔热血，竟洒何地！"视诸选耎大臣、勋旧贵戚，意颇轻之，愤者益众。又始终不主和议，虽上皇实以是得还，不快也。徐珵以议南迁，为谦所斥。至是改名有贞，稍稍进用，尝切齿谦。石亨本以失律削职，谦请宥而用之，总兵十营，畏谦不得逞，亦不乐谦。德胜之捷，亨功不加谦而得世侯，内愧，乃疏荐谦子冕。诏赴京师，辞，不允。谦言："国家多事，臣子义不得顾私恩。且亨位大将，不闻举一幽隐，拔一行伍微贱，以裨军国，而独荐臣子，于公议得乎？臣于军功，力杜侥幸，决不敢以子滥功。"亨复大恚。都督张軏以征苗失律，为谦所劾，与内侍曹吉祥等皆素憾谦。

景泰八年正月壬午，亨与吉祥、有贞等既迎上皇复位，宣谕朝臣毕，即执谦与大学士王文下狱。诬谦等与黄𬭎构邪议，更立东宫，又与太监王诚、舒良、张永、王勤等谋迎立襄王子。亨等主其议，嗾言官上之。都御史萧惟祯定谳，坐以谋逆，处极刑。文不胜诬，辩之疾，谦笑曰："亨等意耳，辩何益？"奏上，英宗尚犹豫曰："于谦实有功。"有贞进曰："不杀于谦，此举为无名。"帝意遂决。丙戌改元天顺，丁亥弃谦市，籍其家，家戍边。遂溪教谕吾豫言谦罪当族，谦所荐举诸文武大臣并应诛。部议持之而止。千户白琦又请榜其罪，镂板示天下。一时希旨取宠者，率以谦为口实。

谦自值也先之变，誓不与贼俱生。尝留宿直庐，不还私第。素病痰，疾作，景帝遣兴安、舒良更番往视。闻其服用过薄，诏令上方制赐，至醯菜毕备。又亲幸万岁山，伐竹取沥以赐。或言宠谦太过，兴安等曰："彼日夜分国忧，不问家产，即彼去，令朝廷何处更得此人？"及籍没，家无余赀，独正室鐍钥甚固。启视，则上赐蟒衣、剑器也。死之日，阴霾四合，天下冤之。指挥朵儿者，本出曹吉祥部下，以酒酹谦死所，恸哭。吉祥怒，抶之。明日复酹奠如故。都督同知陈逵感谦忠义，收遗骸殡之。夔年，归葬杭州。逵，六合人。故举将才，出李时勉门下者也。皇太后初不知谦死，比闻，嗟悼累日。英宗亦悔之。

谦既死，而亨党陈汝言代为兵部尚书。未一年败，赃累巨万。帝召大臣入视，愀然曰："于谦被遇景泰朝，死无余赀，汝言抑何多也。"亨俯首不能对。俄有边警，帝忧形于色。恭顺侯吴瑾侍，进曰："使于谦在，当不令寇至此。"帝为默然。是年，有贞为亨所中，戍金齿。又数年，亨亦下狱死，吉祥谋反族诛，谦事白。

成化初，冤赦归，上疏讼冤，得复官赐祭。诰曰："当国家之多难,保社稷以无虞,惟公道之独持,为权奸所并嫉。在先帝已知其枉,而朕心实怜其忠。"天下传诵焉。弘治二年用给事中孙需言,赠特进光禄大夫、柱国、太傅,谥肃愍,赐祠于其墓曰旌功,有司岁时致祭。万历中,改谥忠肃。杭州、河南、山西皆世奉祀不绝。

译文:

于谦,字廷益,钱塘人。七岁的时候,有个和尚惊奇于他的相貌,说:"这是将来救世的宰相呀。"中永乐十九年进士。

宣德初年,任命为御史。奏对的时候,声音洪亮语言流畅,皇帝很用心听。顾佐任都御史时,对下属非常严厉,只有对于谦很客气,认为他的才能胜过自己。在乐安护从皇帝车驾时,高煦出来投降,皇帝命于谦数说他的罪行。于谦义正词严,声色俱厉。高煦伏在地上颤栗,自称罪该万死。皇帝很高兴。班师回朝,赏赐给于谦的和各大臣一样。

于谦外出巡按江西,昭雪了被冤枉的几百个囚犯。他上疏奏报陕西各处官校骚扰百姓,诏令派御史逮捕他们。皇帝知道于谦可以挑起重任,刚好增设各部右侍郎为直接派驻省的巡抚,于是亲手写了于谦的名字交给吏部,越级提升他为兵部右侍郎,巡抚河南、山西。于谦到任后,轻装骑马走遍了所管辖的地区,访问父老,考察当时各项应该兴办或者革除的事,立即上疏提出。一年上疏几次,稍有水旱灾害,马上上报。

正统六年他上疏说:"现在河南、山西各存储了谷物数百万石。请于每年三月,令府州县报告缺粮的贫困户,分配发给。先给菽秫,再给黍麦,再次给稻。等秋收后还给官府,而年老有病和贫穷无力偿还的则免予归还。州县吏员任满应该提升时,储存预备粮不足额的,不得离任。并命令监察方面的官员经常稽查视察。"下诏令照执行。河南靠近黄河的地方,常有水满冲决堤岸。于谦令加厚防护堤,计里数设置亭,亭有亭长,负责督促修缮堤岸。并命令种树打井,结果榆柳夹道,路上没有渴的人。大同单独远在边塞之外,巡按山西的人去不到,奏请另设御史管理。把镇守将领私自开垦的田全部收为官屯,用以补助边防经费。他威望恩惠遍于各处,在太行山的盗贼都逃避躲藏起来。任官职九年,升左侍郎,领二品官的俸禄。

当初,杨士奇、杨荣、杨溥主持朝政,都很重视于谦。于谦所奏请的事,早上上奏章晚上便被批准,都是"三杨"主办的。但于谦每次到京师商议国事时,都是空着口袋进去,那些有权势的人不能不感到失望。后来,"三杨"已经死了,太监王振擅权,刚好有一个姓名和于谦相似的御史,曾经顶撞王振。于谦入朝,推荐参政王来、孙原贞代替自己。通政使李锡逢迎王振的指使,弹劾于谦因为长期未被晋升而怨恨,擅自推举人代替自己。他被送到司法部门判处死刑,关在监狱中三个月。后来王振知道搞错了,得以释放,降职为大理寺少卿。山西、河南的吏员百姓俯伏的在官门前上书,请求挽留于谦的人以千计,周王、晋王等藩王也出来讲情,于是再任命于谦为巡抚。当时山东、陕西流民到河南求食的人有二十余万,于谦请求发河南、怀庆两府积储的粟来救济。又奏令布政使年富安抚召集这些人,给他们田和牛、种子,让里老监督管理。前后在任共十九年,父母去世,都令回去办理丧事,不久便起用官复原职。

正统十三年于谦被召回任兵部左侍郎。次年秋天,也先大举进攻,王振挟持皇帝亲征。于谦和尚书邝野极力劝谏,不听。邝野跟从管理军队,留于谦料理兵部的事务。及至英宗在土木堡被俘，京师大为震惊，大家都不知道该怎么办。郕王监国，命令群臣讨论作战和防守的方略。侍讲徐珵说星体的明暗、位置等现象有变动，应当南迁。于谦厉声说："说南迁的，该杀。京师是天下的根本，一摇动则国家大计完了，难道没看见宋朝南渡的情况吗！"郕王肯定了他的说法，防守的决策就这样定下来了。当时京师最有战斗力的部队精锐的骑兵都已经失陷，所剩下的疲惫的士卒不到十万，人心震动恐慌，上层和百姓都没有坚定的信心，于谦请郕王调南北两京、河南的备操军，山东和南京沿海的备倭军，江北和北京所属各府的运粮军，马上开赴京师，依次策划部署，人心稍为安定。他立即升为本部尚书。

郕王暂代皇帝出朝，廷臣请求把王振的亲属全部杀了。而王振的党羽叫马顺的，总是斥责言官。于是给事中王竑在朝廷上打马顺，大家都跟着他。朝上秩序大乱，卫卒气势汹汹。郕王害怕想起来走开，于谦推开众人走上前去扶住郕王不要起来，而且告诉郕王宣谕说："马顺等有罪应该死，不予追究。"大家才安定下来。于谦的袍袖因此全部撕裂。退出左腋门，吏部尚书王直握着于谦的手叹道："国家正在依赖你呢，今天虽然一百个王直又有什么用！"在那时，上下的人都倚靠重视于谦，于谦亦毅然把国家的安危视为自己的责任。

当初，大臣担忧国家没有君主，太子年幼，寇兵将来到，请皇太后立郕王为皇帝。郕王一再害怕地推辞。于谦大声道："我们完全是为国家考虑，不是为个人打算。"于是，郕王受命。九月，郕王即帝位为景帝，于谦进去回答问话，情绪激昂地哭着说："敌寇得意，留住了皇上，必然轻视中国，长驱南下。请命令各边境的守臣协力防守遏制。京营士兵器械快用尽了，需要马上分道招募民兵，令工部制造兵器盔甲。派遣都督孙镗、卫颖、张軏、张仪、雷通分别领兵据守九门重要的地方,军队驻扎在外城外面。都御史杨善,给事中王竑亦参与这事,迁徙外城附近居民进入城内。积储在通州的粮食,令官军自己前去支领,用装足的米为代价,不要留下来供给敌人。文臣像轩𫍯这样的人,应该用为巡抚,武臣像石亨、杨洪、柳溥这样的,应该任用为将帅。至于军队里面的事情,我自己承担,没有效果就判我的罪。"皇帝全都认真地接纳了。

十月敕令于谦提督各营军马。而也先挟持着上皇(英宗)攻破紫荆关直入,进窥京师。石亨建议收兵固守使敌兵劳累衰竭。于谦不同意,说:"为什么向他示弱,使敌人更加轻视我。"马上分别调遣诸将,带领二十二万兵士,在九门外摆开阵势:都督陶瑾在安定门,广宁伯刘安在东直门,武进伯朱瑛在朝阳门,都督刘聚在西直门,镇远侯顾兴祖在阜成门,都指挥李端在正阳门,都督刘得新在崇文门,都指挥汤芦在宣武门,而于谦自己与石亨率领副总兵范广、武兴在德胜门外列阵,抵挡也先。把兵部的事交给了侍郎吴宁,把各城门全部关闭,自己亲自督战。下令,临阵将领不顾部队先行退却的,斩将领。军士不顾将领先退却的,后队斩前队。于是将士知道必定要死战,都听从命令。副总兵高礼、毛福寿在彰义门北面抵挡敌人,俘虏了一个头目。皇帝高兴,令于谦选精兵聚集在教场以便调动,再命太监兴安、李永昌同于谦一起管理军务。

当初,也先部队深入,以为早晚就可以攻下京城,及至见到明朝政府军队严阵以待,很是丧气。反叛了的太监喜宁教唆也先邀请明朝大臣出城迎接上皇英宗,索取黄金和丝织品以万万计,又邀于谦及王直、胡濙等出城谈判。皇帝都不准许,也先的气焰更加沮丧。庚申,也先部队窥伺德胜门。于谦令石亨在空屋里设下埋伏，只派了几个骑兵引诱敌人。敌人用一万骑兵迫近，副总兵范广发射火药武器，伏兵一齐起来迎击。也先的弟弟孛罗、平章卯那孩被炮击中，死。也先部队转移到西直门，都督孙镗抵御他，石亨亦分了部分军队来到，寇撤退。副总兵武兴在彰义门攻打敌军，和都督王敬一起挫败了也先的前锋。敌军正要退兵，而几百个骑着马的宦官想争功，冲马争着向前。阵脚乱了，武兴被乱发的箭射死。寇兵赶到土城，居民爬上屋顶，大叫着拿砖石投掷敌人，喧声震天。王竑和福寿的援兵赶到，敌军便撤退。相持了五天，也先的邀请没人理他，作战又失利，知道不可能达到目的，又听说各地勤王的部队马上要开到，恐怕截断了他回去的路，于是带着上皇由良乡向西退去。于谦调各将领追击，到居庸关才回来。评功，加于谦少保，总督军务。于谦说："四郊多堡垒，是卿大夫的耻辱，怎么敢求取赏赐功劳呢！"坚决推辞，皇帝不准。于是增兵守真定、保定、涿州、易州各府州，请求用大臣镇守山西，防止敌寇南侵。

景泰元年三月，总兵朱谦奏称敌兵二万围攻万全，敕令范广担任总兵官抵御他。不久敌寇退，于谦请求立即驻兵居庸关，敌寇来则出关剿杀，敌寇退则回京师驻守。大同参将许贵奏，北面有三人到镇上，想向明廷派使者讲和。于谦说："以前派指挥季铎、岳谦前往讲和，而也先跟着入寇。接着派遣通政王复、少卿赵荣，见不到上皇就回来了。不能依靠和谈，这是很清楚的。况且我和他的仇不共戴天，从道理上来说也绝不可以讲和。万一讲和而他要满足无穷无尽的要求，答应了会给我们造成很大的困难，不答应又会发生变乱，这形势也不能讲和。许贵是武臣，而这样恐惧畏缩，怎能共同一致地抱着对敌人的仇恨和愤怒，依法应该处死。"发出文书严厉地谴责他。从此边境的将领人人都主张坚守作战,没有敢说讲和的。

当初,也先诸多要挟,都是由喜宁策划的。于谦秘密下令大同的镇守将领抓了喜宁,把他杀了。又给王伟想办法让他引诱杀了间谍田小儿。而且利用间谍实行离间,请求特别释放了忠勇伯把台家,答应封给爵位,让他从中想办法。也先开始有放回上皇的意思,派遣使者来联系,京师的戒备才稍稍放松一点。于谦上言:"南京重地,需要有人加以安抚稳定。中原有很多流民,假如遇上荒年,互相联络聚集成群,这是很值得注意的。请敕令内外守备和各处巡抚用心整顿,防患于未然,召回派往内地招募民兵的文武官员和镇守中官。"

到了八月,上皇被留在北方已经一年了。也先见中国没有什么事端,更想讲和,使者接连来到,提出把上皇送回。大臣王直等商议派遣使者前往迎接,皇帝不高兴地说:"我本来不想即帝位,当时是被你们推上来的。"于谦从容地说:"帝位已经定了,不会再有更改,只是从情理上应该赶快把他接回来罢了。万一他真有什么阴谋,我就有话说了。"皇帝看看他便改变了脸色说:"听你的,听你的。"先后派李实、杨善前往,终于接了上皇回来,这是于谦的功劳。

上皇已经回来,瓦剌再请求朝贡。先前贡使不过一百人,正统十三年增加到三千余人,赏赐总不满足,便入侵。到现在又派三千人来朝,于谦请求列兵居庸关以备不测,京师隆重地列兵,宴请他们。因此说到和议很难依靠,逐条进上安定边境的三个策略。请求敕令大同、宣府、永平、山海、辽东各路总兵官增修城墙准备防御。京军分别隶属于五军营、神机营、三千营,虽然各设有总兵,但不相统一,请求选择精锐十五万人,分成十营团操。团营的制度从此开始。记载在《兵志》中。瓦剌入贡,常常携带过去所掳掠的人口来。于谦一定奏请酬劳使者，前后赎回了几百人。

当初，永乐年中，投降过来的人被安置在京畿附近的很多。也先入侵的时候，很多成了内应。于谦想分散遣送他们。因为西南有战事，每次出征，都挑选他们精锐的骑手，从厚资助他们前往，然后再遣送他们的妻子，内患得以平定。杨洪从独石入关保卫京师，八个城都给了敌人。于谦使都督孙安率领轻骑兵出龙门关占据了它，招募百姓屯田，边战边守，八个城得以收复。贵州苗未平定，何文渊建议撤去布政司、按察司，只设都指挥使司，用大将镇守。于谦说："不设两个司，是放弃了这个地方。"建议遂作罢。于谦认为上皇虽然回来了，但国耻未洗雪，正值也先和脱脱不花结怨，请求趁机派大军，自己前往征讨他，以报复仇恨，清除边患。皇帝不准。

于谦主持兵部工作时，也先的势力正在扩张，而福建邓茂七、浙江叶宗留、广东黄萧养各自拥有部众和自封的封号，湖广、贵州、广西、瑶、僮、苗、僚到处蜂起作乱。前后的军队征集调遣，都是于谦独自安排。当战事急迫匆忙，瞬息万变的时候，于谦眼睛看着手指数着，随口讲述奏章，全部都能按照时机采取正确的方针方法。同事和下属接受命令，彼此看着都感到惊骇佩服。号令严明，虽然是勋臣老将稍有不守法度，立即请圣旨切实责备。一张小纸条送到万里外，没有不谨慎小心执行的。他才思的畅通敏捷，考虑的周到仔细，一时无人能比得上。性情淳朴忠厚，忘身忧国。上皇虽然回来了，一点也不说自己的功劳。东宫改换以后，命兼职官官的都支领两份俸禄。各大臣都推辞，只有于谦一再推辞。自己的生活很简单节约，所居住的房子仅仅能够遮挡风雨。皇帝赐给他在西华门的府第，他推辞说："国家多难，臣子怎么敢自己安居。"坚决推辞，皇帝不准。于是把皇帝前后赏赐的玺书、袍服、银锭之类，全部封好写上说明放到那里，每年去看一看罢了。

皇帝很了解于谦，所论奏的事没有不听从的。皇帝曾经派使者到真定、河间采摘野菜，去直沽制造鱼干，于谦一说便马上停止。任用一个人，一定先悄悄询问于谦。于谦实事求是地回答，没有隐瞒，也不躲避嫌疑怨恨。因此那些不称职的人都怨恨他，而被皇帝信用不如于谦的，亦往往嫉妒他。当敌寇刚刚撤退时，都御史罗通立即弹劾于谦登记的功劳簿不真实。御史顾曈说于谦太专横，干预六部的大事如同内阁一样上奏执行。于谦根据祖宗朝的制度反驳，户部尚书金濂亦上疏争辩，但说他坏话的人仍然不断收集他的材料。各御史多次用苛刻的文辞弹劾他，全赖景帝力排众议任用他，使他能够尽量实行自己的设想。

于谦秉性刚烈，遇到不如意的事，常常以手拍胸感叹地说："这一腔热血，将会洒在何处！"看不起那些软弱懦怯的大臣、勋旧贵戚，因此愤恨他的人更多。又始终不赞成议和。上皇虽然因此得以回来，但不满意。徐珵因为建议南迁，被于谦斥责。现在改名叫有贞，得以稍稍提升任用，经常咬牙切齿地恨于谦。石亨本来因为违反了法令被革职，于谦请求宽恕了他并加任用，让他总兵十营，因为害怕于谦不敢肆行，亦不喜欢于谦。德胜门一仗的胜利，石亨的功劳不比于谦大却得了世袭侯爵，内心惭愧，于是上疏推荐于谦的儿子于冕。下诏让他到京师，推辞，皇帝不准。于谦说："国家多难的时候，臣子不应顾及私人的恩德。而且石亨位居大将，没听说他举荐一个隐士，提拔一个行伍兵卒，以补益军队国家，而单独举荐我的儿子，能得到公论吗？我对于军功，尽力杜绝侥幸，绝对不敢用儿子来滥领功劳。"石亨更是大为愤怒。都督张軏因为征苗不守律令,被于谦弹劾,和内侍曹吉祥等都一向恨于谦。

景泰八年正月壬年,石亨与曹吉祥、徐有贞等既迎接上皇恢复了帝位,宣谕朝臣完毕,立即抓了于谦与大学士王文到监狱。诬陷于谦等和黄竑制造不轨的言论,另立东宫,又和太监王诚、舒良、张永、王勤等策划迎接册立襄王的儿子。石亨等把持着这种说法,唆使言官上奏。都御史萧惟祯审判定罪,坐以谋反,判处死刑。王文忍受不了这种诬陷,急急争辩,于谦笑说:"石亨他们的意思罢了,争辩有什么用处?"上奏后,英宗还犹豫地说:"于谦实在是有功的。"徐有贞进谏说:"不杀于谦,夺门复帝位这件事就成了出师无名。"皇帝意思便坚定了。丙戌改年号为天顺,丁亥在闹市处死于谦并将尸体暴露在街头,抄了他的家,家人充军边疆。遂溪教谕吾豫说于谦的罪应当灭族,于谦所推荐的文武大臣也该杀。刑部维持原判这些才停止了。千户白琦又请求写上他的罪行,刻板印刷在全国公布。一时讨好皇帝争取宠幸的,都以于谦作为一个话柄。

于谦自从遇到也先的变乱,发誓不和敌人共生存。经常住在当值的地方,不回家里。一向有痰疾,病发时,景帝派兴安、舒良轮流前往看视。听说他的衣服用具等过于简单,诏令上方制造了赐给他,直至醋菜都齐备。又亲自到万岁山,砍竹取汁赐给他。有人说宠幸于谦太过分,兴安等说:"他日夜为国分忧,不问家产,如果他去了,让朝廷哪里再找到这样的人?"到抄家的时候,家里没有多余的资产,只有正屋关锁得非常坚固。打开来看,里面是皇帝赐的蟒袍、剑器。于谦死的那天,阴云密布,天下的人都认为他冤枉。有个叫朵儿的指挥,本来出自曹吉祥的部下,把酒洒在于谦死的地方表示祭奠,痛哭。曹吉祥大怒,鞭打他。次日他还是那样洒酒祭奠。都督同知陈逵为于谦的忠义所感动,收了尸体埋葬。过了一年,送回去葬在杭州。陈逵,六合人。过去被推举为有将领之才,是出自李时勉门下的人。皇太后开始不知道于谦死,听到以后,叹息哀悼了几天。英宗亦后悔了。

于谦已死,而石亨的党羽陈汝言代任兵部尚书。不到一年被发现干坏事,贪赃累计巨万。皇帝召大臣进去看,变了脸色说:"于谦在景泰朝受重用,死时没有剩余财产,陈汝言为什么这样多。"石亨低着头不能回答。不久边境有警报,皇帝满面忧虑。恭顺侯吴瑾在旁侍奉,进谏说:"如果于谦在,一定不会让敌人这样。"皇帝无言可对。这一年,徐有贞被石亨中伤,充军金齿。又过了几年,石亨亦被关到监狱并死在那里,曹吉祥谋反全族被处死,于谦的事情得以大白于天下。

成化初年,于谦儿子于冕被赦免归来,上疏申诉冤枉,得到恢复于谦的官职并赐祭。诰文说:"当国家多难之时,保卫社稷使没有危险,独自坚持公道,被权臣奸臣一同嫉妒。先帝在时已经知道他的冤枉,而我心里实在怜悯他的忠诚。"这诰文被到处传诵。弘治二年,采用了给事中孙需的意见,赠给特进光禄大夫、柱国、太傅,根据他生前的事迹给他立号肃愍,赐在墓设祠堂,题为"旌功",令地方官年节拜祭。万历中,又给他改号为忠肃。杭州、河南、山西均历代奉拜祭祀不止。

明史卷一百九十五

列传第八十三

王守仁

王守仁，字伯安，余姚人。

父华，字德辉，成化十七年进士第一。授修撰。弘治中，累官学士、少詹事。华有器度，在讲幄最久，孝宗甚眷之。李广贵幸，华讲《大学衍义》，至唐李辅国与张后表里用事，指陈甚切。帝命中官赐食劳焉。正德初，进礼部左侍郎。以守仁忤刘瑾，出为南京吏部尚书，坐事罢。旋以《会典》小误，降右侍郎。瑾败，乃复故，无何卒。华性孝，母岑年逾百岁卒。华已年七十余，犹寝苫蔬食，士论多之。

守仁娠十四月而生。祖母梦神人自云中送儿下，因名云。五岁不能言，异人拊之，更名守仁，乃言。年十五，访客居庸、山海关。时阑出塞，纵观山川形胜。弱冠举乡试，学大进。顾益好言兵，且善射。登弘治十二年进士。使治前威宁伯王越葬，还而朝议方急西北边，守仁条八事上之。寻授刑部主事。决囚江北，引疾归。起补兵部主事。

正德元年冬，刘瑾逮南京给事中御史戴铣等二十余人。守仁抗章救，瑾怒，廷杖四十，谪贵州龙场驿丞。龙场万山丛薄，苗、僚杂居。守仁因俗化导，夷人喜，相率伐木为屋，以栖守仁。瑾诛，量移庐陵知县。入觐，迁南京刑部主事，吏部尚书杨一清改之验封。屡迁考功郎中，擢南京太仆少卿，就迁鸿胪卿。

兵部尚书王琼素奇守仁才。十一年八月擢右佥都御史，巡抚南、赣。当是时，南中盗贼蜂起。谢志山据横水、左溪、桶冈，池仲容据浰头，皆称王，与大庾陈曰能、乐昌高快马、郴州龚福全等攻剽府县。而福建大帽山贼詹师富等又起。前巡抚文森托疾避去。志山合乐昌贼掠大庾，攻南康、赣州，赣县主簿吴玭战死。守仁至，知左右多贼耳目，乃呼老黠隶诘之。隶战栗不敢隐，因贳其罪，令诇贼，贼动静无勿知。于是檄福建、广东会兵，先讨大帽山贼。

明年正月，督副使杨璋等破贼长富村，逼之象湖山，指挥覃桓、县丞纪镛战死。守仁亲率锐卒屯上杭。佯退师，出不意捣之，连破四十余寨，俘斩七千有奇，指挥王铠等擒师富。疏言权轻，无以令将士，请给旗牌，提督军务，得便宜从事。尚书王琼奏从其请。乃更兵制：二十五人为伍，伍有小甲；二伍为队，队有总甲；四队为哨，哨有长，协哨二佐之；二哨为营，营有官，参谋二佐之；三营为阵，阵有偏将；二阵为军，军有副将。皆临事委，不命于朝；副将以下，得递相罚治。

其年七月进兵大庾。志山乘间急攻南安，知府季斅击败之。副使杨璋等亦生絷曰能以归。遂议讨横水、左溪。十月，都指挥许清、赣州知府邢珣、宁都知县王天与各一军会横水，斅及守备郏文、汀州知府唐淳、县丞舒富各一军会左溪，吉安知府伍文定、程乡知县张戬遏其奔轶。守仁自驻南康，去横水三十里，先遣四百人伏贼巢左右，进军逼之。贼方迎战，两山举帜。

贼大惊，谓官军已尽犁其巢，遂溃。乘胜克横水，志山及其党萧贵模等皆走桶冈。左溪亦破。守仁以桶冈险固，移营近地，谕以祸福。贼首蓝廷凤等方震恐，见使至大喜，期仲冬朔降，而珣、文定已冒雨夺险入。贼阻水阵，珣直前搏战，文定与戬自右出，贼仓卒败走，遇淳兵又败。诸军破桶冈，志山、贵模、廷凤面缚降。凡破巢八十有四，俘斩六千有奇。时湖广巡抚秦金亦破福全。其党千人突至，诸将擒斩之。乃设崇义县于横水，控诸瑶。还至赣州，议讨浰头贼。

初，守仁之平师富也，龙川贼卢珂、郑志高、陈英咸请降。及征横水，浰头贼将黄金巢亦以五百人降，独仲容未下。横水破，仲容始遣弟仲安来归，而严为战守备。诡言珂、志高，仇也，将袭我，故为备。守仁佯杖系珂等，而阴使珂弟集兵待，遂下令散兵。岁首大张灯乐，仲容信且疑。守仁赐以节物，诱入谢。仲容率九十三人营教场，而自以数人入谒。守仁呵之曰："若皆吾民，屯于外，疑我乎？"悉引入祥符宫，厚饮食之。贼大喜过望，益自安。守仁留仲容观灯乐。正月三日大享，伏甲士于门，诸贼入，以次悉擒戮之。自将抵贼巢，连破上、中、下三浰，斩馘二千有奇。余贼奔九连山。山横亘数百里，陡绝不可攻。乃简壮士七百人衣贼衣，奔崖下，贼招之上。官军进攻，内外合击，擒斩无遗。乃于下浰立和平县，置戍而归。自是境内大定。

初，朝议贼势强，发广东、湖广兵合剿。守仁上疏止之，不及。桶冈既灭，湖广兵始至。及平浰头，广东尚未承檄。守仁所将皆文吏及偏裨小校，平数十年巨寇，远近惊为神。进右副都御史，予世袭锦衣卫百户，再进副千户。

十四年六月命勘福建叛军。行至丰城而宁王宸濠反，知县顾佀以告。守仁急趋吉安，与伍文定征调兵食，治器械舟楫，传檄暴宸濠罪，俾守令各率吏士勤王。都御史王懋中，编修邹守益，副使罗循、罗钦德，郎中曾直，御史张鳌山、周鲁，评事罗侨，同知郭祥鹏，进士郭持平，降谪驿丞王思、李中，咸赴守仁军。御史谢源、伍希儒自广东还，守仁留之纪功。因集众议曰："贼若出长江顺流东下，则南都不可保。吾欲以计挠之，少迟旬日无患矣。"乃多遣间谍，檄府县言："都督许泰、郤永将边兵，都督刘晖、桂勇将京兵，各四万，水陆并进。南赣王守仁、湖广秦金、两广杨旦各率所部合十六万，直捣南昌，所至有司缺供者，以军法论。"又为蜡书遗伪相李士实、刘养正，叙其归国之诚，令从臾早发兵东下，而纵谍泄之。宸濠果疑。与士实、养正谋，则皆劝之疾趋南京即大位，宸濠益大疑。十余日诇知中外兵不至，乃悟守仁绐之。七月壬辰朔留宜春王拱㮣居守，而劫其众六万人，袭下九江、南康，出大江，薄安庆。

守仁闻南昌兵少则大喜，趋樟树镇。知府临江戴德孺、袁州徐琏、赣州邢珣，都指挥余恩，通判瑞州胡尧元童琦、抚州邹琥、安吉谈储，推官王暐、徐文英，知县新淦李美、泰和李楫、万安王冕、宁都王天与，各以兵来会，合八万人，号三十万。或请救安庆，守仁曰："不然。今九江、南康已为贼守，我越南昌与相持江上，二郡兵绝我后，是腹背受敌也。不如直捣南昌。贼精锐悉出，守备虚。我军新集气锐，攻必破。贼闻南昌破，必解围自救。逆击之湖中，蔑不胜矣。"众曰"善"。己酉次丰城，以文定为前锋，先遣奉新知县刘守绪袭其伏兵。庚戌夜半，文定兵抵广润门，守兵骇散。辛亥黎明，诸军梯絙登，缚拱㮣等，宫人多焚死。军士颇杀掠，守仁戮犯令者十余人，宥胁从，安士民，慰谕宗室，人心乃悦。

居二日，遣文定、珣、琏、德孺各将精兵分道进，而使尧元等设伏。宸濠果自安庆还兵。乙卯遇于黄家渡。文定当其前锋，贼趋利。珣绕出贼背贯其中，文定、恩乘之，琏、德孺张两翼分贼势，尧元等伏发，贼大溃，退保八字脑。宸濠惧，尽发南康、九江兵。守仁遣知府抚州陈槐、饶州林城取九江，建昌曾玙、广信周朝佐取南康。丙辰复战，官军却，守仁斩先却者。诸军殊死战，贼复大败，退保樵舍，联舟为方阵，尽出金宝犒士。明日，宸濠方晨朝其群臣，官军奄至。以小舟载薪，乘风纵火，焚其副舟，妃娄氏以下皆投水死。宸濠舟胶浅，仓卒易舟遁，王冕所部兵追执之。士实、养正及降贼按察使杨璋等皆就擒。南康、九江亦下。凡三十五日而贼平。京师闻变，诸大臣震惧。王琼大言曰："王伯安居南昌上游，必擒贼。"至是，果奏捷。

帝时已亲征，自称威武大将军，率京边骁卒数万南下。命安边伯许泰为副将军，偕提督军务太监张忠、平贼将军左都督刘晖将京军数千，溯江而上，抵南昌。诸嬖幸故与宸濠通，守仁初上宸濠反书，因言："觊觎者非特一宁王，请黜奸谀以回天下豪杰心。"诸嬖幸皆恨。宸濠既平，则相与媢功。且惧守仁见天子发其罪，竟为蜚语，谓守仁先与通谋，虑事不成，乃起兵。又欲令纵宸濠湖中，待帝自擒。

守仁乘忠、泰未至，先俘宸濠，发南昌。忠、泰以威武大将军檄邀之广信。守仁不与，间道趋玉山，上书请献俘，止帝南征。帝不许。至钱唐遇太监张永。永提督赞画机密军务，在忠、泰辈上，而故与杨一清善，除刘瑾，天下称之。守仁夜见永，颂其贤，因极言江西困敝，不堪六师扰。永深然之，曰："永此来，为调护圣躬，非邀功也。公大勋，永知之，但事不可直情耳。"守仁乃以宸濠付永，而身至京口，欲朝行在。闻巡抚江西命，乃还南昌。忠、泰已先至，恨失宸濠。故纵京军犯守仁，或呼名嫚骂。守仁不为动，抚之愈厚。病予药，死予棺，遭丧于道，必停车慰问良久始去。京军谓王都堂爱我，无复犯者。忠、泰言："宁府富厚甲天下，今所蓄安在？"守仁曰："宸濠异时尽以输京师要人，约内应，籍可按也。"忠、泰故尝纳宸濠贿者，气慑不敢复言。已，轻守仁文士，强之射。徐起，三发三中。京军皆欢呼，忠、泰益沮。会冬至，守仁命居民巷祭，已，上冢哭。时新丧乱，悲号震野。京军离家久，闻之无不泣下思归者。忠、泰不得已班师。比见帝，与纪功给事中祝续、御史章纶谗毁百端，独永时时左右之。忠扬言帝前曰："守仁必反，试召之，必不至。"忠、泰屡矫旨召守仁。守仁得永密信，不赴。及是知出帝意，立驰至。忠、泰计沮，不令见帝。守仁乃入九华山，日晏坐僧寺。帝觇知之，曰："王守仁学道人，闻召即至，何谓反？"乃遣还镇，令更上捷音。守仁乃易前奏，言奉威武大将军方略讨平叛乱，而尽入诸嬖幸名，江彬等乃无言。

当是时，谗邪构煽，祸变叵测，微守仁，东南事几殆。世宗深知之。甫即位，趣召入朝受封。而大学士杨廷和与王琼不相能。守仁前后平贼，率归功琼，廷和不喜，大臣亦多忌其功。会有言国哀未毕，不宜举宴行赏者，因拜守仁南京兵部尚书。守仁不赴，请归省。已，论功封特进光禄大夫、柱国、新建伯，世袭，岁禄一千石。然不予铁券，岁禄亦不给。诸同事有功者，惟吉安守伍文定至大官，当上赏。其他皆名示迁，而阴绌之，废斥无存者。守仁愤甚。时已丁父忧，屡疏辞爵，乞录诸臣功，咸报寝。免丧，亦不召。久之，所善席书及门人方献夫、黄绾以议礼得幸，言于张璁、桂萼，将召用，而费宏故衔守仁，复沮之。屡推兵部尚书，三边总督，提督团营，皆弗果用。

嘉靖六年，思恩、田州土酋卢苏、王受反。总督姚镆不能定，乃诏守仁以原官兼左都御史，总督两广兼巡抚。绾因上书讼守仁功，请赐铁券岁禄，并叙讨贼诸臣，帝咸报可。守仁在道，疏陈用兵之非，且言："思恩未设流官，土酋岁出兵三千，听官征调。既设流官，我反岁遣兵数千防戍。是流官之设，无益可知。且田州邻交阯，深山绝谷，悉瑶、僮盘据，必仍设土官，斯可借其兵力为屏蔽。若改土为流，则边鄙之患，我自当之，后必有悔。"章下兵部，尚书王时中条其不合者五，帝令守仁更议。十二月，守仁抵浔州，会巡按御史石金定计招抚。悉散遣诸军，留永顺、保靖土兵数千，解甲休息。苏、受初求抚不得，闻守仁至益惧，至是则大喜。守仁赴南宁，二人遣使乞降，守仁令诣军门。二人窃议曰："王公素多诈，恐绐我。"陈兵入见。守仁数二人罪，杖而释之。亲入营，抚其众七万。奏闻于朝，陈用兵十害，招抚十善。因请复设流官，量割田州地，别立一州，以岑猛次子邦相为吏目，署州事，俟有功擢知州。而于田州置十九巡检司，以苏、受等任之，并受约束于流官知府。帝皆从之。

断藤峡瑶贼，上连八寨，下通仙台、花相诸洞蛮，盘亘三百余里，郡邑罹害者数十年。守仁欲讨之，故留南宁。罢湖广兵，示不再用。伺贼不备，进破牛肠、六寺等十余寨，峡贼悉平。遂循横石江而下，攻克仙台、花相、白竹、古陶、罗凤诸贼。令布政使林富率苏、受兵直抵八寨，破石门，副将沈希仪邀斩轶贼，尽平八寨。

始，帝以苏、受之抚，遣行人奉玺书奖谕。及奏断藤峡捷，则以手诏问阁臣杨一清等，谓守仁自夸大，且及其生平学术。一清等不知所对。守仁之起由璁、萼荐，萼故不善守仁，以璁强之。后萼长吏部，璁入内阁，积不相下。萼暴贵喜功名,风守仁取交阯,守仁辞不应。一清雅知守仁,而黄绾尝上疏欲令守仁入辅,毁一清,一清亦不能无移憾。萼遂显诋守仁征抚交失,赏格不行。献夫及霍韬不平,上疏争之,言:"诸瑶为患积年,初尝用兵数十万,仅得一田州,旋复召寇。守仁片言驰谕,思、田稽首。至八寨、断藤峡贼,阻深岩绝冈,国初以来未有轻议剿者,今一举荡平,若拉枯朽。议者乃言守仁受命征思、田,不受命征八寨。夫大夫出疆,有可以安国家,利社稷,专之可也。况守仁固承诏得便宜从事者乎?守仁讨平叛藩,忌者诬以初同贼谋,又诬其辇载金帛。当时大臣杨廷和、乔宇饰成其事,至今未白。夫忠如守仁,有功如守仁,一屈于江西,再屈于两广。臣恐劳臣灰心,将士解体,后此疆圉有事,谁复为陛下任之!"帝报闻而已。

守仁已病甚,疏乞骸骨,举郧阳巡抚林富自代,不俟命竟归。行至南安卒,年五十七。丧过江西,军民无不缟素哭送者。

守仁天姿异敏。年十七谒上饶娄谅,与论朱子格物大指。还家,日端坐,讲读《五经》,不苟言笑。游九华归,筑室阳明洞中。泛滥二氏学,数年无所得。谪龙场,穷荒无书,日绎旧闻。忽悟格物致知,当自求诸心,不当求诸事物,喟然曰:"道在是矣。"遂笃信不疑。其为教,专以致良知为主。谓宋周、程二子后,惟象山陆氏简易直捷,有以接孟氏之传。而朱子《集注》《或问》之类,乃中年未定之说。学者翕然从之,世遂有"阳明学"云。

守仁既卒,桂萼奏其擅离职守。帝大怒,下廷臣议。萼等言:"守仁事不师古,言不称师。欲立异以为高,则非朱熹格物致知之论;知众论之不予,则为朱熹晚年定论之书。号召门徒,互相倡和。才美者乐其任意,庸鄙者借其虚声。传习转讹,背谬弥甚。但讨捕畬贼，擒获叛藩，功有足录，宜免追夺伯爵以章大信，禁邪说以正人心。"帝乃下诏停世袭，恤典俱不行。隆庆初，廷臣多颂其功。诏赠新建侯，谥文成。二年予世袭伯爵。既又有请以守仁与薛瑄、陈献章同从祀文庙者。帝独允礼臣议，以瑄配。及万历十二年，御史詹事讲申前请。大学士申时行等言："守仁言致知出《大学》，良知出《孟子》。陈献章主静，沿宋儒周敦颐、程颢。且孝友出处如献章，气节文章功业如守仁，不可谓禅，诚宜崇祀。"且言胡居仁纯心笃行，众论所归，亦宜并祀。帝皆从之。终明之世，从祀者止守仁等四人。

译文：

　　王守仁，字伯安，余姚人。

　　父亲名华，字德辉，成化十七年中进士第一名。授职修撰。弘治中叶，累官学士、少詹事。王华有才能器量，在宫中讲课时间最长，孝宗非常依恋他。李广被宠幸，王华讲《大学衍义》一书，至唐朝李辅国和张后里外勾结擅权时，批判陈述非常恳切。皇帝命宦官赐饮食慰劳他。正德初年，升礼部左侍部。由于王守仁触犯了刘瑾，调出为南京吏部尚书，犯了事罢官。旋即因为《会典》中小有错误，降右侍郎。刘瑾垮台后，才恢复原官职，不久去世。王华很孝顺，母亲岑氏一百多岁时死去。王华已经七十多岁了，还素食睡草荐，士人的舆论都很赞许他。

　　王守仁是妊娠十四个月才出生的。他的祖母梦见有神仙从云中把孩子送下来，因此起名叫云。五岁还不能讲话，有个有特殊本领的人抚摩他，把名字改为守仁，这才会说话。十五岁时，到居庸关、山海关访客。常常擅自跑出塞外，广泛地观察山川形势。二十岁在乡试中了举，学问大有长进。更加喜欢谈论军事，而且善于射箭。弘治十二年中了进士。让他治理前任威宁伯王越的丧事，回来时朝中议论正为西北边疆的问题焦急，王守仁写了八条意见上奏。不久授职刑部主事。到江北处决囚犯，自称有病回家。起用补为兵部主事。

正德元年冬天，刘瑾逮捕了南京给事中御史戴铣等二十余人。守仁极力上章援救，刘瑾生气了，把他廷杖四十下，降职流放到贵州龙场驿当驿丞。龙场在群山密林中，苗人、僚人杂居。王守仁根据当地的风俗加以开导，夷人高兴，共同伐木盖了房子，给王守仁住。刘瑾被处死，因赦酌量移到较近的庐陵任知县。进京师朝觐，升南京刑部主事，吏部尚书杨一清把他调到吏部验封清吏司，屡次升到考功郎中，提升南京太仆少卿，随即升鸿胪寺卿。

兵部尚书王琼素来惊奇王守仁的才能。正德十一年八月提升右佥都御史，巡抚南、赣。那时，南中盗贼蜂拥而起。谢志山占据了横水、左溪、桶冈，池仲容占据了浰头，都称王，和大庾的陈曰能、乐昌高快马、郴州龚福全等攻击抢掠府县。而福建大帽山贼詹师富等又起事。前任巡抚文森假借有病躲开了。谢志山联合乐山的盗贼抢掠大庾，攻打南康、赣州，赣县的主簿吴䇲战死。王守仁来到，知道左右的人很多都是盗贼的耳目，便叫那些干得时间比较长的狡猾的役隶来查问。役隶战战兢兢不敢隐瞒，于是赦免了他的罪，让他侦察盗贼，盗贼的动静没有不知道的。于是发檄文令福建、广东会合部队，首先攻打大帽山的盗贼。

第二年正月，指挥副使杨璋等在长富村打败了敌人，把他逼到象湖山，指挥覃桓、县丞纪镛战死。王守仁亲自率领精锐的兵卒驻守上杭。假装撤退，出其不意攻击他，接连攻破四十余寨，俘虏斩首七千多，指挥王铠等抓住了詹师富。王守仁上疏说自己权轻，难以命令将士，请求发给上面写有令字的蓝旗和圆牌，以便提督军务时，有便宜从事的权力，能够斟酌情况自行处理。尚书王琼上奏，皇帝同意了，于是更改兵制：二十五人为伍，伍有小甲；二伍为队，队有总甲；四队为哨，哨有哨长，由协哨两人协助；二哨为营，营有官，由两个参谋协助；三营为阵，阵有偏将；二阵为军，军有副将。都是临事委派，不由朝廷任命；副将以下，可以逐级惩罚治理。

这年七月进军大庾。谢志山趁机急忙攻打南安，知府季斅把他打败了。副使杨璋等亦生擒了陈曰能押回来。于是商议征讨横水、左溪。十月，都指挥许清、赣州知府邢珣、宁都知县王天与各自带领一军在横水会合，季斅和守备郏文、汀州知府唐淳、县丞舒富各自带领一军左溪会合，吉安知府伍文定、程乡知县张戬负责阻止他逃跑袭击。王守仁自己驻扎在南康，离横水三十里，先派四百人埋伏在贼巢左右两面进军逼他。盗贼刚刚迎战，两山举满了百官的旗帜。盗贼大惊，以为官军已经荡平了他的巢，于是溃散。官军乘胜攻克横水，谢志山和他的党羽萧贵模等都跑到桶冈。左溪亦拿下了。王守仁因为桶冈险要坚固，移兵驻在靠近的地方，以祸福晓谕他们。匪首蓝廷凤等正在极度恐慌中，见使者到来，非常高兴，约定十一月初一日投降，而邢珣、伍文定已经冒雨夺取了险地进入。盗贼隔水布阵，邢珣一直向前拼搏奋战，伍文定与张戬从右边杀出，盗贼仓卒败走，碰上唐淳的部队又再败。各军攻破了桶冈，谢志山、萧贵模、蓝廷凤反绑了自己的两手投降。一共破了贼巢八十四个，俘虏斩首六千多。当时湖广巡抚秦金亦打败了龚福全。他的党徒千人突然来到，各将领抓来斩了。于是在横水设置了崇义县，控制瑶人。回到赣州，商议征讨浰头盗贼。

起初，王守仁平定詹师富时，龙川盗贼卢珂、郑志高、陈英都请求投降。及至征讨横水，浰头贼将黄金巢亦带五百人投降，只有池仲容占据的浰头没有拿下。攻克横水，池仲容才派弟弟池仲安来归附，而且严密地做好战斗和防守的准备。诡称卢珂、郑志高是仇人，将要袭击我，所以要作准备。王守仁假意杖打囚禁卢珂，而秘密使卢珂的弟弟集兵等待，便下令解散兵士。年初，大张灯乐，池仲容将信将疑。王守仁赏赐给他过节的物品，引诱他进来道谢。池仲容带了九十三个人聚集在校场，而自己带几个人入内拜谒。王守仁呵斥他说："你们都是我的子民，驻扎在外面，是怀疑我吗？"把他们全部引入祥符宫，给予很好的饮食。盗贼喜出望外，更加感到安心。王守仁留池仲容观看灯取乐。正月三日大规模地用饮食招待他们，让穿盔甲的武士埋伏在门内，各盗贼入内，按先后全部把他们抓住杀了。自己带兵抵达贼巢，连续攻破上、中、下三浰，斩下所杀死的敌人的左耳两千多。其余的盗贼跑到九连山。山连绵数百里，极其陡峭不可能进攻。于是挑选了壮士七百个人穿上盗贼的衣服，跑到山岩下面，盗贼招他们上去。官军进攻，内外夹击，盗贼全被俘虏斩首。于是在下浰设置了和平县，安排好戍守后回来。从此辖区内非常安定。

起初，朝廷议论认为盗贼势力强大，发动广东、湖广的部队联合进剿。王守仁上疏阻止，来不及。桶冈盗贼已经消灭，湖广部队才来到。及至浰头平定，广东还没有收到征召的文书。王守仁所带领的都是文吏和偏裨小校，却剿平了几十年的大盗，远近的人都惊奇得把他当作神一样。升右副都御史，给予世袭锦衣卫百户，再升副千户。

正德十四年六月，命审问福建的叛军。走到封城而宁王朱宸濠已经起来谋反，知县顾似告诉了他。王守仁急忙赶到吉安，和伍文定征集调动军队和粮食，准备器械船只，发文书揭发朱宸濠的罪行，使地方官各自带领吏士勤王。都御史王懋中，编修邹守益，副使罗循、罗钦德，郎中曾直，御史张鳌山、周鲁，评事罗侨，同知郭祥鹏，进士郭持平，降职流放当驿丞的王思、李中，都来到王守仁的部队。御史谢源、伍希儒从广东回来，王守仁留他们记功。因而召集大家商议说："反贼如果出长江顺流东下，则南京留都保不住了。我想用计策阻挠他，过十来天便没祸患了。"于是大量派出间谍，行文到府县说："都督许泰、郤永带领边兵，都督刘晖、桂勇带领京兵，各四万人，水陆并进。南赣王守仁、湖广秦金、两广杨旦各自带领自己所统辖的部队一共十六万人，直捣南昌，部队所到的地方官府缺乏供给的，以军法论处。"又写了信放在腊丸里送给朱宸濠的伪丞相李士实、刘养正，叙述他们反正的诚恳，命令他们怂恿朱宸濠快点发兵顺江东下，而放间谍把这事泄露出去。朱宸濠果然起了疑心。和李士实、刘养正商议，又都是劝他赶快去南京即皇位，朱宸濠更加怀疑。十多天侦察知道中外兵都没有来，才明白王守仁是骗他。七月壬辰天亮的时候，留宜春王朱拱樤留守南昌，而强夺了他的部众六万人，袭击攻下了九江、南康，出大江，进逼安庆。

　　王守仁听说南昌兵少，很高兴，进军樟树镇。临江知府戴德孺、袁州知府徐琏、赣州知府邢珣，都指挥余恩，瑞州通判胡尧元和童琦、抚州通判邹琥、安吉通判谈储，推官王暐、徐文英，新淦知县李美、泰和知县李楫、万安知县王冕、宁都知县王天与，各自都领兵来会合，一共有八万人，号称三十万。有人建议救安庆，王守仁说："不成。现在九江、南康已经被盗贼占领，我越过南昌和他在长江上相持，这二郡兵断绝我的后路，就会腹背受敌。不如直捣南昌。盗贼精锐部分已经全部外出，守备空虚。我军刚刚集结士气锐利,一定能把他攻破。盗贼听说南昌城破,一定解安庆的围自救。我们在鄱阳湖中反击他,没有不胜的。"大家都说:"好。"己酉驻扎丰城,以伍文定为前锋,先派奉新知县刘守绪袭击他的伏兵。庚戌半夜,伍文定的部队开到广润门,守门的兵害怕逃散。辛亥黎明,各兵士用梯和粗索登上城,缚了朱拱樤等,官人很多被烧死。军士有些杀人抢掠,王守仁杀了违犯军令的十来个人,饶了被胁从的,安抚士民,安慰告谕宗室,人心这才喜悦了。

住了两天,派遣伍文定、邢珣、徐琏、戴德孺各自带领精兵分道前进,而使胡尧元等设下埋伏。朱宸濠果然从安庆回师。乙卯在黄家渡遭遇。伍文定挡着他的前锋,盗贼走得很快。邢珣从盗贼的背后绕出来贯穿其中,伍文定、余恩追逐他,徐琏、戴德孺张开两翼分散盗贼的势头,胡尧元等伏兵齐发,盗贼迅速溃败,退守八字脑。朱宸濠害怕了,把南康、九江的兵全部调了来。王守仁派抚州知府陈槐、饶州知府林城攻取九江,建昌知府曾玙、广信知府周朝佐攻取南康。丙辰再战,官军退却,王守仁斩了先退的人。各军拼死战,盗贼再大败,退保樵舍,把船联结成方阵,把金宝全部拿出来犒赏士兵。第二天,朱宸濠正在早晨出来朝见他的群臣时,官军忽然来到。用小艇装上柴草,乘风纵火,烧了跟从朱宸濠的船,妃娄氏以下的人都投水死了。朱宸濠的船搁浅,仓促换了一只船逃跑,王冕所带领部队的兵士追上去抓了他。李士实、刘养正和投降了盗贼的按察使杨璋等都被俘虏了。南康、九江亦攻下了。一共三十五天就把盗贼平定。京师听说朱宸濠造反,各大臣震惊害怕。王琼大声说:"王伯安在南昌上游,一定能擒拿盗贼。"到了现在,果然上奏捷报。

皇帝当时已经亲征,自称威武大将军,率领京军边军勇健的兵卒几万人南下。命令安边伯许泰为副将军，和提督军务太监张忠、平贼将军左都督刘晖带领京军几千人，逆长江而上，到达南昌。皇帝所宠爱狎昵的各个人，过去都是和朱宸濠有勾结的；王守仁初次送上朱宸濠谋反书时，跟着说："有非分之想的并非只有宁王一个，请贬斥那些奸邪谄媚的人以收回天下豪杰的心。"所以他们都很恨他。朱宸濠的反叛被平定以后，则都嫉妒他的功劳。而且害怕王守仁见到天子时揭发他们的罪行，于是争相制造流言蜚语，说王守仁先是和朱宸濠共同商议，后来考虑事情不能成功，于是起兵。又想令王守仁把朱宸濠放回鄱阳湖，等皇帝自己去擒拿。

王守仁趁张忠、许泰未到，先俘虏了朱宸濠，发送到南昌。张忠、许泰用威武大将军的名义发文在广信拦截他。王守仁不给，从小道急走到玉山，上书请求献俘虏，中止皇帝南征。皇帝不许。至钱塘遇到太监张永。张永提督计划机密的军务，资格权力在张忠、许泰之上，而过去和杨一清关系很好，清除了刘瑾，得到天下人的称赞。王守仁连夜去见张永，称颂他的贤能，接着极力讲江西的穷困落后，不堪部队的骚扰。张永非常同意他的看法，说："永这次来，是为了协调各部保护皇帝，不是为了邀功劳。你有很大的功劳，我知道，但事情不可能公正处理罢了。"于是，王守仁把朱宸濠交给张永，而自己到京口，想朝见皇帝。听到让他巡抚江西的命令，于是回到南昌。张忠、许泰已经先到，为失了朱宸濠而恨王守仁，故意纵容京军侵犯他，或者呼名谩骂。王守仁一点都不动摇，更好的安抚他们。病了的给药，死了的给棺木，路上遇到有死了的，一定停车下来慰问很久才走。京军都说王都堂爱护我们，没有再冒犯他的。张忠、许泰说："宁府是天下最富有的，现在他所积蓄的东西在哪里？"王守仁说:"朱宸濠那时把钱财全都运到京师送给有权势的人,约他们做内应,有登记的册籍可以查对。"张忠、许泰过去都曾经接受过朱宸濠的贿赂,这时很害怕不敢再作声。后来,又轻视王守仁是文人,强迫他射箭。王守仁慢慢地站起来,三发三中。京军全都欢呼,张忠、许泰更加沮丧。刚好冬至,王守仁命令居民巷祭,然后,去坟上哭。当时新遭丧乱,悲哀呼号的声音震动原野。京军离家的时间长了,听到这声音没有不掉眼泪想回家的。张忠、许泰没有办法只好班师。及至见到皇帝,和记功给事中祝续、御史章纶百般污蔑中伤王守仁,只有张永常常袒护他。张忠在皇帝面前故意说:"王守仁一定要造反,试召他来,一定不来。"张忠、许泰几次假传圣旨召王守仁。王守仁得到张永的密信,不去。及至知道是皇帝的意思,立即飞马赶到。张忠、许泰阴谋阻止他,不让他见皇帝。王守仁便进入九华山,天天安闲地坐在和尚寺。皇帝察看知道了,说:"王守仁学道人,听说召他马上就到了,怎能说是反?"于是派他回去镇守,让他改上捷报。于是,王守仁改变了以前的奏章,说接受了威武大将军的策略讨平了叛乱,而把皇帝所宠爱狎昵的那些人的名字全都写了上去,江彬等这才不说话了。

那时,讲坏话的邪恶的人互相勾结煽动,祸变难测,不是王守仁,东南的情况几乎危险了。世宗很清楚这情况。刚即帝位,马上召王守仁入朝受封。而大学士杨廷和与王琼关系不好。王守仁前后平定盗贼,都归功于王琼,杨廷和不高兴,大臣亦很多都嫉忌他的功劳。正好有人说国丧没有结束,不适宜举行宴会奖赏,于是拜王守仁南京兵部尚书。王守仁不赴任,请求回家探望。后来,评论功劳封特进光禄大夫、柱国、新建伯,世袭,年俸禄一千石。但是不给予铁券,亦不发给年俸禄。各个有功劳的同事。只有吉安知府伍文定做了大官，受上赏。其他的都是名义上给予升迁，而暗地里贬斥他，罢免斥逐没有留下来的。王守仁非常愤怒。当时已经遭受父丧，屡次上疏辞去官爵，请求记录那些人的功劳，这些奏疏都被扣住不能上达。守制期满，亦不召他复官。时间长了以后，和他关系较好的席书和门下的方献夫、黄绾都因为在大礼仪中支持了皇帝得到宠幸，他们跟张璁、桂萼说了情，将要召用，而费宏过去是恨王守仁的，这时再出来阻挠。王守仁屡次被推荐为兵部尚书，三边总督，提督团营，结果全都没用。

嘉靖六年，思恩、田州的土酋卢苏、王受谋反。总督姚镆不能平定，于是诏王守仁以原官职兼左都御史，总督两广兼巡抚。黄绾趁机上书申诉王守仁的功劳，请求赐给铁券和年俸禄，并排列征讨朱宸濠的官员的功劳等别以进官秩，皇帝全部都同意了。王守仁在路上，上疏陈述这时用兵不合适，而且说："思恩没有设流官的时候，土酋每年出兵三千，听从官府征集调用。设了流官以后，政府反而要每年派几千兵前去防守。可见流官的设置，没有什么好处。而且田州和交阯相邻，深山绝谷，都被瑶、僮所盘踞，一定仍旧设置土官，才可以借他的兵力防守边境。如果改土官为流官，则边远地方的忧患，我们自己要承当，将来一定要后悔。"奏章发下兵部，尚书王时中指出了他五条不合适的地方，皇帝令王守仁再议。十二月，王守仁到达浔州，会同巡按御史石金制定招抚的计策。全部遣散各部队，留下永顺、保靖士兵几千人，解除武装休息。卢苏、王受起初请求招抚不成，听说王守仁来更加害怕，现在则非常高兴。王守仁去南宁，两人派使者前往乞请投降，王守仁令他们去到军营中。两人悄悄议论说："王公一向多计谋，恐怕会欺骗我们。"把军队排列开然后让他们入见。王守仁数落两个人的罪，杖打他们然后释放了。亲自入到营里，安抚了他的七万部下。向朝廷奏报，陈述用兵的十个害处，招抚的十个好处。因而请求再设流官，酌量分割田州的地，另立一州，让岑猛的次子邦相为吏目，暂代理州的事，待有功提升知州。而在田州设置十九个巡检司，由卢苏、王受等担任，并受流官知府的约束。皇帝都听从了。

断藤峡的瑶族盗贼，上面接连八寨，下面通向仙台、花相各个洞蛮，互相连接达三百余里，郡邑遭受祸害已经几十年。王守仁想征讨他，故意留在南宁。解散湖广的兵，表示不再用。乘盗贼不防备，进攻破了牛肠、六寺等十余个寨，峡的盗贼全都平定了。于是沿着横石江而下，攻克了仙台、花相、白竹、古陶、罗凤等盗贼。令布政使林富率领卢苏、王受的部队一直抵达八寨，攻破石门，副将沈希仪拦截斩了袭击的盗贼，把八寨完全平了。

开始，皇帝因为卢苏、王受被招抚，派行人奉玺书奖励的诏令给他。及至奏报断藤峡的胜利，则以手诏问阁臣杨一清等，说王守仁自己夸大，而且牵连到他生平的学术。杨一清不知该怎么回答。王守仁的起用是由于张璁、桂萼的推荐，桂萼向来和王守仁关系不好，只是张璁硬要他那样做。后来桂萼当了吏部尚书，张璁入了内阁，一直互争高下。桂萼骤然富贵喜欢功名，婉言劝王守仁攻取交阯，王守仁推辞不答应。杨一清素来了解王守仁，但黄绾曾经上疏想皇帝命令王守仁入阁当辅臣，诋毁杨一清，杨一清也不能不因此对王守仁有些意见。于是，桂萼明显诋毁王守仁征讨招抚两样都失策，悬赏的数目没有实现。方献夫和霍韬抱不平，上疏争辩，说："各瑶为患多年，起初曾经用兵数十万，仅得了一个田州，不久又召回贼寇。王守仁只去到晓谕了他几句话，思恩、田州便叩首投降。至于八寨、断藤峡的盗贼，由于有深山峭壁的阻隔，开国以来没有敢轻易说到去征剿的，现在一举荡平，像摧枯拉朽一样。于是，议论的人说王守仁受命征讨思恩、田州，没有受命征讨八寨。其实大夫出了疆界，有可以安定国家，有利社稷的事，可以自作主张去做。况且王守仁是已经得到诏令准他量度机宜自行处理事情的呢？王守仁征讨平定了反叛的藩王，嫉忌他的人诬陷他起初同盗贼合谋，又诬陷他用车载运黄金和丝织品。当时大臣杨廷和、乔宇假造了这样的事，直至现在还没有给他搞清楚。像王守仁这样忠心，像王守仁这样有功劳，在江西受一次委屈，在两广又再受委屈。我们恐怕辛劳的臣子会灰心，将士人心离散，以后边境有事，谁再为陛下承担呢！"皇帝只回报知道了便算。

王守仁已经病得很厉害，上疏请求退职，推举郧阳巡抚林富代替自己，不等得到命令便回去。走到南安去世，享年五十七岁。棺柩经过江西，军民没有不穿素服哭着相送的。

王守仁天资非常聪明。十七岁时拜谒上饶的娄谅，和他讨论朱子格物的大意。回家，整天端坐，讲读《五经》，不苟言笑。到九华旅游回来，在阳明洞中盖了个房子。广泛接触程朱学说，几年没有什么收获。贬谪到龙场，穷困荒僻的地方没有书，只得每天寻究过去的知识。忽然醒悟到格物致知，应当自己从内心去探求，不应当从事物中去探求，叹息说："道在这里了。"于是坚信不移。他的教育，专以致良知为主。说宋代周、程两人以后，只有陆象山的学说简易直捷，可以承接孟子的学说，而朱熹的《集注》《或问》之类，是他中年思想还没有很稳定时的学说。学者一致跟从他，世上便有了"阳明学"。

王守仁已经去世，桂萼上奏说他擅离职守。皇帝大怒，把奏章发下廷臣议论。桂萼等说："王守仁做事不遵循古人的教训，讲什么都不称道先师。想标新立异以表现自己高明，于是非议朱熹格物致知的论点；知道众人议论不会赞同，于是又写了《朱子晚年定论》这本书。号召门徒，互相提倡唱和。有才的人喜欢他任意，庸俗粗鄙的人借他的虚名。传授学习以讹传讹，背离错误的地方越来越多。但是他讨伐逮捕拿贼，擒获反叛的藩王，功劳有足以录取的地方，应该免予追夺伯爵以彰明信义，禁止邪说以端正人心。"于是，皇帝下诏停止世袭，按制度应有的抚恤都取消了。隆庆初年，廷臣很多颂扬王守仁的功劳。下诏赠予新建侯，谥号文成。隆庆二年给予世袭伯爵。后来又有人请求以王守仁和薛瑄、陈献章一同附祭于孔庙。皇帝只准许了礼臣的意见，以薛瑄附祭。及至万历十二年，御史詹事讲又再提出以前的请求。大学士申时行等说："王守仁说致知出于《大学》，良知出于《孟子》。陈献章主张静，沿着宋朝儒家周敦颐、程颢的学说。而且孝友进退像陈献章那样，气节文章功业像王守仁那样，不可以把它说成是禅，确实应该崇奉祭祀。"而且说胡居仁心地善良忠实，受到众人的一致推崇，也应该一同附祭。皇帝都听从了。有明一代，附祭的只有王守仁等四个人。

明史卷二百九

列传第九十七

杨继盛

杨继盛，字仲芳，容城人。七岁失母。庶母妒，使牧牛。继盛经里塾，睹里中儿读书，心好之。因语兄，请得从塾师学。兄曰："若幼，何学？"继盛曰："幼者任牧牛，乃不任学耶？"兄言于父，听之学，然牧不废也。年十三岁，始得从师学。家贫，益自刻厉。举乡试，卒业国子监，徐阶亟赏之。嘉靖二十六年登进士。授南京吏部主事。从尚书韩邦奇游，覃思律吕之学，手制十二律，吹之声毕和。邦奇大喜，尽以所学授之，继盛名益著。召改兵部员外郎。

俺答蹶京师，咸宁侯仇鸾以勤王故有宠。帝命鸾为大将军，倚以办寇。鸾中情怯，畏寇甚。方请开互市市马，冀与俺答媾，幸无战斗，固恩宠。继盛以为仇耻未雪，遽议和示弱，大辱国，乃奏言十不可，五谬。大略谓：

互市者，和亲别名也。俺答蹂躏我陵寝，虔刘我赤子。天下大仇也，而先之和。不可一。往下诏北伐，天下晓然知圣意，日夜征缮助兵食。忽更之曰和，失信于天下。不可二。以堂堂中国，与之互市，冠履倒置。不可三。海内豪杰争磨砺待试，一旦委置无用。异时欲号召，谁复兴起。不可四。使边镇将帅以和议故，美衣偷食，弛懈兵事。不可五。往时边卒私通境外，吏率裁禁，今乃导之使与通。不可六。盗贼伏莽，徒慑国威不敢肆耳，今知朝廷畏怯，睥睨之渐必开。不可七。俺答往岁深入，乘我无备故也。备之一岁，以互市终，彼谓国有人乎？不可八。或俺答负约不至；至矣，或阴谋伏兵突入；或今日市，明日复寇；或以下马索上直。不可九。岁帛数十万，得马数万匹。十年以后，帛将不继。不可十。

议者曰"吾外为市以羁縻之，而内修我甲兵"。此一谬也。夫寇欲无厌，其以衅终明甚。苟内修武备，安事羁縻？曰"吾阴市，以益我马"。此二谬也。夫和则不战，马将焉用，且彼宁肯予我良马哉？曰"市不已，彼且入贡"。此三谬也。夫贡之赏不赀，是名美而实大损也。曰"俺答利我市，必无失信"。此四谬也。吾之市，能尽给其众乎？能信不给者之无入掠乎？曰"佳兵不祥"。此五谬也。敌加己而应之，何佳也。人身四肢皆痈疽，毒日内攻，而惮用药石可乎？

夫此十不可、五谬，明显易见。盖有为陛下主其事者，故公卿大夫知而莫为一言。陛下宜奋独断，悉按诸言互市者，发明诏选将练兵。不出十年，臣请为陛下竿俺答之首于藁街，以示天下万世。

疏入，帝颇心动，下鸾及成国公朱希忠，大学士严嵩、徐阶、吕本，兵部尚书赵锦，侍郎聂豹、张时彻议。鸾攘臂詈曰："竖子目不睹寇，宜其易之。"诸大臣遂言遣官已行，势难中止。帝尚犹豫，鸾复进密疏。乃下继盛诏狱，贬狄道典史。其地杂番，俗罕知诗书。继盛简子弟秀者百余人，聘三经师教之。鬻所乘马，出妇服装，市田资诸生。县有煤山，为番人所据，民仰薪二百里外。继盛召番人谕之，咸服曰："杨公即须我曹穹帐亦舍之，况煤山耶？"番民信爱之，呼曰"杨父"。

已而俺答数败约入寇，鸾奸大露，疽发背死，戮其尸。帝乃思继盛言，稍迁诸城知县。月余调南京户部主事，三日迁刑部员外郎。当是时，严嵩最用事。恨鸾凌己，心善继盛首攻鸾，欲骤贵之，复改兵部武选司。而继盛恶嵩甚于鸾。且念起谪籍，一岁四迁官，思所以报国。抵任甫一月，草奏劾嵩，斋三日乃上奏曰：

臣孤直罪臣，蒙天地恩，超擢不次。夙夜祗惧，思图报称，盖未有急于请诛贼臣者也。方今外贼惟俺答，内贼惟严嵩，未有内贼不去，而可除外贼者。去年春雷久不声，占曰"大臣专政"。冬日下有赤色，占曰"下有叛臣"。又四方地震，日月交食。臣以为灾皆嵩致，请以嵩十大罪为陛下陈之。

高皇帝罢丞相，设立殿阁之臣，备顾问视制草而已，嵩乃俨然以丞相自居。凡府部题覆，先面白而后草奏。百官请命，奔走直房如市。无丞相名，而有丞相权。天下知有嵩，不知有陛下。是坏祖宗之成法。大罪一也。

陛下用一人，嵩曰"我荐也"；斥一人，曰"此非我所亲，故罢之"。陛下宥一人，嵩曰"我救也"；罚一人，曰"此得罪于我，故报之"。伺陛下喜怒以恣威福。群臣感嵩甚于感陛下，畏嵩甚于畏陛下。是窃君上之大权。大罪二也。

陛下有善政，嵩必令世蕃告人曰"主上不及此，我议而成之"。又以所进揭帖刊刻行世，名曰《嘉靖疏议》，欲天下以陛下之善尽归于嵩，是掩君上之治功。大罪三也。

陛下令嵩司票拟，盖其职也。嵩何取而令子世蕃代拟，又何取而约诸义子赵文华辈群聚而代拟。题疏方上，天语已传。如沈鍊劾嵩疏，陛下以命吕本，本即潜送世蕃所，令其拟上。是嵩以臣而窃君之权，世蕃复以子而盗父之柄，故京师有"大丞相、小丞相"之谣。是纵奸子之僭窃。大罪四也。

严效忠、严鹄，乳臭子耳，未尝一涉行伍。嵩先令效忠冒两广功，授锦衣所镇抚矣。效忠以病告，鹄袭兄职。又冒琼州功，擢千户。以故总督欧阳必进躐掌工部，总兵陈圭浔统后府，巡按黄如桂亦骤亚太仆。既借私党以官其子孙，又因子孙以拔其私党。是冒朝廷之军功。大罪五也。

逆鸾先已下狱论罪，贿世蕃三千金，荐为大将。鸾冒擒哈舟儿功，世蕃亦得增秩。嵩父子自夸能荐鸾矣，及知陛下有疑鸾心，复互相排诋，以泯前迹。鸾勾贼，而嵩、世蕃复勾鸾。是引背逆之奸臣。大罪六也。

前俺答深入，击其惰归，此一大机也。兵部尚书丁汝夔问计于嵩，嵩戒无战。及汝夔逮治，嵩复以论救绐之。汝夔临死大呼曰："嵩误我。"是误国家之军机。大罪七也。

郎中徐学诗劾嵩革任矣，复欲斥其兄中书舍人应丰。给事厉汝进劾嵩谪典史矣，复以考察令吏部削其籍。内外之臣，被中伤者何可胜计。是专黜陟之大柄。大罪八也。

凡文武迁擢，不论可否，但衡金之多寡而畀之。将弁惟贿嵩，不得不朘削士卒；有司惟贿嵩，不得不掊克百姓。士卒失所，百姓流离，毒遍海内。臣恐今日之患不在境外而在域中。是失天下之人心。大罪九也。

自嵩用事，风俗大变。贿赂者荐及盗跖，疏拙者黜逮夷、齐。守法度者为迂疏，巧弥缝者为才能。励节介者为矫激，善奔走者为练事。自古风俗之坏，未有甚于今日者。盖嵩好利，天下皆尚贪。嵩好谀，天下皆尚谄。源之弗洁，流何以澄。是敝天下之风俗。大罪十也。

嵩有是十罪，而又济之以五奸。知左右侍从之能察意旨也，厚贿结纳。凡陛下言动举措，莫不报嵩。是陛下之左右皆贼嵩之间谍也。以通政司之主出纳也，用赵文华为使。凡有疏至，先送嵩阅竟，然后入御。王宗茂劾嵩之章停五日乃上，故嵩得展转遮饰。是陛下之喉舌乃贼嵩之鹰犬也。畏厂卫之缉访也，令子世蕃结为婚姻。陛下试诘嵩诸孙之妇，皆谁氏乎？是陛下之爪牙皆贼嵩之瓜葛也。畏科道之多言也，进士非其私属，不得预中书、行人选。推官、知县非通贿，不得预给事、御史选。既选之后，入则杯酒结欢，出则馈饯相属。所有爱憎，授之论刺。历俸五六年，无所建白，即擢京卿。诸臣忍负国家，不敢忤权臣。是陛下之耳目皆贼嵩之奴隶也。科道虽入笼络，而部寺中或有如徐学诗之辈亦可惧也，令子世蕃择其有才望者，罗置门下。凡有事欲行者，先令报嵩，预为布置，连络蟠结，深根固蒂，各部堂司大半皆其羽翼。是陛下之臣工皆贼嵩之心膂也。陛下奈何爱一贼臣，而忍百万苍生陷于涂炭哉？

至如大学士徐阶蒙陛下特擢，乃亦每事依违，不敢持正，不可不谓之负国也。愿陛下听臣之言，察嵩之奸。或召问裕、景二王，或询诸阁臣。重则置宪，轻则勒致仕。内贼既去，外贼自除。虽俺答亦必畏陛下圣断，不战而丧胆矣。

疏入，帝已怒。嵩见召问二王语，喜谓可指此为罪，密构于帝。帝益大怒，下继盛诏狱，诘何故引二王。继盛曰："非二王谁不慑嵩者！"狱上，乃杖之百，令刑部定罪。侍郎王学益，嵩党也。受嵩属，欲坐诈传亲王令旨律绞，郎中史朝宾持之。嵩怒，谪之外。于是尚书何鳌不敢违，竟如嵩指成狱，然帝犹未欲杀之也。系三载，有为营救于嵩者。其党胡植、鄢懋卿怵之曰："公不睹养虎者耶，将自贻患。"嵩领之。会都御史张经、李天宠坐大辟。嵩揣帝意必杀二人，比秋审，因附继盛名并奏，得报。其妻张氏伏阙上书，言："臣夫继盛误闻市井之言，尚狃书生之见，遂发狂论。圣明不即加戮，俾从吏议。两经奏谳，俱荷宽恩。今忽阑入张轻疏尾，奉旨处决。臣仰惟圣德，昆虫草木皆欲得所，岂惜一回宸顾，下垂覆盆。倘以罪重，必不可赦，愿即斩臣妾首，以代夫诛。夫虽远御魑魅，必能为疆场效死，以报君父。"嵩屏不奏，遂以三十四年十月朔弃西市，年四十。临刑赋诗曰："浩气还太虚，丹心照千古。生平未报恩，留作忠魂补。"天下相与涕泣传颂之。

初，继盛之将杖也，或遗之蚺蛇胆。却之曰："椒山自有胆，何蚺蛇为！"椒山，继盛别号也。及入狱，创甚。夜半而苏，碎瓷碗，手割腐肉。肉尽，筋挂膜，复手截去。狱卒执灯颤欲坠，继盛意气自如。朝审时，观者塞衢，皆叹息，有泣下者。后七年，嵩败。穆宗立，恤直谏诸臣，以继盛为首。赠太常少卿，谥忠愍，予祭葬，任一子官。已，又从御史郝杰言，建祠保定，名旌忠。

译文：

杨继盛，字仲芳，容城人。七岁时母亲去世，继母妒恨他，让他放牛。杨继盛放牛经过村中的私塾，看到同村的儿童读书，心中也喜欢上了。于是对他哥哥请求说："希望能够跟着塾师读书学习。他哥哥说："你这么小，学什么呢？"杨继盛反问道："年龄小的人就只让放牛，不让上学吗？"他哥哥给父亲说了这事，父亲就允许他读书学习，但也不能停止放牛。十三岁时，他才得以正式随塾师学习。其家贫穷，学习更为刻苦勤奋。乡试中举之后，又在国子监学习毕业，很受徐阶的赏识。嘉靖二十六年中进士，被任命为南京吏部主事。杨继盛又随南京吏部尚书韩邦奇游学，深入思考钻研音律之学，亲手制定十二律，按照这种音律吹奏，各个音节都很和谐。韩邦奇非常高兴，把平生所学都传授给他，杨继盛的名声越来越大。后又被召改任兵部员外郎。

蒙古俺答汗率军侵扰京师一带，咸宁侯仇鸾因率师勤王而为皇帝所宠幸。皇帝任命仇鸾为大将军，依靠他对付敌寇。仇鸾心中胆怯，十分害怕敌人，请求在边境开置互市易马，希望以此与俺答讲和，侥幸避免发生战事，从而保持和加深皇帝对他的宠信。杨继盛认为仇恨和耻辱尚未洗雪，就这么快地提出议和，是向敌人示弱，是严重的辱国行为。于是就上奏疏阐述开互市有十点不可、五大谬论，大致意思是：

互市是和亲的别名。俺答蹂躏我朝陵寝，杀害我国百姓，这是天下莫大的仇恨，而现在却要首先提出和他议和，这是第一个不可。当初皇上下诏要进行北伐，天下的人都知道皇上的意思，日夜进行着征战的准备，为军队提供粮草，而现在忽然又改变初衷，要与敌人议和，失信于天下，这是第二个不可。以堂堂中国，而与俺答互市，这是本末倒置，是第三个不可。天下的英雄豪杰纷纷秣马厉兵，时刻等待拚搏沙场，一旦把他们冷落遗弃而不用，以后想再号召他们，谁还会起来响应呢？这是第四个不可。让边关诸将因为议和的缘故，沉醉于锦衣美食的享乐之中，就会使军事防御松弛懈怠，这是第五个不可。过去边境的士卒私通境外的，官吏一概予以严禁和惩治，现在却引导他们去通敌，这是第六个不可。盗贼和潜伏的草莽英雄，只是慑于国家强大的声威才不敢放肆，如果知道朝廷畏惧胆怯强敌，那么蔑视国家、为非作歹的坏风气就会渐渐滋长起来，这是第七个不可。俺答往年深入境内侵扰，是乘我们没有防备，如今我们已经准备了一年，却又以互市告终，对方会说我们国家没有人才，这是第八个不可。开互市后，俺答有时可能会负约不来；即便来了，有可能也会耍阴谋，埋伏士兵突击我境；或者今日来互市交易，明日又来侵略；或者会以劣等马匹而索取高价，这是第九个不可。我们每年用于互市的布帛达数十万匹，而易马数万，十年之后，布帛将会供应不上，这是第十个不可。

主张开市议和的人说："我们可以对外与俺答互市，以笼络他们，对内则加强战备。"这是第一个谬论。敌人的欲望没有穷尽，他们最终会挑起事端的态势是十分明显的。假如我们对内加强战事准备，又何必要笼络他们呢？他们又说："我们暗中进行交易，以便增加我方的战马供应。"这是第二个谬论。既然和而不战，战马还有什么用处呢？况且对方能卖给我们良马吗？他们又说："互市不停顿，对方还会不断给朝廷进贡。"这是第三个谬论。对方进贡的还没有赏赐给他们的多，这名声听起来好，实际上对我们损害极大。他们还说："俺答从与我们的互市中得到许多好处，一定不会失信。"这是第四个谬论。我们通过互市卖给对方的东西，能普遍分给他们的民众吗？能相信那些得不到好处的人不进入我方境内掳掠吗？他们还说："良好的战备是兴兵打仗的前兆，不吉祥。"这是第五个谬论。如果等待敌军大兵压境而我们只是被动应战,那有什么好处呢?就像人的四肢都生了毒疮,毒气一天天地攻入体内,怎么还能害怕用药调治呢?

上述是十不可、五谬论,明显易见,只是因为有人专门为皇上主持筹划这件事,所以公卿百官知其不可却没有敢说的。皇上应该独自明断是非,将那些主张互市的人全部治罪,发布诏令选将练兵,加强战备。不出十年,我请为皇上用竹竿将俺答的头颅悬挂于街头,以此警示天下其他的敌人以及万代以后的敌人。

奏疏呈上之后,皇帝颇为心动,下令仇鸾及成国公朱勇,大学士严嵩、徐阶、吕本,兵部尚书赵锦,侍郎聂豹、张时彻再议此事。仇鸾攘臂大骂道:"这小子眼里看不到别人,不懂军情,应该把他撤换掉。"各位大臣也都说先行派去议和的官员已经出发,情势难以中止。皇帝还在犹豫,仇鸾又进了一道疏密,于是就下诏把杨继盛关进监狱,进而贬为狄道典史。狄道这个地方是番人杂居之地,很少有人懂得诗书礼仪。杨继盛选择番人子弟中优秀的百余人,聘请三个经师来教他们。他卖掉自己所乘坐的马匹,以及家中妇人的服饰,后又卖掉自己的土地资助这些学生。该县有一座煤山,被番人所占据,老百姓得从二百里外运柴火,杨继盛召见番人说服他们,番人都心悦诚服,说:"杨继盛即便是需要我们的穹庐帐篷,我们也舍得,更何况是煤山呢?"当地的番民都很信赖和爱戴他,称他为"杨父"。

不久,俺答多次破坏和约,侵入内地,仇鸾的奸行完全暴露了出来,背上毒疮发作而死,但仍然被戮尸。皇帝这才想起杨继盛的远见卓识,不久升他为诸城知县。一个月后又调回任南京兵部主事,三日后又升为刑部员外郎。当时,严嵩正专权用事,他嫉恨仇鸾凌驾于自己之上,对杨继盛率先攻击仇鸾颇有好感,想很快提拔他，于是又改任兵部武选司郎中。可是杨继盛对严嵩的憎恶比对仇鸾有过之而无不及；并且念起自己是被贬谪的人，一年之间四次提升，时刻想着如何报效国家。刚到任一个月，就起草奏疏弹劾严嵩，斋戒三日后才呈奏皇帝：

我是一个孤心耿直的罪臣，承蒙皇上恩典，接连地被提拔，日夜不安，思虑着如何报效国家，报答皇恩，相比之下，大概没有比请求诛杀贼臣更为急迫的事情了。如今外面的贼寇是俺答，内部的贼臣只有严嵩，没有内贼不除而能够除去外贼的道理。去年春雷很久没有响，占卜者说是因为"大臣专权"。冬天下有红色的雪，占卜者说是因为"下有叛臣"。另外还有四方地震、日食、月食等灾异相继出现，我认为这些都是严嵩导致的灾祸，现在请允许我把严嵩的十大罪状陈述给皇上。

太祖高皇帝废除丞相，设立殿阁之臣，只是备皇帝顾问、起草诏令罢了，可是严嵩却俨然以丞相自居，凡是内府各部的题奏批复，必须先当面请示严嵩才能起草上奏，文武百官奔走其门往来请命的，就像奔赴市场。没有丞相的名称，而拥有丞相的权力，天下的人只知道有严嵩，而不知道有皇上，这败坏了祖宗制定的既成法度，是他的第一条大罪。

皇上任用一个人，严嵩说："这是我推荐的。"贬斥一个人，严嵩又说："这人不是我所亲近的，因此被罢免。"皇上宽恕一个人，严嵩总是说："是我救的。"皇上处罚一个人，严嵩又会说："这个人曾得罪过我，因此才会有如此下场。"严嵩暗中观察皇上的喜怒任意作威作福，而群臣则感激严嵩要超过感恩皇上，害怕严嵩也要超过害怕皇上。这是窃取皇上的大权，是第二条大罪。

皇上有好的为政措施，严嵩必定让严世蕃告诉别人说："皇上做不到这些，是我提议而办成的。"又把他上奏的揭帖刻印成书发行到社会上，名称叫作《嘉靖疏议》，想让天下人把皇上的英明善政都归于严嵩。这是掩盖皇上治理天下的功劳，是第三条大罪。

皇上命严嵩掌管草拟诏批之事，这是他的职责。严嵩竟敢拿去让他的儿子严世蕃代为草拟，又约集他的义子赵文华等人群聚一起代为草拟。题本奏疏刚刚呈上，极为机密的内容已经传出来了。正如沈錬弹劾严嵩的奏疏：皇上本来命令吕本起草诏批的，但吕本也暗地送给严世蕃让他代为起草。严嵩以臣子身份而窃取皇上的权力，而严世蕃又以儿子的身份窃取老子的权利，因此京师一带有"大丞相、小丞相"的谣传。严嵩纵容其子窃取权力，这是他的第四条大罪。

严效忠、严鹄不过是乳臭未干的小孩子，根本未曾参与过战事。严嵩先是命严效忠假冒在两广有战功，授予他锦衣所镇抚之职。严效忠因病告归，严鹄继承了他兄长的职务。又冒充在琼州立下战功，被提升为千户。因为提拔严氏子孙的缘故，总督欧阳必进很快越职掌管了工部，总兵陈圭得以统帅后府军队。巡抚黄如桂也很快掌管了太仆寺。严嵩既依靠其私党为其子孙升官加爵，又因子孙的关系来提拔他的私党。这是假冒朝廷的军功，是第五条大罪。

逆贼仇鸾早先已被下狱治罪，但他贿赂严世蕃三千两银子，被举荐为大将。仇鸾冒领生擒哈舟儿的战功，严世蕃也因而增禄加官。严嵩父子自夸举荐得人，等到知道皇上内心怀疑仇鸾时，就又与仇鸾相互排挤和诋毁，以此来掩盖以前的罪迹。仇鸾勾结贼寇，而严嵩、严世蕃又勾结仇鸾。这是引荐背逆的奸臣，是第六条大罪。

以前俺答深入国境侵扰时，应当在他们怠惰而归时予以沉重打击，这是一大机会。兵部尚书丁汝夔向严嵩问计，严嵩告诫他不要开战。等到丁汝夔被逮治罪时，严嵩又说应该开战以挽回颓势，把罪责推给丁汝夔。丁汝夔临死时还大呼："严嵩坑害了我！"这是贻误了国家的军机大事，是第七条大罪。

郎中徐学诗弹劾严嵩，已被革职，严嵩还要贬斥他的哥哥中书舍人徐应丰。给事中厉汝进弹劾严嵩，被贬为典史，又以考察官吏之名命吏部削去其官籍。朝廷内外的大臣，被中伤的人不计其数。这是把持官员罢黜和擢升的大权，是第八条大罪。

凡是文武官员的升迁提拔，不论称职与否。只衡量给自己的银子多少而决定提升。大小将官因一心想要贿赂严嵩以求升迁，不得不刻剥士卒；各级官吏一心想着贿赂严嵩，不得不剥削百姓。士卒和百姓流离失所，其毒害和影响遍于天下。我恐怕现在国家的祸患不在境外，而在内部。这样就失去了天下的人心，是第九条大罪。

自从严嵩专权以来，风俗大变。收受贿赂的人举荐的甚至是盗跖一类的人物；而上疏排挤的甚至连伯夷、叔齐那样的人也不放过。遵守法度的人被认为是迂阔，而巧于投机钻营的人被认为是有才干。坚守气节、刚正不阿的人被视为矫正偏激，善于奔走权贵之门的人被认为是办事干练。自古以来的风俗败坏没有像今天这样严重的。因为严嵩贪财好利，天下的人也都崇尚贪婪；严嵩喜好阿谀奉承，天下的人也都崇尚谄媚讨好。源头不清洁，流水怎么能够澄清。这样是败坏了天下的风俗，是严嵩的第十条大罪。

严嵩有此十大罪状，另外还有五种奸行。他知道皇上的左右侍从能够窥察皇上的旨意，就用重金贿赂，以与他们结纳。凡是皇上的言语举动，没有不报告严嵩的，这样使皇上的左右侍从都成了严嵩的间谍。又因为通政司主管公文往来，所以严嵩任用赵文华为通政使。凡有疏文到，他一定先送给严嵩阅览完毕，然后才送给皇上御览。王宗茂弹劾严嵩的奏章停了五天才呈上，所以严嵩得以利用这段时间辗转想法遮掩罪行。这样皇上的喉舌竟成为严嵩的鹰犬。严嵩害怕锦衣卫和东厂的缉访调查，让其子世蕃与厂卫官员结为姻亲关系。皇上可以盘查严嵩的各位孙子媳妇，都是谁家的女儿？这样皇上的爪牙也都成了与严嵩有瓜葛的人。严嵩害怕科道官员多言善谏，进士如果不是其私属关系，不能参与中书、行人的人选。推官、知县如果不给他贿赂，不得参与给事中、御史的人选。这些人一旦入选以后，严嵩为了笼络他们，请他们到自己府中，以酒宴厚待，结为欢好，临走时又以厚礼相赠。凡是他所喜欢的或憎恶的官员，在授予他们新的官职时都要看严嵩的名刺。有的官员享受俸禄已五六年，尚无所建树，却很快被提拔为朝廷重臣。各位大臣都忍心有负于国家，而不敢违背权臣的意志。这样皇上的耳目都成了奸贼严嵩的奴仆。科道官员虽然已被笼络，而各部、寺中还有像徐学诗那样令奸贼惧怕的人，于是严嵩令其子严世蕃选择其中有才干、声望的，网罗安置于自己门下。凡有事要办理的，先让报告给严嵩，预先做好布置，联络勾结在一起，关系根深蒂固，各部堂官及司一级郎官大半都是严嵩的羽翼。这样皇上的大臣都变成了奸贼严嵩的心腹。皇上为何要钟爱一个奸臣贼子，而忍心让天下百万生灵陷于痛苦和灾难之中呢？

甚至像大学士徐阶那样荷蒙皇上特别提拔的大臣，也是每事都模棱两可，不敢坚持正义，不能不说有负于国家。希望皇上能听从我的话,洞察严嵩的奸行。有的也可召问裕、景二王,有的可询问诸位阁臣。对严嵩的处置,重则绳之以法,轻则勒令退职。这样内部的奸贼清除之后,外部的敌人自然也就消除了。即使俺答也畏惧皇上的英明果断,不经开战便会丧胆落魄的。"

奏疏呈上之后,皇帝已经有些震怒。严嵩见疏中有召问二位藩王的话,大喜,认为可指此为罪加害杨继盛。于是秘密地在皇帝面前罗织杨继盛的罪状。皇帝越发大怒,下令将杨继盛下狱,责问他为何要交结二位藩王。杨继盛回答说:"除了二王,有谁不怕严嵩?"受审之后,他就被打了一百杖,交刑部定罪。刑部侍郎王学益是严嵩的亲信,受严嵩的嘱托,想把杨继盛以诈传亲王令旨的罪名处以绞刑。郎中史朝宾坚持正义,为他抗争,严嵩大怒,把史朝宾贬谪到外地。这样刑部尚书何鳌不敢违抗严嵩,竟按照严嵩的指使确定杨继盛的罪名。然而皇帝还没有杀他的意思。杨继盛被关押了三年,有人向严嵩请求解救他,严嵩的亲信胡植、鄢懋卿害怕地对严嵩说:"严公不见那些养虎的人,终将给自己带来祸患。"严嵩点头称是。恰逢都御史张经、李天宠犯了死罪,严嵩揣测皇帝一定会杀死二人,等到秋审之时,就把杨继盛的名字附在张、李二人之后一并上奏,得到皇帝的批准。杨继盛的妻子张氏来到京师,上书皇帝说:"我的丈夫杨继盛误听市井的传闻,还执着书生之见,说了一些狂妄的话。圣上英明不立即处以死刑,能够听从群臣的意见,两次审判定案,都得到宽大处理。现在忽然被列名于处置张经的奏疏后面,奉皇上圣旨要被处决。我仰望圣德广大,即便是昆虫草木也都让各得其所,难道还会怜惜一次垂顾臣下冤枉的机会,从而让我申述一下我丈夫的覆盆之冤吗?如果因为罪行过重,确实不可赦免,那么我希望立即把我的头砍掉,以代替我将被处斩的丈夫。我丈夫即使充军到远方去抵御妖怪般的敌人，也一定能为国家效命沙场，报答皇上的恩德。"这个奏疏被严嵩阻滞，没有能呈给皇帝。于是杨继盛就在嘉靖三十四年十月初一日在西市被处死，年仅四十岁。临刑时赋诗一首："浩气还太虚，丹心照千古。生平未报恩，留作忠魂补。"天下的人听到这个消息后，流着眼泪相互传诵着这首诗。

当初，杨继盛受杖刑时，有人送给他蚺蛇胆（服之可御伤止痛）。杨继盛拒绝了，并说："我杨椒山自有胆，要蚺蛇胆做什么？"椒山，是杨继盛的别号。入狱之后，他的伤势很重，每次半夜里苏醒过来，他就摔碎瓷碗，用瓷片亲手把腐烂的肉割掉。肉被割完之后，筋挂着肉膜，他又亲手截掉。狱卒在旁边照着灯，吓得直发抖，几乎把灯笼掉在地上，而杨继盛仍然意气自如。三法司（刑部、都察院、大理寺）复审其案时，观看的人把道路都给塞满了，人们都为他的冤屈而叹息不已，甚至痛哭失声。杨继盛死后七年，严嵩的奸行终于败露，而受到惩治。穆宗即位，顾念直言敢谏的各位大臣，首推杨继盛，追赠他为太常少卿，谥号忠愍，给予重新祭奠安葬，并任命他的一个儿子为官。不久，又听从御史郝杰的建议，在保定为他建了一座祠堂，名字叫旌忠。

明史卷二百十二

列传第一百

戚继光

戚继光，字元敬，世登州卫指挥佥事。父景通，历官都指挥，署大宁都司，入为神机坐营，有操行。继光幼倜傥负奇气。家贫，好读书，通经史大义。嘉靖中嗣职，用荐擢署都指挥佥事，备倭山东。改佥浙江都司，充参将，分部宁、绍、台三郡。

三十六年，倭犯乐清、瑞安、临海，继光援不及，以道阻不罪。寻会俞大猷兵，围汪直余党于岑港。久不克，坐免官，戴罪办贼。已而倭遁，他倭复焚掠台州。给事中罗嘉宾等劾继光无功，且通番。方按问，旋以平汪直功复官，改守台、金、严三郡。

继光至浙时，见卫所军不习战，而金华、义乌俗称慓悍，请召募三千人，教以击刺法，长短兵迭用，由是继光一军特精。又以南方多薮泽，不利驰逐，乃因地形制阵法，审步伐便利，一切战舰、火器、兵械精求而更置之。"戚家军"名闻天下。

四十年，倭大掠桃渚、圻头。继光急趋宁海，扼桃渚，败之龙山，追至雁门岭。贼遁去，乘虚袭台州。继光手歼其魁，蹙余贼瓜陵江尽死。而圻头倭复趋台州，继光邀击之仙居，道无脱者。先后九战皆捷，俘馘一千有奇，焚溺死者无算。总兵官卢镗、参将牛天锡又破贼宁波、温州。浙东平，继光进秩三等。闽、广贼流入江西。总督胡宗宪檄继光援。击破之上坊巢，贼奔建宁。继光还浙江。

明年，倭大举犯福建。自温州来者，合福宁、连江诸倭攻陷寿宁、政和、宁德。自广东南澳来者，合福清、长乐诸倭攻陷玄锺所，延及龙岩、松溪、大田、古田、莆田。是时宁德已屡陷。距城十里有横屿，四面皆水路险隘，贼结大营其中。官军不敢击，相守逾年。其新至者营牛田，而酋长营兴化，东南互为声援。闽中连告急，宗宪复檄继光剿之。先击横屿贼。人持草一束，填壕进。大破其巢，斩首二千六百。乘胜至福清，捣败牛田贼，覆其巢，余贼走兴化。急追之，夜四鼓抵贼栅。连克六十营，斩首千数百级。平明入城，兴化人始知，牛酒劳不绝。继光乃旋师。抵福清，遇倭自东营澳登陆，击斩二百人。而刘显亦屡破贼。闽宿寇几尽。于是继光至福州饮至，勒石平远台。

及继光还浙后，新倭至者日益众，围兴化城匝月。会显遣卒八人赍书城中，衣刺"天兵"二字。贼杀而衣其衣，给守将得入，夜斩关延贼。副使翁时器、参将毕高走免，通判奚世亮摄府事，遇害，焚掠一空。留两月，破平海卫，据之。初，兴化告急，时帝已命俞大猷为福建总兵官，继光副之。及城陷，刘显军少，壁城下不敢击。大猷亦不欲攻，需大军合以困之。四十二年四月，继光将浙兵至。于是巡抚谭纶令将中军，显左，大猷右，合攻贼于平海。继光先登，左右军继之，斩级二千二百，还被掠者三千人。纶上功，继光首，显、大猷次之。帝为告谢郊庙，大行叙赏。继光先以横屿功，进署都督佥事，及是进都督同知，世荫千户，遂代大猷为总兵官。

明年二月，倭余党复纠新倭万余，围仙游三日。继光击败之城下，又追败之王仓坪，斩首数百级，余多坠崖谷死，存者数千奔据漳浦蔡丕岭。继光分五哨，身持短兵缘崖上，俘斩数百人，余贼遂掠渔舟出海去。久之，倭自浙犯福宁，继光督参将李超等击败之。乘胜追永宁贼，斩馘三百有奇。寻与大猷击走吴平于南澳，遂击平余孽之未下者。

继光为将号令严，赏罚信，士无敢不用命。与大猷均为名将。操行不如，而果毅过之。大猷老将务持重，继光则飙发电举，屡摧大寇，名更出大猷上。

隆庆初，给事中吴时来以蓟门多警，请召大猷、继光专训边卒。部议独用继光，乃召为神机营副将。会谭纶督师辽、蓟，乃集步兵三万，征浙兵三千，请专属继光训练。帝可之。二年五月命以都督同知总理蓟州、昌平、保定三镇练兵事，总兵官以下悉受节制。至镇，上疏言：

蓟门之兵，虽多亦少。其原有七。营军不习戎事，而好末技，壮者役将门，老弱仅充伍，一也。边塞逶迤，绝鲜邮置，使客络绎，日事将迎，参游为驿使，营垒皆传舍，二也。寇至，则调遣无法，远道赴期，卒毙马僵，三也。守塞之卒约束不明，行伍不整，四也。临阵马军不用马，而反用步，五也。家丁盛而军心离，六也。乘障卒不择冲缓，备多力分，七也。七害不除，边备曷修。

而又有士卒不练之失六，虽练无益之弊四。何谓不练？夫边所藉惟兵，兵所藉惟将；今恩威号令不足服其心，分数形名不足齐其力，缓急难使，一也。有火器不能用，二也。弃土著不练，三也。诸镇入卫之兵，嫌非统属，漫无纪律，四也。班军民兵数盈四万，人各一心，五也。练兵之要在先练将。今注意武科，多方保举似矣，但此选将之事，非练将之道，六也。何谓虽练无益？今一营之卒，为炮手者常十也。不知兵法五兵迭用，当长以卫短，短以救长，一也。三军之士各专其艺，金鼓旗帜，何所不蓄，今皆置不用，二也。弓矢之力不强于寇，而欲借以制胜，三也。教练之法，自有正门。美观则不实用，实用则不美观，而今悉无其实，四也。

臣又闻兵形象水，水因地而制流，兵因地而制胜。蓟之地有三。平原广陌，内地百里以南之形也。半险半易，近边之形也。山谷仄隘，林薄蓊翳，边外之形也。寇入平原，利车战。在近边，利马战。在边外，利步战。三者迭用，乃可制胜。今边兵惟习马耳，未娴山战、林战、谷战之道也，惟浙兵能之。愿更予臣浙东杀手、炮手各三千，再募西北壮士，足马军五枝，步军十枝，专听臣训练，军中所需，随宜取给，臣不胜至愿。

又言："臣官为创设，诸将视为缀疣，臣安从展布。"

章下兵部，言蓟镇既有总兵，又设总理，事权分，诸将多观望，宜召还总兵郭琥，专任继光。乃命继光为总兵官，镇守蓟州、永平、山海诸处，而浙兵止弗调。录破吴平功，进右都督。寇入青山口，拒却之。

自嘉靖以来，边墙虽修，墩台未建。继光巡行塞上，议建敌台。略言："蓟镇边垣，延袤二千里，一瑕则百坚皆瑕。比来岁修岁圮，徒费无益。请跨墙为台，睥睨四达。台高五丈，虚中为三层，台宿百人，铠仗糗粮具备。令戍卒画地受工，先建千二百座。然边卒木强，律以军法将不堪，请募浙人为一军，用倡勇敢。"督抚上其议，许之。浙兵三千至，陈郊外。天大雨，自朝至日昃，植立不动。边军大骇，自是始知军令。五年秋，台功成。精坚雄壮，二千里声势联接。诏予世荫，赉银币。

继光乃议立车营。车一辆用四人推挽，战则结方阵，而马步军处其中。又制拒马器，体轻便利，遏寇骑冲突。寇至，火器先发，稍近则步军持拒马器排列而前，间以长枪、筤筅。寇奔，则骑军逐北。又置辎重营随其后，而以南兵为选锋，入卫兵主策应，本镇兵专戍守。节制精明，器械犀利，蓟门军容遂为诸边冠。

当是时，俺答已通贡，宣、大以西，烽火寂然。独小王子后土蛮徙居插汉地，控弦十余万，常为蓟门忧。而朵颜董狐狸及其兄子长昂交通土蛮，时叛时服。万历元年春，二寇谋入犯。驰喜峰口，索赏不得，则肆杀掠，猎傍塞，以诱官军。继光掩击，几获狐狸。其夏，复犯桃林，不得志去。长昂亦犯界岭。官军斩获多，边吏讽之降，狐狸乃款关请贡。廷议给以岁赏。明年春，长昂复窥诸口不得入，则与狐狸共逼长秃令入寇。继光逐得之以归。长秃者，狐狸之弟，长昂叔父也。于是二寇率部长亲族三百人，叩关请死罪，狐狸服素衣叩头乞赦长秃。继光及总督刘应节等议，遣副将史宸、罗端诣喜峰口受其降。皆罗拜，献还所掠边人，攒刀设誓。乃释长秃，许通贡如故。终继光在镇，二寇不敢犯蓟门。

寻以守边劳，进左都督。已，增建敌台，分所部十二区为三协，协置副将一人，分练士马。炒蛮入犯，汤克宽战死，继光被劾，不罪。久之，炒蛮偕妻大嬖只袭掠边卒，官军追破之。土蛮犯辽东，继光急赴，偕辽东军拒退之。继光已加太子太保，录功加少保。

自顺义受封，朝廷以八事课边臣：曰积钱谷、修险隘、练兵马、整器械、开屯田、理盐法、收塞马、散叛党。三岁则遣大臣阅视，而殿最之。继光用是频荫赉。南北名将马芳、俞大猷前卒，独继光与辽东李成梁在。然蓟门守甚固，敌无由入，尽转而之辽，故成梁擅战功。

自嘉靖庚戌俺答犯京师，边防独重蓟。增兵益饷，骚动天下。复置昌平镇，设大将，与蓟相唇齿。犹时躏内地，总督王忬、杨选并坐失律诛。十七年间，易大将十人，率以罪去。继光在镇十六年，边备修饬，蓟门宴然。继之者，踵其成法，数十年得无事。亦赖当国大臣徐阶、高拱、张居正先后倚任之。居正尤事与商确，欲为继光难者，辄徙之去。诸督抚大臣如谭纶、刘应节、梁梦龙辈咸与善，动无掣肘，故继光益发舒。

居正殁半岁，给事中张鼎思言继光不宜于北，当国者遽改之广东。继光悒悒不得志，强一赴，逾年即谢病。给事中张希皋等复劾之，竟罢归。居三年，御史傅光宅疏荐，反夺俸。继光亦遂卒。

继光更历南北，并著声。在南方战功特盛，北则专主守。所著《纪效新书》《练兵纪实》，谈兵者遵用焉。

弟继美，亦为贵州总兵官。

译文：

戚继光，字元敬，家中历代担任登州卫指挥佥事。父亲名景通，曾任都指挥使，代理大宁都指挥使司的事，召入京师神机营任坐营，有品行。戚继光少年时便很洒脱，气度不凡。家穷，喜好读书，通晓经史主要的意思。嘉靖中继承职务，由于推荐被提升为代理都指挥佥事，在山东防御倭寇。改佥浙江都司，充任参将，分别统辖宁、绍、台三郡。

嘉靖三十六年，倭寇侵犯乐清、瑞安、临海，戚继光来不及援救，因为是道路阻隔，不加罪。接着会合俞大猷的部队，把汪直余党围困在岑港。很久都没有攻克，被免官，戴罪惩办贼寇。不久倭寇逃跑，其他倭寇再到台州焚烧抢掠。给事中罗嘉宾等弹劾戚继光没有功劳，而且私通外国。正在调查审问，接着因为平定汪直的功劳恢复官职，改为防守台、金、严三郡。

戚继光到浙江的时候，见卫所军队不习惯作战，而金华、义乌人却以钝悍著称，便请准招募了三千人，教他们剑术和戈盾相攻等方法，长短兵器更番使用，从此戚继光这支部队特别精锐。又因为南方很多少水多草的泽地，不便于骑马追击，于是按照地形制成阵法，考虑步行作战的方便。一切战舰、火药武器、兵械都精心寻求然后加以置换。"戚家军"驰名天下。

嘉靖四十年，倭寇大肆侵略桃渚、圻头。戚继光急忙赶到宁海，据守桃渚，在龙山把他们打败，一直追到雁门岭。贼寇逃脱后，趁机袭击台州。戚继光亲手消灭了他的魁首，把其余的匪徒迫到瓜陵江全都溺死。而圻头的倭寇再赶到台州，戚继光在仙居拦击他，路上没有能逃脱的。先后九仗均大捷，俘虏斩首一千多，焚溺死的无数。总兵官卢镗、参将牛天锡又在宁波、温州打败了敌人。浙东平定，戚继光提升三级俸禄。福建、广东匪徒流入江西。总督胡宗宪发文征召戚继光援助。戚继光捣毁了上坊的贼巢，匪徒跑到建宁。戚继光回浙江。

明年，倭寇大规模的侵犯福建。从温州来的，会合了福宁、连江各倭寇攻陷寿宁、政和、宁德。从广东南澳来的，会合福清、长乐各倭寇攻陷玄钟所,蔓延到龙岩、松溪、大田、古田、莆田。这时宁德已经屡次失陷。离城十里有个地方叫横屿,四面都是狭窄险要的水路,盗贼的大本营就驻扎在里面。明朝军队不敢攻打他,对峙一年多。那些新来的倭寇驻扎在牛田,而酋长驻扎在兴化,东南互相声援。福建接连告急,胡宗宪再发文征召戚继光前去征讨。戚继光先进攻横屿的匪徒。令兵士每人拿一捆草,填沟前进。大破贼巢,斩首二千六百级。乘胜进到福清,打败了牛田的匪徒,捣毁了贼巢,其余匪徒跑到兴化。戚继光急忙追赶,晚上四鼓时分抵达匪徒的栏栅。接连攻克了六十个营,斩首千数百级。天亮进城,兴化人才知道,送牛和酒,前往慰劳的人络绎不绝。于是,戚继光回师。到了福清,遇上倭寇从东营澳登陆,戚继光迎击斩了二百人。而刘显亦多次打败敌人。以前在福建的倭寇已基本被消灭。于是戚继光到福州大宴庆功,刻石于平远台。

当戚继光回浙江后,新到的倭寇越来越多,包围了兴化城整整一个月。刚好刘显派了八个士兵带信入城,衣服上刺着"天兵"两个字。匪徒杀了他们而穿了他们的衣服,瞒过守城将领进了城,晚上斩开城门门闩接应匪徒进城。副使翁时器、参将毕高逃跑得免于难,通判奚世亮当时兼理府的政务,遇害,城被焚烧抢掠一空。停留了两个月,攻破平海卫,占据了它。当初,兴化告急,当时皇帝已经命令俞大猷为福建总兵官,戚继光为副。及至兴化城陷落,刘显军队少,建营垒在城下不敢攻打。俞大猷亦不想攻打,等待大部队联合围困他。嘉靖四十二年四月,戚继光率领浙江兵到。于是巡抚谭纶令戚继光统率中军,刘显在左,俞大猷在右,合力在平海攻打敌人。戚继光先入城,左右军接着到,斩首二千二百级,夺回被抢掠去的三千人。谭纶上报功绩,首功戚继光，刘显、俞大猷其次。皇帝因为这次胜利禀告致谢天地祖宗，大规模的评功赏赐。戚继光先是因为在横屿的功劳，升代理都督佥事，现在升都督同知，世袭荫千户，于是替代俞大猷为总兵官。

明年二月，倭寇的残余势力又纠集新的倭寇一万多人，包围了仙游三天。戚继光在城下把他打败，又追到王仓坪把他打败，斩首数百级，其余的很多都坠落崖谷跌死，剩下的几千人跑去占据了漳浦的蔡丕岭。戚继光分设五个哨，亲自带领带短兵器刀剑等的兵士攀着山崖上去，俘虏斩杀几百人，其余的匪徒便抢掠了渔船逃到海上去。时间长了以后，倭寇又从浙江来侵犯福宁，戚继光督参将李超等把他打败。乘胜追击永宁的匪徒，斩首三百多。接着又和俞大猷在南澳打跑了吴平，于是攻打那些没有投降的吴平残众。

戚继光当将军号令严明，赏罚公平，兵士没有敢不服从命令的。戚继光和俞大猷都是名将，品行不如俞大猷，但果敢刚毅却超过他。俞大猷是老将办事慎重，戚继光却风驰电掣般进军，屡次摧毁大量倭寇，名声更在俞大猷之上。

隆庆初年，给事中吴时来因为蓟门常有警报，建议召俞大猷、戚继光专门训练边境的兵士。兵部意见只用戚继光，于是召入京师任神机营副将。刚好谭纶督师辽、蓟，于是集中三万步兵，征集三千浙江兵，请求专门归戚继光训练。皇帝批准了。隆庆二年五月，命令以都督同知总理蓟州、昌平、保定三镇练兵的事，总兵官以下全部受他节制。戚继光到蓟镇后，上疏说：

蓟门的兵，虽然多但亦很少。其原因有七。营军不熟悉不练习兵事，而喜好那些不重要的事，壮健的在将官家里服役，老弱的才在队伍，这是第一。边关要塞位置弯弯曲曲延续不断，很少驿站，使者客人来往不绝，每天忙于送往迎来，参游做了传递公文的人，兵营堡垒都是旅舍，这是第二。敌寇来时，则调遣不得其法，远道赶路，兵士倒毙马僵死，这是第三。守卫要塞的兵士纪律不严明，队伍不整齐，这是第四。临阵时马军不用马，反而用步行，这是第五。家丁兴盛而军心离散，这是第六。布置防守堡垒的士卒不管地形是否重要，到处安排力量分散，这是第七。这七害不除掉，边境的守备怎样治理。

而又有不训练士卒的失误六项，虽然练了也没有用处的弊病四项。什么是不练？边防所依靠的是兵，兵所依靠的是将；现在恩威号令不能服他们的心，言行不一就不能集中他们的力量，当情况紧张时就难以使用。这是第一。有火药武器不能使用，这是第二。撇开本地人不加训练，这是第三。各镇入卫的兵，讨厌不是自己的统属，漫无纪律，这是第四。班军民兵数目超过四万，人各一心，这是第五。练兵的要领在于首先训练将领，现在注意武科，好像是多方保举了，但这是挑选将领的做法，不是培养将领的方法，这是第六。什么是虽然练了也没有用呢？现在一个营的兵士，当炮手的常有十个。不知道兵法是五个兵轮番使用，应当以配备戈矛弓箭之类长武器的兵士掩护那些配备刀剑等短武器的兵士，用配备短武器的兵士救援那些配备长武器的兵士，这是第一。三军的兵士各有技艺，钟鼓旗帜，什么没有，现在都放置不用，这是第二。我方弓箭的力量不比敌人强，而想依靠它取得胜利，这是第三，培养训练的方法，自有正当的门径，只图好看便难得实用，实用的便难得好看，现在完全不讲究实用，这是第四。

我又听说军队的情况就像流水，水因为地势而决定流向，军队因为地势而制定取胜的战略。蓟镇的地形可以分为三类。广阔的平原,是内地百里以南的地形。一半险要一半平地,是靠近边界处的地形。山谷狭窄,林木茂密相迫难以入内,这是边塞外的地形。敌寇进入平原,适宜车战。进入靠近边界地方,适宜用马战。在边塞以外,适宜用步战。三种方式交替使用,这才可以取得胜利。现在边兵只练习马上作战,不熟悉山地作战、林中作战、峡谷作战的方法,只有浙江兵可以这样做。希望再给我浙东的杀手、炮手各三千人,再招募西北的壮士,足够马军五枝,步军十枝,专听我的训练,军队中所需要的东西,随时适当领取,我祈望恳切。

又说:"我现任的官职是首次设置,各个将领看作是赘疣,我怎能开展工作。"

奏章发下兵部,认为蓟镇既有总兵,又设总理,权力分散,各将领很多都在观望,应该召回总兵郭琥,专职委任戚继光。于是命戚继光为总兵官,镇守蓟州、永平、山海各处,而浙江兵不予调动。确认攻破吴平的功劳,升右都督。敌寇进入青山口,戚继光击退了他。

自嘉靖以来,边界的城墙虽然有修筑,墩台却没有建起。戚继光在塞上巡视,提出建筑敌台。大致说:"蓟镇边境城墙,周围延续二千里,一处出了问题则其他地方再坚固也都要出问题。近来每年修筑每年倒塌,徒然耗费资财并无好处。请跨墙建台,四处都可以斜着眼察看敌人。台高五丈,中空为三层,台可以住一百人,盔甲武器炒熟的米麦和粮食全都齐备。令戍守的兵士定点施工,先建一千二百座。但是边界的兵士性格直爽刚强,不能忍受军法的约束,请招募浙江人独立为一军,用以提倡勇敢。"

督抚把他的意见上奏,皇帝允许了。浙兵三千人来到,排列在郊外。天下大雨,从早上到太阳西斜,直立不动。边界的军士非常惊骇,从此才知道什么是军令。隆庆五年秋天,建敌台的工程完成。精细坚固雄伟壮观,二千里声势相联接。下诏给予世袭荫职,赐给银币。

戚继光这才建议成立车营。每辆车用四个人推拉,作战时结集成方阵,而骑兵步兵在其中。又制造拒马器,形体轻便,阻挡敌骑兵的冲突。敌寇到,先发火药武器,比较近则步兵拿着拒马器列队向前,中间杂有用长枪、筐笼的。敌寇逃跑,则骑兵追击。又设置辎重营跟随在后面,而用南兵为先锋,入卫兵负责接应,本镇兵专职防守。管理制度周到严明,器械锋利,蓟门的军容便居各边塞之首位。

在那时,俺答已经来朝贡、宣府、大同以西,全无战事。只有小王子的后人土蛮迁居到插汉的地方,拥有十余万军士,经常使蓟门担忧。而朵颜董狐狸和他兄长的儿子长昂勾结土蛮,时叛时服。万历元年春天,这两股敌人计划入侵。骑兵到了喜峰口,勒索赏赐没有得到,便大肆烧杀抢掠,在关塞附近打猎,以引诱明政府的军队。戚继光趁其不意出击,几乎抓获狐狸。这年夏天,再侵犯桃林,达不到目的走了。长昂亦侵犯界岭。明军斩首俘虏很多,边关的官员劝他投降,狐狸这才老老实实的到关请求朝贡。廷议每年给予赏赐。第二年春天,长昂再窥伺各个关口不能入,便与狐狸共同逼长秃令他进犯明朝。戚继光驱逐他们抓了长秃回来。长秃,狐狸的弟弟,长昂的叔父。于是这两个敌寇率领部长亲族三百人,入国求见请死罪,狐狸穿白色冠服乞求赦免长秃。戚继光和总督刘应节等商议,派遣副将史宸、罗端前往喜峰口接受他们的投降。都围绕着拜，献还所抢掠去的边界的百姓，把刀聚在一起发誓。这才释放了长秃，准他像过去一样来朝贡。戚继光在蓟镇期间，这两个敌寇再也不敢侵犯蓟门。

不久以守卫边疆的功劳，升左都督。随后，增建敌台，分所统属的十二区为三协，协置副将一人，分别操练兵马。炒蛮入侵，汤克宽战死，戚继光被弹劾，不惩罚他。时间长了以后，炒蛮和他的妻子大嬖只袭击掳掠边境士卒，明军追击打败了他。土蛮侵犯辽东，戚继光急忙赶往，和辽东军一起阻击打退了他。戚继光已经加了太子太保，记录功劳加少保。

自从顺义受封以后，朝廷从八个方面考核边关大臣，这就是：钱粮储备、修葺险要关隘、操练兵马、整治器械、开垦屯田、清理盐法、收牧塞马、分散叛党。每三年派大臣视察，而分别等第，戚继光因此频频得到荫职赏赐。南方北方的名将马芳、俞大猷在前已经去世，只有戚继光与辽东李成梁健在。然而蓟门防守非常坚固，敌人无法入侵，全部转到了辽东，故此李成梁得以独擅战功。

自从嘉靖庚戌年俺答侵犯京师，边防最重视蓟镇。增兵加饷，以致天下骚动。再设置了昌平镇，设大将，与蓟镇互相关联。俺答部队还常常蹂躏关内土地，总督王忬、杨选都被以行军不守纪律罪判处死刑。十七年间，换了大将十人，都因为获罪去职。戚继光在蓟镇十六年，边防的守备井井有条，蓟门太平安定。后继的人，遵照他制定的法则，几十年亦得以无事。亦倚赖当时朝中执政大臣徐阶、高拱、张居正先后依靠任用他。张居正尤其是事事和他商议，想刁难戚继光的人，常常被调走。各督抚大臣如谭纶、刘应节、梁梦龙等都和他友好，行动没有掣肘，故此戚继光更加得以舒展自己的抱负。

张居正死后半年,给事中张鼎思说戚继光不适合在北方,执政者马上把他调到广东。戚继光郁郁不得志,勉强前往,年余即称病。给事中张希皋等再弹劾他,竟被罢官回老家。过了三年,御史傅光宅上疏推荐他,反而被剥夺了俸粮。戚继光也就去世。

戚继光任职南方北方,都有好名声。在南方战功尤其显赫,在北方则专一主张防守。所撰写的《纪效新书》《练兵纪实》、研究军事的人都遵从采用。

弟继美,亦担任贵州总兵官。

明史卷二百十三

列传第一百一

徐 阶

徐阶,字子升,松江华亭人。生甫周岁,堕眢井,出三日而苏。五岁从父道括苍,堕高岭,衣挂于树不死。人咸异之。嘉靖二年进士第三人。授翰林院编修,予归娶。丁父忧,服除,补故官。阶为人短小白晳,善容止。性颖敏,有权略,而阴重不泄。读书为古文辞,从王守仁门人游,有声士大夫间。

帝用张孚敬议欲去孔子王号,易像为木主,笾豆礼乐皆有所损抑。下儒臣议,阶独持不可。孚敬召阶盛气诘之,阶抗辩不屈。孚敬怒曰:"若叛我。"阶正色曰:"叛生于附。阶未尝附公,何得言叛?"长揖出。斥为延平府推官。连摄郡事。出系囚三百,毁淫祠,创乡社学,捕剧盗百二十人。迁黄州府同知,擢浙江按察佥事,进江西按察副使,俱视学政。

皇太子出阁,召拜司经局洗马兼翰林院侍讲。丁母忧归。服除,擢国子祭酒,迁礼部右侍郎,寻改吏部。故事,吏部率鐍门,所接见庶官不数语。阶折节下之。见必深坐,咨边腹要害,吏治民瘼。皆自喜得阶意,愿为用。尚书熊浃、唐龙、周用皆重阶。阶数署部事，所引用宋景、张岳、王道、欧阳德、范鏓皆长者。用卒，闻渊代，自处前辈，取立断。阶意不乐，求出避之。命兼翰林院学士，教习庶吉士。寻掌院事，进礼部尚书。

帝察阶勤，又所撰青词独称旨，召直无逸殿。与大学士张治、李本俱赐飞鱼服及上方珍馔、上尊无虚日。廷推吏部尚书，不听，不欲阶去左右也。阶遂请立皇太子，不报。复连请之，皆不报。后当冠婚，复请先裕王，后景王，帝不怿。寻以推恩加太子太保。

俺答犯京，阶请释周尚文及戴纶、欧阳安等自效，报可。已，请帝还大内，召群臣计兵事，从之。中官陷寇归，以俺答求贡书进。帝以示严嵩及阶，召对便殿。嵩曰："饥贼耳，不足患。"阶曰："傅城而军，杀人若刈菅，何谓饥贼？"帝然之，问求贡书安在。嵩出诸袖曰："礼部事也。"帝复问阶。阶曰："寇深矣，不许恐激之怒，许则彼厚要我。请遣译者绐缓之，我得益为备。援兵集，寇且走。"帝称善者再。嵩、阶因请帝出视朝。寇寻饱去，乃下阶疏，弗许贡。

嵩怙宠弄权，猜害同列。既仇夏言置之死，而言尝荐阶，嵩以是忌之。初，孝烈皇后崩，帝欲祔之庙，念压于先孝洁皇后，又睿宗入庙非公议，恐后世议祧，遂欲当己世预祧仁宗，以孝烈先祔庙，自为一世，下礼部议。阶抗言女后无先入庙者，请祀之奉先殿，礼科都给事中杨思忠亦以为然。疏上，帝大怒。阶皇恐谢罪，不能守前议。帝又使阶往邯郸落成吕仙祠。阶不欲行，乃以议祔庙解，得缓期。至寇逼城，帝益懈，乃使尚书顾可学行，而内衔阶。摘思忠元旦贺表误，廷杖之百，斥为民，以怵阶。嵩因谓阶可间也，中伤之百方。一日独召对，语及阶。嵩徐曰："阶所乏非才，但多二心耳。"盖以其尝请立太子也。阶危甚，度未可与争，乃谨事嵩，而益精治斋词迎帝意，左右亦多为地者。帝怒渐解。未几，加少保，寻进兼文渊阁大学士，参预机务。密疏发咸宁侯仇鸾罪状。嵩以阶与鸾尝同直，欲因鸾以倾阶。及闻鸾罪发自阶，乃愕然止，而忌阶益甚。

帝既诛鸾，益重阶，数与谋边事。时议减鸾所益卫卒，阶言："不可减。又京营积弱之故，卒不在乏而在冗，宜精汰之，取其廪以资赏费。"又请罢提督侍郎孙禬。帝始格于嵩，久而皆用之。一品满三载，进勋，为柱国，再进兼太子太傅、武英殿大学士。满六载，兼食大学士俸，再录子为中书舍人，加少傅。九载，改兼吏部尚书。赐宴礼部，玺书褒谕有加。帝虽重阶，稍示形迹。尝以五色芝授嵩，使錬药，谓阶政本所关，不以相及。阶皇恐请，乃得之。帝亦渐委任阶，亚于嵩。

杨继盛论嵩罪，以二王为征，下锦衣狱。嵩属陆炳究主使者。阶戒炳曰："即不慎，一及皇子，如宗社何！"又为危语动嵩曰："上惟二子，必不忍以谢公，所罪左右耳。公奈何显结宫邸怨也。"嵩憪惧，乃寝。倭躏东南，帝数以问阶，阶力主发兵。阶又念边卒苦饥，请收畿内麦数十万石，自居庸输宣府，紫荆输大同。帝悦，密传谕行之。杨继盛之劾嵩也，嵩固疑阶。赵锦、王宗茂劾嵩，阶又议薄其罚。及是给事中吴时来，主事董传策、张翀劾嵩不胜，皆下狱。传策，阶里人；时来、翀，阶门生也。嵩遂疏辨，显谓阶主使，帝不听。有所密询，皆舍嵩而之阶。寻加太子太师。

帝所居永寿宫灾，徙居玉熙殿，隘甚，欲有所营建，以问嵩。嵩请还大内，帝不怿。问阶，阶请以三殿所余材，责尚书雷礼营之，可计月而就。帝悦，如阶议。命阶子尚宝丞璠兼工部主事董其役，十旬而功成。帝即日徙居之，命曰万寿宫。以阶忠，进少师，兼支尚书俸，予一子中书舍人。子璠亦超擢太常少卿。嵩乃日屈。嵩子世蕃贪横淫纵状亦渐闻，阶乃令御史邹应龙劾之。帝勒嵩致仕，擢应龙通政司参议。阶遂代嵩为首辅。

已而帝念嵩供奉劳，怜之。又以嵩去，忽忽不乐，乃降谕欲退而修真且传嗣，复责阶等奈何以官与邪物，谓应龙也。阶言："退而传嗣，臣等不敢奉命。应龙之转，乃二部奉旨行之。"帝乃已。

帝以嵩在直久，而世蕃顾为奸于外，因命阶无久直。阶窥帝意，言苟为奸，在外犹在内，固请入直。帝以嵩直庐赐阶。阶榜三语其中曰："以威福还主上，以政务还诸司，以用舍刑赏还公论。"于是朝士侃侃，得行其意。袁炜数出直，阶请召与共拟旨。因言："事同众则公，公则百美基；专则私，私则百弊生。"帝领之。阶以张孚敬及嵩导帝猜刻，力反之，务以宽大开帝意。帝恶给事御史抨击过当，欲有所行遣。阶委曲调剂，得轻论。会问阶知人之难。阶对曰："大奸似忠，大诈似信。惟广听纳，则穷凶极恶，人为我撄之；深情隐匿，人为我发之。故圣帝明王，有言必察。即不实，小者置之，大则薄责而容之，以鼓来者。"帝称善。言路益发舒。

寇由墙子岭入，直趋通州。帝方祠厘，兵部尚书杨博不敢奏，谋之阶，檄宣府总兵官马芳、宣大总督江东入援。芳兵先至，阶请亟赏之，又请重东权，俾统诸道兵。寇从通掠香河，阶请亟备顺义，而以奇兵邀之古北口。寇趋顺义不得入，乃走古北口。其后军遇参将郭琥伏而败，颇得其所掠人畜辎重。始帝怒博不早闻与总督杨选之任寇入也，欲罪之未发。阶言："博虽以祠厘禁不敢闻，而二镇兵皆其所先檄。若选则非尾寇，乃送之出境耳。"帝竟诛选，不罪博。进阶建极殿大学士。

袁炜以疾归，道卒，阶独当国。屡请增阁臣，且乞骸骨。乃命严纳、李春芳入阁，而待阶益隆。以一品十五载考，恩礼特厚，复赐玉带、绣蟒、珍药。帝手书问阶疾，谆恳如家人，阶益恭谨。帝或有所委，通夕不假寐，应制之文未尝逾顷刻期。帝日益爱阶。阶采舆论利便者，白而行之。嘉靖中叶，南北用兵。边镇大臣小不当帝指，辄逮下狱诛窜，阁臣复窥颜色为威福。阶当国后，缇骑省减，诏狱渐虚，任事者亦得以功名终。于是论者翕然推阶为名相。

严讷请告归，命郭朴、高拱入阁，与春芳同辅政，事仍决于阶。阶数请立太子，不报。已而景王之藩，病甍。阶奏夺景府所占陂田数万顷还之民，楚人大悦。帝欲建雩坛及兴都宫殿，阶力止之。鄢懋卿骤增盐课四十万金，阶风御史请复故额。方士胡大顺等劝帝饵金丹，阶力陈其矫诬状，大顺等寻伏法。帝服饵病躁。户部主事海瑞极陈帝失，帝恚甚，欲即杀之，阶力救得系。帝病甚，忽欲幸兴都，阶力争乃止。未几，帝崩。阶草遗诏，凡斋醮、土木、珠宝、织作悉罢，"大礼"大狱、言事得罪诸臣悉牵复之。诏下，朝野号恸感激，比之杨廷和所拟登极诏书，为世宗始终盛事云。

同列高拱、郭朴以阶不与共谋，不乐。朴曰："徐公谤先帝，可斩也。"拱初侍穆宗裕邸，阶引之辅政，然阶独柄国，拱心不平。世宗不豫时，给事中胡应嘉尝劾拱，拱疑阶嗾之。隆庆元年，应嘉以救考察被黜者削籍去，言者谓拱修旧郤，胁阶，斥应嘉。阶复请薄应嘉罚，言者又劾拱。拱欲阶拟杖，阶从容譬解，拱益不悦。令御史齐康劾阶，言其二子多干请及家人横里中状。阶疏辩，乞休。九卿以下交章劾拱誉阶，拱遂引疾归。康竟斥，朴亦以言者攻之，乞身去。

给事、御史多起废籍，恃阶而强，言多过激。帝不能堪，谕阶等处之。同列欲拟遣，阶曰："上欲遣，我曹当力争，乃可导之遣乎？"请传谕令省改。帝亦勿之罪。是年诏翰林撰中秋宴致语，阶言："先帝未撤几筵，不可宴乐。"帝为罢宴。帝命中官分督团营，阶力陈不可而止。南京振武营兵屡哗，阶欲汰之。虑其据孝陵不可攻也，先令操江都御史唐继禄督江防兵驻陵傍，而徐下兵部分散之。事遂定。群小挡殴御史于午门，都御史王廷将纠之。阶曰："不得主名，劾何益？且虑彼先诬我。"乃使人以好语诱大挡，先录其主名。廷疏上，乃分别逮治有差。阶之持正应变，多此类也。

阶所持诤，多宫禁事，行者十八九，中官多侧目。会帝幸南海子，阶谏，不从。方乞休，而给事中张齐以私怨劾阶，阶因请归。帝意亦渐移，许之。赐驰驿。以春芳请，给夫廪，玺书褒美，行人导行，如故事。陛辞，赐白金、宝钞、彩币、袭衣。举朝皆疏留，报闻而已。王廷后刺得张齐纳贿事，劾戍之边。阶既行，春芳为首辅，未几亦归。拱再出，扼阶不遗余力。郡邑有司希拱指，争龀龅阶，尽夺其田，戍其二子。会拱复为居正所倾而罢，事乃解。万历十年，阶年八十。诏遣行人存问，赐玺书、金币。明年卒。赠太师，谥文贞。

阶立朝有相度，保全善类。嘉、隆之政多所匡救。间有委蛇，亦不失大节。

阶弟陟，嘉靖二十六年进士。累官南京刑部侍郎。子璠，以荫官太常卿；琨、瑛，尚宝卿。孙元春，进士，亦官太常卿。元春孙本高，官锦衣千户。天启中拒魏忠贤建祠夺职。崇祯改元以荐起，累官左都督。诸生念祖，国变城破，与妻张，二妾陆、李，皆自缢。

译文：

　　徐阶，字子升，松江府华亭县人。刚满周岁时，因不慎而掉进枯井之中，被救出后三天才慢慢苏醒过来。五岁时，跟从父亲经过括苍，又从岭上坠下来，衣服挂在树上免于一死。人们都感到他非凡人。嘉靖二年，考中进士第三名，被授予翰林院编修，批准回家娶亲。父亲死，回家守孝，孝服期满，补任旧官。徐阶身材短小，皮肤白皙，善于修饰，注重举止。性情聪颖机敏，有权谋，且隐而不露。经常读书，好写古文，和王守仁的门徒交往，在士大夫中略有声名。

　　皇上采纳张孚敬的建议，打算废除孔子的王号，把孔子的塑像换成木制的牌位，笾豆及礼乐都有所减少。下达儒臣，让共同讨论，只有徐阶坚持不能这样做。张孚敬让人把徐阶叫来，盛气凌人地质问他，徐阶抗争辩解而不屈服。张孚敬恼怒地说："你背叛我。"徐阶用严肃的神色说："背叛产生于依附。徐阶我不曾依附您，怎么能够说得上背叛？"做了个长揖而走出张府。因此，徐阶被贬为延平府推官。接连代理知府执掌政事，放出被关在监狱里的三百名囚犯，拆毁不必要的浪费钱财的祠堂，创立乡里社学，逮捕大盗一百二十人，迁任黄州府同知，提升为浙江按察佥事，进级为江西按察副使，都巡视监察学政。

　　皇太子出阁读书，召见徐阶并拜他为司经局洗马兼翰林院侍讲。母亲死，回家守孝。孝服期满，提升为国子监祭酒，转任礼部右侍郎，不久改为吏部侍郎。按照惯例，吏部一律关门办公，接见一般的官员都不多说话。徐阶则折节恭敬接待。每见到一位官员，必然尽量多坐一会儿，咨询边境及内地的要害，吏治及百姓疾苦。所有被徐阶接见的官员内心欢喜，得到徐阶的理解，愿意为他所用。尚书熊浃、唐龙、周用都尊重徐阶。徐阶多次署理部事，所任用的宋景、张岳、王道、欧阳德、范场都是长者。周用死后，闻渊代替，自认为是前辈，武断自专。徐阶内心不高兴，要求外任躲避他。皇上命他兼翰林院学士，教习庶吉士。不久，掌管院事，进职为礼部尚书。

皇上察明徐阶勤勤恳恳，且只有徐阶所撰写的"青词"符合自己的旨意，就召他值无逸殿。和大学士张治、李本都赏赐飞鱼服及上方珍馔、上等酒无虚日。众臣廷推徐阶为吏部尚书，皇上不采纳，不想让徐阶离开自己的左右。于是，徐阶请求立皇太子，没有答复。又接连请求，都没有答复。后来，遇到皇子冠婚时，又请求先让裕王冠婚，后让景王冠婚，皇上不高兴。不久，因为推恩加爵太子太保。

北方的俺答汗侵犯京城，徐阶请求释放周尚文及戴纶、欧阳安等人效命赎罪，皇上答应了。不久，徐阶请求皇上回到皇宫内，召集群臣计议战事，皇上听从了徐阶的建议。中官被敌寇打败而归，把俺答汗要求明朝进贡的国书献给皇上。皇上把进贡的国书拿给严嵩及徐阶，到便殿召见，让他们发表意见。严嵩说："这是一群饥饿贼寇罢了，不足为患。"徐阶说："敌寇用大军围困京城，杀人像刘菅一样，怎么能说是饥饿的贼寇？"皇上认为徐阶说得对，就问要求进贡的国书在什么地方。严嵩从长袖中拿出来，说："这是礼部的事情。"皇上又询问徐阶。徐阶说："敌寇深入，不答应恐怕激怒对方，答应了敌寇的要求，他们必定大大要挟我方，请求派遣翻译人员去缓解敌寇，我们争取时间增加防备。援兵一旦聚集京师，敌寇将逃走。"皇上再次称好。严嵩、徐阶因而请求皇上从皇宫出来，上朝听政。不久，敌寇抢掠财物而离去，就下达徐阶的奏疏，不答应向俺答汗进贡。

严嵩依仗皇上的宠爱玩弄权术，猜疑陷害同僚。严嵩仇恨夏言，置之死地，而夏言曾经推荐徐阶，因此严嵩又忌恨徐阶。其初，孝烈皇后死，皇上打算把她的神主塑在神庙之中，放在以前死去的孝洁皇后之上，且睿宗进入祖庙不符合公众的议论，恐怕后代议论配享神位的事情，就想着在自己这一代加入仁宗这一支派，让孝烈皇后先在祖庙中配一神位，自为一代支脉，下达礼部讨论。徐阶抗争直言：从来没有女后先进入祖庙，请求在奉先殿祭奠皇后，礼科都给事中杨思忠也认为这样才对。徐阶上疏皇上，皇上大怒，徐阶诚惶诚恐赶忙向皇上请罪，不能坚持以前的意见。皇上又派徐阶往邯郸建吕仙祠。徐阶不打算去，就以讨论配享祖庙解脱，得以拖延时期。到敌寇逼近京城时，皇上更没把那件事放在心上，就派遣尚书顾可学去邯郸，而顾内心衔恨徐阶。顾摘录杨思忠元旦贺表中的错误，皇上因此廷杖了杨一百棍，贬斥为平民百姓，用来警诫徐阶。严嵩因此说徐阶可以离间了，千方百计中伤徐阶。一天，皇上单独召见严嵩，谈到徐阶。严嵩慢慢地说："徐阶所缺乏的不是才能，只是存有二心罢了。"大概因为徐阶曾经请求立皇太子的事情。徐阶非常危险，思量着不能和严嵩争锋，就谨慎和严嵩处事，并且更加精心地撰写斋词迎合皇上的意旨，皇上左右之人多替他说好话。皇上怒气渐消。没过多久，加官爵少保，很快晋职兼文渊阁大学士，参与机密政务。暗中上疏揭发咸宁侯仇鸾的罪状。严嵩因徐阶和仇鸾曾经共事，打算借仇鸾的罪名来把徐阶搞垮。等到听说仇鸾的罪状是由徐阶揭发的，不禁惊讶而停止了行动，同时对徐阶更加忌恨。

皇上诛掉仇鸾以后，更加重用徐阶，多次和他谋划边境军事。当时议论裁减仇鸾所扩充的士兵，徐阶说："不能裁减。况且，京城的军队积弱的原因，士兵不在于缺乏而在于冗员过多，应该挑选精兵，淘汰羸弱，把他们的粮食提取出来作为奖赏的资本。"又请求罢免提督侍郎孙禬。皇上开始受严嵩的影响，久而久之都任用徐阶。一品官满三年，进级爵位，为柱国，再升级兼太子太傅、武英殿大学士。满六年，兼享大学士俸禄，并录用徐阶的儿子为中书舍人，加任少傅。九年，改为兼任吏部尚书。皇上在礼部赏赐筵宴，招待徐阶，亲用玺书重重褒奖。皇上虽然重任徐阶，不时稍微给他点颜色。皇上曾经把五色的灵芝草授给严嵩，让他炼药，说徐阶政务繁多，就不把这事交给他。徐阶诚惶诚恐，连忙请求，才得到皇上赏的灵芝草。皇上也渐渐委任徐阶，次于严嵩。

杨继盛议论严嵩的罪状，由于二位皇子的原因，被捕入锦衣卫的监牢。严嵩嘱咐陆炳追究主使的人。徐阶告诫陆炳说："如果不慎，一旦涉及皇子，对国家社稷又怎么样？"又危言耸听说动严嵩："皇上只有这两个儿子，必定不忍心用来向您道歉，所治罪的仅是王子左右之人罢了。您何必和宫中大内结怨成仇。"严嵩异常害怕，就不再追究此事。倭寇在东南沿海一带肆意蹂躏，皇上多次询问，徐阶竭力主张发兵。徐阶又想到边境上的士兵辛苦饥饿，请求征收京城附近的麦子几十万石，从居庸关运输到宣府，从紫荆运输到大同。皇上高兴，秘密传下圣谕执行。杨继盛弹劾严嵩，严嵩本来怀疑徐阶。赵锦、王宗茂弹劾严嵩，徐阶又建议从轻处罚。等到给事中吴时来、主事董传策、张翀弹劾严嵩没有取得胜利，都被逮入监狱。董传策是徐阶家乡的人；吴时来、张翀是徐阶的门生。于是，严嵩上疏辩解，明确地表示都是徐阶主使，皇上不听。有所机密需要咨询，皇上都舍弃严嵩而和徐阶商谈，不久，加升太子太师。

皇上居住的永寿宫遭受火灾，迁到玉熙殿住，非常窄狭，打算再建一所宫殿，询问严嵩。严嵩请求皇上回到皇宫内，皇上不高兴。询问徐阶，徐阶请求用三殿所剩余的材料，责成尚书雷礼建造，可以一个月而完工。皇上很高兴，采纳了徐阶的建议。命令徐阶的儿子尚宝丞徐璠兼任工部主事完成这项工程，十天就完工了。皇上当天就迁居此处，命名为万寿宫。因为徐阶忠心耿耿，晋爵少师，兼而支取尚书的俸禄，准许徐阶一个儿子任中书舍人。徐阶的儿子徐璠也越级提拔为太常少卿。严嵩日渐失宠。严嵩的儿子严世蕃贪婪、骄横、淫欲、放荡的情况也渐渐被皇上耳闻，徐阶就让御史邹应龙弹劾严嵩。皇上勒令严嵩退休回家，提升应龙为通政司参议。徐阶遂代替严嵩为内阁首辅。

不久，皇上想起严嵩侍奉自己很辛劳，同情他。又因为严嵩的离去，时常闷闷不乐，就降下圣旨想退而修道且传位后代，又责备徐阶等人怎么把官职给予了"邪物"，皇上说的"邪物"指的就是邹应龙。徐阶说："退而传位后代，臣等不敢奉命。邹应龙官职的提升，是两个部遵照圣旨执行的。"皇上也就打消了这个念头。

皇上因为严嵩当值时间太长，从而严世藩得以在外为奸，因而命令徐阶不要当值时间长。徐阶窥视皇上的旨意，就说如果为奸，在外像在内一样，坚持请求入宫当值。皇上把严嵩当值时的小屋赏赐给徐阶。徐阶写了三句话贴在小屋里，来激励自己："把权威和恩泽还给皇上，把军国政务还给各个部门，把使用、舍弃、刑罚、赏赐还给公正的议论。"于是，朝廷士人都高高兴兴，能够按自己的意志办事。袁炜数次入宫当值，徐阶请求召入宫内和他共同草拟圣旨，因说："事情符合大多数人的意愿就公正，若公正，那么百美的基石已具备；如果专断，就自私自利，如果自私自利，那么多种弊端就产生。"皇上点头称是。徐阶因为张孚敬和严嵩诱导皇上猜疑苛刻，极力反其道而行之，致力于用宽厚大度开导皇上的思想。皇上讨厌给事御史抨击时政言辞激烈，想有所调遣改任。徐阶从中委曲周旋，调和补救，使给事御史得以从轻论处。遇到皇上询问徐阶了解人才的难处。徐阶回答说："大的奸臣貌似忠心，非常狡诈的人貌似诚信。只有广泛听取采纳，那么凶残恶极之徒，人们将替我捐除他；隐藏不为人知的内情，人们将替我发现他。所以，圣明的帝王，有言必然明察。即使不符合事实，小事可以置之不理，大事也从轻责备而包容他，用以鼓励向上进言的人。"皇上称好。言路更加宽舒。

敌寇从墙子岭进入，直趋通州。皇上正在宗祠喜贺，兵部尚书不敢启奏，和徐阶商量对策，檄令宣府总兵官马芳、宣大总督江东之军投入援助。马芳军队率先到达，徐阶请求迅速奖赏马芳，又请求加重江东的权力，让他能统率各个道的军队。敌寇从通州掠过香河，徐阶请求迅速防备顺义，而用奇兵把敌军引诱到古北口。敌寇直捣顺义，不能进入城池，就奔向古北口，敌人的后方军队遇到参将郭琥的伏击而溃败，获得了很多敌人所抢掠的人畜以及辎重。其初，皇上恼怒杨博不及时让他知道及总督杨选听任敌寇侵入国境，想治罪二人，没有发出圣旨。徐阶说："杨博虽然因为宗祠喜贺的禁令而不敢让您知道，而两个镇的镇兵都是他预先发出的檄文。象杨选则不是尾随敌寇，而是送敌寇出境罢了。"于是，皇上杀掉了杨选，没有治罪杨博。晋升徐阶为建极殿大学士。

袁炜因为生病回家，路上死去，徐阶单独执掌政务。多次请求增加内阁大臣，并且乞求退休。皇上就命严讷、李春芳进入内阁，而对徐阶更加尊重，位居一品十五年考绩，皇上恩礼特厚。又赏赐玉带、绣蟒、珍药。皇上亲自写信询问徐阶的病情，像家人一样精心关怀，徐阶更加恭敬谨慎。皇上或有所委托，徐阶彻夜工作而不休息，应该起草的政文不曾逾期片刻。皇上日益喜爱徐阶。徐阶采取舆论之中有利于政务的内容，向皇上说明而实行。嘉靖中叶，南方和北方都发生战事。边疆各镇的大臣稍微不符合皇上的口味，总是被逮捕入狱诛杀或者流放，阁臣也都看皇上的颜色作威作福。徐阶当国执政后，皇上的特使缇骑减少了，诏狱渐渐空虚，担任大事的人也能够靠功名善终。于是，舆论畅然，推徐阶为名相。

严讷请求告老回家，皇上任命郭朴、高拱进入内阁，和李春芳共同辅政，事情仍然由徐阶决定。徐阶多次请求立太子，没有得到皇上的答复。不久，景王到被封的藩地，得病而死。徐阶奏请皇上夺去了景王府所占的陂田数万顷归还给百姓，湖北的人非常高兴。皇上想建立雩坛及兴都的宫殿，徐阶极力阻止皇上这样做。鄢懋卿猛然增加食盐税收四十万两银子，徐阶指使御史请求恢复原来的税额。方术之士胡大顺等劝皇上服用金丹，徐阶极力陈说胡大顺等人矫饰诬陷的状况，胡大顺等人不久受到法律的治裁。皇上服用金丹得病而急躁。户部主事海瑞痛陈皇上的过失，皇上恼怒得很，想立刻把海瑞杀掉，徐阶极力挽救，使海瑞得以被囚入狱。皇上病得厉害，忽然想巡幸兴都，徐阶极力抗争才停止。没过多久，皇上驾崩。徐阶草拟遗诏，凡是斋醮、土木、珍宝、织作都废除，"大礼"大狱及因言论而被治罪的诸位大臣都释放且官复原职。遗诏传达下去，朝野上下号恸天地，感激涕零，把它比为杨廷和所草拟的登极诏书，是世宗一朝自始至终的盛大事情等等。

同僚高拱、郭朴因为徐阶遇事不和他俩共同商量，内心不乐，郭朴说："徐阶诽谤先帝，可以斩首。"其初，高拱在裕王府侍奉穆宗时，徐阶引荐他辅佐政务。然而徐阶独自掌握国政，高拱心中愤愤不平。世宗身体病重的时候，给事中胡应嘉曾经弹劾高拱，高拱怀疑是徐阶暗中嗾使。隆庆元年，胡应嘉因为拯救由考察而被罢职的官员遭到削官而离去，谏官们说高拱修饰过去的隔阂、威胁徐阶、贬斥胡应嘉。徐阶又请求从轻处罚胡应嘉，谏官们又弹劾高拱。高拱想让徐阶拟诏对谏官们廷杖，徐阶从从容容剖析解释，高拱更加不高兴。让御史齐康弹劾徐阶，说徐阶的两个儿子多次有所求而请托于人以及家中之人横行乡里的情状。徐阶上疏辩解，乞求退休。九卿以下诸官纷纷奏上表章弹劾高拱、赞誉徐阶，于是高拱称病回家。齐康终被贬斥，郭朴也因为谏官们的攻击而乞求离去。

给事中、御史大多是被削去官职而又被起用的人，依仗徐阶而逞强，言辞大多过激。皇上不能承受，下诏徐阶等人处理他们。同僚们打算拟诏谴责，徐阶说："皇上打算谴责，我们应当极力强争，怎么能够引导皇上谴责他们呢？"请求传下圣谕让给事中、御史删改奏章。皇上也不怪罪他。这一年，下诏翰林院撰写中秋宴筵的致词，徐阶说："先帝还没有撤去几子和筵席，不可以设宴享乐。"皇上因此停止宴筵。皇上命令中官分督各个团营，徐阶竭力陈说不可以而停止。南京振武营的士兵多次无故喧闹，徐阶打算裁减它。考虑到它若占据孝陵就无法进攻，预先命令江都御史唐继禄总督长江驻防军队驻扎孝陵旁边，而慢慢下令兵部解散振武营。于是，事情安定。一群小太监在午朝门殴打御史，都御史王廷即将追究这件事。徐阶："得不到主犯的名字，弹劾有什么好处？况且考虑到他们先诬陷我们。"就派人用好言好语引诱大太监，先记录下他们主犯的名字。王廷上疏皇上，就分别按照罪行轻重逮捕治罪。徐阶坚持正道应付变化，大多都如此。

徐阶所坚持谏诤的多是宫廷中的事，实行的十分之八九，中官大多对他侧目而视。有一次，皇上巡幸南海子，徐阶进谏，没有听从。徐阶则请求退休，而给事中张齐因为私人的怨恨弹劾徐阶，徐阶因而请求回家。皇上的内心也渐渐转移，答应了徐阶的请求，供给人员和粮食，传下国书褒奖赞美，由行人引道，像过去的惯例一样。徐阶向皇上辞行，皇上又赏赐白金、宝钞、彩币、袭衣。举朝大臣都上疏挽留徐阶，皇上只答复知道罢了。王廷后来刺探得知张齐接受贿赂的事情，弹劾张齐，并让他到边疆戍卫。徐阶走了以后，李春芳担任首辅，没多久也回家了。高拱再次出山，扼制徐阶不遗余力。徐阶所在的郡邑的有关部门求得高拱的指使，争相攀咬徐阶，把徐阶所有的田地尽行夺去，发配他的两个儿子到边疆戍卫。遇到高拱又被张居正所倾轧而罢官，事情才得到缓解。万历十年，徐阶八十岁。下诏派遣使者慰问，赏赐国书、金币。第二年死。赠予太师爵位，谥号文贞。

徐阶在朝廷之中执政期间有宰相之度，保全善类，嘉靖、隆庆朝的政务多有所匡正补救。其间或有委曲周旋，也不失大节。

徐阶的弟弟徐陟是嘉靖二十六年的进士，官至南京刑部侍郎。徐阶的儿子徐璠，因为恩荫官至太常卿；徐琨、徐瑛官至尚宝卿。孙子徐元春，中进士，也官至太常卿。徐元春孙子徐本高，官至锦衣卫千户。天启年间因拒绝魏忠贤建立祠堂被夺去官职。崇祯改年号因举荐而再起，官至左都督。他又生下念祖，国家遭受大的变乱，城池被攻破，便和妻子张氏，二妾陆氏、李氏，都上吊自杀。

张居正

张居正，字叔大，江陵人。少颖敏绝伦，十五为诸生。巡抚顾璘奇其文，曰："国器也。"未几，居正举于乡，璘解犀带以赠，且曰："君异日当腰玉，犀不足溷子。"嘉靖二十六年，居正成进士，改庶吉士。日讨求国家典故。徐阶辈皆器重之。授编修，请急归，亡何还职。

居正为人，颀面秀眉目，须长至腹。勇敢任事，豪杰自许。然沉深有城府，莫能测也。严嵩为首辅，忌阶，善阶者皆避匿。居正自如，嵩亦器居正。迁右中允，领国子司业事。与祭酒高拱善，相期以相业。寻还理坊事，迁侍裕邸讲读。王甚贤之，邸中中官亦无不善居正者。而李芳数从问书义，颇及天下事。寻迁右谕德兼侍读，进侍讲学士，领院事。

阶代嵩首辅，倾心委居正。世宗崩，阶草遗诏，引与共谋。寻迁礼部右侍郎兼翰林院学士。月余，与裕邸故讲官陈以勤俱入阁，而居正为吏部左侍郎兼东阁大学士。寻充《世宗实录》总裁，进礼部尚书兼武英殿大学士，加少保兼太子太保，去学士五品仅岁余。时徐阶以宿老居首辅，与李春芳皆折节礼士。居正最后入，独引相体，倨见九卿，无所延纳。间出一语辄中肯，人以是严惮之，重于他相。

高拱以狠躁被论去，徐阶亦去，春芳为首辅。亡何赵贞吉入，易视居正。居正与故所善掌司礼者李芳谋，召用拱，俾领吏部，以扼贞吉，而夺春芳政。拱至，益与居正善。春芳寻引去，以勤亦自引，而贞吉、殷士儋皆为所搆罢，独居正与拱在，两人益相密。拱主封俺答，居正亦赞之，授王崇古等以方略。加柱国、太子太傅。六年满，加少傅、吏部尚书、建极殿大学士。以辽东战功，加太子太师。和市成，加少师，余如故。

初，徐阶既去，令三子事居正谨。而拱衔阶甚，嗾言路追论不已，阶诸子多坐罪。居正从容为拱言，拱稍心动。而拱客搆居正纳阶子三万金，拱以销居正。居正色变，指天誓，辞甚苦。拱谢不审，两人交遂离。拱又与居正所善中人冯保郄。穆宗不豫，居正与保密处分后事，引保为内助，而拱欲去保。神宗即位，保以两宫诏旨逐拱，事具《拱传》，居正遂代拱为首辅。帝御平台，召居正奖谕之，赐金币及绣蟒斗牛服。自是赐赉无虚日。

帝虚己委居正，居正亦慨然以天下为己任，中外想望丰采。居正劝帝遵守祖宗旧制，不必纷更，至讲学、亲贤、爱民、节用皆急务。帝称善。大计廷臣，斥诸不职及附丽拱者。复具诏召群臣廷饬之，百僚皆惕息。帝当尊崇两宫。故事，皇后与天子生母并称皇太后，而徽号有别。保欲媚帝生母李贵妃，风居正以并尊。居正不敢违，议尊皇后曰仁圣皇太后，皇贵妃曰慈圣皇太后，两宫遂无别。慈圣徙乾清宫，抚视帝，内任保，而大柄悉以委居正。

居正为政，以尊主权、课吏职、信赏罚、一号令为主。虽万里外，朝下而夕奉行。黔国公沐朝弼数犯法，当逮，朝议难之。居正擢用其子，驰使缚之，不敢动。既至，请贷其死，锢之南京。漕河通，居正以岁赋逾春，发水横溢，非决则涸，乃采漕臣议，督艘卒以孟冬月兑运，及岁初毕发，少罹水患。行之久，太仓粟充盈，可支十年。互市饶马，乃减太仆种马，而令民以价纳，太仆金亦积四百余万。又为考成法以责吏治。初，部院覆奏行抚按勘者，尝稽不报。居正令以大小缓急为限，误者抵罪。自是，一切不敢饰非，政体为肃。南京小奄醉辱给事中，言者请究治。居正谪其尤激者赵参鲁于外以悦保，而徐说保裁抑其党，毋与六部事。其奉使者，时令缇绮阴诇之。其党以是怨居正，而心不附保。

居正以御史在外，往往凌抚臣，痛欲折之。一事小不合，诟责随下，又敕其长加考察。给事中余懋学请行宽大之政，居正以为风己，削其职。御史傅应祯继言之，尤切。下诏狱，杖戍。给事中徐贞明等群拥入狱，视具橐饘，亦逮谪外。御史刘台按辽东，误奏捷。居正方引故事绳督之，台抗章论居正专恣不法，居正怒甚。帝为下台诏狱，命杖百，远戍。居正阳具疏救之，仅夺其职。已，卒戍台。由是，诸给事御史益畏居正，而心不平。

当是时，太后以帝冲年，尊礼居正甚至，同列吕调阳莫敢异同。及吏部左侍郎张四维入，恂恂若属吏，不敢以僚自处。

居正喜建竖，能以智数驭下，人多乐为之尽。俺答款塞，久不为害。独小王子部众十余万，东北直辽左，以不获通互市，数入寇。居正用李成梁镇辽，戚继光镇苏门。成梁力战却敌，功多至封伯，而继光守备甚设。居正皆右之，边境晏然。两广督抚殷正茂、凌云翼等亦数破贼有功。浙江兵民再作乱，用张佳胤往抚即定，故世称居正知人。然持法严。核驿递，省冗官，清库序，多所澄汰。公卿群吏不得乘传，与商旅无别。郎署以缺少，需次者辄不得补。大邑士子额隘，艰于进取。亦多怨之者。

时承平久，群盗猬起，至入城市劫府库，有司恒讳之，居正严其禁。匿弗举者，虽循吏必黜。得盗即斩决，有司莫敢饰情。盗边海钱米盈数，例皆斩，然往往长系或瘐死。居正独亟斩之，而追捕其家属。盗贼为衰止。而奉行不便者，相率为怨言，居正不恤也。

慈圣太后将还慈宁宫，谕居正谓："我不能视皇帝朝夕，恐不若前者之向学、勤政，有累先帝付托。先生有师保之责，与诸臣异。其为我朝夕纳诲，以辅台德，用终先帝凭几之谊。"因赐坐蟒、白金、彩币。未几，丁父忧。帝遣司礼中官慰问，视粥药，止哭，络绎道路，三宫赒赠甚厚。

户部侍郎李幼孜欲媚居正，倡夺情议，居正惑之。冯保亦固留居正。诸翰林王锡爵、张位、赵志皋、吴中行、赵用贤、习孔教、沈懋学辈皆以为不可，弗听。吏部尚书张瀚以持慰留旨，被逐去。御史曾士楚、给事中陈三谟等遂交章请留。中行、用贤及员外郎艾穆、主事沈思孝、进士邹元标相继争之。皆坐廷杖，谪斥有差。时彗星从东南方起，长亘天。人情汹汹，指目居正，至悬谤书通衢。帝诏谕群臣，再及者诛无赦，谤乃已。于是使居正子编修嗣修与司礼太监魏朝驰传往代司丧，礼部主事曹诰治祭，工部主事徐应聘治丧。居正请无造朝，以青衣、素服、角带入阁治政，侍经筵讲读，又请辞岁俸。帝许之。及帝举大婚礼，居正吉服从事。给事中李涞言其非礼，居正怒，出为佥事。时帝顾居正益重，常赐居正札，称"元辅张少师先生"，待以师礼。

居正乞归葬父，帝使尚宝少卿郑钦、锦衣指挥史继书护归，期三月，葬毕即上道。仍命抚按诸臣先期驰赐玺书敦谕。范"帝赉忠良"银印以赐之，如杨士奇、张孚敬例，得密封言事。戒次辅吕调阳等"有大事毋得专决，驰驿之江陵，听张先生处分"。居正请广内阁员，诏即令居正推。居正因推礼部尚书马自强、吏部右侍郎申时行入阁。自强素迕居正，不自意得之，颇德居正，而时行与四维皆自昵于居正，居正乃安意去。帝及两宫赐赉慰谕有加礼，遣司礼太监张宏供张钱郊外，百僚班送。所过地，有司饬厨传，治道路。辽东奏大捷，帝复归功居正。使使驰谕，俾定爵赏。居正为条列以闻。调阳益内惭，坚卧，累疏乞休不出。

居正言母老不能冒炎暑，请俟清凉上道。于是内阁、两都部院寺卿、给事、御史俱上章，请趣居正亟还朝。帝遣锦衣指挥翟汝敬驰传往迎，计日以俟；而令中官护太夫人以秋日由水道行。居正所过，守臣率长跪，抚按大吏越界迎送，身为前驱。道经襄阳，襄王出候，要居正宴。故事，虽公侯谒王执臣礼，居正具宾主而出。过南阳，唐王亦如之。抵郊外，诏遣司礼太监何进宴劳，两宫亦各遣大珰李琦、李用宣谕，赐八宝金钉川扇、御膳、饼果、醪醴，百僚复班迎。入朝，帝慰劳恳笃，予假十日而后入阁，仍赐白金、彩币、宝钞、羊酒，因引见两宫。及秋，魏朝奉居正母行，仪从煊赫，观者如堵。比至，帝与两宫复赐赉加等，慰谕居正母子，几用家人礼。

时帝渐备六宫，太仓银钱多所宣进。居正乃因户部进御览数目陈之，谓每岁入额不敌所出，请帝置坐隅时省览，量入为出，罢节浮费。疏上，留中。帝复令工部铸钱给用，居正以利不胜费止之。言官请停苏、松织造，不听。居正为面请，得损大半。复请停修武英殿工，及裁外戚迁官恩数，帝多曲从之。帝御文华殿，居正侍讲读毕，以给事中所上灾伤疏闻，因请振。复言："上爱民如子，而在外诸司营私背公，剥民罔上，宜痛钳以法。而皇上加意撙节，于宫中一切用度、服御、赏赉、布施，裁省禁止。"帝首肯之，有所蠲贷。居正以江南贵豪怙势及诸奸猾吏民善逋赋，选大吏精悍者严行督责。赋以时输，国藏日益充，而豪猾率怨居正。

居正服将除，帝召吏部问期日，敕赐白玉带、大红坐蟒、盘蟒。御平台召对，慰谕久之。使中官张宏引见慈庆、慈宁两宫，皆有恩赉，而慈圣皇太后加赐御膳九品，使宏侍宴。

帝初即位，冯保朝夕视起居，拥护提抱有力，小扞格，即以闻慈圣。慈圣训帝严，每切责之，且曰："使张先生闻，奈何！"于是帝甚惮居正。及帝渐长，心厌之。乾清小珰孙海、客用等导上游戏，皆爱幸。慈圣使保捕海、用，杖而逐之。居正复条其党罪恶，请斥逐，而令司礼及诸内侍自陈，上裁去留。因劝帝戒游宴以重起居，专精神以广圣嗣，节赏赉以省浮费，却珍玩以端好尚，亲万几以明庶政，勤讲学以资治理。帝迫于太后，不得已，皆报可，而心颇嗛保、居正矣。

帝初政，居正尝纂古治乱事百余条，绘图，以俗语解之，使帝易晓。至是，复属儒臣纪太祖列圣《宝训》《实录》分类成书，凡四十：曰创业艰难，曰励精图治，曰勤学，曰敬天，曰法祖，曰保民，曰谨祭祀，曰崇孝敬，曰端好尚，曰慎起居，曰戒游佚，曰正宫闱，曰教储贰，曰睦宗藩，曰亲贤臣，曰去奸邪，曰纳谏，曰理财，曰守法，曰儆戒，曰务实，曰正纪纲，曰审官，曰久任，曰重守令，曰驭近习，曰待外戚，曰重农桑，曰兴教化，曰明赏罚，曰信诏令，曰谨名分，曰裁贡献，曰慎赏赉，曰敦节俭，曰慎刑狱，曰褒功德，曰屏异端，曰饬武备，曰御戎狄。其辞多警切，请以经筵之暇进讲。又请立起居注，纪帝言动与朝内外事，日用翰林官四员入直，应制诗文及备顾问。帝皆优诏报许。

居正自夺情后，益偏恣。其所黜陟，多由爱憎。左右用事之人多通贿赂。冯保客徐爵擢用至锦衣卫指挥同知，署南镇抚。居正三子皆登上第。苍头游七入赀为官，勋戚文武之臣多与往还，通姻好。七具衣冠报谒，列于士大夫。世以此益恶之。

亡何，居正病。帝频颁敕谕问疾，大出金帛为医药资。四阅月不愈，百官并斋醮为祈祷。南都、秦、晋、楚、豫诸大吏，亡不建醮。帝令四维等理阁中细务，大事即家令居正平章。居正始自力，后惫甚不能遍阅，然尚不使四维等参之。及病革，乞归。上复优诏慰留，称"太师张太岳先生"。居正度不起，荐前礼部尚书潘晟及尚书梁梦龙，侍郎余有丁、许国、陈经邦，已，复荐尚书徐学谟、曾省吾、张学颜，侍郎王篆等可大用。帝为黏御屏。晟，冯保所受书者也，强居正荐之。时居正已昏甚，不能自主矣。及卒，帝为辍朝，谕祭九坛，视国公兼师傅者。居正先以六载满，加特进中极殿大学士；以九载满，加赐坐蟒衣，进左柱国，荫一子尚宝丞；以大婚，加岁禄百石，录子锦衣千户为指挥佥事；以十二载满，加太傅；以辽东大捷，进太师，益岁禄二百石，子由指挥佥事进同知。至是，赠上柱国，谥文忠，命四品京卿、锦衣堂上官、司礼太监护丧归葬。于是四维始为政，而兴居正所荐引王篆、曾省吾等交恶。

初，帝所幸中官张诚见恶冯保斥于外，帝使密诇保及居正。至是，诚复入，悉以两人交结恣横状闻，且谓其宝藏逾天府。帝心动。左右亦浸言保过恶，而四维门人御史李植极论徐爵与保挟诈通奸诸罪。帝执保禁中，逮爵诏狱。谪保奉御居南京，尽籍其家金银珠宝巨万计。帝疑居正多蓄，益心艳之。言官劾篆、省吾并劾居正，篆、省吾俱得罪。新进者益务攻居正。诏夺上柱国、太师，再夺谥。居正诸所引用者，斥削殆尽。召还中行、用贤等，迁官有差。刘台赠官，还其产。御史羊可立复追论居正罪，指居正构辽庶人宪㶷狱。庶人妃因上疏辩冤，且曰："庶人金宝万计，悉入居正。"帝命司礼张诚及侍郎丘橓偕锦衣指挥、给事中籍居正家。诚等将至，荆州守令先期录人口，锢其门，子女多遁避空室中。比门启，饿死者十余辈。诚等尽发其诸子兄弟藏，得黄金万两，白金十余万两。其长子礼部主事敬修不胜刑，自诬服寄三十万金于省吾、篆及傅作舟等，寻自缢死。事闻，时行等与六卿大臣合疏，请少缓之；刑部尚书潘季驯疏尤激楚。诏留空宅一所、田十顷，赡其母。而御史丁此吕复追论科场事，谓高启愚以舜、禹命题，为居正策禅受。尚书杨巍等与相驳。此吕出外，启愚削籍。后言者复攻居正不已。诏尽削居正官秩，夺前所赐玺书、四代诰命，以罪状示天下，谓当剖棺戮尸而姑免之。其弟都指挥居易，子编修嗣修，俱发戍烟瘴地。

终万历世，无敢白居正者。熹宗时，廷臣稍稍追述之。而邹元标为都御史，亦称居正。诏复故官，予葬祭。崇祯三年，礼部侍郎罗喻义等讼居正冤。帝令部议，复二荫及诰命。十三年，敬修孙同敞请复武荫，并复敬修官。帝授同敞中书舍人，而下部议敬修事。尚书李日宣等言："故辅居正，受遗辅政，事皇祖者十年。肩劳任怨，举废饬弛，弼成万历初年之治。其时中外乂安，海内殷阜，纪纲法度莫不修明。功在社稷，日久论定，人益追思。"帝可其奏，复敬修官。

译文：

张居正，字叔大，江陵人。从小聪颖过人，十五岁已经是诸生。巡抚顾璘看到他的文章感到诧异，说："这是国家栋梁之材。"不久，张居正在乡试中了举人，顾璘把自己配带的犀带解下来送给他，而且说："你以后应该带玉带，犀带不能够局限你。"嘉靖二十六年，张居正考中进士，改为庶吉士。经常研究探求国家的典故。徐阶等都很器重他。授职编修，他请求赶快回家，不久回来上任。

张居正这个人，长脸眉目清秀，胡须长至腹部。敢于承担责任，自认为是豪杰。但是很深沉，胸有城府，别人很难猜测到他的想法。严嵩当首辅，嫉妒徐阶，和徐阶关系好的人都避开了。张居正言行自如，严嵩亦很器重他。调任右中允，负责国子司业的事。和祭酒高拱关系很好，互相期望他日能承当丞相的事业。不久回去管理坊事，调到裕王府任讲读。裕王非常赏识他，王府中的宦官亦没有不和他友好的。尤其李芳经常向他请教书的义理，有时还联系到国家的事。不久调任右谕德兼侍读，升侍讲学士，负责翰林院的事。

徐阶接替严嵩当了首辅，推心置腹地放手使用张居正。世宗去世，徐阶起草遗诏，找张居正共同商议。不久调任礼部右侍郎兼翰林院学士。一个月左右，和裕邸过去的讲官陈以勤都进入内阁，而张居正任吏部左侍郎兼东阁大学士。不久当《世宗实录》的总裁，升礼部尚书兼武英殿大学士，加少保兼太子太保，这时距离当五品学士仅仅一年多。当时徐阶以先朝老臣资格担任首辅，他和李春芳都能屈己礼贤下士。张居正最后入阁，只有他摆出丞相的身份，见到九卿时态度傲慢，从不采纳他们的意见，间中说一句话都很中肯，所以大家都很怕他，对他比对其他丞相更为尊重。

高拱因为很急躁被抨击走了，徐阶亦走了，李春芳当了首辅。不久赵贞吉入阁，轻视张居正。张居正在过去和他关系很好，现在掌管司礼监的李芳策划，召用高拱，使他掌管吏部，以扼制赵贞吉，而夺了李春芳的权。高拱到后，与张居正的关系更好了。李春芳不久便引退，陈以勤亦自动引退，而赵贞吉、殷士儋都被他们罗织陷害丢了官，只有张居正与高拱在内阁，两人关系更加密切。高拱主张封俺答，张居正亦赞成他，把计划告诉了王崇古等。加柱国、太子太傅。六年考满，加少傅、吏部尚书、建极殿大学士。因为辽东的战功，加太子太师。议和开马市成功，加少师，其余依旧。

起初，徐阶走了，让他三个儿子恭谨地侍候张居正。而高拱非常恨徐阶，唆使言官不断追究议论他，徐阶的几个儿子多被定罪，张居正从容向高拱说情，高拱有些心动。而高拱的门客诬陷张居正收了徐阶儿子三万金，高拱因此责问张居正。张居正脸色大变，指天发誓，话讲得非常沉痛。高拱道歉说自己不慎重，两人的交情便疏远了。高拱又与和张居正关系密切的宦官冯保有嫌隙。明穆宗病危，张居正与冯保秘密处理安排后事，拉冯保为在宫内的助手，而高拱想除去冯保。明神宗即位，冯保用两位太后的诏旨驱逐了高拱，这件事具体记载在高拱传内，张居正便代替了高拱当首辅。皇帝到平台，召张居正勉励奖赏他，赐给金币和绣着蟒斗牛的袍服。从此不断给予赏赐。

皇帝虚心委任张居正，张居正亦当仁不让地以天下为己任，朝内外的人都想瞻仰他的风采。张居正劝皇帝遵守祖宗传下来的各项制度，不要轻易改动，至于讲学、接近德行好有才能的人、爱护百姓、节省用度都是急切需要做的事。皇帝说好。考核廷臣时，斥责了那些不称职的和追随高拱的人。再用诏书召集群臣在朝廷申饬他们，官员都吓得大气也不敢喘。皇帝应当尊敬地推崇两太后。过去的规矩，皇后和天子的生母都称为皇太后，但是徽号有分别。冯保想讨好皇帝的生母李贵妃，暗示张居正要同样的尊崇她们。张居正不敢违反，提出尊皇后为仁圣皇太后，皇贵妃为慈圣皇太后，两太后的身份便没有什么区别了。慈圣皇太后迁居乾清宫，照顾皇帝，宫内的事情委任冯保，而大权全部交给了张居正。

张居正执政，以尊奉皇帝的权力，考核官吏的工作，严明赏罚，统一政策号令为主。虽然相距万里这么远，早上下达的命令晚上就要执行。黔国公沐朝弼屡次犯法，应当逮捕，大臣们议论都觉得这事不好办。张居正提升任用他的儿子，派使臣飞马去捆缚他，沐朝弼不敢反抗。沐朝弼到京师，张居正请求饶他一死，把他关禁在南京。运漕粮的河道畅通后，张居正认为每年赋税都过了春天才发运，这时水汛不定，不是横溢决堤就是干涸，于是采用了漕臣的建议，督促各漕船运卒都要在十月兑运，年初全部发完，以减少可能遭到的水患。这样实行的时间长了，中央仓库里粮储充实，足够十年之用。互市增添了马匹，于是减少了规定百姓给太仆寺养的种马，让百姓折价交纳，这样太仆寺亦积蓄了四百余万金。又设立了考成法督责吏治。起初，部院覆奏令巡按巡抚查勘的事，往往拖延不回报。张居正命令根据事情的大小缓急，规定期限，耽误的要抵罪。从此以后，官员在一切政务上都不敢文过饰非，各级政权机构都加快了运转速度。南京小宦官喝醉后侮辱给事中，言官请求追究治罪。张居正把为首的赵参鲁贬职流放到外地以讨好冯保，然后慢慢劝说冯保加强对这帮宦官的控制，不要给他们干预六部的事。对其中奉派执行任务的，经常让缇骑监视他们。于是，这帮宦官仇恨张居正，而心里亦不归附冯保。

张居正因为御史在外地，常常凌辱巡抚，决心整治他们。一件事稍有处理不当，马上加以责骂，又饬令他们的上级对他们加以考察。给事中余懋学请求实行宽松的政策。张居正以为他讽刺自己，削了他的官职。御史傅应祯接着又说，提得更加迫切。张居正把他抓到诏狱，杖打充军。给事中徐贞明等一齐涌进诏狱，看他的食具、袋子、厚粥，亦被逮捕贬职流放到外地。御史刘台巡按辽东，错奏捷报。张居正正引用过去的事例纠正督责他，刘台极力上奏章讲述张居正专权横恣不守法度，张居正非常生气。皇帝因此把刘台关到诏狱，下令把他杖打一百，充军到远处。张居正假意上疏救他，只免了他的官职。以后，终于把刘台充了军。因此，各给事中和御史更加害怕张居正，但心里不服气。

那时，太后因为皇帝年幼，对张居正的礼貌尊敬非常周到，共事的吕调阳不敢有任何意见。及至吏部左侍郎张四维入阁，更是恭恭敬敬像下属一样，不敢把自己和张居正当作同事相处。

张居正喜欢在事业功绩方面有所建树，能够运用智谋权术驾驭下属，人们多数愿意为他尽力。俺答要求得和明政府互市后，很久没有来骚扰。只有小王子的部众十余万人，辽左的东北女真人，因为得不到互市，几次入侵。张居正用李成梁镇守辽东，戚继光镇守蓟门。李成梁奋力战斗打退敌人，立了很多功劳以致封了伯，而戚继光防守的设施非常完备。张居正都袒护他们，边境安然无事。两广督抚殷正茂、凌云翼等亦屡次打败盗贼立了功。浙江兵民再次变乱，任用张佳胤前往招抚便安定了，所以大家都认为张居正知人善任。但是张居正执法严厉。查核驿递，裁减冗官，清查学校，淘汰了很多人。公卿群吏因为不能够乘坐驿马，和商人旅客没有分别。衙门精简以后，需要升任的往往补不上官职。大的县学生名额少，很难进取。因此，亦有很多人怨恨他。

当时天下太平已经时间长了，盗贼像鬣毛齐竖一样纷纷而起，甚至入城市抢劫府库。地方政府往往隐瞒这些事，张居正严厉禁止。如果隐瞒贼情不上报的，虽然是循良的官吏亦一定开除。抓到强盗马上斩首处决，地方政府官员都不敢掩饰求情。偷盗沿海边境钱米超过一定数量的，按条例应该斩首，但过去往往是长期关押或者病死在狱中。只有张居正要马上处斩他，而且追捕他的家属，盗贼因此减少消灭。而遵照执行这些命令感到不方便的人，都相继发出怨言，张居正一点也不体恤他们。

慈圣太后将要回到慈宁宫居住，谕张居正说："我不能整天照顾皇帝，恐怕他不像以前那样好学、勤于政事，辜负了先帝的付托。先生有师保的责任，和其他大臣不同。希望能经常为我使皇帝接受教导，以辅助他有更好的品德，以始终不负先帝临终托付的情谊。接着赐给坐蟒、白金、彩币。不久，张居正父亲去世。皇帝派去慰问,看他吃粥服药,对他止哭的司礼监宦官络绎不绝,三宫送给他协助办理丧事的财物非常丰厚。

户部侍郎李幼孜考想讨好张居正,提出建议张居正不去职、素服办公。张居正被迷惑了。冯保亦坚决留住张居正。各翰林王锡爵、张位、赵志皋、吴中行、赵用贤、习孔教、沈懋学等都认为不该这样,不听。吏部尚书张瀚因为拿住皇帝安慰、留住张居正的圣旨,被赶走了。于是御史曾士楚、给事中陈三谟等交互上章要求留住张居正。吴中行、赵用贤和员外郎艾穆,主事沈思孝,进士邹元标相继争辩。都被廷杖,分别受到贬斥流放不等。当时彗星从东南方升起,长长的横贯在天空。人情汹汹,手指目视都对着张居正,甚至在通衢大道贴出攻击揭发张居正隐私的文书。皇帝诏谕群臣,再涉及这件事的要处死不能赦免,指责诽谤的话这才停止了。于是使张居正的儿子编修张嗣修和司礼太监魏朝乘驿马,不分昼夜地赶往代张居正主持丧事,礼部主事曹诰负责祭祀,工部主事徐应聘负责丧事。张居正请求不到朝廷,穿青衣、白色冠服、角带入内阁办理政事,侍奉经筵讲读;又请求辞去年俸禄。皇帝都允许了。及至皇帝举行大婚典礼,张居正穿了吉服办事。给事中李涞说他不合礼法,张居正生气了,把他调出当佥事。当时皇帝更加看重张居正,常常赐给他信札,称他为"元辅张少师先生",以对待老师的礼节对他。

张居正请求回去葬父亲,皇帝派尚宝少卿郑钦、锦衣指挥史继书护送他回去,约定为期三个月,葬完了马上上路回京师。还命令抚按各大臣先期飞马赐给玺书敦促他。用模子浇铸了有"帝赉忠良"四个字的银印赐给他,像杨士奇、张孚敬一样,可以密封奏事。告诫次辅吕调阳等"有大事不得专断,飞驰驿马送到江陵,听张先生处分"。张居正请求增加阁员,皇帝立即下诏让张居正推举。于是，张居正推荐礼部尚书马自强、吏部右侍郎申时行入阁。马自强素来和张居正有抵触，没想到他会推荐自己，相当感激张居正，而申时行和张四维都是主动亲近张居正的，张居正这才安心回去。皇帝和慈庆、慈宁两宫赏赐之厚、慰谕之多超过了常礼，派遣司礼太监张宏在郊外陈设帷帐设宴饯行，百官排班列队相送。所经过的地方，官员要准备好供食宿车马的馆舍，修整道路。辽东上奏打了大胜仗，皇帝又再归功于张居正。派使者飞马送去谕旨，让张居正评定爵赏。张居正逐条开列上报。吕调阳更加感到内心惭愧，坚决隐居，累次上疏请求退休不肯出来。

张居正说母亲年老不能忍受炎热酷暑，请求等到秋凉再上路。于是内阁、南京北京的部院寺卿、给事、御史都上奏章，请求催促张居正赶快回朝。皇帝派锦衣指挥翟汝敬乘驿马兼程前往迎接，计算着日期来等待；而命令宦官护送太夫人等秋天的时候由水路来。张居正所经过的地方，地方官全都长时间地跪着，巡抚巡按这些大吏也出了自己的辖区迎送，亲自为他前导开路。路经襄阳，襄王出来等候，邀请张居正赴宴。过去的惯例，虽然是公侯，谒见藩王都要遵守为臣的礼节，张居正行了宾主的礼便出来了。经过南阳，唐王也是一样。到了京师郊外，皇帝下诏派司礼太监何进设宴慰劳，两宫亦各派头面太监李琦、李用宣谕，赐给八宝金钉川扇、御膳、饼果、宫中酿制的好酒，百官再次排班列队迎接。入朝，皇帝亲切诚恳地慰劳，给予十天假期然后入阁办事，还赐给白金、彩币、宝钞、羊酒，接着引见两宫。到了秋天，魏朝侍奉张居正的母亲上路，仪仗随从显赫热闹，观看的人连成了墙一样。到了京师，皇帝与两宫再加等赏赐，慰问张居正母子，几乎用家人的礼节。

当时皇帝六宫逐渐完备，国库的银两很多都被调到宫中使用。于是，张居正把户部进给皇帝看的数目讲述给皇帝听，说每年都是入不敷出，请皇帝把它放在座位旁边常常翻看，量入为出，节减不必要的开支。奏疏呈上以后，留在宫中。皇帝再令工部铸钱给用，张居正认为得不偿失停止了。言官请求停止派宦官在苏松监督织造丝绸，皇帝不听。张居正当面请求，得以减少一大半。再请求停止修筑武英殿的工程，以及裁减施恩外戚升官的数目，皇帝多数都委曲听从了。皇帝到文华殿，张居正侍奉讲读完后，把给事中所上的关于灾伤的奏疏告诉他，接着请求赈济。还说："皇上爱民如子，而在外面的地方官营私背公，剥削百姓欺骗皇上，应该狠狠的以法律惩治他们。而皇上加意节省，对于宫中一切费用、穿的用的、赏赐、布施，都要裁减禁止。"皇帝点头答应了，有所减免。张居正又认为江南豪强贵族恃势以及各奸猾的吏胥百姓善于拖欠赋税，便选派精干的督抚大吏严行督促责罚。赋税及时交了，国库的储藏越来越充实，而豪强狡猾的人全都怨恨张居正。

张居正将要除去丧服，皇帝召吏部问明日期，敕赐白玉带、大红坐蟒、盘蟒。到平台召对，安慰劝谕很久。使中官张宏引见慈庆、慈宁两宫，都有恩赏，而慈圣皇太后加赐御膳九品，使张宏侍宴。

皇帝初即位，冯保朝夕照顾他的生活，竭力爱护，皇帝稍有抵触，便马上告诉慈圣太后。慈圣太后要求皇帝很严格，每每切责他，而且说："如果给张先生知道了，怎么办！"于是皇帝非常害怕张居正。及至皇帝慢慢长大，心里很讨厌他。乾清宫小太监孙海、客用等引导皇帝游戏，皇帝喜欢他们。慈圣皇太后使冯保捉了孙海、客用，杖打然后赶走。张居正再条列他们那帮人的罪恶，请求斥责赶走他们，而且令司礼监以及各宦官自己陈述，由皇帝决定赶走还是留下。接着劝皇帝戒嬉戏夜宴以庄重起居，专一精神以广储圣嗣，节制赏赐以减少不必要的费用，推却珍玩以端正好尚，亲自处理纷繁的政务以清明政治，勤于讲学以帮助治理国家。皇帝迫于太后，没有办法，都同意了，而心里相当恨冯保、张居正了。

皇帝最初亲政，张居正曾经编纂过去治乱的事例一百余条，画成图，以通俗的话加以解释，使皇帝容易懂。到现在，再嘱儒臣记录太祖、明代历朝皇帝的《宝训》《实录》，分类编成书，共四十种，题为：创业艰难，励精图治，勤学，敬天，法祖，保民，谨祭祀，崇孝敬，端好尚，慎起居，戒游佚，正宫闱，教储贰，睦宗藩，亲贤臣，去奸邪，纳谏，理财，守法，警诫，务实，正纪纲，审官，久任，重守令，驭近习，待外戚，重农桑，兴教化，明赏罚，信诏令，谨名分，裁贡献，慎赏赉，敦节俭，慎刑狱，褒功德，屏异端，饬武备，御戎狄。那些词很多都是精辟切实的，请求用经筵有空的时间进讲。又请设立起居注，记录皇帝的言论行动和朝廷内外的事，每日用翰林官四个人进去值班，以奉皇帝的命令写作诗文或准备皇帝顾问。皇帝都用好话回报准许。

张居正自从素服办公后，更加偏激放恣。他对官员的任用罢免提升降级，多数只是由于个人的爱憎。左右办事的人多数都接受贿赂。冯保的门客徐爵提升任用至锦衣卫指挥同知，代理南镇抚司事。张居正三个儿子都考中了进士。家奴游七用钱捐官，勋臣国戚文武官员多数和他有交往，通姻好。游七穿了官服报告要事拜见官员，置身于士大夫行列之中。人们因此更加讨厌他。

不久，张居正病。皇帝不断颁发敕文询问病情，给了很多黄金和丝织品作为医药费。过了四个月病还没有好,官员们一起供斋醮神,设坛为他祈祷。南京、秦、晋、楚、豫各地的大官,无不设坛祭祷。皇帝令张四维等处理内阁中琐碎的政务,大事送到张居正家里,让他品评筹划计议。张居正开始还是亲自处理,后来疲乏得甚至不能全部看完那些公文,但还是不让张四维等参与。及至病情危急,请求回乡。皇上婉言答复,下诏慰问挽留,称他为"太师张太岳先生"。张居正自己估计到病好不了,推荐前礼部尚书潘晟和尚书梁梦龙,侍郎余有丁、许国、陈经邦,后来,又再推荐尚书徐学谟、曾省吾、张学颜,侍郎王篆等可以重用。皇帝因此把他们的名字粘在御屏上。潘晟,曾经教过冯保,冯保硬要张居正推荐他。当时张居正已经极度昏迷,不能控制自己了。及至死,皇帝因此不出朝,谕令按国公兼师傅的规格,设九坛祭。张居正先是因为六年考满,加特进中极殿大学士;因为九年考满,加赐绣着坐蟒的袍服,进左柱国,荫一个儿子为尚宝丞;因为皇帝完婚,加年俸禄一百石,录用儿子锦衣千户为指挥佥事;因为十二年考满,加太傅;因为辽东打了大胜仗,进太师,加年俸禄二百石,儿子由指挥佥事升为同知。到了这时,赠上柱国,谥号文忠,命令四品京官、锦衣堂上官、司礼太监护送他的棺柩回家乡安葬。于是张四维开始主管政务,而与张居正所推荐的王篆、曾省吾等闹矛盾。

起初,皇帝所宠幸的宦官张诚得罪了冯保,被排斥到宫外,皇帝让他秘密侦察冯保和张居正的动静。到了现在,张诚再进宫,把冯保、张居正两个人互相勾结,肆意专横的情况告诉了皇帝,而且说冯保所收藏的珍宝超过了皇家。皇帝心动了。左右的人亦不断说冯保的过错罪恶,而张四维的门人御史李植更极力攻击徐爵与冯保挟持诈骗、勾结犯法各种罪状。皇帝抓了冯保关起来，把徐爵逮捕关到诏狱。发配冯保到南京，降为奉御，把他家的金银珠宝全部抄没，价值巨万。皇帝怀疑张居正所积蓄的更多，心里更加羡慕。监察官员弹劾王篆、曾省吾并弹劾张居正，王篆、曾省吾都得了罪。新进用的人更加致力攻击张居正。皇帝下诏夺去上柱国、太师，又再夺去谥号。张居正所推荐引用的人，几乎全部受到排斥、革职。召回吴中行、赵用贤等，分别得予不同的调动提升。赠官给刘台，把财产发还给他。御史杨可立再追述攻击张居正的罪，指责张居正罗织陷害构成了辽庶人宪㷛的案件。庶人的妃因此上疏争辩冤枉，而且说："庶人有金宝以万计，都落到张居正那里了。"皇帝命令司礼太监张诚和侍郎丘橓连同锦衣指挥、给事中一起查抄张居正的家。张诚等将要去到的时候，荆州守令已经先登记了人口，锁了他的门，张居正的子女多数逃避到空房里。等到开门，已经饿死了十来个。张诚等把他各个儿子兄弟的收藏全部抄出来，得到黄金万两，白金十余万两。张居正的长子礼部主事张敬修捱不住刑罚，自己胡乱招认寄存了三十万金在曾省吾、王篆和傅作舟等人那里，接着就自己上吊死了。这情况上报以后，申时行等和吏、户、礼、兵、刑、工六部尚书联合上疏，请求稍为放宽一点；刑部尚书潘季驯的奏疏尤其激烈苦楚。皇帝下诏留一所空的宅子、十顷田，赡养张居正的母亲。而御史丁此吕再追述评论考场的事，说高启愚用舜、禹命题，是为张居正策划接受禅让。尚书杨巍等和他互相驳斥。如果丁此吕被调外任，高启愚被革职。后来上言的人还不断攻击张居正。皇帝下诏全部革去张居正的官职俸禄，夺回以前赐给他的玺书、四代的诰命，把他的罪状公布天下，说应当剖开棺木碎割尸体，而姑且免了。他的弟弟都指挥张居易，儿子编修张嗣修，都发配到烟瘴地方充军。

整个万历年间,没有敢为张居正昭雪的人。熹宗的时候,朝臣稍稍追述一下。而邹元标任都御史,亦称赞张居正。皇帝下诏恢复了他原来的官职,给予埋葬祭祀。崇祯三年,礼部侍郎罗喻义等上诉张居正的冤枉。皇帝令部里讨论,恢复了两个荫职和诰命。崇祯十三年,张敬修的孙张同敞请求恢复所荫的武职,并恢复张敬修的官。皇帝授予张同敞中书舍人,而下令部里讨论张敬修的事。尚书李日宣等说:"前首辅张居正,受皇帝临终嘱托辅助国家政务,跟随神宗十年。任劳任怨,把废坏了的制度兴举,把松弛的政体整顿,辅助成万历初年的稳定。当时中外太平无事,国内民生富裕物资充足,伦理道德、法律制度都很昌明。功在国家,时间长了以后定论,人们更加怀念他。"皇帝同意了他的意见,恢复了张敬修的官职。

明史卷二百二十六

列传第一百十四

海 瑞

海瑞，字汝贤，琼山人。举乡试。入都，即伏阙上《平黎策》，欲开道置县，以靖乡土。识者壮之。署南平教谕。御史诣学宫，属吏咸伏谒，瑞独长揖，曰："台谒当以属礼，此堂，师长教士地，不当屈。"迁淳安知县。布袍脱粟，令老仆艺蔬自给。总督胡宗宪尝语人曰："昨闻海令为母寿，市肉二斤矣。"宗宪子过淳安，怒驿吏，倒悬之。瑞曰："曩胡公按部，令所过毋供张。今其行装盛，必非胡公子。"发橐金数千，纳之库，驰告宗宪，宗宪无以罪。都御史鄢懋卿行部过，供具甚薄，抗言邑小不足容车马。懋卿恚甚。然素闻瑞名，为敛威去，而属巡盐御史袁淳论瑞及慈溪知县霍与瑕。与瑕，尚书韬子，亦抗直不诣懋卿者也。时瑞已擢嘉兴通判，坐谪兴国州判官。久之，陆光祖为文选，擢瑞户部主事。

时世宗享国日久，不视朝，深居西苑，专意斋醮。督抚大吏争上符瑞，礼官辄表贺。廷臣自杨最、杨爵得罪后，无敢言时政者。四十五年二月，瑞独上疏曰：

臣闻君者，天下臣民万物之主也，其任至重。欲称其任，亦惟以责寄臣工，使尽言而已。臣请披沥肝胆，为陛下陈之。

昔汉文帝贤主也，贾谊犹痛哭流涕而言。非苛责也，以文帝性仁而近柔，虽有及民之美，将不免于怠废，此谊所大虑也。陛下天资英断，过汉文远甚。然文帝能充其仁恕之性，节用爱人，使天下贯朽粟陈，几致刑措。陛下则锐精未久，妄念牵之而去，反刚明之质而误用之。至谓遐举可得，一意修真，竭民脂膏，滥兴土木，二十余年不视朝，法纪弛矣。数年推广事例，名器滥矣。二王不相见，人以为薄于父子。以猜疑诽谤戮辱臣下，人以为薄于君臣。乐西苑而不返，人以为薄于夫妇。吏贪官横，民不聊生，水旱无时，盗贼滋炽。陛下试思今日天下，为何如乎？

迩者严嵩罢相，世蕃极刑，一时差快人意。然嵩罢之后犹嵩未相之前而已，世非甚清明也，不及汉文帝远甚。盖天下之人不直陛下久矣。古者人君有过，赖臣工匡弼。今乃修斋建醮，相率进香，仙桃天药，同辞表贺。建宫筑室，则将作竭力经营；购香市宝，则度支差求四出。陛下误举之，而诸臣误顺之，无一人肯为陛下正言者，谀之甚也。然愧心馁气，退有后言，欺君之罪何如！

夫天下者，陛下之家。人未有不顾其家者，内外臣工皆所以奠陛下之家而磐石之者也。一意修真，是陛下之心惑。过于苛断，是陛下之情偏。而谓陛下不顾其家，人情乎？诸臣徇私废公，得一官多以欺败，多以不事事败，实有不足当陛下意者。其不然者，君心臣心偶不相值也，而遂谓陛下厌薄臣工，是以拒谏。执一二之不当，疑千百之皆然，陷陛下于过举，而恬不知怪，诸臣之罪大矣。《记》曰"上人疑则百姓惑，下难知则君长劳",此之谓也。

且陛下之误多矣,其大端在于斋醮。斋醮所以求长生也。自古圣贤垂训,修身立命曰"顺受其正"矣,未闻有所谓长生之说。尧、舜、禹、汤、文、武圣之盛也,未能久世,下之亦未见方外士自汉、唐、宋至今存者。陛下受术于陶仲文,以师称之。仲文则既死矣,彼不长生,而陛下何独求之。至于仙桃天药,怪妄尤甚。昔宋真宗得天书于乾祐山,孙奭曰"天何言哉?岂有书也"。桃必采而后得,药必制而后成。今无故获此二物,是有足而行耶?曰"天赐者",有手执而付之耶?此左右奸人,造为妄诞以欺陛下,而陛下误信之,以为实然,过矣。

陛下又将谓悬刑赏以督责臣下,则分理有人,天下无不可治,而修真为无害已乎?太甲曰:"有言逆于汝心,必求诸道;有言逊于汝志,必求诸非道。"用人而必欲其唯言莫违,此陛下之计左也。既观严嵩,有一不顺陛下者乎?昔为同心,今为戮首矣。梁材守道守官,陛下以为逆者也,历任有声,官户部者至今首称之。然诸臣宁为嵩之顺,不为材之逆,得非有以窥陛下之微,而潜为趋避乎?即陛下亦何利于是。

陛下诚知斋醮无益,一旦翻然悔悟,日御正朝,与宰相、侍从、言官讲求天下利害,洗数十年之积误,置身于尧、舜、禹、汤、文、武之间,使诸臣亦得自洗数十年阿君之耻,置其身于皋、夔、伊、傅之列,天下何忧不治,万事何忧不理。此在陛下一振作间而已。释此不为,而切切于轻举度世,敝精劳神,以求之于系风捕影、茫然不可知之域,臣见劳苦终身,而终于无所成也。今大臣持禄而好谀,小臣畏罪而结舌,臣不胜愤恨。是以冒死,愿尽区区,惟陛下垂听焉。

帝得疏，大怒，抵之地，顾左右曰："趣执之，无使得遁。"宦官黄锦在侧曰："此人素有痴名。闻其上疏时，自知触忤当死，市一棺，诀妻子，待罪于朝，僮仆亦奔散无留者，是不遁也。"帝默然。少顷复取读之，日再三，为感动太息，留中者数月。尝曰："此人可方比干，第朕非纣耳。"会帝有疾，烦懑不乐，召阁臣徐阶议内禅，因曰："海瑞言俱是。朕今病久，安能视事。"又曰："朕不自谨惜，致此疾困。使朕能出御便殿，岂受此人诟詈耶？"遂逮瑞下诏狱，究主使者。寻移刑部，论死。狱上，仍留中。户部司务何以尚者，揣帝无杀瑞意，疏请释之。帝怒，命锦衣卫杖之百，锢诏狱，昼夜榜讯。越二月，帝崩，穆宗立，两人并获释。

帝初崩，外庭多未知。提牢主事闻状，以瑞且见用，设酒馔款之。瑞自疑当赴西市，恣饮啖，不顾。主事因附耳语："宫车适晏驾，先生今即出大用矣。"瑞曰："信然乎？"即大恸，尽呕出所饮食，陨绝于地，终夜哭不绝声。既释，复故官。俄改兵部。擢尚宝丞，调大理。

隆庆元年，徐阶为御史齐康所劾，瑞言："阶事先帝，无能救于神仙土木之误，畏威保位，诚亦有之。然自执政以来，忧勤国事，休休有容，有足多者。康乃甘心鹰犬，搏噬善类，其罪又浮于高拱。"人韪其言。

历两京左、右通政。三年夏，以右佥都御史巡抚应天十府。属吏惮其威，墨者多自免去。有势家朱丹其门，闻瑞至，黝之。中人监织造者，为减舆从。瑞锐意兴革，请浚吴淞、白茆，通流入海，民赖其利。素疾大户兼并，力摧豪强，抚穷弱。贫民田入于富室者，率夺还之。徐阶罢相里居，按问其家无少贷。下令飙发凌厉，所司惴惴奉行，豪有力者至窜他郡以避。而奸民多乘机告讦，故家大姓时有被诬负屈者。又裁节邮传冗费。士大夫出其境率不得供顿，由是怨颇兴。都给事中舒化论瑞迂滞不达政体，宜以南京清秩处之，帝犹优诏奖瑞。已而给事中戴凤翔劾瑞庇奸民，鱼肉搢绅，沽名乱政，遂改督南京粮储。瑞抚吴甫半岁。小民闻当去，号泣载道，家绘像祀之。将履新任，会高拱掌吏部，素衔瑞，并其职于南京户部，瑞遂谢病归。

万历初，张居正当国，亦不乐瑞，令巡按御史廉察之。御史至山中视，瑞设鸡黍相对食，居舍萧然，御史叹息去。居正惮瑞峭直，中外交荐，卒不召。十二年冬，居正已卒，吏部拟用左通政。帝雅重瑞名，畀以前职。明年正月召为南京右佥都御史，道改南京吏部右侍郎，瑞年已七十二矣。疏言衰老垂死，愿比古人尸谏之义，大略谓："陛下励精图治，而治化不臻者，贪吏之刑轻也。诸臣莫能言其故，反借待士有礼之说，交口而文其非。夫待士有礼，而民则何辜哉？"因举太祖法剥皮囊草及洪武三十年定律枉法八十贯论绞，谓今当用此惩贪。其他规切时政，语极剀切。独劝帝虐刑，时议以为非。御史梅鹍祚劾之。帝虽以瑞言为过，然察其忠诚，为夺鹍祚俸。

帝屡欲召用瑞，执政阴沮之，乃以为南京右都御史。诸司素媮惰，瑞以身矫之。有御史偶陈戏乐，欲遵太祖法予之杖。百司惴恐，多患苦之。提学御史房寰恐见纠摘欲先发，给事中锺宇淳复怂恿，寰再上疏丑诋。瑞亦屡疏乞休，慰留不允。十五年，卒官。

瑞无子。卒时，佥都御史王用汲入视，葛帏敝籝，有寒士所不堪者。因泣下，醵金为敛。小民罢市。丧出江上，白衣冠送者夹岸，酹而哭者百里不绝。赠太子太保，谥忠介。

瑞生平为学，以刚为主，因自号刚峰，天下称刚峰先生。尝言："欲天下治安，必行井田。不得已而限田，又不得已而均税,尚可存古人遗意。"故自为县以至巡抚,所至力行清丈,颁一条鞭法。意主于利民,而行事不能无偏云。

译文:

海瑞,字汝贤,琼山人。乡试中举。入了京都,马上跪在皇宫前上书《平黎策》,希望设置道县,使家乡安宁。有识之士支持他。暂时代理南平教谕职务。御史参谒学官,属下的小官都跪下拜谒,只有海瑞深深作揖,说:"到衙门拜见应该按下属来行礼,这是学堂,师长教诲读书人的地方,不应该下跪。"升任淳安知县。穿着布袍碾谷子,让老仆人种菜来自给。总督胡宗宪曾告诉人说:"昨天听说海县令给母亲祝寿,买了两斤肉。"宪宗的儿子路过淳安,对驿官发火,把他倒吊起来。海瑞说:"从前胡大人约束部属,命令所经过的地方供给不要铺张。现在这人行装华丽,一定不是胡大人的儿子。"把他的行囊的几千银子,收了入库房,赶紧地报告了胡宗宪,宗宪没办法责怪他。都御史鄢懋卿带着部属路过,供给很微薄,抗辩说小县城没有办法容纳车马。鄢懋卿非常怨恨。但一向听说海瑞的名声,因此收起威势走了,却指使巡盐御史袁淳判海瑞和慈溪知县霍与瑕的罪。与瑕,是尚书霍韬的儿子,也是一直抗命不去奉承鄢懋卿的人。当时海瑞已升任嘉兴通判。因此被贬为兴国州判官。过了很久,陆光祖担任文选司郎中,才提拔海瑞做户部主事。

当时世宗即皇帝位很长日子了,不上朝,老是住在西苑,一心一意斋戒打醮。总督巡抚等大臣争相进贡符箓和吉祥物品,礼仪官员动不动就上表祝贺。朝廷大臣自从杨最、杨爵获罪以后,没有人敢议论朝政的。嘉靖四十五年二月,海瑞单独上疏说:

臣听说做国君的,是天下臣民和万物的主宰,他的责任最重大。想要他称职,也只有把责任交给臣下,让他们把意见尽量说出来。臣请求竭尽忠诚,向陛下说清楚。

从前汉文帝是个贤明的君主,贾谊还痛哭流涕地进谏。不是过分地去责难,只因为汉文帝生性仁慈而近于柔弱,虽然有关心百姓的美德,以后难免会松懈怠政,这是贾谊非常忧虑的。陛下天资英明果断,远远地超过了汉文帝。但汉文帝能够利用他仁爱宽厚的天性,节约开支爱惜人民,使天下钱粮充足,几乎废弃了刑律。陛下没有进取多久,就被荒唐的念头牵着走,违背了刚直聪明的本质而错误地去运用它。以致认为可以升仙,一心去修真,耗尽民脂民膏,过度兴建土木,二十多年不上朝,法律松懈了。数年来推广事例,爵号车服轻易给予。规定亲王之间不得私自见面,人们认为是父子间感情淡薄。因为猜疑和诽谤而杀戮侮辱臣下,人们认为是君臣间感情淡薄。喜欢在西苑不回皇宫,人们认为是淡薄了夫妻间的感情。官吏贪婪凶暴,民不聊生,不时发生火灾旱灾,盗贼迅速地滋生发展。陛下试想今日的天下,是像什么呢?

近来罢免了宰相严嵩,杀了严世蕃,一时间大家都不同程度地觉得快慰。但是罢免了严嵩之后不过是和严嵩没有当宰相以前一样罢了,世界并不怎么清明,比汉文帝那时差远了。天下的人认为陛下不对已经很久了。古时候君主有过失,依靠臣下匡扶辅助。如今却是陛下修斋建醮,臣下争相进香,陛下得到仙桃天药,臣下一起上表庆贺。陛下建造宫室,臣下就尽力去筹划;买香和宝物,就估算费用四处去派差索求。陛下做错了,各大臣也错误地去顺从,没有一个人肯为陛下指出纠正的,巴结奉承得太过了。但是他们内心惭愧感到气馁,退朝以后暗里议论,这是怎样的欺君之罪!

  这天下,是陛下的家。人没有不管自己的家的,内外的臣下都是安定陛下的家使它像磐石一样稳固的人。一心去修真,是陛下的心被迷惑了。过于苛刻武断,是陛下的情感有偏激。却说陛下不管自己的家,合人情吗?各大臣徇私废公,得到一个官位却多数因为欺君坏事,多数因为无所事事坏事,的确有不能够称陛下的意愿的。那些不这样认为的,是君王和臣下的意见偶然不一样,而因此就说陛下讨厌、轻薄臣下,因此不接受劝谏。抓住一两点不恰当的,怀疑千百件都是这样,使陛下落得大犯过失的名声,却一点也不觉得奇怪,各臣下的罪大了。《礼记》说"统治者生疑百姓就困惑,臣下难以晓谕君长就劳碌",说的就是这种情况了。

  况且陛下的失误已经多了,主要的是在于斋醮。持斋建醮是用来祈求长生的。自古以来圣贤留下的训诫,修身立命说"顺应接受那些正确的"罢了,没有听说所谓长生的说法。尧、舜、禹、汤、文、武是圣贤里面最优秀的,没有能长生。他们之后也没有看见方外之士从汉、唐、宋到现在还活着的。陛下向陶仲文学习道术,称他作老师。仲文却已经死了,他不能够长生,为什么陛下还一心去追求呢?至于说仙桃天药,更是非常怪诞虚妄。从前宋真宗在乾祐山得到天书,孙奭说:"天怎么会说呢?哪里会有书?"桃一定要采摘才能得到,药一定要制炼才能制成。现在无缘无故得到这两样东西,它们是有脚走来的吗?说"天赐的",有手拿着交给的吗?这是身边的奸佞之徒,搞出的荒诞虚妄来欺骗陛下,陛下又错误地相信了,认为真是这样,这是错了。

  陛下又要说公开赏罚来督促管理臣下,政事就分别有人处理,天下没有不能够治理的,而修真是没有害处的是吗?太甲说:"有言论不顺你的心的,一定要按道理去探求;有言论顺从你的意愿的,一定要求证是否不合道理。"用人一定要他惟命是从,这是陛下的想法错了。看一看严嵩,有一点不顺从陛下的吗?以前是同心的,现在是杀头了。梁材遵循公道做官,是陛下认为不合心意的,历任都有好名声,在户部做官的到现在还称赞他是最好的。但各大臣宁愿像严嵩一样顺从,不愿像梁材一样抵触,难道不是因为窥探到陛下的缺点,就偷偷地趋避吗?这样就是对陛下又有什么好处呢?

陛下知道了斋醮真的没有益处,一旦幡然悔悟,每日出朝,和宰相、侍从、言官探求天下的利弊,洗刷数十年积下的错误,置身在尧、舜、禹、汤、文、武中间,让各大臣也得以自己洗刷数十年阿谀君王的耻辱,置身在皋、夔、伊、傅的行列,天下还忧什么不能管治,万事还忧什么不能处理。这在陛下只是振作一下而已。放弃这事不做,却急于升仙超脱世俗,耗费精力,劳碌心神,去探求捕风捉影,茫茫然不可了解的境地,臣认为会一生劳苦,到最终没有成果。现在大臣拿着俸禄喜好阿谀,小臣害怕得罪不敢出声,臣忍不住愤恨,所以冒死愿意尽微薄的力量,希望陛下听从。

皇帝收到奏疏,非常恼怒,扔到地上,对左右随从说:"赶快捉住他,不要让他跑了。"宦官黄锦在旁边说:"这个人一向有憨痴的名声。听说他上疏的时候,自己就知道抵触君主应该杀头,买了一副棺材,和妻子诀别,在朝中等候发落,家僮仆人都走光了,没有留下的,这人是不会逃的。"皇帝不吭声。一会再拿奏疏来看,一天看了三次,被感动真情长长叹息,奏疏留在宫中几个月。曾经说:"这个人可以比得上比干,只是朕不是纣王。"刚好皇帝有病,烦闷不高兴,召见内阁大臣徐阶商量把帝位传让给太子,就说:"海瑞说的都对。朕现在病了很久,怎么能管理政事。"又说:"朕自己不谨慎爱惜,以致被这病困扰。假如朕能够出到便殿视理政事,哪里会受这人诟骂呢?"于是下诏把海瑞关入监牢,追究指使的人。不久移交刑部,判了死刑。审判结果上报,仍然留在官中。户部司务何以尚,揣测皇帝没有杀海瑞的意思,上疏请求释放海瑞。皇帝发怒,下令锦衣卫责打他一百杖,把他关到诏狱,日夜拷打审讯。过了两个月,皇帝驾崩,穆宗继位,两个人一起获释。

皇帝刚驾崩的时候,朝廷上多数人还没有知道。提牢主事听到消息,认为海瑞将要被起用,准备了酒菜招待他。海瑞自己怀疑是该要去西市杀头,恣意地吃喝,头也不回。主事就伏到他耳边说:"皇上刚驾崩,先生现在就要出狱被重用了。"海瑞说:"消息是真的吗?"马上大哭,把吃的饮食全吐了出来,跌倒在地上,整夜哭声不断。释放后,恢复了原来的官职。不久改为兵部主事。提升为尚宝丞,调任大理寺。

隆庆元年,徐阶被御史齐康弹劾,海瑞说:"徐阶侍奉先帝,无办法解救学神仙兴土木的失误,害怕先帝的威势保全官位,也确实是有的。但是自从执掌政事以来,为国事担忧辛劳,形神疲惫,值得称道的地方很多。齐康却甘心做鹰犬,搏噬善类,他的罪比高拱还大。"大家认为他说得对。

历任两京左、右通政。隆庆三年夏天,任右佥都御史巡抚应天十府。下属的官吏害怕他的威势,有劣迹的多数自行免职离开。有一户有权势的人家把门漆成红色,听说海瑞来,把门涂黑了。监督织造的中官,因此减少了车马随从。海瑞锐意改革,要求浚深吴淞江、白茆，疏导河流入海，百姓因此得到了好处。他一向憎恨大户兼并土地，极力打击豪强，安抚贫弱。贫民被富户并入了的田地，都夺了回来。徐阶罢相后住在乡村，海瑞追究他家一点也不放松。下命令迅速凌厉，地方官又愁又怕地执行着，豪强甚至跑到别的郡县去躲避。而奸狡的人许多趁机告发，故家大姓不时有被诬陷承受冤屈的。又裁减邮驿传递多余的开支。士大夫离开他管辖的地方都得不到供给安顿，因此怨言很多。都给事中舒化指责海瑞迂腐呆滞不通政体，应该把他放到南京清闲的地方，皇帝还好言下诏褒奖海瑞。之后给事中戴凤翔弹劾海瑞包庇奸民，鱼肉缙绅，诘取名誉，扰乱政事，于是改任督管南京的粮食储备。海瑞巡抚吴地刚半年。百姓听说要调他走，在路上号哭流泪，在家里画了像来祭祀他。将要去新职位上任，刚好高拱执掌吏部，一向仇恨海瑞，将他的职务并入南京户部，于是海瑞推托有病回乡了。

万历初年，张居正掌管国事，也不喜欢海瑞，命令巡按御史偷偷察看他。御史到山里查看，海瑞准备鸡和黍和他对着进食，屋里空荡荡的，御史叹息着离开。张居正害怕海瑞严峻刚直，朝廷内外一起推荐，始终不召用。万历十二年冬天，张居正已经死了，吏部准备起用海瑞任左通政。皇帝很看重海瑞的名望，给他原来的职位。第二年正月召用任南京右佥都御史，途中改任南京吏部右侍郎，海瑞已经七十二岁了。上疏说年老体弱就要死了。愿意效法古人尸谏的意思，大略说："陛下励精图治，但治理没有收到成效，是因为对贪官的刑罚轻了。各大臣没有能说出这个原因，反而借口对读书人要讲礼的说法，一起来掩饰他们的过错。对读书人要有礼，但百姓有什么罪呢？"接着列举太祖制定剥皮囊草的法律以及洪武三十年定下律例枉法八十贯钱判绞刑，说现在应该用这些来惩治贪污。其余的劝谏切合时政，言辞非常切实。只是劝皇帝用酷刑，当时公议认为不对。御史梅鹍祚弹劾他。皇帝虽然认为海瑞的言辞过于偏激，但感觉到他的忠诚，因此罚了梅鹍祚的俸禄。

皇帝屡次想召用海瑞，执掌朝政者偷偷阻止了，就任用他为南京右都御史。各部门一向苟且懒惰，海瑞用自己的行动去纠正他们。有个御史偶然摆设了戏乐，海瑞想按太祖的法例用杖责打他。各部门又惊怕又忧愁，大都怕被他责难。提学御史房寰恐怕被揭发想先动手，给事中钟宇淳又怂恿他，房寰一再上疏恶毒诋毁。海瑞也屡次上疏要求退休，皇上抚慰挽留不予批准。万历十五年，死在任上。

海瑞没有儿子，死的时候，佥都御史王用汲去看，葛布的床帷烂的箱笼，有些是连穷书生都受不了的。因此流下泪来，大家凑钱替他入敛。老百姓停止了买卖。灵柩送到江面上，穿白衣白帽送丧的人挤满两岸，近百里路不断有哭着酹酒致祭的。追赠太子太保，谥忠介。

海瑞生平治学，以刚直为主，因此自起名号叫刚锋，天下人叫他作刚锋先生。他曾经说："要想天下治理安定，一定要实行井田制度。不得已才限田，又不得已才均税，还可以保存古人的原意。"因此自做县令一直到巡抚，所到之处大力推行详细丈量土地，颁布一条鞭法。主要是想对百姓有好处，但处理事情没有能做到不偏不倚。

吕　坤

吕坤，字叔简，宁陵人。万历二年进士。为襄垣知县，有异政。调大同，征授户部主事，历郎中。迁山东参政、山西按察使、陕西右布政使。擢右佥都御史，巡抚山西。居三年，召为左佥都御史。历刑部左、右侍郎。

二十五年五月疏陈天下安危。其略曰：

窃见元旦以来，天气昏黄，日光黯淡，占者以为乱征。今天下之势，乱象已形，而乱势未动。天下之人，乱心已萌，而乱人未倡。今日之政，皆播乱机使之动，助乱人使之倡者也。臣敢以救时要务，为陛下陈之。自古幸乱之民有四。一曰无聊之民。饱温无由，身家俱困，因怀逞乱之心，冀缓须臾之死。二曰无行之民。气高性悍，玩法轻生，居常爱玉帛子女而不得，及有变则淫掠是图。三曰邪说之民。白莲结社，遍及四方，教主传头，所在成聚。倘有招呼之首，此其归附之人。四曰不轨之民。乘衅蹈机，妄思雄长。惟冀目前有变，不乐天下太平。陛下约己爱人，损上益下，则四民皆赤子，否则悉为寇仇。

今天下之苍生贫困可知矣。自万历十年以来，无岁不灾，催科如故。臣久为外吏，见陛下赤子冻骨无兼衣，饥肠不再食，垣舍弗蔽，苫藁未完；流移日众，弃地猥多；留者输去者之粮，生者承死者之役。君门万里，孰能仰诉。今国家之财用耗竭可知矣。数年以来寿宫之费几百万，织造之费几百万，宁夏之变几百万，黄河之溃几百万，今大工、采木费，又各几百万矣。土不加广，民不加多，非有雨菽涌金，安能为计。今国家之防御疏略可知矣。三大营之兵以卫京师也，乃马半羸敝，人半老弱。九边之兵以御外寇也，皆勇于挟上，怯于临戎。外卫之兵以备征调资守御也，伍缺于役占，家累于需求，皮骨仅存，折冲奚赖。设有千骑横行，兵不足用，必选民丁。以怨民斗怨民，谁与合战。

人心者，国家之命脉也。今日之人心，惟望陛下收之而已。

关陇气寒土薄,民生实艰。自造花绒,比户困趣逼。提花染色,日夜无休,千手经年,不成一匹。他若山西之紬,苏、松之锦绮,岁额既盈,加造不已。至饶州磁器,西域回青,不急之须,徒累小民敲骨。陛下诚一切停罢,而江南、陕西之人心收矣。

以采木言之。丈八之围,非百年之物。深山穷谷,蛇虎杂居,毒雾常多,人烟绝少,寒暑饥渴瘴疠死者无论矣。乃一木初卧,千夫难移,倘遇阻艰,必成伤殒。蜀民语曰"入山一千,出山五百",哀可知也。至若海木,官价虽一株千两,比来都下,为费何止万金。臣见楚、蜀之人,谈及采木,莫不哽咽。苟损其数,增其直,多其岁月,减其尺寸,而川、贵、湖广之人心收矣。

以采矿言之。南阳诸府,比岁饥荒。生气方苏,菜色未变。自责报殷户,而半已惊逃。自供应矿夫工食、官兵口粮,而多至累死。自都御史李盛春严旨切责,而抚按畏罪不敢言。今矿沙无利,责民纳银,而奸人仲春复为攘夺侵渔之计。朝廷得一金,郡县费千倍。诚敕戒使者,毋散砂责银,有侵夺小民若仲春者,诛无赦,而四方之人心收矣。

官店租银收解,自赵承勋造四千之说,而皇店开。自朝廷有内官之遣,而事权重。夫市井之地,贫民求升合丝毫以活身家者也,陛下享万方之富,何赖于彼?且冯保八店,为屋几何,而岁有四千金之课。课既四千,征收何止数倍。不夺市民,将安取之?今豪家遣仆设肆,居民尚受其殃,况特遣中贵,赐之敕书,以压卵之威,行竭泽之计,民困岂顾问哉?陛下撤还内臣,责有司输课,而畿甸之人心收矣。

天下宗室,皆九庙子孙。王守仁、王锦袭盖世神奸。籍隔数千里,而冒认王弼子孙;事隔三百年,而妄称受寄财产。中间伪造丝纶，假传诏旨，明欺圣主，暗陷亲王，有如楚王衔恨自杀，陛下何辞以谢高皇帝之灵乎？此两贼者，罪应诛殛，乃止令回籍，臣恐万姓惊疑。诚急斩二贼以谢楚王，而天下宗藩之心收矣。

崇信伯费甲金之贪，十厢珠宝之诬，皆通国所知也。始误于科道之风闻，严追犹未为过。今真知其枉，又加禁锢，实害无辜。请还甲金革去之禄，复五城厂卫降斥之官，而勋戚之人心收矣。

法者，所以平天下之情。其轻其重，太祖既定为律，列圣又增为例。如轻重可以就喜怒之情，则例不得为一定之法。臣待罪刑部三年矣，每见诏狱一下，持平者多拂上意，从重者皆当圣心。如往年陈恕、王正甄、常照等狱，臣等欺天罔人，已自废法，陛下犹以为轻，俱加大辟。然则律例又安用乎！诚俯从司寇之平，勉就祖宗之法，而囹圄之人心收矣。

自古圣明之君，岂乐诽谤之语。然而务求言赏谏者，知天下存亡，系言路通塞也。比来驱逐既多，选补皆罢。天阍邃密，法座崇严，若不广达四聪，何由明照万里。今陛下所闻，皆众人之所敢言也，其不敢言者，陛下不得闻矣。一人孤立万乘之上，举朝无犯颜逆耳之人，快在一时，忧贻他日。陛下诚释曹学程之系，还吴文梓等官，凡建言得罪者，悉分别召用，而士大夫之心收矣。

朝鲜密迩东陲，近吾肘腋，平壤西邻鸭绿，晋州直对登、莱。倘倭夷取而有之，籍众为兵，就地资食，进则断我漕运，退则窥我辽东。不及一年，京城坐困，此国家大忧也。乃彼请兵而二三其说，许兵而延缓其期；力穷势屈，不折入为倭不止。陛下诚早决大计，并力东征，而属国之人心收矣。

四方输解之物，营办既苦，转运尤艰。及入内库，率至朽烂，万姓脂膏，化为尘土。倘岁一稽核，苦窳者严监收之刑，朽腐者重典守之罪，一整顿间，而一年可备三年之用，岁省不下百万，而输解之人心收矣。

自抄没法重，株连数多。坐以转寄，则并籍家资。诬以多赃，则互连亲识。宅一封而鸡豚大半饿死，人一出则亲戚不敢藏留。加以官吏法严，兵番搜苦，少年妇女，亦令解衣。臣曾见之，掩目酸鼻。此岂尽正犯之家、重罪之人哉？一字相牵，百口难解。奸人又乘机恐吓，挟取资财，不足不止。半年之内，扰遍京师，陛下知之否乎？愿慎抄没之举，释无辜之系，而都下之人心收矣。

列圣在御之时，岂少宦官宫妾，然死于箠楚者，未之多闻也。陛下数年以来，疑深怒盛。广廷之中，狼籍血肉，宫禁之内，惨戚啼号。厉气冤魂，乃聚福祥之地。今环门守户之众，皆伤心侧目之人。外表忠勤，中藏憸毒。既朝暮不能自保，即九死何爱一身。陛下卧榻之侧，同心者几人，暮夜之际，防患者几人，臣窃忧之。愿少霁威严，慎用鞭扑，而左右之人心收矣。

祖宗以来，有一日三朝者，有一日一朝者。陛下不视朝久，人心懈弛已极，奸邪窥伺已深，守卫官军衹应故事。今乾清修造，逼近御前。军夫往来，谁识面貌。万一不测，何以应之。臣望发宫钥于质明，放军夫于日昃。自非军国急务，慎无昏夜传宣。章奏不答，先朝未有。至于今日，强半留中。设令有国家大事，邀截实封，扬言于外曰"留中矣"，人知之乎？愿自今章疏未及批答者，日于御前发一纸，下会极门，转付诸司照察，庶君臣虽不面谈，而上下犹无欺蔽。

臣观陛下昔时励精为治，今当春秋鼎盛，曾无夙夜忧勤之意，惟孜孜以患贫为事。不知天下之财，止有此数，君欲富则天下贫，天下贫而君岂独富。今民生憔悴极矣，乃采办日增，诛求益广，敛万姓之怨于一言，结九重之仇于四海，臣窃痛之。使六合一家，千年如故，即宫中虚无所有，谁忍使陛下独贫。今禁城之内，不乐有君。天下之民，不乐有生。怨讟愁叹，难堪入听。陛下闻之，必有食不能咽，寝不能安者矣。臣老且衰，恐不得复见太平，吁天叩地，斋宿七日，敬献忧危之诚。惟陛下密行臣言，翻然若出圣心警悟者，则人心自悦，天意自回。苟不然者，陛下他日虽悔，将何及耶？

疏入，不报。坤遂称疾乞休，中旨许之。于是给事中戴士衡劾坤机深志险，谓石星大误东事，孙鑛滥杀不辜，坤顾不言，曲为附会，无大臣节。给事中刘道亨言往年孙丕扬劾张位，位疑疏出坤手，故使士衡劾坤。位奏辨。帝以坤既罢，悉置不问。

初，坤按察山西时，尝撰《闺范图说》，内侍购入禁中。郑贵妃因加十二人，且为制序，属其伯父承恩重刊之。士衡遂劾坤因承恩进书，结纳宫掖，包藏祸心。坤持疏力辨。未几，有妄人为《闺范图说》跋，名曰《忧危竑议》，略言："坤撰《闺范》，独取汉明德后者，后由贵人进中宫，坤以媚郑贵妃也。坤疏陈天下忧危，无事不言，独不及建储，意自可见。"其言绝狂诞，将以害坤。帝归罪于士衡等，其事遂寝。

坤刚介峭直，留意正学。居家之日，与后进讲习。所著述，多出新意。初，在朝与吏部尚书孙丕扬善。后丕扬复为吏部，屡推坤左都御史未得命，言："臣以八十老臣保坤，冀臣得亲见用坤之效。不效，甘坐失举之罪，死且无憾。"已，又荐天下三大贤，沈鲤、郭正域，其一即坤。丕扬前后推荐，疏至二十余上，帝终不纳。福王封国河南，赐庄田四万顷。坤在籍，上言："国初分封亲藩二十有四，赐田无至万顷者。河南已封周、赵、伊、徽、郑、唐、崇、潞八王，若皆取盈四万，占两河郡县且半，幸圣明裁减。"复移书执政言之。会廷臣亦力争，得减半。卒，天启初，赠刑部尚书。

译文：

吕坤，字叔简，宁陵县人。万历二年考中进士。做襄垣县知县，为政卓异。后调任大同，又征授户部主事，历郎中。擢任山东参政、山西按察使、陕西右布政使。提升为右佥都御史、巡抚山西。居官三年，召进京城，任左佥都御史。历刑部左、右侍郎之职。

万历二十五年，上疏陈说天下的安危。大致意思是说：

我仔细观察发现，自从今天元旦以来，天气昏黄，日光黯淡，占卜者认为是大乱的先兆。当今，天下之势，混乱的现象已经形成，但是混乱的势头没有启动。天下之人，乱心已经萌发，但是作乱的人没有带头发动。今日之政务，都将种下混乱的种子，使它随时发动，辅助作乱的人，使他带头造反。我冒昧向皇上陈说挽救时政的要务。自古以来，侥幸作乱的百姓有四种。一是无聊之民，他们衣食无着，自己和家室都生活艰难，因而怀有作乱的想法，希望能缓解一下即刻死亡的下场。二是没有品行的百姓。心高气傲，性情骠悍，蔑视国法，不重生死，平时喜爱宝玉、丝绸、子女却得不到，一旦变乱就贪图抢夺，淫人妻女。三是邪说之民。白莲教结社，遍及四面八方，教主、传头所在的地方，教徒聚集。倘若有召集呼叫的首领，教徒都是归依附从的人。四是不轨之民。乘机作乱，妄想称雄称长，只盼望目前产生变乱，不高兴天下太平。皇上约束自己，爱护百姓，损上益下，那么四方百姓都是赤子，否则都将成为敌寇和仇人。

当今，天下之苍生贫穷艰难可想而知了。自从万历十年以来，没有哪一年不发生灾情，而催征赋税依然像过去那样。我长期在外做官，亲见皇上的赤子寒冻浸骨无衣御寒，饥肠辘辘无粮充饥，墙和房屋无法遮蔽风雨，苫藁无法修整完备；流动迁移越来越多，废弃的荒地也越来越多；留下来的人交纳离开者的赋税，活着的人承担死人的徭役。与宫门相隔万里，谁能够向上诉说。如今国家的财用耗费枯竭可想而知了。数年以来，寿宫的费用几百万，织造的费用几百万，宁夏的变乱几百万，黄河的灾害几百万，如今大兴工程、采集木料的费用，又各几百万了。土地没有增加，百姓没有增多，如果没有天能雨菽，地能涌金，怎么能够够用呢？如今国家的防御疏忽简略可想而知了。三大营的军队是用来保卫京城的，战马有一半老而无用，士兵有一半年老体弱。九边的军队是用来抵御外来之寇的，都勇于挟持上司，临阵打仗却胆怯怕战。外卫的军队用来预备征调、防守抵御的，军伍因为被劳役所占而残缺不全，家庭因为需求所累而不足，仅存皮骨，怎么能够依赖他们冲锋陷阵呢？假设有一千骑兵横行不法，士兵不够用，必定挑选民丁。用怨民斗怨民，谁和我们一起战斗？

人心是国家的命脉。今日的人心，只盼望皇上收取它罢了。关陇一带天气寒冷，土地瘠薄，民生实在艰难。自从织造花绒以来，家家都困于催逼。提花染色，日夜不休，成千上万只手不停劳作，一年还织不成一匹。其他像山西的绸缎，苏州、松江的锦绮，每年的数额已经完成，还要不停地增加织造。至于饶州的瓷器，西域的回青，不是急需之事，白白地连累小民，敲骨吸髓。皇上如确实能一切停止或废除，那么江西、陕西的人心就得以收取了。

从采木来说。丈八的树围，不是百年就能长成的木材。深山穷谷，蛇虎杂居，毒气常多，人烟绝少，因为寒暑、饥渴、瘴疠而死的人暂且不说。至于一根木头刚刚放倒，一千人也难于移动，如果遇到险阻，必然造成损伤或坠落。四川有句民谣，说"入山一千，出山五百"，其中悲苦可想而知。至于像海木，即使官价一株千两，等到运进京都，其中费用何止万金。我亲见湖北、四川的老百姓，一旦谈及采木，没有不哽咽哭泣的。如果减少采木的数量，增加采木的工值，增多运木的时间，减少木料的尺寸，而四川、贵州、湖广的人心就收取了。

从采矿来说。南阳等府，连年饥荒。民生刚刚复苏，饥饿的脸色没有改变。自从责令上报殷实大户，有一半已惊恐逃走。自从供应矿夫工食、官兵口粮，有很多人被拖累致死。自从都御史李盛春严旨切责，而抚按大员害怕治罪不敢直言。如今矿沙无利可图，责令百姓交纳银子，而奸邪之人仲春又提出攘夺侵渔的计谋。朝廷得到一金，郡县耗费千倍。如果确实能敕令警诫使者，不要散弃砂矿责求银子，有像仲春这样侵夺小民的人，诛杀而无赦，那么四方百姓的人心就收取了。

官店租银收取运送，自从赵承勋提出四千两的说法，而皇店开始建立。自从朝廷派遣官内宦官，而其威权日重。市井之地是贫穷百姓求得升合丝毫的薄利来养活全家的地方，皇上享有八方的财富，怎么依赖于这些呢？况且冯保建的八家皇店，造屋几何？而每年有四千两银子的课税。既然课税四千，征收的数额何止几倍。不侵夺市井之民，将从什么地方取得？如今富豪之家派遣奴仆设立店铺。居民尚且受其祸害,何况特意派遣宫中宦官,赐给他皇上的圣旨,用压卵的威力,实行竭泽而渔的办法,百姓的困苦难道顾得上过问吗!皇上撤销召回宫中宦官,责令有关部门缴纳课税,从而京畿一带的人心就收取了。

天下宗室,都是九庙子孙。王守仁、王锦袭是盖世神奸。籍贯相隔数千里,而冒认王弼的子孙;事情相隔三百年,而妄称接受寄放的财产。中间伪造诏书,假传诏旨,明目张胆欺骗圣主,暗中诬陷亲王,有像楚王衔恨自杀,皇上用什么言辞向太祖皇帝之灵道歉呢?这两个奸贼,罪应诛戮,反而只令他们回到原籍,我恐怕百姓震惊疑惑。如果确实能迅速斩除二贼向楚王赔罪,从而就收取了天下宗亲藩王之心。

崇信伯费甲金的贫穷状况,十箱珠宝的诬陷之词,都是举国所知。开始因科道官的风闻而失误,严厉追查还不算太过。如今真正知道他冤枉,反而又加禁锢,实则坑害无辜之人。请求归还费甲金革职夺去的俸禄,恢复五城厂卫降级贬斥的官员,从而收取勋臣国戚的人心。

法律是用来理平天下之情的。其中有轻有重,太祖已判定为律,列位圣主又增加为例。如果量刑轻重可以因喜怒之情而有所不同,那么例也不能作为一定的法则。我在刑部任职三年了,每次见到诏狱一下,坚持公平的人多有违背皇上的意思,从重处罚的人都符合圣上的想法。例如往年陈恕、王正甄、常照等诏狱,我等欺天罔人,已经枉自废弃法律,皇上还认为量刑太轻,都追加大辟之刑。既然这样,那么律例又有什么用途呢?如果确实能屈尊听从刑部官员的公平处理,勉力依照祖宗之法,从而就收取了囹圄中的人心。

自古以来,圣明的君主,难道喜爱诽谤的言语吗?然而,务必求得人言、奖赏进谏的人,了解天下的存亡,涉及言路的畅通和堵塞。官门深邃严密,法律崇高严明。如果不广达四聪,用什么来明照万里。如今皇上所听到的都是众人所敢说的,那些不敢说的话,皇上不能听到啊!一个人孤立万乘之上,举朝没有冒犯龙颜进逆耳之言的人,仅仅一时快乐,而贻给他日忧患。皇上如果确实能释放被捕的曹学程,恢复吴文梓等人的官位,凡是因进谏献言而被治罪的人,都分别情形召见任用,从而就收取了士大夫之心。

朝鲜紧密接壤我国东部,靠近我肘腋之地,平壤西邻鸭绿江,晋州直接对着登州、莱州。倘若倭寇铲平夺取而占领它,征调当地百姓组成军队,就地取食,进则截断我们的漕运,退则窥视我国的辽东。不到一年,京城因此困乏,这是国家的大忧患。至于,朝鲜请求出兵而我们意见不同,议而不决,即使答应出兵,而又拖延出兵的日期;朝鲜如果力穷势屈,最终将落入倭寇之手。皇上如能早下决心,制定大计,合力东征,从而就收取了属国的人心。

四方输纳解运的东西,营办已经艰难,输纳运送更加困苦。等到解入内库,大都腐烂变质,百姓的民脂民膏,顿时化为尘土。倘若每年检查核实一次,劣质的情况严厉治罪检查验收之人,朽腐的情况从重治罪典守的人。一旦整顿,而一年可备三年之用,每年减省不下百万,从而就收取了输纳解运之人心。

自从抄家没官之法律从重以后,株连之数日多。因转移寄放而被治罪,则抄没家庭的财产。被别人诬陷藏有很多脏物,那么互相牵连亲戚朋友。宅院一旦被查封而鸡猪大半饿死,人一旦出来则亲戚不敢隐藏留下。加上官吏法严,兵番搜苦,少年妇女,也让解开衣服。我曾经看到这种情形,遮住眼睛不忍相视,鼻子一酸,内心悲伤。这难道都是正犯的家室、重罪的人吗?一个字相牵连,百口难于辩解。奸邪之人又乘机恐吓恫吓,要挟攫取财物,不得到满足不停止。半年之内,骚扰遍及京师,皇上知道不知道呢?请求慎重抄没的行为,释放被逮捕的无辜之人,从而就收取了京城一带的人心。

列位圣主先王在位之时,难道缺少宦官、宫室、妻妾吗,然而因为遭受重刑而死去的人,没有怎么听说。皇上即位数年以来,疑心深重,怒气太盛。朝廷之中,血肉狼藉,宫禁之内,惨残悲戚,啼哭号泣。厉气冤魂,反聚集在福祥之地。如今宫门守卫的那么多人,都是伤心不满之人。外表忠诚勤恳,内心阴毒残忍。既然朝夕不能自保,即使九死,何必爱此一身,皇上卧榻的旁边,同心的有几个人,夜晚之时,预防祸患的有几个人,我暗自担忧。请求稍微收敛一下威严,慎重使用刑罚,从而就收取了左右的人心。

祖宗以来,有一天三次上朝听政的,有一天一次上朝听政的。皇上不上朝听政已很久了,人心已非常懈怠松弛,奸邪之人已深深窥视内情,守卫的官员只是虚应故事而已。如今修造乾清宫,逼近皇上的跟前。军夫来来往往,谁认识他们的相貌。万一产生不测,用什么来应付它呢?我希望在天大亮之时发给宫廷的管钥,在太阳正午时放出军夫。如果不是军国紧急政务,千万不要在黄昏夜间传旨宣见。奏章上疏得不到答复,先朝没有这种情况。至于今日,大半留中不发。假设有国家大事,邀截实封,对外扬言说:"留中了",人们知道吗?请求从今以后奏章、奏疏来不及批复回答的,每天在御驾之前发一张纸,下会极门,转给各部门依照审察,希望即使君臣不能当面交谈,而上下犹不欺骗蒙蔽。

我观察皇上过去励精图治，如今正当春秋鼎盛之时，不曾有夙夜担忧勤政的意思，只是一心一意担忧贫穷，孜孜以求。不知道天下的财富，只有这个数，君王想富裕，那么天下贫穷；如果天下贫穷，难道君王能独自富裕吗？如今百姓生计已极度艰难了，反而采办逐日增加，诛求更加广泛，积聚百姓的怨恨于一言，结九重的仇气于四海，我暗自痛惜。假使以国为家，千年如故，即使宫中一无所有，谁忍心让皇上独自贫穷。如今皇城之内，不乐意有君主。天下的百姓，不乐意活着。怨气冲天，愁肠叹气，难堪入听。皇上听到这种情况，必定有食不能下咽，寝不能安心休息了。我年老且衰，恐怕不能再次见到太平之世，仰天叩地，斋戒七天，恭敬献上忧虑危亡的诚心。只希望皇上秘密地实行我的建议，幡然好像出自圣心警惕醒悟，那么人心自然喜悦，天意自然回转。如果不这样，皇上他日即使后悔，将怎么能来得及呢？

奏疏送入宫内，没有答复，于是吕坤声称有病请求退休，皇帝答应了他的请求。因此，给事中戴士衡弹劾吕坤用心险恶，说石星大大耽误出兵朝鲜之事，孙鑛滥杀无辜，吕坤顾忌不说，曲意附会，没有大臣的气节。给事中刘道亨说：往年孙丕扬弹劾张位，张位怀疑奏疏出自吕坤之手，所以指使戴士衡弹劾吕坤。张位上奏辩解。皇上因为吕坤已经罢官，都置之不问。

起初，吕坤按察山西之时，曾经撰写《闺范图说》，宫内侍卫购买后，带入宫中，郑贵妃在这本书上又增加了十二个人，并且亲自写序言，嘱咐她的伯父承恩重新刊行。于是，戴士衡弹劾吕坤，借助郑承恩进献《闺范图说》，结纳宫掖，包藏祸心。吕坤呈上奏疏极力争辩。没有多久，有个狂妄之人为《闺范图说》

作跋，名曰《忧危竑议》，大略说："吕坤撰写《闺范》，只收取汉朝明德皇后，明德后由贵人升为皇后，这是吕坤用《闺范》来献媚郑贵妃。吕坤上疏陈说天下的忧患危亡，无事不言，独不涉及设立储君，他的意图显而易见。"他的言论狂妄荒诞，要用来陷害吕坤。皇上归罪于戴士衡等人，这件事才平息下去。

吕坤刚介正直，留心正宗的学说。退职在家的时候，和后辈们讲习学问。所有的著作论述，大多别出新意。起初，在朝廷中和吏部尚书孙丕扬很好。后来，孙丕扬又做吏部长官，多次推荐吕坤任左都御史，没有得到任命，说："我以八十岁的老臣保举吕坤，希望我能亲眼看到重用吕坤的功效。如果没有功效，甘愿以失举之罪被治罪，死而无憾。"不久，又举荐天下三大贤人，有沈鲤、郭正域，其中之一即吕坤。孙丕扬前前后后推荐，奏疏上了二十多次，皇上最终没有采纳。福王的封国在河南，赐给庄田四万顷。吕坤在原籍，上疏说："国初，分封藩王二十四人，赏赐的田地没有到万顷的。河南已经封有周、赵、伊、徽、郑、唐、崇、潞八个王，如果都取满四万顷，将占去两河郡县近一半的土地，希望圣明裁减。"又向执政写信陈说这种情况。碰巧遇到廷臣也竭力争取，得以减为一半。死后，天启初年，被追赠为刑部尚书。

明史卷二百三十一

列传第一百十九

顾宪成

顾宪成,字叔时,无锡人。万历四年举乡试第一。八年成进士,授户部主事。大学士张居正病,朝士群为之祷,宪成不可。同官代之署名,宪成手削去之。居正卒,改吏部主事。请告归三年,补验封主事。

十五年大计京朝官,都御史辛自修掌计事。工部尚书何起鸣在拾遗中,自修坐是失执政意。给事中陈与郊承风旨并论起鸣、自修,实以攻自修而庇起鸣。于是二人并罢,并责御史纠起鸣者四人。宪成不平,上疏语侵执政,被旨切责,谪桂阳州判官。稍迁处州推官。丁母忧,服除,补泉州推官。举公廉第一。

擢吏部考功主事,历员外郎。会有诏三皇子并封王。宪成偕同官上疏曰:

皇上因《祖训》立嫡之条,欲暂令三皇子并封王,以待有嫡立嫡,无嫡立长。臣等伏而思之,"待"之一言,有大不可者。太子,天下本。豫定太子,所以固本。是故有嫡立嫡,无嫡立长，就见在论是也，待将来则非也。我朝建储家法，东宫不待嫡，元子不并封。廷臣言甚详，皇上概弗省，岂皇上创见有加列圣之上乎？有天下者称天子，天子之元子称太子。天子系乎天，君与天一体也；太子系乎父，父子一体也。主鬯承祧，于是乎在，不可得而爵。今欲并封三王，元子之封何所系乎？无所系，则难乎其为名；有所系，则难乎其为实。

皇上以为权宜云耳。夫权宜者，不得已而行之也。元子为太子，诸子为藩王，于理顺，于分称，于情安，有何不得已而然乎？耦尊钧大，逼所由生。皇上以《祖训》为法，子孙以皇上为法。皇上不难创其所无，后世讵难袭其所有。自是而往，幸皆有嫡可也，不然，是无东宫也。又幸而如皇上之英明可也，不然，凡皇子皆东宫也。无乃启万世之大患乎？皇后与皇上共承宗祧，期于宗祧得人而已。皇上之元子诸子，即皇后之元子诸子。恭妃、皇贵妃不得而私之，统于尊也。岂必如辅臣王锡爵之请，须拜皇后为母，而后称子哉？

况始者奉旨，少待二三年而已，俄改二十年，又改于二十一年，然犹可以岁月期也。今日"待嫡"，是未可以岁月期也。命方布而忽更，意屡迁而愈缓。自并封命下，叩阍上封事者不可胜数，至里巷小民亦聚族而窃议，是孰使之然哉，人心之公也。而皇上犹责辅臣以担当。锡爵夙夜趣召，乃排群议而顺上旨，岂所谓担当；必积诚感悟纳皇上于无过之地，乃真担当耳。不然，皇上且不能如天下何，而况锡爵哉！

皇上神明天纵，非溺宠狎昵之比。而不谅者，见影而疑形，闻响而疑声，即臣等亦有不能为皇上解者。皇上盛德大业，比隆三五。而乃来此意外之纷纷，不亦惜乎？伏乞令皇元子早正储位，皇第三子、皇第五子各就王爵。父父子子，君君臣臣，兄兄弟弟。宗庙之福，社稷之庆，悉在是矣。

宪成又遗书锡爵，反覆辨论。其后并封议遂寝。

二十一年京察。吏部尚书孙鑨、考功郎中赵南星尽黜执政私人，宪成实左右之。及南星被斥，宪成疏请同罢，不报。寻迁文选郎中。所推举率与执政牴牾。先是，吏部缺尚书，锡爵欲用罗万化，宪成不可，乃用陈有年。后廷推阁臣，万化复不与。锡爵等皆恚，万化乃获推，会帝报罢而止。及是，锡爵将谢政，廷推代者。宪成举故大学士王家屏，忤帝意，削籍归。事具《有年传》。

宪成既废，名益高，中外推荐无虑百十疏，帝悉不报。至三十六年，始起南京光禄少卿，力辞不就。四十年卒于家。天启初，赠太常卿。魏忠贤乱政，其党石三畏追论之，遂削夺。崇祯初，赠吏部右侍郎，谥端文。

宪成姿性绝人，幼即有志圣学。暨削籍里居，益覃精研究，力辟王守仁"无善无恶心之体"之说。邑故有东林书院，宋杨时讲道处也，宪成与弟允成倡修之，常州知府欧阳东凤与无锡知县林宰为之营构。落成，偕同志高攀龙、钱一本、薛敷教、史孟麟、于孔兼辈讲学其中，学者称泾阳先生。当是时，士大夫抱道忤时者，率退处林野，闻风响附，学舍至不能容。宪成尝曰："官辇毂，志不在君父，官封疆，志不在民生，居水边林下，志不在世道，君子无取焉。"故其讲习之余，往往讽议朝政，裁量人物。朝士慕其风者，多遥相应和。由是东林名大著，而忌者亦多。

既而淮抚李三才被论，宪成贻书叶向高、孙丕扬为延誉。

御史吴亮刻之邸抄中，攻三才者大哗。而其时于玉立、黄正宾辈附丽其间，颇有轻浮好事名。徐兆魁之徒遂以东林为口实。兆魁腾疏攻宪成，恣意诬诋。谓浒墅有小河，东林专其税为书院费；关使至，东林辄以书招之，即不赴，亦必致厚馈；讲学所至，仆从如云，县令馆谷供亿，非二百金不办；会时必谈时政，郡邑行事偶相左，必令改图；及受黄正宾贿。其言绝无左验。光禄丞吴炯上言为一一致辨，因言："宪成贻书救三才，诚为出位，臣尝咎之，宪成亦自悔。今宪成被诬，天下将以讲学为戒，绝口不谈孔、孟之道，国家正气从此而捐，非细事也。"疏入，不报。嗣后攻击者不绝，比宪成殁，攻者犹未止。凡救三才者，争辛亥京察者，卫国本者，发韩敬科场弊者，请行勘熊廷弼者，抗论张差梃击者，最后争移宫、红丸者，忤魏忠贤者，率指目为东林，抨击无虚日。借魏忠贤毒焰，一网尽去之。杀戮禁锢，善类为一空。崇祯立，始渐收用。而朋党势已成，小人卒大炽，祸中于国，迄明亡而后已。

译文：

顾宪成，字叔时，无锡人。万历四年乡试中举，名列第一。万历八年中进士，被授予户部主事。内阁大学士张居正患病时，朝臣们都为他祈祷，只有顾宪成坚持认为不可。他的同僚代他署名，顾宪成又亲手把自己的名字划掉。张居正去世后，他改任吏部主事，请了三年的假告归故里，期满后又被补为验封主事。

万历十五年，对京官朝官进行全面考核，都御史辛自修负责这次官吏考核之事。工部尚书何起鸣被排在拾遗（居官有遗行，给事中、御史纠劾，谓之拾遗）之列，辛自修因此失去了执政者的信任。给事中陈与郊秉承执政者的意旨，主张把何起鸣和辛自修一同论罪,实际上是攻击辛自修而庇护何起鸣。于是二人都被罢免,并严旨斥责纠劾何起鸣的四个御史。顾宪成为此感到愤愤不平,就上了一份奏疏,语句中有触犯执政者之处,结果皇帝降旨对他严厉斥责,贬到桂阳州作判官。不久,又调到处州作推官。其母去世,他丁忧家居为母守孝,期满后补为泉州推官,被推举为公廉第一。

后来,他又被擢升为吏部考功主事,历任员外郎。恰逢皇帝下诏把三个皇子同封为王,顾宪成和他的同僚给皇帝上疏进谏说:

皇上根据《祖训》上关于立嫡子为嗣的条款,要暂时把三个皇子并封为王,以待将来有嫡子就立嫡子,没有嫡子就立长子为太子。我们几个认真地想了想,这个"待"字有很多欠妥的地方。太子是天下的根本,预先确立太子,正是为了固定根本。因此《祖训》上说的有嫡子就立嫡子,没有嫡子就立长子,就是以目前的情况而论,如果等待将来就不对了。根据我朝确立储君的家法,东宫太子是不待嫡子的,皇长子是不和其他皇子一并封王的。朝廷众臣的议论已经很详尽了,而皇上却一概不听,难道皇上的识见要高出列位圣主先王之上吗?据有天下的人称为天子,天子的长子称为太子。天子受命于天,君主和天是一体的;太子受命于其父,父子是一体的。君主能够顺利地继承宗祧,道理就在这里,不能够分封其他爵位。如今想要三个皇子并封为王,那么皇太子受封的依据是什么?没有什么依据,就难以名正言顺;如果有所依据,是不是真实可靠还很难说。

皇上认为这样做是权宜之计,权宜之计是不得已而为之的,而皇长子为太子,诸子为藩王,在道理上顺通,在名分上相称,在感情上也能心安,有什么不得已之处,而为此权宜之计呢?如果几位皇子的爵位和权力一样尊贵、重大,那么威胁也就由此而产生了。皇上以《祖训》作为法,而子孙们则以皇上的言行为法。皇上不难创造过去没有的法,那么后代也就难以继承前代所有的祖宗家法。如果这样下去,就会乱了章法,若幸而都有嫡子,还可以立为太子,不然的话,就是没有太子了。又幸而如当今皇上这样英明,不然的话,凡是皇子都要成为太子了。那样不就是引发世代的大患吗?皇后与皇上共同承继宗祧,自然也期望自己的宗祧后继有人。皇上的长子和诸子,也就是皇后的长子、诸子。恭妃、皇贵妃不能把他们看成是自己私有的,而都必须以皇帝、皇后为至尊。为什么一定要像辅臣王锡爵所奏请的那样,皇子们必须拜皇后为母,而后才能称皇子呢?

况且当初奉皇上圣旨,说立太子少则只须等两三年罢了。忽而又改为二十年,又改为二十一年,然而还可以用年月来计算。现在说要"待嫡",这是无法用岁月来计算的。诏令刚刚发布而又突然改变,意旨屡屡变化,而且越来越慢。自从三王并封的诏令下达以后,叩官门上书进谏者不可胜数,甚至连里巷间的平民百姓也聚集在一起窃窃私议,是什么东西导致如此呢?是人心的公正。而皇上还在责备辅臣,要他们去担当责任。王锡爵日夜不停地接受皇上召见,是为了力排众议而一味顺从皇上的旨意,这难道是担当责任吗?只有那些集中自己的全部诚意去感化醒悟皇上,从而使皇上处于没有过错的境地的,才是真正担当责任的人。不然的话,连皇上都不能把天下人怎么样,更何况王锡爵呢?

皇上天生神圣英明,固然不是那些一味沉迷不悟、宠幸和亲近小人的人所能比,然而那些不能看到如此真相的人,看见影子就会怀疑真形,听到动静就会怀疑真声,即便是我们几个人也有不能为皇上解释的地方。皇上的盛德大业，如日中天，可以与三皇五帝相比美。然而却产生意料之外的纷纷嚷嚷，不让人感到可惜吗？我们几个人恳请皇上让皇长子早正皇储之位，而使皇三子、五子各就王位。父父子子，君君臣臣，兄兄弟弟，关系就明确了。这既是大明宗庙的洪福，也是我们国家值得庆贺的盛事。

顾宪成又写信给王锡爵，反复辩论这个问题。此后，有关三王并封的议论就平息了。

万历二十一年，进行京官的考核，吏部尚书孙鑨、考功郎中赵南星把当朝执政者任用的私人亲信都罢黜了。顾宪成实际上主持了这件事。等到赵南星被斥退，顾宪成也上疏请求一同罢免，没被准许。不久又升为文选郎中，他所推举的人总是和执政者的意思相抵触。起初，吏部缺少尚书，王锡爵想任用罗万化，顾宪成认为不可以，后来就用了陈有年。后来朝廷推举阁臣，罗万化又没有被推举。王锡爵等人非常恼恨，罗万化才终于获得推荐，恰适皇帝又否决了这件事。这时，王锡爵即将退休，朝廷推举代替他为首辅的人，顾宪成推举原内阁大学士王家屏，违背了皇帝的意旨，被削去官籍，罢归故里。详情见《陈有年传》。

顾宪成被罢官以后，声名越来越高，朝廷内外向皇帝推举的奏疏就有一百多件，皇帝一概不准。到万历三十六年，才又任用为南京光禄少卿，顾宪成极力推辞，坚不就职。万历四十年，死于家中。天启初年，追赠为太常卿。魏忠贤乱政时，其党徒石三畏追论其事，所赠官职又被削夺。崇祯初年，又追赠为吏部右侍郎，谥号端文。

顾宪成天性不凡，聪慧绝伦，从小就有志于复兴圣人之学。被削去官籍回到故里后，就更加集中精力研讨学问，极力驳斥王守仁"无善无恶心之体"的学说。他的家乡无锡旧有东林书院，是宋朝学者杨时讲学论道的地方。顾宪成和他的弟弟顾允成倡议重修，由常州知府欧阳东凤和无锡知县林宰出面筹划建造。书院落成之后，他又和志同道合的朋友高攀龙、钱一本、薛敷教、史孟麟、于孔兼等人在其中讲学，学者们尊称他为泾阳先生。当时，士大夫中凡是抱有远大志向而又不合时宜、无法施展才华的，大都退处于山野林下，听到顾宪成倡办书院讲学的消息，纷纷前来归附响应，以致学舍无法容纳得下。顾宪成曾说："做官的做到朝中高官近臣，若志向不在君父；做到封疆大吏，若志向不在百姓生活；士大夫居于水边林下，若志向不在世道；在君子看来，都是不可取的。"因此他在讲学之余，往往议论朝政，评价人物。朝中官员倾慕其风采的，也都和他遥相呼应。从此，东林党人名声大震，而忌恨他们的人也多起来。

后来，凤阳巡抚李三才被弹劾论罪，顾宪成写信给叶向高、孙丕扬为李三才说情。御史吴亮把这封信刻印在邸报上，于是攻击李三才的人大哗。而当时于玉立、黄正宾等也夹杂其中相附和，颇有轻浮好事的名声。于是，徐兆魁等人就以东林党结党营私为口实进行攻击，上疏对顾宪成肆意进行诬蔑诋毁。说什么浒墅关有条小河，东林党人把持占有小河并强行征取税金，作为书院费用；浒墅关的官吏到无锡，东林党人总是以书信相招，即使不赴，也一定用厚礼相赠；顾宪成等讲学所到之处，所带仆从众多，县令用学馆中的粮食供应招待，没有二百两银子办不下来；东林书院集会讲学时总要谈论政治时事，郡县的长官行事偶尔有和他们不合的地方，东林党人一定会迫使他们改变；还有接受黄正宾的贿赂，等等。这些话绝没有丝毫根据，光禄寺丞吴炯上书替他们一一辩解。他说："顾宪成写信给叶向高营救李三才，确实是超越了本分，我曾经责备过他，他也感到后悔。如今顾宪成受到诬陷，天下人将会以讲学为戒，绝口不谈孔孟之道，国家的正气将由此而受到损耗，这不是小事啊！"奏疏呈上之后，没有结果。此后攻击东林党人仍然不断，直到顾宪成去世时，攻击他的人还没有停止。凡是营救李三才的人、争议辛亥年考核之事的人、坚持确立太子的人、揭发韩敬科场舞弊案的人、请求勘验复查熊廷弼罪责的人、抗旨论处张差梃击案的人，一直到最后争议移官、红丸二案的人、违背魏忠贤意志的人，都被指为东林党，没有一天不受到抨击的。借助魏忠贤的毒焰陷害异己，力求一网打尽。或被杀戮，或被禁锢，善良正直的官吏被处置一空。崇祯即位后，东林党人才渐渐地得到任用。然而，此时朋党的局面已经形成，奸佞小人终于大得其势，祸害国家，一直到明朝灭亡才停止。

明史卷二百四十三

列传第一百三十一

高攀龙

高攀龙，字存之，无锡人。少读书，辄有志程、朱之学。举万历十七年进士，授行人。四川佥事张世则进所著《大学初义》，诋程、朱章句，请颁天下。攀龙抗疏力驳其谬，其书遂不行。

侍郎赵用贤、都御史李世达被讦去位，朝论多咎大学士王锡爵。攀龙上疏曰：

近见朝宁之上，善类摈斥一空。大臣则孙鑨、李世达、赵用贤去矣，小臣则赵南星、陈泰来、顾允成、薛敷教、张纳陛、于孔兼、贾岩斥矣。迩者李祯、曾乾亨复不安其位而乞去矣，选郎孟化鲤又以推用言官张栋，空署而逐矣。

夫天地生才甚难，国家需才甚亟，废斥如此，后将焉继。致使正人扼腕，曲士弹冠，世道人心何可胜慨！且今陛下朝讲久辍，廷臣不获望见颜色。天言传布，虽曰圣裁，隐伏之中，莫测所以。故中外群言，不曰"辅臣欲除不附己"，则曰"近侍不利用正人"。陛下深居九重,亦曾有以诸臣贤否陈于左右;而陛下于诸臣,亦尝一思其得罪之故乎?果以为皆由圣怒,则诸臣自孟化鲤而外,未闻忤旨,何以皆罢斥?即使批鳞逆耳,如董基等,陛下已尝收录,何独于诸臣不然?臣恐陛下有祛邪之果断,而左右反借以行媢嫉之私;陛下有容言之盛心,而臣工反遗以拒谏静之诮。传之四海,垂诸史册,为圣德累不小。

辅臣王锡爵等,迹其自待,若愈于张居正、申时行;察其用心,何以异于五十步笑百步。即如诸臣罢斥,果以为当然,则是非邪正,恒人能辨,何忍坐视至尊之过举,得毋内泄其私愤,而利于斥逐之尽乎?

末力诋郑材、杨应宿谗谄宜黜。应宿亦疏讦攀龙,语极妄诞。疏并下部院,议请薄罚两臣,稍示惩创。帝不许,镌应宿二秩,谪攀龙揭阳添注典史。御史吴弘济等论救,并获谴。攀龙之官七月,以事归。寻遭视丧,遂不出,家居垂三十年。言者屡荐,帝悉不省。

熹宗立,起光禄丞。天启元年进少卿。明年四月疏劾戚畹郑养性,言:"张差梃击实养性父国泰主谋。今人言籍籍,咸疑养性交关奸宄,别怀异谋,积疑不解,当思善全之术。至刘保谋逆,中官卢受主之,刘于简狱词具在。受本郑氏私人,而李如桢一家交关郑氏,计陷名将,失地丧师。于简原供,明言李永芳约如桢内应。若崔文升素为郑氏腹心,知先帝症虚,故用泄药,罪在不赦。陛下仅行斥逐,而文升犹潜住都城。宜勒养性还故里,急正如桢、文升典刑,用章国法。"疏入,责攀龙多言,然卒遣养性还籍。

孙慎行以"红丸"事攻旧辅方从哲,下廷议。攀龙引《春秋》首恶之诛,归狱从哲。给事中王志道为从哲解,攀龙遗书切责之。寻改太常少卿,疏陈务学之要,因言:"从哲之罪非止红丸,其最大者在交结郑国泰。国泰父子所以谋危先帝者不一,始以张差之梃,继以美姝之进,终以文升之药,而从哲实左右之。力扶其为郑氏者,力锄其不为郑氏者;一时人心若狂,但知郑氏,不知东宫。此贼臣也,讨贼,则为陛下之孝。而说者乃曰'为先帝隐讳则为孝',此大乱之道也。陛下念圣母则宣选侍之罪,念皇考则隆选侍之恩,仁之至义之尽也。而说者乃曰'为圣母隐讳则为孝'。明如圣谕,目为假托;忠如杨涟,谤为居功。人臣避居功,甘居罪,君父有急,袖手旁观,此大乱之道也。惑于其说,孝也不知其为孝,不孝也以为大孝;忠也不知其为忠,不忠也以为大忠。忠孝皆可变乱,何事不可妄为。故从哲、养性不容不讨,奈何犹令居辇毂下!"时从哲辈奥援甚固,摘疏中"不孝"语激帝怒,将加严谴。叶向高力救,用夺禄一年。旋改大理少卿。邹元标建书院,攀龙与焉。元标被攻,攀龙请与同罢,诏留之。进太仆卿,擢刑部右侍郎。

四年八月拜左都御史。杨涟等群击魏忠贤,势已不两立。乃向高去国,魏广微日导忠贤为恶,而攀龙为赵南星门生,并居要地。御史崔呈秀按淮、扬还,攀龙发其秽状,南星议戍之。呈秀窘,急走忠贤所,乞为义儿,遂摭谢应祥事,谓攀龙党南星。严旨诘责,攀龙遽引罪去。顷之,南京御史游凤翔出为知府,讦攀龙挟私排挤。诏复凤翔故官,削攀龙籍。呈秀憾不已,必欲杀之,窜名李实劾周起元疏中,遣缇骑往逮。攀龙晨谒宋儒杨龟山祠,以文告之。归与二门生一弟饮后园池上,闻周顺昌已就逮,笑曰:"吾视死如归,今果然矣。"入与夫人语,如平时。出,书二纸告二孙曰:"明日以付官校。"因遣之出,扃户。移时诸子排户入，一灯荧然，则已衣冠自沈于池矣。发所封纸，乃遗表也，云："臣虽削夺，旧为大臣，大臣受辱则辱国。谨北向叩头，从屈平之遗则。"复别门人华允诚书云："一生学问，至此亦少得力。"时年六十五。远近闻其死，莫不伤之。

呈秀憾犹未释，矫诏下其子世儒吏。刑部坐世儒不能防闲其父，谪为徒。崇祯初，赠太子少保，兵部尚书，谥忠宪，授世儒官。

初，海内学者率宗王守仁，攀龙心非之。与顾宪成同讲学东林书院，以静为主。操履笃实，粹然一出于正，为一时儒者之宗。海内士大夫，识与不识，称高、顾无异词。攀龙削官之秋，诏毁东林书院。庄烈帝嗣位，学者更修复之。

译文：

高攀龙，字存之，无锡人。少年时候读书，便有志于程颐、朱熹的学说。万历十七年中了进士，授职行人。四川佥事张世则进呈他所著的《大学初义》一书，诋毁程颐、朱熹的著作，并请求颁示天下。高攀龙极力上疏激烈地反驳他的错误，张世则这本书便没有颁行。

侍郎赵用贤、都御史李世达被别人揭发他的阴私，丢了官，朝中的议论多数归咎于学士王锡爵。高攀龙上疏说：

近来朝廷之上，正人君子被排挤一空。大臣则孙鑨、李世达、赵用贤走了，小臣则赵南星、陈泰来、顾允成、薛敷教、张纳陛、于孔兼、贾岩被斥退了。近来李祯、曾乾亨又无法安于其位而乞求走了，选郎孟化鲤又借口推荐任用言官张栋，随着这股潮流去了。天地之间出现一个人才是很难的，国家需用人才是很急迫的,这样的废置排斥,以后人才怎能接得上。这些情况已经使得正直的人扼腕叹息,奸邪的人弹冠相庆,世道人心如此使人不胜感慨!

而且现在陛下的朝讲已经停止了很久,朝臣不能见到皇帝的面。皇帝的话传了出来,虽然说是圣上亲自裁定,但这里面隐藏了些什么,难以测度。所以朝廷内外的舆论,不是说"辅臣想除掉那些不归附自己的人",便是说"近侍不利用正直的人"。陛下深居九重之内,亦曾经把各臣贤能与否的情况写了陈列在左右;而陛下对于各臣,亦曾经想过他为什么会得罪的原因吗?如果以为都是由于圣上发怒,则各臣除孟化鲤以外,未曾听说有触犯圣旨,为什么都罢免斥退?即使违抗了皇帝讲了不中听的话,例如董基等,陛下亦已经录用,为什么对于这些人却不是这样呢?我恐怕陛下有驱逐奸邪的果断,而左右的人反而利用来实现自己嫉妒的私心;陛下有接纳进言的博大胸怀,而臣下反而留给你拒绝谏诤的讥嘲。传到各地,写在史册,使圣德受累不浅。

辅臣王锡爵等,看他律己的情况,好像胜过张居正、申时行;察看他的用心,和五十步笑百步有什么不同。即如各臣被罢退斥逐,如果以为当然是这样,则是非邪正,一般的人都能辨别,怎么忍心坐看皇帝的错误做法,难道不是为了泄私愤,而得益于把那些人全都罢免斥退光吗?

最后又极力诋毁郑材、杨应宿说人坏话、巴结奉承应该罢免。杨应宿亦上疏揭发高攀龙的阴私,所讲的话极其荒诞无稽。两份奏疏一起发下部院,议论结果是请求对两人都稍加责罚,以表示惩治过去警诫未来。皇帝不准,降了杨应宿二级,把高攀龙贬职流放到揭阳为添注典史。御史吴弘济等议论挽救,都受到谴责。高攀龙到官七个月，因事归去。接着父母去世，于是不出仕，在家住了将近三十年。言事的人屡次推荐，皇帝都不醒悟。

熹宗即位，起用高攀龙为光禄寺丞。天启元年升为少卿。第二年四月上疏弹劾外戚郑养性，说："张差梃击谋害太子实在是郑养性的父亲郑国泰所主使。现在人们议论纷纷，都怀疑郑养性勾通宫内外犯法作乱的人，另有异谋，堆积着怀疑得不到解决，应当考虑一个妥善的处理办法。至于刘保谋反，是中官卢受主使的，刘于简的供词都在。卢受本来是郑氏的人，而李如桢一家勾结郑氏，设计陷害名将，以致失地丧师。刘于简原来的供词，说明李永芳约了李如桢做内应。像崔文升素来是郑氏心腹，知道先帝患的是虚症，故意给他服用泄药，这罪不能赦免。陛下仅仅将他斥责赶走，而崔文升还秘密住在京城。应该勒令郑养性回家乡，赶快对李如桢、崔文升改用通常在这情形下该用的刑罚，以昭彰国家大法。"奏疏送入，皇帝责怪高攀龙多事，但终于遣送了郑养性回老家。

孙慎行因为"红丸"这件事攻击前朝首辅方从哲，发下廷议。高攀龙引用《春秋》首恶之诛为例，把红丸一案的主要责任归到方从哲身上。给事中王志道为方人哲辩解，高攀龙写了封信切实责备他。不久改为太常寺少卿，上疏陈述努力学习的重要，接着说："方从哲的罪并非仅仅红丸一件事，他最大的罪在于勾结郑国泰。郑国泰父子有计划地谋害先帝的事不止一件，开始是张差的梃击，接着是郑贵妃进送美女，最后是崔文升的药，而方从哲实在是袒护他。尽力扶持帮助为郑氏的人，尽力锄去不为郑氏的人；一时人心都好像发了狂一样，只知道郑氏，不知道东宫。这是盗贼一样的臣，讨伐盗贼，就是陛下的孝。而论说的人却说'为先帝隐讳才是孝'，这是搞乱天下的歪理。陛下顾念圣母,则应宣布李选侍的罪,顾念皇考,则应加厚对李选侍的恩,这样就仁至义尽了。而论说的人却说'为圣母隐讳才是孝'。明明是圣谕,看作是假托;像杨涟那样忠心,却诽谤为居功自傲。大臣怕被说成居功,宁愿以戴罪之身躲在一边,当君父有急难的时候,袖手旁观,这也是导致天下大乱的歪理。被这样的说法所迷惑,真正的孝不知道是孝,把不孝也当作大孝;真正的忠不知道是忠,把不忠也当作大忠。忠和孝都可以颠倒,什么事情不可以胡为。所以方从哲、郑养性不能够不讨伐,为什么还让他们住在天子脚下!"当时在朝中暗中支持方从哲的势力很大,他们摘取了高攀龙奏疏中"不孝"的话激怒皇帝,将要对他严加谴责。叶向高大力拯救,这才停发俸禄一年。不久改为大理寺少卿。邹元标建立书院,高攀龙也参加了。邹元标受到攻击,高攀龙请求和他一同罢免,皇帝下诏挽留他。升为太仆卿,提升刑部右侍郎。

　　天启四年八月拜左御史。杨涟等一群人攻击魏忠贤,双方已经发展到势不两立。及至叶向高离职,魏广微天天引导魏忠贤作恶,而高攀龙是赵南星的门生,一同在重要部门。御史崔呈秀巡按淮、扬回来,高攀龙揭发了他贪污受贿的邪恶行为,赵南星建议把他充军。崔呈秀处境困迫,急忙跑到魏忠贤那里,乞求当他的干儿子,于是捡了谢应祥的事,说高攀龙党附赵南星,皇帝下了道严厉的圣旨责问追究,高攀龙自己承当了罪责走了。不久,南京御史游凤翔调出当知府,揭发高攀龙挟持私人的势力排挤他。下诏恢复了游凤翔过去的官职,革高攀龙职。崔呈秀的恨还不解,一定要杀他,把他的名字偷偷塞在李实弹劾周起元的奏疏中,派遣缇骑前往逮捕他。高攀龙早上拜谒宋代儒家学者杨龟山的祠,有人把这公文告诉了他。高攀龙回去和两个门生一个弟弟在后园的池上喝酒,听说周顺昌已经被逮捕,笑说:"我视死如归,现在果然如此。"入内和夫人谈话,和平常一样。出来,写了两张纸告诉两个孙儿说:"明天交给官府的校尉。"于是让他们出去,关好门。过了一会各儿子推门入内,一盏灯火光微弱,高攀龙已经整整齐齐的穿戴好衣帽自己溺死在池中了。拆开他所封住的纸,是一个遗表,说:"我虽然被革职,从前曾经是大臣,大臣受侮辱就是侮辱国家。谨向北面叩首,跟从屈原遗留下来的法则。"再有告别门人华允诚的信说:"到了这个地步,我能如此从容不迫,多少还是得力于我一生治学的结果。"当时他六十五岁。远近的人听到他的死讯,没有不为他哀伤的。

崔呈秀还不解恨,假传圣旨把他的儿子世儒交给司法部门审理。刑部判世儒不能防范他的父亲,流放服劳役。崇祯初年,赠高攀龙太子少保、兵部尚书,谥号忠宪,授予世儒官职。

起初,海内学者全都遵奉王守仁,高攀龙心里很不以为然。他和顾宪成一同在东林书院讲学,以和平安静为主。品行纯良忠厚,完全是一个正直的人,被当时学者所尊奉。海内士大夫,认识的和不认识的,对称颂高攀龙、顾宪成都没有不同的意见。高攀龙被革职的时候,下诏拆毁了东林书院。庄烈帝即位,学者重新修复了它。

明史卷二百五十一

列传第一百三十九

徐光启

徐光启，字子先，上海人。万历二十五年举乡试第一，又七年成进士。由庶吉士历赞善。从西洋人利玛窦学天文、历算、火器，尽其术。遂遍习兵机、屯田、盐策、水利诸书。

杨镐四路丧师，京师大震。累疏请练兵自效。神宗壮之，超擢少詹事兼河南道御史。练兵通州，列上十议。时辽事方急，不能如所请。光启疏争，乃稍给以民兵戎械。

未几，熹宗即位。光启志不得展，请裁去，不听。既而以疾归。辽阳破，召起之。还朝，力请多铸西洋大炮，以资城守。帝善其言。方议用，而光启与兵部尚书崔景荣议不合，御史丘兆麟劾之，复移疾归。天启三年起故官，旋擢礼部右侍郎。五年，魏忠贤党智铤劾之，落职闲住。

崇祯元年召还，复申练兵之说。未几，以左侍郎理部事。帝忧国用不足，敕廷臣献屯盐善策。光启言屯政在乎垦荒，盐政在严禁私贩。帝褒纳之，擢本部尚书。时帝以日食失验，欲罪台官。光启言："台官测候本郭守敬法。元时尝当食不食，守敬且尔,无怪台官之失占。臣闻历久必差,宜及时修正。"帝从其言,诏西洋人龙华民、邓玉函、罗雅谷等推算历法,光启为监督。

四年春正月,光启进《日躔历指》一卷、《测天约说》二卷、《大测》二卷、《日躔表》二卷、《割圆八线表》六卷、《黄道升度》七卷、《黄赤距度表》一卷、《通率表》一卷。是冬十月辛丑朔,日食,复上测候四说。其辩时差里差之法,最为详密。

五年五月以本官兼东阁大学士,入参机务,与郑以伟并命。寻加太子太保,进文渊阁。光启雅负轻济才,有志用世。及柄用,年已老,值周延儒、温体仁专政,不能有所建白。明年十月卒。赠少保。

译文:

徐光启,字子先,上海人。万历二十五年参加乡试,得第一名,七年后又考中进士。由庶吉士转任赞善。他跟意大利人利玛窦学习天文、历法、数学、研制火药武器,都很精通。于是广泛阅读有关兵机、屯田、盐策、水利的各种书籍。

杨镐四路出兵都失利,这消息震动了整个北京城。徐光启多次上疏,请求自己练兵报效。明神宗大为赞赏,把他越级提升为少詹事兼河南道御史。徐光启在通州操练军队,并提出了十点意见。当时辽东形势危急,政府不能满足他的请求。徐光启上疏力争,才给了他一些民兵和军械。

不久,熹宗即位。徐光启不能施展自己的抱负,请求把他撤职,熹宗置之不理。不久,因病回家。辽阳失陷,下令起用他。回朝后,极力请求多铸造西洋大炮,以增强城防力量。熹宗认为他的意见很好,正准备采用,而徐光启与兵部尚书崔景荣的意见不一致，御史丘兆麟弹劾了徐光启，于是再次称病回家。天启三年起用，官复原职，接着提升为礼部右侍郎。天启五年，魏忠贤的党羽智铤弹劾了他，致丢了官闲住。

崇祯元年召回，他再申述练兵的意见。不久，以左侍郎的身份负责部里的工作。崇祯帝担心国家经费不足，令朝臣献有关屯垦和盐政的好办法。徐光启说屯政关键在于垦荒，盐政关键在于严禁私贩。皇帝给予褒奖，并采纳了他的意见，把他提升为本部尚书。当时皇帝因为日食测算得不准，准备惩罚天文台的官员。徐光启说："天文台的官员测验气候是根据郭守敬的历法。元朝的时候，曾经有说该有日食，但届时并没有蚀。郭守敬尚且这样，难怪天文台官测算有错。我听说历法使用时间长，一定会有差错，应该及时修正。"皇帝听从了他的意见，命令耶稣会士龙华民、邓玉函、罗雅谷等推算历法，由徐光启负责监督。

崇祯四年春正月，徐光启进呈《日躔历指》一卷、《测天约说》二卷、《大测》二卷、《日躔表》二卷、《割圆八线表》六卷、《黄道升度》七卷、《黄赤距度表》一卷、《通率表》一卷。这年冬十月辛丑朔，日食，复上测候四说。其分辨时差里差的方法，最为详细周密。

崇祯五年五月，以尚书身份兼任东阁大学士，入阁参与讨论最机密的军国大事，和郑以伟一同被任命。不久加封太子太保，进文渊阁。徐光启一向有经世的才干，亦有大干一番事业的抱负。但当他受到重用时，年纪已老，又正当周延儒、温体仁当政的时候，不可能有什么建树。次年十月去世，追赠为少保。

郑以伟

郑以伟，字子器，上饶人。万历二十九年进士。改庶吉士，授检讨，累迁少詹事。泰昌元年官礼部右侍郎。天启元年，光宗祔庙，当祧宪宗，太常少卿洪文衡以睿宗不当入庙，请祧奉玉芝宫，以伟不可而止，论者卒是文衡。寻以左侍郎协理詹事府。四年，以伟直讲筵，与珰忤，上疏告归。崇祯二年召拜礼部尚书。久之，与光启并相。再辞，不允。以伟修洁自好，书过目不忘。文章奥博，而票拟非其所长。尝曰："吾富于万卷，窘于数行，乃为后进所藐。"章疏中有"何况"二字，惧以为人名也，拟旨提问，帝驳改始悟。自是词臣为帝轻，遂有馆员须历推知之谕，而阁臣不专用翰林矣。以伟累乞休，不允。明年六月，卒官。赠太子太保。御史言光启、以伟相继没，盖棺之日，囊无余赀，请优恤以愧贪墨者。帝纳之，乃谥光启文定，以伟文恪。

其后二年，同安林釬为大学士，未半岁而卒。亦有言其清者，得谥文穆。釬，字实甫，万历四十四年殿试第三人，授编修。天启时，任国子司业。监生陆万龄请建魏忠贤祠于太学旁，具簿酾金，强釬为倡。釬援笔涂抹，即夕挂冠櫺星门径归。忠贤矫旨削其籍。崇祯改元，起少詹事。九年由礼部侍郎入阁，有谨愿诚恪之称。

久之，帝念光启博学强识，索其家遗书。子骥入谢，进《农政全书》六十卷。诏令有司刊布，加赠太保，录其孙为中书舍人。

译文：

郑以伟，字子器、上饶人。中万历二十九年进士。改为庶吉士，授职检讨，累迁至少詹事。泰昌元年任礼部右侍郎。天启元年，光宗附祭于太庙，应当迁宪宗的神位，太常寺太卿洪文衡认为睿宗不应当供入太庙，请求把他的神位移到玉芝宫供奉，郑以伟认为不可以而止住了，议论的人都说洪文衡对。不久以左侍郎协助管理詹事府事。天启四年，郑以伟当值经筵讲解，和太监有矛盾，上疏告假回乡。崇祯二年召回拜礼部尚书。过了一段时间后，和徐光启一同入阁。再次推辞，不准。郑以伟喜欢修饰得整整齐齐，读书过目不忘。文章精深广博，而票拟不是他的特长。曾说道："我能写万卷书，但对票拟的几行字感到为难，于是被后进所藐视。"他看的奏章中有"何况"两个字，误以为人名，拟旨提问，皇帝给他改正了才醒悟过来。从此文学侍从之臣便被皇帝轻视，这才有在翰林院詹事府任职的人都要先经历推知的圣谕，而阁臣从此不是专用翰林了。郑以伟几次上疏请求退休，不准。明年六月，死于任上。追赠太子太保。御史说徐光启、郑以伟相继去世，埋葬的时候，口袋里没有多余的钱。请从优给予抚恤，使那些贪污的官吏惭愧。皇帝采纳了这意见，于是给徐光启谥号文定，郑以传谥号文恪。

过了两年，同安人林釬任大学士，不到半年便去世。亦有说他清廉的，得到谥号文穆。林釬，字实甫，万历四十四年殿试第三名，授职编修。天启时，任国子司业。临生陆万龄请求在太学旁边建魏忠贤生祠，准备好一个捐款的本子，强迫林釬带头。林釬拿起笔把本子涂抹了，当晚便把帽子挂在櫺星门辞官归去。魏忠贤假传圣旨把他的官职开除了。崇祯帝即位，起用他为少詹事。崇祯九年由礼部侍郎入内阁，有谨慎老实的名声。

过了一段时间，皇帝想念起徐光启博学强识，向他的家人索取遗书。徐光启的儿子骥入朝谢恩，呈进《农政全书》六十卷。皇帝诏令有关部门刊印传布，加赠徐光启太保，录用他的孙为中书舍人。

明史卷二百五十九

列传第一百四十七

袁崇焕

袁崇焕,字元素,东莞人。万历四十七年进士。授邵武知县。为人慷慨负胆略,好谈兵。遇老校退卒,辄与论塞上事,晓其厄塞情形,以边才自许。

天启二年正月朝觐在都,御史侯恂请破格用之,遂擢兵部职方主事。无何,广宁师溃,延议扼山海关,崇焕即单骑出阅关内外。部中失袁主事,讶之,家人亦莫知所往。已,还朝,具言关上形势。曰:"予我军马钱谷,我一人足守此。"廷臣益称其才,遂超擢佥事,监关外军,发帑金二十万,俾招募。时关外地悉为哈剌慎诸部所据,崇焕乃驻守关内。未几,诸部受款,经略王在晋令崇焕移驻中前所,监参将周守廉、游击左辅军,经理前屯卫事。寻令赴前屯安置辽人之失业者。崇焕即夜行荆棘虎豹中,以四鼓入城,将士莫不壮其胆。在晋深倚重之,题为宁前兵备佥事。然崇焕薄在晋无远略,不尽遵其令。及在晋议筑重城八里铺,崇焕以为非策。争不得,奏记首辅叶向高。

十三山难民十余万,久困不能出。大学士孙承宗行边,崇焕请："将五千人驻宁远，以壮十三山势，别遣骁将救之。宁远去山二百里，便则进据锦州，否则退守宁远，奈何委十万人置度外。"承宗谋于总督王象乾。象乾以关上军方丧气，议发插部护关者三千人往。承宗以为然，告在晋。在晋竟不能救，众遂没，脱归者仅六千人而已。及承宗驳重城议，集将吏谋所守。阎鸣泰主觉华，崇焕主宁远，在晋及张应吾、邢慎言持不可，承宗竟主崇焕议。已，承宗镇关门，益倚崇焕。崇焕内饬军民，外饬边备，劳绩大著。崇焕尝核虚伍，立斩一校。承宗怒曰："监军可专杀耶？"崇焕顿首谢，其果于用法类此。

三年九月，承宗决守宁远。佥事万有孚、刘诏力阻，不听，命满桂偕崇焕往。初，承宗令祖大寿筑宁远城，大寿度中朝不能远守。筑仅十一，且疏薄不中程。崇焕乃定规制：高三丈二尺，雉高六尺，址广三丈，上二丈四尺。大寿与参将高见、贺谦分督之。明年讫工，遂为关外重镇。桂、良将，而崇焕勤职，誓与城存亡；又善抚，将士乐为尽力。由是商旅辐辏，流移骈集，远近望为乐土。遭父忧，夺情视事。四年九月偕大将马世龙、王世钦率水陆马步军万二千，东巡广宁，谒北镇祠，历十三山，抵右屯，遂由水道泛三岔河而还。寻以五防叙劳，进兵备副使，再进右参政。

崇焕之东巡也，请即复锦州、右屯诸城，承宗以为时未可，乃止。至五年夏，承宗与崇焕计，遣将分据锦州、松山、杏山、右屯及大、小凌河，缮城郭居之。自是宁远且为内地，开疆复二百里。十月，承宗罢，高第来代，谓关外必不可守，令尽撤锦、右诸城守具，移其将士于关内。督屯通判金启倧上书崇焕曰："锦、右、大凌三城皆前锋要地。倘收兵退，既安之民庶复播迁，已得之封疆再沦没，关内外堪几次退守耶！"崇焕亦力争不可，言："兵法有进无退。三城已复，安可轻撤。锦、右动摇，则宁、前震惊，关门亦失保障。今但择良将守之，必无他虑。"第意坚，且欲并撤宁、前二城。崇焕曰："我宁前道也，官此，当死此，我必不去。"第无以难，乃撤锦州、右屯、大、小凌河及松山、杏山、塔山守具，尽驱屯兵入关，委弃米粟十余万。而死亡载途，哭声震野，民怨而军益不振。崇焕遂乞终制，不许。十二月进按察使，视事如故。

我大清知经略易与，六年正月举大军西渡辽河。二十三日抵宁远。崇焕闻，即偕大将桂，副将左辅、朱梅，参将大寿，守备何可刚等集将士誓死守。崇焕更刺血为书，激以忠义，为之下拜，将士咸请效死。乃尽焚城外民居，携守具入城，清野以待。令同知程维楧诘奸，通判金启倧具守卒食，辟道上行人。檄前屯守将赵率教、山海守将杨麒，将士逃至者悉斩，人心始定，明日，大军进攻，戴盾穴城，矢石不能退。崇焕令闽卒罗立，发西洋巨炮，伤城外军。明日，再攻，复被却，围遂解，而启倧亦以然炮死。

启倧起小吏，官经历，主赏功事，勤敏有志介。承宗重之，用为通判，核兵马钱粮，督城工，理军民词讼，大得众心。死，赠光禄少卿，世荫锦衣试百户。

初，中朝闻警，兵部尚书王永光大集延臣议战守，无善策。经略第、总兵麒并拥兵关上，不救。中外谓宁远必不守。及崇焕以书闻，举朝大喜，立擢崇焕右佥都御史，玺书奖励，桂等进秩有差。

我大清初解围，分兵数万略觉华岛，杀参将金冠等及军民数万。崇焕方完城，力竭不能救也。高第镇关门，大反承宗政务，折辱诸将，诸将咸解体。遇麒若偏裨，麒至，见侮其卒。至是坐失援，第、麒并褫官去，而以王之臣代第，赵率教代麒。

我大清举兵，所向无不摧破，诸将罔敢议战守。议战守，自崇焕始。三月复设辽东巡抚，以崇焕为之。魏忠贤遣其党刘应坤、纪用等出镇。崇焕抗疏谏，不纳。叙功，加兵部右侍郎，赉银币，世荫锦衣千户。

崇焕既解围，志渐骄，与桂不协，请移之他镇，乃召桂还。崇焕以之臣奏留桂，又与不协。中朝虑偾事，命之臣专督关内，以关外属崇焕画关守。崇焕虞廷臣忌己，上言："陛下以关内外分责二臣，用辽人守辽土，且守且战，且筑且屯。屯种所入，可渐减海运。大要坚壁清野以为体，乘间击瑕以为用。战虽不足，守则有余；守既有余，战无不足。顾勇猛图敌，敌必仇；奋迅立功，众必忌。任劳则必召怨，蒙罪始可有功。怨不深则劳不著，罪不大则功不成。谤书盈箧，毁言日至，从古已然，惟圣明与廷臣始终之。"帝优旨褒答。

其冬，崇焕偕应坤、用、率教巡历锦州、大、小凌河，议大兴屯田，渐复第所弃旧土。忠贤与应坤等并因是荫锦衣，崇焕进所荫为指挥佥事。崇焕遂言："辽左之坏，虽人心不固，亦缘失有形之险，无以固人心。兵不利野战，只有凭坚城用大炮一策。今山海四城既新，当更修松山诸城，班军四万人，缺一不可。"帝报从之。

先是，八月中，我太祖高皇帝晏驾，崇焕遣使吊，且以觇虚实。我太宗文皇帝遣使报之，崇焕欲议和，以书附使者还报。我大清兵将讨朝鲜，欲因此阻其兵，得一意南下。七年正月再遣使答之，遂大兴兵渡鸭绿江南讨。朝议以崇焕、之臣不相能，召之臣还，罢经略不设，以关内外尽属崇焕，与镇守中官应坤、用并便宜从事。崇焕锐意恢复，乃乘大军之出，遣将缮锦州、中左、大凌三城，而再使使持书议和。会朝鲜及毛文龙同告急，朝命崇焕发兵援。崇焕以水师援文龙，又遣左辅、赵率教、朱梅等九将将精卒九千先后逼三岔河，为牵制之势，而朝鲜已为大清所服，诸将乃还。

崇焕初议和，中朝不知。及奏报，优旨许之，后以为非计，频旨戒谕。崇焕欲借是修故疆，持愈力。而朝鲜及文龙被兵，言官因谓和议所致。四月，崇焕上言："关外四城虽廷袤二百里，北负山，南阻海，广四十里尔。今屯兵六万，商民数十万，地隘人稠，安所得食？锦州、中左、大凌三城，修筑必不可已。业移商民，广开屯种。倘城不完而敌至，势必撤还，是弃垂成功也。故乘敌有事江东，姑以和之说缓之。敌知，则三城已完，战守又在关门四百里外，金汤益固矣。"帝优旨报闻。

时率教驻锦州，护版筑。朝命尤世禄来代，又以辅为前锋总兵官，驻大凌河。世禄未至，辅未入大凌，五月十一日大清兵直抵锦州，四面合围。率教偕中官用婴城守，而遣使议和，欲缓师以待救。使三返不决，围益急。崇焕以宁远兵不可动，选精骑四千，令世禄、大寿将，绕出大军后决战。别遣水师东出，相牵制。且请发蓟镇、宣、大兵，东护关门。朝廷已命山海满桂移前屯，三屯孙祖寿移山海，宣府黑云龙移一片石，蓟辽总督阎鸣泰移关城；又发昌平、天津、保定兵驰赴上关；檄山西、河南、山东守臣整兵听调。世禄等将行，大清已于二十八日分兵趋宁远，崇焕与中官应坤、副使毕自肃督将士登陴守，列营濠内，用炮距击。而桂、世禄、大寿大战城外，士多死，桂身被数矢。大军亦旋引去，益兵攻锦州。以溽暑不能克，士卒多损伤，六月五日亦引还，因毁大、小凌河二城。时称宁、锦大捷，桂、率教功为多。忠贤因使其党论崇焕不救锦州为暮气，崇焕遂乞休。中外方争颂忠贤，崇焕不得已，亦请建祠，终不为所喜。七月遂允其归，而以王之臣代为督师兼辽东巡抚，驻宁远，及叙功，文武增秩赐荫者数百人，忠贤孙亦封伯，而崇焕止增一秩。尚书霍维华不平，疏乞让荫，忠贤亦不许。

未几，熹宗崩。庄烈帝即位，忠贤伏诛，削诸冒功者。延臣争请召崇焕，其年十一月擢右都御史，视兵部添注左侍郎事。崇祯元年四月命以兵部尚书兼右副都御史，督师蓟辽、兼督登莱、天津军务，所司敦促上道。七月，崇焕入都，先奏陈兵事。帝召见平台，慰劳甚至，咨以方略。对曰："方略已具疏中。臣受陛下特眷，愿假以便宜，计五年，全辽可复。"帝曰："复辽，朕不吝封侯赏。卿努力解天下倒悬，卿子孙亦受其福。"崇焕顿首谢。帝退少憩，给事中许誉卿叩以五年之略。崇焕言："圣心焦劳，聊以是相慰耳。"誉卿曰："上英明，安可漫对。异日按期责效，奈何？"崇焕怃然自失。顷之，帝出，即奏言："东事本不易竣。陛下既委臣，臣安敢辞难。但五年内，户部转军饷，工部给器械，吏部用人，兵部调兵选将，须中外事事相应，方克有济。"帝为饬四部臣，如其言。

崇焕又言："以臣之力，制全辽有余，调众口不足。一出国门，便成万里。忌能妒功，夫岂无人。即不以权力掣臣肘，亦能以意见乱臣谋。"帝起立倾听，谕之曰："卿无疑虑，朕自有主持。"大学士刘鸿训等请收还之臣、桂尚方剑，以赐崇焕，假之便宜。帝悉从之，赐崇焕酒馔而出。崇焕以前此熊延弼、孙承宗皆为人排构，不得竟其志，上言："恢复之计，不外臣昔年以辽人守辽土，以辽土养辽人，守为正著，战为奇著，和为旁著之说。法在渐不在骤，在实不在虚。此臣与诸边臣所能为。至用人之人，与为人用之人，皆至尊司其钥。何以任而勿贰，信而勿疑？盖驭边臣与廷臣异，军中可惊可疑者殊多，但当论成败之大局，不必摘一言一行之微瑕。事任既重，为怨实多。诸有利于封疆者，皆不利于此身者也。况图敌之急，敌亦从而间之，是以为边臣甚难。陛下爱臣知臣，臣何必过疑惧，但中有所危，不敢不告。"帝优诏答之，赐蟒玉、银币，疏辞蟒玉不受。

是月，川、湖兵戍宁远者，以缺饷四月大噪，余十三营起应之，缚系巡抚毕自肃、总兵官朱梅、通判张世荣、推官苏涵淳于谯楼上。自肃伤重，兵备副使郭广初至，躬翼自肃，括抚赏及朋桩二万金以散，不厌，贷商民足五万，乃解。自肃疏引罪，走中左所，自经死。崇焕以八月初抵关，闻变驰与广密谋，宥首恶杨正朝、张思顺，令捕十五人戮之市；斩知谋中军吴国琦，责参将彭簪古，黜都司左良玉等四人。发正朝、思顺前锋立功，世荣、涵淳以贪虐致变，亦斥之。独都司程大乐一营不从变，特为奖励。一方乃靖。

关外大将四五人，事多掣肘。后定设二人，以梅镇宁远，大寿仍驻锦州。至是梅将解任，崇焕请合宁、锦为一镇，大寿仍驻锦州，加中军副将何可刚都督佥事，代梅驻宁远，而移蓟镇率教于关门，关内外止设二大将。因极称三人之才，谓"臣自期五年，专借此三人，当与臣相终始。届期不效，臣手戮三人，而身归死于司败"。帝可之，崇焕遂留镇宁远。自萧既死，崇焕请停巡抚。及登莱巡抚孙国桢免，崇焕又请罢不设。帝亦报可。哈剌慎三十六家向受抚赏，后为插汉所迫，且岁饥，有叛志。崇焕召至于边，亲抚慰，皆听命。二年闰四月叙春秋两防功，加太子太保，赐蟒衣、银币，荫锦衣千户。

崇焕始受事，即欲诛毛文龙。文龙者，仁和人。以都司援朝鲜，逗留辽东。辽东失，自海道遁回，乘虚袭杀大清镇江守将，报巡抚王化贞，而不及经略熊廷弼，两人隙始开。用事者方主化贞，遂授文龙总兵，累加至左都督，挂将军印，赐尚方剑，设军镇皮岛如内地。皮岛亦谓之东江，在登、莱大海中，绵亘八十里，不生草木，远南岸，近北岸，北岸海面八十里即抵大清界，其东北海则朝鲜也。岛上兵本河东民，自天启元年河东失，民多逃岛中。文龙笼络其民为兵，分布哨船，联接登州，以为掎角计。中朝是之，岛事由此起。

四年五月，文龙遣将沿鸭绿江越长白山，侵大清国东偏，为守将击败，众尽歼。八月遣兵从义州城西渡江，入岛中屯田。大清守将觉，潜师袭击，斩五百余级，岛中粮悉被焚。五年六月遣兵袭耀州之官屯寨，败归。六年五月遣兵袭鞍山驿，丧其卒千余。越数日又遣兵袭撒尔河，攻城南，为大清守将所却。七年正月，大清兵征朝鲜，并规剿文龙。三月，大清兵克义州，分兵夜捣文龙于铁山。文龙败，遁归岛中。时大清恶文龙蹑后，故致讨朝鲜，以其助文龙为兵端。

顾文龙所居东江，形势虽足牵制，其人本无大略，往辄败衄，而岁縻饷无算；且惟务广招商贾，贩易禁物，名济朝鲜，实阑出塞，无事则鬻参贩布为业，有事亦罕得其用。工科给事中潘士闻劾文龙縻饷杀降，尚宝卿董茂忠请撤文龙，治兵关、宁。兵部议不可，而崇焕心弗善也，尝疏请遣部臣理饷。文龙恶文臣监制，抗疏驳之，崇焕不悦。及文龙来谒，接以宾礼，文龙又不让，崇焕谋益决。

至是，遂以阅兵为名，泛海抵双岛，文龙来会。崇焕与相燕饮，每至夜分，文龙不觉也。崇焕议更营制，设监司，文龙怫然。崇焕以归乡动之，文龙曰："向有此意，但惟我知东事，东事毕，朝鲜衰弱，可袭而有也。"崇焕益不悦。以六月五日邀文龙观将士射，先设幄山上，令参将谢尚政等伏甲士幄外。文龙至，其部卒不得入。崇焕曰："予诘朝行，公当海外重寄，受予一拜。"交拜毕，登山。崇焕问从官姓名，多毛姓。文龙曰："此皆予孙。"崇焕笑，因曰："尔等积劳海外，月米止一斛，言之痛心，亦受予一拜，为国家尽力。"从皆顿首谢。

崇焕因诘文龙违令数事，文龙抗辩。崇焕厉色叱之，命去冠带絷缚，文龙犹倔强。崇焕曰："尔有十二斩罪，知之乎？祖制，大将在外，必命文臣监。尔专制一方，军马钱粮不受核，一当斩。人臣之罪莫大欺君，尔奏报尽欺罔，杀降人难民冒功，二当斩。人臣无将，将则必诛。尔奏有牧马登州取南京如反掌语，大逆不道，三当斩。每岁饷银数十万，不以给兵，月止散米三斗有半，侵盗军粮，四当斩。擅开马市于皮岛，私通外番，五当斩。部将数千人悉冒己姓，副将以下滥给札付千，走卒、舆夫尽金绯，六当斩。自宁远还，剽掠商船，自为盗贼，七当斩。强取民间子女，不知纪极，部下效尤，人不安室，八当斩。驱难民远窃人参，不从则饿死，岛上白骨如莽，九当斩。辇金京师，拜魏忠贤为父，塑冕旒像于岛中，十当斩。铁山之败，丧军无算，掩败为功，十一当斩。开镇八年，不能复寸土，观望养敌，十二当斩。"数毕，文龙丧魂魄不能言，但叩头乞免。崇焕召谕其部将曰："文龙罪状当斩否？"皆惶怖唯唯。中有称文龙数年劳苦者，崇焕叱之曰："文龙一布衣尔，官极品，满门封荫，足酬劳，何悖逆如是！"乃顿首请旨曰："臣今诛文龙以肃军。诸将中有若文龙者，悉诛。臣不能成功，皇上亦以诛文龙者诛臣。"遂取尚方剑斩之帐前。乃出谕其将士曰："诛止文龙，余无罪。"

当是时，文龙麾下健校悍卒数万，惮崇焕威，无一敢动者，于是命棺敛文龙。明日，具牲醴拜奠曰："昨斩尔，朝廷大法；今祭尔，僚友私情。"为下泪。乃分其卒二万八千为四协，以文龙子承祚、副将陈继盛、参将徐敷奏、游击刘兴祚主之。收文龙敕印、尚方剑，令继盛代掌。犒军士，檄抚诸岛，尽除文龙虐政。还镇，以其状上闻，末言："文龙大将，非臣得擅诛，谨席稿待罪。"时崇祯二年五月也。帝骤闻，意殊骇，念既死，且方倚崇焕，乃优旨褒答。俄传谕暴文龙罪，以安崇焕心；其爪牙伏京师者，令所司捕。崇焕上言："文龙一匹夫，不法至此，以海外易为乱也。其众合老稚四万七千，妄称十万，且民多，兵不能二万，妄设将领千。今不宜更置帅，即以继盛摄之，于计便。"帝报可。

崇焕虽诛文龙，虑其部下为变，增饷银至十八万。然岛弁失主帅，心渐携，益不可用，其后致有叛去者。崇焕言："东江一镇，牵制所必资。今定两协，马军十营，步军五，岁饷银四十二万，米十三万六千。"帝颇以兵减饷增为疑，以崇焕故，特如其请。

崇焕在辽，与率教、大寿、可刚定兵制，渐及登莱、天津，及定东江兵制，合四镇兵十五万三千有奇，马八万一千有奇，岁费度支四百八十余万，减旧一百二十余万。帝嘉奖之。

文龙既死，甫逾三月，我大清兵数十万分道入龙井关、大安口。崇焕闻，即督大寿、可刚等入卫。以十一月十日抵蓟州，所历抚宁、永平、迁安、丰润、玉田诸城，皆留兵守。帝闻其至，甚喜，温旨褒勉，发帑金犒将士，令尽统诸道援军。俄闻率教战殁，遵化、三屯营皆破，巡抚王元雅、总兵朱国彦自尽，大清兵越蓟州而西。崇焕惧，急引兵入护京师，营广渠门外。帝立召见，深加慰劳，咨以战守策，赐御馔及貂裘。崇焕以士马疲敝，请入休城中，不许。出与大军鏖战，互有杀伤。

时所入隘口乃蓟辽总理刘策所辖，而崇焕甫闻变即千里赴救，自谓有功无罪。然都人骤遭兵，怨谤纷起，谓崇焕纵敌拥兵。朝士因前通和议，诬其引敌胁和，将为城下之盟。帝颇闻之，不能无惑。会我大清设间，谓崇焕密有成约，令所获宦官知之，阴纵使去。其人奔告于帝，帝信之不疑。十二月朔再召对，遂缚下诏狱。大寿在旁，战栗失措，出即拥兵叛归。大寿尝有罪，孙承宗欲杀之，爱其才，密令崇焕救解。大寿以故德崇焕，惧并诛，遂叛。帝取崇焕狱中手书，往召大寿，乃归命。

方崇焕在朝，尝与大学士钱龙锡语，微及欲杀毛文龙状。及崇焕欲成和议，龙锡尝移书止之。龙锡故主定逆案，魏忠贤遗党王永光、高捷、袁弘勋、史范辈谋兴大狱，为逆党报仇，见崇焕下吏，遂以擅主和议，专戮大帅二事为两人罪。捷首疏力攻，范、弘勋继之，必欲并诛龙锡，法司坐崇焕谋叛，龙锡亦论死。三年八月遂磔崇焕于市。兄弟妻子流三千里，籍其家。崇焕无子，家亦无余赀，天下冤之。

崇焕既缚，大寿溃而去。武经略满桂以趣战急，与大清兵战，竟死，去缚崇焕时甫半月。初，崇焕妄杀文龙，至是帝误杀崇焕。自崇焕死，边事益无人，明亡征决矣。

译文：

袁崇焕，字元素，东莞人。万历四十七年中进士。授任邵武知县。为人慷慨有胆识韬略，喜好谈论军事。遇到年老的军官、退役的老兵，就和他们谈论边塞的事情，了解守卫边塞的情形，认为自己是治理边关的人才。

天启二年正月在京都朝觐，御史侯恂要求朝廷破格任用他，于是提升为兵部职方主事。不久，广宁的军队溃败，朝廷商议扼守山海关，崇焕马上单人匹马到关内外察看。兵部里不见了袁主事，觉得奇怪，家里的人也不知他去了哪里。察看之后，他回到朝上，详细说明了关上的情势。说："给我兵马钱粮，我一个人带兵就足以守住那里。"大臣们更加称道他的才能，于是越级提升他为佥事，监关外军，拨国库银两二十万，给他招募军队。当时关外地方都被哈剌慎等部族占据了，崇焕就驻守在关内。不多久，各部属归附，经略王在晋命令崇焕移驻中前所，监管参将周守廉、游击将军左辅的部队，管理前屯卫的事务。不久命令袁崇焕去前屯安置失业的辽人。崇焕马上在荆棘虎豹中连夜赶路，在四更时到达城中，将士们没有不佩服他的胆量的。王在晋非常倚重他，提升他为宁前兵备佥事。但崇焕看不起王在晋没有深谋远虑，不完全遵守他的命令。当王在晋建议在八里铺修重城时，崇焕认为不是办法。争论沿有结果，便把情况奏报给首辅叶向高。

十三山十多万难民，被围困了很久都不能逃出。大学士孙承宗巡视边关，崇焕提出："率领五千人驻守宁远，用来壮大十三山的声势，另派勇猛的将士援救他们。宁远离山二百里，有机会就进占锦州，无机会就退守宁远，怎么可以把十多万人置之度外呢？"孙承宗和总督王象乾商议。王象乾因为关上的军队士气正低落，建议派插汉部属的护关军队三千人前去。孙承宗赞成，告诉了王在晋，王在晋竟然没有能力去救，十三山的民众就陷落了，逃回来的仅有六千人。及后孙承宗批驳建重城的提议，召集文武官员商量驻守的地方。阎鸣泰主张觉华，崇焕主张宁远，王在晋和张应吾、邢慎言认为不行，孙承宗最后同意了崇焕的建议。后来，孙承宗坐镇山海关，更加倚重崇焕。崇焕对内安抚军民，对外整治边塞防务，成绩非常显著。崇焕曾经核查出虚报军卒名册的情况，即时杀了一名校官。孙承宗发怒说："监军可以擅自杀人的吗？"崇焕叩头认错，他执法的果敢决断都跟这事相类似。

天启三年九月，孙承宗决定驻守宁远。佥事万有孚、刘诏极力劝阻，孙承宗不听从，命令满桂和崇焕前去。当初，孙承宗命令祖大寿修筑宁远城，祖大寿估计朝廷没有能力驻守这么远，只建了十分之一，而且城墙疏薄不合规格。崇焕就定下规格：城墙高三丈二尺，雉堞高六尺，地基宽三丈，墙头宽二丈四尺。祖大寿和参将高见、贺谦分别督工。第二年完工，便成了关外的重镇。满桂，是良将，崇焕又勤于职守，发誓与城池共存亡；又善于安抚，将士们都乐意为他们尽力。于是商旅从四面八方前来，流民移民聚集，远近都视宁远为乐土。袁崇焕父亲死了，朝廷命他不必去职回家守制，素服办公，继续管理政事。天启四年九月和大将马世龙、王世钦率领水陆马步兵一万二千，向东巡视广宁，拜谒北镇祠，经十三山，到达右屯，于是由水路经三岔河回来。不久凭着五防的功劳，升为兵备副使，再升为右参政。

袁崇焕东巡的时候，要求马上收复锦州、右屯等城，孙承宗认为时机未成熟，才没有进行。至天启五年春天，孙承宗和崇焕商议、派部属分别占据锦州、松山、杏山、右屯的大、小凌河，修缮城郭进驻。从这时起宁远也成为了内地，恢复了二百里国土。十月，孙承宗被罢免，高第来代替，认为关外必定守不住，命令全部撤回锦州、右屯等城的守备，将那里的将士移入关内。督屯通判金启倧写信给崇焕说："锦州、右屯、大凌河三城都是前锋要塞。倘若撤兵，已经安定的民众又再搬迁，已经取得的疆土又再沦丧，关内关外经得起几次退守呢！"崇焕也力争不能退兵，说："用兵应该有进无退，三座城池已经收复，怎可以轻易撤出。锦州、右屯不稳固，宁远、前屯就会震动惊慌，山海关也失去保障。如今只要选派良将驻守那里，一定不会有什么可担心的。"高第的意见很坚决，而且想一并撤掉宁远、前屯两城。崇焕说："我是宁前道，在这里做官，应该死在这里，我一定不撤走。"高第无法责难他，就撤走了锦州、右屯、大、小凌河和松山、杏山、塔山的守备，将屯兵都赶入关内，抛弃米、粟十多万石。兵、民沿途死去、逃亡的不少，哭喊声震动旷野，民众怨恨而军队的士气更加不振。袁崇焕就要求免职，未被批准。十二月升任按察使，和以前一样管理政事。

大清得知经略易于对付。天启六年正月派大军向西渡过辽河。二十三日抵达宁远。崇焕得知，马上和大将满桂，副将左辅、朱梅，参将祖大寿，守备何可刚等召集将士发誓死守宁远。崇焕更刺出血来写血书，用忠义来激励士气，向他们下拜，将士们也都请求不惜以死报效国家。于是烧光了城外的民居，带着守城器械入城，扫清田野等待清军。命令同知程维楧盘查奸细，通判金启倧准备守军的食粮，清除路上的行人。晓谕前屯的守将赵率教、山海关守将杨麒，凡逃跑的将士一律斩首，这样人心才开始安定。次日，清兵大军进攻，戴着盾牌挖城，用弓箭、礌石不能击退。崇焕命令福建兵罗立，发射西洋大炮，杀伤城外的敌军。第二天，清军再进攻，又被击退。宁远的围便解了，但金启倧也因为放炮而死了。

金启倧开始是个小官，任经历官职，负责奖赏功劳的事务，勤奋聪敏有志气。孙承宗赏识他，任命他为通判，核对兵马钱粮，监督城池建造，审理军民的诉讼，很得人心。死后追赠为光禄少卿，世代荫袭锦衣试百户。

起初，朝廷知道边关警报，兵部尚书王永光广泛召集大臣们商议攻防，没有好的办法。经略高第、总兵杨麒都拥兵在山海关，不去援救。朝廷内外认为宁远一定守不住。当崇焕上书报告战果，朝廷上下非常欢喜，马上提升崇焕为右佥都御史，下诏褒奖鼓励，满桂等都分别有晋级。

大清开始解围时，分兵数万夺取觉华岛，杀了参将金冠等及军民数万人。崇焕正在修复城池，没有兵力去救援。高第镇守山海关，完全颠倒了孙承宗的管理，侮辱各将军，各将官都涣散了。对待杨麒像对偏裨将校一样，杨麒来到，被高第手下的兵士侮辱。到这时因为失援，高第、杨麒一齐被削去官职，并派王之臣代替高第，赵率教代替杨麒。

大清用兵，所到之处没有不被攻破的，明朝各将军都不敢议论攻防的事。议论攻防，从崇焕开始。三月重新设置了辽东巡抚。由崇焕担任。魏忠贤派他的党羽刘应坤、纪用等人去坐镇。崇焕上疏反对，未被采纳。评议攻劳，加任兵部右侍郎职务，赏赐银币，世袭荫锦衣千户。

袁崇焕解了围，心志开始骄傲，和满桂合不来，要求调满桂到别处镇守，于是朝廷召回了满桂。崇焕因为王之臣上奏挽留满桂，又和他合不来。朝廷恐怕会坏事，命令王之臣专管关内，把关外归崇焕划关而守。崇焕恐怕朝廷大臣猜忌自己，上书说："陛下把关内外分由两位大臣管治，用辽人驻守辽地，边防守边进攻，边筑城边屯田，屯种的收入，可以稍为减少海运军粮。主要以坚壁清野为根本，有机会就进攻敌人薄弱的地方，虽然兵力不足以进攻，但防守就有余；防守的兵力有余了，进攻的力量就不会不够。但是勇猛地进攻敌人，敌人一定痛恨，很快地立功，众人一定妒忌。任劳就一定招怨，戴罪才可以立功。被怨得不深功劳就不显著，带的罪不够大就立不了功。诽谤的奏章装满了箱子，诋毁的言辞每日都传来，从古以来都是这样，希望圣上和大臣们对我能有始有终。"皇上以好言下旨夸奖作为回答。

那年冬天，崇焕和刘应坤、纪用、赵率教巡视锦州，大、小凌河，商议大兴屯田，逐渐收复高第放弃的土地。魏忠贤和刘应坤等人都因此荫锦衣，袁崇焕的荫袭升为指挥佥事。袁崇焕就说："辽左的衰败，虽然因为人心不安定，也因为没有险要的地形，没有办法安定人心。军队野战不利，只有凭借坚固的城堡使用大炮一个办法。如今山海关外四座城已经葺新，应该再修葺松山等城，调去四万班军守御，缺一都不行。"皇上回复依从他。

早一点时候，八月中，大清太祖高皇帝驾崩，崇焕派使者吊丧，并且试探虚实。太宗文皇帝派使者回复他，崇焕想议和，将书信托使者带回。大清军队准备征讨朝鲜，想借议和阻挡他的军队，可以一心一意南下。天启七年正月再派使者回复崇焕，就大举兴兵渡过鸭绿江向南征讨。朝廷商议因崇焕、王之臣互相不合作，召回王之臣，撤去经略的设置，把关内外都由崇焕管辖，和镇守中官刘应坤、纪用一起便宜行事。崇焕锐意恢复国土，就乘清大军出征，派将官修缮锦州、中左、大凌三座城，并再派使者带书信去议和。当时朝鲜和毛文龙同时告急，朝廷命令崇焕派兵救援。崇焕派出水师援救毛文龙，又派左辅、赵率教、朱梅等九名将官率领精兵九千人先后进逼三岔河，形成牵制的形势，但朝鲜已被大清征服了，于是各将撤回。

崇焕开始议和时，朝廷不知道。及至奏报，下旨批准了。后来认为不合适，频频下旨禁止。崇焕想利用议和修复以前的疆土，坚持得更加厉害。而朝鲜和毛文龙被攻打，言官因此说是议和引起的。四月，崇焕上书："关外四城虽然南北绵延二百里，北靠着山，南到达海，东西才阔四十里。现在屯兵六万，商户平民数十万，地方狭窄人口稠密，哪里去找口粮？锦州、中左、大凌三城，修筑一定不能停止。已经迁来的商户民众，广泛开展的屯种，倘若城池未完工而敌人攻到，势必要撤回，这样就功败垂成了。所以趁敌人在江东有战事，姑且用议和的讲法拖延他们。等敌人知道，那三城已完工，战与守又在关门四百里外，城池更加稳固了。"皇上好言下旨回复。

当时赵率教驻守锦州，保护修建城墙。朝廷命令尤世禄来代替，又派左辅为前锋总兵官，驻守大凌河。尤世禄未到，左辅未进入大陵，五月十一日大清军队直抵锦州，四面合围。赵率教和中官纪用环城守备，并派使者议和，希望拖延敌军等待救援。使者三次往返未能决定，围攻得更急。崇焕认为宁远的部队不能动用，选出精骑四千人，命令尤世禄、祖大寿率领，绕出清军背后决战。再派水师向东出发，相互牵制。并要求派蓟镇、宣府、大凌的军队，从东面守护关门。朝廷已经命令山海关满桂移驻前屯，三屯孙祖寿移驻山海，宣府黑云龙移驻一片石，蓟辽总督阎鸣泰移驻关城；又派昌平、天津、保定的军队迅速赶上关；晓谕山西、河南、山东的守将整兵听调。尤世禄等准备出发，大清已经在二十八日分兵赶到宁远。崇焕和中官刘应坤、副使毕自肃督促将士登上女墙守卫，在壕沟内扎营，用炮反击。而满桂、尤世禄、祖大寿在城外大战，士兵许多战死，满桂身中数箭。清大军不久也撤走，增兵进攻锦州。因天气潮湿闷热不能攻克，士兵损伤较多，六月五日也撤退，毁坏了大、小凌河两城。当时称为宁、锦大捷，满桂、赵率教的功劳较大，魏忠贤因此指使他的党羽指责崇焕不救锦州是作风疲沓，于是崇焕要求免职。当时朝廷内外正在争相称颂魏忠贤，崇焕没有办法，也请求为魏建生祠，但他始终不被魏忠贤喜欢。七月就准许他归田，而派王之臣代任督师兼辽东巡抚，驻守宁远。及至评定功劳，文武官员升级赐荫的数百人，魏忠贤的孙也封伯爵，但崇焕只升了一级。尚书霍维华抱不平，上疏要求把荫赠让给崇焕，魏忠贤也不答应。

不久，熹宗驾崩。庄烈帝即位，魏忠贤伏法，剥夺了那些冒功的人。大臣们争相要求召用崇焕，当年十一月升任右都御史，就职兵部添注左侍郎。崇祯元年四月任命为兵部尚书兼右副都御史，督师蓟、辽、兼督登、莱、天津军务，主管部门敦促他起程。七月，崇焕入京都，首先上奏陈述军务。皇上在平台召见，十分的抚慰，向他咨询用兵的方略。答道："方略已写在奏疏里面。臣受陛下特别的眷顾，希望借这机遇，预计五年，辽地可以全部收复。"皇上说："收复辽地，朕不会吝惜封侯的赏赐。卿家努力解救天下的危难，卿的子孙也会因此受到福泽。"崇焕叩首谢恩。皇帝退朝稍事休息，给事中许誉卿问起五年收复辽地的方略。崇焕说："圣上心情焦急，姑且用这话去安慰而已。"许誉卿说："圣上英明，怎么可以随便应对。他日按日期责问成效，怎么办？"崇焕泄气地自觉失言。一会儿，皇上出来，马上奏道："辽东的事情本来不容易完成。陛下既然委托给我，我怎么敢因困难而推辞呢？但在五年之内，户部转解军饷，工部供给器械，吏部任用人才，兵部调兵选将，朝廷内外必须事事加以支持，才能成功。"皇上为此命令四部大臣，服从崇焕的指派。

袁崇焕又说："凭我的能力，管理全辽有余，却不足以管制大家的言论。一出国门，就是万里之遥。猜忌贤能嫉妒功劳，难道没有人吗？即使不用权力去掣肘，也会用意见扰乱我的谋划。"皇帝站起来听，晓谕他说："卿家不要疑虑，朕自有主见。"大学士刘鸿训等人要求收回王之臣、满桂的尚方剑，来赐给崇焕，给他方便。皇上都听从了，赐酒菜给崇焕出朝。崇焕因为以前熊廷弼、孙承宗都被人排挤构陷，不能完成他们的志向，上书说："恢复的计策，不外乎我早些年用辽人守辽地，用辽地养辽人，守为正着，战为奇着，和为旁着的讲法，方法在于渐进而不在急骤，在于务实而不在虚言。这是我和各边在大臣所能做的。至于用人的人，和被人用的人，都由皇上掌握。凭什么能信任他不背叛，相信他不去猜疑？因为管理边关大臣和朝臣不同，军队里可惊可疑的事非常多，所以只应该计较大局的成败，不必要指责一言一行的微小过失。因为责任重大，招致的恨会一定很多。各种对保卫疆土有利的，都是对自身不利的。况且加紧算计敌人，敌人也一样来离间，因此做边关大臣很艰难。陛下爱护我了解我，我何必过于疑虑恐惧，不过其中存在的危险，不敢不说明。"皇上好言下诏答复，赐给蟒玉、银币，袁崇焕上疏推辞不接受蟒玉。

这个月，戍守宁远的四川、湖广籍的兵卒，因为缺了四个月饷大声鼓噪，另外十三营兵卒起来响应，把巡抚毕自肃、总兵官朱梅、通判张世荣、推官苏涵淳绑在更楼上打。毕自肃受了重伤。兵备副使郭广刚到，亲自帮助毕自肃，收集了抚赏和朋辈二万两银来散发，不满足，再借了商家民众整五万两，鼓噪的士兵才散去。毕自肃上疏承担罪责，跑到中左所，上吊自杀了。崇焕八月初到关，听闻变乱赶去和郭广密谋，饶恕了首犯杨正朝、张思顺，命令抓了十五个人在市中心杀头；杀了知情的中军吴国琦，斥责参将彭簪古，罢免都司左良玉等四人。发配杨正朝、张思顺到前线部队戴罪立功，张世荣、苏涵淳因为贪婪暴虐引起变乱，也训斥了他们。只有都司程大乐一营兵不参与变乱，特别给予了奖励。于是，地方上得以平定。

关外有四五名大将，许多事情掣肘。后来固定设置两名，派朱梅镇守宁远，祖大寿仍然驻守锦州。到这时朱梅即将卸任，崇焕要求合并宁远、锦州成为一镇，祖大寿仍驻扎锦州，中军副将何可刚加任都督佥事，代替朱梅驻守宁远，并把蓟镇的赵率教移到山海关，关内外只设置两名大将。接着极力称赞这三人的才干，说："我自己预计五年，是专靠这三人，他们应该和我有始有终。到期没有成效，我亲手杀了这三人，自己回来受死。"皇上同意了，于是崇焕留在宁远坐镇。毕自肃已经死了，崇焕要求停止设置巡抚。及至登莱巡抚孙国桢免职，崇焕又要求不再设置。皇上也同意了。哈剌慎三十六家部族一向受朝廷的安抚赏赐，后来被插汉逼迫，当年又发生饥荒，有背叛的意图。崇焕召集他们至边关，亲自加以抚慰，他们都服从了号令。崇祯二年闰四月评议春秋两防功劳，加太子太保荣衔，赐给蟒衣、银币，荫袭锦衣千户。

崇焕开始任职，就想杀了毛文龙。毛文龙，是仁和人。以都司的职位去援救朝鲜，逗留在辽东。辽东失陷，从海路逃了回来，乘虚袭击杀了大清镇江的守将，报告了巡抚王化贞，但没有报告经略熊廷弼，两人之间开始产生嫌隙。执政者当时正支持王化贞，就授予毛文龙总兵的职位，累加至左都督，挂将军印，赐尚方剑，像内地一样设置军队镇守皮岛。皮岛又叫作东江，在登州、莱州的大海中间，绵延八十里，草木不生，离南岸远，离北岸近。北面海岸八十里海路到达大清的地界，岛的东北面大海则是朝鲜。岛上的兵原来是河东的居民，自从天启元年河东失守，居民多数逃到岛上。毛文龙拉拢那些人当兵，布下放哨的船只，联接登州，形成掎角的打算。朝廷同意这种做法，岛上的事务便这样产生的。

天启四年五月，毛文龙派将军沿鸭绿江越过长白山，侵袭大清国东面，被守军击败，部队全数被歼。八月派兵从义州城西面渡江，入岛中屯田。大清守将发觉，埋伏部队袭击，杀了五百多人，岛上的粮食全都被焚毁。天启五年六月派兵袭击耀州的官屯寨，打败了回来。天启六年五月派兵袭击鞍山驿，损失了千多名士兵。过了几天又派兵袭击撒尔河，进攻城南，被大清守军击退。天启七年正月，大清出兵征伐朝鲜，并规划清剿毛文龙。三月，大清军队攻克义州，分兵连夜在铁山攻击毛文龙。毛文龙战败，逃回岛上。当时大清讨厌毛文龙骚扰后方，所以导致讨伐朝鲜，因为朝鲜帮助毛文龙进行挑衅。

回顾毛文龙所在的东江，地形虽然足以牵制敌军，但他这人本来就没有远见，动不动就打败仗，而且每年浪费军饷无数；又只专门广招客商，买卖违禁物品，名义上是帮助朝鲜，实际上全部卖到塞外，无事就从事卖参买布的行当，有事时也难得见到他的作用。工科给事中潘士闻弹劾毛文龙浪费军饷杀害降卒，尚宝卿董茂忠请求撤去毛文龙，在山海关、宁远整顿部队。兵部认为不行，崇焕心中不乐意，曾经上疏要求派大臣去管理饷款。毛文龙讨厌被文臣监制，极力上疏反驳他，崇焕不高兴。及至毛文龙来拜访，袁崇焕用迎宾的礼节接待，毛文龙并不推让，崇焕的主意更加坚定。

到这时，崇焕就以阅兵为名，渡海到达双岛，毛文龙来会见。崇焕和他饮宴，往往到深夜，毛文龙都不在意。崇焕建议更改军队编制，设置监司，毛文龙很不高兴。崇焕用回乡的提议去打动他，毛文龙说："一向有这个心愿，但只有我了解辽东的情况，辽东的事完了之后，朝鲜衰弱，可以侵袭拥有它。"崇焕更加不高兴。在六月五日邀请毛文龙看将士们射箭，先在山上布置了帐幕，命令参将谢尚政等埋伏披坚执锐的士卒在帐外。毛文龙到,他部下的兵卒不能入内。崇焕说:"我问朝中的同事,说你承担起海外的重任,当受我一拜。"互相拜了之后,开始登山。崇焕问随从官员的姓名,多数姓毛。毛文龙说:"这些都是我的孙子。"崇焕笑,说:"你们在海外长期劳累,每月薪俸只有一斛米,说起来痛心,也受我一拜,以为国家尽力。"大家都叩头致谢。

崇焕接着问毛文龙违抗命令的几件事,毛文龙跟他抗争分辩。崇焕严厉地责骂他,命令剥去冠带捆起来,毛文龙还不肯屈服。崇焕说:"你有十二项杀头的罪名,知道吗?祖宗的制度,大将在外,一定派文臣监察。你专制一方,军马钱粮不接受查核,第一条应该杀。做臣子的罪名没有比欺君更大的了,你的奏报全部欺君罔上,杀降兵难民去冒功,第二条应该杀。做臣下不能威胁主上,威胁就一定杀头。你奏章有驻扎登州攻取南京易如反掌的话,大逆不道,第三条该杀。每年饷银几十万,不发给兵士,每月只发三斗半米,侵吞军粮,第四条该杀。擅自在皮岛开设马匹市场,私通外番,第五条该杀。部将数千人都冒自己的姓氏,副将以下随意写个字条就给千夫长,门下走卒、轿夫都穿着金、紫色的衣服,第六条该杀。从宁远回去,抢掠商船,成为盗贼,第七条该杀。强娶民间女子,不顾法纪,部下仿效,个个都不安分,第八条该杀。驱赶难民到远处偷人参,不听从的就饿死,岛上白骨像草丛一样,第九条该杀。运钱去京都,拜魏忠贤作父亲,为他在岛上塑造戴天子冠饰的塑像,第十条该杀。铁山战败,损折军队无数,掩盖败绩报功,第十一条该杀。设军开镇守皮岛八年,没有收复一寸土地,观望战况纵容敌人,第十二条该杀。"列举完,毛文龙失魄落魂不能出声,只是叩头乞求免死。崇焕召集他的部将晓谕道:"毛文龙的罪状应不应该杀?"

都惊恐地赶快说该杀。其中有人讲述毛文龙数年来的功劳辛苦,崇焕大声骂他说:毛文龙一个平民罢了,官居极品,满门封荫,完全足以酬答他的劳绩,为什么竟这样叛逆!"于是叩头请旨:"臣今日杀毛文龙来整肃部队。各将官里面有像毛文龙的,一律杀头,臣不能成功,皇上也是用杀毛文龙的剑杀臣。"于是拿尚方剑在帐幕前斩杀了毛文龙。然后出去晓谕他的将士说:"只杀毛文龙,其他的人无罪。"

在这个时候,毛文龙麾下勇猛的校尉、兵士的数万人,但害怕崇焕的威势,没有一个敢反抗的,于是下令用棺木收敛毛文龙。第二天,备下酒肉拜祭说:"昨天杀你,是朝廷的法度;今日祭你,是同僚朋友的私人情谊。"为他流下泪来。就把他的二万八千兵分为四协,任命毛文龙的儿子承祚、副将陈继盛、参将余敷奏、游击刘兴祚率领他们。收回毛文龙的官印、尚方剑、命令陈继盛代为执掌。犒赏军士,晓谕安抚各岛,全部废除毛文龙的暴政。回到宁远,将这些情况上奏,最后说:"毛文龙是大将,不是我能够擅自诛杀的,现在我郑重地坐在草堆等待发落。"皇上突然听说,心里非常震惊,考虑到毛文龙已经死了,又正倚重崇焕,于是好言下诏褒奖。不久传谕公开毛文龙的罪行,来安定崇焕的心;命令有关部门捉拿他那些潜伏在京都的爪牙。崇焕上书说:"毛文龙一个常人,不法到这种地步,是因为在海外容易作乱。他的部下连老幼一共四万七千人,狂妄地说有十万,而且是平民占多数,兵没有两万,不合理地设了将官千名。现在不适宜再设大将,就派陈继盛代理,可便于管理。"皇上答复同意。

崇焕虽然杀了毛文龙,顾虑他的部下发生变乱,将饷银增加到十八万两。两岛上兵卒失去了主帅,心里开始背叛,更加不能用，从那以后甚至有背叛逃走的。崇焕说："东江一镇，牵制敌人所必需。现在设定两协，马兵十营，步兵五营，每年饷银四十二万，米十三万六千。"皇上有些怀疑为什么兵减了饷反而增加，但因为崇焕的缘故，特地满足了他们的要求。

崇焕在辽，和赵率教、祖大寿、何可刚制定军队的编制，逐渐到登州、莱州、天津，及至制定东江的编制，合四镇兵共十五万三千有余，马匹八万一千有余，每年军费开支四百八十多万，比原来减少一百二十多万。皇上嘉奖了他们。

毛文龙已经死了，才过了三个月，大清军队数十万分道进入龙井关、大安口。崇焕得知，马上督促祖大寿、何可刚等入京护卫。在十一月十日到达蓟州，所经过的抚宁、永平、迁安、丰润、玉田等城，都留兵驻守。皇上得知他们到来，非常高兴，亲切地下旨褒奖鼓励，拨国库的银两犒赏将士，命令他们全部统率各路援军。不久得知赵率教战死，遵化、三屯营都失守，巡抚王元雅、总兵朱国彦自尽，大清军队绕过蓟州向西进发。崇焕害怕，急忙带兵入关护卫京城，驻扎在广渠门外。皇上马上召见，十分的慰劳，问他攻防的策略，赏赐御用饭食和貂裘。崇焕因为军兵马匹疲乏，要求入城休息，不批准。出城和清大军苦战，互有伤亡。

当时清军入关的关口是蓟辽总理刘策所管辖的，而崇焕一得知情况就千里赶来救援，自认为是有功无罪。但京都百姓突然碰到兵灾，纷纷说出许多怨恨诽谤的话，说崇焕拥有军队纵容敌军。朝廷大臣因为他以前曾经传递过和议，诬陷他勾结敌军迫和，准备签城下之盟。皇上听到了很多，没办法不怀疑。碰上大清设计离间，说和崇焕秘密达成了协议，故意让被捉的宦官知道了，暗地里将他放走。那人跑回去向皇上报告，皇上相信了不再怀疑。十二月初一再次召见，就下诏缚了袁崇焕入狱。祖大寿在旁边，全身发抖惊惶失措，出城马上带兵叛逃回去。祖大寿曾经犯了罪，孙承宗想杀他，但爱惜他的才干，悄悄地叫崇焕去解救。祖大寿因此感激崇焕，害怕一齐被杀，就叛逃了。皇上拿到崇焕在狱中写的亲笔信，去召回祖大寿，才回来听从调遣。

当崇焕在朝廷时，曾和大学士钱龙锡谈论，稍稍提及想杀毛文龙的意思。及至崇焕想达成和议，钱龙锡曾经去信制止他。钱龙锡原来是主持审理魏忠贤等叛逆一案的，魏忠贤剩下的党羽王永光、高捷、袁弘勋、史䇭等策划发起一个大案，为逆党报仇，看见崇焕撤了职，就用擅主和议、擅杀大帅两件事作为袁崇焕、钱龙锡两人的罪名。高捷首先上疏极力诋毁，史䇭、袁弘勋跟着他，一心想一起杀了钱龙锡。司法部门判定崇焕谋反，钱龙锡也判死罪。三年八月，就在市中心肢裂了崇焕。他的兄弟妻子流放三千里，抄了他的家。崇焕没有儿子，家里也没有剩下资产，天下人都认为他冤枉。

崇焕被捉了，祖大寿亦溃退了。武经略满桂因为被紧急催着战斗，和大清军队作战，战死了，离捉拿崇焕的时间刚好半个月。当初，崇焕不恰当地杀了毛文龙，到这时皇上错杀了崇焕。自从崇焕死了以后，边关的事务更加没有人才，明朝灭亡的征兆已经决定了。

明史卷二百七十四

列传第一百六十二

史可法

史可法，字宪之，大兴籍，祥符人。世锦衣百户。祖应元举于乡，官黄平知州，有惠政。语其子从质曰："我家必昌。"从质妻尹氏有身，梦文天祥入其舍，生可法，以孝闻。举崇祯元年进士，授西安府推官，稍迁户部主事，历员外郎、郎中。

八年迁右参议，分守池州、太平。其秋，总理侍郎卢象升大举讨贼。改可法副使，分巡安庆、池州，监江北诸军。黄梅贼掠宿松、潜山、太湖，将犯安庆，可法追击之潜山天堂寨。明年，祖宽破贼滁州，贼走河南。十二月，贼马守应合罗汝才、李万庆自郧阳东下。可法驰驻太湖，扼其冲。

十年正月，贼从间道突安庆石牌，寻移桐城。参将潘可大击走贼，贼复为庐、凤军所扼，回桐城，掠四境。知县陈尔铭婴城守，可法与可大剿捕。贼走庐江，犯潜山，可法与左良玉败之枫香驿，贼乃窜潜山、太湖山中。三月，可大及副将程龙败殁于宿松。贼分其党摇天动别为一营，而合八营二十余万众，分屯桐城之练潭、石井、陶冲。总兵官牟文绶、刘良佐击败之挂车河。

当是时，陕寇聚潼、宁，分犯岷、洮、秦、楚、应、皖，群盗遍野。总理卢象升既改督宣、大，代以王家桢，祖宽关外兵亦北归。未几，上复以熊文灿代家桢，专抚贼。贼益狂逞，盘牙江北，南都震惊。七月擢可法右佥都御史，巡抚安庆、庐州、太平、池州四府，及河南之光州、光山、固始、罗田，湖广之蕲州、广济、黄梅，江西之德化、湖口诸县，提督军务，设额兵万人。贼已东陷和州、含山、定远、六合，犯天长、盱眙，趋河南。可法奏免被灾田租。冬，部将汪云凤败贼潜山，京军复连破老回回舒城、庐江，贼遁入山。时监军佥事汤开远善击贼，可法东西驰御，贼稍稍避其锋。十一年夏，以平贼逾期，戴罪立功。

可法短小精悍，面黑，目烁烁有光。廉信，与下均劳苦。军行，士不饱不先食，未授衣不先御，以故得士死力。连败贼英山、六合，顺天王乞降。十二年夏，丁外艰去。服阕，起户部右侍郎兼右佥都御史。代朱大典总督漕运，巡抚凤阳、淮安、扬州，劾罢督粮道三人，增设漕储道一人，大浚南河，漕政大厘。拜南京兵部尚书，参赞机务。因武备久弛，奏行更新八事。

十七年四月朔，闻贼犯阙，誓师勤王。渡江抵浦口，闻北都既陷，缟衣发丧。会南都议立君，张慎言、吕大器、姜曰广等曰："福王由崧，神宗孙也，伦序当立，而有七不可：贪、淫、酗酒、不孝、虐下、不读书、干预有司也。潞王常淓，神宗侄也，贤明当立。"称牒可法，可法亦以为然。凤阳总督马士英潜与阮大铖计议，主立福王，咨可法，可法以七不可告之。而士英已与黄得功、刘良佐、刘泽清、高杰发兵送福王至仪真，于是可法等迎王。五月朔，王谒孝陵、奉先殿，出居内守备府。群臣入朝，王色怩欲避。可法曰："王毋避，宜正受。"既朝，议战守。可法曰："王宜素服郊次，发师北征，示天下以必报仇之义。"王唯唯。明日再朝，出议监国事。张慎言曰："国虚无人，可遂即大位。"可法曰："太子存亡未卜，倘南来若何？"诚意伯刘孔昭曰："今日既定，谁敢复更？"可法曰："徐之。"乃退。又明日，王监国，廷推阁臣，众举可法、高弘图、姜曰广。孔昭攘臂欲并列，众以本朝无勋臣入阁例，遏之。孔昭勃然曰："即我不可，马士英何不可？"乃并推士英。又议起废，推郑三俊、刘宗周、徐石麒。孔昭举大铖，可法曰："先帝钦定逆案，毋复言。"越二日，拜可法礼部尚书兼东阁大学士，与士英、弘图并命。可法仍掌兵部事，士英仍督师凤阳。乃定京营制，如北都故事，侍卫及锦衣卫诸军，悉入伍操练。锦衣东西两司房，及南北两镇抚司官，不备设，以杜告密，安人心。

当是时，士英旦夕冀入相。及命下，大怒，以可法七不可书奏之王。而拥兵入觐，拜表即行。可法遂请督师，出镇淮、扬。十五日，王即位。明日，可法陛辞，加太子太保，改兵部尚书、武英殿大学士。士英即以是日入直，议分江北为四镇。东平伯刘泽清辖淮、海，驻淮北，经理山东一路。总兵官高杰辖徐、泗，驻泗水，经理开、归一路。总兵官刘良佐辖凤、寿，驻临淮，经理陈、杞一路。靖南伯黄得功辖滁、和，驻庐州，经理光、固一路。可法启行，即遣使访大行帝后梓宫及太子二王所在，奉命祭告凤、泗二陵。

可法去，士英、孔昭辈益无所惮。孔昭以慎言举吴甡，哗殿上，拔刀逐慎言。可法驰疏解，孔昭卒扼甡不用。可法祭二陵毕，上疏曰："陛下践阼初，祗谒孝陵，器泣尽哀，道路感动。若躬谒二陵，亲见泗、凤蒿莱满目，鸡犬无声，当益悲愤。愿慎终如始，处深宫广厦，则思东北诸陵魂魄之未安；享玉食大庖，则思东北诸陵麦饭之无展；膺图受箓，则念先帝之集木馭朽，何以忽遘危亡；早朝晏罢，则念先帝之克俭克勤，何以卒隳大业。战兢惕厉，无时怠荒，二祖列宗将默佑中兴。若晏处东南，不思远略，贤奸无辨，威断不灵，老成投簪，豪杰裹足，祖宗怨恫，天命潜移，东南一隅未可保也。"王嘉答之。

得功、泽清、杰争欲驻扬州。杰先至，大杀掠，尸横野。城中恟惧，登陴守，杰攻之浃月。泽清亦大掠淮上。临淮不纳良佐军，亦被攻。朝命可法往解，得功、良佐、泽清皆听命。乃诣杰。杰素惮可法，可法来，杰夜掘坎十百，埋暴骸。旦日朝可法帐中，辞色俱变，汗浃背。可法坦怀待之，接偏裨以温语，杰大喜过望。然杰亦自是易可法，用己甲士防卫，文檄必取视而后行。可法夷然为具疏，屯其众于瓜洲，杰又大喜。杰去，扬州以安，可法乃开府扬州。

六月，大清兵击败贼李自成，自成弃京师西走。青州诸郡县争杀伪官，据城自保。可法请颁监国、登极二诏，慰山东、河北军民心。开礼贤馆，招四方才智，以监纪推官应廷吉领其事。八月出巡淮安，阅泽清士马。返扬州，请饷为进取资。士英靳不发，可法疏趣之。因言："迩者人才日耗，仕途日淆，由名心胜而实意不修，议论多而成功少。今事势更非昔比，必专主讨贼复仇。舍筹兵筹饷无议论，舍治兵治饷无人才。有摭拾浮谈、巧营华要者，罚无赦！"王优诏答之。

初，可法虞杰跋扈，驻得功仪真防之。九月朔，得功、杰构兵，曲在杰。赖可法调剂，事得解。北都降贼诸臣南还，可法言："诸臣原籍北土者，宜令赴吏、兵二部录用，否则恐绝其南归之心。"又言："北都之变，凡属臣子皆有罪。在北者应从死，岂在南者非人臣，即臣可法谬典南枢，臣士英叨任凤督，未能悉东南甲疾趋北援，镇臣泽清、杰以兵力不支，折而南走。是首应重论者，臣等罪也。乃因圣明继统，鈇钺未加，恩荣叠被。而独于在北诸臣毛举而概绳之，岂散秩闲曹，责反重于南枢、凤督哉？宜摘罪状显著者，重惩示儆。若伪命未污，身被刑辱，可置勿问。其逃避北方、徘徊而后至者，许戴罪讨贼，赴臣军前酌用。"廷议并从之。

杰居扬州，桀骜甚。可法开诚布公，导以君臣大义。杰大感悟，奉约束。十月，杰帅师北征。可法赴清江浦，遣官屯田开封，为经略中原计。诸镇分汛地，自王家营而北至宿迁，最冲要，可法自任之，筑垒缘河南岸。十一月四日，舟次鹤镇，谍报我大清兵入宿迁。可法进至白洋河，令总兵官刘肇基往援。大清兵还攻邳州，肇基复援之，相持半月而解。

时自成既走陕西，犹未灭，可法请颁讨贼诏书，言：

自三月以来，大仇在目，一矢未加。昔晋之东也，其君臣日图中原，而仅保江左；宋之南也，其君臣尽力楚、蜀，而仅保临安。盖偏安者，恢复之退步，未有志在偏安，而遽能自立者也。大变之初，黔黎洒泣，绅士悲哀，犹有朝气。今则兵骄饷绌，交恬武嬉，顿成暮气矣。河上之防，百未经理，人心不肃，威令不行。复仇之师不闻及关、陕，讨贼之诏不闻达燕、齐。君父之仇，置诸膜外。夫我即卑宫菲食，尝胆卧薪，聚才智精神，枕戈待旦，合方州物力，破釜沉舟，尚虞无救。以臣观庙常谋画，百执事经营，殊未尽然。夫将所以能克敌者，气也；君所以能御将者，志也。庙堂志不奋，则行间气不鼓。夏少康不忘出窦之辱，汉光武不忘蓺薪之时。臣愿陛下为少康、光武，不愿左右在位，仅以晋元、宋高之说进也。

先皇帝死于贼，恭皇帝亦死于贼，此千古未有之痛也。在北诸臣，死节者无多；在南诸臣，讨贼者复少。北千古未有之耻也。庶民之家，父兄被杀，尚思穴胸断脰，得而甘心，况在朝廷，顾可漠然。臣愿陛下速发讨贼之诏，责臣与诸镇悉简精锐，直指秦关，悬上爵以待有功，假便宜而责成效，丝纶之布，痛切淋漓，庶海内忠臣义士，闻而感愤也。

国家遘此大变，陛下嗣登大宝，与先朝不同。诸臣但有罪之当诛，曾无功之足录。今恩外加恩未已，武臣腰玉，名器滥觞。自后宜慎重，务以爵禄待有功，庶猛将武夫有所激厉。兵行最苦无粮，搜括既不可行，劝输亦难为继。请将不急之工程，可已之繁费，朝夕之燕衎，左右之进献，一切报罢。即事关典礼，亦宜概从节省。盖贼一日未灭，即有深宫曲房，锦衣玉食，岂能安享！必刻刻在复仇雪耻，振举朝之精神，萃万方之物力，尽并于选将练兵一事，庶人心可鼓，天意可回。

可法每缮疏，循环讽诵，声泪俱下，闻者无不感泣。

比大清兵已下邳、宿，可法飞章报。士英谓人曰："渠欲叙防河将士功耳。"慢弗省。而诸镇逡巡无进师意，且数相攻。明年，是为大清顺治之二年，正月，饷缺，诸军皆饥。顷之，河上告警。诏良佐、得功率师扼颍、寿，杰进兵归、徐。杰至睢州，为许定国所杀。部下兵大乱，屠睢旁近二百里殆尽。变闻，可法流涕顿足叹曰："中原不可为矣。"遂如徐州，以总兵李本身为提督，统杰兵。本身者，杰甥也。以胡茂顺为督师中军，李成栋为徐州总兵，诸将各分地，又立杰子元爵为世子，请恤于朝。军乃定。杰军既还，于是大梁以南皆不守。士英忌可法威名，加故中允卫胤文兵部右侍郎，总督兴平军，以夺可法权。胤文，杰同乡也，陷贼南还，杰请为己监军。杰死，胤文承士英旨，疏诮可法。士英喜，故有是命，驻扬州。二月，可法还扬州。未至，得功来袭兴平军，城中大惧。可法遣官讲解，乃引去。

时大兵已取山东、河南北，逼淮南。四月朔，可法移军驻泗州，护祖陵。将行，左良玉称兵犯阙，召可法入援。渡江抵燕子矶，得功已败良玉军。可法乃趋天长，檄诸将救盱眙。俄报盱眙已降大清，泗州援将侯方岩全军没。可法一日夜奔还扬州。讹传定国兵将至，歼高氏部曲。城中人悉斩关出，舟楫一空。可法檄各镇兵，无一至者。二十日，大清兵大至，屯班竹园。明日，总兵李栖凤、监军副使高岐凤拔营出降，城中势益单。诸文武分陴拒守。旧城西门险要，可法自守之。作书寄母妻，且曰："死葬我高皇帝陵侧。"越二日，大清兵薄城下，炮击城西北隅，城遂破。可法自刎不殊，一参将拥可法出小东门，遂被执。可法大呼曰："我史督师也。"遂杀之。扬州知府任民育，同知曲从直、王缵爵，江都知县周志畏、罗伏龙，两淮盐运使杨振熙，监饷知县吴道正，江都县丞王志端，赏功副将汪思诚，幕客卢渭等皆死。

可法初以定策功加少保兼太子太保，以太后至加少傅兼太子太傅，叙江北战功加少师兼太子太师，擒剧盗程继孔功加太傅，皆力辞，不允。后以宫殿成，加太师，力辞，乃允。可法为督师，行不张盖，食不重味，夏不箑，冬不裘，寝不解衣。年四十余，无子，其妻欲置妾。太息曰："王事方殷，敢为儿女计乎！"岁除遣文牒，至夜半，倦索酒。庖人报骰肉已分给将士，无可佐者，乃取监豉下之。可法素善饮，数斗不乱，在军中绝饮。是夕，进数觥，思先帝，泫然泪下，凭几卧。比明，将士集辕门外，门不启，左右遥语其故。知府民育曰："相公此夕卧，不易得也。"命鼓人仍击四鼓，戒左右毋惊相公。须臾，可法寝,闻鼓声,大怒曰:"谁犯吾令!"将士述民育意,乃获免。尝子处铃阁或舟中,有言宜警备者,曰:"命在天。"可法死,觅其遗骸。天暑,众尸蒸变,不可辨识。逾年,家人举袍笏招魂,葬于扬州郭外之梅花岭。其后四方弄兵者,多假其名号以行,故时谓可法不死云。

可法无子,遗命以副将史德威为之后。有弟可程,崇祯十六年进士。俱庶吉士。京师陷,降贼。贼败,南归,可法请置之理。王以可法故,令养母。可程遂居南京,后流寓宜兴,阅四十年而卒。

译文:

史可法,字宪之,河南祥符人,隶籍大兴,世袭锦衣卫百户。他的祖父史应元曾在乡试中举,官至黄平知州,惠政爱民,政绩优异。他曾对儿子史从质说:"我们的家族必定会昌盛。"从质的妻子尹氏有了身孕,夜里梦见文天祥进入他的家中,于是就生下了史可法。(史可法从少年时就)以孝悌闻名。崇祯元年,考中进士,被任命为西安府推官,稍升至户部主事,历任户部员外郎、郎中。

崇祯八年,(史可法被)提升为右参政,负责防守池州、太平。当年秋天,总理军务、兵部侍郎卢象升大举讨伐流寇,改任史可法为副使,负责巡防安庆、池州,并监督江北各军。黄梅地区的流贼劫掠宿松、潜山、太湖,并准备进犯安庆,史可法追踪出击到潜山的天堂寨(打败了他们)。第二年,祖宽在滁州大破流寇,流寇败逃到河南。十二月,流寇马守应和罗汝才、李乃庆会同,从郧阳东下。史可法迅速率军驻扎到太湖,控制其要道。

崇祯十年正月,流寇从防守的空隙中突围而出,奔至安庆石牌，不久转移到桐城。参将潘可大把流寇击退，流寇又为庐州、凤阳的官军钳制，只得又撤回桐城，四处掳掠。桐城知县陈尔铭巡绕城墙苦苦坚守，史可法与潘可大联合围剿捕贼。流寇败退到庐江，进攻潜山，史可法与左良玉在枫香驿把他们打得大败，于是流寇溃逃到潜山、大湖的山中。三月，潘可大与副将程龙在宿松战败而死。流寇把其同党摇天动另独立设置一营，总计八营二十余万人，分别驻扎在桐城的练潭、石井、陶冲。总兵官牟文绶、刘良佐在挂车河把他们打败。

当时，陕西的流寇聚集在漳县、宁远一带，分头进攻岷州、洮州、秦州、楚、应、皖等地，盗贼蜂起，遍于各地。总理军务的卢象升改任宣府、大同总督后，其职由王家祯接替，祖宽所率的关外兵也回到北方。不久，皇帝又派熊文灿代替王家祯，专门招抚流寇。结果使流贼的气焰更加猖狂，盘踞于江北一线，使南京受到很大震动。七月，提升史可法为右佥都御史，巡抚安庆、庐州、太平、池州四府，以及河南的光州、光山、固始、罗田，湖广之蕲州、广济、黄梅，江西的德化、湖口等县，提督军务，设定额士兵一万人。当时，流寇已东进攻陷了和州、含山、六安等地，进犯天长、盱眙，前锋直指河南。史可法上疏奏请免除受灾地区的田赋。这年冬天，其部将汪云凤在潜山击败流贼，京营军队又在舒城、庐州多次打败流寇老回回（马守应），流贼溃逃到山中。当时监军佥事汤克远勇敢善战，屡败流贼，史可法也东西驰骋，往来征讨，流贼有所畏惧，稍稍避其锋芒。崇祯十一年夏天，因为超过期限未能讨平流贼，（史可法受到处分），受命戴罪立功。

史可法身材短小，而精明强干，面色较黑，双眼炯炯有神。为人刚正廉明，诚信重义，能与部下同甘共苦。行军征战之时，将士们没有吃饱，自己不先吃，将士们还没有发放军衣，自己也不先添加衣服御寒，因此深得将士的拥护，都愿为他效力。接连在英山、六合打败流贼，贼将顺天王请求投降。崇祯十二年夏天，因父亲去世，回家为父守孝。守孝期满后，被起用为户部右侍郎右佥都御史。后取代朱大典总督漕运，巡抚凤阳、淮安、扬州，史可法弹劾罢免了三个不称职的督粮道，又增设漕储道一人，招募人力大规模修浚南运河，从而使漕政得到大力整顿和加强。又拜南京兵部尚书，参赞机务。因为长期以来军事防行废弛，史可法奏准实行了八项革新的措施。

崇祯十七年四月初一日，史可法听到流贼进攻京城的消息，就誓师北上勤王。当他率军渡过长江抵达浦口时，听说北京已经陷落、崇祯皇帝自尽，就身着白衣，为崇祯皇帝发丧。当时正赶上南京众臣商议拥立新君，张慎言、吕大器、姜曰广等人都说："福王朱由崧，是神宗的孙子，按照与皇帝血缘关系亲疏的次序应当立为新君，但却有以下七个方面的缺点，不够标准：贪婪、荒淫、酗酒、不孝、虐待下属、不读书、干预有关机构的政事。潞王朱常淓，是神宗的侄子，很贤明，应当立为新君。"他们写信征求史可法的意见，史可法也认为如此。凤阳总督马士英暗中和阮大铖讨论此事，主张拥立福王，也征求史可法的意见，史可法就以上述不可立福王的七个理由相告，可是马士英已经联络黄得功、刘良佐、刘泽清、高杰派兵送福王到仪真（准备入京即位），于是史可法等人只得奉迎福王入京。五月初一日，福王拜谒了孝陵、奉先殿，出居内守备府。群臣入朝进见，福王惭愧得脸色发红，想要回避。史可法上前说："王爷不要躲避，应该正面接受（群臣的朝拜）。"朝拜之后，讨论战守之策。史可法说："王爷应该身穿白衣到郊外祭吊先帝，誓师北征，向天下表示一定要报仇雪恨的决心。"福王只是唯唯诺诺答应罢了。第二天再次朝见，讨论监国事宜。张慎言说："国家的皇位空虚无人，可以直接登极称帝。"史可法说："太子的生死存亡还不知道，如果一旦南下到来，怎么办？"诚意伯刘孔昭说："今天既然确定，以后还有谁敢再更改！"史可法说："应该慢慢来。"于是就退去。次日，福王监国，廷推内阁大臣，众人都推举史可法、高弘图、姜曰广。刘孔昭捋起袖子、高举胳膊要争当阁臣，众人认为本朝从来没有勋臣入阁的先例，从而阻止了他。刘孔昭勃然大怒，说："即便我不能入阁，那马士英有何不可呢？"于是众人就推举马士英入阁。又讨论起用以前罢官削职的官职，众人就推荐郑三俊、刘宗周、徐石麒。刘也昭推举阮大铖，史可法说："阮大铖名列先帝亲手所定的逆案，不必再多说。"又过了两天，（福王下令）任命史可法为礼部尚书兼东阁大学士，与马士英、高弘图同时受命。史可法仍然执掌兵部事务，马士英仍然督师凤阳。又确定京营的制度，基本上依据北京的旧例，宫廷侍卫和锦衣卫等军，都编入行伍加强操练。至于锦衣卫东西两司房及南北两镇抚司的官吏，就不再全部设置，以杜绝告密的弊病，以便安定人心。

当时，马士英每时每刻都在梦想入朝为相，等到任命下来后，仍让他督师凤阳，大为恼怒，就把以前史可法写给他的关于福王七不可立的信件上奏给福王，进而率兵入朝进见，请示的表章刚一发出就动身入京。史可法无奈，只好请求到前线督师，离开朝廷而出镇淮安、扬州。五月十五日，福王正式即皇帝位。第二天，史可法向皇帝辞行，被加授太子太保衔，改任兵部尚书、武英殿大学士。而马士英就在当天入值内阁，提议将江北划分为四镇，东平伯刘泽清管辖淮安、海州，驻扎淮北，负责山东一路的战事；总兵官高杰管辖徐州、泗州，驻扎在泗水，负责开封、归德一路的战事；总兵官刘良佐管辖凤阳、寿州，驻扎在临淮，负责陈州、杞县一路的战事；靖南伯黄得功管辖滁州、和州，驻扎在庐州，负责光州、固始一路的战事。史可法开始启程，当即派遣使者北上寻访大行皇帝即崇祯皇帝及其皇后的梓宫和太子、永王、定王的下落，并奉命祭告凤阳、泗州两地的皇陵。

史可法离开朝廷，马士英、刘孔昭等人就更加肆无忌惮。刘孔昭因为张慎言举荐了吴甡，就在宫殿之上喧闹，并拔出佩刀追逐张慎言。史可法紧急上疏调解，但刘孔昭始终钳制着没让任用吕缲。史可法祭祀过凤阳、泗州皇陵之后，上疏说："皇上登极之初，只拜谒、祭奠了孝陵，哭泣尽哀，令路人也为之感动。如果亲自去拜祭凤阳、泗州的皇陵，亲眼看到两地满目蒿莱，鸡犬无声，人烟稀少，当会更加悲愤。希望皇上能够慎终如始，身处深宫广厦之中，则要思念着东北诸陵先祖灵魂尚不能安息；享受着美味佳肴，则要思念着东北诸陵之前一般供品还不能具备；接受上天的图谶和符箓，继承帝位，则要思虑先帝集中才智去克服腐败，励精图治，为什么会突遭危亡？每天早早上朝、很晚才罢朝，则思念先帝克勤克俭，为什么最终还是继送了祖宗的大业？战战兢兢，朝惕夕虑，时时刻刻不敢怠惰和荒废政事，这样列祖列宗各位先帝就会暗中保佑我朝中兴。如果只图偏安东南一隅，不考虑远谋大略，对贤臣、奸佞不能辨别，皇上的威断不灵，结果使老成之人弃官而去，英雄豪杰裹足不前，祖宗也会怨愤恐惧，天命也会暗中转移而去，即使东南一隅也不可能保全了。"福王答复，表示赞许。

黄得功、刘泽清、高杰等争着要驻扎在扬州。高杰先到，就大肆抢杀掳掠，搞得尸横遍野。城中人民群情激愤，自发组织起来登上城头的矮墙坚守城池,高杰攻打了整整一个月。刘泽清也在淮上大肆劫掠。临淮人对于奉命前来驻守的刘良佐军不予接纳,也被攻破城池。朝迁命令史可法前去调解,黄得功、刘良佐、刘泽清都表示愿意听命,他就到高杰军中去调停。高杰一向害怕史可法,史可法要来,高杰就命人连夜挖掘数十百个大坑,把暴露于野外的死人骨骸都掩埋起来。每天多次到营帐中朝拜史可法,言辞、脸色都变了,汗流浃背。史可法对待他开怀坦诚,对其部下也都好言相待,使高杰大喜过望。然而高杰也从此而有些轻视史可法,派自己的士兵作史可法的护卫(进行监视和控制),每有文书告示之类一定要自己先看过后才可让史可法发布实行。但史可法仍然心平气和地为他上疏请示,把高杰的军队驻扎在瓜州,高杰又非常高兴。自此高杰离去,扬州才得以平安,于是,史可法在扬州建立自己的指挥机构。

六月,清兵打败了李自成,李自成放弃北京向西撤退。青州等各个府县都不断杀死李自成任命的官吏,占据城池以求自保。史可法请求在这些地方颁发福王监国、登极两个诏书,以便安慰山东、河北地区军民的心。又在扬州开礼贤馆,招纳各地有才智的人,派监纪推官应廷吉主管这件事。八月,去巡视淮安,检阅刘泽清的军队。返回扬州后,上疏请拨给粮饷作为进军征伐的供应,马士英却吝惜而不给发放。史可法上疏催促,并且进一步指出:"近来人才日益减少,官场日益混乱,这是因为名利之心很强,可是实际上并不着意修养和努力,议论虽多,却很少取得实际的成功。现在的局势已非昔日可比,一定要专心讨伐流贼,收复国土,为崇祯皇帝报仇。这样,除了招募训练军队和筹措粮饷,就没有什么更值得议论的,除了能率兵打仗、筹措粮饷、出谋划策就谈不上什么人才。如果有空谈无用、投机钻营的人,要严厉处罚而不可宽恕。"皇帝下诏表示赞许。

起初,史可法担心高杰飞扬跋扈,派黄得功率军驻扎在仪真以防备他。九月初一,黄得功和高杰两军发生冲突,而高杰理屈;依靠史可法从中调解双方才得以和解。这时,在北京曾经投降流贼的大臣们开始陆续来到南方,史可法说:"这些大臣中原籍在北方的人,应该让他们尽快到吏部和兵部报到录用,不然的话,恐怕会损伤甚至断绝他南下归顺的忠心。"又说:"北京发生的事变,凡是明朝的臣子都是有罪的。在北方的应该跟着皇帝去死,难道在南方的就不是皇帝的臣子吗?就说我史可法当时掌管南京兵部,马士英担任凤阳总督,都没有能聚集东南地区的全部兵力火速北上增援,总兵官刘泽清、高杰因为兵力不足,又掉转过头来向南撤退。如此说来,首先应该严厉治罪的,是我们几个人。只是因为皇上承继大统,不仅没有加以处置,而且给予和很多恩典和荣耀。然而却单单对在北方的大臣们吹毛求疵,一概绳之以法,难道说那些散官闲职的人,其责任反而比我们南京兵部尚书、凤阳总督还重大吗?应该选择那些罪状明显的人,严格处罚,以便警告其他的人。如果并没有接受李自成授予的官职,并且被他们处以刑罚,凌辱,这些人可以不再追究。那些逃避在北方,徘徊犹豫,最后才南下归顺的人,应该允许他们戴罪讨贼立功,到我的军中酌情录用。"朝廷议论后表示全部接受他的意见。

高杰驻扎在扬州,桀骜不驯。史可法开诚布公,晓以利害,劝导他遵从君臣大义。高杰被深深感化,接受约束,服从指挥。十月,高杰率师北征,史可法到清江浦,又派遣官吏到开封屯田(以供应粮饷),筹划实施经略收复中原的大计。各部军队分别划分防守、出战的区域:从王家营向北到宿迁一线是最重要的战略通道，史可法亲自率兵防守，并沿黄河南岸建筑堡垒工事。十一月四日，乘船到鹤镇，得到情报说清兵已经进入宿迁，史可法率军进驻白洋河，命令总兵官刘肇基前去救援。清兵又回过头来进攻邳州，刘肇基又去增援，双方相持半个月才解围。

当时李自成败退到陕西后，仍然没有被消灭，史可法上疏请皇帝颁发讨伐贼寇的诏书，奏疏中说：

自从三月以来，（流寇攻克京城、逼死崇祯皇帝的）深仇大恨历历在目，却没有动一枪一箭（讨贼报仇）。昔日东晋偏安东南，其君臣们时刻都在图谋北伐，恢复中原，也仅仅能保住江东之地。宋室南渡，其君臣们尽力在荆湖、巴蜀地区抗金北伐，也仅仅能保住临安。一般来说，偏安一隅是恢复统一全国的退一步的下策，从来没有立志要偏安一隅，而能够自立自保的。北京被陷、皇帝自尽的事变之初，老百姓都痛哭流涕，士大夫们更是悲哀不已，还有朝气。现在军队骄横，粮饷匮乏，文官安逸，武将玩乐，很快已暮气沉沉了。黄河上的兵防，有很多缺乏管理和加强的地方。人心不能统一，严令不能推行。报仇的军队没有听说到过潼关、陕西，讨伐贼寇的诏书也没有传达于燕赵、齐鲁大地。君父之仇，竟然被置于忽视、遗忘的地步。对我们来说，即便是住着矮小简陋的宫室、吃着粗淡的饮食（克勤克俭），卧薪尝胆，聚集起全部的才智和精力，枕戈待旦，汇合各地的人力物力，破釜沉舟（誓师决战），还忧虑不能成功。以我看如今朝廷的筹划，百官的行事，根本不是这样。将军之所以能克敌制胜，靠的是士气；皇帝之所以能够驾驭诸将，靠的是意志。如果朝廷的意志不奋发，那么军队行兵征战的士气就不高昂。夏代君主少康不忘夏朝为后羿所灭迁于穷渎（即穷谷）的屈辱，汉光武帝刘秀不忘燃薪之时，（终于恢复了祖宗的大业）。我希望皇上要争取作少康、光武帝那样的中兴之主，而不希望左右在位的人都以晋元帝、宋高宗偏安东南的建议劝导皇上。

崇祯皇帝死于流贼之手，恭皇帝（即弘光皇帝之父福王朱常洵）也死于流贼之手，这是千古未有的深仇大恨。在北京的各位大臣，殉节而死者不多，在南方的各位大臣，讨伐流贼者也很少，这是千古未有的大耻大辱。平民之家，父兄被杀害，还悲痛得想要剖胸、断胫而死，才能甘心，更何况是在朝廷，难道能够漠然视之吗？我殷切盼望着皇上能迅速发布讨伐流贼的诏书，责成我和各位将军都挑选出精锐的部队，径直向关中进军，用尊贵的爵位悬赏有功的将士，给予将军们便宜行事之权，以便责成他们杀敌立功，取得胜利。这样的诏书布告天下，痛彻淋漓，差不多可以使天下的忠臣义士们听到之后，感于义愤，（纷纷前来效命）。

国家遭遇这样的巨大变故，皇上继位登极，和先朝不一样。大臣们只要有罪的就要处治，不曾立过大功的也可录用。现在恩外加恩，封赏不断，武臣们也腰系玉带，成了文官，珍宝奇器滥加赏赐。从今以后应当慎重行事，一定要把高官厚禄封赏有功之人，这样才能对猛将和勇士们有所激励。大军出征最害怕的是没有粮饷，搜刮民财当然不行，劝人捐助也难以维持不断。请皇上把不急迫的工程、可以停减的繁杂庞大的开支、每天早晚的燕乐、左右诸臣的进奉和贡献，一律废止。即使事情关系到朝仪典礼，也应该一律从节俭出发，流贼只要一天不被消灭，即使有深宫广厦、台榭曲廊、锦衣玉食，怎么能够安心享受呢？一定要时时刻刻想着复仇雪耻，振奋起全朝君臣的精神，聚集天下的物力，都用于选拔将领、训练军队这件事上，这样就可以鼓起天下的士气,回转天意,(成就大业)。

史可法每次写完奏疏,都要反复诵读,以致声泪俱下,听说此事的人感动得流下眼泪。

接着,清兵已经攻下邳州、宿迁,史可法急忙上疏飞报朝廷。而马士英却对人说:"他只不过想为防守黄河的将士们叙功请赏罢了。"故意拖延着不予解决粮饷供应。而各部也都互相观望,没有进军抗敌的意思,而且多次相互攻击。第二年,也就是清朝顺治二年,正月,前线各军粮饷匮乏,发生饥馑。不久,河上警报又不断传来。皇帝下诏令刘良佐、黄得功率军把守颍州、寿州,高杰率军进取归德、徐州。高杰到了睢州,被其部将许定国所杀。部下军队大乱,结果睢州周围二百里的地方劫掠屠戮殆尽。消息传来,史可法痛哭流涕,跺着脚长叹说:"恢复中原的计划无法实现了!"于是进入徐州城,任命总兵李本身为提督,统率高杰的余部。李本身,是高杰的外甥。任命胡茂顺为督师中军,李成栋为徐州总兵,各位将领分别划分战守区域;又立高杰的儿子元爵为世子,向朝廷请求给予抚恤,这样高杰的部下才平静下来。高杰的余部退回来之后,开封以南的地区都失陷了。马士英忌恨史可法威名很大,就提升原来的太子中允卫胤文为兵部右侍郎,总督兴平军,以削弱和夺取史可法的兵权。卫胤文是高杰的同乡,曾被流贼俘虏,南还后,高杰请求让他做自己的监军。高杰死后,卫胤文秉承马士英的意旨,上疏谴责史可法。马士英非常高兴,所以就有了这项任命,让他驻扎扬州。二月,史可法赶回扬州城中,还没有入城的时候,黄得功已派兵袭击卫胤文的兴平军,城中人非常害怕。史可法急忙派官前去调解,黄得功的军队才退去。

当时，清朝的大军已经占领了山东以及黄河南北地区，逼近淮南。四月初一日，史可法转移驻扎于泗州，以保护皇帝的祖陵。即将出行之时，左良玉发动兵变，顺江东下直指南京，皇帝下诏让史可法回军入都增援。渡江抵达燕子矶时，黄得功已经打败了左良玉的军队。于是，史可法直奔天长，传令各将援救盱眙。一会儿，战报传来，盱眙城守军已经投降清朝，泗州前去救援的将领候方岩全军覆没。史河法日夜兼程，直奔扬州。这时谣传说许定国率军杀来，要全歼高杰的部下，城中人都越关而出，所有船只都被驶走。史可法传令召集各部兵马，竟没有一个赶来。四月二十日，清军大规模前来围攻，大军驻扎在班竹园。第二天，总兵李栖凤、监军副使高岐凤率部出降，城中兵力更加虚弱。各文武官员分别到城墙上守城御敌，旧城的西门为险要之地，史可法亲自把守。史可法写了家书寄给母亲和妻子，并且说："我死之后，希望能埋葬在太祖高皇帝的陵墓旁边。"又过两天，清兵攻到了城墙下面，用大炮轰击城西北角，从而攻破城池。史可法自刎未死，在一个参将的保护下出小东门，结果被俘。史可法大呼说："我就是督师史可法！"于是就被杀害。扬州知府任民育、同知曲从直、王缵爵、江都知县周志畏、罗伏龙、两淮盐运使杨振熙、监饷知县吴道正、江都县丞王志端、赏功副将汪思诚、幕客卢渭等人都死于难。

史可法起初以定策拥立福王的功劳加封少保、兼太子太保，又以太后来到南京加封太傅、兼太子太傅，又叙论江北战功加封少师、兼太子太师，因擒获强盗程继孔的功劳加封少傅，他都极力推辞，皇帝不准许。后来因为官殿落成，又加封太师，又极力推辞，皇帝才允准。史可法在扬州督师，出行时从来不张伞盖，吃饭也从来没有两样菜，夏天不用扇子，冬天不穿皮衣，晚上睡觉也从不解去衣甲。已经四十多岁,还没有儿子,他妻子想为他娶一个小妾,他叹息着说:"国家的大事正紧急,怎么敢考虑儿女之事呢?"除夕之夜,办理文案之事到夜半更深,非常困倦,向厨子要酒喝,厨子报告说肉食菜肴都已经分给将士,没有可以佐酒的东西,于是就拿咸豆子下酒。史可法向来非常能喝酒,数斗不醉,但在军中从不饮酒。这天晚上,一连喝了数十杯,思念起崇祯皇帝,潸然泪下,爬到几案上睡着了。到天明的时候,将士们都聚集在辕门外,但大门还没有开。人们远远地询问是什么原因,知府任民育说:"相公这一夜能睡着觉,很难得啊!"让打更的人仍然敲四下鼓(表示天尚未明),告诫左右不要惊动他。不一会,史可法醒后,听到鼓声,大怒,说:"是谁违反我的号令?"将士们都述说任民育的良苦用意,才得免于处罚。史可法曾经独自一人住在军帐或船中,有人劝他应该谨慎戒备,他总是说:"人命在天。"史可法死后,人们寻找他的遗骨,但因天气炎热,很多尸体都膨胀腐烂变形,无法辨认。过了一年,他的家人拿着他的袍、笏招魂,葬在扬州城外的梅花岭。此后,各地起兵抗清的人,多假借他的名号行事,所以当时有史可法没有死的传言。

史可法没有儿子,临终遗命以副将史德威为他的养子。他有个弟弟叫史可程,崇祯十六年考中进士,任庶吉士。北京陷落后,曾投降流贼。流贼败退后,南归,史可法请求皇帝依法处置。皇帝因为史可法的缘故,免于治罪,令在家奉养老母。于是,史可程就居住在南京,后来流落寓居宜兴,又过了四十年去世。

明史卷二百九十九

列传第一百八十七

李时珍

李时珍，字东璧，蕲州人，好读医书，医家《本草》，自神农所传止三百六十五种，梁陶弘景所增亦如之，唐苏恭增一百一十四种，宋刘翰又增一百二十种，至掌禹锡、唐慎微辈，先后增补合一千五百五十八种，时称大备。然品类既烦，名称多杂，或一物而析为二三，或二物而混为一品，时珍病之。乃穷搜博采，芟烦补阙，历三十年，阅书八百余家，稿三易而成书，曰《本草纲目》。增药三百七十四种，厘为一十六部，合成五十二卷。首标正名为纲，余各附释为目，次以集解详其出产、形色，又次以气味、主治附方。书成，将上之朝，时珍遽卒。未几，神宗诏修国史，购四方书籍。其子建元以父遗表及是书来献，天子嘉之，命刊行天下，自是士大夫家有其书。时珍官楚王府奉祠正，子建中，四川蓬溪知县。

译文：

李时珍，字东璧，蕲州人。好读医书，医家《本草》，自神农所传下来的只有三百六十五种，梁朝陶弘景所增加的亦差不多，唐朝苏恭增加一百一十四种，宋朝刘翰又增加一百二十种，至掌禹锡、唐慎微等人时，先后增补共计一千五百五十八种，当时已经认为是最齐备了。但是品种类别既繁多，名称又很复杂，或者一种分析为二三种，或者两种不同的混为一类，李时珍很不满意。于是尽力搜寻广泛采集，削除繁复杂乱补入缺漏，经过了三十年，看书八百多种，三易其稿而写成一本书，称《本草纲目》。增加药三百七十四种，整理改定为一十六部，合成五十二卷。首先标出正名作为纲，其余各附解释为目，其次以集解的形式详细注明其产地、形状颜色，又再次是气味、主治的病并附药方。书写完，将要送上朝，李时珍突然死了。不久，神宗下诏修纂国史，购买各地的书籍。李时珍的儿子建元把父亲的遗表和这本书拿来献上，天子嘉奖他，命令刊印发行全国，从此士大夫家里有了这本书。李时珍的官职是楚王府奉祠正。儿子李建中，是四川蓬溪知县。

明史卷三百四

列传第一百九十二

郑　和

郑和，云南人，世所谓三保太监者也。初事燕王于藩邸，从起兵有功，累擢太监。

成祖疑惠帝亡海外，欲踪迹之，且欲耀兵异域，示中国富强。永乐三年六月命和及其侪王景弘等通使西洋。将士卒二万七千八百余人，多赍金币。造大舶，修四十四丈、广十八丈者六十二。自苏州刘家河泛海至福建，复自福建五虎门扬帆，首达占城，以次遍历诸番国，宣天子诏，因给赐其君长，不服则以武慑之。五年九月，和等还，诸国使者随和朝见。和献所俘旧港酋长。帝大悦，爵赏有差。旧港者，故三佛齐国也，其酋陈祖义，剽掠商旅。和使使招谕，祖义诈降，而潜谋邀劫。和大败其众，擒祖义，献俘，戮于都市。

六年九月再往锡兰山。国王亚烈苦柰儿诱和至国中，索金币，发兵劫和舟。和觇贼大众既出，国内虚，率所统二千余人，出不意攻破其城，生擒亚烈苦柰儿及其妻子官属。劫和舟者闻之，还自救，官军复大破之。九年六月献俘于朝。帝赦不诛，释归国。是时，交阯已破灭，郡县其地，诸邦益震詟，来者日多。

十年十一月复命和等往使，至苏门答剌。其前伪王子苏干剌者，方谋弑主自立，怒和赐不及己，率兵邀击官军。和力战，追擒之喃渤利，并俘其妻子，以十三年七月还朝。帝大喜，赉诸将士有差。

十四年冬，满剌加、古里等十九国咸遣使朝贡，辞还。复命和等偕往，赐其君长。十七年七月还。十九年春复往，明年八月还。二十二年正月，旧港酋长施济孙请袭宣慰使职，和赍敕印往赐之。比还，而成祖已晏驾。洪熙元年二月，仁宗命和以下番诸军守备南京。南京设守备，自和始也。宣德五年六月，帝以践阼岁久，而诸番国远者犹未朝贡，于是和、景弘复奉命历忽鲁谟斯等十七国而还。

和经事三朝，先后七奉使，所历占城、爪哇、真腊、旧港、暹罗、古里、满剌加、渤泥、苏门答剌、阿鲁、柯枝、大葛兰、小葛兰、西洋琐里、琐里、加异勒、阿拨把丹、南巫里、甘把里、锡兰山、喃渤利、彭亨、急兰丹、忽鲁谟斯、比剌、溜山、孙剌、木骨都束、麻林、剌撒、祖法儿、沙里湾泥、竹步、榜葛剌、天方、黎伐、那孤儿，凡三十余国。所取无名宝物，不可胜计，而中国耗废亦不赀。自宣德以还，远方时有至者，要不如永乐时，而和亦老且死。自和后，凡将命海表者，莫不盛称和以夸外番，故俗传三保太监下西洋，为明初盛事云。

译文：

郑和，云南人，就是俗称的三保太监。开始时在藩邸侍奉燕王，后来跟随靖难起兵立了功，一直提拔到当了太监。

明成祖怀疑惠帝逃亡到海外，想追踪他，亦想向外国炫耀武力，显示中国的富强。永乐三年六月，命郑和和他的同事王景弘等出使西洋。带领了士卒二万七千八百余人，带了许多黄金和丝织品等。造了大船，其中有六十二只长四十四丈、阔十八丈的。从苏州刘家河出海到福建，再从福建五虎门出航，首先到达占城，以后一一到各国，宣布天子的诏令，赏赐他们的君长，有不服的便用武力压服他。永乐五年九月，郑和等回国，各国使者跟随郑和前来朝见。郑和献上俘获的旧港酋长。皇帝很高兴，分别给予他们不同的爵位和赏赐。所谓旧港，就是以前的三佛齐国，他的酋长陈祖义，抢掠过往商人和旅客。郑和派人招抚晓谕他，陈祖义诈降，而暗中半路拦截抢劫。郑和把他打得大败，俘虏了陈祖义，回朝献俘，在都市把他杀了。

永乐六年九月再去锡兰山。国王亚烈苦奈儿引诱郑和到他的国中，勒索黄金，并出兵抢劫郑和的船。郑和侦察到他们大多数人都已经外出，国内空虚，于是带领自己统属的二千余人，出其不意的攻破了他的城，生俘亚烈苦奈儿和他的妻子官属。去抢劫郑和船队的人得到消息，回来自救，明军再把他打得大败。永乐九年六月，在朝廷献俘虏。皇帝赦免亚烈苦奈儿不杀，把他释放回国。这时交阯已经被明军攻破，在那里设置了郡县，各国更加震惊害怕，来朝贡的越来越多。

永乐十年十一月再命郑和等出使，到了苏门答剌。他以前的伪王子叫苏干剌的，正阴谋杀了君主自立，恨郑和赐礼物不给他，带领了军队截击明军。郑和力战，追到喃渤利把他抓住，并俘虏了他的妻子，于永乐十三年七月回朝。皇帝非常高兴，分别给予官兵不同的赏赐。

永乐十四年冬，满剌加、古里等十九个国家都派使臣前来朝贡，他们告辞回国时，再命郑和等一同前往，赏赐他们的君长。

永乐十七年七月回朝。永乐十九年春天再去，次年八月回来。永乐二十二年正月，旧港酋长施济孙请求承袭宣慰使的职务，郑和捧着敕文和大印前往赐给他，待郑和回来时，成祖已经去世。洪熙元年二月，仁宗命令郑和带领下西洋的部队守备南京。南京设守备，是从郑和开始的。宣德五年六月，皇帝因为即位已经很久，而各国远的还未来朝贡，于是郑和、王景弘再次奉命出使，经历忽鲁谟斯等十七国才回来。

郑和经历了三朝，先后七次受命出使，所到过的有占城、爪哇、真腊、旧港、暹罗、古里、满剌加、渤泥、苏门答剌、阿鲁、柯枝、大葛兰、小葛兰、西洋琐里、琐里、加异勒、阿拨把丹、南巫里、甘把里、锡兰山、喃渤利、彭亨、急兰丹、忽鲁谟斯、比剌、溜山、孙剌、木骨都束、麻林、剌撒、祖法儿、沙里湾泥、竹步、榜葛剌、天方、黎伐、那孤儿、共三十余国。所取得的不知名的宝物之多，不可胜数，但中国所耗费的财力亦难以胜计。自宣德以后，远方亦常有来的，但远不如永乐时多，而郑和亦老死了。从郑和以后，凡奉命到海外的，无不盛赞郑和以向外国炫耀，故世俗相传三保太监下西洋，是明初最盛大的事。

王　振

王振，蔚州人。少选入内书堂。侍英宗东宫，为局郎。初，太祖禁中官预政。自永乐后，渐加委寄，然犯法辄置极典。宣宗时，袁琦令阮巨队等出外采办。事觉，琦磔死，巨队等皆斩。又裴可烈等不法，立诛之。诸中官以是不敢肆。及英宗立，年少。振狡黠得帝欢，遂越金英等数人掌司礼监，导帝用重典御下，防大臣欺蔽。于是大臣下狱者不绝，而振得因以市权。然是时，太皇太后贤，方委政内阁。阁臣杨士奇、杨荣、杨溥，皆累朝元老，振心惮之未敢逞。

至正统七年，太皇太后崩，荣已先卒，士奇以子稷论死不出，溥老病，新阁臣马愉、曹鼐势轻，振遂跋扈不可制。作大第皇城东，建智化寺，穷极土木。兴麓川之师，西南骚动。侍讲刘球因雷震上言陈得失，语刺振。振下球狱，使指挥马顺支解之。大理少卿薛瑄、祭酒李时勉素不礼振。振摭他事陷瑄几死，时勉至荷校国子监门。御史李铎遇振不跪，谪戍铁岭卫。驸马都尉石璟詈其家阉，振恶贱已同类，下璟狱。怒霸州知州张需禁饬牧马校卒，逮之，并坐需举主王铎。又械户部尚书刘中敷，侍郎吴玺、陈瑺于长安门。所忤恨，辄加罪谪。内侍张环、顾忠，锦衣卫卒王永心不平，以匿名书暴振罪状。事发，磔于市，不覆奏。

帝方倾心响振，尝以先生呼之。赐振敕，极褒美。振权日益积重，公侯勋戚呼曰翁父。畏祸者争附振免死，赇赂辏集。工部郎中王祐以善谄擢本部侍郎，兵部尚书徐晞等多至屈膝。其从子山、林至荫都督指挥。私党马顺、郭敬、陈官、唐童等并肆行无忌。久之，构衅瓦剌，振遂败。

瓦剌者，元裔也。十四年，其太师也先贡马，振灭其直，使者恚而去。秋七月，也先大举入寇，振挟帝亲征。廷臣交谏，弗听。至宣府，大风雨，复有谏者，振益虓怒。成国公朱勇等白事，咸膝行进。尚书邝埜、王佐忤振意，罚跪草中。其党钦天监正彭德清以天象谏，振终弗从。八月己酉，帝驻大同，振益欲北。镇守太监郭敬以敌势告，振始惧。班师，至双寨，雨甚。振初议道紫荆关，由蔚州邀帝幸其第，既恐蹂乡稼，复改道宣府。军士纡回奔走，壬戌始次土木。瓦剌兵追至，师大溃。帝蒙尘，振乃为乱兵所杀。败报闻，百官恸哭，都御史陈镒等廷奏振罪，给事中王竑等立击杀马顺及毛、王二中官。郕王命裔王山于市，并振党诛之，振族无少长皆斩。振擅权七年，籍其家，得金银六十余库，玉盘百，珊瑚高六七尺者二十余株，他珍玩无算。

先是，郭敬镇大同，岁造箭镞数十瓮，以振命遗瓦剌，瓦剌辄报以良马。及帝亲征，西宁侯宋瑛、驸马都尉井源为前锋，遇敌阳和，敬又挠使败。至是逃归，亦坐诛。

英宗复辟，顾念振不置。用太监刘恒言，赐振祭，招魂以葬，祀之智化寺，赐祠曰精忠。而振门下曹吉祥复以夺门功，有宠颛政。

译文：

  王振，蔚州人。少年时代被选入内书堂。后在东宫侍奉英宗，作局郎。明初，太祖严禁宦官干预朝政。自从永乐以后，渐渐地委以重任，然而一旦触犯刑法，也总是处以极刑。宣宗时，袁琦指派阮巨队等人出外采办方物，事情被发觉后，袁琦被处死，阮巨队等人也都被处斩。又有裴可烈等人行为不法，当即被诛杀。因此，每个宦官也都不敢放肆。等到英宗即位，年纪幼小，王振以其狡猾乖巧讨得皇帝的欢心，于是越过金英等数人登上了司礼监秉笔太监的宝座，劝导皇帝以重刑立威，控制臣下，防止大臣们欺骗蒙蔽。从此大臣们被下狱治罪的情况不断发生，而王振得以攫取更大的权力。然而在当时，太皇太后很贤明，把军政大事都委托给内阁办理。阁臣杨士奇、杨荣、杨溥都是几朝元老，王振内心还有所忌惮，不敢肆意妄为。

  到了正统七年，太皇太后驾崩。而杨荣已先此去世，杨士奇因为儿子杨稷犯了死罪而被迫退职,杨溥又年老多病,新任阁臣马愉、曹鼐权势轻微,王振便因此飞扬跋扈而不可控制。在皇城的东面建筑豪华的宅第,又建智化寺,大兴土木,穷极挥霍。又调动军队征伐麓川,使整个西南地区因此而骚动。翰林院侍讲学士刘球因逢雷震上书陈述政治得失,话语刺中王振。王振把他下到狱中,并且指使其亲信锦衣卫指挥马顺把他肢解而死。大理寺少卿薛瑄、国子祭酒李时勉向来不趋奉礼遇王振,王振就借其他事陷害薛瑄,差一点置之死地,李时勉则被戴上枷锁,在国子监门前示众。御史李铎遇见王振不下跪,被贬到铁岭卫去充军。驸马都尉石璟责骂他家中的阉人,王振恼恨他看不起自己的同类,就把石璟下狱治罪。他对霸州知州张需整顿牧马军校一事很恼怒,把张需逮了起来,并且使举荐张需的王铎也受到连坐。又把户部尚书刘中敷、侍郎吴玺、陈瑺戴上刑具在长安门示众。凡是与他有矛盾而为其嫉恨的人,都被加上罪名贬官。内侍张环、顾忠,锦衣卫士卒王永心中不平,用匿名信的方式揭露王振的罪状。事情被发现后,被凌迟处死于市中,不再奏报。

  皇帝当时正倾心宠信王振,曾以"先生"来称呼他。又赐给他敕文,极力褒奖赞美他。王振的权势日益加重,连公、侯、勋臣、外戚都尊称他为"翁父"。害怕取祸的人都争着依附王振以免一死,奉迎贿赂的人接连不断。工部郎中王祐因为善于谄媚而被提升为本部的侍郎,兵部尚书徐晞等人甚至经常在王振面前屈膝下跪。王振的侄子王山、王林都受恩荫做了都督、指挥。他的私党马顺、郭敬、陈官、唐童等人均横行无忌。很久以后,由于和瓦剌结怨(并挟帝亲征),王振才遭败亡。

  瓦剌,是蒙古的后裔。正统十四年,瓦剌的太师也先(派使者)向明朝进贡马匹,王振压低了这些马匹的价格,瓦剌的使者怏怏而去。当年秋七月,也先率军大举入侵,王振挟持皇帝御驾亲征。朝廷大臣交相劝谏,他都不听。行军至宣府时,遇到大风雨,又有人进谏,王振越发恼怒。成国公朱勇等人禀报事情,都是跪着上前。尚书邝埜、王佐违背了王振的旨意,竟被罚跪在草丛中。王振的同党钦天监正彭德清以天象不吉利进行劝谏,他终究也没有听从。八月乙酉这天,英宗皇帝率军驻扎于大同,王振不想继续北行。镇守太监郭敬告诉他敌势险恶,王振才开始感到畏惧,下令班师回朝。行至双寨,雨下得很大。王振最初提议取道紫荆关,经过蔚州,邀请皇帝驾临他的老家。后来又害怕大军所过会践踏他家乡的庄稼,又改道宣府。军士们来回奔波,壬戌这天才到达土木堡。这时瓦剌的追兵赶到,明军全部溃败。英宗皇帝被俘虏,王振被乱军杀死。失败的消息传到京师,百官痛哭,都御史陈镒等上疏揭发王振的罪行,给事中王竑等人当即诛杀了(王振的亲信)马顺及毛、王两个宦官。郕王命将(其侄)王山剁成肉酱,并且把王振的同党全部诛杀,他的家族无论年纪大小统统处斩。王振擅权乱政七年,(聚敛了大量钱财),抄没他的家产共计有:金银六十多库,玉盘上百个,珊瑚树高达六七尺的就有二十多株,其他珍玩难以数计。

以前,郭敬镇守大同,每年打造箭镞几十瓮,根据王振的命令全部赠给瓦剌,瓦剌也总是赠给良马作为回报。等到皇帝亲征瓦剌时,西宁侯宋瑛、驸马都尉井源为前锋,在阳和一带和敌人遭遇,郭敬又从中阻挠,使明军失败。在这时逃回京师,也被诛杀。

英宗重新当上皇帝后,对王振仍然念念不忘。听从太监刘恒的话,特别恩赐为王振举行祭奠,招致他的亡魂而安葬,供奉在智化寺中，并为其祭祠赐名叫精忠。而王振的门徒宦官曹吉祥又依恃帮助英宗发动夺门之变、恢复帝位的功劳，深得皇帝的宠信，把持了朝政。

刘　瑾

刘瑾，兴平人。本谈氏子，依中官刘姓者以进，冒其姓。孝宗时，坐法当死，得免。已，得侍武宗东宫。武宗即位，掌钟鼓司，与马永成、高凤、罗祥、魏彬、丘聚、谷大用、张永并以旧恩得幸，人号"八虎"，而瑾尤狡狠。尝慕王振之为人，日进鹰犬、歌舞、角觝之戏，导帝微行。帝大欢乐之，渐信用瑾，进内官监，总督团营。孝宗遗诏罢中官监枪及各城门监局，瑾皆格不行，而劝帝令内臣镇守者各贡万金。又奏置皇庄，渐增至三百余所，畿内大扰。

外廷知八人诱帝游宴，大学士刘健、谢迁、李东阳骤谏，不听。尚书张升，给事中陶谐、胡煜、杨一瑛、张襘，御史王涣、赵佑，南京给事、御史李光翰、陆昆等，交章论谏，亦不听。五官监候杨源以星变陈言，帝意颇动。健、迁等复连疏请诛瑾，户部尚书韩文率诸大臣继之。帝不得已，使司礼太监陈宽、李荣、王岳至阁，议遣瑾等居南京。三反，健等执不可。尚书许进曰："过激将有变。"健不从。王岳者，素謇直，与太监范亨、徐智心嫉八人，具以健等语告帝，且言阁臣议是。健等方约文及诸九卿诘朝伏阙面争，而吏部尚书焦芳驰白瑾。瑾大惧，夜率永成等伏帝前环泣。帝心动，瑾因曰："害奴等者王岳。岳结阁臣欲制上出入，故先去所忌耳。且鹰犬何损万几。若司礼监得人，左班官安敢如是。"帝大怒，立命瑾掌司礼监，永成掌东厂，大用掌西厂，而夜收岳及亨、智充南京净军。旦日诸臣入朝，将伏阙，知事已变，于是健、迁、东阳皆求去。帝独留东阳，而令焦芳入阁，追杀岳、亨于途，棰智折臂。时正德元年十月也。

瑾既得志，遂以事革韩文职，而杖责请留健、迁者给事中吕翀、刘蒨及南京给事中戴铣等六人，御史薄彦徽等十五人。守备南京武靖伯赵承庆、府尹陆珩、尚书林瀚，皆以传翀、蒨疏得罪，珩、瀚勒致仕，削承庆半禄。南京副都御史陈寿，御史陈琳、王良臣，主事王守仁，复以救铣等谪杖有差。瑾势日益张，毛举官僚细过，散布校尉，远近侦伺，使人救过不赡。因颛擅威福，悉遣党阉分镇各边。叙大同功，迁擢官校至一千五百六十余人，又传旨授锦衣官数百员。《通鉴纂要》成，瑾诬诸翰林纂修官誊写不谨，皆被谴，而命文华殿书办官张骏等改誊，超拜官秩。骏由光禄卿擢礼部尚书，他授京卿者数人，装潢匠役悉授官。创用枷法，给事中吉时，御史王时中，郎中刘绎、张玮，尚宝卿顾璹，副使姚祥，参议吴廷举等，并摭小过，枷濒死，始释而戍之。其余枷死者无数。锦衣狱徽纆相属。恶锦衣佥事牟斌善视狱囚，杖而锢之。府丞周玺、五官监候杨源杖至死。源初以星变陈言，罪瑾者也。瑾每奏事，必侦帝为戏弄时。帝厌之，亟麾去曰："吾用若何事，乃溷我！"自此遂专决，不复白。

二年三月，瑾召群臣跪金水桥南，宣示奸党，大臣则大学士刘健、谢迁，尚书则韩文、杨守随、张敷华、林瀚，部曹则郎中李梦阳，主事王守仁、王纶、孙磐、黄昭，词臣则检讨刘瑞，言路则给事中汤礼敬、陈霆、徐昂、陶谐、刘蒨、艾洪、吕翀、任惠、李光翰、戴铣、徐蕃、牧相、徐暹、张良弼、葛嵩、赵士贤，御史陈琳、贡安甫、史良佐、曹闵、王弘、任诺、李熙、王蕃、葛浩、陆昆、张鸣凤、萧乾元、姚学礼、黄昭道、蒋钦、薄彦徽、潘镗、王良臣、赵佑、何天衢、徐珏、杨璋、熊卓、朱廷声、刘玉等，皆海内号忠直者也。又令六科寅入酉出，使不得息，以困苦之。令文臣毋辄予封诰，痛绳文吏。宁王宸濠图不轨，赂瑾求复护卫。瑾予之，濠反谋遂成。瑾不学，每批答章奏，皆持归私第，与妹婿礼部司务孙聪、华亭大猾张文冕相参决，辞率鄙冗，焦芳为润色之，东阳颔首而已。

当是时，瑾权擅天下，威福任情。有罪人溺水死，乃坐御史匡翼之罪。尝求学士吴俨贿，不得，又听都御史刘宇谗，怒御史杨南金，乃以大计外吏奏中，落二人职。授播州土司杨斌为四川按察使。令奴婿间洁督山东学政。公侯勋戚以下，莫敢钧礼，每私谒，相率跪拜。章奏先具红揭投瑾，号红本，然后上通政司，号白本，皆称刘太监而不名。都察院奏谳误名瑾，瑾怒詈之，都御史屠滽率属跪谢乃已。遣使察核边仓，都御史周南、张鼐、马中锡、汤全、刘宪，布政以下官孙禄、冒政、方矩、华福、金献民、刘逊、郭绪、张翼，郎中刘绎、王荩等，并以赦前罪，下狱追补边粟，宪至瘐死。又察盐课，杖巡盐御史王润，逮前运使宁举、杨奇等。察内甲字库，谪尚书王佐以下百七十三人。复创罚米法，尝忤瑾者，皆摘发输边。故尚书雍泰、马文升、刘大夏、韩文、许进，都御史杨一清、李进、王忠，侍郎张缙，给事中赵士贤、任良弼，御史张津、陈顺、乔恕、聂贤、曹来旬等数十人悉破家，死者系其妻孥。

其年夏，御道有匿名书诋瑾所行事，瑾矫旨召百官跪奉天门下。瑾立门左诘责，日暮收五品以下官尽下狱。明日，大学士李东阳申救，瑾亦微闻此书乃内臣所为，始释诸臣。而主事何钺、顺天推官周臣、进士陆伸已喝死。是日酷暑，太监李荣以冰瓜啗群臣，瑾恶之。太监黄伟愤甚，谓诸臣曰："书所言皆为国为民事，挺身自承，虽死不失为好男子，奈何枉累他人。"瑾怒，即日勒荣闲住，而逐伟南京。

时东厂、西厂缉事人四出，道路惶惧。瑾复立内行厂，尤酷烈，中人以微法，无得全者。又悉逐京师客佣，令寡妇尽嫁，丧不葬者焚之，辇下汹汹几致乱。都给事中许天锡欲劾瑾，惧弗克，怀疏自缢。

瑾故急贿，凡入觐、出使官皆有厚献。给事中周钥勘事归，以无金自杀。其党张彩曰："今天下所馈遗公者，非必皆私财，往往贷京师，而归则以库金偿。公奈何敛怨贻患。"瑾然之。会御史欧阳云等十余人以故事入赂，瑾皆举发致罪。乃遣给事、御史十四人分道盘察，有司争厚敛以补帑。所遣人率阿瑾意，专务搏击，劾尚书顾佐、侣锺、韩文以下数十人。浙江盐运使杨奇逋课死，至鬻其女孙。而给事中安奎、潘希曾，御史赵时中、阮吉、张彧、刘子厉，以无重劾下狱。奎、彧枷且死，李东阳疏救，始释为民。希曾等亦皆杖斥，忤意者谪斥有差。又矫旨籍故都御史钱钺、礼部侍郎黄景、尚书秦纮家。凡瑾所逮捕，一家犯，邻里皆坐，或瞰河居者，以河外居民坐之。屡起大狱，冤号遍道路。《孝宗实录》成，翰林预纂修者当迁秩，瑾恶翰林官素不下己，调侍讲吴一鹏等十六人南京六部。

是时，内阁焦芳、刘宇，吏部尚书张彩，兵部尚书曹元，锦衣卫指挥杨玉、石文义，皆为瑾腹心。变更旧制，令天下巡抚入京受敕，输瑾赂。延绥巡抚刘宇不至，逮下狱。宣府巡抚陆完后至，几得罪，既赂，乃令试职视事。都指挥以下求迁者，瑾第书片纸曰"某授某官"，兵部即奉行，不敢复奏。边将失律，赂入，即不问，有反升擢者。又遣其党丈边塞屯地，诛求苛刻。边军不堪，焚公廨，守臣谕之始定。给事中高淓丈沧州，所劾治六十一人，至劾其父高铨以媚瑾。又以谢迁故，令余姚人毋授京官。以占城国使人亚刘谋逆狱，裁江西乡试额五十名，仍禁授京秩如余姚，以焦芳恶彭华故也。瑾又自增陕西乡试额至百名，亦为芳增河南额至九十五名，以优其乡士。其年，帝大赦，瑾峻刑自如。刑部尚书刘璟无所弹劾，瑾诟之。璟惧，劾其属王尚宾等三人，乃喜。给事中郗夔核榆林功，惧失瑾意，自缢死。给事中屈铨、祭酒王云凤请编瑾行事，著为律令。

五年四月，安化王寘鐇反，檄数瑾罪。瑾始惧，匿其檄，而起都御史杨一清、太监张永为总督，讨之。初，与瑾同为八虎者，当瑾专政时，有所请多不应，永成、大用等皆怨瑾。又欲逐永，永以谲免。及永出师还，欲因诛瑾，一清为画策，永意遂决。瑾好招致术士，有俞日明者，妄言瑾从孙二汉当大贵。兵仗局太监孙和数遗以甲仗，两广镇监潘午、蔡昭又为造弓弩，瑾皆藏于家。

永捷疏至，将以八月十五日献俘，瑾使缓其期。永虑有变，遂先期入，献俘毕，帝置酒劳永，瑾等皆侍。及夜，瑾退，永出寘鐇檄，因奏瑾不法十七事。帝已被酒，俯首曰："瑾负我。"永曰："此不可缓。"永成等亦助之。遂执瑾，系于菜厂，分遣官校封其内外私第。次日晏朝后，帝出永奏示内阁，降瑾奉御，谪居凤阳。帝亲籍其家，得伪玺一，穿宫牌五百及衣甲、弓弩、衮衣、玉带诸违禁物。又所常持扇，内藏利匕首二。始大怒曰："奴果反。"趣付狱。狱具，诏磔于市，枭其首，榜狱词处决图示天下。族人、逆党皆伏诛。张彩狱毙，磔其尸。阁臣焦芳、刘宇、曹元而下，尚书毕亨、朱恩等，共六十余人，皆降谪。已，廷臣奏瑾所变法，吏部二十四事，户部三十余事，兵部十八事，工部十三事，诏悉厘正如旧制。

译文：

刘瑾，兴平人。本来是谈家的子弟，因为依靠姓刘的太监进了宫，便冒充姓刘。孝宗时，刘瑾犯法，应该处死，得到免罪。后来，到了东宫侍候武宗。武宗即帝位，刘瑾掌管钟鼓司，他和马永成、高凤、罗祥、魏彬、丘聚、谷大用、张永都因为武宗在东宫时的旧关系，得到宠幸，人们号称他们为"八虎"，而刘瑾尤其狡猾阴狠。刘瑾最敬仰王振的为人，每天向武宗进奉飞鹰猎犬、唱歌跳舞、摔跤之类的游戏，引导皇帝改易服装偷偷出去玩，皇帝心花怒放，逐渐信用他，升为官监，总督在北京的军队。孝宗临终遗诏，令撤销中官监枪和各城门监局。刘瑾都拒绝执行，还劝皇帝命令担任镇守的内臣每人进贡万金。又奏请设置皇庄，这些皇庄逐渐增加到三百多处，京城附近地区大受骚扰。

朝中大臣知道刘瑾等八个人引诱皇帝吃喝玩乐，大学士刘健、谢迁、李东阳多次认真进谏，皇帝不听，尚书张升，给事中陶谐、胡煜、杨一瑛、张襘、御史王涣、赵佑，南京给事、御史李光翰、陆昆等，也纷纷上奏章论述这样做的危害，也不听。五官监候杨源用星象有变告警来劝说，皇帝思想上稍微有点活动。刘健、谢迁等再接二连三地上疏请求处死刘瑾，户部尚书韩文率领各大臣上疏也提出同样的请求，皇帝不得已，只好派司礼太监陈宽、李荣、王岳到内阁，商议遣送刘瑾等住到南京去。三去三返，刘健等坚持自己的意见，不同意这个决定。尚书许进说："过于激烈将会发生变故。"刘健不听从。王岳这个人，向来忠诚正直，他和太监范亨、徐智心里憎恨这八个人，便把刘健等的意见都告诉了皇帝，而且说内阁大臣的主张是正确的。刘健等正在约韩文和各大臣在次日早晨朝见皇帝时当面规劝，而吏部尚书焦芳却飞马去告诉刘瑾，刘瑾知道后十分害怕，夜里带领马永成等在皇帝面前跪成一圈哭泣。皇帝心软了，刘瑾趁机说："害我们的是王岳。王岳勾结内阁大臣，企图限制皇上的行动，所以要先把他们所顾忌的人去掉罢了。况且鹰犬对处理国家大事有什么害处。如果司礼监掌握在得力的人的手里，这些阁臣怎么敢这样做。"皇帝大怒，立即任命刘瑾掌管司礼监，马永成掌管东厂，谷大用掌管西厂，而连夜逮捕了王岳和范亨、徐智，把他们发配到南京充当净军。次日早晨各大臣入朝，将要拜见皇帝，知道情况已经变化，于是刘健、谢迁、李东阳都提出辞职。皇帝只留下李东阳，同时任命焦芳入内阁，派人把王岳、范亨杀死于途中，用鞭打断了徐智的臂膀。这时是正德元年十月。

刘瑾已经得志，便借故撤了韩文的职，并杖打请求留用刘健、谢迁的给事中吕翀、刘菬及南京给事中戴铣等六个人，御史薄彦徽等十五个人。负责守备南京的武靖伯赵承庆、府尹陆珩，尚书林瀚都因为传递吕翀、刘菬的奏疏而得罪，陆珩、林瀚被强迫退职回乡，削掉赵承庆一半俸禄。南京副都御史陈寿，御史陈琳、王良臣，主事王守仁又因为营救戴铣等人，分别受到降职杖打的处分。刘瑾势力越来越大，吹毛求疵地指责官员们微小的过失，派出校尉到各处进行特务活动，使人防不胜防。为了独揽大权作威作福，全部派遣宦官中的同伙分别镇守各边防要地。评议大同战功时，提升官校达到一千五百六十余人，又传圣旨把锦衣卫的官职授给数百人。《通鉴纂要》编成，刘瑾诬陷各翰林纂修官抄写不恭谨，统统都受到了谴责，而命令文华殿负责书写的张骏等重新抄写，越级提升他们。张骏由光禄卿提升为礼部尚书，其他被任命为京城大官的有好几人，连装潢这本书的工匠也都授予官职。刘瑾首先发明使用给官吏带枷的刑法,给事中吉时,御史王时中,郎中刘绎、张玮,尚宝卿顾璿,副使姚祥,参议吴廷举等,都因为被刘瑾抓到一些小过失,给枷得奄奄一息,才放了去充军。其余被枷死的人无法统计。锦衣狱不断囚禁人。恨锦衣卫佥事牟斌对犯人宽大,把他杖打后又关起来。府丞周玺,五官监候杨源被杖打致死。杨源就是当初用星象有变进谏,主张法办刘瑾的人。刘瑾每次向皇帝奏事,一定是找皇帝正在寻欢作乐的时候。皇帝讨厌奏事,赶快撵他走,说:"我用你干什么?这样来缠我。"从此刘瑾便自作主张,不再请示。

正德二年三月,刘瑾召集群臣跪在金水桥南面,宣布奸党的姓名,大臣则是大学士刘健、谢迁、尚书则是韩文、杨守随、张敷华、林瀚,京师各部司官则是郎中李梦阳,主事王守仁、王纶、孙磐、黄昭、文学侍从官则是检讨刘瑞,监察方面官员则是给事中汤礼敬、陈霆、徐昂、陶谐、刘蒨、艾洪、吕翀、任惠、李光翰、戴铣、徐蕃、牧相、徐暹、张良弼、葛嵩、赵士贤、御史陈琳、贡安甫、史良佐、曹闵、王弘、任诺、李熙、王蕃、葛浩、陆昆、张鸣凤、萧乾元、姚学礼、黄昭道、蒋钦、薄彦徽、潘镗、王良臣、赵佑、何天衢、徐珏、杨璋、熊卓、朱廷声、刘玉等,都是海内认为是忠诚正直的人。又命令吏、户、礼、兵、刑、工六科的官员大清早就得上班,晚上才能回家,使他们得不到休息,以折磨他们。下令不要动不动就给文臣封诰,狠狠地整饬文官小吏。宁王朱宸濠企图谋反,贿赂刘瑾,请求恢复早在先朝便被革去了的护卫武装力量。刘瑾照办,朱宸濠反叛的计划这就完成了。刘瑾不学无术,每次批示大臣的奏章,都是带回家里,和妹夫礼部司务孙聪、华亭狡猾奸诈之徒张文冕商议,措词都是庸俗冗长,由焦芳加以润饰,李东阳只能点头赞同罢了。

在这个时候，刘瑾控制了全国大权，任意作威作福，有个犯人落水淹死了，竟硬判定是御史匡翼的罪过。曾经勒索学士吴俨给予贿赂，没有到手；又听都御史刘宇的谗言，憎恨御史杨南金，于是借口考核地方官吏，向皇帝上奏疏，罢了吴俨、杨南金的官。任命播州土司杨斌为四川按察使。任命家奴的女婿闫洁督察山东的教育。无论是公侯勋贵、皇亲国戚，都没有人敢和刘瑾平起平坐，每次私下拜见他时，一个个都向他叩头、打躬作揖。给皇帝上奏本，先要用红色帖子送给刘瑾，称为红本，然后再上报通政司，称为白本，对刘瑾都称呼为刘太监而不写他的名字。都察院审判定罪的奏疏中，不小心写上了刘瑾的名字，刘瑾恼羞成怒，痛骂他们，直到都御史屠滽带领下属跪下道歉，才算了事。派出使者查核边境的仓库，都御史周南、张鼐、马中锡、汤全、刘宪，布政以下官孙禄、冒政、方矩、华福、金献民、刘逊、郭绪、张翼，郎中刘绎、王荩等，都连同以前已经赦免的罪并论，关到监狱追逼补缴边防军粮，以致刘宪病死在狱中。又检查盐税，杖打巡盐御史王润，逮捕前任盐运使宁举、杨奇等。检查内库中的甲字库，把尚书王佐以下一百七十三人放逐或降职。又创设罚米法，凡是曾经得罪刘瑾的，都被揭发，并罚他们交纳粮食到边境的仓库。从前的尚书雍泰、马文升、刘大夏、韩文、许进，都御史杨一清、李进、王忠，侍郎张缙，给事中赵士贤、任良弼，御史张津、陈顺、乔恕、聂贤、曹来旬等几十人，都倾家荡产，已经死了的则把他的妻子儿女关起来。

正德三年夏天，在宫内的路上发现了抨击刘瑾所作所为的匿名信。刘瑾假传圣旨，召集全体官员跪在奉天门下。刘瑾站在门的东面责问他们，傍晚，把五品以下的官全部关到监狱。第二天,大学士李东阳为被捕的人申述营救,刘瑾也听到一点消息,说这封匿名信是太监中的人干的,才释放了这些官员。但是主事何苡、顺天推官周臣、进士陆伸已经中暑死了,这一天天气酷热,太监李荣把冰镇的瓜给官员们吃,刘瑾很恨他。太监黄伟十分愤慨地对官员们说:"这封信内所说的都是为国为民的事,写的人自己站出来承认,虽然死了也算得上好男子,何必无辜连累他人。"刘瑾听了很生气,当天就强迫李荣离职闲住,而把黄伟放逐到南京。

当时东厂、西厂的特务四出活动,人心惶惶。刘瑾还设立内行厂,更为残酷,用微不足道的规范来中伤别人,没有能够完全没事的人。又全部驱逐在京师的外地佣人,命令寡妇一律要嫁人,未葬的尸体都要焚烧,京师骚动,几乎大乱。都给事中许天锡想弹劾刘瑾,害怕不成功,把揭发刘瑾的奏疏放在身上,上吊自杀。

刘瑾本来是个贪得无厌的人,凡是进京拜见皇帝、出外差的官员,都要送厚礼给他。给事中周钥外出调查回来,因为无钱送礼而自杀。刘瑾的党羽张彩对他说:"现在人们赠送给您的,不一定是他们自己的东西,往往是在京师借了钱,回去后用公款来偿还的。您老人家何必结怨,留下后患。"刘瑾同意他的看法。刚好御史欧阳云等十几个人按老规矩送来贿赂,刘瑾把他们都揭发判罪。于是派给事中、御史十四人,分头到各道盘查,各个部门加紧搜刮以充实库金。刘瑾所派出的人都讨好他,专门充当打手,弹劾尚书顾佐、侣钟、韩文和他们以下的几十个人。浙江盐运使杨奇拖欠盐税,死了,连孙女也被卖掉。而给事中安奎、潘希曾,御史赵时中、阮吉、张彧、刘子厉,因为没有重大的弹劾,被关到监狱。安奎、张彧受枷刑,几乎死掉,李东阳上疏营救,才被释放,革职为民。潘希曾等都受到杖打或斥责,违抗刘瑾意志的人被流放、降职或申斥,又假传圣旨抄了从前的都御史钱钺、礼部侍郎黄景、尚书秦纮的家。凡是被刘瑾逮捕的人,一家犯法,邻居街坊都受牵连,甚至在河边住的,株连到对岸居民。不断制造大案,到处是喊冤叫屈的人。《孝宗实录》编好后,参加纂修的翰林应该被提升,刘瑾憎恨翰林从来不来巴结自己,把侍讲吴一鹏等十六个人都调到南京的六部去。

这时候,内阁的焦芳、刘宇,吏部尚书张彩,兵部尚书曹元,锦衣卫指挥杨玉、石文义,都是刘瑾的心腹。他们改变旧的制度,命令全国各地的巡抚到北京接受敕封,送贿赂给刘瑾。延绥巡抚刘宇不来,被捕下狱。宣府巡抚陆完来迟了,几乎得罪,给刘瑾送贿赂后,才让他作为试用人员上任。都指挥一级以下请求提升的人,只要刘瑾写个"委任某某为某官"的纸条,兵部就照办,不敢再奏。边疆的将官违反了法令,只要送来贿赂就不予追究,甚至有反而被提升的。又派遣他的党羽丈量边疆要塞的屯田,要求非常苛刻。守卫边境的士兵无法忍受,放火烧了官署,经守卫官员开导以后才安定下来。给事中高淓到沧州丈量,弹劾了六十一个人,甚至弹劾他的父亲高铨以讨好刘瑾。又因为谢迁的关系,不准浙江余姚人到北京做官。因为占城国使者亚刘企图谋反这个案件,减少江西乡试五十个名额;并跟对余姚人一样禁止江西人到北京做官,这是因为焦芳憎恨彭华的缘故。刘瑾又擅自增加陕西乡试一百个名额,也为焦芳把河南乡试名额增加九十五名,以优待他们家乡的读书人。这一年,皇帝宣布大赦,但刘瑾仍然随意使用严刑峻法,刑部尚书刘璟没有弹劾别人,刘瑾大骂他。刘璟害怕,弹劾了他的下属王尚宾等三个人,刘瑾这才高兴了。给事中郏夔查核榆林战功，害怕违背刘瑾的意图，上吊死了。给事中屈铨、祭酒王云凤请求汇编刘瑾处理各种事情的文件，作为法令。

正德五年四月，安化王朱寘鐇造反，在文告中宣布了刘瑾的种种罪状。刘瑾这才害怕起来，藏了这文告，而起用都御史杨一清、太监张永为总督，讨伐朱寘鐇。当初，和刘瑾一起被称为八只虎的人，在刘瑾独揽大权时，有什么请求，刘瑾多数不答应，马永成、谷大用等都怨恨他。刘瑾又企图赶走张永，张永耍弄花招才避免了。等到张永凯旋回来，企图趁机杀了刘瑾，杨一清帮他策划，张永便拿定了主意。刘瑾喜欢招纳那些讲求炼丹术之类的方士，其中有个叫俞日明的，胡说刘瑾的从孙二汉必定是个大贵人。兵仗局太监孙和几次送盔甲、兵器给刘瑾，两广镇守太监潘午，蔡昭又给他制造弓箭，刘瑾都收藏在家里。

张永报告胜利的奏疏到达，准备在八月十五日向皇帝献俘虏，刘瑾要他推迟献俘虏的日期。张永担心会有变化，于是提前入宫，举行献俘仪式以后，皇帝设酒宴慰劳张永，刘瑾等都在身旁侍候。到了晚上，刘瑾走了，张永拿出朱寘鐇的文告，从而把刘瑾十七件犯法的事奏告皇帝。皇帝这时已经有些醉了，低着头说："刘瑾辜负了我。"张永说："这件大事不可拖拉。"马永成等亦表示支持。于是逮捕了刘瑾，关在菜厂，分别派遣官吏、标尉查封了他在宫内外的住宅。第二天晚朝后，皇帝给内阁出示了张永的奏章，把刘瑾降职为奉御，流放到凤阳居住。皇帝亲自去抄他的家，得到私刻的皇帝印一颗，穿宫牌五百个以及盔甲、弓箭、皇帝穿的龙袍、玉带等各种违禁物品。另外，刘瑾平常经常拿着扇子，里面藏有两把锋利的匕首。皇帝这才勃然大怒，说："奴才果然造反。"催着赶快把他关到监狱。案子审定后，皇帝下命令在大街上把刘瑾千刀万剐，斫下脑袋悬挂示众，将审刘瑾的判词和处死他的图形在全国到处张贴。刘瑾同族的人和他的党羽都被处死。张彩死在狱中，尸体被乱刀砍得粉碎。内阁大臣焦芳、刘宇、曹元以下，尚书毕亨、朱恩等，一共六十多人，都被降职或流放。不久，朝臣上奏刘瑾所变更的法制，在吏部有二十四项，户部有三十余项，兵部有十八项，工部有十三项，皇帝诏令全部按原来的规定改回来。

明史卷三百五

列传第一百九十三

魏忠贤

魏忠贤,肃宁人。少无赖,与群恶少博,不胜,为所苦,恚而自宫,变姓名曰李进忠。其后乃复姓,赐名忠贤云。忠贤自万历中选入宫,隶太监孙暹,夤缘入甲字库,又求为皇长孙母王才人典膳,诣事魏朝。朝数称忠贤于安,安亦善遇之。长孙乳媪曰客氏,素私侍朝,所谓对食者也。及忠贤入,又通焉。客氏遂薄朝而爱忠贤,两人深相结。

光宗崩,长孙嗣立,是为熹宗。忠贤、客氏并有宠。未逾月,封客氏奉圣夫人,荫其子侯国兴、弟客光先及忠贤兄钊俱锦衣千户。忠贤寻自惜薪司迁司礼秉笔太监兼提督宝和三店。忠贤不识字,例不当入司礼,以客氏故,得之。

天启元年诏赐客氏香火田,叙忠贤治皇祖陵功。御史王心一谏,不听。及帝大婚,御史毕佐周、刘兰请遣客氏出外,大学士刘一燝亦言之。帝恋恋不忍舍,曰:"皇后幼,赖媪保护,俟皇祖大葬议之。"忠贤颛客氏,逐魏朝。又忌王安持正,谋杀之,尽斥安名下诸阉。客氏淫而狠。忠贤不知书,颇强记,猜忍阴毒，好谀。帝深信任此两人，两人势益张，用司礼监王体乾及李永贞、石元雅、涂文辅等为羽翼，宫中人莫敢忤。既而客氏出，复召入。御史周宗建、侍郎陈邦瞻、御史马鸣起、给事中侯震旸先后力争，俱被诘责。给事中倪思辉、朱钦相、王心一复言之，并谪外，尚未指及忠贤也。忠贤乃劝帝选武阉、炼火器为内操，密结大学士沈㴶为援。又日引帝为倡优声伎，狗马射猎。刑部主事刘宗周首劾之，帝大怒，赖大学士叶向高救免。

初，神宗在位久，怠于政事，章奏多不省。廷臣渐立门户，以危言激论相尚，国本之争，指斥宫禁。宰辅大臣为言者所弹击，辄引疾避去。吏部郎顾宪成讲学东林书院，海内士大夫多附之，"东林"之名自是始。既而"梃击"、"红丸"、"移宫"三案起，盈廷如聚讼。与东林忤者，众目之为邪党。天启初，废斥殆尽，识者已忧其过激变生。及忠贤势成，其党果谋倚之以倾东林。而徐大化、霍维华、孙杰首附忠贤，刘一燝及尚书周嘉谟并为杰劾去。然是时叶向高、韩爌方辅政，邹元标、赵南星、王纪、高攀龙等皆居大僚，左光斗、魏大中、黄尊素等在言路，皆力持清议，忠贤未克逞。

二年叙庆陵功，荫忠贤弟侄锦衣卫指挥佥事。给事中惠世扬、尚书王纪论沈㴶交通客、魏，俱被谴去。会初夏雨雹，周宗建言雹不以时，忠贤谗慝所致。修撰文震孟、太仆少卿满朝荐相继言之，亦俱黜。

三年春，引其私人魏广微为大学士。令御史郭巩讦宗建、一燝、元标及杨涟、周朝瑞等保举熊廷弼，党邪误国。宗建驳巩受忠贤指挥，御史方大任助宗建攻巩及忠贤，皆不胜。其秋，诏忠贤及客氏子国兴所荫锦衣官并世袭。兵部尚书董汉儒、给事中程注、御史汪泗论交谏，不从。忠贤益无忌，增置内操万人，衷甲出入，恣为威虐。矫诏赐光宗选侍赵氏死。裕妃张氏有娠，客氏潜杀之。又革成妃李氏封。皇后张氏娠，客氏以计堕其胎，帝由此乏嗣。他所害宫嫔冯贵人等，太监王国臣、刘克敬、马鉴等甚众。禁掖事秘，莫详也。是冬，兼掌东厂事。

四年，给事中傅櫆结忠贤甥傅应星为兄弟，诬奏中书汪文言，并及左光斗、魏大中。下文言镇抚狱，将大行罗织。掌镇抚刘侨受叶向高教，止坐文言。忠贤大怒，削侨籍，而以私人许显纯代。是时御史李应升以内操谏，给事中霍守典以忠贤乞祠额谏，御史刘廷佐以忠贤滥荫谏，给事中沈惟炳以立枷谏，忠贤皆矫旨诘责。于是副都御史杨涟愤甚，劾忠贤二十四大罪。疏上，忠贤惧，求解于韩爌。爌不应，遂趋帝前泣诉，且辞东厂，而客氏从旁为剖析，体乾等翼之。帝憒然不辨也。遂温谕留忠贤，而于次日下涟疏，严旨切责。涟既绌，魏大中及给事中陈良训、许誉卿，抚宁侯朱国弼，南京兵部尚书陈道亨，侍郎岳元声等七十余人，交章论忠贤不法。向高及礼部尚书翁正春请遣忠贤归私第以塞谤，不许。

当是时，忠贤愤甚，欲尽杀异己者。顾秉谦因阴籍其所忌姓名授忠贤，使以次斥逐。王体乾复昌言用廷杖，威胁廷臣。未几，工部郎中万燝上疏刺忠贤，立杖死。又以御史林汝翥事辱向高，向高遂致仕去，汝翥亦予杖。廷臣俱大詟。一时罢斥者，吏部尚书赵南星、左都御史高攀龙、吏部侍郎陈于廷及杨涟、左光斗、魏大中等先后数十人，已又逐韩爌及兵部侍郎李邦华。正人去国，纷纷若振槁。乃矫中旨召用例转科道。以朱童蒙、郭允厚为太仆少卿，吕鹏云、孙杰为大理丞，复霍维华、郭兴治为给事中，徐景濂、贾继春、杨维垣为御史，而起徐兆魁、王绍徽、乔应甲、徐绍吉、阮大铖、陈尔翌、张养素、李应荐、李嵩、杨春懋等，为之爪牙。未几，复用拟戍崔呈秀为御史。呈秀乃造《天鉴》《同志》诸录，王绍徽亦造《点将录》，皆以邹元标、顾宪成、叶向高、刘一燝等为魁，尽罗入不附忠贤者，号曰东林党人，献于忠贤。忠贤喜，于是群小益求媚忠贤，攘臂攻东林矣。

初，朝臣争三案及辛亥、癸亥两京察与熊廷弼狱事，忠贤本无预。其党欲借忠贤力倾诸正人，遂相率归忠贤，称义儿，且云："东林将害翁。"以故，忠贤欲甘心焉。御史张讷、倪文焕，给事中李鲁生，工部主事曹钦程等，竞搏击善类为报复。而御史梁梦环复兴汪文言狱，下镇抚司拷死。许显纯具爰书，词连赵南星、杨涟等二十余人，削籍遣戍有差。逮涟及左光斗、魏大中、周朝瑞、袁化中、顾大章等六人，至牵入熊廷弼案中，掠治死于狱。又杀廷弼，而杖其姻御史吴裕中至死。又削逐尚书李宗延、张问达，侍郎公鼐等五十余人，朝署一空。而特召亓诗教、刘述祖等为御史，私人悉不次超擢。于是忠贤之党遍要津矣。

当是时，东厂番役横行，所缉纺无论虚实辄糜烂。戚臣李承恩者，宁安大长公主子也，家藏公主赐器。忠贤诬以盗乘舆服御物，论死。中书吴怀贤读杨涟疏，击节称叹。奴告之，毙怀贤，籍其家。武弁蒋应阳为廷弼讼冤，立诛死。民间偶语，或触忠贤，辄被擒僇，甚至剥皮、刲舌，所杀不可胜数，道路以目。其年，叙门功，加恩三等，荫都督同知。又荫其族叔魏志德都督佥事。擢传应星为左都督，且旌其母。而以魏良卿佥书锦衣卫，掌南镇抚司事。

六年二月，卤簿大驾成，荫都督佥事。复使其党李永贞伪为浙江太监李实奏，逮治前应天巡抚周起元及江、浙里居诸臣高攀龙、周宗建、缪昌期、周顺昌、黄尊素、李应升等。攀龙赴水死，顺昌等六人死狱中。苏州民见顺昌逮，不平，殴杀二校尉，巡抚毛一鹭为捕颜佩韦等五人悉诛死。刑部尚书徐兆魁治狱，视忠贤所怒，即坐大辟。又从霍维华言，命顾秉谦等修《三朝要典》，极意诋诸党人恶。御史徐复阳请毁讲学书院，以绝党根。御史卢承钦又请立东林党碑。海内皆屏息丧气。霍维华遂教忠贤冒边功矣。

辽阳男子武长春游妓家，有妄言，东厂擒之。许显纯掠治，故张其辞云："长春敌间，不获且为乱，赖厂臣忠智立奇勋。"诏封忠贤侄良卿为肃宁伯，赐宅第、庄田，颁铁券。吏部尚书王绍徽请崇其先世，诏赠忠贤四代如本爵。忠贤又矫诏遣其党太监刘应坤、陶文、纪用镇山海关，收揽兵柄。再叙功，荫都督同知，世袭锦衣卫指挥使，各一人。浙江巡抚潘汝桢奏请为忠贤建祠。仓场总督薛贞言草场火，以忠贤救，得无害。于是颂功德者相继，诸祠皆自此始矣。

编修吴孔嘉与宗人吴养春有仇，诱养春仆告其主隐占黄山，养春父子瘐死。忠贤遣主事吕下问、评事许志吉先后往徽州籍其家，株蔓残酷。知府石万程不忍，削发去，徽州几乱。其党都督张体乾诬扬州知府刘铎代李承恩谋释狱，结道士方景阳诅忠贤，铎竟斩。又以睚眦怨，诬新城侯子锦衣王国兴，论斩，并黜主事徐石麒。御史门克新诬吴人顾同寅、孙文豸诔熊廷弼，坐妖言律斩。又逮侍郎王之寀，毙于狱。凡忠贤所宿恨，若韩爌、张问达、何士晋、程註等，虽已去，必削籍，重或充军，死必追赃破其家。或忠贤偶忘之，其党必追论前事，激忠贤怒。

当此之时，内外大权一归忠贤。内竖自王体乾等外，又有李朝钦、王朝辅、孙进、王国泰、梁栋等三十余人，为左右拥护。外廷文臣则崔呈秀、田吉、吴淳夫、李夔龙、倪文焕主谋议，号"五虎"。武臣则田尔耕、许显纯、孙云鹤、杨寰、崔应元主杀傮，号"五彪"。又吏部尚书周应秋、太仆少卿曹钦程等，号"十狗"。又有"十孩儿"、"四十孙"之号。而为呈秀辈门下者，又不可数计。自内阁、六部至四方总督、巡抚，遍置死党。心忌张皇后，其年秋，诬后父张国纪纵奴不法，矫中宫旨，冀摇后。帝为致奴法，而诮让国纪。忠贤未慊，复使顺天府丞刘志选、御史梁梦环交发国纪罪状，并言后非国纪女。会王体乾危言沮之，乃止。

其冬，三殿成。李永贞、周应秋奏忠贤功，遂进上公，加恩三等。魏良卿时已晋肃宁侯矣，亦晋宁国公，食禄如魏国公例，再加恩荫锦衣指挥使一人，同知一人。工部尚书薛凤翔奏给赐第。已而太监陶文奏筑喜峰隘口成，督师王之臣奏筑山海城，刑部尚书薛贞奏大盗王之锦狱，南京修孝陵工竣，甘镇奏捷，蕃育署丞张永祚获盗，并言忠贤区画方略。忠贤又自奏三年缉捕功，诏书褒奖。半岁中，所荫锦衣指挥使四人、同知三人、佥事一人。授其侄希孟世袭锦衣同知，甥傅之琮、冯继先并都督佥事，而擢崔呈秀弟凝秀为蓟镇副总兵。名器僭滥，于是为极。其同类尽镇蓟、辽、山西宣、大诸厄要地。总兵梁柱朝、杨国栋等岁时赂名马、珍玩勿绝。

七年春，复以崔文升总漕运，李明道总河道，胡良辅镇天津。文升故侍光宗药，为东林所攻者也。海内争望风献谄，诸督抚大吏阎鸣泰，刘诏、李精白、姚宗文等，争颂德立祠，汹汹若不及。下及武夫、贾竖、诸无赖子亦各建祠。穷极工巧，攘夺民田庐，斩伐墓木，莫敢控愬。而监生陆万龄至请以忠贤配孔子，以忠贤父配启圣公。

初，潘汝祯首上疏，御史刘之待会薰迟一日，即削籍。而蓟州道胡士容以不具建祠文，遵化道耿如杞入祠不拜，皆下狱论死。故天下风靡，章奏无巨细，辄颂忠贤。宗室若楚王华燵、中书朱慎鉴，勋戚若丰城侯李永祚，廷臣若尚书邵辅忠、李养德、曹思诚，总督张我续及孙国桢、张翌明、郭允厚、杨维和、李时馨、汪若极、何廷枢、杨维新、陈维新、陈尔翼、郭如暗、郭希禹、徐溶辈，佞词累牍，不顾羞耻。忠贤亦时加恩泽以报之。所有疏，咸称"厂臣"不名。大学士黄立极、施凤来、张瑞图票旨，亦必曰"朕与厂臣"，无敢名忠贤者。山东产麒麟，巡抚李精白图象以闻。立极等票旨云："厂臣修德，故仁兽至。"其诬罔若此。前后赐奖敕无算，诰命皆拟九锡文。

是年自春及秋，忠贤冒款汪烧饼、擒阿班歹罗锐等功，积荫锦衣指挥使至十有七人。其族孙希孔、希孟、希尧、希舜、鹏程，姻戚董芳名、王选、杨六奇、杨祚昌，皆至左、右都督及都督同知、佥事等官。又加客氏弟光先亦都督。魏抚民又从锦衣改尚宝卿。而忠贤志愿犹未极，会袁崇焕奏宁远捷，忠贤乃令周应秋奏封其从孙鹏翼为安平伯。再叙三大工功，封从子良栋为东安侯，加良卿太师，鹏翼少师，良栋太子太保。因遍赍诸廷臣，用呈秀为兵部尚书兼左都御史，独绌崇焕功不录。时鹏翼、良栋皆在襁褓中，未能行步也。良卿至代天子飨南北郊，祭太庙。于是天下皆疑忠贤窃神器矣。

帝性机巧，好亲斧锯髹漆之事，积岁不倦。每引绳削墨时，忠贤辈辄奏事。帝厌之，谬曰："朕已悉矣，汝辈好为之。"忠贤以是恣威福惟己意。岁数出，辄坐文轩，羽幢青盖，四马若飞，饶鼓鸣镝之声，轰隐黄埃中。锦衣玉带鞴袴握刀者，夹左右驰，厨传、优伶、百戏、舆隶相随属以万数。百司章奏，置急足驰白乃下。所过，士大夫遮道拜伏，至呼九千岁，忠贤顾盼未尝及也。客氏居宫中，协持皇后，残虐宫嫔。偶出归私第，驺从赫奕照衢路，望若卤簿。忠贤故骇无他长，其党日夜教之，客氏为内主，群凶煽虐，以是毒痛海内。

七年秋八月，熹宗崩，信王立。王素稔忠贤恶，深自儆备，其党自危。杨所修、杨维垣先攻崔呈秀以尝帝，主事陆澄原、钱元悫，员外郎史躬盛遂交章论忠贤。帝犹未发。于是嘉兴贡生钱嘉征劾忠贤十大罪：一并帝，二蔑后，三弄兵，四无二祖列宗，五剋削藩封，六无圣，七滥爵，八掩边功，九朘民，十通关节。疏上，帝召忠贤，使内侍读之。忠贤大惧，急以重宝啗信邸太监徐应元求解。应元，故忠贤博徒也。帝知之，斥应元。十一月，遂安置忠贤于凤阳，寻命逮治。忠贤行至阜城，闻之，与李朝钦偕缢死。诏磔其尸，悬首河间。笞杀客氏于浣衣局。魏良卿、侯国兴、客光先等并弃市，籍其家。客氏之籍也，于其家得宫女八人，盖将效吕不韦所为，人尤疾之。

崇祯二年命大学士韩爌等定逆案，始尽逐忠贤党，东林诸人复进用。诸丽逆案者日夜图报复。其后温体仁、薛国观辈相继柄政，潜倾正人，为翻逆案地。帝亦厌廷臣党比，复委用中珰。而逆案中阮大铖等卒肆毒江左，至于灭亡。

译文：

魏忠贤，肃宁人。年轻时候就是个无赖，和一群品行恶劣的年轻人赌博，输了，被他们搞得很苦，一气之下，自行阉割，化名叫李进忠。后来才复姓魏，皇帝给他赐名忠贤。魏忠贤在万历年间被选入宫，隶属于太监孙暹手下，通过巴结、攀附，调到内十库中的甲字库；又请求给皇帝长孙的母亲王才人主管膳食，对魏朝讨好奉承。魏朝多次对王安讲魏忠贤的好话，王安对魏忠贤也很关心。皇长孙的奶妈叫客氏，一向私自侍奉魏朝,和他相好如夫妇,他们就是宫内所谓的"对食者"。到魏忠贤进宫以后,客氏又和他勾搭上了。终于薄待魏朝而爱魏忠贤,两人关系很深。

光宗去世,长孙继承了皇帝位,就是熹宗,魏忠贤和客氏都得到宠信。不到一个月,封客氏为奉圣夫人,荫庇她的儿子侯国兴、弟弟客光先和魏忠贤的哥哥魏钊都成了锦衣千户。不久,魏忠贤从惜薪司提升为司礼监秉笔太监兼提督宝和三店。魏忠贤不识字,照惯例是没有资格进入司礼监的,完全是因为客氏的关系才得了这个重要的职位。

天启元年,皇帝下诏赐给客氏香火田,讲述魏忠贤治理定陵的功劳。御史王心一进谏,皇帝不听。到皇帝结婚以后,御史毕佐周、刘兰请求把客氏遣送出宫,大学士刘一燝也这样说。皇帝依恋客氏不忍分离,说"皇后年幼,全靠老太照顾,等皇祖(神宗)的葬礼举行后再说。"魏忠贤独占客氏,赶走魏朝。又怕王安主持正义,谋杀了他,并把王安手下的太监全部排斥掉。客氏是个荒淫而又狠毒的人。魏忠贤不会写字,记性很好,为人猜忌残忍、阴险毒辣,很会讨好拍马。皇帝非常信任这两个人,两个人的势力越来越大,用司礼太监王体乾和李永贞、石元雅、涂文辅等做党羽,宫里的人对他们都不敢冒犯。不久客氏离开了皇宫,又被召回。御史周宗建、侍郎陈邦瞻、御史马鸣起、给事中侯震旸先后极力劝谏,都受到反问、斥责。给事中倪思辉、朱钦相、王心一再次进谏,都被贬到外地,其实他们在指责客氏时还没有涉及魏忠贤。魏忠贤竟然劝皇帝挑选粗壮有力的宦官,制造使用火药的武器,在皇宫内操练,秘密勾结大学士沈㴶为帮手。又经常勾引皇帝与唱戏的人、歌伎舞女混在一起,纵狗策马,射箭打猎。刑部主事刘宗周首先弹劾魏忠贤,皇帝大怒,全靠大学士叶向高解救才得免罪。

当初，神宗皇帝在位时间很长，懒于过问国家大事，大部分奏章都不看。朝臣逐渐分成党派，故意作惊人的言辞，激烈的论调，以压倒对方，抬高自己。在争论朱常洛和朱常洵谁应该当皇太子的问题上，指责宫廷。内阁大臣被监察方面的官员弹劾攻击，就说有病辞职走了。吏部郎顾宪成在东林书院讲学，各地读书做官的人多数向他们靠拢，"东林"的名字就是从这儿开始的。不久"梃击"、"红丸"、"移宫"三件大案发生了，朝廷上沸沸扬扬，好像聚在一起打官司似的。和东林看法不同的人，大家就认为他是邪党。到天启初年，这些和东林有矛盾的人几乎全部被排斥掉，有见识的人已经担心东林党过分激烈的行动会引起变乱。到魏忠贤势力形成后，这些人果然企图依靠他来打倒东林党。徐大化、霍维华、孙杰首先归附魏忠贤，刘一燝和尚书周嘉谟都被孙杰弹劾走了。但这时叶向高、韩爌正辅佐朝政，邹元标、赵南星、王纪、高攀龙等都担任要职，左光斗、魏大中、黄尊素等是谏官，都极力坚持公正的评论，魏忠贤一时未能得逞。

天启二年，评论治理庆陵的功劳，荫封魏忠贤的弟弟、侄子为锦衣卫指挥佥事。而给事中惠世扬、尚书王纪批评沈㴶勾结客氏、魏忠贤，都被谴责丢了官。刚巧初夏时下了冰雹，周宗建说这时下雹不合时令，是魏忠贤的逸言和邪恶引来的。接着修撰文震孟、太仆少卿满朝荐也这样说，都被罢了官。

天启三年春天，魏忠贤举荐他的亲信魏广微任大学士。又让御史郭巩攻击周宗建、刘一燝、邹元标和杨涟、周朝瑞等，说他们保举熊廷弼是结党营私，贻误国事。周宗建反驳说郭巩受魏忠贤指挥，御史方大任也帮助周宗建指责郭巩和魏忠贤，都无效。这年秋天，皇帝诏令魏忠贤和客氏的儿子侯国兴所荫封的锦衣官都世袭。兵部尚书董汉儒、给事中程注、御史汪泗论交相进谏，皇帝不接受。魏忠贤更加肆无忌惮，把参加宫内操练的宦官增加到一万人，穿着护甲出入宫廷，恣意耀武扬威。假传圣旨赐光宗的选侍赵氏自杀。裕妃张氏怀孕，客氏说她的坏话使她被杀。又搞掉了成妃李氏的封号。皇后张氏怀孕，客氏用诡计使她流产，皇帝因此没有后代。此外还杀害了宫嫔冯贵人等人，太监王国臣、刘克敬、马鉴等很多人。宫闱内幕是很秘密的，不可能详细知道。这年冬天，魏忠贤又兼管了东厂的事。

天启四年，给事中傅櫆和魏忠贤的外甥傅应星结拜为兄弟，向皇帝诬告中书汪文言，并牵连及左光斗、魏大中。把汪文言关进镇抚司的监狱，准备大量陷害无辜的人。掌管镇抚司的刘侨接受了叶向高的意见，只判了汪文言的罪。魏忠贤大怒，将刘侨革职，换上了自己的亲信许显纯。这时御史李应升对在宫内操练提出劝谏，给事中霍守典就魏忠贤请求给他生祠题匾提出劝谏，御史刘廷佐就魏忠贤任意荫庇提出劝谏，给事中沈惟炳就罚犯人立站笼提出劝谏，魏忠贤都假传圣旨斥责他们。魏忠贤的这些罪行使副都御史杨涟非常愤怒，于是弹劾了魏忠贤二十四条大罪。杨涟的奏疏送给皇帝后，魏忠贤害怕了，请求韩爌解救他。韩爌不予理睬，魏忠贤便走到皇帝跟前哭诉，并且辞去东厂的职务，而客氏从旁为他分辨，王体乾等又替他打掩护。皇帝糊里糊涂不能分辨。于是婉言挽留魏忠贤，而在第二天驳回杨涟的奏疏，严厉地下旨斥责他。杨涟既被贬退，魏大中及给事中陈良训、许誉卿，抚宁侯朱国弼，南京兵部尚书陈道亨，侍郎岳元声等七十余人，纷纷上奏章揭露魏忠贤的罪行。叶向高和礼部尚书翁正春建议把魏忠贤送回他自己在宫外的住宅，以制止群臣的指责，皇帝不允许。

当时，魏忠贤极其气愤，企图把反对自己的人全部杀掉。顾秉谦因此偷偷地开了个魏忠贤所忌讳憎恨的人的名单给他，让他逐步把他们排挤掉。王体乾还公开声言要用廷杖，威胁朝廷官员。过了不久，工部郎中万燝上疏指责魏忠贤，立即被杖打死。又因为御史林汝翥的事侮辱叶向高，叶向高被迫辞官离去，林汝翥也挨了杖打。朝廷官员都非常恐惧。在很短时间内被革职斥逐的，就有吏部尚书赵南星、左都御史高攀龙、吏部侍郎陈于廷及杨涟、左光斗、魏大中等先后数十人，后来又赶走了韩爌和兵部侍郎李邦华。正直的人离开朝廷，就像枯木纷纷抖落一样。于是假传圣旨，凡是被魏忠贤任用的人都转为六科给事中与都察院各道监察御史。用朱童蒙、郭允厚为太仆少卿，吕鹏云、孙杰为大理丞，重新任命霍维华、郭兴治为给事中，徐景濂、贾继春、杨维垣为御史，又起用徐兆魁、王绍徽、乔应甲、徐绍吉、阮大铖、陈尔翌、张养素、李应荐、李嵩、杨春懋等做他的爪牙。接着又用本来已经准备把他发配充军的崔呈秀任御史。崔呈秀便编造《天鉴录》《同志录》等小册子，王绍徽亦造《点将录》，都把邹元标、顾宪成、叶向高、刘一燝等说成头子，把不投靠魏忠贤的人全部列入，称为东林党人，献给魏忠贤。魏忠贤很高兴，于是这群小人更加讨好他，捋袖伸臂地攻击东林了。

当初，朝中官员争论梃击、红丸、移宫三大案件和万历三十九年、天启三年两次考核京官以及熊廷弼案件时，魏忠贤本来是没有参与的。有那么一帮人希望借魏忠贤的势力来打倒那些正派的人，便相继投靠魏忠贤，自称为他的干儿子，并且说："东林党要害您老人家。"因此，魏忠贤亦乐于和他们搞在一起。御史张讷，倪文焕，给事中李鲁生，工部主事曹钦程等，争相打击东林人来报复。而御史梁梦环还重提汪文言的旧案，把他解到镇抚司拷打死。许显纯炮制供词,把赵南星、杨涟等二十多人牵扯进去,都被革职或流放。逮捕了杨涟和左光斗、魏大中、周朝瑞、袁化中,顾大章等六个人,并牵连入熊廷弼的案件中,这些人被折磨死于监狱。又杀了熊廷弼,把他的亲戚御史吴裕中杖打致死。又开除了尚书李宗延、张问达,侍郎公鼐等五十余人,朝廷官署都空了。然后魏忠贤特地召亓诗教、刘述祖等人来当御史,亲信全都越级提升。于是魏忠贤的党羽遍布国家的各个重要部门。

在那个时候,东厂缉捕犯人的差役到处横行,所侦察捉拿到的人,不论有无犯罪,都被打得遍体鳞伤。国戚李承恩是宁安大长公主的儿子,家里放着公主赐给他的东西。魏忠贤诬陷他偷盗皇帝的车辆,佩带皇帝用的物件,判了死刑。中书吴怀贤读杨涟劾魏忠贤二十四大罪的奏疏时,极为赞赏。家里的奴仆揭发了他,魏忠贤整死了吴怀贤,还没收了他的家产。武官蒋应阳为熊廷弼喊冤,立刻被杀死。老百姓闲谈时,如果触犯魏忠贤,每每被逮捕杀死,杀害人的手段甚至有剥皮、割舌头,被杀死的人无法统计,人们在路上相见仅能以目示意,不敢交谈。这年,评议魏忠贤家族的功劳,加恩三等,荫职都督同知。又荫他的族叔魏志德都督佥事。提升傅应星为左都督,而且旌表他的母亲。任用魏良卿在锦衣卫签发文件,掌管南镇抚司的事。

天启六年二月,皇帝出门的仪仗队成立起来了,荫都督佥事。又指使他的党羽李永贞伪造浙江太监李实的奏本,逮捕法办前任应天巡抚周起元和在江苏、浙江家中居住的官员高攀龙、周宗建、缪昌期、周顺昌、黄尊素、李应升等。高攀龙投水自杀,周顺昌等六人都死在监狱里。苏州老百姓见周顺昌被逮捕,出来抱不平,打死两个校尉,江苏巡抚毛一鹭逮捕了其中的颜佩韦等五人，把他们都杀了。刑部尚书徐兆魁审案，看到是魏忠贤所憎恨的人，马上处以死刑。魏忠贤又听从霍维华的话，命令顾秉谦等编写《三朝要典》，极力诋毁东林党人的罪恶。御史徐复阳请求拆毁讲学的书院，以铲除东林党人的根基。御史卢承钦又建议树立东林党碑。这时天下的人都只好谨小慎微，垂头丧气。霍维华便进一步教魏忠贤冒认边疆的军功了。

辽阳有一个叫武长春的男子逛娼妓家，胡说八道，东厂把他逮捕了。许显纯拷打他，故意夸大其词说："武长春是敌人的奸细，如果不捕获他，将要作乱。全靠魏忠贤对皇上的忠心和智谋，建立了特殊的功勋。"皇帝使下诏令封魏忠贤的侄子魏良卿为肃宁伯，赏赐给他上等的房屋、庄田，并发给他铁券。吏部尚书王绍徽建议崇扬魏忠贤的先辈，皇帝下诏追赠魏忠贤前四代像他一样的爵位。魏忠贤又假传圣旨，派遣他的党羽太监刘应坤、陶文、纪用镇守山海关，收揽兵权。再次评功，荫都督同知，世袭锦衣卫指挥使，各一人。浙江巡抚潘汝桢上奏疏，请求为魏忠贤建造生祠。仓场总督薛贞说草场失火，多亏魏忠贤的援救，才未受损失。于是歌功颂德的人接二连三，各处魏忠贤的生祠从此开始兴建了。

编修吴孔嘉和同族的吴养春有仇，引诱吴养春的奴仆告发他的主人偷占黄山，使吴养春父子因饥饿疾病死于狱中。魏忠贤派遣主事吕下问、评事许志吉先后到徽州抄没吴养春的家产，株连亲友极为残酷。知府石万程于心不忍，剃了头去当和尚，徽州几乎大乱。魏忠贤党羽都督张体乾诬陷扬州知府刘铎替李承恩设法出狱，勾结道士方景阳诅咒魏忠贤，竟把刘铎处斩，又因为一点小怨，诬陷新城侯儿子锦衣王国兴，判了死刑，并贬斥了主事徐石麒。御史门克新诬陷江苏人顾同寅、孙文豸写悼念熊廷弼的文章，被判按《明律》妖言惑众条斩死。又逮捕侍郎王之采，结果死在狱中，凡是魏忠贤过去憎恨的，像韩爌、张问达、何士晋、程注等，虽然已经离开京城，也一定要革职，重的甚至充军，死了的一定要追赃，使他家破产。如果魏忠贤偶然忘记了其中某个人，他的党羽一定要重提过去的事，以激怒魏忠贤。

在这种情况下，朝廷内外大权统统归于魏忠贤。宫内太监除王体乾等外，又有李朝钦、王朝辅、孙进、王国泰、梁栋等三十多人在左右拥护他。宫外朝廷中文臣有崔呈秀、田吉、吴淳夫、李夔龙、倪文焕出谋划策，称为"五虎"。武臣则有田尔耕、许显纯、孙云鹤、杨寰、崔应元管屠杀，称为"五彪"。又有吏部尚书周应秋，太仆少卿曹钦程等，称为"十狗"。另外还有"十孩儿"、"四十孙"的称号。而投靠崔呈秀之流的人，更是无法统计。从内阁、六部到各地的总督、巡抚，都遍插死党。魏忠贤害怕张皇后，这年秋天，诬陷皇后父亲张国纪纵容家奴犯法，假传皇后的命令，企图用这些加害皇后。皇帝因此给张国纪送去管教家奴的法令，而且谴责他。魏忠贤还不满意，又指使顺天府丞刘志选、御史梁梦环交互揭发张国纪的罪状，并且说张皇后不是张国纪的女儿。这时王体乾指出了这样干的严重后果，加以阻止，才停止了对张国纪和张皇后的迫害。

这年冬天，皇极、建极、中极三大殿建成。李永贞、周应秋奏告皇帝，说是魏忠贤的功劳，于是又晋升为上公，加恩三等。魏良卿当时已晋封了肃宁侯，这时也晋封为宁国公，俸禄和魏国公一样，再加恩荫锦衣指挥使一人，同知一人。工部尚书薛凤翔还奏请赐给上好的房子。以后太监陶文奏筑喜峰隘口工程完成，督师王之臣奏筑山海城，刑部尚书薛贞奏大盗王之锦案，南京修筑孝陵工程竣工，在甘镇打了胜仗，蕃育署丞张永祚捕获强盗，都说是魏忠贤制订的方针大计。魏忠贤自己又奏称三年来缉捕的功劳，皇帝颁下诏书给予嘉奖。半年内，魏忠贤得到荫锦衣指挥四人，同知三人，佥事一人。授予他的侄子魏希孟世袭锦衣同知，外甥傅之琮、冯继先都任都督佥事，而提升崔呈秀的弟弟崔凝秀为蓟镇副总兵。爵禄、车服的僭越滥赐。在这里到了极点。魏忠贤的同伙全部镇守了蓟镇、辽东、山西宣府、大同等各个军事要地。总兵梁柱朝、杨国栋等每年贿赂名贵的马、珍奇异宝不断。

天启七年春天，又用崔文升总督漕运，李明道总督河道，胡良辅镇守天津。崔文升就是从前给光宗吃泻药，被东林党所攻击的人。国内到处看风头，争着讨好魏忠贤，各地总督、巡抚大吏阎鸣泰、刘诏、李精白、姚宗文等，争先恐后地为魏忠贤歌功颂德，大建生祠，沸沸扬扬，唯恐落后。下面直至一般武人、商人、奴仆、流氓也各自给他建生祠。这些生祠都盖得极其讲究，霸占了老百姓的耕地房屋，砍伐坟墓上的树木，谁也不敢申诉。而监生陆万龄甚至提出在祭祀孔子时让魏忠贤附祭，祭祀孔子的父亲启圣公时让魏忠贤的父亲附祭。

当初，潘汝侦首先上疏请建生祠，御史刘之待会稿迟了一天，立即被革职。而蓟州道胡士容因为没有写建生祠的文章，遵化道耿如杞进入生祠时没有叩拜，都被抓进了监狱，判了死刑。这样国内就形成一股风气，奏章中不论事情大小，都对魏忠贤歌功颂德。皇族如楚王华燇、中书朱慎鋆，勋臣皇亲如丰城侯李永祚，朝中大臣如尚书邵辅忠、李养德、曹思诚，总督张我续和孙国桢、张翌明、郭允厚、杨维和、李时馨、汪若极、何廷枢、杨维新、陈维新、陈尔翼、郭如暗、郭希禹、徐溶之流，谄媚的词句连篇累牍，不顾羞耻。魏忠贤也常常给他们一些好处来报答他们，所有奏疏，都称魏忠贤为"厂臣"而不写他的名字。大学士黄立极、施凤来、张瑞图代皇帝草拟对奏章的批答时，也都写"朕与厂臣"，谁也不敢称魏忠贤的名字。山东出了麒麟，巡抚李精白画了图形上报。黄立极等草拟圣旨说："厂臣修养德行好，所以吉祥之兽来到。"他们捏造事实、荒唐竟然到了这样的程度。皇帝前后赐给魏忠贤的诏书不可胜数，赐予魏忠贤爵位的诰命，都用了最高级的赞颂之词。

这年春天到秋天，魏忠贤假冒使汪烧饼归服、捕获阿班歹罗铒等功劳，共计得荫锦衣指挥使在十七人之多。他的族孙魏希孔、魏希孟、魏希尧、魏希舜、魏鹏程，亲戚董芳名、王选、杨六奇、杨祚昌，都做到左、右都督和都督同知、佥事等官。另外又晋升客氏的弟弟客光先，也做了都督，魏抚民又从锦衣改为尚宝卿。但魏忠贤的欲望还未满足，刚好袁崇焕奏报在宁远打了胜仗，魏忠贤便命令周应秋奏请封他的从孙魏鹏翼为安平伯。再次评议建造皇极、中极、建极三大殿的功劳，封魏忠贤的从子魏良栋为东安侯，晋升魏良卿为太师，魏鹏翼为少师，魏良栋为太子太保。并因此大赏朝中各大臣，任崔呈秀为兵部尚书兼左都御史，唯独排除了袁崇焕的功劳。这时魏鹏翼、魏良栋都还是婴孩，还不会走路哩。魏良卿甚至代替天子在南北郊主持拜祭天地的仪式，祭祀帝王的祖庙。于是天下的人都怀疑魏忠贤要篡夺皇帝位了。

皇帝是个伶俐的人，喜欢亲自动手做木工、漆匠之类的活，终年都不厌倦。每当他拉绳测度画线时，魏忠贤之流就来奏事。皇帝讨厌了，胡说："我已经知道了，你们好好干吧。"魏忠贤因此能随心所欲，放肆地作威作福。每年出去好多次，都坐很华丽的车子，用由羽毛织成的窗帘，青色的顶盖，四匹马跑得很快，铙鼓响箭的声音，在扬起的黄土中轰鸣。身披华丽衣服。

腰缠玉带、穿着靴子、套裤、手执佩刀的人，在坐车的两边骑马跟着飞跑。供应食宿和停放车马馆舍的人、戏子、杂技艺人、轿夫、差役，跟随的不下万人。政府各部门的奏章，都安排专门传送急件的人来请示魏忠贤才敢批复。凡经过的地方，官绅士人在路上跪拜，甚至高呼九千岁，魏忠贤连看也不看他们一眼。客氏住在皇宫里，威胁挟持皇后，残酷地虐待宫女、嫔妃。偶然出宫回自己的住宅，骑马的侍从高举辉煌的火把照亮大路，看上去像皇帝出来的仪仗一样。魏忠贤本来是个愚笨的人，没有任何专长，他的党羽日夜教唆他，客氏做阉党的管家婆，这一帮凶神恶煞张牙舞爪，煽惑行虐，成了国家的大毒瘤。

天启七年秋天八月，熹宗死了，信王即帝位。信王一向熟知魏忠贤的罪恶，非常警惕，魏忠贤一伙自知危险了，杨所修、杨维垣首先攻击崔呈秀以试探皇帝，主事陆澄原、钱元悫，员外郎史躬盛便先后上章抨击魏忠贤。皇帝仍然不表态。于是嘉兴贡生钱嘉征弹劾魏忠贤十大罪状：一、和先帝相并列；二、危害皇后；三、大搞宫内操练；四、目无高祖、成祖和皇帝其他祖先；五、克扣削减对藩王的封赠；六、目无圣人；七、滥受爵位；八、掩盖边疆将士的功劳；九、搜刮老百姓；十、行贿、拉关系说人情。奏疏上呈皇帝后，皇帝把魏忠贤召来，让太监读给他听。魏忠贤非常害怕，急忙以极贵重的珍宝，引诱原来在信王邸跟随皇帝的太监徐应元解救他。徐应元，过去是魏忠贤的赌友。皇帝知道后，斥责了徐应元。十一月，将魏忠贤安置到凤阳，不久下令逮捕法办。魏忠贤在去凤阳的途中，刚走到阜城，听到风声后，和李朝钦一同吊死了。皇帝下令碎割他的尸体，把头砍下来，悬挂在河间示众。把客氏鞭死在浣衣局，魏良卿、侯国兴、客光先等都被拉到闹市杀掉，暴尸街头。抄没了他们的家产。查抄客氏的时候，在她家搜出八个宫女，原来她正准备仿效当年吕不韦的行径，人们对此特别憎恨。

崇祯二年，命大学士韩爌等审定这起叛逆案件，才把魏忠贤的党羽全部赶走，重新起用东林党人。那些跟逆案有关连的人日夜企图报复。以后温体仁、薛国观之流相继把持朝政，阴谋诬陷东林党人，为翻逆案作准备。皇帝亦讨厌大臣们结党营私，又再信用太监。而逆案中阮大铖等人始终搞门户之见，流毒南明弘光小朝廷，直至南明灭亡。

明史卷三百九

列传第一百九十七

李自成

李自成，米脂人，世居怀远堡李继迁寨。父守忠，无子，祷于华山，梦神告曰："以破军星为若子。"已，生自成。幼牧羊于邑大姓艾氏，及长，充银川驿卒。善骑射，斗很无赖，数犯法。知县晏子宾捕之，将置诸死，脱去为屠。天启末，魏忠贤党乔应甲为陕西巡抚，朱童蒙为延绥巡抚，贪黩不诘盗，盗由是始。

崇祯元年，陕西大饥，延绥缺饷，固原兵劫州库。白水贼王二、府谷贼王嘉胤、宜川贼王左挂、飞山虎、大红狼等，一时并起。有安塞马贼高迎祥者，自成舅也，与饥民王大梁聚众应之。迎祥自称闯王，大梁自称大梁王。二年春，诏以杨鹤为三边总督，捕之。参政刘应遇击斩王二、王大梁，参政洪承畴击破王左挂，贼稍稍俱。会京师戒严，山西巡抚耿如杞勤王兵哗而西，延绥总兵吴自勉、甘肃巡抚梅之焕勤王兵亦溃，与群盗合。延绥巡抚张梦鲸恚死，承畴代之，召故总兵杜文焕督延绥、固原兵，便宜剿贼。

三年，王左挂、王子顺、苗美等战屡败，乞降。而王嘉胤掠延安、庆阳间，杨鹤抚之，不听，从神木渡河犯山西。是时，秦地所征曰新饷，曰均输，曰间架，其目日增，吏因缘为奸，民大困。以给事中刘懋议，裁驿站，山、陕游民仰驿糈者，无所得食，俱从贼，贼转盛。兵部郎中李继贞奏曰："延民饥，将尽为盗，请以帑金十万振之。"帝不听。而嘉胤已袭破黄甫川、清水、木瓜三堡，陷府谷、河曲。又有神一元、不沾泥、可天飞、郝临菴、红军友、点灯子、李老柴、混天猴、独行狼诸贼，所在蜂起，或掠秦，或东入晋，屠陷城堡。官兵东西奔击，贼或降或死，旋灭旋炽。延安贼张献忠亦聚众据十八寨，称八大王。

四年，孤山副将曹文诏破贼河曲，王嘉胤遁去。已，复自岳阳突犯泽、潞，为左右所杀，其党共推王自用号紫金梁者为魁。自用结群贼老回回、曹操、八金刚、扫地王、射塌天、阎正虎、满天星、破甲锥、邢红狼、上天龙、蝎子块、过天星、混世王等及迎祥、献忠共三十六营，众二十余万，聚山西。自成乃与兄子过往从迎祥，与献忠等合，号闯将，未有名。杨鹤抚贼不效被逮，洪承畴代鹤，张福臻代承畴，督诸将曹文诏、杨嘉谟剿贼，所向克捷，陕地略定。而山西贼大盛，剽掠宁乡、石楼、稷山、闻喜、河津间。

五年，贼分道四出，连陷大宁、隰州、泽州、寿阳诸州县，全晋震动。乃罢巡抚宋统殷，以许鼎臣代之，与宣大总督张宗衡分督诸将。宗衡督虎大威、贺人龙、左良玉等兵八千人，驻平阳，责以平阳、泽、潞四十一州县。鼎臣督张应昌、颇希牧、艾万年兵七千人，驻汾州，责以汾、太、沁、辽三十八州县。贼亦转入磨盘山，分众为三：阎正虎据交城、文水，窥太原；邢红狼、上天龙据吴城，窥汾州；自用、献忠突沁州、武乡，陷辽州。

六年春，官兵共进力击。自用惧，乞降于故锦衣佥事张道浚。约未定，阳和兵袭之。贼怒，败约去。会总兵官曹文诏率陕西兵至，偕诸将猛如虎、虎大威、颇希牧、艾万年、张应昌等合剿，屡战皆大克，前后杀混世王、满天星、姬关锁、翻山动、掌世王、显道神等，破自用、献忠、老回回、蝎子块、扫地王诸贼。其后，自用又为川将邓玘射杀之。山西三大盗俱败。

初，贼之破泽州也，分其众，南逾太行，掠济源、清化、修武，围怀庆。官军击之，贼遁走。别贼复阑入西山，大掠顺德、真定间。大名道卢象升力战却贼。贼自邢台摩天岭西下，抵武安，败总兵左良玉，河北三府焚劫殆遍。潞王上疏告急，兼请卫凤、泗陵寝。诏特遣总兵倪宠、王朴率京营兵六千人，与诸将并进。贼闻之，欲从河内走太行。文诏邀击之，不敢进。

贼之败于山西者，亦奔河北合营，迎祥、自成、献忠、曹操、老回回等俱至。京兵蹑其后，左良玉、汤九州等扼其前，连战于青店、石冈、石坡、牛尾、柳泉、猛虎村，屡败之。贼欲逸，阻于河，大困。贼素畏文诏、道浚，道浚先坐事遣戍，文诏转战秦、晋、河北，遇贼辄大克，御史复劾其骄倨，调大同总兵去。贼遂诡辞乞降，监军太监杨进朝信之，为入奏。会天寒河冰合，贼突从毛家寨策马径渡。河南诸军无扼河者，贼遂连陷渑池、伊阳、卢氏三县。河南巡抚玄默率诸将盛兵待之，贼窜入卢氏山中，由间道直走内乡，掠郧阳，又分掠南阳、汝宁，入枣阳、当阳，逼湖广。巡抚唐晖敛兵守境。犯归、巴、夷陵等处，破夔州，攻广元，逼四川，所在告急。

七年春，特设山、陕、河南、湖广、四川总督，专办贼，以延绥巡抚陈奇瑜为之，以卢象升抚治郧阳，为奇瑜破贼延水关有威名，而象升历战阵知兵也。于是奇瑜自均州入，与象升并进，师次乌林关，斩贼数千级。贼走汉南，奇瑜以湖广不足忧，引兵西击。

始，贼自渑池渡河，高迎祥最强，自成属焉。及入河南，自成与兄子过结李牟、俞彬、白广恩、李双喜、顾君恩、高杰等自为一军。过、杰善战，君恩善谋。及奇瑜兵至，献忠等奔商、雒，自成等陷于兴安之车箱峡。会大雨两月，马乏刍多死，弓矢皆脱，自成用君恩计，贿奇瑜左右，诈降。奇瑜意轻贼，许之，檄诸将按兵毋杀，所过州县为具糗传送。贼甫渡栈，即大噪，尽屠所过七州县。而略阳贼数万亦来会，贼势愈张。奇瑜坐削籍，而自成名始著矣。

已，洪承畴代奇瑜，李乔巡抚陕西，吴甡巡抚山西。大学士温体仁谓甡曰："流贼癣疥疾，勿忧也。"未几，西宁兵变，承畴甫受命而东，闻变遽返。迎祥、自成遂入巩昌、平凉、临洮、凤翔诸府数十州县。败贺人龙、张天礼军，杀固原道陆梦龙。围陇州四十余日，承畴檄总兵左光先与人龙合击，大破之。会朝廷亦命豫、楚、晋、蜀兵四道入陕，迎祥、自成遂窜入终南山。已而东出，陷陈州、灵宝、汜水、荥阳。闻左良玉将至，移壁梅山、溱水间。部贼拔下蔡，烧汝宁郛。乃命承畴出关追贼，与山东巡抚朱大典并力击，贼侦知之。

八年正月大会于荥阳。老回回、曹操、革裹眼、左金王、改世王、射塌天、横天王、混十万、过天星、九条龙、顺天王及迎祥、献忠共十三家七十二营，议拒敌，未决。自成进曰："一夫犹奋，况十万众乎！官兵无能为也。宜分兵定所向，利钝听之天。"皆曰："善。"乃议革里眼、左金王当川、湖兵，横天王、混十万当陕兵，曹操、过天星扼河上，迎祥、献忠及自成等略东方，老回回、九条龙往来策应。陕兵锐，益以射塌天、改世王。所破城邑，子女玉帛惟均。众如自成言。

先是，南京兵部尚书吕维祺惧贼南犯，请加防凤阳陵寝，不报。及迎祥、献忠东下，江北兵单，固始、霍丘俱失守。贼燔寿州，陷颍州，知州尹梦鳌、州判赵士宽战死，杀故尚书张鹤鸣。乘胜陷凤阳，焚皇陵，留守署正朱国相等皆战死。事闻，帝素服哭，遣官告庙。逮漕运都御史杨一鹏弃市，以朱大典代之，大征兵讨贼。贼乃大书帜曰古元真龙皇帝，合乐大饮。自成从献忠求皇陵监小阉善鼓吹者，献忠不与。自成怒，偕迎祥西趋归德，与曹操、过天星合，复入陕西。献忠独东下卢州。

承畴方驰至汝州，命诸将左良玉、汤九州、尤世威、徐来朝、陈永福、邓玘、张应昌分扼湖广、河南、郧阳诸关隘，召曹文诏为中军。文诏未至，玘以兵乱死。迎祥、自成从终南山出，大掠富平、宁州。老回回、献忠、曹操、蝎子块、过天星诸贼，闻承畴出关，先后皆走陕西，焚掠西安、平凉、凤翔诸郡。承畴亟还救，分遣诸将击老回回等，令副总兵刘成功、艾万年击迎祥、自成于宁州。万年中伏战死，文诏怒，复击之，亦中伏战死。群贼乘胜掠地，火照西安城中。承畴力御之泾阳、三原间，决死战，贼不得过。献忠、老回回等由他道转突朱阳关，守关将徐来臣军溃死，尤世威中箭遁。于是群贼皆出关，分十三营东犯，而迎祥、自成独留陕西。

时卢象升已改湖广巡抚，总理直隶、河南、山东、四川、湖广诸军务。诏承畴督关中，象升督关外。贼亦分兵，迎祥略武功、扶风以西，自成略富平、固州以东。承畴遣将追自成，小捷，至醴泉。贼将高杰通于自成妻邢氏，惧诛，挟之来降。承畴身追自成，大战渭南、临潼，自成大败东走。迎祥亦屡败，东逾华阴南原，绝岭，偕自成出朱阳关，与献忠合。冬十一月，群贼薄阌乡，左良玉、祖宽御之不克，遂陷陕州，进攻雒阳。河南巡抚陈必谦督良玉、宽援雒阳，献忠走嵩、汝。迎祥、自成走偃师、巩县，略鲁山、叶县，陷光州，象升击败之确山。

九年春，迎祥、自成攻卢州，不拔。陷含山、和州，杀知州黎弘业及在籍御史马如蛟等。又攻滁州，知州刘大巩、太仆卿李觉斯坚守不下。象升亲督祖宽、罗岱、杨世恩等来援，战于朱龙桥，贼大败，尸咽水不流。北攻寿州，故御史方震孺坚守。折而西，入归德，边将祖大乐破之。走密、登封，故总兵汤九州战死。分道犯南阳、裕州，必谦援南阳，象升援裕，令大乐等击贼，杀迎祥、自成精锐几尽。贼复分兵再入陕，迎祥由郧、襄趋兴安、汉中，自成由南山逾商、雒，走延绥，犯巩昌北境。诸将左光先、曹变蛟破之，自成走环县。未几，官军败于罗家山，尽亡士马器仗，总兵官俞冲霄被执。自成势复振，进围绥德，欲东渡河，山西兵遏之。复西掠米脂，呼知县边大绶，曰："此吾故乡也，勿虐我父老。"遗之金，令修文庙。将袭榆林，河水骤长，贼淹死甚众，乃改道，从韩城而西。

时象升及大乐、宽等皆入援京师。孙传庭新除陕西巡抚，锐意灭贼。秋七月，擒迎祥于盩厔，献俘阙下，磔死。于是贼党乃共推自成为闯王矣。是月，犯阶、徽。未几，出沔、陇，犯凤翔，渡渭河。

十年犯泾阳、三原。蝎子块、过天星俱来会。传庭督变蛟连战七日，皆克，蝎子块降。自成与过天星奔秦州。入蜀，陷宁羌，破七盘关，陷广元，总兵官侯良柱战死，遂连陷昭化、剑州、梓潼、江油、黎雅、青川等州县。剑州知州徐尚卿、吏目李英俊、昭化知县王时化、郫县主簿张应奇、金堂典史潘梦科皆死。进攻成都，七日不克，巡抚王维章坐避贼征。

十一年春，官军败贼梓潼，自成奔白水，食尽。承畴、传庭合击于潼关原，大破之。自成尽亡其卒，独与刘宗敏、田见秀等十八骑溃围，窜伏商、洛山中。其年，献忠降，自成势益衰。承畴改蓟辽总督，传庭改保定总督。传庭以疾辞，逮下狱。二人去，自成稍得安。总理熊文灿方主抚，谍者或报自成死，益宽之。

十二年夏，献忠反谷城。自成大喜，出收众，众复大集。陕西总督郑崇俭发兵围之，令曰"围师必缺"。自成乃由缺走，突武关，往依献忠。献忠欲图之，觉，遁去。杨嗣昌督师夷陵，檄令降，自成出漫语。官军围自成于巴西、鱼复诸山中，自成大困，欲自经，养子双喜劝而止。贼将多出降。刘宗敏者，蓝田锻工也，最骁勇，亦欲降。自成与步入丛祠，顾而叹曰："人言我当为天子，盍卜之，不吉，断我头以降。"宗敏诺，三卜三吉。宗敏还，杀其两妻，谓自成曰："吾死从君矣。"军中壮士闻之，亦多杀妻子愿从者。自成乃尽焚辎重，轻骑由郧、均走河南。河南大旱，斛谷万钱，饥民从自成者数万。遂自南阳出，攻宜阳，杀知县唐启泰。攻永宁，杀知县武大烈，戕万安王采𨦟。攻偃师，知县徐日泰骂贼死。时十三年十二月也。

自成为人高颧深颐，鸱目曷鼻，声如豺。性猜忍，日杀人斫足剖心为戏。所过，民皆保坞堡不下。杞县举人李信者，逆案中尚书李精白子也，尝出粟振饥民，民德之曰："李公子活我。"会绳伎红娘子反，掳信，强委身焉。信逃归，官以为贼，囚狱中。红娘子来救，饥民应之，共出信。卢氏举人牛金星磨勘被斥，私入自成军为主谋，潜归，事泄坐斩，已，得末减。二人皆往投自成，自成大喜，改信名曰岩。金星又荐卜者宋献策，长三尺余，上谶记云："十八子，主神器。"自成大悦。岩因说曰：

"取天下以人心为本，请勿杀人，收天下心。"自成从之，屠戮为减。又散所掠财物振饥民，民受饷者，不辨岩、自成也，杂呼曰："李公子活我。"岩复造谣词曰："迎闯王，不纳粮。"使儿童歌以相煽，从自成者日众。

十四年正月攻河南，有营卒勾贼，城遂陷，福王常洵遇害。自成兵汋王血，杂鹿醢尝之，名"福禄酒"。王世子由崧裸而逃。自成发王邸金振饥民，遂移攻开封。时张献忠亦陷襄阳，戕襄王翊铭。王开封者周王恭枵，闻贼至，急发库金募死士，与巡抚都御史高名衡等固守。自成攻七昼夜，解去，屠密县。贼魁罗汝才、土寇袁时中皆归自成。时中众二十万，号小袁营。汝才即曹操，与献忠同降复叛去者也。

自成初为迎祥裨将，至是势大盛。帝以故尚书傅宗龙为陕西总督，使专办自成，别敕保定总督杨文岳会师。宗龙驰入关，与巡抚汪乔年调兵，兵已发尽，乃檄河南大将李国奇、贺人龙兵隶部下，亟出关。文岳率虎大威军俱至新蔡，与自成遇。人龙卒先奔，国奇、大威继之，宗龙、文岳以亲军筑垒自固。夜，文岳兵溃奔陈州，宗龙与贼持数日，食尽，突围走，被执死。自成陷叶县，杀副将刘国能，遂围左良玉于郾城。乔年代宗龙总督，出关，次襄城，自成尽锐攻之，乔年与副将李万庆皆死。自成刲剔诸生百九十人。遂乘胜陷南阳、邓州十四城，再围开封。巡抚名衡、总兵陈永福力拒之，射中自成目，炮殪上天龙等，自成益怒。

自成每攻城，不用古梯冲法，专取瓴甋，得一砖即归营卧，后者必斩。取砖已，即穿穴穴城。初仅容一人，渐至百十，次第傅土以出。过三五步，留一土柱，系以巨絙。穿毕，万人曳絙一呼，而柱折城崩矣。名衡于城上凿横道，听其下有声，用毒秽灌之，多死。贼乃即城坏处用火攻法，实药瓮中，火燃药发，当者辄糜碎，名曰放迸。

十五年正月，城半圮，贼用放迸法攻之，铁骑数千驰噪，伺城颓即拥入城。城故宋汴都，金人所重筑也。厚数丈，土坚，火外击，贼骑多歼，自成骇而去。南陷西华，寻屠陈州，副使关永杰、知州侯君擢皆骂贼死。归德、睢州、宁陵、太康数十郡县，悉残燬。商丘知县梁以樟创死复苏，全家歼焉。

已，复攻开封，筑长围为持久计。诏起孙传庭为总督，释故尚书侯恂命督师，召左良玉援开封。良玉至朱仙镇，大败，奔襄阳。诸军皆屯河北，不敢进。开封食尽。山东总兵刘泽清亦奉诏至。传庭知开封急，大会诸将西安，亟出关来救。未至，名衡等议决朱家寨口河灌贼，贼亦决马家口河欲灌城。秋九月癸未，天大雨，二口并决，声如雷，溃北门入，穿东南门出，注涡水。城中百万户皆没，得脱者惟周王、妃、世子及抚按以下不及二万人。贼亦漂没万余，乃拔营西南去。

先是，有马守应称老回回、贺一龙称革里眼、贺锦称左金王、刘希尧称争世王、蔺养成称乱世王者，皆附自成，时号"革左五营"。自成乃西迎传庭兵，遇于南阳，传庭军溃走，豫人所谓柿园之败也。是时大清兵南侵，京师方告急，朝廷不暇复讨贼。自成乃收群贼，连营五百余里，再屠南阳，进攻汝宁。总兵虎大威中炮死，杨文岳被杀。自成乃胁崇王由樻使从军，遂由确山、信阳、泌阳向襄阳。左良玉望风南走，自成入襄阳。分徇属城及德安诸州县，皆下，再破夷陵、荆门州。自成自攻荆州，湘阴王俨钘遇害，烧献陵木城，穿毁宫殿。

十六年春陷承天。将癸献陵，有声震山谷，惧而止。旁掠潜山、京山、云梦、黄陂、孝感等州县，皆下。先驱逼汉阳，良玉走九江。攻郧阳，抚治都御史徐起元及王光恩力守不下。光恩，贼反正者也。

自成自号奉天倡义大元帅，号罗汝才，代天抚民威德大将军。分其众，曰标营，领兵百队；曰先、后、左、右营，各领兵三十余队。标营白帜黑纛，自成独白鬃大纛银浮屠；左营帜白，右绯，前黑，后黄，纛随其色。五营以序直昼夜，次第休息，巡徼严密。逃者谓之落草，磔之。收男子十五以上、四十以下者为兵。精兵一人，主刍、掌械、执爨者十人。军令不得藏白金，过城邑不得室处，妻子外不得携他妇人。寝兴悉用单布幕。绵甲厚百层，矢炮不能入。一兵倅马三四匹，冬则以茵褥籍其蹄。剖人腹为马槽以饲马，马见人，辄锯牙思噬若虎豹。军止，即出较骑射，曰站队。夜四鼓，蓐食以听令。所过崇冈峻坂，腾马直上。水惟惮黄河，若淮、泗、泾、渭，则万众翘足马背，或抱鬣缘尾，呼风而渡，马蹄所壅阏，水为不流。临阵，列马三万，名三堵墙。前者返顾，后者杀之。战久不胜，马兵佯败诱官兵，步卒长枪三万，击刺如飞，马兵回击，无不大胜。攻城，迎降者不杀，守一日杀十之三，二日杀十之七，三日屠之。凡杀人，束尸为燎，谓之打亮。城将陷，步兵万人环堞下，马兵巡徼，无一人得免。献忠虽至残忍。不逮也。诸营较所获，马骡者上赏，弓矢铅铳者次之，币帛又次之，珠玉为下。

自成不好酒色，脱粟粗粝，与其下共甘苦。汝才妻妾数十，被服纨绮，帐下女乐数部，厚自奉养，自成尝嗤鄙之。汝才众数十万，用山西举人吉珪为谋主。自成善攻，汝才善战，两人相须若左右手。自成下宛、叶，克梁、宋，兵强士附，有专制心，顾独忌汝才。乃召汝才所善贺一龙宴，缚之，晨以二十骑斩汝才于帐中，悉兼其众。

自成在中州，所略城辄焚毁之。及渡汉江，谋以荆、襄为根本，改襄阳曰襄京，修襄王宫殿居之。改禹州曰均平府，承天府曰扬武州，他府县多所更易。

牛金星教以创官爵名号，大行署置。自成无子，兄子过及妻弟高一功，迭居左右，亲信用事。田见秀、刘宗敏为权将军，李岩、贺锦、刘希尧等为制将军，张鼐、党守素等为威武将军，谷可成、任维荣等为果毅将军，凡五营二十二将。又置上相、左辅、右弼、六政府侍郎、郎中、从事等官。要地设防御使，府曰尹，州曰牧，县曰令。封崇王由樻襄阳伯、邵陵王在城枣阳伯、保宁王绍圯宣城伯、肃宁王术棪顺义伯。以张国绅为上相，牛金星为左辅，来仪为右弼。国绅，安定人，尝官参政。既降，献文翔凤妻邓氏以媚自成。自成恶其伤同类，杀之，而归邓氏于其家。六政府侍郎则石首喻上猷、江陵萧应坤、招远杨永裕、米脂李振声、江陵邓岩忠、西安姚锡胤，寻以宣城丘之陶代振声为兵政府侍郎。其余受伪职者甚众，不具载。

使高一功、冯雄守襄阳，任继光守荆州，蔺养成、牛万才守夷陵，王文曜守沣州，白旺守安陆，萧云林守荆门，谢应龙守汉川，周凤梧守禹州。于是河南、湖广、江北诸贼莫不听命。自成既杀汝才、一龙，又袭杀养成，夺守应兵，击杀袁时中于杞县。献忠方据武昌，自成遣使贺，且胁之曰："老回回已降，曹操辈诛死，行及汝矣。"献忠大惧，南入长沙。

当是时，十三家七十二营诸大贼，降死殆尽，惟自成、献忠存，而自成独劲，遂自称曰新顺王。集牛金星等议兵所向。金星请先取河北，直走京师。杨永裕请下金陵，断燕都粮道。从事顾君恩曰："金陵居下流，事虽济，失之缓。直走京师，不胜，退安所归，失之急。关中，大王桑梓邦也，百二山河，得天下三分之二，宜先取之，建立基业。然后旁略三边，资其兵力，攻取山西，后向京师，庶几进战退守，万全无失。"自成从之。

传庭之败于柿园而归陕也，大治兵，制火车二万辆，募壮士，使白广恩、高杰将，欲俟贼饥而击之。朝议日督战，不得已出关。以牛成虎、卢光祖为前锋，由灵宝入洛。高杰为中军，檄广恩从新安来会。河南将陈永福守新滩，四川将秦翼明出商、洛，为掎角。前锋败贼渑池，至宝丰，再拔其城。次郏，自成率万骑还战，复大败，几被擒。会天大雨，道泞，粮车不进。自成遣轻骑出汝州，要截粮道。传庭乃分军三，令广恩从大道，令高杰亲随从间道，迎粮，令永福守营。传庭既行，永福兵亦争发，不可禁，遂为贼所蹑。至南阳，传庭还战，贼阵五重，官军克其三。已而稍却，火车奔，骑兵亦大奔。贼纵铁骑践之，传庭大败。自成空壁追，一日夜逾四百里，官军死者四万余人，失兵器辎重数十万。传庭奔河北，转趋潼关，气败沮不复振。

冬十月，自成陷潼关，传庭死，遂连破华阴、渭南、华、商、临潼。进攻西安，宁将王根子开东门纳贼。自成执秦王存枢以为权将军，永寿王谊泏为制将军。巡抚冯师孔以下死者十余人，布政使陆之祺等俱降。自成大掠三日，下令禁止。改西安曰长安，称西京。赐顾君恩女乐一部，赏入关策也。大发民，修长安城，开驰道。自成每三日亲赴教场校射，百姓望见黄龙纛，咸伏地呼万岁。诸将白广恩、高汝利、左光先、梁甫先后皆降。陈永福以先射中自成目，保山巅不敢下，自成折箭为誓，招之，亦降。惟高杰以窃自成妻走延安，为李过所追，折而东，渡宜川，绝蒲津以守。

自成兵所至风靡，乃诣米脂祭墓。向为官军所发，焚弃遗骴，筑土封之。求其宗人，赠金封爵以去。改延安府曰天保府，米脂曰天保县，清涧曰天波府。凤翔不下，屠之。始，自成入陕西，自谓故乡，毋有侵暴，未一月抄掠如故，又以士大夫必不附己，悉索诸荐绅，搒掠征其金，死者瘗一穴。榆林故死守，李过等不能克，自成大发兵攻陷之。副使都任，总兵王世国、尤世威等，俱不屈死。乘胜取宁夏，屠庆阳，执韩王亶塉。移攻兰州，甘肃巡抚林日瑞等亦死。进陷西宁，于是肃州、山丹、永昌、镇番、庄浪皆降，陕西地悉归自成。又遣贼渡河，陷平阳，杀宗室三百余人。高杰奔泽州。诏以余应桂总督三边，收边兵剿贼，然全陕已没，应桂不能进。

十七年正月庚寅朔，自成称王于西安，僭国号曰大顺，改元永昌，改名自晟。追尊其曾祖以下，加谥号，以李继迁为太祖。设天佑殿大学士，以牛金星为之。增置六政府尚书，设弘文馆、文谕院、谏议、直指使、从政、统会、尚契司、验马寺、知政使、书写房等官。以乾州宋企郊为吏政尚书、平湖陆之祺为户政尚书、真宁巩焴为礼政尚书、归安张嶙然为兵政尚书。复五等爵，大封功臣，侯刘宗敏以下九人，伯刘体纯以下七十二人，子三十人，男五十五人。定军制。有一马僛行列者斩之，马腾入田苗者斩之。籍步兵四十万、马兵六十万。兵政侍郎杨王休为都肄，出横门，至渭桥，金鼓动地。令弘文馆学士李化鳞等草檄驰谕远近，指斥乘舆。是日，大风霾，黄雾四塞。事闻，帝大惊，召廷臣议。大学士李建泰请督师，帝许之。

时山西自平阳陷，河津、稷山、荥河皆陷，他府县多望风送款。二月，自成渡河，破汾州，徇河曲、静乐，攻太原，执晋王求桂，巡抚蔡懋德死之。北徇忻、代，宁武总兵周遇吉战死。自成先遣游兵入故关，掠大名、真定而北。身率众贼并边东犯，陷大同，巡抚卫景瑗、总兵朱三乐死。自成杀代王传烺，代藩宗室殆尽。犯宣府，总兵姜瓖迎降，巡抚朱之冯死。遂犯阳和，由柳沟逼居庸，总兵官唐通、太监杜之秩迎降。

三月十三日焚昌平，总兵官李守鑅死。始，贼欲侦京师虚实，往往阴道人辇重货，贾贩都市，又令充部院诸椽吏，探刺机密。朝廷有谋议，数千里立驰报。及抵昌平，兵部发骑探贼，贼辄勾之降，无一还者。贼游骑至平则门，京师犹不知也。十七日，帝召问群臣，莫对，有泣者。俄顷贼环攻九门，门外先设三大营，悉降贼。京师久乏饷，乘陴者少，益以内侍。内侍专守城事，百司不敢问。

十八日，贼攻益急，自成驻彰义门外，遣降贼太监杜勋縋入见帝，求禅位。帝怒，叱之下，诏亲征。日暝，太监曹化淳启彰义门，贼尽入。帝出宫，登煤山，望烽火彻天，叹息曰："苦我民耳。"徘徊久之，归乾清宫，令送太子及永王、定王于戚臣周奎、田弘遇第，剑击长公主，趣皇后自尽。十九日丁未，天未明，皇城不守，鸣钟集百官，无至者。乃复登煤山，书衣襟为遗诏，以帛自缢于山亭，帝遂崩。太监王承恩缢于侧。

自成毡笠缥衣，乘乌驳马，入承天门，伪丞相牛金星，尚书宋企郊、喻上猷，侍郎黎志升、张嶙然等骑而从。登皇极殿，据御座，下令大索帝后，期百官三日朝见。文臣自范景文、勋戚自刘文炳以下，殉节者四十余人。宫女魏氏投河，从者二百余人。象房象皆哀吼流泪。太子投周奎家，不得入，二王亦不能匿，先后拥至，皆不屈，自成羁之宫中。长公主绝而复苏，舁至，令贼刘宗敏疗治。

已，乃知帝后崩，自成命以宫扉载出，盛柳棺，置东华门外，百姓过者皆掩泣。越三日己酉，昧爽，成国公朱纯臣、大学士魏藻德率文武百官入贺，皆素服坐殿前。自成不出，群贼争戏侮，为椎背、脱帽，或举足加颈，相笑乐，百官慑伏不敢动。太监王德化叱诸臣曰："国亡君丧，若曹不思殡先帝，乃在此耶！"因哭，内侍数十人皆哭，藻德等亦哭。顾君恩以告自成，改殓帝后，用衮冕袆翟，加苇厂云。大学士陈演劝进，不许。封太子为宋王。放刑部、锦衣卫系囚。

自成自居西安，建置官吏，至是益尽改官制。六部曰六政府，司官曰从事，六科曰谏议，十三道曰直指使，翰林院曰弘文馆，太仆寺曰验马寺，巡抚曰节度使，兵备曰防御使，知府州县曰尹、曰牧、曰令。召见朝官，自成南向坐，金星、宗敏、企郊等左右杂坐，以次呼名，分三等授职。自四品以下少詹事梁绍阳、杨观光等无不污伪命，三品以上独用故侍郎侯恂。其余勋戚、文武诸臣奎、纯臣、演、藻德等共八百余人，送宗敏等营中，拷掠责赇赂，至灼肉折胫，备诸惨毒。藻德遇马世奇家人，泣曰："吾不能为若主，今求死不得。"贼又编排甲，令五家养一贼，大纵淫掠，民不胜毒，缢死相望。征诸勋戚大臣金，金足辄杀之。焚太庙神主，迁太祖主于帝王庙。

时贼党已陷保定，李建泰降，畿内府县悉附。山东、河南遍设官吏，所至无违者。及淮，巡抚路振飞发兵拒之，乃去。自成谓真得天命，金星率贼众三表劝进，乃从之，令撰登极仪，诹吉日。及自成升御座，忽见白衣人长数丈，手剑怒视，座下龙爪鬣俱动，自成恐，亟下。铸金玺及永昌钱，皆不就。闻山海关总兵吴三桂兵起，乃谋归陕西。

初，三桂奉诏入援，至山海关，京师陷，犹豫不进。自成劫其父襄，作书招之，三桂欲降。至滦州，闻爱姬陈沅被刘宗敏掠去，愤甚，疾归山海，袭破贼将。自成怒，亲部贼十余万，执吴襄于军，东攻山海关，以别将从一片石越关外。三桂惧，乞降于我大清。四月二十二日，自成兵二十万，阵于关内，自北山亘海。我兵对贼置阵，三桂居右翼末，悉锐卒搏战，杀贼数千人，贼亦力斗，围开复合。战良久，我兵从三桂阵右突出，冲贼中坚，万马奔跃，飞矢雨堕，天大风，沙石飞走，击贼如雹。自成方挟太子登高冈观战，知为我兵，急策马下冈走。我兵追奔四十里，贼众大溃，自相践踏死者无算，僵尸遍野，沟水尽赤。自成奔永平，我兵逐之。三桂先驱至永平，自成杀吴襄，奔还京师。

时牛金星居守，诸降人往谒，执门生礼甚恭。金星曰："讹言方起，诸君宜简出。"由是降者始惧，多窜伏矣。自成至，悉镕所拷索金及宫中帑藏、器皿，铸为饼，每饼千金，约数万饼，骡车载归西安。二十九日丙戌僭帝号于武英殿，追尊七代皆为帝后，立妻高氏为皇后。自成被冠冕，列仗受朝。金星代行郊天礼。是夕焚宫殿及九门城楼。诘旦，挟太子、二王西走，而使伪将军左光先、谷可成殿。

五月二日，我大清兵入京师，下令安辑百姓，为帝后发丧，议谥号，遣将偕三桂追自成。时福王已监国南京，大学士史可法督师讨贼。自成至定州，我兵追之，与战，斩谷可成，左光先伤足，贼负而逃。自成西走真定，益发众来攻，我兵复击之。自成中流矢创甚，西逾故关，入山西。会我兵东返，自成乃鸠合溃散，走平阳。

李岩者，故劝自成以不杀收人心者也。及陷京师，保护懿安皇后令自尽。又独于士大夫无所拷掠，金星等大忌之。定州之败，河南州县多反正，自成召诸将议，岩请率兵往。金星阴告自成曰："岩雄武有大略，非能久下人者。河南，岩故乡，假以大兵，必不可制。十八子之谶，得非岩乎？"因谮其欲反。自成令金星与岩饮，杀之，贼众俱解体。

自成归西安,复遣贼陷汉中,降总兵赵光远,进略保宁。时献忠以兵拒之,乃还。八月建祖祢庙成,将往祀,忽寒栗不能就礼。自成始以岩言,谬为仁义,及岩死,又屡败,复强很自用,伪尚书张第元、耿始然皆以小忤死。制铜鏾,官吏坐赇,即鏾斩。民盗一鸡者死。西人大惧。

顺治二年二月,我兵攻潼关,伪伯马世耀以六十万众迎战,败死。潼关破,自成遂弃西安,由龙驹寨走武冈,入襄阳,复走武昌。我兵两道追蹑,连蹙之邓州、承天、德安、武昌,穷追至贼老营,大破之者八。当是时,左良玉东下,武昌虚无人。自成屯五十余日,贼众尚五十余万,改江夏曰瑞符县。寻为我兵所迫,部众多降,或逃散。自成走咸宁、蒲圻,至通城,窜于九宫山。秋九月,自成留李过守寨,自率二十骑略食山中,为村民所困,不能脱,遂缢死。或曰村民方筑堡,见贼少,争前击之,人马俱陷泥淖中,自成脑中钼死。剥其衣,得龙衣金印,眇一目,村民乃大惊,谓为自成也。时我兵遣识自成者验其尸,朽莫辨。获自成两从父伪赵侯、伪襄南侯及自成妻妾二人,金印一。又获伪汝侯刘宗敏、伪总兵左光先、伪军师宋献策。于是斩自成从父及宗敏于军。牛金星、宋企郊等皆遁亡。

自成兄子过改名锦,偕诸贼帅奉高氏降于总督何腾蛟。时唐王立于闽,赐锦名赤心,封高氏忠义夫人,号其军曰忠贞营,隶腾蛟麾下。永明王时,赤心封兴国侯,寻死。

译文:

李自成,米脂人,世代居住在怀远堡李继迁寨。他的父亲李守忠,没有儿子,到华山祈祷,梦见神灵告诉说:"让破军星做你的儿子。"后来,生了自成。小时候在乡里艾姓的大户人家牧羊，长大了，当银川驿站的驿卒。擅长骑马射箭，打斗凶狠不讲道理，几次犯了法。知县晏子宾逮捕了他，准备把他杀掉，他逃跑去当了屠夫。天启末年，魏忠贤的党羽乔应甲做陕西巡抚，朱童蒙做延绥巡抚，贪得无厌不追查强盗，因此盗贼也就起来了。

崇祯元年，陕西大饥荒，延绥缺乏粮饷，固原的兵卒抢劫了州的库房。白水的盗贼王二、府谷的盗贼王嘉胤、宜川的盗贼王左挂、飞山虎、大红狼等等，一时间一齐起事。有个安塞的马贼叫高迎祥的，是李自成的舅舅，和饥民王大梁聚众响应他们。高迎祥自称闯王，王大梁自称大梁王。崇祯二年春天，下诏派杨鹤任三边总督，搜捕他们。参政刘应遇出击杀了王二、王大梁，参政洪承畴打垮了王左挂，盗贼开始感到害怕。刚好京都戒严，山西巡抚耿如杞的勤王部队向西哗变，延绥总兵吴自勉、甘肃巡抚梅之焕的勤王部队也溃散了，和众强盗会合在一起。延绥巡抚张梦鲸气死了，洪承畴接替了他，召用前任总兵杜文焕指挥延绥、固原的部队，有机会就剿灭盗贼。

三年，王左挂、王子顺、苗美等贼屡次战败，乞求投降。王嘉胤却在延安、庆阳之间抢掠，杨鹤招抚他，不接受，从神木渡过黄河进犯山西。这时秦地所征收的税赋叫新饷、均输、间架，名目日益增多，官吏借此来取巧，百姓非常困苦。因为给事中刘懋的提议，撤了驿站，山西、陕西仰仗驿站糊口的游民，没有地方能找到吃的，都依附了盗贼，流贼开始壮大。兵部郎中李继贞上奏说："延安的百姓饥荒，就快要全部做贼了，请求从国库拿十万两银子赈济他们。"皇帝不接受。王嘉胤就已经攻破了黄甫川、清水、木瓜三座城堡，攻陷了府谷、河曲。又有神一元、不沾泥、可天飞、郝临庵、红军友、点灯子、李老柴、混天猴、独行狼等盗贼，在各自存身的地方一窝蜂地起事，有的劫掠秦地，有的向东入晋，屠戮攻占城堡。官军东追西击，流贼有的投降有的死了。一下子消亡了一下子又兴起。延安的盗贼张献忠也聚众占据了十八个营寨，号称八大王。

崇祯四年，孤山副将曹文诏在河曲打败了盗贼，王嘉胤跑掉了。后来，又从岳阳突然进犯泽州、潞州，被左右随从杀了，他的党羽一齐推举外号叫紫金梁的王自用当首领。王自用联合群贼老回回、曹操、八金刚、扫地王、射塌天、阎正虎、满天星、破甲锥、邢红狼、上天龙、蝎子块、过天星、混世王等人以及高迎祥、张献忠一共三十六营，二十多万人，聚集在山西。李自成就和侄儿李过去追随高迎祥，和张献忠等贼会合，号称闯将，没有什么名气。杨鹤招抚流贼不成功被逮捕了，洪承畴接替杨鹤，张福臻接替了洪承畴，指挥曹文诏、杨嘉谟等将官清剿流贼，所到之处都打胜仗，陕西稍为安定了。但是山西盗贼非常盛行。在宁乡、石楼、稷山、闻喜、河津之间抢掠。

崇祯五年，流贼分头四处出击，接连攻陷了大宁、隰州、泽州、寿阳等州县，整个山西都震动了。于是撤了巡抚宋统殷，派许鼎臣接替他，和宣大总督张宗衡分别指挥各将军。张宗衡指挥虎大威、贺人龙、左良玉等部队八千人，驻守平阳，负责平阳、泽州、潞州四十一个州县。许鼎臣指挥张应昌、颇牧希、艾万年部队七千人，驻防汾州，负责汾州、太原、沁州、辽州三十八个州县。流贼也转移进了磨盘山，把部队分成三路：阎正虎占据交城、文水，窥伺太原；邢红狼、上天龙占据吴城，窥伺汾州；王自用，张献忠突击沁州、武乡，攻陷辽州。

崇祯六年春天，官军一齐出兵合力进击。王自用害怕，向前任锦衣金事张道浚乞降。还没有谈判好，阳和的官军袭击了他。贼人发怒，毁约跑了。正好总兵官曹文诏率领陕西的部队来到，和猛如虎、虎大威、颇希牧、艾万年、张应昌等将官一起进剿，屡次战斗都打了大胜仗。先后杀了混世王、满天星、姬关锁、翻山动、掌世王、显道神等贼，打败了王自用、张献忠、老回回、蝎子块、扫地王等贼。那以后，王自用又被四川将官邓玘射死了。山西的三大股强盗都打败了。

当初，流贼攻破泽州的时候，分出了一部分人，向南越过了太行山，劫掠了济源、清化、修武，围困了怀庆。官军进攻他们，他们就跑掉了，其他流贼又进入了西山，大肆在顺德、真定之间抢掠。大名道卢象升奋力作战打退了流贼。贼人从邢台摩天岭向西去，到达武安，打败了总兵左良玉，河北三府几乎全都被焚烧抢掠了。潞王上疏告急，并要求保卫凤阳、泗州的陵寝。圣诏特别派总兵倪宠、王朴率领驻京部队六千人，和众将官一齐进剿。贼人得知这消息，想从河内跑往太行山。曹文诏截击他们，他们不敢进发了。

在山西打了败仗的盗贼，亦跑到了黄河北岸一起驻扎，高迎祥、李自成、张献忠、曹操、老回回等都到了。北京的官军在后面紧逼，左良玉、汤九州等扼守在前面，一连在青店、石冈、石坡、牛尾、柳泉、猛虎村开战，屡次打败了盗贼。贼人想逃跑，被黄河挡住了，非常危急。贼人一向害怕曹文诏、张道浚，道浚先因犯事被发遣戍边，曹文诏转战秦、晋、河北，遇到盗贼就打大胜仗，御史又弹劾他骄傲自大，调到了大同当总兵。于是，贼人欺骗说要投降，监军太监杨进朝相信了，替他们上奏。碰上天气寒冷黄河河面冻合了，贼人突然从毛家寨策马一直过了河。河南各部队都没有扼守黄河，于是盗贼一连攻陷了渑池、伊阳、卢氏三个县。河南巡抚玄默和各将官率大部队对付他们，贼人逃窜到了卢氏山里，从小路一直到了内乡，抢掠郧阳，又分头抢掠南阳、汝宁，攻入枣阳、当阳，逼近湖广。巡抚唐晖召集部队守卫着辖区。流贼进犯归、巴、夷陵等地，攻破夔州，攻打广元，进逼四川，所到之处都告急。

崇祯七年春天，特别设置了山西、陕西、河南、湖南、四川总督，专门对付流贼，派延绥巡抚陈奇瑜担任，派卢象升安抚管治郧阳，因为陈奇瑜在延水关打败流贼有威名，而卢象升历经战阵懂得用兵。于是陈奇瑜从均州入境，和卢象升一起进军，部队停驻乌林关，杀了盗贼数千人。流贼跑到了汉南，陈奇瑜认为湖广不用担心，带着兵向西进击。

当初，流贼从渑池渡过黄河时，高迎祥实力最强大，李自成是他的部属。等到进入了河南，自成和侄子李过联合李牟、俞彬、白广恩、李双喜、顾君恩、高杰等人自己建立一支部队。李过、高杰善于作战，顾君恩善于谋划。陈奇瑜的部队来到时，张献忠等跑到了商、雒，李自成等失陷在兴安的车厢峡，碰巧下了两个月大雨，马匹缺乏草料大都死了，弓和箭都脱了胶，自成采用顾君恩的计谋，贿赂陈奇瑜的左右随从，假装要投降。陈奇瑜心里轻视贼人，答应了，晓瑜各将领约束部队不要追杀，降兵所经过的州县为他们准备粮食接送。贼人刚过了栈道，马上大声鼓噪，杀遍了路过的七个州县，而且略阳的几万贼人也来会合，贼人的气势更加壮大。陈奇瑜因此被革职，而自成开始名声卓著了。

以后，洪承畴接替了陈奇瑜，李乔巡抚陕西，吴甡巡抚山西。大学士温体仁对吴甡说："流贼是癣疥一样的小毛病，不用担忧。"不多久，西宁的部队变乱，洪承畴刚接受命令向东去，得知变故马上折返。高迎祥、李自成就进入巩昌、平凉、临洮、凤翔各府的几十个州县，打败了贺人龙、张天礼的部队，杀了固原道陆梦龙。围困了陇州四十多天，洪承畴征调总兵左光先和贺人龙联合进攻，打垮了流贼。正好朝廷也命令豫、楚、晋、蜀的军队分四路进入陕西，于是高迎祥、李自成就逃进了终南山。之后向东出击，攻陷了陈州、灵宝、氾水、荥阳。得知左良玉就要到了，把部队移到梅山、溱水之间驻扎。一部分贼人攻占了上蔡，烧了汝宁外围的城墙。朝廷就命令洪承畴出关追击流贼，和山东巡抚朱大典合力进攻，贼人侦察知道了这情况。

崇祯八年正月在荥阳大聚会。老回回、曹操、革裹眼、左金王、改世王、射塌天、横天王、混十万、过天星、九条龙、顺天王和高迎祥、张献忠一共十三家七十二营，商议抵御官军，未有结果。李自成献计说："一个人尚且要奋发，何况是十万人呢，官军是不会有什么作为的。应该分兵各定方向，成败都听任上天安排。"都说："好"。于是议定革裹眼、左金王抵挡四川、湖广的官军，横天王、混十万抵挡陕西的官军，曹操、过天星扼守黄河河面，高迎祥、张献忠和李自成等攻打东面，老回回、九条龙往来接应。陕西的官军精锐，加派射塌天、改世王。所攻破的城池，男女玉帛大家均分。大家按自成说的去做。

先前，南京兵部尚书吕维祺恐怕流贼向南进犯，请求加强防卫凤阳的陵寝。这请求得不到上报。等到高迎祥、张献忠向东进发，江北的兵力薄弱，固始、霍丘都失守了，贼人烧了寿州，攻陷了颍州、知州尹梦鳌、州判赵士宽战死了，前任尚书张鹤鸣被杀。乘胜攻陷了凤阳，烧了皇陵，留守署正朱国相等人都战死了。听到消息，皇帝穿着丧服哭泣，派官员去禀告太庙。把漕运都御使杨一鹏抓起来杀了，派朱大典接替他，大举调派军队征讨盗贼。贼人就在旗帜上用大字写着古元真龙皇帝，伴着歌乐痛饮。李自成向张献忠要善于奏乐的守皇陵的小太监，张献忠不给。自成发怒,和高迎祥向西去了归德,和曹操、过天星会合,重新进入陕西。张献忠独自向东去了庐州。

洪承畴正赶到汝州,命令左良玉、汤九州、尤世威、徐来朝、陈永福、邓玘、张应昌各将分别扼守湖广、河南、郧阳各处关隘,召用曹文诏任中军官。文诏还没有到任,邓玘因为部队叛乱死了。高迎详、李自成从终南山出来,大肆抢掠富平、宁州。老回回、张献忠、曹操、蝎子块、过天星等盗贼,听说洪承畴出关,先后都跑到陕西,焚烧抢掠西安、平凉、凤翔各郡县。洪承畴马上赶回救援,分别派各将进攻老回回等贼,命令副总兵刘成功、艾万年在宁州进攻高迎祥、李自成。艾万年中了埋伏战死了。曹文诏发怒,再进攻,也中埋伏战死了。成群盗贼乘胜抢掠地方,火光照到了西安城里。洪承畴在泾阳、三原之间极力抵御贼人,决心死战,贼人不能通过。张献忠、老回回等贼人从其他路调头突击朱阳关,守关将领徐来臣部队溃败死了。尤世威中箭逃走了。于是群贼都出了关,分为十三营向东进犯,只有高迎祥、自成留在陕西。

当时卢象升已经改任湖广巡抚,总理直隶、河南、山东、四川、湖广等地的军务。圣诏命令洪承畴督管关中,卢象升督管关外,盗贼也分了兵,高迎祥夺取武功、扶风以西,李自成夺取富平、固州以东。洪承畴派军队追击李自成,打了小胜仗,到了醴泉。有个和自成妻子邢氏私通的贼将高杰,害怕被杀,挟持邢氏来投降。洪承畴亲自追击李自成,在渭南、临潼大战,自成大败向东逃跑。高迎祥也屡次打败仗,向东越过华阴南面的原野,翻不过山岭,和自成一起出了朱阳关,与张献忠会合。冬十一月,贼群逼近阌乡,左良玉、祖宽抵挡不住,于是攻下了陕州,进军攻打雒阳。河南巡抚陈必谦指挥左良玉、祖宽援救雒阳。张献忠跑到了嵩州、汝州，高迎祥、李自成跑到了偃师、巩县，夺取了鲁山、叶县，攻陷了光州，卢象升在确山打败了他们。

崇祯九年春天，高迎祥、李自成攻打庐州，没打下。攻下了含山、和州，杀了知州黎弘业以及在籍的御史马如蛟等人。又攻打滁州，知州刘大巩、太仆卿李觉斯坚守着没有打下。卢象升亲自指挥祖宽、罗岱、杨世恩等前来支援，在朱龙桥开战，贼人大败，尸体堵塞河水也流不过。贼人向北攻打寿州，前任御史方震孺坚守着。调头向西，进入归德，边关将领祖大乐打败了他们，跑到密县、登封，前任总兵汤九州战死了。分头进攻南阳、裕州，陈必谦增援南阳，卢象升增援裕州，命令祖大乐等进攻贼人，把高迎祥、李自成的精锐几乎全杀光了。贼人重新分兵再次进入陕西，高迎祥从郧、襄赶往兴安、汉中，李自成从南山越过商、雒跑到延绥，进犯巩昌北面的地方。左光先、曹变蛟各将打败了他们，李自成跑到了环县。不多久，官军在罗家山打败，人马器械全都损失了，总兵官俞冲霄被抓了。自成的气势重新振作，去围困了绥德，想向东渡过黄河，山西的官军挡住了他。再向西夺取了米脂，叫知县边大绶，说："这是我的故乡，不要虐待我的父老乡亲。"留下钱财给他，叫他修整文庙。准备袭击榆林，黄河突然水涨，贼人淹死了很多，于是改道，从韩城向西去。

当时卢象升和祖大乐、祖宽等都入京救援。孙传庭新任陕西巡抚，决心要剿灭流贼。秋七月，在盩厔抓住了高迎祥，到宫门前献俘，肢裂处死了。于是贼人就一起推举自成做了闯王。这个月，进犯了阶州、徽州。不多久，从礁州、陇州出发，进犯凤翔，渡过了渭河。

崇祯十年进犯泾阳、三原。蝎子块、过天星都来会合。孙传庭指挥曹变蛟一连作战了七天,都打赢了,蝎子块投了降。李自成和过天星跑往秦州。进入四川,攻陷了宁羌,打破了七盘关,陷落了广元,总兵官侯良柱战死了,于是接连打下了昭化、剑州、梓潼、江油、黎雅、青州等州县。剑州知州徐尚卿、吏目李英俊、昭化知县王时化、郫县主簿张应奇、金堂典史潘梦科都死了。攻打成都,七天都未能攻下,巡抚王维章由于躲避盗贼被追究。

崇祯十一年春天,官军在梓潼打败了流贼,李自成跑往白水,粮食耗尽了。洪承畴、孙传庭在潼关原野一起出击,打垮了他。李自成的部队全部打散了,只和刘宗敏、田见秀等十八人骑马突围,跑到商、洛山里躲了起来。这一年,张献忠投降了,李自成的气势更加衰微。洪承畴改任蓟辽总督,孙传庭改任保定总督。孙传庭托病推辞,被逮捕关进了监牢。这两人走了,李自成稍稍得到安定。总理熊文灿正主张招抚,有侦察的人报告说自成死了,就更加松懈了。

崇祯十二年夏天,张献忠在谷城造反。李自成非常高兴,出山收拢部众,部众重新大批聚集。陕西总督郑崇俭派兵包围他们,下令说:"包围敌军一定要留缺口"。自成就从缺口处逃走了,突破武关,去依附张献忠。张献忠想计算他,自成发觉后逃走了。杨嗣昌在夷陵指挥部队,晓谕要他投降,自成讲出些轻慢的话来。官军把自成围困在巴西、鱼复等山里,自成非常窘迫,想上吊自杀,被养子李双喜劝阻了,贼将大多都出山投降了。刘宗敏,是蓝田的锻工,最骁勇,也想投降。自成和他走入一丛祠堂,望着他叹气说:"有人说我应该当皇帝的,为什么不占卜一下,不吉,杀了我的头去投降吧。"刘宗敏答应了,卜了三次都是吉。宗敏回去,杀了自己的两个妻子,对自成说:"我死也要追随你。"军队里的壮士得知,也有许多杀了妻子愿意追随的。于是,李自成把辎重全烧光了,轻骑从郧、均去河南。河南大旱,一斛谷值一万钱,饥民追随李自成的几万人。于是从南阳出发,攻打宜阳,杀了知县唐启泰。攻打永宁,杀了知县武大烈,杀了万安王朱采铮。攻打偃师,知县徐日泰骂着贼人殉难。当时是崇祯十三年十二月。

  自成的模样颧骨高耸,面颊凹陷,眼像鹰鼻像鸱鸟,声音像豺狗。生性猜疑残忍,每天杀人斩脚挖心来取乐。经过的地方,百姓都守着坞堡不出来。杞县有个叫李信的举人,是逆案中尚书李精白的儿子,曾经拿出粮食赈济饥民,饥民感激地说:"李公子救活了我。"碰巧绳伎红娘子造反,掳走了李信,强行嫁给他。李信逃了回来,官府把他当贼,囚禁在狱中。红娘子来救人,饥民们响应她,一齐救出了李信。卢氏举人牛金星因磨勘被斥责,私下加入李自成的部队做策划,偷偷地回来了,事情败露被判斩首,后来,得到了减刑。这两个人都去投奔李自成,自成非常高兴,改了李信的名字叫岩。牛金星又引荐一个叫宋献策的占卜人。身高三尺多,呈上谶记说:"十八子,主神器。"自成非常高兴。李岩就说道:"夺取天下要以民心为基础,请不要杀人,获取天下的民心。"自成听从了他,减少了杀戮。又散发抢来的财物赈济饥民,拿到粮食的饥民,分不出李岩、李自成,混在一起喊:"李公子救活了我。"李岩又编歌谣说:"迎闯王,不纳粮。"让儿童唱着加以煽动,追随自成的人日益增多。

  崇祯十四年正月进攻河南,有驻军勾结贼人,城就陷落了。福王朱常洵遇害。自成用兵器勺福王的血,混在鹿肉酱里吃,命名为"福禄酒"。福王的世子朱由崧光着身子跑掉了。自成散发了王府的钱财赈济饥民,就移师进攻开封。当时张献忠也攻陷了襄阳，杀了襄王朱翊铭。在开封当王的周王朱恭枵，得知盗贼来了，急忙调用库房的钱财招募敢死队，和巡抚都御史高名衡等人坚守。自成攻打了七天七夜，解围走了，屠戮了密县。强盗头领罗汝才、土匪袁时中都归附了李自成。袁时中部众二十万，号称小袁营。罗汝才就是"曹操"，是和张献忠一起投降又反叛的。

自成当初是高迎祥的裨将，到这时声势非常浩大。皇帝任用前任尚书傅宗龙当陕西总督，让他专门对付李自成，另外命令保定总督杨文岳会师。傅宗龙赶入关，向巡抚汪乔年调兵，兵已经派光了，于是征调河南大将李国奇，贺人龙的部队作部属，马上出关。杨文岳率领虎大威部队一齐到了新蔡，和李自成遭遇。贺人龙的部队先跑了，李国奇、虎大威的也相继跑了，傅宗龙、杨文岳让亲兵筑起工事固守。晚上，杨文岳部队溃败跑到了陈州，傅宗龙和贼人相持了几天，粮食吃光了，突围逃跑，被抓住杀了。自成攻陷了叶县，杀了副将刘国能，再把左良玉围在了郾城。汪乔年接替傅宗龙任总督，出关，驻在襄城，自成派出所有的精锐攻打他，汪乔年和副将李万庆都死了。被自成割鼻砍脚的读书人有一百九十人。于是乘胜攻陷了南阳、邓州十四座城池，再次围攻开封。巡抚高名衡、总兵陈永福极力抵御他们，放箭射中了自成的眼睛，发炮打死了上天龙等贼人，自成更加愤怒了。

自成每次攻城，不用古人用云梯冲击的办法，专取砖，拿到一块砖的就回营休息，落后的一定杀头。拿了砖以后，就在城墙挖洞。洞开始仅能容纳一个人，渐渐地可以容纳一百几十人，一个接一个地把土背出来。每隔三五步，留下一条土柱，用粗绳绑着。挖完了，许多人扯着绳子一声喊，土柱折断城墙也就崩塌了。高名衡在城上横向凿出通道，听到下面有声音，用毒药和污物灌下去，贼人多数死了。贼人就到城墙挖烂的地方用火攻的办法，把火药填满瓮中，点燃后火药爆炸，碰到的东西都炸得粉碎，起名叫放迸。

崇祯十五年正月，城墙塌了一半，贼人用放迸法攻城，数千名铁甲骑兵奔驰鼓噪，专等城墙炸毁就涌入城里。城是以前宋朝的都城汴梁，金人重新修筑过的。城墙厚数丈，土质坚实，火药向外爆炸，贼人的骑兵多数死了，自成惊骇地撤走了。向南攻陷西华，不久屠戮了陈州，副使关永杰、知州侯君擢都骂着贼人殉难了。归德、睢州、宁陵、太康数十个郡县，都摧残焚毁了，商丘知县梁以璋受伤晕倒醒过来时，全家已被杀了。

之后，重新攻打开封，筑起长长的工事作持久战的打算。圣诏起用孙传庭为总督，释放了前任尚书侯恂命令他指挥军队，征召左良玉援救开封。左良玉到朱仙镇，打了大败仗，跑到了襄阳。各部队都驻扎在黄河北岸，不敢前进。开封没有粮食了。山东总兵刘泽清也奉诏来到。孙传庭知道开封危急，在西安大举召集各将官，急忙出关来救援。还没有到，高名衡等人商量在朱家寨口挖开黄河堤岸用水淹没贼人，贼人也在马家口挖河堤准备引水淹城。秋九月癸未，天下起大雨，两处一起决堤，声音像打雷一样，洪水冲破城北门进城，从东南门穿出去，流入涡水。城里百万户人家都淹没了，能够逃脱的只有周王、王妃、王世子以及抚按以下不足二万人。贼人也淹死了一万多，就转移向西南方去了。

先前，有叫老回回的马守应、叫革裹眼的贺一龙、叫左金王的贺锦、叫争世王的刘希尧、叫乱世王的蔺养成，都依附了李自成，当时叫作"革左五营"。自成就向西去迎击孙传庭的兵马，在南阳遭遇，孙传庭部溃散逃走，这就是河南人所说的柿园之败。这时大清军队向南侵袭，京城正告急，朝廷没有工夫再去征剿流贼。于是,自成聚集贼众,连营五百多里,再次屠戮了南阳,进攻汝宁。总兵虎大威中炮死了。杨文岳被杀。自成就胁迫崇王朱由樻随军,从确山、信阳、泌阳去襄阳。左良玉向南望风而逃,自成进入了襄阳。分头要襄阳属下的城池和德安各州县归顺,都占领了,再攻破了夷陵、荆门州。李自成亲自攻打荆州,湘阴王朱俨钘被杀,烧了献陵的木城,烧毁了宫殿。

崇祯十六年春天攻陷承天,准备掘开献陵,山谷里有声音震响,感到害怕就放弃了。向附近攻取潜山、京山、云梦、黄陂、孝感等州县都打下了。先头部队逼近汉阳,左良玉跑到了九江。攻打郧阳,抚治都御史徐起元和王光恩奋力守卫没有被攻克。王光恩,是归降反正的贼人。

李自成自己号称奉天倡义大元帅,给罗汝才起名号为代天抚民威德大将军。分派他的部下,叫标营,领兵百队;叫前、后、左、右营,各领兵三十多队。标营是白色旗黑色大旗,李自成独自一支白色长穗银枪头的大旗;左营的旗白色,右营的红色,前营的黑色,后营的黄色,大旗和各自的颜色相随。五个营按顺序轮值一昼夜,顺次序休息,巡查严密。逃跑的叫落草,肢裂处死。收罗十五岁以上、四十岁以下的男人当兵,每精兵一个,有喂马、掌管器械、炊事的人十个。军令不许私藏金银,经过城镇不许入屋居住,除了妻子以外不许带其他妇女。睡觉都用单布帐幕。绵甲近百层厚,弓箭火炮都打不进。一个兵士饲养三四匹马,冬天就用被单包着马蹄。把人的肚子剖开作马槽来喂马,马看到人,就像虎豹一样磨牙想咬人。部队没有行动,就出去较量骑射,叫作站队。晚上四更,人马都吃饱了来听候命令。经过崇冈峻岭,策马直上。河流只是害怕黄河,像淮、泗、泾、渭等河,就成万人把足跷到马背上,或者抱着马颈拉着马尾,呼啸着渡河，马蹄引起的淤塞，河水也流不过。到了作战，排出三万骑兵，叫作三堵墙。前面的想后退，后面的就杀了他。久战不胜，骑兵就诈败引诱官军，三万持长枪的步兵，飞快地出击猛刺，骑兵回过头来进攻，没有不大获全胜的。攻打城池，投降的不杀，守一天杀十分之三，守两天杀十分之七，三天就全部屠戮。凡杀了人，把尸首扎起来点燃，叫作打亮。城池将要攻陷，步兵近万人围在城墙下，骑兵巡查，没有一个能够幸免的。张献忠虽然十分残忍，也比不上。各营比较战利品，缴获马骡的得上赏，弓箭铅弹火枪的低一等，钱帛的又再低一等，珠玉的最下等。

李自成不喜好酒色，饮食粗糙，和部下同甘共苦。罗汝才有妻妾数十人，衣服华美，帐下有几班女乐，自己奉养优厚，自成曾经嗤笑看不起他。罗汝才部众数十万，用山西举人吉珪任参谋。李自成善于攻城，罗汝才善于作战，两人相互配合像左右手。自成打下了宛、叶，攻克了梁、宋，兵力强大人才归附，产生专制的念头，只是避忌罗汝才。于是召请和罗汝才好的贺一龙饮宴，绑了起来，早晨派二十名骑兵到营帐里杀了罗汝才，把他的部众全兼并了。

自成在中州时，所占领的城池都烧掉。及至渡过汉江，计划以荆、襄作根据地，改襄阳叫襄京，修整襄王的官殿住进去。改禹州叫均平府，承天府叫扬武州，其他府县大多有改名的。

牛金星教他创制官爵名号，大举设置部门。李自成没有儿子，侄子李过和妻弟高一功，轮流在左右，担任亲信。田见秀、刘宗敏为权将军，李岩、贺锦、刘希尧等为制将军，张鼐、党守素等为威武将军，谷可成、任维荣等为果毅将军，一共五营二十二位将官。又设置上相、左辅、右弼、六政府侍郎、郎中、从事等官职。军事要地设防御使，府的叫尹，州的叫牧，县的叫令。封崇王朱由樻为襄阳伯、邵陵王朱在城为枣阳伯、保宁王朱绍圯为宣城伯、肃宁王朱术授为顺义伯。任张国绅为上相，牛金星为左辅；来仪为右弼。张国绅，安定人，曾官至参政。降顺以后，献文翔凤的妻子邓氏去讨好李自成。自成厌恶他伤害同类，杀了他，让邓氏回到文家。六政府侍郎是石首喻上猷、江陵萧应坤、招远杨永裕、米脂李振声，江陵邓岩忠、西安姚锡胤，不久让宣城丘之陶接替李振声当兵政府侍郎。其他接受伪职的很多，不详细记载了。

派高一功、冯雄守襄阳，任继光守荆州，蔺养成、牛万才守夷陵，王文曜守澧州，白旺守安陆，萧云林守荆门，谢应龙守汉川，周凤梧守禹州。于是河南、湖广、江北各股贼人没有不听从命令的。自成已经杀了罗汝才、贺一龙，又袭击杀了蔺养成，夺了马守应的兵权，在杞县攻击杀了袁时中。张献忠正占据武昌，自成派使者道贺，又威胁他说："老回回已经降服，曹操等人杀掉了，就要到你了。"张献忠非常害怕。向南进入了长沙。

到这时，十三家七十二营各大贼，几乎都死了或投降了，只剩下李自成、张献忠，自成特别强劲，于是自称作新顺王。召集牛金星等人商议用兵的方向。牛金星建议先攻取河北，一直打到京都。杨永裕建议打下金陵，截断京都的粮食来源。从事顾君恩说："金陵在长江下游，攻占了虽然好，但是太缓慢了。直接攻打京都，打不赢，退到哪里，过于急躁了。关中，是大王的故乡，百二山河，占了天下三分之二，应该先攻取那里，建立基业。然后向旁占领三边，充实军力，攻取山西，之后再攻向京都，这样进战退守，万全无失。"自成听从了他。

孙传庭在柿园战败后回到陕西，大力整治军队，制造火车两万辆，招募勇士，让白广恩、高杰率领，想等到贼人缺粮时才出击。朝廷天天催促出战，不得已出了关。任牛成虎、卢光祖当前锋，由灵宝进入洛地。高杰任中军，征调白广恩从新安来会合。河南将官陈永福驻守新滩，四川将领秦翼明出兵商、洛，形成掎角之势。前锋部队在渑池打败了贼人，到了宝丰，再攻下了贼人的城寨。到了郏，李自成率领一万骑兵回头作战，再次大败，几乎被抓住。碰上天下大雨，道路泥泞，粮车走不过。自成派轻骑从汝州出去，拦截粮道。孙传庭就把部队分为三部，命令白广恩从大路，自己带高杰从小路，去迎接粮车，命令陈永福守护军营。孙传庭出发了，陈永福部也争着要出发，不能制止，就被贼人追上了。到了南阳，孙传庭回头作战，贼人布了五重阵，官军打破了三重。之后稍稍退却，火车跑了，骑兵也大举逃跑。贼人放纵铁骑践踏官军，孙传庭大败。李自成派出所有兵力追击，一日一夜追了四百多里，官军死了四万多人，失落兵器辎重数十万。孙传庭跑到河北，调头跑往潼关，意志沮丧不再振作。

冬十月，李自成攻陷潼关，孙传庭死了，于是接连攻破了华阴、渭南、华、商、临潼。进攻西安，守将王根子开了东门迎纳贼人。自成抓住秦王朱存枢任命为权将军，永寿王朱谊㳛任命为制将军。巡抚冯师孔以下死了十多人，布政使陆之祺等都投降了。自成大肆抢掠三天后，下令禁止。改西安叫长安，称为西京。赏赐顾君恩女乐一部，奖赏他入关的计策。大量征调民夫，修整长安城池，开辟马路。自成每三天就亲自到教场较核射箭，老百姓望见黄龙大旗，都趴到地上喊万岁。白广恩、高汝利、左光先、梁甫各将先后都投降了。陈永福因为先前射箭伤了自成的眼，守着山顶不敢下来，自成折箭发誓，招抚他，也投降了。只有高杰因为勾引自成的妻子跑到了延安，被李过追击，转而向东，渡过宜川，挡在蒲津驻守。

自成军队所到之处望风披靡，于是到米脂拜祭祖墓。祖墓先前被官军挖开，遗骨被焚毁抛弃。自成用土把墓封起来。找到同宗族的人，赠予金钱封给爵位才离去。改延安府叫天保府，米脂叫天保县，清涧叫天波府。凤翔不投降，杀光了它。起先，李自成进入陕西，自己说是故乡，不会侵犯，没过一个月照样像以前一样抢掠。又认为士大夫一定不会归附自己，把各乡绅都抓起来拷打，叫缴他们的钱财，死的埋在一堆。榆林一直死守，李过等人攻打不下，自成大举发兵攻陷它。副使都任，总兵王世国、尤世威等，都不屈服被杀了。乘胜攻取了宁夏，屠戮了庆阳，抓了韩王朱亶塉，移师攻打兰州，甘肃巡抚林日瑞等人也死了。进军攻陷了西宁，于是肃州、山丹、永昌、镇番、庄浪都归降了，陕西的地方都归附了李自成，又派贼人渡过黄河，打下平阳，杀了明朝宗室三百多人。高杰跑到了泽州。圣诏派余应桂总督三边，召集守边的部队剿灭贼人，但是整个陕西都陷落了，余应桂没法出发。

崇祯十七年正月庚寅朔，自成在西安称王，超越本份地称国号叫大顺，改元永昌，改名自晟。追封曾祖以下各代，加谥号，奉李继迁为太祖。设置天佑殿大学士，由牛金星担任。增设六政府尚书，设立弘文馆、文谕院、谏议、直指使、从政、统会、尚契司、验马寺、知政使、写书房等官职。任乾州宋企郊为吏政尚书、平湖陆之祺为户政尚书，真宁巩焴为礼政尚书，归安张嶙然为兵政尚书。又设五等爵位，大封功臣，刘宗敏以下九人为侯，刘体纯以下七十二人为伯，子爵三十人，男爵五十五人。制订军队纪律。有一骑扰乱队列的斩首，马跑入禾田的斩首。在册步兵四十万人，骑兵六十万人。兵政侍郎杨王休任都肄。从横门出发，到渭桥，金鼓声震地。命令弘文馆学士李化鳞起草檄文飞马晓谕远近，指责皇上。这天，大风阴霾，四周充满黄雾。得知情形，皇帝非常惊愕，召集大臣们商议。大学士李建泰要求指挥军队，皇帝答应了。

当时山西自从平阳失陷以后，河津、稷山、荣河都失陷了，其他的府县多数望风投诚。二月，李自成渡过黄河，攻破汾州，顺着河曲、静乐，进攻太原，抓住了晋王朱求桂，巡抚蔡懋德死了。向北征服忻州、代州，宁武总兵周遇吉战死了。自成先派小股部队进入故关，夺取大名、真定以北。亲自率领部众沿着边疆向东进犯，攻陷大同，巡抚卫景瑗、总兵朱三乐死。自成杀了代王朱传㸖，代藩的宗室几乎灭亡了。进犯宣府，总兵姜瓖投降，巡抚朱之冯死了。再进犯阳和，由柳沟进逼居庸，总兵官唐通、太监杜之秩迎降。

三月十三日焚毁了昌平，总兵官李守鑅死了。起先，贼人想侦察京都的虚实，往往秘密派人用车拉沉重的货物，到京都贩卖，又命令假扮各部院的属吏，刺探机密。朝廷有什么决议，马上数千里飞马回报。及至贼人抵达昌平，兵部派骑兵探听贼情，贼人就引诱他们投降，没有一个回报的。贼人的小股部队到达平则门，京都还不知道。十七日，皇帝召问大臣们，没有人回答，有的人哭泣，不久贼人围攻九门，城门外原来设置的三大营，都投降了贼人。京师缺乏粮饷很久了，守护女墙的人不够，用内侍去补充。内侍专门负责守城防务，各部门都不敢过问。

十八日，贼人进攻得更急，自成驻扎在彰义门外，派投降的太监杜勋吊入城中见皇帝，要求禅让帝位，皇帝发怒，斥骂赶他走，下诏亲征。黄昏，太监曹化淳打开彰义门，贼人都入了城。皇帝走出皇宫，登上煤山，看见烽火连天，叹息说："苦了我的百姓啊。"徘徊了很久，回到乾清宫，下令护送太子和永王、定王到戚臣周奎、田弘遇的府第，用剑砍伤长公主，催促皇后自尽。十九日丁未，天还没亮，皇城失守，敲钟召集百官，没有来到的。于是再次登上煤山，在衣襟上写下遗诏，在山亭用丝带上吊，皇帝就驾崩了。太监王承恩在旁边上吊死了。

自成头戴毡笠身穿青衣，骑着黑花马，进入承天门。伪丞相牛金星，尚书宋企郊、喻上猷，侍郎黎志䑖、张嶙然等骑马跟着。自成登上皇极殿，占据御座，下令大举搜索皇帝皇后，限百官三日后朝见。文臣自范景文、勋戚自刘文炳以下，殉节的有四十多人。宫女魏氏投河自尽，跟从的有二百多人。象房里的象都哀吼流泪。太子投奔周奎家，不让进，两位王子也没办法藏匿，先后被抓获了，都不屈服，自成把他们关在宫里。长公主晕倒后又苏醒了，抬了出来，命令贼人刘宗敏治疗。

后来，才知道皇上皇后驾崩了，自成命令拿一扇宫门抬了出去，用柳木棺材盛殓，放在东华门外，路过的百姓都掩面痛哭。过了三天己酉，天没亮，成国公朱纯臣、大学士魏藻德率领文武百官入朝恭贺，都穿着素服坐在殿前。自成不出来，众贼人争相嬉戏侮辱各大臣，捶背、脱帽，有的把脚放到脖子上，开心取乐，百官害怕趴在地上不敢动。太监王德化喝各大臣道："国亡君丧，你们这些人不想法殡葬先帝，却在这里！"接着哭了，内侍几十人都哭了，魏藻德等人也哭了。顾君恩把这些报告给自成，改殓了帝后，用了天子的衣冠美丽的雉鸡尾毛，加盖了苇蓬等等。大学士陈演劝即帝位，没答应。封了太子为宋王。放了刑部、锦衣卫关押的囚犯。

自成自从在西安，设立了官吏制度，到这时更把朝廷的官制全改了。六部改叫六政府，司官叫从事，六科叫谏议，十三道叫直指使，翰林院叫弘文馆，太仆寺叫验马寺，巡抚叫节度使，兵备叫防御使，知府州县分别叫尹、牧、令。召见朝廷官员，自成向南面坐下，牛金星、刘宗敏、宋企郊等人一起坐在自成左右，按着品级叫名，分开三等授职。自四品以下少詹事梁绍阳、杨观光等人都接受了伪职，三品以上的只任用前任侍郎侯恂。其余的勋戚，各文武大臣周奎、朱纯臣、陈演、魏藻德等一共八百多人，都送到刘宗敏等人的军营里面，拷打追收贿赂，到了用火烫肉打断脚的程度，各种惨毒都有。魏藻德碰到马世奇的家人，哭着说：“我没办法替你们做主，现在就是想死也不成。”贼人又按户籍编甲，命令五家供养一个贼人，大肆淫掠，老百姓受不了毒害，上吊的到处可以看见。追缴各个勋戚和大臣的钱财，收够了钱就杀了他们。烧了太庙的神主牌，把明太祖的神主牌迁到了帝王庙。

当时贼人已经攻陷了保定，李建泰投降了，京畿内的府县都归附了。在山东、河南遍设官吏，所到之处没有反抗的。到了淮地，巡抚路振飞派兵抵挡他们，贼人才撤走了。自成说是真得天命，牛金星率领贼众三次上表劝进，就接纳了，下令编撰登极的仪式，商订吉日。当自成坐上御座，忽然看到有个白衣人高数丈，手拿着剑怒视着，御座下面的龙爪和龙颈的长毛都动起来，自成害怕，马上跑下来。铸造金玺和永昌钱，都没成功。得知山海关总兵吴三桂起兵，就准备回到陕西。

当初，吴三桂奉诏入关救援，到了山海关，京师就失陷了，吴三桂犹豫不进。自成胁持他的父亲吴襄，写信招抚他，吴三桂想投降了。到了滦州，得知爱姬陈沅被刘宗敏抢走了，非常气愤，迅速回到山海关，打败了贼将。自成发怒，亲自率领十多万贼人，把吴襄抓在军中，向东进攻山海关，另外派将官从一片石越到关外。吴三桂害怕了，向我大清乞降。四月二十二日，自成的部队二十万,在关内布阵,从北山连绵到海边。我大清军队对着贼人设下阵势,吴三桂在右翼边缘,全部派出精锐部队作战,杀了数千贼人,贼人也奋力作战,包围圈开了重新又合上。战斗了很久,我军队从吴三桂阵地右侧突然出击,冲击贼人的中坚,万马奔腾,箭像雨点一样射去,天上刮起大风,飞沙走石,像冰雹一样打向贼人。自成正扶持太子登上高冈观战,发现是我大清的军队,急忙策马下冈逃走。我军追击四十里,贼众大溃败,自相践踏死人无数,整个原野都倒卧着尸体,沟水全变红了。自成跑到了永平,我军追赶他。吴三桂的先头部队到了永平,自成就杀了吴襄,跑回京都。

当时牛金星留守,投降的各人去拜谒,非常恭敬地行门生的礼节。牛金星说:"现在开始有谣言,各位应该深居简出。"于是投降的人开始惊怕,大都潜逃躲了起来。自成到了京城,把拷打追索到的金银和皇宫中的藏金、器皿都熔了,铸成饼,每饼一千两,约有数万饼,用骡车载回西安。二十九日丙戌在武英殿僭冒皇帝的称号,追尊祖先七代为皇帝皇后,立妻子高氏为皇后。自成戴着皇冠,摆设仪仗接受百官朝拜。牛金星代表皇帝到南郊举行祭天的仪式。当晚烧了宫殿和九座城门的城楼。第二天早上,挟持太子、两位王子向西逃走,派伪将军左光先、谷可成殿后。

五月二日,我大清军队进入京都,下令安抚收编百姓,替皇帝皇后发丧,议定谥号,派将军和吴三桂一起追击李自成。当时福王已在南京监国,大学士史可法指挥部队征讨贼人。自成到了定州,我军追上了,和他作战,杀了谷可成,左光先脚部受伤,由贼人背着逃跑了。自成向西跑到真定,调动更多部队来作战,我军再次进击。自成被流箭射中伤势严重,向西越过故关,进入山西。正好我军向东返回，自成就聚集溃散的部众，跑到平阳。

李岩，是以前劝自成不要杀戮以收拢民心的。攻陷京都后，保护着懿安皇后让她自尽。又单单对士大夫不进行拷打搜掠，牛金星等人非常忌恨他。定州打了败仗，河南的州县大都反正了，自成召集各将官商议，李岩请求带兵前往。牛金星偷偷告诉自成说："李岩英勇神武谋略远大，是不会久为人下的。河南，是李岩的故乡，假若给他大量部队，一定不能够控制。十八子的谶语，难道不会是李岩吗？"接着诬陷他想反叛。自成命令牛金星和李岩宴饮，杀了他，众贼人的心都离散了。

自成回到西安，又派贼人攻陷了汉中，招降了总兵赵光远，进占保宁。这时张献忠派兵抵御，就撤回了。八月建成了祖先的宗庙，自成准备去祭祀，忽然寒战不能行礼。自成当初因为听从李岩的建议，假装仁义，及至李岩死了，又屡次战败，重新凶狠刚愎自用，伪尚书张第元、耿始然都因为稍有触犯被杀了。制成铜铡刀，官吏被判定受贿，就用铡刀杀死。百姓偷一只鸡的也处死。陕西的百姓非常害怕。

顺治二年二月，我军进攻潼关，伪伯马世耀率六十万部众迎战，战败死了。潼关失守，自成就放弃了西安，由龙驹寨跑到武冈，进入襄阳，再跑到武昌。我军分两路追击，一连在邓州、承天、德安、武昌紧逼，穷追到贼人的老营，打垮了贼人八次。在这时，左良玉向东去了，武昌空虚无人。自成屯驻了五十多天，贼众尚有五十多万人，改江夏叫瑞符县。不久被我军追逼，部众大都投降，有的逃走溃散了，自成跑到延宁、蒲圻，到通城，逃进了九宫山。秋九月，自成留下李过守寨，自己率领二十名骑兵到山里抢夺粮食。被村民围困，不能逃脱，就上吊死了。也有人说村民正在修筑堡垒，发现贼人不多，争相上前攻打，贼人人和马都陷进了泥潭，自成头部中了一锄死了。剥下他的衣服，发现龙袍金印，瞎了一只眼，村民才大为惊异，认为他是李自成。当时我军派认识李自成的人去验看那尸体，尸体朽烂不能辨认。抓到自成的两个叔父伪赵侯、伪襄南侯以及自成的两个妻妾，金印一个。又擒获伪汝侯刘宗敏、伪总兵左光先、伪军师宋献策。于是在军中杀了自成的叔父和刘宗敏。牛金星、宋企郊等人都逃掉了。

自成的侄子李过改名为锦，和各贼将奉立高氏向总督何腾蛟投降。当时唐王在福建立国，赐李锦名为赤心，封高氏为忠义夫人，命名他们的军队叫忠贞营，隶属何腾蛟麾下。永明王的时候，李赤心被封为兴国侯，不久便死了。